Helmut Fend

Der Umgang mit Schule in der Adoleszenz

Aufbau und Verlust von Lernmotivation, Selbstachtung und Empathie

Entwicklungspsychologie der Adoleszenz in der Moderne

Band IV

Verlag Hans Huber
Bern · Göttingen · Toronto · Seattle

Gedruckt mit Unterstützung der Johann Jacobs Stiftung Zürich

Das Ziel der Stiftung besteht darin, die Entwicklung der Jugendlichen zu wertvollen Mitgliedern der Gesellschaft zu fördern. Dieses Ziel soll durch finanzielle Unterstützung von Grundlagenforschung in den Sozialwissenschaften sowie von Erziehungs- und Praxisprogrammen, die der Verbesserung des geistigen, sozialen und körperlichen Wohlbefindens der Jugendlichen dienen, erreicht werden.

Adresse des Autors:
Prof. Dr. Helmut Fend
Pädagogisches Institut der Universität Zürich
Rämistrasse 74
CH-8001 Zürich

Die Deutsche Bibliothek – CIP-Einheitsaufnahme

Fend, Helmut:
Entwicklungspsychologie der Adoleszenz in der Moderne : [diese Arbeit ist im Sonderforschungsbereich 23 "Bildungsforschung: Bedingungen, Verlauf und Folgen von Sozialisationsprozessen in Schule, Hochschule und Berufsbildungsinstitutionen" an der Universität Konstanz entstanden] / Helmut Fend. – Bern ; Göttingen ; Toronto ; Seattle : Huber.
   (Aus dem Programm Huber: Psychologie-Forschung)

Bd. 4. Der Umgang mit Schule in der Adoleszenz : Aufbau und Verlust von Lernmotivation, Selbstachtung und Empathie. – 1. Aufl. – 1997
   ISBN 3-456-82874-8

1. Auflage 1997
© Verlag Hans Huber, Bern 1997
Druck: Druck Partner Rübelmann, Hemsbach
Printed in Germany

Für Ida

in der Mitte ihres Lebens

Mitte meines Lebens

Inhalt

Vorwort .... *XI*

1.   Einleitung: Der Umgang mit Schule in verschiedenen Entwicklungsphasen *1*

2.   Die Stichproben zur Darstellung der Entwicklung in der Adoleszenz *15*

2.1   Die Stichprobe des Konstanzer Längsschnitts 15
2.2   Die Schweizer Vergleichsstudien 20
2.3   Perspektiven der Auswertung des Längsschnitts 26

3.   Die Bedeutung schulischer Erfahrungen für die Konstitution der Persönlichkeit in der Moderne: Entwicklungschancen und Entwicklungsrisiken *33*

3.1   Der makrostrukturelle Kontext der Gesellschaft – modernitätstheoretische Sichtweisen der Kontexte des Aufwachsens und der Jugendzeit 35
3.2   Der Kontext der Lebensphase Jugendzeit 42
3.3   Die handelnde Auseinandersetzung mit den Aufgaben und Chancen der Lebensbewältigung in der Moderne 48
3.4   Theorien des Selbst als Theorien der Funktionsweise der Persönlichkeit 54

4.   Die Bewältigung schulischer Anforderungen: Psychologie des Schülerhandelns und der Persönlichkeitsentwicklung *61*

4.1.   Die Struktur des schulischen Lernfeldes 78
4.1.1 Institution und „Charakter": generelle soziologische Modelle 78
4.1.2 Institution und „Charakter" im Bildungswesen 85
4.2   Die aktive Bewältigung von Lernchancen und das „System der Lernmotivation" 92
4.2.1 Lernen und Selbstaktualisierung: Lernen im Gesamtsystem humaner Motivation 93

VII

4.2.2	Das komplexe Handlungssystem für die Bewältigung von Leistungsanforderungen	95
4.2.3	Schulisches Lernen als Form der Erfüllung soziokultureller Anforderungen	95
4.2.4	Der Beginn von Forschungen zur Leistungsmotivation	98
4.2.5	Mikrostruktur des aktualgenetischen Handlungsablaufes	99
4.2.5.1	Die Phase vor der Handlungsaufnahme	102
4.2.5.2	Die Phase der Handlungsdurchführung	106
4.2.5.3	Die Verarbeitungsphase	108
4.2.6	Vom aktualgenetischen Handlungsmodell zu chronifizierten (habituellen) Lernhaltungen: molare Komponenten der Lernmotivation	113
4.2.6.1	Habitualisierungen in der Initiationsphase	113
4.2.6.2	Habitualisierungen in der Durchführungsphase	117
4.2.6.3	Habitualisierungen in der postaktionalen Bewertungsphase	119
4.2.6.4	Typologie von Motivationseinbrüchen	121
4.3	Die Entwicklung des Systems der Lernmotivation	127
4.3.1	Die Einbettung des Funktionssystems der Lernmotivation in das Selbst und das soziale Motivationssystem der Persönlichkeit	127
4.3.2	Die Entwicklungspsychologie der Lernmotivation während der Schulzeit: Typologien der Einbettung der schulischen Aufgabenbewältigung in das Selbst und das soziale Funktionssystem	130
4.3.3	Resümee: Entwicklungspsychologie der Lern-Incentives und phasenspezifische Gefahrenquellen	135

5.	*Zur Empirie der Lernmotivation in der Adoleszenz: Lernen durchzuhalten und sich zu organisieren*	*139*
5.1	Resultanten der Lernmotivation: Anstrengungsinvestition, Disziplin, schulisches Wohlbefinden	140
5.1.1	Indikatoren und Korrelate der Anstrengungsinvestition in der Konstanzer Longitudinalstudie	142
5.1.2	Indikatoren und Korrelate der Anstrengungsbereitschaft in den Schweizer Vergleichsstudien	148
5.2	Epidemiologie der Lernmotivation: Wie verteilen sich Fleiß, Disziplin und Wohlbefinden im Bildungssystem?	152
5.2.1	Verbreitungsformen der Anstrengungsinvestitionen und Schulunlust in der Schülerschaft	152
5.2.2	Nationale Unterschiede in der Orientierung gegenüber der Schule: Wohlbefinden, Lernmotivation und Disziplinverhalten in der Schweiz und in Deutschland	156

5.3	Die Entwicklung der Lernmotivation in der Adoleszenz	173
5.3.1	Gerät die Lernmotivation in der Adoleszenz in eine Krise?	175
5.3.2	Entwicklungstrends der Lernmotivation in der Adoleszenz bei Schweizer Jugendlichen	183
5.3.3	Intraindividuelle Entwicklungsverläufe	185
5.4	Leistungsbereitschaft und Risikopfade in der Adoleszenz	192

6.	*Die Verarbeitung von Leistungserfahrungen zum Selbstbild: die eigenen Fähigkeiten und Interessen entdecken*	*199*
6.1	Die Vorstrukturierung des Erfolges von Kindern über das Bildungswesen	202
6.2	Empirische Wirkungsstudien: Prägungen der Person durch die Schule	206
6.3	Die Messung des leistungsbezogenen Selbst	220
6.3.1	Schulleistungsspezifische Dimensionen des Selbst-Systems	225
6.3.2	Indikatoren generalisierter Wirkungen schulischer Erfahrungen im Selbst-System von Personen	231
6.3.3	Validierung der Messung des Selbst-Systems	235
6.4	Selbstkonzepte und Belastungsindikatoren bei Schweizer Schülern und bei deutschen Jugendlichen	237
6.5	Die Entwicklung des leistungsbezogenen Selbstbildes	240
6.6	Entwicklungsbilder des Selbst	246
6.6.1	Globale Entwicklungsverläufe	246
6.6.2	Intraindividuelle Stabilitäten des Selbst	249
6.6.3	Differentielle Entwicklungsprozesse – Nachdenken über sich selber in unterschiedlichen Lebensräumen: Selbstkonzeptentwicklung in sozialökologischen Kontexten	252
6.7	Schulische Leistungsbiographien und das Selbst-System: der Umgang mit Erfolg und Mißerfolg und das Einverständnis mit sich selbst	255
6.8	Schüler in besonderen Belastungssituationen: chronische Mißerfolge, Schulwechsel, Klassenwiederholung	265
6.8.1	Chronischer Mißerfolg	265
6.8.2	Unterschiedliche Bildungssysteme als Kontexte der Entwicklung des Selbst-Systems	267
6.8.3	Auswirkungen des Schulsystemwechsels: der Übergang von der Förderstufe in die herkömmlichen Schulformen	270
6.8.4	Zu den Folgen von einschneidenden Korrekturen der Schullaufbahn	274
6.8.4.1	Klassenwiederholungen	275

6.8.4.2	Auswirkungen des Schulformwechsels	276
6.8.5	Sozialer Aufstieg und sozialer Abstieg über das Bildungswesen in der Generationenfolge	280
6.9	Protektive Faktoren: durch schulische Mißerfolge verletzliche und unverletzliche Schüler – eine konfigurative Analyse	284
7.	*Der Umgang mit Schule im Rahmen einer „ganzheitlichen" Persönlichkeitsentwicklung: Leistung, Selbstwertgefühl und soziale Empathie*	*297*
7.1	Der Umgang mit Schule und das Selbst-System	298
7.2	Der Umgang mit Schule im sozialen Feld der Schulklasse	303
7.2.1	Anstrengungsbereitschaft und soziale Akzeptanz	304
7.2.2	Anstrengungsbereitschaft und soziale Motivation	314
7.2.2.1	Leistungsbereitschaft und prosoziale Motivation nach Schulformen, Geschlecht und Stadt-Land-Gebieten	318
7.2.2.2	Persönlichkeitsprofile und lebensweltliche Einbettung	321
8.	*Zusammenfassung*	*329*

Anhang 1: Variablenplan und Instrumentenübersicht *349*

Anhang 2: Mittelwerte zu Veränderungen des Selbstkonzeptes bei unterschiedlichen Schullaufbahnen *360*

Literatur *372*

Tabellenverzeichnis *387*

Abbildungsverzeichnis *390*

Personenregister *393*

Index der Variablen *397*

Vorwort

Die hier vorgelegte Arbeit ist meines Wissens die einzige deutschsprachige Studie, die sich auf der Grundlage einer großen Stichprobe systematisch mit der Entwicklung der Auseinandersetzung mit Schule von der 6. zur 10. Schulstufe längsschnittlich und damit entwicklungspsychologisch beschäftigen kann. Die Mittel für die kostenintensiven Datenerhebungen in Deutschland wurden von der Deutschen Forschungsgemeinschaft bereitgestellt. Die Schweizer Studien wurden im Rahmen des Pädagogischen Instituts der Universität Zürich durchgeführt. Damit liegen Daten in Deutschland und der Schweiz vor, die auch kulturvergleichende Aussagen und eine Verortung der Bedeutung von Problemen und Vorzügen verschiedener Bildungssysteme ermöglichen.

Der vorliegende Band beschäftigt sich mit der schwierigen Thematik des Umgangs mit der Schule. Über mindestens neun Jahre steht diese Aufgabe im Mittelpunkt der alltäglichen Anstrengungen von Kindern, Jugendlichen, Eltern und Lehrern. Sie hinterlassen tiefe Spuren in der Persönlichkeit der Kinder und Jugendlichen und zeichnen Lebenswege vor.

Die Erfahrungen mit der Schule bergen große Entwicklungschancen, aber auch Gefährdungen. Schule kann „stark" machen, indem gelernt wird, Ziele langfristig und ausdauernd zu verfolgen und Aufgaben genau und diszipliniert zu erledigen. Sie bietet zudem in keiner anderen Institution denkbare Möglichkeiten, die eigenen Stärken, Interessen und Schwächen kennen zu lernen und an ihnen zu arbeiten. Für viele Schüler enthält die Schule aber auch das Risiko, keinen emotionalen Bezug zu ihren Anforderungen und Angeboten zu finden und sich nicht im Rahmen schulischer Leistungsprofile sinnvoll definieren und „wiederfinden" zu können.

Wie sich zeigen wird, spielt die Unterstützung der Entwicklung von Adoleszenten auf diesen Wegen durch Eltern, Lehrer und Freunde eine große Rolle. Indem dies gezeigt wird, reiht sich die Arbeit in das umfassende Ziel der Reihe zur „Entwicklungspsychologie der Adoleszenz in der Moderne" ein, für Pädagogen und Lehrer die Perspektive zu verstärken, daß ihr tägliches Werk ein Prozeß der Begleitung, der Führung und Unterstützung von Menschen auf einem Entwicklungsweg ist. Zu verstehen, was in den Schülern vor sich geht, wenn sie schulische Anforderungen bewältigen, also in einer *Psychologie des Schülerhandelns* geschult zu sein, betrachte ich als eine große Hilfe beim heute geforderten Bemühen in der Schule, nicht nur auf die fachlichen Lernprozesse zu achten, sondern auch die „Lernkompetenz" zu schulen, Interessen entwickeln zu helfen, die Identitätsbildung zu begleiten und „Persönlichkeitsbildung" mitzubedenken. Diese Arbeit ist auch in der Ueberzeugung geschrieben, daß dies nicht abstrakt auf „den" Schüler ausgerichtet werden darf, sondern auf die *altersspezifischen Entwicklungsprozesse* abgestimmt und in die *ganzheitliche Entwicklung des Menschen* eingebettet sein muß. Was dies für die *Sekundarstufe des Bildungswesens* genau heißen kann, soll in dieser Arbeit sichtbar werden.

Auch bei dieser Arbeit bin ich wieder von vielen hilfreichen Menschen begleitet worden. Empirische Studien dieser Art sind ohne die Mitarbeit vieler Kolleginnen und Kollegen undenkbar. Auch dieses Mal habe ich mich bei meinen früheren Mitarbeitern (s. Bd. 1, Vorwort) zu bedanken, die schon in „alle Welt" verstreut sind und der gegenwärtigen Hilfen zu gedenken, die für die Fertigstellung des Manuskripts so wichtig waren.

Wieder hat Frau Hofrat Dr. Hildegard PFANNER wesentlich dazu beigetragen, daß die Arbeit deutschen Standards an sprachlicher Genauigkeit und Richtigkeit entspricht. Auch Frau Helen RÜTTIMANN war dabei eine sehr wertvolle Hilfe. Die Edierung wäre schließlich nicht möglich gewesen, hätten nicht Herr Urs GROB und vor allem Herr Alois BUHOLZER ihre Erfahrung, Kompetenz und Gewissenhaftigkeit zur Verfügung gestellt.

Mein ganz besonderer Dank gilt der Johann Jacobs Stiftung und ihrem Initiator, Herrn JACOBS. In ihrem Rahmen ist diese Arbeit in zweifacher Weise gefördert worden. Durch einen finanziell unterstützten Aufenthalt in den USA habe ich den Freiraum erhalten, um die hier vorgelegten umfangreichen Arbeiten durchführen und im internationalen Kontakt mit Kollegen besprechen zu können. Zum andern hat die Stiftung auch diesmal die Drucklegung finanziell gefördert. In bleibender Erinnerung wird mir dabei der vermittelnde Kontakt von Dr. Laszlo NAGY bleiben. Ihm sei an dieser Stelle ebenso herzlich gedankt wie seinem Nachfolger, Herrn Theo BRENNER, der mit derselben Weltoffenheit, demselben Qualitätsbewußtsein und sozialem Engagement sich der Sache der Jugend angenommen hat.

1. Einleitung: Der Umgang mit Schule in verschiedenen Entwicklungsphasen

Ursprünglich wollte ich diese hier vorliegende Arbeit „Die Prägung der Person durch die Schule" nennen. Damit war die Vorstellung verbunden, daß Schule die grundlegenden Haltungen von heranwachsenden Menschen gegenüber Lernen und Anforderungen sowie ihr Selbstbewußtsein entscheidend beeinflußt. Für viele ist dies, so wird schnell assoziiert, ein Leidensprozeß, ist Schule eine lebenslang nachwirkende schmerzhafte Erfahrung. Sie sind Opfer der schulischen Selektionsaufgabe und erholen sich ihr Leben lang nicht mehr.

Der neue Titel, „Der Umgang mit Schule in der Adoleszenz", setzt sichtbar einen anderen Akzent. Die „Opferperspektive" wird zu einer „Tatperspektive", heranwachsenden Kindern und Jugendlichen wird die aktive und freudvolle Bewältigung sowie die aktive Verarbeitung von schulischen Erwartungen und Erfahrungen zugetraut. Es wird auch unterstellt, daß Schule ein paradigmatisches Handlungsfeld ist, in dem jene Haltungen trainiert werden, die für die Bewältigung moderner Lebensbedingungen erforderlich sind, die es also ermöglichen, daß anspruchsvolle Leistungserwartungen erfüllt werden, daß man dabei mit sich selber in Übereinstimmung leben und mit anderen kollegial zusammenarbeiten kann. Lernen, mit Schule umzugehen, kann zu den paradigmatischen Tapferkeiten gehören, die der heranwachsende Mensch unter modernen Lebensbedingungen erwirbt. Damit sind Entwicklungschancen und Entwicklungsrisiken verbunden, denn die Verarbeitung von Schule gelingt nicht allen in gleicher Weise und gleich gut. In dieser Arbeit soll diesen Bewältigungsprozessen in ihrer Entwicklung und Variation, in ihren Ursachen und Langzeitwirkungen im Jugendalter (s. auch CZERWENKA et al., 1990; HURRELMANN & LÖSEL, 1990; LANGE, KUFFNER & SCHWARZER, 1983; PEKRUN, 1991; SILBEREISEN, 1986) nachgegangen werden. Dabei wird Schule nicht, wie es häufig geschieht, ausschließlich im Rahmen eines „Belastungs-Stress-Paradigmas" interpretiert, sondern in ihren Herausforderungen an eine Ertüchtigung für moderne Lebensbedingungen gesehen.

Schule als Lebensraum für mehr als zehn bildsame Lebensjahre

Für die bildsame Lebensphase von sechs bis sechzehn Jahren ist die Schule für alle in unserer Kultur heranwachsenden Kinder und Jugendlichen ein entscheidender Lebens- und Erfahrungsraum. Tausendfach äußert sich die junge Person in schriftlichen und mündlichen Leistungen, erfährt soziale Spiegelungen dieser Äußerungen, äußert sich erneut, erfährt wieder Rückmeldungen zu diesen Äußerungen und entwickelt so einen Habitus, der die Art der Lebensbewältigung entscheidend prägt.

Wir können in unserer Kultur und auf unserer historischen Stufe der gesellschaftlichen Entwicklung die Genese der Person nicht verstehen, wenn wir ihre Entwicklung im Kontext des Bildungswesens außer acht lassen. In diesem Postulat sind alle entscheidenden Gesichtspunkte dieser Arbeit bereits enthalten. Wir müssen danach unsere *Stufe der gesellschaftlichen Entwicklung* kennen, um zu sehen, welche Anforderungen das Leben nach der Schule für die heranwachsenden Menschen bereithält. Welche Menschen „braucht" eine moderne hochindustrialisierte Gesellschaft, welche Menschen „braucht" die Moderne? Aus einer durch den großen sozialhistorischen Blick geschulten Theorie der Moderne geht so etwas wie ein „Bauplan" der „funktionierenden Persönlichkeit" hervor, der das Überleben und die erfolgreiche Bewältigung moderner Lebensbedingungen beschreibt. Das Gegenstück dazu bildet der „Blick nach unten", zu den Menschen, die sich mit diesen Lebensbedingungen auseinandersetzen. Im Rahmen einer Theorie der *Persönlichkeit* werden die inneren Bedingungen sichtbar, die erfüllt sein müssen, damit eine Person mit sich selbst „in Frieden" leben kann, im Gleichgewicht ist und sich optimal entfaltet, optimale Entwicklungs- und Lernbereitschaft zeigt. Das dritte Bestimmungsstück für die Analyse des Umgangs mit Schule in der Adoleszenz besteht in der Darstellung der *Entwicklung* des Menschen. Schule trifft immer auf Menschen in einem bestimmten Entwicklungsstadium. Ihr Einfluß wird durch die Besonderheiten der jeweiligen Lebensphase moderiert. So wirkt die Schule in der Kindheit anders als in der frühen Adoleszenz und hier wieder anders als in der Spätadoleszenz. Ohne dieses Wissen, daß Schule immer auf *Menschen in der Entwicklung* trifft, bleibt auch pädagogisches Handeln unzulänglich. Schließlich verweist die Charakterisierung der Entwicklungsbedingung „Schule" auf einen höchst vielfältigen und in sich divergenten *Kontext* der Humanentwicklung. Dieser Kontext repräsentiert die wichtigste öffentliche Investition in die Entwicklung der heranwachsenden Generation, er ist sorgfältig geplant („designed") und auf die bestmögliche Entfaltung aller Kinder und Jugendlichen ausgerichtet. Er sollte auch Lebensraum für die Entwicklung der Persönlichkeit insgesamt sein und sich nicht nur auf eng umschriebene Wissens- und Fähigkeitsbereiche beschränken. Die Bedeutung der wichtigsten Kontextmerkmale für die Humanentwicklung in der Lebensphase von sechs bis sechzehn zu kennen ist deshalb sowohl für eine grundlagenorientierte Entwicklungspsychologie der Kindheit und Adoleszenz essentiell als auch für eine Perspektive der Gestaltung schulischen Lebens unter dem Gesichtspunkt der Förderung der Humanentwicklung unerläßlich.

Der Umgang mit Schule durch Kinder und Jugendliche

Eine inzwischen auf allen Ebenen korrigierte Gefahr der extensiven Berücksichtigung der *Kontexte* der Humanentwicklung bestand darin, den heranwachsenden Menschen zum passiven Opfer der Umstände zu stempeln. Auf ähnliche Weise hatte die endogene Entwicklungspsychologie bzw. die psychoanalytische Denkweise den Menschen zum passiven Opfer einer inneren Dynamik gemacht.

Moderne *handlungstheoretische Paradigmen* setzen die *Ressourcen* des heranwachsenden Menschen, seine eigene Entwicklung zu gestalten und auch zu verantworten, wieder ins rechte Licht.

Die jahrelange Beschäftigung mit der Thematik der Wirkungsweise von Schule hat unabweisbar gezeigt, daß wir ihr nur gerecht werden, wenn wir die problemlösenden und interpretativen Bewältigungsformen der Kinder und Jugendlichen einbeziehen. Mit den problemlösenden Bewältigungsformen ist gemeint, daß wir nicht von passiven Wirkungsopfern ausgehen dürfen, sondern die proaktiven und reaktiven Bemühungen aller Beteiligten bei der Gestaltung und Verarbeitung von Schule einzubeziehen haben. Die „interpretativ-konstruktiven" Komponenten des Umgangs mit Schule verweisen darauf, daß es sich bei der Bedeutungsverleihung für schulische Lernprozesse und bei der Selbstlokalisation im Rahmen der schulischen Leistungsdefinition um *soziale Konstruktionsprozesse* handelt, also um erarbeitete und ausgehandelte Prozesse der Bedeutungsverleihung im sozialen Kontext. Das „Selbstbild" der Kinder ist somit ebenso eine soziale Konstruktionsleistung wie deren „Schulbild". Erst wenn man dabei die Rolle der Eltern und der Altersgleichen als *„Mitkonstrukteure"* – neben denen der Schule – einbezieht, läßt sich der Prozeß des Umgangs mit Schule in der Adoleszenz adäquat beschreiben.

Dimensionen des Umgangs mit Schule

Zwei Themen drängen sich bei der Analyse von Formen des Umgangs mit der Schule in den Vordergrund. Nach dem einen entwickeln Schüler im Kontext des Bildungswesens einen *Habitus der Aufgabenbewältigung*, der zu einem entscheidenden Teil der Lebensbewältigung insgesamt werden kann. Er wird in der Literatur unterschiedlich bezeichnet. Manchmal erscheint er in Kapiteln zur „Lernmotivation" und „Leistungsmotivation", manchmal unter der allgemeineren Bezeichnung als „Leistungsbereitschaft". Das zweite große Thema firmiert unter dem allgemeinen Dach der *Selbstfindung bzw. Identitätsfindung* des Menschen in der Moderne. Im Bildungswesen konkretisiert es sich in die Entdeckung der eigenen Leistungsmöglichkeiten, Leistungsschwerpunkte und gegenstandsspezifischen Leistungspräferenzen (Interessen). In einem jahrelangen Prozeß der „Spiegelung" der Handlungsergebnisse in schulischen Bewertungsprozessen kristallisiert sich ein Selbstbild der heranwachsenden Kinder und Jugendlichen heraus, das seinerseits wieder den „Frieden mit sich selber" und die weiteren Ausgriffe auf die Welt bestimmt.

Kinder und Jugendliche können sich dabei akkomodativ oder assimilativ verhalten, sich also den von ihnen schwer änderbaren schulischen Umständen unterordnen oder sie aktiv zu verändern suchen. Sie können sich aber auch gegen Schule immunisieren, ihr „eigentliches Ich" von schulischen Erfahrungen abspalten, also hoch defensiv reagieren.

Wenn nicht so sehr der aktive Bewältigungsprozeß von Lernanforderungen im Vordergrund steht, sondern die interpretative Verarbeitung dazu, wie man sich selber in schulisches Lernen „einbringen" möchte, dann wird der Stellenwert der Schule im Identitätsbildungsprozeß analysiert. Es geht dann vor allem um die Bestimmung des Stellenwertes von Schule im Selbstverständnis einer Person, um die Bestimmung von Nähe und Distanz zu dem, was einem wichtig ist.

Damit wird auch sichtbar, daß der Umgang mit Schule bedeutet, schulischen Anforderungen und Erfolgen einen Stellenwert im Leben insgesamt zuzuweisen. Dies bedeutet vor allem, die *Leistungsorientierung* mit den *sozialen Orientierungen* und mit einem *Gesamtkonzept dessen, was man sein will,* zu harmonisieren. „Umgang mit Schule" bedeutet in dieser Arbeit also:

- Formen der Erfüllung schulischer Leistungserwartungen entwickeln,
- einen emotionalen Bezug zur Schule aufbauen,
- ein Bild der eigenen Leistungsmöglichkeiten und Leistungsschwerpunkte konstruieren,
- Interessenschwerpunkte als Ausgangsbasis für Berufsentscheidungen entwickeln,
- die schulischen Erfahrungen in ein persönliches Sinnsystem einbinden,
- schulische Leistungsprofile mit dem Bedürfnis nach Selbstwert und „Größe" versöhnen,
- individuelle Leistungsprofilierung mit kollegialen sozialen Haltungen harmonisieren lernen.

Das Bildungswesen bietet für diese komplizierten Lernprozesse sowohl positive *Entwicklungschancen* als auch Anlässe für *Belastungen* und Probleme. Wer mehr auf der Seite der Gewinner und wer mehr auf der Seite der „Mühsamen" steht und wodurch die je individuelle Mischung zustande kommt, soll in dieser Arbeit empirisch untersucht werden. In den 60er und 70er Jahren stand nicht selten ein „Belastungs-Paradigma" im Vordergrund. Es bedarf, so die heutige Einschätzung, einer Gegengewichtung durch ein „Entwicklungs-Chancen-Paradigma", das die vielen Wege betont, durch die

Menschen durch Bildungserfahrungen nicht nur wissensmäßig, sondern auch in ihrer Persönlichkeitsentwicklung gestärkt werden.

Umgang mit Schule in der Lebensphase Adoleszenz

Der kindliche Umgang mit Schule ist im günstigen Falle von naiver Akzeptanz, von generalisierter Lernbereitschaft und Lenkungsbedürftigkeit gekennzeichnet. Was die Schule verlangt, wird gerade ohne kritische Rückfragen akzeptiert, was Lehrer und Eltern fordern, ist Gebot – bei allem kindlichen Widerstand, der noch nicht auf eigenen Positionen und Meinungen aufbauen kann (s. zur Illustration: ECKERLE & KRAAK, 1993, S. 79 ff.).

Das Spezifische des Umgangs mit Schule in der Lebensphase der Adoleszenz besteht nach der hier vertretenen Ansicht darin, daß sich der heranwachsende Mensch jetzt in ein bestimmtes Verhältnis zu schulischen Anforderungen und Lernmöglichkeiten setzt. Er empfindet unterschiedliche emotionale Nähe oder Distanz und differenziert diese Identifikationen und Abgrenzungen im Laufe der Adoleszenz immer stärker, sei es nach Lernbereichen, nach Lehrpersonen und Lerninhalten. Er macht sich ferner die Anforderungen unterschiedlich zu eigen, sucht ihnen in unterschiedlicher Weise zu genügen. Das Planungsverhalten wird zunehmend selbständiger und langfristiger. Schüler nehmen dadurch ihr Lernen zunehmend in „die eigene Hand". Eltern müssen und können nicht mehr im Detail lenken und kontrollieren, der „Lernmotor" muß nun von selbst laufen. Manchen bleibt Schule allerdings durch alle Jahre hindurch äußerlich und fremd, anderen gelingt es, sie zum eigenen Anliegen zu machen, andere wählen aus, was ihnen entspricht und was sie nicht wollen. Gerade in der Jugendphase wird dieser Prozeß extensiv durchlebt, manchmal geradezu mit einer „Bewertungswut" gegenüber einzelnen Aspekten schulischen Lernens, seien dies spezifische Kompetenzen in einzelnen Fächern, die man „haßt" oder „liebt" oder in bezug auf Aspekte der Schule selber, ihre Lehrer und Symbole.

Technische Begriffe wie Lernmotivation und Leistungsbereitschaft, Schulinvolvement oder Schulaversion nehmen auf solche generalisierten Formen des „Sich-in-ein-Verhältnis-Setzens" mit der Schule Bezug. Sie können sehr unterschiedlich ausfallen. Manche gehen souverän mit den entsprechenden Anforderungen um, investieren in einem Bereich viel, in einem anderen wenig. Andere fühlen sich durch eine Übermacht an Erwartungen beinahe handlungsunfähig. Daß man durch Schule „geprägt", ja „gezeichnet" ist, kann bedeuten, daß heranwachsende Menschen ein für allemal von Schule „genug" haben, daß sie, um ihre Selbstachtung und ihren Stolz zu retten, alles tun, um sich keinen weiteren Lernansprüchen und Lernerfahrungen aussetzen zu müssen.

Die Schule bleibt in solchen Fällen Schülern „fremd", sie ist nicht Teil einer positiven Identität. Besonders dramatisch kann dies dann werden, wenn sie weder Bedürfnissen nach Wissenserwerb und Neuigkeit entgegenkommt, noch solchen nach Kompetenz und Autonomie genügt. Schule wird dann sowohl in den Dimensionen Monotonie-Langeweile-Nutzlosigkeit als auch in jenen von Leistungsbeurteilung-Leistungsdruck und Kontrolle-Zwang negativ wahrgenommen (ASTER & KUCKARTZ, 1988; BIETAU, BREYVOGEL & HELSPER, 1981; BIETAU, 1983).

In einem zweiten Bereich intensiviert sich der Umgang mit Schule in der Lebensphase Adoleszenz. Die Erfahrungen in der Schule sind für den Menschen auch immer Erfahrungen mit sich selber, die als solche auch sprachlich repräsentiert sind. In keinem anderen Entwicklungskontext sind die Möglichkeiten der Selbsterfahrung so differenziert und systematisiert wie im Bildungswesen. Sie sind allerdings nicht für alle gleich „erfreulich", nicht für alle gleich leicht mit der Persönlichkeitsdynamik, sich selbst lieben zu wollen, anerkannt und sozial zugehörig sein zu wollen, synchronisierbar. Daraus entwickelt sich eine für die Adoleszenz in der Moderne charakteristische Dynamik der Selbstarbeit, die viele das ganze Leben begleiten wird. Technisch gesprochen, geht es in diesem zweiten Bereich um die Konstitution des Selbst, die sich hier „naturgemäß" auf Leistungsaspekte konzentriert.

Neben der *Verarbeitung* der Pubertät (FEND, 1994a) und neben der *sozialen* Entwicklung, die in einer kommenden Publikation aufgearbeitet wird, repräsentiert die hier im Mittelpunkt stehende Entwicklung von *Leistungsbereitschaften und Leistungsselbstbildern* den dritten großen Entwicklungsbereich in der Lebensphase der Adoleszenz.

Wir konzentrieren uns dabei auf eine Altersphase, mit der sich unsere Kultur schwer tut. In der Schule umspannt sie die Mittelstufe, etwa die Zeit vom sechsten zum zehnten Schuljahr, die auch pädagogisch zu einem Niemandsland zu werden droht. Das entwicklungspsychologische Wissen zur Stufe der Kindheit ist im Bildungswesen durch eine kindorientierte Grundschulpädagogik recht gut umgesetzt worden. Auch mit Schülern an der Schwelle zum Erwachsenenalter wissen wir umzugehen, da hier die Konzentration auf die Kulturinhalte, auf die Wissens- und Fähigkeitsvermittlung eine unbezweifelte Priorität hat. Das Bindeglied zwischen diesen Stufen der Kindheit und des frühen Erwachsenenalters pädagogisch zu gestalten scheint uns zur Zeit am schwersten zu fallen.

Theoretische Paradigmen der Bearbeitung des Themas „Umgang mit Schule"

Wie in vielen anderen Bereichen der Humanwissenschaften läßt sich auch hier beobachten, daß in Frühphasen der Wissenschaftsentwicklung *ganzheitliche Sichtweisen* dominant waren und verschiedene Aspekte noch zusammengedacht wurden. Für die Thematik des Zusammenhanges zwischen dem schulischen Erfahrungsraum und der Entwicklung des Menschen im Kindes- und Jugendalter gilt dies in ausgeprägter Weise. Die Kinder- und Jugendpsychologie hat in den 20er und 30er Jahren dieses Jahrhunderts eine außerordentliche Blüte erlebt und das schulpädagogische Bewußtsein geprägt (DRÄBING, 1989; OELKERS, 1989). Die Vorstellung, daß Schule ein Raum für die ganzheitliche Entwicklung des Menschen sei, wobei Lehrern die Rolle von „Entwicklungshelfern" zukommen könnte, wurde damals erstmals als Programm formuliert. Bis in die 60er Jahre dieses Jahrhunderts hat diese Vorstellung der Reformpädagogik fortgewirkt, in der entwicklungspsychologische Konzepte (Erziehung vom Kinde aus), pädagogische Umweltgestaltungen (Schule als Entwicklungsraum) und persönliche Beziehungskonzepte (der pädagogische Bezug zwischen Lehrenden und Lernenden) vereinigt waren. Ab diesem Zeitpunkt sind andere Perspektiven dominant geworden. Die Entwicklungspsychologie des Jugendalters wurde durch die soziologische Erforschung der Verhaltensweisen und Mentalitäten der 13- bis 24jährigen (ZINNECKER, 1994) abgelöst und die entwicklungspsychologisch orientierte Schulpädagogik (REMPLEIN, 1965) durch die sozialpsychologisch und persönlichkeitspsychologisch inspirierte Handlungspädagogik im Sinne der Förderung eines sozial-integrativen Führungsstils (TAUSCH & TAUSCH, 1970) ersetzt.

Die *Schulpädagogik* hat also den Entwicklungsaspekt als Bestimmungsstück pädagogischen Handelns in den letzten Jahren sehr vernachlässigt (s. WAGNER-WINTERHAGER, 1991). Ihn wieder „zurückzuholen" ist ein wesentliches Motiv dieser Serie zur Adoleszenz in der Moderne.

Schon diese kurzen Vorbemerkungen lassen ahnen, daß man der Thematik des Umgangs mit Schule in der Adoleszenz nur gerecht wird, wenn die Beiträge mehrerer wissenschaftlicher Disziplinen integriert werden. Der Spezialisierungsdruck hat jedoch dazu geführt, daß in der *Entwicklungspsychologie* der Adoleszenz die „Schule als Lebensraum" vernachlässigt wurde und daß aus der *schulpädagogischen und schultheoretischen Forschung* der Aspekt der „Entwicklung" von Kindern und Jugendlichen fast völlig verschwunden ist[1]. Die *Pädagogische Psychologie* wiederum hat sich vor allem mit

---

[1] So finden sich z.B. auf Tagungen der American Educational Research Associatiation (AERA) kaum Veranstaltungen, die sich mit Entwicklungsaspekten der Schüler be-

„differentiellen" Aspekten der schulisch beeinflußten Humanentwicklung beschäftigt.

Die Spaltung zwischen *Entwicklungspsychologie und Pädagogischer Psychologie* kommt nicht nur in der unterschiedlichen Betonung der universalen *Veränderungsperspektive* und der Analyse *differentieller Ausprägungen von Persönlichkeitsmerkmalen* zum Ausdruck. Auch in den konzeptuellen Paradigmen wird sie sichtbar. So sucht die Entwicklungspsychologie nach *altersspezifischen Besonderheiten in der Bewältigung schulischer Anforderungen*. „Bewältigungskonzepte" (coping strategies) stehen hier im Vordergrund. Wie „Schule" in den psychischen Erlebnisraum eingebettet ist bzw. wie sich der Stellenwert von Schule im Persönlichkeitsgefüge im Verlauf der Entwicklung ändert, gehört zu den zentralen Suchstrategien dieser Disziplin.

Die *Pädagogische Psychologie* nähert sich mit *persönlichkeitstheoretischen* und *differentiellen* Instrumentarien dem Thema des „Umgangs mit Schule". Die aktive Bewältigung von Anforderungen wird mit Begriffen wie „Lernmotivation" und „Leistungsmotivation" sowie den begleitenden Kognitionen (Attribuierungen) und Emotionen (Angst, Stolz, Ärger) eingefangen. In diesem Rahmen werden zwar differenzierte Handlungsmodelle entwickelt, der Bezug zu anderen Subsystemen der Persönlichkeit (zum Selbst, zum sozialen Handeln) wird aber eher vernachlässigt. Die strukturelle Veränderung dieser Handlungssysteme im Verlauf der Entwicklung bleibt ebenfalls meist dunkel. Wie sich ein Motivationssystem von Kindern systematisch von jenem von Adoleszenten unterscheidet, kommt weniger ins Blickfeld.

Die interpretative Verarbeitung schulischer Erfolgs-Mißerfolgs-Bilanzen wird in der Pädagogischen Psychologie mit den Konzepten des „Selbstbildes", der „Attributionen", des „Kontrollbewußtseins", des „Selbstwertgefühls" usw. bearbeitet. Dadurch kommen zwar deutlich interindividuell variierende Personmerkmale zum Vorschein, ohne daß jedoch die Einordnung in ein umfassenderes Konzept der sich entwickelnden psychischen Struktur sichtbar wird.

Das Arbeitsprogramm: Universale und differentielle Formen des Umgangs mit Schule beim Übergang von der Kindheit ins Jugendalter

Auf der obigen Folie von Erkenntnisanliegen- und praktisch-pädagogischen Interessen ist die folgende Arbeit geschrieben. Es wird um eine Verbindung entwicklungspsychologischer und pädagogisch-psychologischer Traditionen gehen. Wir werden versuchen, universale Entwicklungsperspektiven ebenso

---

schäftigen. Gleichermaßen fehlen z.B. auf Tagungen der Society for Research on Adolescence (SRA) differenzierte Untersuchungen zum schulischen Kontext und zu dessen Einfluß auf die Entwicklung in der „Lebensphase Schulzeit". Letzteres hat sich jüngst zu ändern begonnen.

zu beachten wie interindividuell variierende Bewältigungsformen der Verarbeitung von Schule.

Dieses Thema wird in mehreren Schritten bearbeitet. Sie beginnen bei einer Explikation des Kontextes „Schule" und haben dessen enge funktionale Verflechtung mit modernen Bedingungen der Existenzsicherung im Auge. Für die Entwicklungspsychologie ist das Bildungswesen schlicht eine in sich hoch differenzierte *Kontextvariable*. Aus soziologischer Sicht hat sie eine sinnvoll strukturierte und hochkomplexe Gestalt, der mehrere manifeste und latente Ziele für das Funktionieren eines modernen Gemeinwesens innewohnen.

In einem zweiten Schritt kommt das psychische System zur Sprache, das durch den Kontext der Schule mitkonstituiert wird. Dabei interessieren vor allem habitualisierte Formen der Aufgabenbewältigung, also das *System der Lernmotivation*, das in seinen *handlungsorientierten Mikrokomponenten* dargestellt wird. Es ist eng mit anderen Subsystemen der Persönlichkeit verbunden, insbesondere mit jenem, das das *„Selbst"* genannt wird. Letzteres konstituiert dann den wichtigsten Komplex von „Outcome-Variables", wenn die Verarbeitung von Schulerfahrungen zur Sprache kommt.

In einem dritten Schritt geht es nach den üblichen meßtheoretischen Überlegungen zur Erfassung *habitualisierter Formen der Lernmotivation*, um ihre *Entwicklung* während der Schulzeit, insbesondere aber vom sechsten zum zehnten Schuljahr.

Einem vierten Analyseschritt sind Konsequenzen der *Verarbeitung schulischer Erfolgs- und Mißerfolgserfahrungen im Selbst einer Person* und ihre Folgen für die *psychische Gesundheit* vorbehalten. Diese letzte Analyse wird auf die Untersuchung der Folgen kritischer schulischer Lebensereignisse wie Schulwechsel, Klassenwiederholungen und Auf- und Abstiegsprozesse zugespitzt.

An mehreren Stellen wird sich immer wieder zeigen, daß die schulischen Erfolgs- und Mißerfolgserfahrungen in *sozialen Beziehungszusammenhängen* verarbeitet werden. Sie bestimmen mit, welche Bedeutung ihnen zugeschrieben wird und welche Handlungskonsequenzen daraus resultieren.

Diese Arbeit ist in der auch empirisch gestützten Überzeugung geschrieben, daß die Erfahrungen mit Lernen während der Schulzeit die weitere Lebensgeschichte entscheidend prägen. Im Mittelpunkt steht dabei die gestärkte oder zerstörte Motivation zu lernen. In einer historischen Phase der unerläßlichen „recurrent education", in der sowohl das persönliche als auch das gesellschaftliche Wohlergehen von dieser Ressource „Motivation" entscheidend abhängt, gewinnen schulische Erfahrungsräume, die bei möglichst vielen Schülern die *Lernbereitschaft erhalten* und pflegen, eine große Bedeutung. Darüber hinaus wird sich zeigen, daß der Umgang mit Schule die *psychische Gesundheit* tangieren kann und damit Folgen für die weitere Lebensgeschichte, für eine produktive oder regressive Bewältigung des Lebens unter modernen Existenzbedingungen haben kann. Auf diesem Wege wird der Umgang mit Schule in eine *ganzheitliche Sichtweise* der Entwicklung der Persönlichkeit eingebettet.

Ein qualitativer Einstieg

In der folgenden Diskussion in einer 9. Klasse eines Gymnasiums (ECKERLE & KRAAK, 1993, S. 79-84) kommt die hier angesprochene Thematik prägnanter als es lange theoretische Herleitungen vermögen, zum Ausdruck. Letztere sind jedoch unerläßlich, will man die *Hintergründe* des Wandels von der Kindheit in die Adoleszenz verstehen. Sie sind auch erforderlich, um die Variationsbreite zu erkennen und die Reaktionen *verschiedener* Jugendlicher in *verschiedenen* Klassen und Schulformen sowie die nicht angesprochenen positiven Effekte von Schulerfahrungen zu erfassen. Nichtsdestoweniger kommen die verschiedenen Dimensionen und Veränderungen des Umgangs mit Schule in der Adoleszenz im folgenden sehr plastisch zum Vorschein.

Lehrer (L): J, Du hast das erste Wort.
J: Also, soll ich mich darüber äußern, warum wir in der neunten Klasse so anders sind als in der fünften?
L: Ihr habt ja diese Theorie.
J: Also, in der neunten hat man ganz andere Interessen als in der fünften und eine ganz andere Weltanschauung. Man interessiert sich gar nicht mehr so für Schule. Wenn man aus der Grundschule in das Gymnasium kommt, also Gymnasium ist noch was Tolles. Man hat neue Lehrer und neue Umgebung, und dann muß man sich erst mal behaupten, sagt man sich so persönlich. Um so eintöniger wird es dann. Man merkt, daß es dann nicht so toll ist. Man entwickelt sich in eine andere Richtung und merkt, daß Schule keine Rolle mehr so spielt.
A: Wenn man größer ist, dann hört man nicht mehr so auf die Eltern. Dann denkt man, das ist doch überhaupt nicht so, wie die immer erzählt haben. In der fünften Klasse steht man noch so unter dem Druck der Eltern, und man denkt: „Ja, wenn die sagen, Abschreiben ist schlecht, dann ist das schlecht, und man läßt nicht abschreiben. In der neunten ist das nicht mehr so."
B: In der fünften Klasse sind die Schüler noch nicht so befreundet. Das liegt daran, daß das eine neue Gemeinschaft ist. Die kennen sich noch nicht und denken: „Ha, ich hab' auf meiner Grundschule viel mehr gelernt als die" und wollen sich erst mal beweisen. In der neunten Klasse ist man dann eher wieder zusammen, ist eine Gemeinschaft.
N: Das wollte ich auch sagen, daß das der Unterschied ist, wenn man aus der Grundschule kommt, dann arbeitet man immer noch für sich alleine und findet das alles toll und neu, und es macht auch Spaß. Man findet es interessant und hat neue Lehrer. In der neunten hat man schon bessere Freunde. Dann fragt man sich: „Wofür mach' ich das überhaupt?" Dann hat man keinen Bock mehr. Die Lust an

der Schule nimmt immer weiter ab. Man findet das nicht mehr so toll, wenn man alles kennt.

T: Wenn man von der Grundschule jetzt hier aufs Gymnasium kommt, dann eifern die meisten dem Besten aus der Klasse hinterher. Ich merk das jetzt bei meinem Bruder. Der ist jetzt in der dritten Klasse. Da ist das ganz massiv so; da sind drei wahnsinnig gut. Und alle anderen: „Ah, wir wollen auch so sein". Nur um dann irgendwann sagen zu können: „Jetzt bin ich schon fast genauso gut wie die". Auf dem Gymnasium ist das eine Zeitlang noch so. Aber irgendwann kommt dann der Punkt, wo man nur noch so viel für sich lernt, wie man selbst meint. Dieser Eifer, hinter den anderen her, läßt nach. Das kann ja in Einzelfällen noch bleiben, aber ich mein' ...

C: In der fünften Klasse lassen die nicht abschreiben, weil sie viel zu viel Angst vor dem Lehrer haben. „Der könnte uns ja erwischen. Und dann geb ich dir mein Heft nicht. Ich weiß es ja sowieso, und was du machst, ist mir egal".

T: Ich glaub, in der fünften ist noch mehr Wettbewerb. Deshalb lassen die nicht abgucken.

L: Und bei euch ist kein Wettbewerb mehr!

J: Wenn ich normal mit anderen Erwachsenen diskutieren würde, würden die sagen, das ist jetzt ein dummes Argument. Aber ich finde, es paßt schon: Je älter man wird, desto mehr versucht man, cool zu sein. Also mehr oder weniger. Wenn man dann in der Neunten ständig gute Noten schreibt, ist es sehr schwer, von dem Ruf herunterzukommen, man sei ein Streber.

Zwischenrufe!

Deswegen schlagt ihr mich nicht gleich tot. Aber deswegen bemüht man sich auch gar nicht mehr so, gute Noten zu schreiben. Wenn man echt immer Einsen schreibt! Mir wird oft an den Kopf geworfen, ich sei ein Streber. Dabei stimmt das in keinster Beziehung. Das ist in der Neunten eine ganz andere Motivation. Wenn man in der fünften lauter gute Noten schreibt, dann wird man von den anderen mehr oder weniger angehimmelt.

M: Also, ich wundere mich. Ich habe das gar nicht mitgekriegt, daß wir nicht voneinander abschreiben haben lassen. Auch nicht in der Fünften. – Dann noch zu dem Cool-Sein. Cool muß man sein, wenn man schlecht ist. Ich finde, das Wort paßt nicht zu dem, was du gesagt hast.

J: Okay, das Wort mag schlecht sein. Aber die Sache stimmt. Man wird als Streber verrufen, wenn man gute Noten schreibt, und deswegen ist man nicht mehr motiviert, der Beste zu sein. Das meine ich mit cool, daß man unabhängig wird von den guten Noten.

M: Also, ich finde, in der Neunten, da ist man so ... also ein Mensch. Da ist man schon erwachsen. In der Fünften, die hören auf ihre Eltern teilweise. In der Neunten, da hat jeder schon seine Anschauung. Die einen denken, sie lassen nicht abschreiben, für die anderen ist das total anders; weil sie jetzt schon mehr auf sich alleine gestellt sind und von den Eltern nicht mehr abhängig sind, sagen sie sich: „Also, man lebt gar nicht so für die Schule, das ist doch egal". Ob man abschreiben läßt, ist da nicht wichtig.

C: Die Guten, wie der J., lassen sich von anderen beeinflussen, um den Ruf des Strebers wieder abzulegen. Sie schreiben mit Absicht schlechte Noten. Das ist nicht cool, er macht sich ja abhängig. – Zu M. wollte ich sagen, daß ich das nicht richtig finde, daß in der Neunten kein Ehrgeiz mehr ist. Der ist nur anders als in der Fünften Klasse. Der reicht nicht mehr so weit, daß man sich sagt: „Ich will jetzt meine Zwei schreiben, und du bist mir egal, was weiß ich ...". Aber es ist immer noch so, daß man sich über eine gute Note noch ziemlich freut. Wenn einer immer bessere Noten schreibt, und jetzt ist er schlechter, da freut man sich gerade drüber. Das zeigt, daß man selbst auch etwas kann.

Ch: Das mit dem Streber, da kann man doch drüberstehen. Ich glaub', das ist auch anders gemeint, wenn man zu einem Freund sagt: „Guck mal, da kommt ein Streber." Das muß der doch nicht zum Anlaß nehmen, jetzt Vieren zu schreiben.

T: Ich glaube, daß das sehr auf den Typ ankommt. Es gibt bestimmt viele, die, wenn einer ankommt und sagt: „Mein Gott, was bist du für ein Streber", sich das zu Herzen nehmen und es lieber in Kauf nehmen, einmal nicht zu lernen; nur daß die anderen sich sagen: „Vielleicht ist es ja doch nicht so." Dann kommt es darauf an, wie man das sagt, wie man sagt: „Du bist ein Streber".

Noch zu was anderem. Wir wollen ja auch darüber schreiben, daß die in der Neunten sich Rechte nehmen, weil die in der Fünften kleiner sind. Etwa auf dem Schulhof mit den Toren. Da wurden wir früher immer vertrieben. Da waren wir immer ärgerlich, aber wir waren die Kleinen, wir konnten nichts machen. Wenn man in der Siebten ist, dann sind da welche, die noch kleiner sind, und man probiert es, ob man die nicht auch aus dem Tor vertreiben kann. Dann erinnert man sich sicher daran, wie das in der Fünften war, und dann kommt da sowas wie nicht gerade Haß, aber ich würde schon sagen, man probiert, ob man es nicht mit anderen so machen kann, wie die Großen es mit einem selbst gemacht haben. In der Neunten weiß man, daß das geht und wie es geht, und dann macht es eigentlich nicht mehr Schwierigkeiten, es zu tun. Dann sind nur noch die Lehrer da ...

M: Also, ich habe auch in Erinnerung, daß sich unsere Jungs da früher ganz gut behauptet haben. Aber wenn ich mir angucke, was für Kleine da jetzt drin stehen, also die sind schon ziemlich schlagfertig.

O: Die machen sogar die Oberstufenschüler an. Neulich ...

C: Die Kleinen sind rotzfrech. Da gibt es so eine Clique ... Die haben keinen Respekt. Wenn ich jetzt bei denen in der Klasse wäre! Da hat sich was verändert. Die haben sich angepaßt. Das haben wir früher nicht gemacht.

L: Noch mal zurück zum Interesse; das habt ihr am Anfang angesprochen.

Ch: Das Interesse läßt nach. Es bezieht sich jetzt mehr auf nachmittags und abends, was man da macht. Man redet in der Schule wohl mehr darüber, was man nach der Schule macht. Früher war es mehr so, daß man nachmittags geredet hat, was vormittags war und was man morgen in der Schule machen wird.

D: In der fünften Klasse hat einem die Schule noch nichts getan. Sie war etwas ganz Neues. Man macht was. Mit den Jahren merkt man, daß nichts zurückkommt von der Schule, wenn man viel macht zu Hause. Man kriegt viel Ärger mit den Lehrern, und es bringt einem nichts. Irgendwann geht dann die Motivation flöten.

L: Man strengt sich an und kriegt nichts zurück?

Lebhafte bestätigende Reaktion!

D: Man wird oft von der Schule enttäuscht. Man fängt an, sie zu hassen. Man verbindet Fleiß zu Hause mit Schule. Deshalb macht man nicht mehr so viel.

L: Die Schule bedeutet euch sehr wenig.

Ch: Ich denk halt, daß es richtig ist, was D. gesagt hat. Es bringt nichts, zu lernen. Man stößt auf die Lehrer, und bei vielen gibt es nichts mehr zurück. Das macht keinen Spaß mehr, man kann nicht mehr so richtig diskutieren und so. Das hat was mit dem Schulklima zu tun.

E: Ich denke, das hat auch was damit zu tun, daß Schule immer anstrengender wird. Man muß sich immer mehr Mühe geben. Wenn man jetzt eine Arbeit schreibt, man muß für Englisch Vokabeln lernen, für Mathe was machen, man schreibt Chemie. Früher ging das noch. Je größer man wird, desto größer wird die Mühe, die man sich machen muß. Da denkt man, hier muß ich mehr machen, und das muß ich lernen, und das noch vier Jahre. Also, da kriege ich Depressionen, wenn ich dran denke. Das ist hoffnungslos. Man muß lernen und immer mehr lernen. Man schreibt Arbeiten, hat wieder Ferien, und dann geht das Ganze wieder los.

B: Zu D – Haß ist sicher nicht das richtige Wort. Schule wird einem immer mehr gleichgültig. Oder man bringt es mit Ch. in Zusammenhang: Andere Dinge werden immer wichtiger.

T: Ich denke nicht, daß Schule einem immer gleichgültiger wird; sie wird immer mehr zur Pflichtübung. Und da ist es ja klar, daß die Motivation nicht gerade in den Himmel steigt. In der Fünften hat man noch Spaß dran. Jetzt motiviert man sich gerade so viel, daß man diese Pflichtübung noch schafft. Man motiviert sich, daß man gerade so viel machen kann, daß es reicht.

C: B hat gemeint, daß Schule einem immer gleichgültiger wird. Mir ist sie nicht gleichgültig. Ich mag sie einfach nicht. Ob ich sie hasse oder nicht mag – ich mag sie echt nicht.

L: Du empfindest Widerstand?

C: Ja. Haß, na ja. Aber es geht in die Richtung, eigentlich.

M: Ich find' auch. Aber es gibt ja verschiedene Interessen; Interesse am Unterricht, Interesse am Lehrer, die Leute in den Pausen wieder zu sehen, was weiß ich alles. Manchmal hab ich auch keine Lust mehr, die Leute zu sehen. In der Fünften ist man noch an den Lehrern interessiert, in der Neunten sind einem die Lehrer auch egal. Schule ist kein wichtiger Punkt in meinem Leben. Mir ist es egal, ob ich gut bin oder nicht. Wenn ich Schule nicht mag, bring' ich mich auch nicht ein.

N: Der Unterricht kann doch interessant sein. Früher haben wir in Physik und Chemie mehr Experimente gemacht. Da konnte man mehr lachen und so. Wir haben auch mehr Texte gelesen, da konnte man richtig was machen. Nicht immer nur lernen und so. Es ist so: Du sitzt da, der Lehrer macht einen Versuch. Du mußt das aufschreiben und kriegst das alles gesagt. Manchmal muß man auch denken und so.

Lachen, Zustimmung!

Früher war das alles viel anschaulicher. Jetzt ist da nichts mehr.

J: Ich würde zwei Punkte herausstellen. Erstens gehe ich nur noch zur Schule, damit ich den Schulabschluß habe und halt später ins Berufsleben starten kann. Wenn das Problem nicht da wär, wär ich längst nicht mehr auf der Schule. Das geht echt in O's Richtung, daß ich Schule echt überhaupt nicht mag. Aber man braucht es halt eben. Und der andere Punkt ist: In der Fünften ist man noch viel naiver. Lehrer sind unheimlich tolle Leute, unheimlich gebildet. Und hinterher merkt man, also je älter man wird, die sind auch nur irgendwie Menschen, die machen Fehler und sind nicht soo gebildet. Die sind nicht so geniale Menschen. Man merkt, daß die nicht so vollkommen sind. Lehrer verlieren halt, je älter man wird, immer mehr an Ansehen. Mit den Arbeiten ist es genau das gleiche. Früher dachte man: „Wenn ich jetzt spicke, oh, dann erwischt mich der Lehrer". Heute sag ich mir: „Der Lehrer kann mich überhaupt nicht erwischen. Das merkt der nie und so". Man nimmt sich immer mehr raus, und es ist so, daß man sich immer mehr Desinteresse leisten kann. Wenn man in der Fünften unruhig ist, dann hat man Angst vor einer Extraaufgabe. Und jetzt, wenn ich unruhig bin, okay, dann krieg ich halt 'ne Extraaufgabe. Ich hab die letzten drei Stunden Stundenprotokolle aufbekommen. Da sagt man sich halt, daß man sich zehn Minuten hinsetzt und das schreibt. Die Strafen stehen überhaupt nicht in Relation eigentlich zu dem, was man macht.

2. Die Stichproben zur Darstellung der Entwicklung in der Adoleszenz

In zwei Untersuchungswellen haben wir versucht – der Plural an dieser und an anderer Stelle steht für die Arbeit einer Forschergruppe –, die Bewältigung und Verarbeitung schulischer Ansprüche und Lernangebote für die genannte Altersphase zu beschreiben und differentielle Bewältigungsstrategien zu erklären. Die ersten Erhebungen waren in Deutschland lokalisiert, die zweiten in der Schweiz. Im ersten Fall stehen aufwendige Längsschnitterhebungen im Mittelpunkt, die von 1979 bis 1983 jährlich durchgeführt wurden. Im zweiten Fall liegen Replikationen der wichtigsten Daten für die Schweiz vor, die auf Querschnittserhebungen im Jahre 1990 (N= 547), 1992 (N= 698) und 1995 (N= 908) aufbauen.[2]

2.1 Die Stichprobe des Konstanzer Längsschnitts

Um Entwicklungsprozesse von der Kindheit bis zur Adoleszenz in universaler und differentieller Perspektive untersuchen zu können, war eine genügend große und repräsentative Stichprobe erforderlich. Sie sollte es ermöglichen, Mädchen und Jungen noch am Ende der Kindheit zu erreichen und sie bis zur mittleren Adoleszenz zu begleiten.

Die Altersspanne der Stichprobe

Heute ist es im amerikanischen Forschungsbereich üblich geworden, das gesamte zweite Lebensjahrzehnt und einige Jahre über das 20. Lebensjahr hinaus als Gegenstand der Adoleszenzforschung zu betrachten (ELLIOTT & FELDMAN, 1990, S. 2). Ferner hat sich eingebürgert, die Zeit von 10 bis 14 Jahren als *Frühadoleszenz*, die Zeit von 15 bis 17 als *mittlere Adoleszenz* und die Phase von 18 bis 25 als *Spätadoleszenz* zu bezeichnen (ELLIOTT & FELDMAN, 1990, S. 2). Dies ist für europäische Begriffe in zwei Aspekten ungewöhnlich. Wir sind erstens nicht gewohnt, die Adoleszenz so früh anzusetzen. Zweitens ist in europäischen Entwicklungspsychologien die Einteilung der Lebensphasen für Jungen und Mädchen getrennt vorgenommen worden,

---

[2] Die folgende Stichprobenbeschreibung ist weitgehend identisch mit jener in der Arbeit „Die Entdeckung des Selbst und die Verarbeitung der Pubertät". Um eine unabhängige Lektüre zu ermöglichen, sind auch hier die wesentlichen Daten zu den Stichproben angeführt.

da Mädchen am Beginn der Adoleszenz einen Entwicklungsvorsprung des Wachstums von etwa einem bis ca. zwei Jahren haben. Letzteres betonen natürlich auch alle amerikanischen Publikationen.

Angesichts der *epochal immer früher einsetzenden körperlichen Entwicklung* erscheint aber der angegebene Zeitraum, erfaßt man die *Frühesten* in der Entwicklung und die *Spätesten*, realistisch und im großen und ganzen sinnvoll.

Wir haben unsere Untersuchung mit Kindern in der 6. Klasse begonnen und die Erhebungen gegen Ende dieses Schuljahres durchgeführt. Damit haben wir viele Schüler erfaßt, die von der körperlichen Entwicklung her fast noch Kinder waren, zum andern Teil wurden aber auch solche einbezogen, die schon weit entwickelt waren. Etwa 25% der Schülerinnen und Schüler in der 6. Schulstufe waren zum Erhebungszeitpunkt noch nicht zwölf Jahre alt, etwa 45% waren schon volle zwölf Jahre oder im 13. Lebensjahr, ca. 25% hatten das 13. Lebensjahr schon vollendet und ca. 5% waren sogar schon 14 Jahre alt.

Diese Kinder/Jugendlichen konnten wir jährlich bis zur 10. Schulstufe testen und befragen. Dementsprechend waren am Schluß etwa 4% schon 18 Jahre alt, 25% waren 17, 45% 16 Jahre alt und 25% erst 15 (FEND, 1990, S. 275 ff.). Somit erfaßt der Längsschnitt die Altersspanne von 11 bis 18 Jahren (FEND, 1990, S. 276). Die Erhebungen bei ca. 2 000 Kindern und Jugendlichen wurden von 1979 bis 1983 jährlich klassenweise durchgeführt, beginnend mit der 6. Schulstufe und endend mit der 10. Stufe.

Regionale, sozialstrukturelle und familiäre Merkmale der Stichprobe

Um die gesamte Bandbreite interindividueller Unterschiede und um Kontextmerkmale (Region, Schulform, Schicht, Merkmale der sozialen Nahwelt) berücksichtigen zu können, haben wir eine große Stichprobe gewählt. So wollten wir das Aufwachsen in ländlichen und städtischen Regionen systematisch berücksichtigen. Um dies in einem ökologisch typischen, aber homogenen Gebiet tun zu können, haben wir uns um eine Vollerhebung eines ganzen Jahrganges in einer ländlichen Region und um ganze Bezirke einer Großstadt bemüht. Dies ist uns in der buchstäblichen Mitte des damaligen Deutschlands, in *Hessen*, gelungen. So umfaßt die Stichprobe des Konstanzer Jugendlängsschnitts in allen fünf Erhebungsjahren zwei spezifische Regionen in Hessen: einmal Stadtteile von *Frankfurt* (Bockenheim, Westend und Nordweststadt), zum anderen ein sehr ländlich geprägtes Gebiet im *Odenwald* (den gesamten Odenwaldkreis sowie den östlichen Teil des Landkreises Bergstraße). Ca. 76% aller erfaßten Jugendlichen leben mit beiden Elternteilen zusammen. In ca. 12% der Fälle ist die Mutter alleinerziehend. Der Anteil an jugendlichen

Ausländern beträgt 8.4%. 14.3% der Eltern sind geschieden (FEND, 1990, S. 278).

Verluste und Gewinne bei den jährlichen Erhebungen

Jede Längsschnittstudie ist mit dem Problem der Ausfälle konfrontiert. Trotz intensiver Feldpflege (jährliche Berichte an Schulen und Eltern, Vorträge, Weihnachtsgrüße) ließen sie sich auch bei unserer Studie nicht vermeiden. Wir haben es aber als Erfolg der großen Anstrengung gewertet, daß zumindest keine Schule oder Schulklasse gänzlich ausgefallen ist.

Über die Stichprobengrößen der jährlichen Querschnitte gibt Abb. 2.1 Auskunft.

Abb. 2.1: Design der Studie „Entwicklung im Jugendalter"

Alter	Befragungsjahr					Befragte
	1979	1980	1981	1982	1983	
12	2054	A 62				SCHÜLER
13		2047	A+B 129			
14		264	2003	A+B+C 232		
15			246	1952	A+B+C+D 287	Testungs-strang
16				161	1790*	Haupt-strang
						Parallel-strang
		138 — 229 —		178		LEHRER
		988		590		ELTERN

Die Zahlen geben den kompletten Stichprobenumfang pro Jahr an.
* davon: 128 Schulabgänger/Berufsanfänger (in der Regel Lehrlinge)
112 Abgänger in Schulen (in der Regel Berufsfachschulen)
1550 Real-, Gymnasial- und Gesamtschüler

Da jeweils komplette Jahrgangsstufen erfaßt wurden, unterscheiden sich die jährlichen Zahlen der Schüler im Hauptstrang nur wenig. Gleichwohl überschneiden sich die realisierten Stichproben aufeinanderfolgender Erhebungen nicht vollständig, da:

- Schüler nicht in jedem Jahr an der Befragung teilnahmen (z. B. wegen Krankheit fehlten);
- manche Schüler nicht in die nächste Klassenstufe versetzt wurden und damit aus der untersuchten Jahrgangsstufe ausschieden;
- bisher noch nicht befragte Schüler aus der nächsten Klassenstufe hinzukamen, die nicht versetzt worden waren;
- Schüler durch Schulwechsel (z. B. wegen Umzugs der Eltern) verloren gingen oder neu in die Stichprobe hinzukamen.

Einem jährlichen „Verlust" von ca. 250 Schülern (ca. 14%) stand ein ebenso großer „Gewinn" gegenüber.

Fast alle Hauptschüler verließen nach der 9. Klassenstufe die Schule; ein Teil von ihnen konnte mit einem speziell auf sie zugeschnittenen Fragebogen, der insbesondere Fragen zum Übergang in Ausbildung und Beruf enthielt, auch 1983 befragt werden. Die folgende Tabelle 2.1 gibt einen Überblick über die Entwicklung der Panelstichprobe insgesamt und getrennt nach Schulformen.

Tab. 2.1: Entwicklung der Panel-Stichprobe (nach Schulform 1980)

Teilnahme im Jahr:	Total:		Nach Schulform: (Absolut und %-Anteil vom Vorjahr)						
			Hauptschule		Realschule		Gymnasium		Integr. Gesamtschule
1979	1848*		teilweise Förderstufe, deshalb nicht getrennt darstellbar						
1979+1980	1574	85%	296		400		324		554
1979+1980+1981	1316	84%	249	84%	331	83%	268	83%	468	84%
1979+1980+1981+1982	1072	81%	191	77%	272	82%	229	85%	380	81%
1979+1980+1981+1982+1983	851	79%	95	50%	239	88%	203	89%	314	83%

* Zwei Gesamtschulen aus einem anderen Landkreis wurden ab 1980 nicht mehr weiter berücksichtigt, um die Analyse auf einen kompletten Landkreis zu beschränken. Sie wurden deshalb auch nicht in die Berechnungen der Ausfallanalysen einbezogen.

Die jährlichen Gewinne und Verluste erlauben auch, mit verschiedenen Filtern zu rechnen.

1. Die repräsentativsten Einblicke in die Verhältnisse eines Jahrganges geben jeweils die gesamten Querschnitte von Schulstufe zu Schulstufe. Damit ist bei längsschnittlichen Analysen der Nachteil verbunden, daß wir Schüler einschließen, die einmal teilgenommen haben und dann wieder ausgeschieden sind. Wir haben somit nicht immer dieselben Jugendlichen in der Analyse, wenn wir nach Altersjahrgängen aufgliedern. Solche Analysen sind als Ergänzung zu „reinen" Längsschnitt-Stichproben außerordentlich bedeutsam, da die Ergebnisse durch den Ausfall schwer testbarer Kinder und Jugendlicher verzerrt würden (BATHURST & GOTTFRIED, 1987).

2. Um eine „reine" Längsschnittanalyse zu rechnen und möglichst viele Jugendliche einzubeziehen, können wir mit dem Filter „Teilnahme alle 5 Jahre" rechnen. Dabei erfassen wir aber nur mehr 851 Mädchen und Jungen, die immer bereit waren, teilzunehmen, und alle Instrumente bis zum 16. Lebensjahr ausgefüllt haben. Hier fehlen dann für viele Merkmale die Hauptschüler, die aus der Schule abgegangen sind und nur mehr auf unsere kürzere postalische Erhebung reagieren konnten. Der Ausfall in dieser Gruppe ist verständlicherweise größer als bei jenen, die noch im allgemeinbildenden Schulsystem geblieben sind. Damit haben wir es hier mit einer zweifach „geschönten" Gruppe zu tun: Einmal zeichnet sie sich durch eine regelmäßige Teilnahme aus, zum andern umfaßt sie vor allem Schüler höherer Schulformen, die ein 10. Schuljahr im allgemeinbildenden Schulsystem besuchen (dies ist – wie erwähnt – aber nicht bei allen Variablen der Fall: Ausgewählte Skalen haben auch die Abgänger aus der Hauptschule in der postalischen Befragung noch beantwortet).

Die längsschnittliche Darstellung schafft aber das Problem unterschiedlicher Stichprobengrößen. Wir werden im folgenden einige Standardlösungen verwenden:

- Wenn der längsschnittliche Charakter nicht im Vordergrund steht und möglichst repräsentative Aussagen über Jahrgänge angestrebt werden, dann werden wir auf die vollen Jahresquerschnitte Bezug nehmen. Diese umfassen zwischen 1790 und 2054 Jugendliche.
- Bei längsschnittlichen Analysen, in denen möglichst alle Schüler beteiligt sein sollten, werden wir Vier-Jahres-Längsschnitte (1979-1982) zugrunde legen, da viele Hauptschüler nach der 9. Stufe die Schule verlassen haben (N = 1072).
- Bei ausgewählten Merkmalen, die wir auch noch postalisch bei den Schulabgängern erfaßt haben, können wir auf den vollen Fünfjahres-Datensatz (N = 851) zurückgreifen.

Ausfallanalysen haben angesichts dieser Probleme eine große Bedeutung. Wir haben sie deshalb auch extensiv durchgeführt (GSCHING, BRIECHLE & FEND, 1986) und immer wieder ein durchschlagendes Ergebnis gefunden: Die Teil-

nahme an Untersuchungen ist mit einer geringeren Problembelastung der Mädchen und Jungen verbunden.
Die dauerhaften Abgänger aus den Untersuchungen unterscheiden sich von den Teilnehmern, die dabeigeblieben sind, durch folgende Merkmale:
- Sie kommen überdurchschnittlich häufig aus Haupt- oder Realschulen,
- sie weisen einen schlechteren Leistungsstand auf,
- Eltern haben seltener weiterführende Bildungsabschlüsse und sind häufiger Arbeiter,
- die Mutter ist häufiger berufstätig,
- es handelt sich verstärkt um Ausländerkinder,
- sie haben mehr Geschwister,
- ihre verbale Intelligenz ist geringer,
- die soziale Problembelastung ist größer,
- die Schulabschlußerwartungen sind niedriger (FEND, 1990, S. 279 ff.).

Dies gilt für alle Stufen der Teilnahme, von der jährlichen Teilnahme bis zur wiederholten. Eine einfache Analogie zur Erfüllung schulischer Aufgaben drängt sich auf: *Schüler, die die Hausaufgaben regelmäßig machen, beteiligen sich gewissenhafter an Untersuchungen* wie der vorliegenden. Ähnliches gilt für die Teilnahme der Eltern an der Untersuchung. Jene *Väter und Mütter, die häufig zu Elternabenden gehen, haben auch bei uns häufiger die ihnen zugeschickten Fragebogen beantwortet.* Dies heißt jedoch nicht, daß wir keine Problemkonstellationen mehr erfaßt hätten. Es bedeutet lediglich, *daß wir durch unsere Erhebungen eher zu Unterschätzungen entsprechender Probleme neigen.* Deshalb sind uns die ergänzenden Querschnittsanalysen sehr wichtig.

2.2 Die Schweizer Vergleichsstudien

In unmittelbarer Fortführung der Konstanzer Arbeiten sind ab dem Jahre 1988 Vergleichsuntersuchungen in der Schweiz initiiert worden. Mehrere qualitative Studien über Tagebücher, Jugendgedichte usw. sind drei größeren quantitativ ausgerichteten Teil-Replikationen des Konstanzer Längsschnitts vorangegangen. Sie sollten Kulturvergleiche ermöglichen, um zu überprüfen, ob etwa die altersbezogenen Entwicklungen der Lernmotivation universal auftreten oder aber von den nationalen Besonderheiten eines Bildungssystems abhängen. Wenn wir einleitend den Mangel an Wissen über Entwicklungsprozesse der Lernmotivation beklagt haben, so gilt dies verstärkt in bezug auf den Mangel an Wissen über die Kulturabhängigkeit solcher Prozesse. Ein Vergleich von Deutschland mit der Schweiz mag von außen gesehen nur eine geringe Variation beinhalten. Wie sich jedoch zeigen wird, ist dies nicht der Fall. An der Oberfläche ergeben sich tatsächlich viele Ähnlichkeiten. So können wir unschwer die Dreigliedrigkeit der Sekundarstufe I replizieren. Der Gliederung in Hauptschule, Realschule und Gymnasium entspricht die Gliederung in Realschule, Sekundarschule und Mittelschule im Kanton Zürich bzw. ähnlichen Strukturen in anderen Kantonen.[3] Die innere Gestalt und Organisation des Schulwesens im Kanton Zürich unterscheidet sich jedoch gravierend von deutschen Schulen. So existiert in Zürich keine besoldete Fachaufsicht, sondern eine gewählte Laienaufsicht, die im Milizsystem arbeitet. Im Schulgesetz existiert ferner die Position des Schulleiters nicht, jeder Lehrer ist weitgehend autonom für seine Klasse verantwortlich. Das Klassenlehrerprinzip ist in der Realschule und Sekundarschule noch voll intakt und organisiert die Verantwortlichkeit des Lehrers für eine Klasse der Oberstufe, die er in der Regel drei Jahre lang betreut. Die Sekundarschule baut im Kanton Zürich schließlich auf einer sechsjährigen Primarstufe auf. Die Übergänge in die Mittelschule (Gymnasium) erfolgen in einer ersten Welle nach dem 6. Schuljahr (etwa 60% bestehen die Aufnahmeprüfung, und etwa 50% verbleiben schließlich nach einer Probezeit in der Mittelschule) und in einer zweiten nach dem 8. Schuljahr aus der Sekundarstufe heraus. Daraus ergeben sich insgesamt etwas niedrigere Quoten von Gymnasiasten als in Deutschland (s. unten).

Neben der guten Bezahlung der Lehrer ist die Organisation des Schultages erwähnenswert. Während sich in Deutschland die Konzentration auf den Vormittagsunterricht weitgehend durchgesetzt hat, ist in der Schweiz der Nachmittagsunterricht (außer Mittwoch und Samstag) noch die Regel.

Insgesamt ergibt sich also in der Ausgestaltung des Bildungswesens eine beträchtliche Varianz, wenn man die Schweiz und Deutschland vergleicht.

---

[3] Faktisch ergibt sich im Kanton Zürich eine Viergliedrigkeit, da „unterhalb" der Realschule noch die Oberschule zu finden ist. Sie umfaßt jedoch lediglich einen Prozentsatz von 4 bis 6%, so daß eine Strukturähnlichkeit zur deutschen Sonderschule besteht. Letztere wird im Kanton Zürich aber auch durch ein differenziertes System von Sonderklassen repräsentiert.

Im Kanton Zürich hat in der Zwischenzeit der Erziehungsrat die Überführung der Oberschulen, der Realschulen und Sekundarschulen in integrierte Schulformen im Sinne fachleistungsdifferenzierter Gesamtschulen beschlossen. Dieser Entscheid muß vom Volk noch bestätigt werden.

Zürcher Replikationsstudie I

Die erste Replikationsstudie wurde im Sommer 1990 bei 583 Schülern der 9. Schulstufe in allen Schulformen und in mehreren deutschsprachigen Schweizer Kantonen realisiert. Tab. 2.2 gibt eine kurze Stichprobenbeschreibung nach Schulformen, Geschlecht und Schicht der beteiligten Jugendlichen.

Tab. 2.2: Die erste Zürcher Replikationsstudie – soziodemographische Beschreibung der Stichprobe

N ohne „Keine Anwort"

	N	%
Oberschule, Realschule (vergleichbar zur deutschen Hauptschule)	206	37.5
Sekundarschule (etwas besser als deutsche Realschulen)	125	22.7
Mittelschule (vergleichbar zum deutschen Gymnasium)	173	31.5
Gesamtschule	46	8.4
Geschlecht:		
weiblich	287	49.3
männlich	295	50.7
Schicht:		
Oberschicht (1-2)	126	23.6
Mittelschicht (3-4)	255	47.7
Grundschicht (5-7)	154	28.8
Schweizer	442	77.0
Ausländer	132	23.0

Beim Vergleich der deutschen mit den Schweizer Daten ist immer zu beachten, daß es unter letzteren 23% Ausländerkinder gibt. Ferner sind Besonderheiten des Schulsystems zu berücksichtigen. Im groben ist, wie oben erwähnt, auch die Sekundarstufe in der Schweiz in drei Niveaus gegliedert.[4] Das einfachste umfaßt die Oberschulen (im Schuljahr 1990 3.3% des Altersjahrganges im Kanton Zürich) und die Realschulen (im Jahre 1990 30.7% eines Al-

---

4   Die folgenden Daten beziehen sich alle auf die 9. Schulstufe.
    Quelle: Bildungsstatistisches Jahrbuch 1992. Erziehungsdirektion des Kantons Zürich. Hrsg. von der Pädagogischen Abteilung/Bildungsstatistik, S. 60.

tersjahrganges im Kanton Zürich). Die Sekundarschulen repräsentieren ein mittleres Anforderungsniveau und machten 1990 36.9% eines Altersjahrganges aus, die Mittelschüler (Gymnasiasten) 24.7%. Gesamtschüler fanden sich zu 4.3%. All dies ist ohne die knapp 2% Sonderklassenschüler gerechnet. Der Ausländeranteil an den Schülern der Sekundarstufe I betrug 1990 im Kanton Zürich 22.5%.

Danach sind in unserer Stichprobe Mittelschüler und Gesamtschüler in Versuchsschulen (in Zürich AVO – Abteilungsübergreifende Versuche an der Oberschule – genannt) etwas überrepräsentiert. Es ist allerdings zu beachten, daß wir nicht nur Schüler aus dem Kanton Zürich einbezogen haben. Ein Großteil stammt aus den Kantonen Basel-Stadt, St. Gallen und Luzern.

Zürcher Replikationsstudie II

Die zweite Replikationsstudie im Sommer 1992 war stärker als quasi-experimentelles Design angelegt, um die Bedeutung der Faktoren Schulstufe, Schulform und Geschlecht zu überprüfen. 698 Schüler der 7. und 9. Schulstufe aus zwei Niveaus (einfaches Niveau: Realschule, höchstes Niveau: Mittelschule) konnten untersucht werden.

Ihre Verteilung nach den Untergruppen gibt Tab. 2.3 wieder.

Tab. 2.3:   Stichprobe der zweiten Zürcher Replikation

Besetzungen der Untergruppen
N ohne „Keine Antwort"

	7. Stufe	9. Stufe
Mädchen		
Realschule	98	64
(deutsche Hauptschule)		
Mittelschule	77	87
(deutsches Gymnasium)		
Jungen		
Realschule	121	78
(deutsche Hauptschule)		
Mittelschule	82	89
(deutsches Gymnasium)		

In dieser Stichprobe sind insgesamt 19% Ausländerkinder. In Realschulen sind es 26.1%, in den Gymnasien 11.4%.

In dieser Untersuchung können wir auch eine Altersverteilung simulieren und damit auch mit Einschränkungen „Entwicklungen" analysieren. Wie Tab. 2.4 zeigt, sind 13- bis 16jährige Schüler vertreten.

Tab. 2.4: Altersverteilung der zweiten Zürcher Replikationsstudie

N ohne „Keine Antwort"

	16 Jahre	15 Jahre	14 Jahre	13 Jahre	12 Jahre
7. Stufe/weiblich					
N = 175	0	6	37	130	2
%	0.0	3.4	21.1	74.3	1.1
7. Stufe/männlich					
N = 202	1	9	55	135	2
%	0.5	4.5	27.2	66.8	1.0
9. Stufe/weiblich					
N = 151	41	108	2	0	0
%	27.2	71.5	1.3	0.0	0.0
9. Stufe/männlich					
N = 167	65	101	1	0	0
%	38.9	60.5	0.6	0.0	0.0
weiblich					
N = 326	41	114	39	130	2
%	12.6	35.0	12.0	39.9	0.6
männlich					
N = 369	66	110	56	135	2
%	17.9	29.8	15.2	36.6	0.5

Zürcher Replikationsstudie III

Die letzte Replikation der deutschen Studien konnte im Jahre 1995 durchgeführt werden. Sie stand im Rahmen einer internationalen Studie (Österreich, Belgien, Ungarn, Italien, Holland, Norwegen, USA, Schweiz), die Indikatoren für fachübergreifende Wirkungen entwickeln sollte (Cross-Curricular-Competencies). Dabei wurden die Kerninstrumente des Konstanzer Längsschnittes und der vorangegangenen Schweizer Replikationen eingesetzt. An der Studie beteiligten sich die Kantone Schwyz und Zürich.

Für den Kanton Zürich kam dabei eine Stichprobe zustande, die durch die geschichtete Zufallsauswahl und mit ca. 6.5% der Grundgesamtheit als im strengen Sinne repräsentativ gelten kann. Im Kanton Schwyz wurde mittels eines weniger aufwendigen Verfahrens eine charakteristische, jedoch nicht repräsentative Auswahl von Schulen und Klassen getroffen, welche die

Grundgesamtheit, d.h. alle Schwyzer Jugendlichen im betreffenden Jahrgang der regulären Sekundarstufe I, entlang der wichtigsten Merkmale gut abbilden sollte.

Die Befragung erfolgte in den Monaten Januar und Februar 1995 durch angehende Lehrerinnen und Lehrer am Lehrer/innenseminar Rickenbach (SZ) sowie durch Studierende im Fachbereich Pädagogische Psychologie I an der Universität Zürich.

Gesamthaft nahmen 908 Jugendliche in 48 Klassen an insgesamt 37 Schulen an der Befragung teil. Im Kanton Schwyz berücksichtigte die Stichprobe 264 Jugendliche in 14 Klassen, im Kanton Zürich 644 Jugendliche in 34 Klassen. Die Vertretung der verschiedenen Schultypen in den zwei Kantonen geht aus Tabelle 2.5 hervor.

Tab. 2.5:   Anzahl Klassen nach Kanton und Schultyp

	Zürich	Schwyz	Total
Realschule	10*	4	14
Sekundarschule	15	8	23
Gymnasium	9	2	11
	34	14	48

* einschließlich dreier gemischter Ober-/Realschulklassen im Kanton Zürich

Tab. 2.6:   Anzahl Jugendliche nach Kanton, Schultyp und Geschlecht

	Zürich N = 644		Schwyz N = 264		Total
	w	m	w	m	
Realschule	97*	90**	33	41	261
Sekundarschule	146	123	78	68	415
Gymnasium	104	84	31	13	232
Total	347	297	142	122	908

*   hiervon 13 weibliche Jugendliche in der Oberschule des Kantons Zürich

** hiervon 14 männliche Jugendliche in der Oberschule des Kantons Zürich

Es wurden die regulären Volksschulabteilungen der Sekundarstufe I (d.h. ohne AVO- und Sonderklassen), sowie verschiedene Typen von Gymnasien berücksichtigt. Im Hinblick auf die Vergleichbarkeit mit den Schwyzer Verhältnissen erfolgte in der Datenanalyse eine Zusammenlegung der im Kanton Zürich einbezogenen Oberschul- mit den Realschulklassen (fortan als „Realschule" bzw. „Realschulklassen" bezeichnet). Tabelle 2.6 dokumentiert die

Charakteristika der Stichprobe nach den Kriterien Kanton, Schultyp und Geschlecht. In Tabelle 2.7 finden sich – ohne Unterscheidung nach Geschlecht – die selben Zahlen in Form von Prozentwerten.

Tab. 2.7: Prozentuale Zusammensetzung der Stichprobe nach Kanton und Schultyp

	Zürich N = 644	Schwyz N = 264	Total
Realschule	20.6%*	8.1%	28.8%
Sekundarschule	29.6%	16.1%	45.7%
Gymnasium	20.7%	4.8%	25.6%
Total	70.9%	29.1%	100.0%

* einschließlich der Jugendlichen, welche die Oberschule des Kantons Zürichs besuchen (gesamthaft 3%)

Das Alter der befragten Personen zum Zeitpunkt der Datenerhebung (Februar 1995) erstreckte sich von 14 Jahren 10 Monaten bis zu 18 Jahren 2 Monaten, der Mittelwert liegt bei genau 16 Jahren.

2.3 Perspektiven der Auswertung des Längsschnitts

Im Mittelpunkt dieser Arbeit steht die Analyse der Bewältigung schulischer Anforderungen und die Verarbeitung von Erfolg und Mißerfolg im Raum der Schule.

Schon diese Formulierung impliziert, daß die heranwachsende Person nicht als passives Objekt von Kontexteinflüssen konzipiert, sondern in ihrer aktiven Verarbeitungs- und Gestaltungskapazität ernst genommen wird. Sie kann selber entsprechende schulische Erfahrungen hervorrufen, etwa Erfolgserfahrungen durch Lerninvestitionen, und sie geht gezielt mit entsprechenden Erfolgs- und Mißerfolgsmeldungen um. *Die „Tonlage" der Interpretation ist also die, daß Schüler als potentiell verantwortungsfähige und verständnisfähige Subjekte betrachtet werden und daß ihr aktiver Beitrag zur Verarbeitung von Schule im Mittelpunkt steht.*

Gleichzeitig ist hier die Konzeption zentral, daß sowohl die Bewältigungs- als auch die Verarbeitungsprozesse nicht von einem isolierten Individuum ausgehen, sondern in einem sozialen Feld stehen. Dabei spielen die Eltern als Mitgestalter der Bewältigungs- und Verarbeitungsprozesse von Schule eine zentrale Rolle. Die häufig zu hörende Formulierung von Müttern, „morgen schreiben *wir* eine Klassenarbeit", ist dafür sehr bezeichnend und gleichzeitig verräterisch. Aber auch die Peers definieren mit, was von Schule zu halten ist und wieviel man lernen soll, ob man z. B. bei hohem Lerneinsatz ein sanktionierter „Streber" oder eine bewunderter „Star" ist. Nicht zuletzt definieren und gestalten auch Lehrer die Haltung gegenüber Schule und dem Lernen. Entwicklung wird somit als ein ko-konstruktiver Prozeß aufgefaßt.

Die Strategien der Bewältigung von Schule und die Verarbeitung von Erfolg und Mißerfolg entwickeln und verändern sich im Verlauf der neun bis dreizehn Lebensjahre, die Heranwachsende heute im Bildungswesen verbringen. Wir müssen also neben der Struktur der Lernmotivation und des leistungsbezogenen Selbst auch deren Entwicklungsmerkmale beachten. Die längsschnittliche Anlage der Konstanzer Studien erlaubt nun, diese Forderung für die Phase der Sekundarstufe I, also für die Adoleszenz, zu erfüllen. Die Möglichkeit, Entwicklungen zu charakterisieren, macht die methodische Besonderheit dieser Arbeit aus.

Die empirische Umsetzung in Variablensysteme

Als Vorblick auf die kommenden Analysen seien an dieser Stelle die Variablen lediglich *genannt*, die im Mittelpunkt stehen werden. Sie sind in der bekannten Weise nach abhängigen, unabhängigen und mediatisierenden Variablen geordnet. Ihre jeweilige Operationalisierung findet sich an der Stelle, an der auch inhaltliche Ergebnisse referiert werden.

Die abhängigen Variablen (Outcome Variables, Abb. 2.2) umfassen das leistungsbezogene Handeln, die zugrundeliegenden Motivationsstrukturen sowie das Selbst von Adoleszenten. Es wird durch Risikoindikatoren ergänzt, die aus Versagungserlebnissen resultieren. Die „Outcome Variables" repräsentieren die Chronifizierungen von Erfahrungen im schulischen Bereich, die teils auf selbsterzeugten Ergebnissen (z. B. Schulleistungen), teils aus unverschuldeten Kontextmerkmalen (z. B. Verlust der Eltern) resultieren.

Abb. 2.2:   Abhängige Variablen (Outcome Variables)

> *GESTALTUNG UND VERARBEITUNG SCHULISCHER ERFAHRUNGEN*
>
> BEWÄLTIGUNGSSTRATEGIEN
>
> Leistungsverhalten, Anstrengung
>
> Komponenten der Lern- und Leistungsmotivation
>
> Disziplinrelevantes Verhalten
>
> VERARBEITUNGSERGEBNISSE
>
> Selbstbild der Begabung
>
> Selbstwirksamkeits-Bewußtsein:
>
> - Lehrer und Schulerfolg
> - Zukunft
> - Handlungsrealisation
>
> Selbstakzeptanz
>
> RISIKOINDIKATOREN
>
> - Leistungsangst
> - Somatische Beschwerden
> - Emotionskontrolle
> - Depression

Zu den *unabhängigen Variablen* zählen wir einmal Indikatoren der Leistungsbiographie von der 6. zur 10. Schulstufe (Abb. 2.3). Sie sind das Ergebnis der Eigenaktivität des in der Schule lebenden und lernenden Individuums und wirken über deren Spiegelung durch die Schule wieder auf den heranwachsenden Menschen zurück.

Die ko-konstruktiven Aspekte erscheinen hier zum anderen in der methodischen Gestalt von Kontextvariablen. Letztere können grob durch Merkmale wie Nation (z. B. Deutschland im Vergleich zur Schweiz), Schichtzugehörigkeit, regionale Strukturen indiziert werden. Wir werden aber auch direkte Wahrnehmungen der ko-konstruktiven Umgangsformen der Eltern, der Lehrer und Gleichaltrigen einbeziehen.

Abb. 2.3:   Unabhängige Variablen

> INDIKATOREN DER LEISTUNGSBIOGRAPHIE
>
> Muster von Erfolg und Mißerfolg
>
> Normative[5] Ereignisse: Übergänge in andere Schulformen
>
> Kritische Ereignisse (z. B. Klassenwiederholung, Abstiege und Aufstiege zwischen Schulformen, Schulwechsel)

Wir gehen nicht davon aus, daß wir für alle Adoleszenten jeweils die gleichen Wirkungszusammenhänge zwischen schulischen Erfahrungen mit der psychosozialen Entwicklung finden. Die Variation der Wirkung werden wir so weit wie möglich im Hinblick auf folgende *mediatisierenden Variablen* untersuchen:

- Geschlecht
- Schulstatus (Stellung im Schulsystem nach Anforderungsniveau)
- Persönlichkeitsstruktur am Ende der Kindheit (z. B. Ich-Stärke)
- Sozio-kognitive Ressourcen (soziokognitive Kompetenzen)
- Soziale Ressourcen (elterliches Stützsystem, Beziehungen zu Gleichaltrigen, Lehrer als soziales Stützsystem)

Das gesamte Variablentableau, das dieser Arbeit zugrundeliegt, ist im Anhang 1 zusammengestellt. Dort sind auch die Operationalisierungen aufgeführt und illustriert. Die Kernvariablen werden im Text jeweils dort vollständig beschrieben, wo sie thematisch im Mittelpunkt stehen.

Universale und differentielle Entwicklungsverläufe

Die Ergebnisdarstellung wird dem üblichen Muster empirischer Forschungsberichte entsprechen. Beginnen werden wir jeweils mit der Darstellung der Operationalisierung, also mit der Beantwortung der Frage, wie gut es gelungen ist, die jeweiligen Aspekte zu messen. Da es in einem nächsten Schritt um

---

[5] Unter „normativen" Ereignissen werden hier im Anschluß an den amerikanischen Sprachgebrauch solche verstanden, die in unserer Kultur in der Regel alle Jugendlichen treffen. Daneben gibt es nicht-normative Lebensereignisse, die nur eine Gruppe Jugendliche erfahren, z. B. den Tod eines Elternteils, eine Krankheit oder die Scheidung der Eltern.

die Wirkung der Ereignisgeschichte im Leistungsbereich geht, soll deren Entwicklung in der Adoleszenz beschrieben werden. Anschließend daran werden die Entwicklungsverläufe der berücksichtigten Persönlichkeitsmerkmale erläutert.

Bei den Verlaufsdarstellungen, also bei der Beschreibung von Entwicklungsverläufen, werden wir jeweils folgende Fragen im Auge haben:
- Welche *universalen Entwicklungsverläufe* lassen sich feststellen, was ist also der „normale" Verlauf für einen ganzen Altersjahrgang?
- Welche *differentiellen Entwicklungsverläufe* lassen sich finden, etwa nach Geschlecht oder Schulniveau?
- Wie *stabil* sind bestimme Persönlichkeitsmerkmale, wie stabil ist z. B. das Selbstwertgefühl?

Diese letzte Frage läßt sich in zwei Aspekte aufgliedern. Der erste fragt nach der *relativen Rangordnung* einer Person von Zeitpunkt zu Zeitpunkt. Wer verbessert sich im Vergleich zu anderen, und wer verschlechtert sich? Die üblichen Stabilitätskoeffizienten beziehen sich auf diese relative Rangordnung.

Abb. 2.4:   Gliederung der Darstellung

> OPERATIONALISIERUNGEN
>
> ENTWICKLUNGSVERLÄUFE OBJEKTIVER INDIKATOREN
>
>   Instrumente und ihre Validierung
>
> ENTWICKLUNGSVERLÄUFE DER ABHÄNGIGEN UND UNABHÄNGIGEN VARIABLEN
>
> - universal
> - differentiell
> - interindividuelle Rangstabilität
> - intraindividuelle Veränderungsmuster (Verbesserung, Verschlechterung, positive und negative Stabilität)
>
> PRÄDIKTIONEN DER ABHÄNGIGEN VARIABLEN
>
>   (Outcome Variables)

Wir können die Frage aber auch auf *intraindividuelle Veränderungsmuster* ausrichten. Dann werden wir darauf achten, wer sich z. B., gemessen zu einem früheren Meßzeitpunkt, verschlechtert hat, verbessert hat oder gleich geblieben ist. Der Referenzpunkt des Vergleichs ist hier nicht ein anderer Jugendlicher, sondern die eigene Situation zu einem anderen Zeitpunkt.

In einem nächsten Schritt müssen wir *Erklärungen* für bestimmte Verarbeitungsformen von schulischen Erfahrungen suchen. Die Persönlichkeitsmerkmale bzw. ihre Entwicklungsverläufe werden dabei als Kriterien dienen, die personalen und sozialen Ressourcen der Bewältigung von Entwicklungsaufgaben als Prädiktoren.

Der gesamte Ablauf ist in Abb. 2.4 überblicksweise dargestellt.

3. Die Bedeutung schulischer Erfahrungen für die Konstitution der Persönlichkeit in der Moderne: Entwicklungschancen und Entwicklungsrisiken

*Solange ein Fisch im Wasser ist,
hat er keine Ahnung vom Wasser.*

Chinesisches Sprichwort

*Zwei Ängste plagen den modernen
Menschen: im Beruf zu versagen und
in der Freizeit etwas zu versäumen.*

Hermann Schütz

Der lange Weg, auf dem „Leistung" zum Mittelpunkt des Selbstverständnisses von Menschen wurde

In diesem Abschnitt soll illustriert werden, wie es historisch dazu gekommen ist, daß die Person in den Mittelpunkt des Interesses der alltäglichen Beschäftigung mit Erziehung getreten ist und warum schulische und soziale Erfahrungen mit Gleichaltrigen in der Moderne einen entscheidenden Stellenwert für die Persönlichkeitsentwicklung haben. Dazu muß etwas weiter ausgeholt werden, und in kürzest möglicher Zusammenfassung müssen einige zentrale Überlegungen zur Personengenese in der Moderne vorangestellt werden.

In der modernen Entwicklungspsychologie wird die Entwicklung der Person als *Entwicklung in einem Kontext* und durch den Einfluß von Kontextmerkmalen konzeptualisiert. Dieser Kontext strukturiert die Entwicklungsräume und Entwicklungsprogramme vor. Im Mittelpunkt steht hier das *Bildungswesen* als Kontext der Entwicklung während der Pubertät. Das Bildungswesen selber ist jedoch nur *ein* Bestandteil eines umfassenderen Kontextes der Humanentwicklung, der als *gesellschaftlicher Kontext der Moderne* bezeichnet werden kann.

In einer sozialhistorischen Perspektive kann dies am eindrucksvollsten gezeigt werden. Aus diesem Grunde wird hier eine Skizze der historischen Veränderung von Lebensräumen des Aufwachsens im Jugendalter an den Anfang gestellt (für entsprechende Daten, die im folgenden nicht mehr belegt werden, s. ausführlicher FEND, 1988a).

Gleichzeitig werden dabei zwei weitere Ziele verfolgt. Einmal soll deutlich gemacht werden, daß die modernen Bedingungen der Lebensbewältigung und des Aufwachsens die *Herausbildung der leistungszentrierten Individualität des Menschen* nicht nur ermöglichen, sondern in besonderer Weise fordern und fördern. Die Entwicklung des Menschen ist danach vor allem ein Prozeß der Individuation geworden, ein Prozeß der Entstehung einer selbstverantwortlichen und sich selbst entwickelnden Persönlichkeit. Zum andern selegieren moderne Lebensbedingungen aus der Vielzahl möglicher Persönlichkeitsprofile solche heraus, die auf Leistung, soziale Beziehungen und auf die Entfaltung des Selbst einer Person gerichtet sind. Dies sind auch jene Handlungsbereiche, mit deren mehr oder weniger günstigen Entwicklung in der Lebensphase Adoleszenz sich diese Arbeit beschäftigt. Denn nicht alle in diese moderne westliche Welt geborenen Menschenkinder haben die gleichen Chancen, in diesem Leben zu reüssieren. Die einen sind von ihrer genetischen Mitgift und von ihren sozialen Umständen her in einer günstigen, andere in einer ungünstigen Lage. Wer dies jeweils ist, variiert auch nach den Lebensformen einer Gesellschaft. Der tapfere Kriegsheld der Antike wäre heute möglicherweise ein wegen seiner grob-motorischen Präferenz rechtschreibschwacher Schüler mit großen Problemen, eine Schule abzuschließen.

Im folgenden wird ein konzeptionelles Modell entwickelt, das die in Abb. 3.1 skizzierten Komponenten enthält. Es geht von gesellschaftlichen Rahmenbedingungen aus und gliedert sie in institutionelle Differenzierungen in Familie und Schule. Letztere bilden die unmittelbaren (proximalen) *Kontexte* des Aufwachsens und enthalten die *Zielrichtung* funktionaler Persönlichkeitsentwicklung sowie die „*Übungsräume*" ihrer Realisation. Daran schließt sich der Versuch an, die Formen der *Bewältigung* der Kontextbedingungen durch heranwachsende Menschen systematisch zu beschreiben. Auf dem Hintergrund von Theorien über die „Funktionsweise" personaler Systeme wird in einem letzten Schritt die Chronifizierung entsprechender Bewältigungsstrategien im Lebenslauf spezifiziert. Damit soll ein theoretischer Rahmen für die Analyse der Entwicklung von Jungen und Mädchen in der Adoleszenz gezeichnet werden. Er macht schon deutlich, daß das Glück und das Unglück des Menschen auf zwei Ebenen angesiedelt werden kann, auf jener der *Umstände* und jener der *Person* selber. Gesellschaftliche Entwicklungen geben die Rahmenbedingungen der individuellen Existenzform vor, sie bestimmen die meist persönlich unverdienten und sozialhistorisch gegebenen Gelegenheitsstrukturen (opportunity structures) des individuellen Handelns. Wie diese Rahmenbedingungen aber genutzt werden, hängt von der persönlichen Lebensgeschichte und den daraus resultierenden Fähigkeiten der Nutzung von Rahmenbedingungen ab. So kann es eben geschehen, daß Menschen auch unter äußerlich optimalen Bedingungen unglücklich werden und Menschen unter ungünstigen Bedingungen relativ produktiv und zufrieden leben. In Wirklichkeit sind aber diese beiden Bedingungskomplexe ineinander verwoben. Dies kommt u. a. darin zum Ausdruck, daß unter Armutsbedingungen (im Rahmen einer Wohlstandsgesellschaft) in der überwiegenden Zahl der Fälle auch die persönliche Biographie von Kindern leidet.[6]

Abb. 3.1: Kontexte und Persönlichkeitsentwicklung

"WELT DER MODERNE"	KONTEXT DES AUFWACHSENS		EREIGNIS- UND HANDLUNGS- GESCHICHTE	TELEOLOGIE DER PER- SÖNLICHKEIT UND IHRER ENTWICKLUNG
(distaler Kontext)	(proximaler Kontext)		(Bewältigungsstra- tegien)	
Sozialgeschichte der Existenzbewältigung Mentalitätsgeschichte	Sozialstrukturelle Felder des Auf- wachsens	AUFGABENSTRUKTUR - GELEGENHEITSSTRUKTUR	Aktualgenetische Struktur des all- täglichen Bewäl- tigungshandelns von Heranwach- senden	Personale Entwick- lungsdynamik und Bewältigungsstra- tegien
Vorstrukturierung von Entwicklungsaufgaben des Menschen	Familie, Schule Altersgruppe Gemeinwesen			Chronifizierungs- formen der Bewälti- gung altersspezifischer Entwicklungsaufgaben
Anforderungen Chancen	Methodische Schulung in Be- wältigungs- strategien		Lebensweltliche Ereignis- und Handlungsge- schichte	Entwicklung des Selbst, sozialer Beziehungen und Leistungsformen
Möglichkeitsräume	Support-Systeme			Identitätsentwicklung
INDIVIDUALISIERUNG			INDIVIDUATION	
(Gesellschaftsgeschichtliche Perspektive)			(Individualgeschichtliche Perspektive)	

3.1 Der makrostrukturelle Kontext der Gesellschaft – modernitätstheoretische Sichtweisen der Kontexte des Aufwachsens und der Jugendzeit

Die Erforschung der *Geschichte des Alltagslebens* unserer Vorfahren hat in den letzten Jahren mit wachsender Klarheit die ungeheure Veränderung der Lebensbedingungen und Lebensformen in den letzten Jahrhunderten und Jahrzehnten ins Bewußtsein gebracht. Dies trifft in besonderem Maße für die

---

[6] Manche bleiben aber von ungünstigen Bedingungen unverletzt. Ihnen hat in den letz- ten Jahren die Forschung große Aufmerksamkeit geschenkt (s. z. B. MASTEN & COATSWORTH, 1993).

Bedingungen des Aufwachsens von Kindern und – akzentuiert – auf die Lebensphase Jugendzeit zu. Sie macht deshalb noch eindrucksvoller als der *kulturanthropologische Vergleich* des Aufwachsens in verschiedenen tribalen Kulturen die Kontext-Abhängigkeit der Entwicklung des Menschen deutlich.

Das Hauptergebnis der Analyse, wie moderne Gesellschaften entstanden sind und was sie ausmacht, besteht darin, daß sich in den letzten Jahrzehnten *geschlossene kleine Gemeinschaften*, verinselte Lebensräume ohne starke weiträumige Verflechtungen, in die der Mensch mit allen seinen Nöten und Möglichkeiten voll eingebunden und von denen er für sein Überleben vollkommen abhängig war, aufgelöst haben. Die einzelnen Funktionen des Überlebens, wie Altersvorsorge, Unterstützung bei Krankheit und Invalidität, Nahrungsvorsorge, Schutz vor Kälte und den Unbilden der Witterung, wurden in traditionalen Gesellschaften kleinräumig in lokalen Gemeinschaften geregelt. Es gab zu dieser Überlebensform kaum Alternativen und zu den Glaubensvorstellungen dieser Gemeinschaften keine Konkurrenz. Ein hoher Prozentsatz der Bevölkerung lebte auf dem Lande, die *Verstädterung* hat erst vor ca. 150 Jahren in größerem Stile eingesetzt. Um 1800 lebten in Europa ca. 70% bis 80% der Bevölkerung auf dem Lande, um 1900 immer noch zwischen 50% und 60%, heute nur mehr ca. 20% bis 30%.

Die Sozialgeschichte der alltäglichen Lebensverhältnisse, deren Erforschung in den letzten Jahren intensiv vorangetrieben wurde, hat uns kein beneidenswertes Bild früherer Zeiten gezeichnet – im Gegensatz zu *verklärenden Beschreibungen*, die aus der Haltung der Zivilisationskritik heraus dazu neigten, angesichts der heutigen Heterogenität, Unübersichtlichkeit und in Freiheit, aber Einsamkeit lebenden Menschen die übersichtlichen, menschlich dichten und einheitlichen Lebensverhältnisse in der traditionalen Gesellschaft zu glorifizieren (s. BREZINKA, 1961).

Überdeutlich wird z. B. aus der Analyse der Kirchenbücher des 17. bis 19. Jahrhunderts, wie permanent die Menschen bis zum Ende des 19. Jahrhunderts von Hunger, Krankheit, Krieg und Tod durch den gesamten Lebenslauf hindurch bedroht waren (IMHOF, 1988). Noch bis ins 19. Jahrhundert war der Tod in allen Altersphasen beinahe gleich wahrscheinlich. 50% aller Neugeborenen erlebten das Erwachsenenalter nicht.

Heute verzeichnen wir dagegen eine historisch einmalige *Verstetigung der Lebenszeit*. Das Leben ist voraussehbarer und planbarer geworden, so daß *Voraussicht, Planung und die Erarbeitung von Zielperspektiven, was man in diesem Leben sein möchte,* jetzt möglich und sinnvoll werden. Allerdings hat sich diese Voraussagbarkeit des Lebens aufgrund des medizinisch-naturwissenschaftlichen Fortschrittes erst langsam, in der zweiten Hälfte des 19. Jahrhunderts beginnend, eingestellt. Dies mag auch der Grund dafür sein, warum Historiker wie Jacques LE GOFF den modernen Menschen erst am Ende des

19. Jahrhunderts entstehen sehen, einen Menschen, dessen Leben relativ planbar, kalkulierbar und sicher geworden ist (s. FRITZ-VANNAHME, 1991, S. 52). Die Oberflächenphänomene dieses sozialen Wandels der Lebensverhältnisse sind inzwischen gut bekannt: die Verschiebungen im *Beschäftigungsschwerpunkt* vom primären Sektor der Wirtschaft zum sekundären und dann zum tertiären, die zunehmende *Verstädterung*, der Rückgang der *Kindersterblichkeit* und damit verbunden der Anstieg der Lebenserwartung, die *Expansion des Bildungswesens*, die Staatenbildung vom absolutistischen Obrigkeitsstaat hin zum *Wohlfahrtsstaat* usw. Im Hintergrund stehen Entwicklungen der Wissenschaft und Technik, aber auch Entwicklungen in der rationalen Zuwendung zur Welt, die die Bereiche, in denen der Mensch seinen Umständen wehrlos ausgeliefert war, immer weiter zurückdrängten. *Je mehr Kontrolle der Mensch aber über seine Umwelt erlangte, um so mehr rückte er selber als Handlungszentrum in den Mittelpunkt.* Je diesseitiger gleichzeitig die Weltinterpretation wurde, je weniger an Vollendung nach diesem Leben gedacht werden konnte, um so mehr mußte dieses eine, nun selbstverantwortete Leben gelingen. Dieser Prozeß vollzog sich jedoch nicht „unbewußt", ohne menschliche Anstrengungen, quasi naturhaft und von selber. Er war vielmehr von philosophischen Traditionen begleitet, initiiert, interpretiert und gefordert, also von Menschen erarbeitet und erkämpft. Die Analyse der treibenden Kräfte hinter der einmaligen historischen Entwicklung, die im Okzident zu diesen neuen Lebensverhältnissen geführt haben, ist eine eigene faszinierende Forschungsgeschichte. Max WEBER ist ihr Pionier. Am Anfang des Sonderwegs der abendländischen Zivilisation stehen mentale Grundentscheidungen und Werthaltungen, die er in seinen religionssoziologischen Untersuchungen (1920) unvergleichlich herausgearbeitet hat. Im Abendland hat die Haltung der aktiven Gestaltung des eigenen Lebens zur Erringung des ewigen Heiles, die im Juden- und Christentum verankert war, *Triebkräfte des aktiven Gestaltens* insgesamt freigesetzt. Aus anderen Wurzeln wieder stammt die im Okzident ausgeprägte Suche nach *Gesetzmäßigkeiten in der Natur*, ja im Universum schlechthin, um die sich die astronomische Forschung mühte. Durch sie gewann zunehmend eine besondere Quelle der Erkenntnis die Oberhand: die eigene Beobachtung und die überprüfte Erfahrung. GALILEI repräsentiert den dadurch provozierten Konflikt zwischen autoritativer Verkündigung und überprüfbarer wissenschaftlicher Aussage.

Daß der Mensch sich in seinem Denken auf sich selbst und seine Beobachtungen verlassen kann und nicht auf Autoritäten und Auslegungen angewiesen ist, führte zu einer erkenntnistheoretischen Position, die in der *Aufklärung* ihre höchste theoretische Systematisierung erfuhr. Sie wurde hier zu einem Menschenbild generalisiert, in dem der *denkende Mensch* das Zentrum der Wahrheitsfindung und moralischen Verantwortung bildet. KANTs berühmte

Formel der Aufklärung als „Ausgang aus der selbstverschuldeten Unmündigkeit" gehört zu den Schlüsselformulierungen der abendländischen Geistesgeschichte. Aus der Haltung des forschenden und experimentierenden Menschen heraus entwickelten sich die *Naturwissenschaften* und die *Technik*, die maßgeblich zur aktiven Kontrolle der Lebensverhältnisse in unserer derzeitigen Zivilisation beigetragen haben. Doch diese Rationalität gewann bald einen universalen Charakter. Sie entfaltete sich auch in der Gestaltung politischer Verhältnisse, im *Rechtsstaatsdenken* der Französischen und der Amerikanischen Revolution sowie in den *sozialen Bewegungen* des 19. Jahrhunderts.

Rationalität und *methodisch disziplinierte Lebensführung*, eine auf aktive Kontrolle der Umstände gerichtete Haltung, charakterisieren in der Moderne des Okzidents die neuen Lebensorientierungen.

Diese Entwicklung, von Max WEBER mit dem Begriff „*Rationalität*" etikettiert, hat für die Bedingungen des Aufwachsens und für die neuen Formen der Lebensführung weitreichende Konsequenzen. Modernitätstheorien (s. z.B. KOHLI, 1985) versuchen heute, die Weltgestaltungs- und Selbstgestaltungsprinzipien der Moderne in den umfassenderen sozialhistorischen Entwicklungsprozeß einzubetten, den sie *Individualisierung* nennen. Damit ist eine zivilisationsgeschichtliche Entwicklung gemeint, in deren Gefolge das Individuum zur zentralen und verantwortlichen Instanz der Lebensgestaltung geworden ist. Das „*Projekt Leben*" wird zum zentralen Bezugspunkt der eigenen Planung und Verantwortung. Ob es gelingt oder mißlingt, hängt in normativer Verantwortungszuschreibung weitgehend von der Person selbst ab. Nicht Einordnung und das Ertragen von gegebenen Umständen, nicht die Aufopferung für eine Aufgabe oder der Einsatz für ein übergeordnetes Ganzes bilden den Bezugspunkt der Lebensorganisation, sondern die Entfaltung der eigenen Person; dies allerdings nicht nur im hedonistischen Sinn des Lebensgenusses, sondern meist noch mehr im Sinne der Erfahrungserweiterung und der Entfaltung aller in der eigenen Person angelegten Möglichkeiten.

Dem sozialhistorischen Prozeß der *Individualisierung* der Lebensmöglichkeiten und Lebensperspektiven entspricht auf individualgeschichtlicher Seite der Prozeß der *Individuation*. Zu allen wichtigen Fragen des Lebens, zu Beruf und Partnerwahl, zu Fragen der Politik und der Weltanschauung müssen sich die „Kulturneulinge" persönliche Positionen erarbeiten. Die Kultur hält zwar entsprechende Sinnangebote und Leitbilder bereit, sie sind heute aber sehr heterogen und in die persönliche Entscheidung gestellt. So ist der heranwachsende Mensch in dieser Lebensphase immer auf der Suche, er hat seine persönlichen Entscheidungen zu treffen, seine Lebensrichtung zu finden. In der Jugendphase wird der Mensch heute mit diesen Möglichkeiten und Anforderungen erstmals in vollem Umfange konfrontiert.

Die „Welt" der Moderne führt somit zu einer „Um-Welt", zu einem Kontext des Aufwachsens. Ihr wesentlichstes Merkmal ist dies, daß sie eine Teleologie der Personwerdung vorgibt, einen normativen Entwicklungsauftrag. Sie enthält implizit die idealen Persönlichkeitsstrukturen für die Lebensbewältigung unter modernen Existenzbedingungen. Dieser Entwicklungsauftrag ist jedoch nicht einfach, sondern facettenreich, ambivalent, widersprüchlich und manchmal auch zwiespältig. Vor allem führt er zu einem Anspruch, zu einer Vision des „guten Lebens", die allerdings meist nur unvollkommen einlösbar ist.

Die „Welt der Moderne" repräsentiert als „Umwelt des Aufwachsens" einen Interpretationskontext, ein Muster von Botschaften, wie der Mensch werden soll, welches das gelungene Leben ist: „Mache das Beste aus Dir! Genieße das Leben! Gestalte Dein Leben! Sei aktiv! Gestalte Deine Welt!"

Wie diese Ansprüche im Bewußtsein von Jugendlichen repräsentiert sein können, sei am Beispiel von Antworten von Schweizer Kindern auf Satzergänzungen illustriert. Ca. 500 Kinder (Mädchen und Jungen der 7. und 9. Schulstufe aus Realschulen und Gymnasien) haben auf Anreize zu Äußerungen von Lebensperspektiven geantwortet. Die in Abb. 3.2 enthaltenen Antwortmuster von zwei Mädchen machen intuitiv sichtbar, wie Heranwachsende um eine selbst erarbeitete Position ringen und welche Zukunftsperspektiven sie aufbauen. Sie zeigen die Lebensvisionen zwischen Eigenständigkeit und Verbundenheit mit anderen, und sie verweisen auf die Brüchigkeit von Lebenssicherheit und von Lebensgewißheit in einer unvollkommenen Welt.

Abb. 3.2:   Lebensvisionen von Schweizer Siebt- und Neuntkläßlern: einer Realschülerin (dt. Äquivalent: Hauptschülerin) der 7. Schulstufe (links) und einer Gymnasiastin der 9. Schulstufe (rechts)

Mädchen, 7. Stufe, Realschule	Mädchen, 9. Stufe, Gymnasium
In der Schule bin ich sehr stolz auf...	
meine Kollegin, die mir hilft oder der ich helfe, wenn etwas nicht klar ist. Stolz bin ich auch, daß wir einen super Klassengeist haben	meinen Kampfgeist und meinen unbeugsamen Optimismus, meine Gabe, mich allem mit grosser Seele hinzugeben
Wenn ich über mich als Schülerin nachdenke...	
habe ich das Gefühl, wir leben ca. 9-10 Jahre nur für die Schule. Morgens aufstehen, Schule, Mittag, Nachmittag Schule	so empfinde ich den Leistungsdruck, unter welchem wir stehen, maßlos übertrieben

Später, wenn ich älter bin...	
möchte ich möglichst viele Leute kennenlernen, auch die Länder und deren Kulturen. In der Schule müsste man das viel mehr fördern	tue ich genau das, was ich will
Wenn ich mich mit anderen in der Schule vergleiche...	
Es gibt da gewisse Typen, die stinken so sehr nach Schweiss, man könnte denken, sie haben eine Woche nicht geduscht.	fühle ich mich manchmal geistig weiter entwickelt
So richtig wohl fühle ich mich in der Schule...	
wenn der Lehrer mit mir zufrieden ist, meine Eltern keinen Krach haben und mein Freund mich versteht	nie
In der Schule ist es für mich am wichtigsten...	
alles zu Mathematik zu kapieren und auch in Prüfungen von Fächern, die ich hasse, möglichst gute Noten zu bekommen	Freunde zu haben, mit welchen ich meinen Alltag etwas weniger alltäglich gestalten kann
In der Schule fühle ich mich oft...	
etwas gelangweilt, die Themen sind viel zu eintönig	als Individuum übergangen
Am liebsten träume ich davon, in der Schule...	
mehr von meiner eigenen Meinung sagen zu dürfen	mehr für das wahre Leben geschult zu werden
Das Ziel, welches ich im Rahmen meines Lebens erreichen möchte...	
ich möchte glücklich werden! Mein grösster Traum wäre, einmal mit Cindy Crawford zu reden	wäre im Grunde, weise zu werden, aber noch liegt dieses Ziel ziemlich ungewiss vor mir
Ich wollte ich wäre...	
in der Sekundarschule geblieben	geduldiger, ehrlicher, dümmer, gedankenloser, zufriedener
Auf welche beiden Leistungen, die Du gerne in Deinem Leben vollbringen möchtest, würdest Du besonders stolz sein?	
Fotomodell einmal gut verdienen (eigenes Geschäft)	inneren Frieden erlangen Leben können und leben lassen
Welche Berufspläne hast Du?	
auf Reisebüro gehen, später eigenes Geschäft, grösster Traum: Fotomodell	Dolmetscherin
Was macht Dir zur Zeit am meisten Spass?	
daß ich seit 4 Monaten einen total lieben Freund habe! Daß es ein schöner Sommer wird.	zu reiten
Mich bedrückt zur Zeit am meisten...	
Daß meine Eltern sehr viel gestritten haben, sie gehen sehr oft eigene Wege	die Weltlage, die zunehmende Traurigkeit dieses Lebens

Eine hier nicht weiter entfaltbare Systematisierung dieser Lebensvorstellungen von Jugendlichen heute (s. auch in FEND, 1991) macht sichtbar, daß *Berufsziele* und *familiäre Ziele* deutlich im Vordergrund stehen. Großes wird auch häufig im *Sport* ersehnt, der wie kaum ein anderer Bereich die in der Moderne so wichtige individuelle Leistung versinnbildlicht. Bekannte *Geschlechtsrollen* sind bei diesen Lebensvorstellungen unübersehbar. Mädchen sind weit häufiger als Jungen auf soziale Dienste stolz, Jungen träumen häufiger von großen Erfindungen und Taten.

Neben die individualistischen Lebensziele treten aber auch immer intensive Zugehörigkeitswünsche, im obigen Alter vor allem im Modus von Freundschaften. „Mit anderen zusammen ganz sich selbst sein können", in dieser scheinbaren Paradoxie bewegen sich die idealen Lebenswünsche heute aufwachsender junger Menschen.

Der allgemeine Entwicklungsauftrag an das Leben in der Moderne wird in phasenspezifische *Entwicklungsaufgaben* gegliedert, die die jeweiligen altersspezifischen Möglichkeiten und Präferenzen von Kindern, Jugendlichen, Erwachsenen bereits berücksichtigen. Für die Jugendphase umfassen sie z. B.:

- Berufsfindung (herausfinden, was man kann und möchte),
- Partnerwahl,
- Lebensstilwahl, die Entwicklung geistiger Grundorientierungen und
- die Bewältigung emotionaler Probleme, wie etwa die partielle Ablösung von den Eltern,
- die Entwicklung neuer Fähigkeiten der Intimbindung an Gleichaltrige des anderen Geschlechts,
- die Entfaltung der eigenen Geschlechtsrolle, lernen, mit dem „neuen Körper" umzugehen;
- neue Urteilssicherheit und emotionale Treue.

Durch die Konzentration auf diese Entwicklungsaufgaben wird das zweite Lebensjahrzehnt zu einer Schlüsselphase im Lebenslauf, zum heute lange dauernden Zwischenglied von Kindheit und Erwachsensein. Es gilt hier, die eigene Identität aufzubauen und in der Form von inhaltlichen Weltaneignungsprozessen (Bildung) zu gestalten. Es muß eine von unmittelbaren Kontrollen unabhängige Selbstverantwortung und Selbständigkeit eingeübt werden.

3.2 Der Kontext der Lebensphase Jugendzeit

In der Summe haben die beschriebenen sozialhistorischen Wandlungen zu einer *Neugestaltung des Lebenslaufs* geführt (s. KOHLI, 1985). Es sind planbare Phasen von Berufsvorbereitung, Arbeitsleben und Ruhestand entstanden. Im Gefolge dieser Entwicklung ist auch die Lebensphase Jugend (HURRELMANN, ROSEWITZ & WOLF, 1994), als Phase der Berufsvorbereitung, eingebunden in die Entwicklung des Bildungssystems, erst eigentlich entstanden. Anfang, Ende und Verlauf der Lebensphase Adoleszenz haben sich dabei grundlegend gewandelt.

„Jugendzeit" als eigene Entwicklungsphase entstand in den letzten 100 Jahren als *Folge der Veränderungen im Wirtschaftssektor* und als Folge der damit einhergehenden *Änderungen im Bildungswesen.* Die Ausdehnung der Jugendphase durch die Ausdehnung von Ausbildungszeiten war der wichtigste Teilaspekt der *Institutionalisierung einer Lebensphase „Jugendzeit".* Immer mehr Heranwachsende erleben damit eine Periode in ihrem Leben, in der ihre *Hauptaufgabe darin besteht, für ihr eigenes und persönliches Leben herauszufinden, was sie sein möchten, und dies mit dem zu versöhnen, was sie glauben zu sein.* Dabei spielt das Bildungswesen als Erfahrungskontext eine zentrale Rolle. In keiner anderen Institution können Kinder und Jugendliche über jahrelanges Probehandeln und entsprechende Rückmeldungen herausfinden, was sie können und was sie interessiert. Die Bildungsinstitution wird deshalb besonders in den entscheidenden Phasen, in denen die Lernbiographien in Berufsbiographien münden, zum zentralen Erfahrungsfeld bei der Konstruktion persönlicher Lebensperspektiven.

Das Bildungswesen beeinflußt nun, betrachtet man Anfang und Ende der Jugendphase im sozialhistorischen Vergleich, vor allem deren Ende in der Form eines späten Eintritts in das Erwerbsleben.[7] Heute erfolgt der Eintritt ins Arbeitsleben später als früher, manchmal nach langen Ausbildungszeiten erst um das 30. Lebensjahr. Jugendforscher sprechen von einer neuen Phase von etwa 20 bis 25, die sie *Postadoleszenz* nennen (ZINNECKER, 1981). Dazwischen

---

[7] Betrachtet man den Anfang der Lebensphase Jugend im sozialhistorischen Vergleich, dann fällt die Vorverlegung des Beginns der Adoleszenz auf. Selbst wenn man den Anfang der Adoleszenz nur in biologischen Markierungen festmacht, lassen sich deutliche Verschiebungen zu einem *früheren Beginn* der Jugendzeit feststellen. Nach Statistiken aus nordischen Ländern lag vor etwa 150 Jahren die Menarche der Mädchen bei etwa 17 bis 20 Jahren (zit. nach STEINBERG, 1985, S. 44 f.), heute liegt sie unter 13 Jahren. Vorverlegungen finden sich aber auch in anderen Bereichen, die „soziale Uhr" ist insgesamt früher gestellt: Jugendliche haben mehr Rechte der frühen Teilnahme am Konsum, an den Medien, an Freizeitvergnügen. Sie partizipieren früh am Leben der Erwachsenen. Ihre Kindheit im Sinne eines abgegrenzten Schonraumes wird kürzer (s. U. PREUSS-LAUSITZ et al., 1983).

liegt eine lange Periode der Ausbildung, liegen verschiedene Stationen der sozialen Verselbständigung bei oft bleibender ökonomischer Unselbständigkeit. Die Verhältnisse von Verantwortlichkeiten und Freiheiten haben sich verschoben und individualisiert. In dieser neuen Lebensphase haben *schulische* und *soziale* Erfahrungen mit Gleichaltrigen eine in der Vormoderne unbekannte Bedeutung erlangt.

Wenn man die vielfältigen, oft unmerklichen Veränderungen des Alltags in den letzten zweihundert Jahren *vereinfacht* und in eine *typologische Gegenüberstellung von Vormoderne und Moderne* zwingt, dann käme man zu einer Charakterisierung, wie sie als Beispiel in Abb. 3.3 festgehalten ist.

Abb. 3.3: Die Lebensphase Adoleszenz in der Vormoderne und Moderne

	VORMODERNE	MODERNE
Dauer der Lebensphase Jugend	Kurz Biologischer Eintritt der Jugendphase zwischen 15 und 18 Eintritt ins Arbeitsleben erfolgt kontinuierlicher aus der Kindheit heraus	Lang Biologischer Beginn zwischen 11 und 14 Je nach Ausbildungslänge Eintritt ins Arbeitsleben mit 17 bis 30
Sozialisationskontexte	Altersgemischte Gruppen Dichter Kontakt zwischen den Generationen	Mehrere getrennte Mitgliedschaften in verschiedenen Bezugsgruppen Altershomogene Gruppen von großer Bedeutung
Erziehungsziele	Fleiß, Bescheidenheit, Bedürfnislosigkeit Sparsamkeit, Zufriedenheit WERTE: Charakterstärke Übereinstimmung mit den Ansichten und Haltungen der Eltern, Einordnung in die vorgegebene soziale und weltanschauliche Ordnung Moralische Unterscheidungsfähigkeit zwischen Gut und Böse	Kompetenzen, Leistungsfähigkeit Qualifikationen Flexibilität Eigenständige Meinung Fähigkeit zur Eigeninitiative und selbstverantwortlichen Lebensgestaltung Autonomes Gewissen Ethische Reflexionsfähigkeit

Erziehungsmittel und Erziehungsformen	Erziehung durch die Dorf- und Lebensgemeinschaften	Methodisch geplante Erfahrungen und Lebensräume
	Erziehung durch vorgelebtes Leben	Methodisch-systematische Ausbildung
	Erziehung durch klare Sanktionsverhältnisse	Erziehung durch Belehrung und Überzeugungsarbeit
		Erziehung durch Beziehungsaufbau
		Erziehung durch Aushandlung und durch den Austausch bzw. den Entzug von Emotionen
Umgebende soziale Kontrolle	Klare Autoritätsverhältnisse	Kontrolle durch den Markt, Kontrolle durch die Vorgabe von Bedingungen für erwünschte Güter und Belohnungen (Ausbildungsvorleistungen, Geld)
	Kulturelle Stütze der Autorität des Familienvaters, der Kirche, der Schule und der „Obrigkeit"	
Leitbilder gelungenen und mißlungenen Lebens	Gottesfürchtiges Leben, jenseitige Perspektive	Erfüllte Biographie im Sinne des „schönen und erfolgreichen Lebens"
	Entbehrungsreiches, aber aufrechtes Leben	Erfolg und Karriere

In dieser Gegenüberstellung von Moderne und Vormoderne sei vor allem auf einen Punkt zusätzlich aufmerksam gemacht: auf die Veränderung der sozialen Kontrollformen von Jugend. Die Formel, die einen schlichten Übergang von Bindung zu Freiheit beschreibt, greift zu kurz. Waren bis in die 50er Jahre des 20. Jahrhunderts die traditionalen Milieus der Kirchen, der Nachbarschaft und des Dorfes noch entscheidende sozialisierende Kontrollinstanzen, so ist deren Bedeutung heute zwar unübersehbar zurückgegangen. An ihre Stelle sind aber lediglich *andere* Kontrollmechanismen, nämlich die kommerzialisierten, freizeitbezogenen Dienstleistungen getreten, die nicht mehr person- und ortsgebunden durch direkten Kontakt auf die Jugendlichen „einwirken", sondern über *marktvermittelte Angebote.* Der jugendbezogene Zeitschriftenmarkt und insbesondere das jugendbezogene Musikangebot stehen für diese Form der *indirekten sozialen Lenkung über Geld,* das den Zugang zu erwünschten Gütern reguliert. Nicht so sehr Verbote bestimmen heute das Jugendleben, sondern der Preis für erwünschte Güter und Vergnügungen.

Ein zweiter Entwicklungsstrang im Wandel der sozialen Kontrolle kommt in deren Verlagerung vom *Arbeitskontext* auf die *Schule* zum Ausdruck. Waren in der Mitte der 50er Jahre ca. 70% der 15-17jährigen berufstätig, so waren es in der Mitte der 80er Jahre noch 20% (ZINNECKER, 1987, S. 313). Dies hat gewichtige Folgen, da der Arbeitsplatz im Vergleich zur Schule ein völlig anderer Sozialisationsort ist. Zwei Merkmale unterscheiden diese Lebensfelder besonders: (1) Der Arbeitsplatz ist in der Regel *altersmäßig heterogen*, ältere und jüngere Arbeitnehmer müssen in der Regel zusammenarbeiten. In der Schule erfolgt dagegen eine Zusammenballung Gleichaltriger in altersmäßig homogenen Schulklassen. Dadurch ergeben sich für Heranwachsende neue Möglichkeiten, Gegenmacht auszuüben und alternative Normen zu etablieren. Die *Gruppe der Gleichaltrigen* gewinnt somit als Folgephänomen der Expansion des Bildungswesens und der Verlängerung der Jugendphase an Bedeutung. (2) Das zweite Merkmal ist nicht minder wichtig. Die oft anstrengende und physisch belastende Tätigkeit am Arbeitsplatz übt für sich eine soziale Kontrolle aus. Ein schlechtes Produkt, eine unterlassene Arbeit – sie haben unmittelbare Folgen. Die Sanktionen und die Erfolgserlebnisse sind damit viel direkter als bei der langfristigen und auf formale Berechtigungen ausgerichteten Lerntätigkeit in der Schule. Hier ist die Verweigerung von „Bildungstiteln" das zentrale Kontrollmedium. Nichtsdestoweniger ist die Kontrolle durch die Schule, durch Noten und Abschlüsse, zum zentralen Mechanismus der modernen Gesellschaft geworden, um Jugendliche zu disziplinieren. Selbst wenn die Kinder und Jugendlichen selber darauf nicht besonders sensibel reagieren, so tun es in der Regel aber die Eltern. Sie sehen die Wegweiser zum Erfolg sehr klar und setzen alle Ressourcen ein, um für ihre Kinder den bestmöglichen Weg sicherzustellen.

Daß der einzelne durch die Veränderungen in den sozialen Kontrollsystemen der Moderne in nicht bewältigbare Freiheitsräume geraten könnte, daß er ungeschützt von bergenden Lebensordnungen in seinen freien Entscheidungsspielräumen überfordert sein könnte, hat die Kritik der modernen Zivilisation und die Soziologie früh vermutet. Im Vorgang der Auflösung dörflicher Gemeinschaften und der fortschreitenden Individualisierung der verstädterten Gesellschaften wurde gleichzeitig eine *strukturelle Entmachtung der Familie* und eine Autonomisierung der Jugendlichen in *Subkulturen* befürchtet (TENBRUCK, 1962).

Es ist durchaus zutreffend, daß der Jugendliche heute weder *für* die lokale Gemeinschaft erzogen, noch allein *in ihr* gebildet wird. Seine aufzubauenden psychischen Dispositionen müssen es ihm erlauben, in *anderen Umwelten zu leben als in denen, in welche er geboren wurde*. Eine Einpassung in die Verhaltensnormen der unmittelbaren Umwelt wäre demnach dysfunktional. Das reduziert die mögliche Vorbildwirkung durch die elterliche Lebensweise und fordert Tugenden und Fähigkeiten der Lebensbewältigung in unvorhersehbaren Lebenskontexten. Nichtsdestoweniger finden sich heute immer noch sekundäre Kontrollinstanzen wie das Bildungswesen und der Markt, die eine starke disziplinierende Kraft haben.

Eine solche Skizze der sozialhistorischen Entwicklung, wie der Mensch aus seinen festen dörflichen Gemeinschaften herausgeworfen und wie er in größere gesellschaftliche Zusammenhänge gestellt wurde, so daß er sich heute nicht mehr auf eine feste äußere Ordnung verlassen kann, macht einen zentralen Sachverhalt sichtbar, der als Anknüpfungspunkt für die Charakterisierung moderner Bedingungen des Aufwachsens sehr wichtig ist: *Der Mensch ist heute offensichtlich stärker auf sich gestellt, auf seine inneren Möglichkeiten und Kapazitäten verwiesen. Er muß heute aus inneren Plänen und Konzepten leben, er muß diese entwickeln und im Laufe seines Lebens aufbauen.*

Für diesen Prozeß der Individuation sind die Erfahrungen, die Jugendliche der Moderne im Bildungssystem mit Gleichaltrigen und mit den Medien machen, von strategischer Bedeutung (s. Abb. 3.4). Sie haben die vormodernen Erfahrungen von Familienbindung, Arbeit und Glaubensgemeinschaft abgelöst bzw. ihren Stellenwert verändert.

Abb. 3.4: Erfahrungsschwerpunkte von Jugendlichen in der Vormoderne und in der Moderne

VORMODERNE	MODERNE
Erfahrungen der überlebensnotwendigen körperlichen Arbeit	Lern- und Leistungserfahrungen in schulischen Institutionen
Familien als Überlebenseinheiten	Gleichaltrige als soziale Lernfelder
Kirchen als Vermittlungsinstanzen von Sinnorientierungen	Medien als Übermittlungsinstanzen eines warenartigen Angebotes von Leitbildern

Sowohl in bezug auf die Bedeutung des Bildungswesens für die Lebensgestaltung als auch in bezug auf die Bedeutung der Gleichaltrigen als Lernfeld haben wir in den letzten 40 Jahren einen verstärkten sozialgeschichtlichen Entwicklungsschub beobachten können. In diesen Zeitraum fällt eine historisch einmalige Bildungsexpansion. Waren in den 50er Jahren fast 80% aller 16jährigen in einer Lehre und nur etwa 15% in weiterführenden Schulen, so waren in den 90er Jahren in Deutschland ca. 70% der 16jährigen in Vollzeitschulen (FEND, 1988a; HURRELMANN, 1989; KÖHLER, 1991). Ähnlich dramatisch hat sich der Anteil der Hauptschüler an allen Schülern zurückentwickelt. In den 50er Jahren haben fast 80% die Volksschule nach dem 8. oder 9. Schuljahr verlassen, in den 90er Jahren tun dies noch etwa 25%. Komplementär ist die Zahl der Gymnasiasten im selben Zeitraum stark angestiegen, von knapp 6% aller 13jährigen auf über 30% derselben Altersgruppe. Ein großer

Teil dieser Expansion geht auf den steigenden Anteil der Mädchen an höherer Bildung zurück, der in der Mitte der 70er Jahre dieses Jahrhunderts erstmals (in der Menschheitsgeschichte) größer wurde als der Anteil der Jungen.

Die Schule umfaßt somit heute rein zeitlich einen längeren Lebensabschnitt, und die Schule wird als Instrument der Lebensplanung bedeutsamer als in den 50er Jahren oder gar in der Vormoderne. Dort war sie nur für einen kleinen Teil der Bevölkerung ein Instrument des sozialen Aufstiegs oder der Statussicherung der Familie.

Von ähnlicher Größenordnung sind die Veränderungen in den sozialen Beziehungsfeldern der Gleichaltrigen und der Familie. So belegen ALLERBECK und HOAG (1985) an repräsentativen Stichproben aus dem Jahr 1962 (16jährige) im Jahre 1983 einen starken Anstieg der Einbindung in gleichaltrige Cliquen. Damit scheint TENBRUCK (1962) mit seiner These vom Bedeutungszuwachs der jugendlichen Subkulturen und von der strukturellen Entmachtung der Familie, die er schon in den frühen 60er Jahren aufgestellt hatte, recht bekommen zu haben. Die historisch orientierte Familiensoziologie spricht aber heute weniger von einer „Entmachtung", als von einer Veränderung der Bedeutung der Familie als Lebensraum des Aufwachsens. Andere innerfamiliäre Umgangsformen sind bedeutsamer geworden, und andere Beratungsbereiche haben an Gewicht gewonnen.

Zusammenfassung

Insgesamt sollten die obigen Skizzen zur Sozialgeschichte der Erfahrungsräume des Aufwachsens die thematische Zuspitzung dieser Arbeit zur Entwicklungspsychologie des schulischen „Leistungshandelns" begründen. Dabei sollte gezeigt werden, daß die Entwicklungsrichtung heute auf die *Stärkung der Person*, ihrer Handlungskompetenzen, ihrer Selbständigkeit und Selbstverantwortung, sowie auf die Fähigkeit, selbstgewählte soziale Beziehungen einzugehen, ausgerichtet ist. Gleichzeitig sollten die Besonderheiten der Kontexte zum Vorschein kommen, in denen sich diese personale Entwicklungsdynamik heute abspielt. Die schulischen Erfahrungen und die damit assoziierten Erfahrungen im Schnittfeld von Gleichaltrigen und Familie bestimmen in ihrer jeweiligen Konfiguration den besonderen Entwicklungsweg von Jugendlichen.

An dieser Stelle ergibt sich somit eine sozialgeschichtliche Präzisierung des Themas dieser Arbeit: Es geht um die Entwicklung der Person in der Lebensphase Adoleszenz im Umfeld von Leistungserfahrungen, die durch das Bildungswesen ermöglicht werden. Den „Chronifizierungen" solcher kontextbezogener Erfahrungen in Lernmotivationen und im sich entwickelnden Selbst soll hier nachgegangen werden. Die Entwicklung in der Adoleszenz wird dabei nicht nur in universaler Perspektive, sondern verstärkt in interindividueller Differenzierung analysiert. Extremformen ungünstiger Entwicklungsprozesse sollen in der Form von Risikoentwicklungen einbezogen werden, deren personale und kontextuelle Voraussetzungen es zu analysieren gilt.

3.3 Die handelnde Auseinandersetzung mit den Aufgaben und Chancen der Lebensbewältigung in der Moderne

Bisher haben wir den Kontext des Aufwachsens den Entwicklungsprozessen der Person einfach *gegenübergestellt,* ohne auf die Vermittlungsprozesse einzugehen. Wie wird nun ein Kontext in die Persönlichkeitsentwicklung umgesetzt, über welche Prozesse verläuft diese Vermittlung?

Zur Beantwortung und Bearbeitung dieser Fragen sind theoretische Modelle vonnöten, die eine *Verbindung zwischen Kontext und Person* herzustellen erlauben und die keine schlichten Prägungsimplikationen in dem Sinne haben, daß ein übermächtiger Kontext seine Merkmale einem passiven und „leeren" Organismus „überstülpt" und „einprägt". Um dies zu vermeiden, müssen wir von einem aktiven, problembewältigenden Menschen ausgehen, der sich bewußt mit der Welt und sich selber auseinandersetzen kann.

Neuere *sozio-kognitive Handlungsmodelle* versuchen, generalisierte Modelle der Verbindung von Kontextmerkmalen mit Handlungsstrategien zu entwickeln und auf die Lebensphase der Adoleszenz anzuwenden (s. zusammenfassend NURMI, 1993). Der Kontext erscheint dabei als sozialgeschichtlich und soziokulturell geprägter Rahmen, der für die jeweiligen Lebensphasen altersgestufte Anforderungen, Aufgaben, Rollenbilder, institutionell vordefinierte Laufbahnen, aber auch Ausgrenzungen und „constraints" vorgibt. Er enthält die altersspezifischen Entwicklungsaufträge, die Schutzzonen der Entwicklung, die Anforderungen und Möglichkeiten. Wandlungen in solchen Entwicklungskontexten können mit Änderungen im Wirtschaftssektor, im Bildungssektor und in den Mentalitäten erklärt werden. Heranwachsende Jugendliche setzen sich damit teils rational, teils aber auch defensiv auseinander: Sie interpretieren sie, sie setzen sich Ziele, entwickeln „Projekte" und gestalten auf dieser Grundlage ihre eigene Entwicklung. Beide Wirklichkeitsbereiche kommen hier also systematisch ins Blickfeld: der Kontext der Entwicklung und die faktische Auseinandersetzung der Person mit dem Kontext.

Der entscheidende Fortschritt gegenüber endogenen, ausschließlich eine innere Dynamik postulierenden Theorien der Entwicklung des Menschen, liegt hier darin, daß die *situativen Konstellationen der alltäglichen Lebensbewältigung* ins Blickfeld kommen, makrostrukturelle Merkmale also lebensweltlich

transformiert werden und somit eine systematische wissenschaftliche Aufarbeitung der Alltagsbewältigung im Jugendalter nahegelegt wird.
Komplementär zur Kontextdarstellung bedarf es eines Konzeptes, wie die Bewältigung der situativen Gegebenheiten erfolgt. NURMI (1993, S. 171 ff.) nennt in seiner Zusammenfassung vier solcher Komponenten, die zusammen ein *rationales Ziel-Mittel-Modell* der Aufgabenbewältigung repräsentieren:

- *Kognitive Schemata und Wissenssysteme* schaffen die Grundlage, daß das „Handeln im Kontext" von Voraussicht und von Erwartungen geleitet sein kann. Personen müssen „wissen", was von ihnen verlangt wird und welche Möglichkeiten des Handelns es gibt. Die Wissenssysteme umfassen sowohl Repräsentationen des Kontextes als auch Wissen der Personen über sich selber. Diese Selbstbeschreibungen werden für die Handlungsregulierung mit zunehmendem Alter immer bedeutsamer.

- *Persönliche Ziele* repräsentieren die Wertungen, die für antizipierte Zustände vorgenommen werden. Hinter ihnen stehen Absichten, Interessen, also hierarchisch organisierte motivationale Systeme unterschiedlicher Allgemeinheit. Sie können sich in konkreten Zielen niederschlagen, längerfristige persönliche „Projekte", was man in Zukunft sein will, umfassen und/oder in hoch generalisierten „Strebungsrichtungen" bestehen. Für eine adäquate Beschreibung der Lebensbewältigung ist die Hierarchie von abstrakten Lebensorientierungen hin zu konkreten Absichten und Zielen wichtig.

- Die Umsetzung von Wissen und Zielen erfolgt über *Planungsstrategien*. Sie repräsentieren die Art und Weise, wie Personen ihr Welt- und Selbstwissen nutzen, um die Ziele mit Handlungskomponenten zu verbinden. Wenn neue Aufgaben an Personen herangetragen werden oder wenn sich neue Möglichkeiten ergeben, dann werden Planungsstrategien eingesetzt oder entwickelt, um Ziele zu erreichen. Hier kommt also ein rationales Zielsetzungs-, Planungs- und Durchführungsverhalten zum Vorschein. Es gilt dann zu untersuchen, wie Personen auf neue situative Anforderungen, denen sie im Laufe ihres Lebens begegnen, reagieren, wie sie sie bewältigen und in ihre „Lebensprojekte" integrieren.

- Handlungsphasen sind aber immer auch mit *rückblickenden Bewertungsphasen* verbunden. Personen lernen aus Erfahrungen, sie reorganisieren ihr Wissen über sich selbst und die Welt. Die Ursachensuche für erfolgreiche oder nicht erfolgreiche Handlungsanstrengungen gehört zum Standardrepertoire der kognitiven Handlungsregulierung. Dabei bestehen bekannte Tendenzen, die positiven Rückmeldungen über die eigene Person zu bevorzugen und negative eher auszuschalten. Die vielen Forschungen zu *Attribuierungstendenzen* und selbst-schädigenden (self-handicaping) oder selbst-dienlichen (self-serving) Interpretationen gehören zu diesem Themenkreis. Wie sich zeigen wird, ist dieses Handlungsmodell für die Beschreibung des Handelns der Schüler gegenüber schulischen Lernangeboten und Lernanforderungen besonders gut anwendbar.

Auf allgemeinerer Ebene ermöglichen handlungstheoretische und persönlichkeitstheoretische Konzepte eine Abbildung der formalen Struktur von in Kontexten handelnden Personen. Folgende Abb. 3.5 von NURMI (1993, S. 174) illustriert dies.

Abb. 3.5: Persönlichkeitsentwicklung von Adoleszenten in einem alters-strukturierten soziokulturellen Kontext nach NURMI (ergänzt durch die Konzepte „Individualisierung" und „Individuation" durch den Autor H. F.)

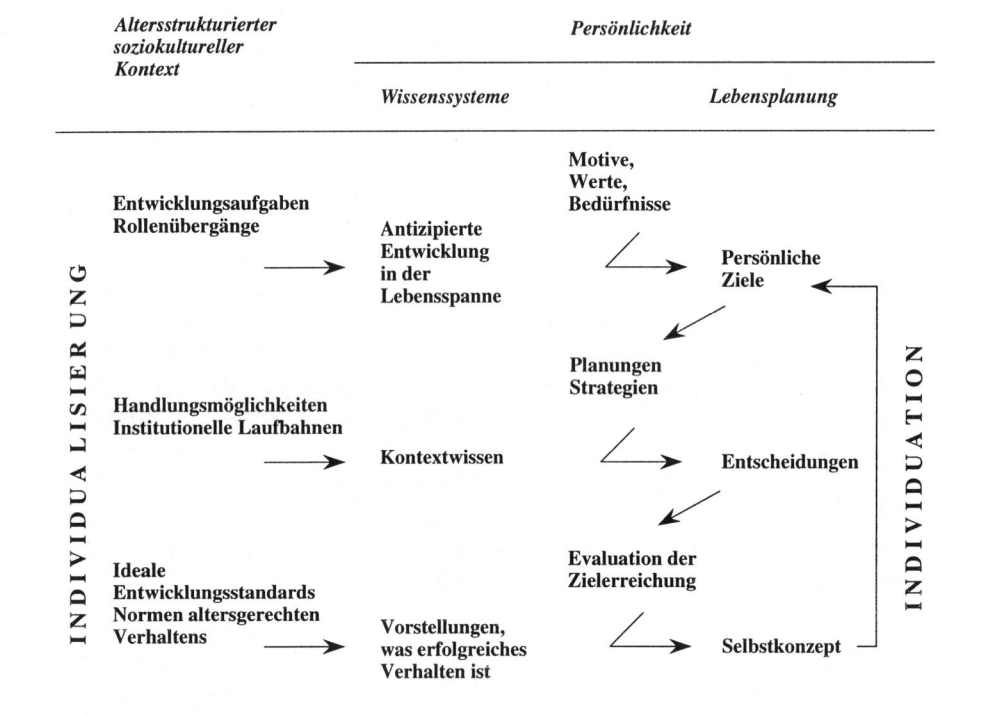

Altersstrukturierter soziokultureller Kontext	*Persönlichkeit*	
	Wissenssysteme	*Lebensplanung*
Entwicklungsaufgaben Rollenübergänge →	Antizipierte Entwicklung in der Lebensspanne	Motive, Werte, Bedürfnisse → Persönliche Ziele
Handlungsmöglichkeiten Institutionelle Laufbahnen →	Kontextwissen	Planungen Strategien → Entscheidungen
Ideale Entwicklungsstandards Normen altersgerechten Verhaltens →	Vorstellungen, was erfolgreiches Verhalten ist	Evaluation der Zielerreichung → Selbstkonzept

(Linke Klammer: INDIVIDUALISIERUNG; Rechte Klammer: INDIVIDUATION)

Das Alltagshandeln von Adoleszenten wird hier in einen Regelkreis von Soll-Lagen (Bedürfnissen, Werten, Zielen), soziokulturellen Gegebenheiten und Strategien der Aufgabenbewältigung eingebettet. Die soziokulturellen Gegebenheiten haben selber eine innere Struktur, hier sind sie in altersspezifische Entwicklungsaufgaben gegliedert. Diese Entwicklungsaufgaben werden von Heranwachsenden wahrgenommen und durch die Abgleichung mit Motiven, Werten und Bedürfnissen in persönliche Handlungsziele umgesetzt. In einem nächsten Schritt werden Planungsstrategien aktiviert und mit dem Kontextwissen konfrontiert. Daraus resultieren konkrete Entscheidungen und Handlungsprogramme. Die dadurch realisierten Handlungsaktivitäten werden mit subjektivem Wissen über Erfolg und Mißerfolg, die ebenfalls soziokulturell mitdefiniert sind, verglichen und in Schlußfolgerungen über die eigene Person (und die Welt) umgesetzt. Diese wirken in vielen Kreisprozessen auf die Ziele und weiteren Handlungsstrategien zurück. In diesem Prozeß erwerben die Jugendlichen neue Interessen, lernen neue Handlungsstrategien (skills) und bauen eine integrierte Selbstbeschreibung auf, die vielfach mit dem Begriff der Identität charakterisiert wird.

Die *Verknüpfung des Kontextes mit der Persönlichkeit* erfolgt in diesem Modell über die Definition altersspezifischer Entwicklungsaufgaben, die für Heranwachsende vorgeben, was normal ist, was möglich und was wünschenswert ist. Die möglichen Ziele der heranwachsenden Jugendlichen werden danach durch die gesellschaftlich vorstrukturierten Entwicklungsaufgaben ihres eigenen Alters und des frühen Erwachsenenalters vorstrukturiert. Sie umfassen vor allem die Vorbereitung auf eine berufliche Laufbahn, einschließlich der Schulkarriere, den Aufbau reifer Beziehungen mit Freunden und die Ausformung der Geschlechtsrolle, die Vorbereitung auf Heirat und Familienleben und die Gewinnung emotionaler Unabhängigkeit von den Eltern. Sie werden in Entwicklungs- und Lebensziele umgesetzt (Schule, Beruf, Heirat, Familie) und repräsentieren so die Zukunftsvorstellungen, die als solche handlungsleitend werden. Was noch nicht ist bzw. längst entschwunden ist – mögliche Zukunft und Vergangenheit –, bestimmt im Menschenleben somit das tatsächliche Handeln. Ohne Kenntnis des Imaginierten und des Erinnerten wird das gegenwärtige reale Handeln im Humanbereich nicht verständlich.

Für die Umsetzungsphasen und Umsetzungsaktivitäten, also für die realen Planungsprozesse, gewinnen die *institutionellen Strukturen* und die in sie eingelassenen „Karrierewege" eine große Bedeutung. Das Bildungswesen ist in der Adoleszenz der wichtigste Rahmen für die auf Zukunft ausgerichtete Lebensplanung. Es ist „stark" und für die Lebensplanung von Jugendlichen wichtig, wenn die vermittelten Abschlüsse, also die Dokumentationen von langen Lernprozessen, auch für die weiteren Ausbildungsschritte relevante Informationen repräsentieren, damit einen Wert für aufnehmende Instanzen haben, die an die von der Schule attestierten Leistungen „glauben". „Schwach" ist ein Bildungswesen bzw. eine Phase in einem Bildungsgang dann strukturiert, wenn die Dokumentationen von Leistungsresultaten keine Bedeutung haben, von niemandem ernst genommen werden und auch keine formell bedeutsamen Berechtigungen vermitteln.

Nicht minder wichtig sind in der Adoleszenz die *beruflichen* Ausbildungswege und die Chancen auf dem Arbeitsmarkt. Sie alle geben die Entscheidungsoptionen vor. Von diesen Möglichkeiten sind wiederum die Chancen abhängig, ökonomisch selbständig zu werden, die ihrerseits auch die Heiratsoptionen mitbestimmen. Hier wird sichtbar, wie tiefgreifend die institutionellen und ökonomischen Kontextbedingungen die Lebensläufe von Adoleszenten und ihre alltäglichen Bewältigungsstrategien mitbestimmen.

Die *Evaluationsprozesse*, die sich an die obigen Planungs- und Realisationsaktivitäten anschließen, schlagen sich in Selbstbewertungen (aber auch in Kontextbewertungen) nieder. Erfolg wird sich positiv auswirken, Mißerfolg negativ. Allerdings wird dieser Zusammenhang durch die Aspirationen gewichtet, die jemand hegt, und er wird durch die Strategien zur Erklärung von Erfolg oder Mißerfolg relativiert. Die globalste Konsequenz der vielen Kreisprozesse von Handlungsanstrengungen und Rückmeldungen wird in einem Bild darüber bestehen, was man von sich selber hält, was man kann, was einem wichtig und zentral ist. Im Konzept der *Identitätssuche* in der Adoleszenz wird versucht, diesen Prozeß zu fokussieren. Die Identitätssuche besteht aus vielen kleinen Entscheidungen, die langsam zu summativen Selbsteinschätzungen und Lebensplänen expandieren.

Wenn man sich die Grundzüge dieses handlungstheoretischen und soziokognitiven Persönlichkeitsmodells vor Augen führt, wird sichtbar, daß es ein sehr *rationalistisches Modell menschlichen Handelns* ist. Es unterstellt eine individuelle Lebensplanung, die – so hat der Exkurs in die Sozialgeschichte der Lebensphase Jugend gezeigt – selbst erst ein junges Produkt der gesellschaftlichen Entwicklung ist. Demnach müßten die jeweiligen Lebensbewältigungsprozesse je nach subkulturellem und kulturellem Hintergrund stark variieren. Ein Mädchen in Afrika oder in Indien wird unter anderen Bedingungen groß als ein Akademiker-Töchterchen in der Schweiz. Das obige Modell erlaubt, solche Fragen zu bearbeiten. So wird die Adoleszenzphase in Indien ganz anders strukturiert sein, wo die Entwicklungsaufgabe der selbständigen Partnerwahl fehlt, weil diese Entscheidung von den Eltern getroffen wird. Ähnliche Differenzen sind zu erwarten, wenn nur ein kleiner Teil der Jugendlichen in eine geregelte Ausbildung und Arbeit hineinwachsen kann bzw. wenn das Einkommen von einem Familienmitglied nicht individuell, sondern kollektiv vom ganzen Familienverband verwertet wird.

Gesellschaftsintern sind die größten Unterschiede in der Bewältigung altersspezifischer Entwicklungsaufgaben bei einer sozialstrukturellen Differenzierung nach Geschlecht und sozialer Schicht (bzw. Schulform) zu erwarten.

Neben diesen „normativen Entwicklungsanforderungen" gibt es in jeder Lebensphase Ereignisse, die unvorhersehbar sind, die aber sehr gravierende Folgen haben können. Todesfälle, Scheidung der Eltern, historische Umbrüche (Kriege zum Beispiel, oder die damalige Wiedervereinigung von Ost- mit Westdeutschland) können die Kontinuität eines Lebenslaufs und eines Identitätsaufbaus beeinflussen. Aber auch die Strategien der Bewältigung solcher kritischen Lebensereignisse lassen sich mit Hilfe der hier beschriebenen Konzepte der soziokognitiven Handlungstheorie konkretisieren.

In dieser Arbeit wird die Vorphase eines entscheidenden Schrittes zum selbständigen Erwachsenen in der Moderne im Mittelpunkt stehen: die Bewältigung der hochstrukturierten institutionellen Vorgaben im Bildungswesen. Der besondere Akzent wird dabei auf den Auswirkungen der Bewältigungsformen und Erfahrungen in der Persönlichkeit der Heranwachsenden liegen. Es geht also um *Chronifizierungen* der Leistungserfahrungen in Lern- und Arbeitsmotivationen und in Strukturen des Selbst. Diese Chronifizierungen erfolgen aber nicht plötzlich oder sprungartig, sondern in lange dauernden Entwicklungsprozessen. Sie führen z. B. zu einem höheren epistemologischen Niveau, zu einem besseren Verständnis der eigenen Person, anderer Menschen und der Welt. Der Prozeß der Chronifizierungen ist also kein passiver Prägungsprozeß von Erfahrungen, sondern ein aktiver Konstruktionsprozeß im sozialen Kontext, durch welchen die Orientierungen und Kompetenzen einer Person interaktiv aufgebaut werden.

Diese Rahmenkonzeption bedarf im folgenden der Differenzierung und Ausarbeitung. Die erste Präzisierung entspringt der Kernidee, daß die Bewältigung schulischer Angebote und Anforderungen *eng mit der Funktionsweise der Persönlichkeit insgesamt verflochten ist*. Wenn wir Handlungsweisen von Kindern und Jugendlichen in der Schule verstehen wollen, dann müssen wir Vorstellungen über Gesetzmäßigkeit in den Reaktionen des „humanen Systems" auf schulische Erfahrungen, z.B. auf Erfolg und Mißerfolg, haben.

Weitere Präzisierungen werden sich aus einer Mikroanalyse der Bewältigungsformen schulischer Anforderungen ergeben, die es dann noch entwicklungspsychologisch zu entfalten gilt.

3.4 Theorien des Selbst als Theorien der Funktionsweise der Persönlichkeit

Das im folgenden beschriebene Persönlichkeitsmodell ist durch eine Kernidee inspiriert: Schulische Erfahrungen treffen nicht auf eine „neutrale Substanz", die z. B. auf Erfolgs- und Mißerfolgsinformationen auf gleiche Weise reagiert. Das „humane System" verträgt vielmehr die einen Erfahrungen besser, andere hingegen schlechter, bzw. es reagiert in systematischer Weise auf bestimmte situative Faktoren.

Diese Kernidee setzt als erstes voraus, daß *Umwelterfahrungen im Laufe der Lebensgeschichte intern repräsentiert werden*, daß also Wissensstrukturen über sich selber, über die eigene Stellung in der Welt, über die eigenen Leistungserfolge und sozialen Plazierungen aufgebaut werden. Dies geschieht in einem sehr komplexen kognitiven Prozeß der Informationsverarbeitung, der Erklärung von Zusammenhängen und der Abstraktion von konkreten Erfahrungen zu allgemeinen Einschätzungen. Zu diesen Verallgemeinerungen gehören dann auch Einschätzungen, was man kann, wozu man in der Lage ist, was die eigenen Stärken und Schwächen sind.

Neben der Beschreibung dieser Strategien der Informationsverarbeitung und der Generalisierung von Erfahrungen ist die Konzeption der *inneren Sollwerte* wichtig, die die Entwicklung vorantreiben und das innere Gleichgewicht im Menschen definieren. Neben den inneren Gesetzen der Informationsverarbeitung bestimmen die Bedürfnisstrukturen des Menschen, wie Kontexterfahrungen innerlich aufgenommen werden. Sie sind auch die Ursache dafür, daß der Mensch, wie oben angedeutet, nicht alle Erfahrungen als gleich willkommen empfindet und somit nicht als neutrale tabula rasa reagiert. Wir müssen von einer *Bedürfnisdynamik* ausgehen, die die Sollwerte für die Reaktion auf Kontexterfahrungen und für die Handlungsregulierung vorgibt. Sie sollen hier *Homöostasen* genannt werden, um deutlich zu machen, daß Personen aktiv werden, um real oder imaginär eine Annäherung an die Soll-Lagen zu erzielen. Gelingt dies nicht, dann setzen Ersatzmaßnahmen, Verzerrungen der Informationsverarbeitung bis hin zu Selbstzerstörungen ein. Welche Bedürfnisse charakterisieren nun das „humane System"?

Im Zentrum des humanen Bedürfnissystems steht die *narzißtische Homöostase*. Danach strebt der Mensch, streben auch die Jugendlichen danach, die „Selbstliebe", die eigene Akzeptanz zu sichern. Die Wege dazu können verschieden sein, das Ziel ist dasselbe (WINTERHAGER-SCHMID, 1993).

Die zweite wichtige Homöostase ist sozialer Natur: das Bedürfnis nach sozialer Zugehörigkeit. Es ist besonders ausgeprägt in der intensiven Bindung von Kleinkindern an Bezugspersonen und bleibt das ganze Leben erhalten. Die Bindungsgeschichte (attachment history) tritt in der Adoleszenz in eine neue

Phase, wenn die kindliche Bindung zu den Eltern nicht mehr ausreicht, verändert werden muß und allmählich den Weg für gegengeschlechtliche Intimbeziehungen zu öffnen hat. Jugendliche streben neue Formen der *Bindung* an, sie suchen neue Geborgenheiten.

In verschiedensten theoretischen Schriften wird eine dritte Homöostase postuliert, die Diskrepanzen anzeigen kann und damit Ausgleichsmechanismen in Gang setzt. Schon Alfred ADLER hatte betont, daß die innere Dynamik des Menschen darin besteht, seine Schwäche, seine Minderwertigkeit zu überwinden. ADLER selbst hat dies in seiner theoretischen Frühphase als Organminderwertigkeit (1969) definiert. Eine zweite Quelle ist in jenen entwicklungspsychologischen Forschungen zu finden, die das frühe Bedürfnis der Kinder nach *Selbständigkeit* (GUBLER & BISCHOF, 1990) demonstrieren und die die frühen Formen der Wirksamkeitsmotivation nachweisen konnten (WHITE, 1959). Etwas zu können, etwas selbständig zu tun, unabhängig zu sein, sind die frühen Erscheinungsformen dessen, was den Menschen sein Leben lang begleitet: *das Bedürfnis nach Selbständigkeit, nach Eigenkontrolle, nach Kompetenz, um nicht unterlegen, schwach, gefährdet zu sein*. Die neuere sozialkognitive Persönlichkeitstheorie BANDURAs (1986) hat dieses Bedürfnis als Handlungsregulativ der „self-efficacy", als Erfahrung der eigenen Wirksamkeit (FLAMMER, 1990), besonders prägnant herausgearbeitet. Sie ist in allen Lebensbereichen bedeutsam, wenngleich wir sie in der Adoleszenz vor allem im sozialen Kontaktbereich und im schulischen Leistungsbereich am Werke sehen. Wenn wir die Entwicklung in der Adoleszenz beschreiben, müssen wir die Oberflächenphänomene auf diese Regulative hin befragen.

Im Anschluß an personologische Menschenbilder muß auch eine *Sinn-* beziehungsweise *Verständnis-Homöostase* postuliert werden. Sie besteht darin, daß der Mensch eine geistige Ordnung, eine Ziel- und Sinnrichtung des Handelns gegenüber Chaos und Ziellosigkeit präferiert. Dieses Bedürfnis läßt sich einmal formal definieren, wenn Konsistenzen im Prozeß der Informationsverarbeitung und Konsistenzen zwischen Konzepten angesprochen sind. Es läßt sich auch inhaltlich fassen, wenn die Zielstrukturen menschlicher Existenz zur Debatte stehen.

Die hier beschriebenen Bedürfnisstrukturen werden in personologischen Persönlichkeitstheorien von den verschiedensten Autoren vorausgesetzt. ARONOFF und WILSON (1985, S. 58) haben z. B. gezeigt, daß sie bei ADLER, ALLPORT, ERIKSON, FREUD, FROMM, JAHODA, JUNG, KOHLBERG und ROGERS zu finden sind.

Im Mittelpunkt steht in dieser Arbeit die *gleichzeitige Erfüllung* von *Selbstakzeptanz* (narzißtische Homöostase), von *Bindung* (soziale Homöostase), von *Selbständigkeit, Kontrolle* (Autonomie-Homöostase) und von Gestaltungsmöglichkeiten (Schaffens-Homöostase). *Der Mensch, der im Gleichgewicht ist, kann bei sich sein, mit anderen verbunden sein, sich abgrenzen und bei einer Sache sein.*

Im Mittelpunkt unseres Menschenbildes steht somit die *bedürfnisgeleitete*, aber auch *selbstreflexive Person in ihren sozialen und sachlichen Verflechtungen*. Zu dieser Person gehört die Entwicklung einer Repräsentation ihrer selbst, ihr „Selbstbild". Die Entwicklung dieser Selbst-Repräsentation beinhaltet gleichzeitig die Entwicklung der „Selbst-Ermächtigung", also die Entwicklung der Fähigkeit, von sich selber Besitz zu ergreifen, über sich selbst „Gewalt" zu erlangen, sich selber zu lenken und sich selber zu entwickeln (s. die self-determination-Theorie von DECI & RYAN, 1985).

Wir sind aber dazu aufgefordert, die *Dynamik des Selbst* im schulischen *und* im sozialen Kontext zu verstehen, wie dies z. B. Alfred ADLER praktiziert hat. Für ihn hatte u. a. der Kampf gegen das Minderwertigkeitsgefühl die soziale Komponente der Steigerung des Geltungsbewußtseins. Auch Problementwicklungen lassen sich auf diese Weise besser verstehen. Es war wieder Alfred ADLER (1969), der dies vorgeführt hat, indem er den *idealen* Weg der produktiven Einbettung des Selbst in den sozialen Kontext in der Form der Entwicklung der sozialen Verantwortung (*Gemeinschaftsgefühl*) beschrieben und davon die beiden Irrwege abgehoben hat: den Weg des *Rückzugs* (Angst, Vermeidung, Selbsterniedrigung) und den Weg des *Angriffs* (Machtanspruch, Aggression).

Dieses Beispiel aus der Frühzeit ganzheitlicher Persönlichkeitspsychologien zeigt, daß wir mit verschiedenen Konflikten bei der Suche nach Befriedigung zentraler Bedürfnisse in unterschiedlichen Kontexten rechnen müssen. Nicht für alle Jugendlichen sind die Befriedigungs*wünsche* zentraler Bedürfnisse kompatibel mit den kontextbezogenen Befriedigungs*bedingungen*, und nicht alle Kontexte sind untereinander verträglich. So können Zugehörigkeitswünsche in der Peer-group mit Erfolgsbedürfnissen in der Schule in Konflikt geraten. Zugehörigkeit und Konkurrenz können im Widerstreit liegen. Kontrollwünsche des Individuums können in der Schule unbefriedigt bleiben. Dasselbe kann mit Zugehörigkeitswünschen in der Familie geschehen, wenn der schulische Erfolg eines Kindes zu einem geheimen Akzeptanzkriterium der Eltern wird. Wir werden diesen Inkompatibilitäten und Balancen, die in der Literatur mit dem Konzept des „goodness of fit" (LERNER & FOCH, 1987; THOMAS & CHESS, 1980) bearbeitet werden, nachzugehen haben.

Solche Konzepte führen uns in ihrer integrativen Summe zu einer psychologischen Grundorientierung, die *systemischer Personalismus* genannt werden soll. Die Konzeption des *kritischen* Personalismus von William STERN (1918) ist hier mit einer Perspektive kombiniert, die die *kontextuellen Verflechtungen der personalen Dynamik* in den Mittelpunkt stellt.

Die beschriebenen generellen humanen Bedürfnisstrukturen erfahren in der Adoleszenz eine besondere Akzentuierung. Die innere personale Dynamik gewinnt in dieser Lebensphase verstärkt soziale Komponenten (s. ARONOFF & WILSON, 1985). Es genügt dem Jugendlichen nicht, nur für sich selber etwas zu sein, nur für sich etwas zu können. Er versucht vielmehr, sich selber in den jeweiligen Gruppen so darzustellen, daß seine Bedürfnisse optimal befriedigt werden. Dabei kann er mehr oder weniger erfolgreich sein. Die Rückwirkungen seiner Selbstdarstellung in der Schule, der Altersgruppe und in der Familie werden dann wieder zu Selbsteinschätzungen, zu Bestätigungen oder (seltener) zu Korrekturen von Selbstbildern verarbeitet. Doch darüber kann der Heranwachsende selber wieder reflektieren und sich dabei „autonomisieren".

Autonomiebedürfnisse im Sinne der Erarbeitung eigener Lebenspläne und eigenständiger Handlungsmöglichkeiten werden in der Adoleszenz sehr wichtig. Sie nehmen jetzt die Form an, daß Jugendliche wissen wollen, „wer sie sind", was sie eigentlich wollen, was sie interessiert, wo sie „bei sich" und wo sie „außer sich" sind, was ihnen also fremd ist. Schulische Erfahrungen bieten ein reichhaltiges Feld, seine eigenen Interessen und Kompetenzen kennenzulernen.

Die konzeptuelle Leitperspektive

Die Struktur der Analyse und der Darstellung, die aus diesem Modell des Selbst im sozialen Kontext resultiert, ist in Abb. 3.6 veranschaulicht. Das Dreieck von Selbst-System, sozialen Erfahrungen und Leistungserfahrungen bestimmt unser Denken über die Dimensionen einer harmonischen Persönlichkeitsentwicklung. Das Selbst-System entwickelt sich nach dieser Konzeption nicht in der Form der selbstreflexiven Fixierung sondern in lebhaftem Austausch mit sozialen und leistungsbezogenen Erfahrungen, die teils selber produziert, teils von anderen bestimmt sind. Wenngleich im folgenden die Leistungserfahrungen im Vordergrund stehen werden, so wird sich auch zeigen, daß ihre psychische Relevanz erst durch ihre Einbettung in soziale Wertungen und Bindungen voll zum Tragen kommt. Wie Eltern und Freunde auf die eigenen Erfolge und Anstrengungen reagieren, bestimmt deren psychologische Bedeutung.

Nach dem bisher Gesagten dürfte auch klar sein, daß es insbesondere glückliche oder unglückliche Konfigurationen von sozialen und leistungsbezogenen Erfahrungen und Orientierungen sind, die die Qualität der harmonischen Persönlichkeitsentwicklung in der Adoleszenz bestimmen.

Sich mit der Schule zu arrangieren, mit ihr „vernünftig" umzugehen, bedeutet danach, eine befriedigende Gesamtkonfiguration von *Leistungserbringung*, *sozialer Einbettung* und *Selbstakzeptanz* zu finden. Wer in der Schule gut sein möchte, der möchte dies in der Regel nicht mit sozialem Ausschluß erkaufen. Wer sozial anerkannt sein möchte, der sollte dies nicht durch die Demonstration von Leistungsverweigerung tun müssen. Das „Funktionssystem der Leistungserbringung" sollte also kompatibel mit dem „System der Gewinnung sozialer Akzeptanz" sein. Erst dann ist eine Synchronisation mit dem „System der Selbstakzeptanz" möglich. Hier nimmt somit die Koppelung der leistungsbezogenen und sozialen Systeme eine Schlüsselrolle ein, wenn die Beziehung des Umgangs mit Schule mit der Festigung der Selbstakzeptanz analysiert wird.

Abb. 3.6: Dimensionen der harmonischen Persönlichkeitsentwicklung in der Adoleszenz

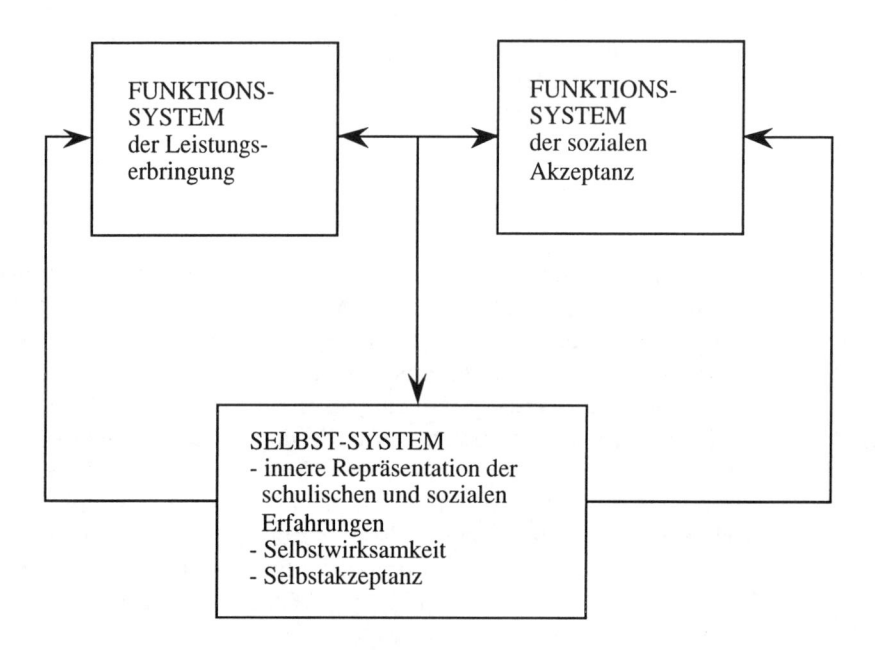

```
┌─────────────────┐     ┌─────────────────┐
│ FUNKTIONS-      │ ←─→ │ FUNKTIONS-      │
│ SYSTEM          │     │ SYSTEM          │
│ der Leistungs-  │     │ der sozialen    │
│ erbringung      │     │ Akzeptanz       │
└─────────────────┘     └─────────────────┘
             │
             ▼
    ┌──────────────────────────────┐
    │ SELBST-SYSTEM                │
    │ - innere Repräsentation der  │
    │   schulischen und sozialen   │
    │   Erfahrungen                │
    │ - Selbstwirksamkeit          │
    │ - Selbstakzeptanz            │
    └──────────────────────────────┘
```

Wenn Schule „humanverträglich" sein will, dann muß sie somit Erfahrungen für alle Schüler ermöglichen, die die obigen Grundbedürfnisse befriedigen. DECI et al. kommen zu ähnlichen Schlußfolgerungen, wenn sie die Bedürfnistrias von „competence", „self-determination" und „belonging" unterstellen. Diesen Autoren verdanken wir die Rückführung der Bewältigungsformen schulischer Angebote und Anforderungen in die allgemeine Persönlichkeitspsychologie. Sie haben Lernen wieder in den größeren Zusammenhang der angeborenen psychologischen Bedürfnisse gestellt, wie dies z.B. ADLER schon getan hatte. Neben der Einbettung des Leistungshandelns in die Funktionsweise des Selbst-Systems, die in den 80er Jahren durch die Arbeiten von DECI & RYAN sowie durch COVINGTON (1992) und DWECK (DWECK & LEGGETT, 1988; HENDERSON & DWECK, 1990) im Vordergrund stand, tritt heute die gleichzeitige Berücksichtigung von Leistungszielen und sozialen Hilfeleistungen, allerdings fast ausschließlich in den Arbeiten von Kathryn WENTZEL (1991a; 1991b; 1994). Beide Entwicklungen, die über die ausschließliche Orientierung am System der Leistungsmotivation in den 70er Jahren hinausgeführt haben, sollen hier berücksichtigt werden.

Die obigen drei Funktionssysteme bilden das konzeptuelle Grundgerüst der folgenden Arbeit. Im Mittelpunkt steht die innere Differenzierung des *Systems der Leistungserbringung* und des durch schulische Erfahrungen tangierten *Selbst-Systems*. Das Funktionssystem der sozialen Akzeptanz wird hier insofern tangiert, als die „Verträglichkeit" von individueller Leistungserbringung und sozialer Akzeptanz bzw. solidarischer Orientierung gegenüber Mitschülern geprüft wird. Ähnlich wie WALTHER VON DER VOGELWEIDE über die drei Dinge in dieser Welt grübelte („Ich saz ûf eime steine..."), die wohl anzustreben, aber so schwer zu vereinigen seien, nämlich gleichzeitig ehrenhaft, besitzend und gottgefällig zu sein, so wird hier nach den Wegen gesucht, im Bildungswesen gleichzeitig Leistungsorientierung, Selbstakzeptanz und soziale Solidarität zu realisieren. Wie das komplexe Handlungsmodell der Erfüllung schulischer Anforderungen jedoch zeigen wird, bestimmen Motive Handlungen nur unzureichend. Kognitive Prozesse sind daran ebenso beteiligt wie affektive und volitionale.

4. Die Bewältigung schulischer Anforderungen: Psychologie des Schülerhandelns und der Persönlichkeitsentwicklung

Die Individuation des Menschen unter modernen Lebensbedingungen enthält nach der obigen sozialgeschichtlichen und modernitätstheoretischen Perspektive als Kernpunkte die Entwicklung einer *Leistungsidentität*, die Etablierung eines *Habitus* der Bewältigung von Leistungsanforderungen und die Entwicklung eines *Bedeutungssystems,* mit dem Leistungsanforderungen versehen werden. Das letztere besteht einmal in einem *Weltbild*, in dem Schule, Leistung und Beruf ein bestimmter Stellenwert zugeschrieben wird und – für uns hier noch zentraler – in einem *Selbstbild*, in dem die eigene Person auf der Folie von Leistungsmöglichkeiten und Leistungsproblemen repräsentiert ist. Zugleich wissen wir, daß sich die Ergebnisse der Auseinandersetzung mit Leistungserwartungen tief in die Emotionalität des jungen Menschen eingraben, hier also zu verfestigten *Aversionen, Angstreaktionen, Fluchttendenzen* und *negativen Gefühlen* sich selber gegenüber führen können. Gleich intensiv können auch positive Identifikationen mit schulischen Lerngelegenheiten sein, seien es vielfältige Interessenstrukturen (KRAPP, 1992a; 1992b), internalisierte Anspruchsniveaus oder Gefühle des Stolzes eines um Leistungserfolge gruppierten Selbst.

Bildungssysteme sind für den Prozeß der Humanentwicklung unter modernen Lebensbedingungen unverzichtbare Lernfelder. An keinem anderen Ort werden die Leistungsmöglichkeiten des heranwachsenden Menschen so systematisch entfaltet und Formen der Aufgabenbewältigung eingeübt. Dieses tägliche Bemühen hat vielfältige Konsequenzen über die konkreten Lernprozesse hinaus, Konsequenzen für die Entwicklung der Persönlichkeit. Bei dieser verallgemeinerten Betrachtungsweise werden sowohl *Entwicklungschancen* als auch *Entwicklungsrisiken* sichtbar, die im folgenden herausgearbeitet werden sollen.

Die positiven Entwicklungschancen im Rahmen des Bildungswesens sind unübersehbar. Die seelische Struktur des heranwachsenden Menschen kann z. B. durch die langjährigen systematisierten Lernprozesse und durch die Einübung in konzentrierte Lernarbeit eine Zielrichtung bekommen, die weit in die Zeit des Erwachsenenlebens hineinreicht. Es bauen sich Verpflichtungen auf, Selbstverpflichtungen vor allem, wenn Schüler motiviert werden, sich in bestimmten Lernbereichen besonders zu engagieren. Dies kann dann zum Empfinden führen, daß bestimmte, durch die Schule angebotene Lernmöglichkeiten und Leistungschancen zu einem „Teil von einem selbst" werden, die einem „liegen", in denen man etwas kann.

Wenn man Entwicklungsrisiken beispielhaft anführen wollte, dann könnte man auf viele Varianten fehlgeschlagener Identifikationen mit schulischen Lernmöglichkeiten verweisen. Vielen Schülern gelingt es nicht, einen positiven Bezug zu schulischem Lernen herzustellen. Für sie bleibt die Schulzeit eine möglichst straffrei und schnell hinter sich zu bringende Lebensphase. „Bei sich sein" können sie nur außerhalb der Schule und in Handlungsbereichen, die nichts mit Schule zu tun haben. Das *Entwicklungsrisiko* besteht hier darin, daß es bestimmten Jugendlichen nicht gelingt, sich selber im Bildungswesen „wiederzufinden". Dies wäre z. B. dann der Fall, wenn es ihnen versagt ist, zumindest in einem Lernbereich Erfolg zu haben und Interessen zu entwickeln, so daß sie ihre persönlichen Anliegen in keinem schulischen Lernbereich repräsentiert sehen und sich der Schule nicht „zugehörig" fühlen. Anstrengungsverweigerung und Mißerfolgsorientierungen sind die beiden Gefahren, die hier im Hintergrund stehen.

Es gibt viele Hinweise, die die Bedeutung des schulischen Handlungs- und Erfahrungsbereiches für die Entwicklung der Persönlichkeit belegen. Deren drei sollen hier exemplarisch vorgestellt werden.

1. In einer offenen Erhebung haben wir einmal bei Jugendlichen erfragt, was ihr *Vater*, ihre *Mutter* bzw. *Freunde* zu ihnen in der letzten Zeit häufig gesagt haben (Mein Vater hat gesagt: „Ich bin...", „Ich bin nicht...", „Ich sollte...", „Ich sollte nicht..."). Die wahrgenommenen Reaktionen von seiten der Eltern sind erstaunlich einheitlich, ja stereotyp (FEND, 1994a, S. 68 ff.). Die Kinder und Jugendlichen berichten vor allem leistungsanspornende, leistungsermahnende und anstrengungsbezogene Bemerkungen. „Besser in der Schule sein, sich mehr anstrengen, nicht so faul sein", dies ist die Perspektive, die Jugendliche von seiten der Eltern vorwiegend erfahren. Hier wird deutlich, daß für Eltern die Betreuung ihrer Kinder auf einem möglichst aussichtsreichen Schulwege zum Kernpunkt ihrer Bemühungen um bestmögliche Führung und Begleitung ihrer Kinder gehört. Das verbale „Antreiben" zu größtmöglichen Anstrengungen steht dabei im Vordergrund.

2. Ein zusätzlicher Beleg dokumentiert die große Bedeutung der *Schule* für die Identität des heranwachsenden Menschen.

   Schulen geben einen Erwartungshorizont, ein Aspirationsniveau vor, was der Mensch sein könnte und sein sollte. Sie definieren Möglichkeiten des „Gut"-Seins und Perspektiven der wünschenswerten Entwicklung. Eindrucksvoll kommt dies in den Satzergänzungen zum Ausdruck, die auf die Träume von Mädchen und Jungen anspielen, die beispielhaft in Abb. 4.1 zusammengestellt sind. Auf den Satzanfang, „Am liebsten träume ich

Abb. 4.1: Satzergänzungen in der zweiten Zürcher Replikationsstudie zum Thema: „Am liebsten träume ich davon, in der Schule..."

- immer sehr gute Noten zu machen, ohne nur auf die Prüfungen zu lernen. Daß ich einfach gut bin.
- am besten zu sein.
- zu den Besten zu gehören, und daß wir unsere Französischlehrerin behalten könnten.
- bis zur Matur zu kommen, die Matur zu bestehen, eine super Freundin zu haben.
- immer gute Noten zu haben.
- eine viel bessere Schülerin zu sein.
- so schnell wie möglich durch zu sein und selbständig.
- die Beste zu sein.
- viele Freunde zu haben.
- nur gute Leistungen zu vollbringen.
- frei zu haben!
- beliebt sein.
- die Beste zu sein (bin es leider nicht).
- einmal das zu sagen, was ich wirklich bin.
- daß es dort keine Noten gibt.
- einmal durchsichtig zu sein. Dann will ich einmal schauen, wie sie ohne mich zurechtkommen.
- den Lehrer zu wechseln.
- zu verunglücken oder zu sterben (im Kreis meiner engsten Freunde).
- einmal die Lehrer in die Schulbänke zu setzen, da es manchen sicher gut tun würde, das wieder einmal zu erleben.
- immer gute Noten zu haben und mit der ganzen Klasse gut auszukommen.
- gute Noten und gute Freunde zu haben.
- einfach manchmal einschlafen zu können. Ich träume sowieso sehr viel vor mich hin, also von ganz verschiedenen Sachen, kommt auch darauf an, ob ich gerade verliebt bin.
- Klassenbeste(r) zu sein.
- locker und frei arbeiten zu können.
- so ziemlich im Mittelpunkt zu stehen und mit vielen ein gutes Verhältnis zu haben.
- mal etwas anderes zu machen, Distanz zu Lehrer und Schülern verringern, nicht immer nur in derselben Klasse zu sein, in Streitfragen von den Lehrern mehr berücksichtigt zu werden.
- der Beste zu sein.

davon, in der Schule...", haben 420 Schüler einer Zürcher Studie (s. KASSIS, 1995) geantwortet. Die größte Gruppe, insgesamt mehr als 30%, wünschen sich und phantasieren, besonders gute Noten zu haben. 10% träumen davon, die „Besten zu sein".[8]

Mit deutlichem Abstand am zweithäufigsten werden Traumvorstellungen von „Beliebtheit", von Freundschaften und sozialen Zugehörigkeiten erwähnt.

3. Erinnerungen an die eigene Schulzeit können eine dritte Quelle sein, um die Bedeutung der Schule für die Biographie von Menschen zu dokumentieren. Im Rahmen einer pädagogischen Lehrveranstaltung an der Universität Zürich sind Studenten und Studentinnen gebeten worden, prägende Schulerlebnisse zu notieren[9], die ihnen unter der Vorgabe „Mir ist, als ob es gestern war" spontan in den Sinn kommen. 45 Aufsätze zu dieser Thematik wurden verfaßt. Da Studenten der Pädagogik gefragt wurden, haben wir es eher mit erfolgreichen Schülern zu tun, die zudem noch ein positives Verhältnis zur Schule und zum Lernen bewahrt haben, so daß sie das Fach Pädagogik auf der Hochschule gewählt haben.[10] So berichten denn auch sehr viele von prägenden positiven Erlebnissen, aber auch bleibende negative Eindrücke, ja traumatische Erfahrungen werden berichtet.

a) *Lehrer*

Im Vordergrund stehen vor allem positive oder negative Erfahrungen mit Lehrern:

„Ganz lebendig in Erinnerung – als wäre es gestern gewesen – ist mir, als eine der positivsten Erfahrungen, der Schuleintritt.
Zwar noch an der Hand der Mutter, ausgerüstet mit für mich reichen Schätzen, dem Schultornister und einem roten, für heutige Verhältnisse kleinen Schuletui, betrat ich den von mir so lang ersehnten Ort – die Schule. Das Glück, in der Erstklasslehrerin eine so integre, mütterliche, gerechte Persönlichkeit gefunden zu haben, sollte mich in der Folge fast 5 Jahre (die Lehrerin heiratete leider nach einem Jahr) schlechtester Lehrerpersönlichkeiten relativ unbeschadet überstehen lassen.
Das Bild dieser Person: ein etwas breites, gemütliches Gesicht, modisch einfache (nach heutigen Gesichtspunkten), aber für mich adrette Kleidung, aber das Wichtigste für mich: eine Art des Zuhörens, des ‚Mich-Ernst-Nehmens', wie ich es zu Hause so noch nicht erfahren hatte. Auffälligerweise erinnere ich mich an keine Strafen, gegenüber mir sowieso nicht, denn ich muss eine Musterschülerin gewesen sein.

---

[8] Insgesamt möchten 72 aller antwortenden Mädchen (N=204) und 55 (N = 216) aller antwortenden Jungen in der Schule besonders gut sein. Den 35.3% gut sein wollenden Mädchen stehen 25.5% von Jungen mit ähnlichen Traumvorstellungen gegenüber.

[9] Im folgenden ist deshalb die Schweizer Rechtschreibung beibehalten.

[10] Eine solche Wahl kann natürlich auch aus Verletzungserfahrungen heraus erfolgen, die damit bearbeitet werden.

Nein, das einzige, was für mich etwas wie eine ‚Sanktion' aussah, war das Dableiben um vier Uhr, das einigen Kindern ab und zu widerfuhr.
Laut Bericht meiner engen Freundin, zu der ich heute noch Kontakt pflege, musste sie – als es ihr widerfuhr – rechnen, was sie nicht verstanden hatte.
Anmerkung: Ich selbst als Lehrerin habe nie Kinder um vier Uhr dabehalten, da es mir auch heute noch wie ein Freiheitsentzug erscheint."

„Während der Mittelstufenjahre (4.-6. Klasse) war das prägendste ‚Erlebnis' bestimmt mein Verhältnis zu meiner Lehrerin. Sie war mir ein Vorbild, das ich zu Hause stundenlang imitierte, indem ich ihr Verhalten in mein ‚Lehrerspiel' übernahm, auch ein Notenheft führte, auch eine grosse Handtasche mit allerlei Krimskrams mir zulegte und sogar das von mir als ungerecht empfundene Verhalten der Lehrerin einigen Mitschülerinnen gegenüber auch meinen imaginären Schülerinnen zu Hause zumutete. Ich denke, dass eine ganz wichtige Zeit meiner Identitätsfindung mit dieser Lehrerin verknüpft ist.
Ob sich die Lehrerin ihrer Bedeutung für mich bewusst war, kann ich im nachhinein schlecht sagen. Damals glaubte ich öfters, dass ich für sie nur eine ganz gewöhnliche Schülerin war, denn ich war bei weitem nicht die einzige, die sich um ihre ‚Gunst' bemühte. So erlernte ich auch durch meine ‚Verehrung' sehr wichtige Gefühle wie Konkurrenz, Angst vor Liebesentzug, aber auch Selbsterfahrung und Bewunderung."

„Ungewöhnlich? Die Erinnerungen an meine Schullaufbahn sind eigentlich durchwegs durch positive Erfahrungen/Begegnungen geprägt. Meine Grundschullehrerin, eine ältere Dame, die ich bis heute schätze, kommt mir auch nach zwanzig Jahren noch des öfteren in den Sinn. Ihr Bemühen, in Beurteilung und Umgang mit uns Gerechtigkeit ‚walten' zu lassen; die fauleren Schüler unter uns durch eine achtungseinflössende Strenge zu mehr Leistung zu bewegen; aber auch erbrachte Leistungen zu würdigen, sind mir noch immer sehr präsent.
Apropos Einsatz – auch in meiner ‚Laufbahn' auf dem Gymnasium begegnete ich immer wieder Lehrern und Lehrerinnen, die sich weit über das einem ‚normalerweise' begegnende Massan Engagement für uns Schüler hinausgehend zeigten. So gründete unser Sportlehrer, ein richtiger Holzfällertyp – aussen hart und sehr trocken, innen weich – nicht nur einen Ruderverein; er organisierte auch fortwährend Wanderrudertouren auf Rhein, Rhône, Saône, Lahn, Mosel, usw. Durch ihn lernte ich selbst Disziplin und Gruppenleben kennen. Er hatte ein Gespür dafür, wieviel er uns wirklich zumuten konnte. Faulheit akzeptierte er nicht!
Das dritte mir lebendige Beispiel ist das dreier LehrerInnen, die ein dreijähriges politisches Projekt begleiteten und viele Stunden ihrer Freizeit dafür aufwendeten."

„Ich bin ohne Vater aufgewachsen. Die vierte bis sechste Klasse besuchte ich bei einem Lehrer. Er wurde für mich zur wichtigsten männlichen Bezugsperson und zum Vorbild. Sein Engagement erstreckte sich über die schulischen Bereiche hinaus. Es gelang mir dadurch, den Verlust meines Vaters zu akzeptieren. Gleichzeitig wurde er wichtigstes männliches Vorbild für meine Persönlichkeitsentwicklung als Junge. Ich glaube, er prägte meine Persönlichkeitsentwicklung in der damaligen Zeit entscheidend.
Rückblickend glaube ich, dass das persönliche Engagement dieses Lehrers, obwohl es sich über eine relativ kurze Zeitspanne meines Lebens erstreckte, nachhaltigen Einfluss auf meine Persönlichkeitsentwicklung genommen hat."

„Noch ganz Kind, trat ich mit 12 Jahren in die Bezirksschule (Kt. Aargau) ein. Unser Jahrgang umfasste ca. 50 SchülerInnen, die am ersten Schultag in der riesigen Aula empfangen wurden, um dort dem jeweiligen Klassenlehrer zugeteilt zu werden. Kurz darauf befand ich mich mit meiner neuen Klasse im neuen Klassenzimmer, und ein freundlicher, bärtiger Herr stand am Lehrerpult, um uns zu begrüssen. Als er dies getan hatte, begann er uns etwas zu sagen, was ich nie vergesse und was meine ganze Bezirksschulzeit geprägt hat:

Als sässe er gleichaltrigen Erwachsenen gegenüber, erklärte er uns, dass er an dieser Schule etwas Neues einführen möchte, von dem er sich viel verspräche – Gleichheit zwischen LehrerInnen und SchülerInnen soll sich für ihn auch in den sprachlichen Umgangsformen ausdrücken und somit dürfen wir ihm ab sofort ‚Du' sagen.

Plötzlich war dieser Herr nicht mehr Herr X, sondern ganz einfach ‚Franz'. Ich war sicher nicht die einzige, der es etwas mulmig zumute war (immerhin wurde einem seit frühester Kindheit eingebläut, Erwachsene seien zu siezen!), aber die sich plötzlich sehr wichtig vorkam – und das tat gut!

Weiter erklärte uns Franz, dass er wolle, dass immer Ehrlichkeit herrsche, dass man dem anderen sagen solle, was einem nicht passe, und dass er so auch mit uns umgehen würde. Aber wenn er das Recht hat, uns zu kritisieren, dann sollten wir ruhig aufstehen, zu ihm nach vorn gehen und ihm einen Kinnhaken geben, sollte uns etwas an ihm gar zu sehr missfallen. Ja, genauso hat er es ausgedrückt, und ich sehe es wirklich noch vor mir, als wäre es gestern passiert.

Alle Skrupel anderer LehrerInnen, Erziehungsbehörden und Eltern haben sich für mich bald in Luft aufgelöst, und ich konnte vier Jahre lang ein wundervolles Verhältnis mit ‚Franz' und den anderen Lehrern, die sich ihm angeschlossen hatten, aufbauen, welches mich sehr geprägt hat und mich richtig rührt, wenn ich jetzt daran denke!"

Neben dieser sehr positiven Erfahrung finden sich überraschend viele Beispiele, in denen die Macht des Lehrers erlebt und ihr Mißbrauch gelegentlich erlitten wird.

„Zuerst erinnere ich mich an eine völlig ungerechtfertigte Ohrfeige.
Im Turnen fasste ich die Aufgabe, den Barren rauszuholen, und während der Installation liess ich den Hebel, den es braucht, um dieses Turngerät zu fixieren, sausen, worauf er laut einklinkte. Als ich mich mit hochrotem Kopf erhob, um mich zu entschuldigen – ich wusste ja durch mehrmalige Warnungen meiner Lehrerin, wie arg dieses Vergehen war – hatte ich innert Sekunden eine volle, satte Ohrfeige im Gesicht und absolut keine Chance, mich irgendwie zu rechtfertigen.

In der Sekundarschule geriet ich an einen Lehrer, den ich zwar heiss bewunderte, der mich mit seinen pädagogischen Massnahmen jedoch auch ungeheuer in Verlegenheit brachte. Ich denke, ich war eine vorwitzige Schülerin, die gern während des Unterrichts plapperte, weshalb ich auch dauernd meinen Sitzplatz wechseln musste und mich bald allein in der zweithintersten Reihe befand.

Doch noch immer konnte ich mich umdrehen und mit einer noch ‚ärmeren Sünderin' Weltbewegendes austauschen.

Doch auch diese Art von Kommunikation wurde von meinem Lehrer schleunigst unterbunden mit dem Auftrag, dass ich mir Scheuklappen zu besorgen hätte.

Da ich keine Ahnung hatte, wie Scheuklappen aussehen, musste ich mich diskret überall umhören.
An einem Nachmittag, als meine Mutter nicht zu Hause war, bastelte ich mir solche Dinger aus Karton, versteckte sie in einer Schublade und klaubte sie jeweils am Morgen heimlich hervor, um sie dann in der Klasse wiederum schamerfüllt überzustülpen und auch anzubehalten, immer im Bewusstsein, wie doof ich aussah, und immer vor Augen, wie schlecht ich mich benommen hatte. Zwei Erlebnisse, die mir das Gefühl der Scham in unvergesslicher Erinnerung belassen."

„In der Oberstufe hatte ich einen ganz besonderen Lehrer, vor dem sich einige meiner Mitschüler ziemlich fürchteten. Ich hatte das Glück, in seiner Gunst zu stehen; musste aber auch ab und zu vor ihm zittern.
Er hatte ziemlich aussergewöhnliche Lehrmethoden. Wenn eine Antwort zu lange auf sich warten liess oder ein Schüler stotterte oder auch nur ‚äh' sagte, warf er einen nassen Schwamm oder eine Kreide nach dem Unglücklichen.
Was mich am meisten störte, war, dass er ungefähr 2-3 SchülerInnen offensichtlich gar nicht mochte. Als sich einer einmal zur Wehr setzte, bekam er eine schallende Ohrfeige.
Eine andere Ungerechtigkeit, an die ich mich erinnern kann, war die Szene, als er ein Mädchen vor die Tür stellte, nur weil es seine Fingernägel rot lackiert hatte! Natürlich war es dasselbe Mädchen, das sowieso das schwarze Schaf der Klasse war.
Aber, was geht es einen Lehrer an, ob man die Nägel lackiert oder nicht? Meines Erachtens war sein Verhalten ein Eingriff in die persönliche Freiheit dieser Schülerin. Aber welches Kind hat schon den Mut, sich gegen einen einflussreichen Lehrer zur Wehr zu setzen?"

1./2. Schuljahr:
„Für gute Leistungen wurden von der Lehrerin ‚Fleisszettel' verteilt. Diese waren runde Kartonstücke (Durchmesser ca. 7 cm) mit einem kleinen Tierbildchen in der Mitte. Das Sammeln von möglichst vielen solcher ‚Fleisszettel' (mit verschiedenen Tierbildchen) wirkte für mich als Ansporn, motivierte mein Leistungsverhalten. Wir SchülerInnen verglichen auch ständig die Anzahl unserer Fleisszettel und tauschten sie (wegen der verschiedenen Bildchen) untereinander aus. Hatte man zehn Fleisszettel gesammelt, konnte man sie bei der Lehrerin gegen einen Farbstift oder einen Gummi ‚eintauschen'."

3./4. Schuljahr:
„Die Lehrerin des 3./4. Schuljahres hatte die Knaben den Mädchen gegenüber ‚vorgezogen', d. h. sie beachtete und lobte die Knaben wesentlich häufiger. Wir Mädchen fanden dies sehr ungerecht, und ich finde dies auch aus der heutigen Perspektive ‚daneben'."

5./6. Schuljahr:

"Wir hatten einen sehr strengen Lehrer, der die ‚schlechteren' Schüler massiv kritisierte und vor der Klasse ‚schlecht machte'. Ich als sehr gute Schülerin hatte nichts zu befürchten, bekam aber zusehends mehr Mitgefühl für die schwächeren MitschülerInnen. Ich begann dann, bei Prüfungen meinen beiden Banknachbarinnen zu helfen, indem ich ihnen ‚freie Sicht' auf meine Blätter gewährte. Dabei wurde ich vom Lehrer einmal erwischt, der mich dann fortan kontrollierte, dass ich meine Arbeiten und Resultate nicht ‚zur Verfügung stellte'."

"Der Lehrer hatte bestimmte Schülerinnen sehr bevorzugt und mit gewissen Schülern dauernd Schwierigkeiten, vor allem mit ausländischen Jugendlichen. Diese Schüler wurden ständig ermahnt und bestraft.
Der Aufklärungsunterricht bei diesem Lehrer nahm Ausmasse an, die nicht mehr zum Wohle der SchülerInnen war, sondern der sexuellen Befriedigung des Lehrers diente. Aus diesen und ähnlichen Erlebnissen in anderen Klassen ergaben sich für mich oft Ohnmachtsgefühle. Solche Dinge liessen mich spüren, wie wir Kinder den Lehrkräften ausgeliefert waren."

"Unser Lehrer belohnte immer die Kinder, die etwas wussten. Einmal mit Geld, ein anderes Mal mit ‚Früh-nach-Hause-Gehen'. Einmal mussten alle, die eine Kopfrechnung nicht richtig lösten, aufstehen. Lösten die Kinder die nächste Aufgabe auch nicht, mussten sie auf den Stuhl stehen. Mir erging es so, dass ich bis zuletzt auf den Tisch stehen musste mit etwa zwei Kameraden. Der Lehrer sagte zu den noch sitzenden Kindern: ‚Seht ihr, diese da können alle nicht rechnen.' Sie durften nach Hause, und wir mussten bleiben und üben. Ein demütigendes Erlebnis für mich. Rechnen konnte ich nie gut, aber es ist unvergesslich."

"Ich hatte einen ziemlich autoritären Klassenlehrer von der vierten bis sechsten Stufe. Ca. einmal wöchentlich hatte er einen Wutanfall. Nein, er war nicht wütend; er war jähzornig. In solchen blinden Momenten schikanierte er die schlechten Schüler. Meist knöpfte er sich einen armen Tropf vor, der es irgendwie geschafft hatte, ihn zu ärgern. Auf mir hackte er nie herum, weil ich eine gute Schülerin war. Bis zu dem Tag liess er mich in Ruhe, als er erfuhr, dass ich die Aufnahmeprüfung fürs Gymi machen wollte. Mit schlechten Leistungen konnte er mir ja nicht drohen. Aber dummerweise war ich Ausländerin. Damals, und das war noch so damals, war ich die einzige Ausländerin in der Klasse. Und das war dann der Punkt, wo er einhakte. Er beschimpfte mich wild vor der ganzen Klasse eine ganze Stunde lang. Ich kann mich gut erinnern, draussen schien die Sonne, und im Klassenzimmer tobte das schlimmste Gewitter. Ich würde ehrlichen Schweizer Bürgern einen guten Platz wegnehmen; ich würde es sowieso nie schaffen; wir Ausländer sollten überhaupt froh sein, dass uns die Schweizer aufnehmen, ich solle gefälligst eine Lehre machen usw. Es nahm kein Ende. Kurz vor dem Pausenläuten war ich dann die Ausländersau. Die Kinder trösteten mich in der Pause, aber eigentlich war alles halb so wild. Wir kannten ja schliesslich schon diese Wutausbrüche. Aber zu Hause habe ich geweint, und meine Eltern mussten mich länger trösten als die Kinder in der Schule, bis alles wieder in Ordnung war. Der Lehrer hat eines aber erreicht mit seinen Beschimpfungen: Ich wollte mehr denn je die Aufnahmeprüfung bestehen. Und es war ein Genuss, als ich ihn nach der Matura einmal traf und ihm von meinem Abschluss erzählte!"

„Es war in der 5. Klasse der Primarschule. Ich musste eine Aufgabe an der Wandtafel lösen. Es war eine Rechenaufgabe, und ich zeigte schwache Leistungen im Rechnen. Ich war erschrocken, als der Lehrer mich nach vorne rief. Die Aufgabe hatte ich überhaupt nicht verstanden, ich wusste nicht, worum es ging. Ich habe irgend etwas geschrieben und war sehr verunsichert. Kritischer Blick des Lehrers. Er forderte meine Klassenkameraden auf, die Aufgabe zu beurteilen. Schweigen. Plötzlich die heftige, laute Stimme des Lehrers: ‚Ja merkt denn keiner, was diese Babe geschrieben hat, es ist falsch!' Ich durfte endlich zurück an meinen Platz und fing an zu weinen. In der nächsten Pause schickte mich der Lehrer nach Hause, weil ich immer noch weinte."

„In der 5. Klasse erhielt ich für Schwatzen mit dem Nachbarn eine – aus meiner Sicht sehr entwürdigende – Ohrfeige.
Ich musste aufstehen und wurde links und rechts auf die Wange geschlagen..."

„In der fünften Klasse war ich gut, lieb und brav. Ich musste vorne stehen, als meine Klasse einen Tanz machte. Ich stand vorne, weil ich den Tanz gut gelernt hatte. Die Lehrerin wollte, dass die anderen Kinder, die den Tanz nicht so gut konnten, mich anschauen konnten. So stand ich vorne und war wie versteinert. Ich habe den Tanz nicht mehr gekonnt. Viele Zuschauer und Eltern haben zugeschaut. Es war schlimm. Ich habe lange darüber nachgedacht. Es war mir bewusst, dass vorne zu stehen nicht gut war."

„Genau in dem Augenblick, als wir zum ersten Mal mit Tinte zu schreiben begannen, wurde mir als Linkshänderin die Schule zum grössten Graus. Musste ich doch wegen meiner ‚Schmierereien' im Schönschreibheft nach der Schule nachsitzen und mich zur Rechtshänderin ausbilden lassen. Welche Qual! Seit dieser Zeit war mir das Schreiben keine Freude mehr..."

b) *Mitschüler*

Die Erfahrung des Bloß-gestellt-Werdens wird häufig als besonders gravierend beschrieben. Die Schule als „Marktplatz" der veröffentlichten Leistungen hat ihre eigenen, oft grausamen Gesetze, die nicht zuletzt durch die „Zuschauer", durch die Mitschüler gefärbt werden. Den zweiten Schwerpunkt von bleibenden Erinnerungen besetzen deshalb *Klassenkameraden*, Erfahrungen, Gefühle, Freuden und Leiden mit Mitschülern.

Primarschule:
„Ich war stets mit derselben Freundin zusammen, auf derselben Schulbank. Sie war gut im Rechnen, ich in der Sprache, somit ergänzten wir uns beim Abschreiben vorzüglich.
Mit der Zeit stellte sich heraus, dass ich kurzsichtig war. Bevor ich eine Brille brauchte, musste ich vom sicheren Hintergrund im Schulraum, in der letzten Reihe, nach vorne direkt zum Lehrer zügeln. Zum Glück kam meine Banknachbarin mit nach vorne, aber Abschreiben und Schwatzen stand jetzt unter direkter Kontrolle des (sehr strengen) Lehrers."

Gymnasium:
"Insgesamt eine sehr fröhliche, lebenslustige Zeit, trotz dem alljährlich drohenden Examen am Schuljahresende. Im Mittelpunkt stand während der ganzen sieben Jahre das Klassenleben, das sich immer auch auf die Abende und über die Wochenenden ausdehnte. Die Klasse hatte einen sehr guten Zusammenhalt, wir waren zur Hälfte Knaben, zur Hälfte Mädchen.
Einmal, zur Zeit der Oelkrise, sparte die Schule (eine Privatschule) an den Heizkosten, so dass wir am Morgen die Mäntel im Klassenzimmer anbehalten mussten. Nach ein paar klirrend kalten Morgen hatten wir genug davon. Gemeinsam riefen wir einen Schulstreik aus und dislozierten ins nächste, warm geheizte Café. Die Folge war eine Standpauke des Rektors, die wir aber gemeinsam gelassen entgegennahmen. Darauf wurde auf alle Fälle wieder normal geheizt, und die restlichen Schulklassen waren uns dankbar für den Aufstand.
Die Anforderungen des Gymnasiums treten in der Erinnerung neben dem sozialen Erleben in den Hintergrund. Die Leistungen erbrachte ich so nebenher, obwohl ich zu Hause schon arbeitete und vor jedem Schlussexamen zitterte. Wichtiger aber war der Kontakt in der Klasse, der in diesem Alter und mit dieser Zusammensetzung der Geschlechter täglich viel Spannung barg."

"In der Kantonsschule, nachdem ich Primar- und Sekundarschule besucht hatte, interessierte es mich stark, die Veränderungen im sozialen Status der SchülerInnen zu beobachten (mich eingeschlossen).
Während in der Primar- und Sekundarschule – wie bereits erwähnt – eigentlich keine Verschiebungen stattfanden, hat sich in der Kanti, durch Zu- und Abgänge verschiedener SchülerInnen, doch einiges verändert, wenigstens ich habe das in meiner Klasse so erlebt. Mit verschiedenen ‚Phasen', die unsere Klasse durchlebte, standen auch verschiedene SchülerInnen im Mittelpunkt."

"Die stärksten Erinnerungen liegen nicht bei Schulleistung und Lehrerkontakt, sondern beim Sozialverhalten der Mitschüler.
Das Verhalten dieser Mitschüler (es war bis zur sechsten Klasse eine Knabenklasse) gegenüber meiner Körperlichkeit (eher zart und nicht trainiert, schwächlich) war teils grausam, teils ausnützend. Vor allem in den Turnstunden kam dieses Merkmal stark zum Zuge, ich war der langsamste, konnte viele Disziplinen nicht oder nur mangelhaft ausführen. Dies führte zu verbalen Beleidigungen und tätlichen Angriffen seitens der Mitschüler. Der Umstand, dass die Lehrpersonen <u>nicht</u> eingegriffen haben, schien dieses Handeln zu legitimieren, ja sogar zu verstärken.
Der Versuch meiner Person, die fehlenden Leistungen in den übrigen Schulfächern zu kompensieren, wurde als Streberei und Anbiederung bei den Lehrpersonen qualifiziert. Das war nun eine neue Niederlage. So wurden meine eher intellektuellen Hobbys zum Lebensinhalt.
Dies eine Schilderung eines Prozesses und nicht einer kleinen, aber trotzdem wichtigen Einzelbegebenheit."

"Es handelt sich nicht um ein einmaliges Erlebnis, sondern um eine Erfahrung, die sich über die ganze Schulzeit von der 1.-3. Primarschulklasse ereignete. Es sind Erfahrungen, die mich sehr geprägt haben. Es ist die Erfahrung von Angst und Nichtakzeptiert-Werden.

Vor 25 Jahren waren die Italienerkinder noch die gehassten Ausländer, die von den anderen Kindern meistens verhauen oder wegen ihrer Sprache gehänselt wurden. Es waren die ‚Tschinggen'. Am Anfang war ich froh, dass ich kein Italienermädchen war. Doch die Mitschüler fanden schnell heraus, dass mein Vater aus dem Fernen Osten, aus Indien, kam und einer Kultur entsprang, die noch weiter entfernt ist als der Süden. Die Mitschüler plagten mich nicht physisch, sondern psychisch. Während den Pausen durfte ich an keinem Spiel teilnehmen. Ich stand immer an die Hauswand gelehnt und schaute zu, wie die andern sich vergnügten. Oft wurde mir auch gesagt, dass meine Mutter eine Hure sei, was ich nicht verstand. Ich hatte immer grosse Angst vor meinen Mitschülern. – Man liess mich spüren, dass ich aufgrund meines Namens und Aussehens anders und deshalb weniger wert sei. Meine Angst war so gross, dass ich, wenn fremde Menschen sich mir näherten, anfing zu weinen. Heute erlebe ich noch Situationen, in denen diese verborgene Angst in mir aufsteigt. Beispielsweise pöbelte mich vor ca. drei Jahren ein Mann im Tram an und meinte, ich ‚Ausländersau' solle verschwinden. Vor lauter Angst war ich wie gelähmt. Ich konnte mich nicht wehren. Ich stand einfach da und liess die Beschuldigungen über mich ergehen. Ich zitterte am ganzen Körper. Wenn immer ich in eine solche Situation gerate, reagiere ich mit Angst."

c) Leistungserfahrungen als Folie

Die sozialen Erfahrungen in der Schule spielen sich immer auf der *Folie der Leistungserbringung* ab. Sie machen die Gefühle von Stolz, Scham, Identifikation, Mitleid, Neid, Depression und Trauer erst verständlich.

„In der Primarschule bekamen wir unsere Hefte immer mit verschiedenen Symbolen bezüglich der Note gekennzeichnet zurück. Die Spannung im Klassenzimmer war oft unerträglich, wenn die Hefte nach der Prüfungskorrektur wieder an uns abgegeben wurden. Jeder wagte kaum, sein Heft zu öffnen, und aus der Bewegung, wie uns die Lehrerin das Heft aufs Pult legte (sanft oder stürmisch), versuchten wir schon erste Vorahnungen auf unsere Noten zu erhaschen. Zuerst öffnete man das Heft nur einen kleinen Spalt, um zu sehen, welche Farbe das Symbol hatte (schon sehr aussageträchtig!). Neben der Note klebte unsere Lehrerin kleine viereckige Glanzbildchen in unsere Hefte. Je nach Leistung waren es lachende Sonnengesichter oder hässlich verzerrte Wolkenfratzen. Ich kann mich erinnern, dass uns alle diese Bildchen viel mehr beeindruckten als die Note an und für sich. Und weil sie sehr sparsam mit den lachenden Sonnen umging, war es absolut das grösste, eine solche im eigenen Heft zu besitzen.
Allerdings empfand ich diese ‚Verstärkung' nicht immer als pädagogisch klug. Viele Kinder, die keine Sonne hatten oder die Fratzen bekamen, waren enttäuscht und traurig, obwohl eigentlich ihre Note nicht unbedingt Anlass dazu gegeben hätte.
Oft gab meines Erachtens die Lehrerin solche Bildchen ohne Begründung in die Hefte. Und es war bezeichnend, dass Lieblingsschüler oft auch bei schlechteren Leistungen trotzdem durch solche Bildchen ausgezeichnet wurden."

„Da ich während meiner Primarschulzeit als sehr gute Schülerin galt, habe ich von jener Zeit eigentlich nur durchwegs gute Erinnerungen, was die Schulleistun-

gen betrifft. Ich erinnere mich an Unbehagen, wenn ich der Klasse wieder mal als ‚gutes Vorbild' dienen sollte, weil ich mir sehr exponiert vorkam und von den Mitschülern als ‚Engelchen' bezeichnet wurde.
Trotzdem war ich sowas wie die Anführerin der Klasse, da ich auch im Sport beeindruckt habe (soziale Stellung in der Klasse). Klassenstrafen haben mich genervt, und ich empfand sie als ungerecht. Die leistungsorientierte Einschätzung der Kinder schien mir ebenfalls ungerecht, weil darunter bestimmt die Schwächeren zu leiden hatten (Strafen, Geschlagenwerden).
Die Einheit bezüglich der Fächer, die ich während der Primarschule und teilweise auch noch in der Sekundarschule so geschätzt hatte, brach spätestens in der Mittelschulzeit auseinander.
Hier war ich persönlich auch zum ersten Mal konfrontiert mit meiner schwächeren Leistung in den Phil-II-Fächern, was langfristig ein Desinteresse und Prüfungsangst in diesen Stoffgebieten verursachte.
So wie ein teilweises Sinken meines Leistungsniveaus zu beobachten war, so meinte ich auch innerhalb des Klassenverbandes nicht mehr eine hervorragende Position, sondern eine Art ‚Mittelstellung' zu bemerken..."

„Ein prägendes Schulerlebnis aus meiner Primarschulzeit (1.-3. Klasse), das sich leider täglich wiederholte, war das tägliche Vortragen von auswendig gelernten Textabschnitten von beachtlichem Umfang. Das Auswendiglernen als Konzentrationsübung oder was immer diese Schikane bewirken sollte, war mir ein täglicher Greuel. Aber die Angst und das beklemmende Gefühl am nächsten Morgen in der Klasse vor dem möglichen ‚Drankommen' verbreitete jedesmal eine schreckliche Stimmung im Schulzimmer. Zittrige Stimmen, schwabbelige Beine und feuchte Hände bei uns Schülern waren ganz normal. Peinlich war es, wenn der zu lernende Text nicht fehlerfrei vorgetragen werden konnte. Tadel und Blossgestelltwerden waren die Konsequenzen. Erst wenn jemand anderer drangenommen wurde, konnte ich erleichtert aufatmen.
Eine ähnliche Situation zeigte sich jedesmal beim Zurückgeben einer Prüfung: Die Noten wurden von der Lehrerin in absteigender Reihenfolge laut vorgelesen."

„Als ich in der Primarschule war, hatte ich einen unmöglichen Lehrer, der die Kinder prügelte, wenn sie etwas nicht wussten oder falsch machten. Dieser Lehrer hat meinen Schullebenslauf stark beeinflusst, indem er mir (und auch meinen Schulfreunden) Angst und Schrecken eingejagt hatte. Noch heute sehe ich diesen Klassenkameraden vor mir, der an die Tafel gerufen worden war, um ein paar Rechnungen zu lösen. Der Arme wusste nicht einmal die ersten zwei Resultate (wahrscheinlich weil er so Angst hatte, dass er sich nicht konzentrieren konnte). Der Lehrer ging zu ihm hin und gab ihm eine so starke Ohrfeige, dass es im ganzen Klassenzimmer knallte.
Nach diesem Ereignis hatte ich derart Angst, in die Schule zu gehen, dass ich die Schule richtig hasste. Jedesmal wenn ich etwas machen musste und mich der Lehrer entsprechend anschaute, fing ich an zu zittern. Ich hatte immer Angst, etwas falsch zu machen. Dieses Gefühl hat mich bis ins Gymnasium verfolgt: eine Unsicherheit, Angst vor der Schule und vor Prüfungen. Erst seit wenigen Jahren habe ich diese Angst überwunden."

"Gute Erinnerungen: Der Lernstoff hat mich meistens interessiert, ich bin deswegen gerne zur Schule gegangen. In guter Erinnerung sind mir die Geschichtsstunden in der Sekundarschule, die immer sehr spannend waren. Der Sekundarlehrer sprachlicher Richtung hat es gut verstanden, alle seine Stunden spannend zu gestalten.
In der 4.-6. Klasse hatten wir einen Lehrer, der nie Aufgaben gab. Diese Zeit habe ich sehr genossen, da man dadurch viel Freizeit hatte. Der Klassengeist war zu jener Zeit sehr gut, vielleicht auch, weil der Lehrer verbot, sich bei ihm über andere zu beklagen.
Schlechte Erinnerungen: Keinen Lehrer habe ich als Schüler ‚gern gehabt', ich hatte immer Angst und Respekt vor ihnen. Alle Lehrer haben die Schüler geschlagen, in der Sekundarschule bekam ich am meisten davon ab.
In der Singstunde hat mir der Lehrer einmal eine runter gehauen, und ich weiss heute noch nicht, warum. Er behauptete, dass ich etwas gesagt hätte, dabei war ich die ganze Zeit ruhig.
Erhielt ich einmal eine schlechte Note, bekam ich einen ‚Zusammenschiss' vom Lehrer, zu Hause sprach der Vater als Strafe kein Wort mehr mit mir. Vor der nächsten Prüfung hatte ich dann immer Angst.
Während der ganzen Schulzeit bin ich mit meinem eineiigen Zwilling zur Schule gegangen. Die Lehrer wussten nie, wer welcher Zwilling war. Wenn der eine an die Reihe gekommen war, kam der andere nicht mehr dran. In mündlichen Prüfungen war das angenehm, sonst regte es mich tödlich auf."

1. Sekundarklasse / Probezeit:
"Nach Ablauf von etwa Dreivierteln der Probezeit wurde in der Mathe ein wichtiger Geometrietest durchgeführt. Ich habe gerechnet und mich unheimlich abgemüht, die einzige Aufgabe zu lösen, aus der der Test bestanden hat. Im nachhinein musste ich erkennen, dass diese eine Prüfungsaufgabe mit einem Kniff einfach und schnell zu lösen gewesen wäre. Diese Erfahrung hinterliess bei mir das Gefühl von Ungerechtigkeit und ‚Hintergangenwordensein'..."

"Mein diesbezüglich herausragendes Erlebnis liegt nicht sehr weit zurück. Meine Primar- und Sekundarschulzeit verbrachte ich als ‚problemloser' Schüler der oberen Leistungsklasse und wurde deshalb grösstenteils vor allzu positiven oder negativen Situationen verschont.
Am Lehrerseminar erlebte ich zum ersten Mal überhaupt, dass mir ein Lehrer eine Leistung a priori nicht zutraute. Offenbar zeigte ich bei der Eintrittsprüfung zuwenig Interesse an der Musik. Im nachhinein wurde mir dies auch bewusst; schliesslich war ich mir so sicher, die Prüfung zu bestehen, dass ich mir die eine oder andere Provokation erlaubte. Jedenfalls hatte diese Verhaltensweise eine deutliche Wirkung auf meinen Klassenlehrer nach sich gezogen. Er stufte meine musikalischen Fähigkeiten ganz weit unten ein und gab mir das auch unmissverständlich zu verstehen. So verknurrte er mich zum Klavierspielen, weil er dachte, mir so am ehesten eine ‚auswischen' zu können. Das liess ich denn keineswegs auf mir sitzen und avancierte in der Folge zu einem recht guten Pianisten.
In der Folge erlebte ich in diversen anderen Situationen fast gleiche Reaktionen meinerseits, wenn mir jemand andeutete, dass ich das Geforderte sowieso nicht bewältigen könne."

Das gesamte Spektrum von positiv getönten Erfahrungen wird von Studentinnen rückblickend so geschildert:

Soziale Disziplinierung:
"Ich war eine sehr lebhafte, schwatzhafte Natur, so dass ich für mein Verhalten öfters Strafaufgaben erhielt. Auch Vorwarnungen von seiten der Lehrer nützten wenig. Die meist schriftlichen Fleissstrafaufgaben (wie Texte abschreiben) machte ich dann jeweils noch ganz gerne.
Jedenfalls bin ich durch das Leben in der Schule eine reservierte, eher zurückhaltende und angepasste Person geworden, obwohl ich Einzelkind bin."

Prüfungsängste:
"Besonders vor dem Verfassen von Schulaufsätzen in der eng begrenzten Zeit von zwei Stunden hatte ich Angstschweiss und ein ‚Kribbeln' im Magen. Wenn ich dann mit dem Schreiben begonnen hatte und den Inhalt wusste, fühlte ich mich wieder ganz gut."

Blossstellungen und Präsentation von Leistungsergebnissen vor der Klasse:
"Ich erinnere mich gut an Schulkameraden und -kameradinnen aus der Primarschule, die in Mathematik sehr schlecht waren und jeweils bei der Verteilung der korrigierten Prüfungen in heftiges Weinen ausbrachen oder aus dem Klassenzimmer liefen. Sie taten mir leid."

positiv:
- *"Mein erster Schultag war etwas ganz Besonderes: Stolz, Freude. Vielleicht, weil ich zur gleichen Lehrerin kam wie meine Schwester vorher*
- *Einzelne, enge Freundschaften*
- *Aktivitäten im Klassenverband: Schulreisen, Klassenlager, Theater*
- *Freude, nach den Ferien wieder in die Schule zu gehen, Freunde wieder zu treffen*
- *Nie Langeweile, viel gelacht*
- *Belohnungssystem in der Unterstufe: Sternchen, Kleber etc. bekommen*
- *Mittelstufe: eine Stunde pro Woche hatten wir Zeit, über Probleme in der Klasse, einzelner Schüler etc. zu sprechen*

negativ:
- *Schwimmunterricht: sehr strenger Lehrer, alle hatten Angst vor ihm*
- *Übertritt: alte Freunde verlieren*
- *vor allem im Gymnasium: starke Konkurrenz (Leistungen); Erwartungsdruck, Nervosität vor Prüfungen (was ich vorher nie hatte)*
- *Einzelne Lehrer im Gymnasium konnten keine warme Beziehung zu uns Schülern herstellen*
- *Klassenzusammenhalt im Gymnasium gering*
- *zuwenig Freizeit im Gymnasium"*

Wie können diese Erfahrungen in unsere Analyse des schulischen Erfahrungsraumes als Kontext der Individuation zum modernen Menschen eingebaut werden? Die schulischen Prozesse der Leistungsforderung und der Leistungsbeurteilung, die wir in dieser Arbeit als persönlichkeitsprägende Kräfte postuliert haben, bilden tatsächlich in vielen Erinnerungen die Folie für die Beurteilung der eigenen Schulbiographie.

Das institutionelle Curriculum taucht aber immer in der *personalen Einkleidung des Lehrerverhaltens* auf. Prägend wirken offensichtlich die spezifischen Umsetzungsformen von Lernerwartungen und Leistungsprüfungen durch Lehrer. Diese Umsetzungen tauchen im Gewande von Traumata und im Gewande positiver Erfahrungen auf. Die *institutionellen Anforderungen* werden als *Lehrererwartungen* dechiffriert, so daß Lehrer gleichzeitig einerseits als *Träger von Selektions- und Beurteilungsprozessen* wahrgenommen werden, aber auch als wichtige *soziale Bezugspersonen* erscheinen. Ihr Bemühen um ein positives Verhältnis zu Schülern wird durch die Beurteilungsaufgabe und die Beurteilungsmacht überlagert. Sie können ihre Beurteilungsmacht aber auch als Kontrollmittel der Schüler, als Disziplinierungsstrategie gebrauchen bzw. mißbrauchen.[11]

Lehrer können, so wird offensichtlich, die institutionelle Macht in persönliche Macht umdeuten, sie können sie aber auch humanisieren und zum Wohle des heranwachsenden Menschen gebrauchen.

Damit wird einsichtig, daß wir zu kurz greifen würden, wenn wir lediglich den *kontextuellen Bereich der schulischen Allokationsregelungen* berücksichtigen und jenen des institutionell geregelten, aber mit *personalen Freiheitsgraden versehenen Lehrerhandelns* vernachlässigen würden. In einer Auswertung der Wirkungen schulischer Leistungserfolge müßten wir danach auch immer die moderierenden Wirkungen der Beziehungen zur Lehrerschaft berücksichtigen, die zusammen das Schulklima (FEND, 1977a) konstituieren.

Während, so kann resümiert werden, die Inhalte des Lernens in der Rückerinnerung in den Hintergrund rücken, bestimmen *Erlebnisse aus dem sozialen Interaktionsfeld* das emotionale Gefühl, das jede/jeder einzelne mit dem Thema „Schule" verbindet. Die Institution erscheint im Rückblick vor allem im Spiegel der sozialen Beziehungen. Die Lehrer repräsentieren das Bildungswesen. Auf sie überträgt sich die Erfahrung von Schule, so daß im Rückblick die Schulerfahrung vor allem als eine Erfahrung von Beziehungsgeschichten mit Lehrern und Mitschülern erscheint.

Das schulische Leistungsprinzip ist zwar allgegenwärtig. Es strukturiert Aufmerksamkeiten, Empfindlichkeiten und ganz bestimmte Typen von Emotionen wie Erfolgsfreude und Angst, Stolz und Scham, Neid und Mitgefühl, Trauer und Freude, Empörung und Zorn, Ärger und Wut. Es ist aber aufs eng-

---

11 Solche Überlagerungen finden sich auch bezüglich der Bildungsaufgabe der Schule. Die Vermittlung von Bildungsinhalten (z. B. von Literatur) wird unter das Erfordernis subsumiert, über diese Inhalte prüfen zu müssen (s. FEND, 1979).

ste mit den sozialen Beziehungen verwoben, die in dieser Lebensphase entstehen. Letztere bestimmen dann in hohem Maße die schulische Lebensgeschichte.[12]

Die Schüler-Lehrer-Beziehung ist damit eine Beziehung besonderer Art. Sie ist keine „Liebesbeziehung", trotzdem enthält sie viele Elemente eines solchen Verhältnisses: Bewunderung, Nachahmungsbereitschaft, Anhänglichkeit, Ablehnung und Haß. Sie ist kein Eltern-Kind-Verhältnis, da sie kein unkündbares lebenszeitliches Verhältnis ist, trotzdem hat sie mit ihm viele Elemente gemeinsam: jene der Suche nach autoritativem Urteil, nach Führung, nach Akzeptanz und auf seiten der Lehrer den Wunsch, die Entwicklungsgeschichte eines Kindes positiv zu beeinflussen. Sie ist keine rein administrativ-autoritative Beziehung. Trotzdem ist sie ein Amtsverhältnis, in dem ohne Ansehen der Person jemand zu seinem Recht kommen will und kann, in dem aber jemand auch ohne Rücksicht auf persönliche Konstellationen einem objektiven Maßstab entsprechen muß.

d) Bildungssystem und Persönlichkeit

Um die hier ausgebreitete Phänomenologie des Erlebens von Schule zu verstehen, müssen wir, wenn wir die Vorstellungen aus dem einleitenden Teil zum Verhältnis von der Struktur des Lebenskontextes (dort der Moderne) und den Eigengesetzlichkeiten des humanen Systems (s. z. B. die ganzheitliche Bedürfnistheorie) fruchtbar machen wollen, in einem nächsten Schritt zu einer präziseren Beschreibung des *schulischen Kontextes* kommen und die *Persön-*

---

[12] Diese Detailanalyse der Schulerfahrungen bedarf einer wichtigen *Ergänzung*, die hier nur mehr angedeutet werden kann. Schule wird *lebensgeschichtlich*, als Primarschulkind, als Jugendlicher oder als junger Erwachsener jeweils unterschiedlich, dem Entwicklungsstand gemäß, erfahren. Das Verhältnis zum Lehrer erfährt z. B. deutliche Veränderungen, etwa solche von einer globalen Identifikation zu sehr spezifischen instrumentellen Beziehungen.

Um diese Thematik bearbeiten zu können, wurden verschiedene Gitter vorgegeben, die auf der x-Achse die Schuljahre enthielten und auf der y-Achse jeweils unterschiedliche Verlaufskriterien (Schulleistungen, Geltung, Beliebtheit, Wohlbefinden). In den so entstehenden Gitternetzen sollten Studenten den Verlauf ihrer Schulzeit (z. B. in bezug auf Leistungen oder in bezug auf Wohlbefinden) eintragen. 42 Studenten haben an diesem Unternehmen teilgenommen. Ein Versuch, bei Pädagogikstudenten solche „Fieberkurven" guter und schlechter Zeiten über die gesamte Schulzeit zu rekonstruieren, hat z. B. gezeigt, daß die Primarschulzeit (Grundschulzeit in Deutschland) sehr häufig entweder gar nicht oder sehr positiv in Erinnerung ist. Anstrengende, aber auch intensive Bildungserfahrungen werden von der Sekundarstufe II, von der Zeit der berufsorientierten Bildung bzw. von der Vorbereitung auf die Hochschulreife, berichtet. Am turbulentesten und am wenigsten positiv wird die Sekundarstufe I erlebt, nicht zuletzt deshalb, weil sich hier Schulwechsel und damit verbundene Schulprobleme, Veränderungen in den Freundschaftsgruppen und Lehrerkonstellationen kumulieren können.

lichkeitspsychologie für die Situation der Schülerrolle spezifizieren. Insbesondere ist uns aufgegeben, die *Bewältigungsstrategien und Verarbeitungsformen* von Schule im Detail zu charakterisieren.

Abb. 4.2:   Kontext und Persönlichkeit auf gesellschaftlicher und schulischer Ebene

MODERNE	*BILDUNGSSYSTEM*
Lebensbedingungen der Moderne	Strukturen des schulischen Lernkontextes
Dynamik des humanen Systems	Bedürfnisse von Schülern im Verlauf der Entwicklung während der Schulzeit
Verarbeitungsformen der Moderne zu adaptiven Persönlichkeitsstrukturen	Bewältigungsstrategien der Schule
	Chronifizierung zu psychischen Dispositionen

Konfrontiert man die im persönlichkeitstheoretischen Teil postulierten allgemeinen Bedürfnisse des humanen Systems, also auch jene von Heranwachsenden, nach Akzeptanz, Zuwendung, Größe und Bedeutung mit dem schulischen Regelsystem ihrer Einlösung sowie mit den sozialen Erwartungen der Lehrer, Eltern – und, wie wir sehen werden, denen der Gleichaltrigen –, dann wird die komplexe *systemische Verflechtung der Ich-Bedürfnisse mit institutionellen Erwartungen und sozialen Beziehungskonstellationen* sichtbar. Diese Komplexität soll hier schrittweise aufgelöst werden, indem zuerst die *Struktur des schulischen Lernfeldes* dargestellt wird. Daran anschließend geht es um die *handlungsbezogene Bewältigung* schulischer Anforderungen. Die *Verarbeitung der von der Schule beurteilten Leistungsergebnisse* wird in einem dritten Schritt dargestellt. Dabei ergibt sich die Konfrontation mit den Ich-Bedürfnissen der Person, mit ihrem Bedürfnis nach Kontrolle, Größe und Akzeptanz. Erst in einem letzten Abschnitt wagen wir die komplexe Integration der zwei Subsysteme: des leistungsbezogenen Selbst und der allgemeinen Bedürfnisse des Selbst. Der Gang der Darstellung ist in Abb. 4.2 nochmals festgehalten. Aus ihr geht auch die Parallele im Argumentationsgang zum Zusammenhang zwischen Kontext und Persönlichkeit auf gesellschaftlicher und schulischer Ebene hervor.

4.1 Die Struktur des schulischen Lernfeldes

4.1.1 Institution und „Charakter": generelle soziologische Modelle

Die ersten Versuche, die menschenprägende Kraft des Bildungswesens zu eruieren, sind in der deutschsprachigen Soziologie und Philosophie zu finden. Der Philosoph HEGEL[13], der längere Zeit als Leiter eines Gymnasiums (1808-1816) tätig war, hat sie in seinen *Nürnberger Reden* bereits am Beginn des 19. Jahrhunderts in überraschend modern klingender Weise so beschrieben:

„Die Schule [...] ist auch ein besonderer sittlicher Zustand, in welchem der Mensch verweilt, und worin er durch Gewöhnung an wirkliche Verhältnisse praktisch gebildet wird. Sie ist eine Sphäre, die ihren eigenen Stoff und Gegenstand, ihr eigenes Recht und Gesetz, ihre Strafen und Belohnungen hat, und zwar eine Sphäre, welche eine wesentliche Stufe in der Ausbildung des ganzen sittlichen Charakters ausmacht. Die Schule steht ziemlich zwischen der Familie und der wirklichen Welt und macht das verbindende Mittelglied des Übergangs von jener in diese aus. Diese wichtige Seite ist näher zu betrachten.

Das Leben in der Familie nämlich, das dem Leben in der Schule vorangeht, ist ein persönliches Verhältnis, ein Verhältnis der Empfindung, der Liebe, des natürlichen Glaubens und Zutrauens, es ist nicht das Band einer Sache, sondern das natürliche Band des Bluts; das Kind gilt hier darum, weil es das Kind ist; es erfährt ohne Verdienst die Liebe seiner Eltern, sowie es ihren Zorn, sowie ein Recht dagegen zu haben, zu ertragen hat. – Dagegen in der Welt gilt der Mensch durch das, was er leistet: er hat den Werth nur insofern er ihn verdient. Es wird wenig aus Liebe und um der Liebe willen; hier gilt die Sache, nicht die Empfindung und die besondere Person. Diese Welt macht ein von dem Subjectiven unabhängiges Gemeinwesen aus; der Mensch gilt darin nach den Geschicklichkeiten und der Brauchbarkeit für eine ihrer Sphären, je mehr er sich der Besonderheit abgethan, und zum Sinne eines allgemeinen Seyns und Handelns gebildet hat.

Die Schule nun ist die Mittelsphäre, welche den Menschen aus dem Familienkreis in die Welt herüber führt, aus dem Naturverhältnisse der Empfindung und Neigung in das Element der Sache. In der Schule nemlich fängt die Thätigkeit des Kindes an, wesentlich und durchaus eine ernsthafte Bedeutung zu erhalten, daß sie nicht mehr der Willkür und dem Zufall, der Lust und Neigung des Augenblicks anheimgestellt ist; es lernt sein Thun nach einem Zwecke und nach Regeln bestimmen; es hört auf, um seiner unmittelbaren Person willen, und beginnt nach dem zu gelten, was es leistet, und sich ein Verdienst zu erwerben. In der Familie hat das Kind im Sinne des persönlichen Gehorsams und der Liebe Recht zu thun; in der Schule hat es im Sinne der Pflicht und eines Gesetzes sich zu betrachten, und um einer allgemeinen, bloss formellen Ordnung willen dies zu thun und Anderes zu unterlassen, was sonst dem Einzelnen wohl gestattet werden könnte. In der Gemeinschaft mit Vielen unterrichtet lernt es sich nach Anderen richten, Zutrauen zu anderen ihm zunächst fremden Men-

---

[13] G. THAULOW: Hegels Ansichten über Erziehung und Unterricht, Bd. 3, Kiel 1854, neu hg. von H. J. HEYDORN und G. KONEFFKE, Glashütten im Taunus 1975, S. 217 ff.

schen und Zutrauen zu sich selbst in Beziehung auf sie, erwerben, und macht darin den Anfang der Bildung und Ausübung socialer Tugenden.

Es tritt hiermit nunmehr für den Menschen die zweifache Existenz ein, in welche sein Leben überhaupt zerfällt, und zwischen deren in Zukunft härteren Extremen er es zusammen zu halten hat. Die erste Totalität seines Lebensverhältnisses verschwindet; er gehört jetzt zwei abgesonderten Kreisen an, deren jeder nur eine Seite seiner Existenz in Anspruch nimmt. Ausser dem, was die Schule an ihn fordert, hat er eine von ihrem Gehorsam freie Seite, die theils nach den häuslichen Verhältnissen, theils aber auch seiner eigenen Willkür und Bestimmung überlassen ist, sowie er damit zugleich eine durch das blosse Familienleben nicht mehr bestimmte Seite und eine Art von eigenem Daseyn und besonderer Pflichten erhält."

Max WEBER war meines Wissens der erste Soziologe, der systematisch an der Frage interessiert war, welche Charakterzüge eine bestimmte Lebensform bzw. Institution aus der formbaren „Masse" der menschlichen Seele auswählt und in besonderer Weise entwickelt und stärkt. HENNIS (1987) hat dies sogar als dessen zentrale Fragestellung bezeichnet.[14] Sie kommt in folgender Formulierung zum Ausdruck: „Ausnahmlos jede, wie immer geartete Ordnung der gesellschaftlichen Beziehungen ist, wenn man sie bewerten will, letztlich auch daraufhin zu prüfen, welchem menschlichen Typus sie, im Wege äusserer oder innerer (Motiv-)Auslese, die optimalen Chancen gibt, zum herrschenden zu werden" (WEBER, 1985, S. 479 f.). Ökonomien unter Armutsbedingungen selegieren danach Tugenden der Sparsamkeit, des Fleißes, des sorgfältigen Umganges mit den wenigen Gütern, der Teilung innerhalb einer kleinen Gemeinschaft in Notsituationen.

Militärische Gesellschaften würden Persönlichkeitsmerkmale selektiv „züchten", die für gewaltsame Überlegenheit wichtig sind: Kraft, Unempfindlichkeit gegenüber Schmerzen, Bereitschaft zum ungehemmten Töten, Fähigkeit, sich von sozialer Empathie für die Außengruppe zu enthalten, Tatorientierung.

Parallel wäre für das Bildungswesen zu fragen: Welcher Menschentypus hat hier die größte Chance, zum Herrschenden zu werden? Es ist dies, wie wir sehen werden, der disziplinierte und leistungsbereite Mensch, der seine kognitiven Fähigkeiten optimal schult, der sich an Anforderungen orientieren kann, der selbständig und aktiv Aufgaben anpackt, der sich selber anhand von Leistungskriterien positiv zu bewerten lernt.

In der relativ unbekannten Arbeit des Soziologen Karl MANNHEIM (1930), „Über das Wesen und die Bedeutung des wirtschaftlichen Erfolgsstrebens",

---

[14] Am Beispiel der charakterprägenden Wirkung der industriellen Arbeit wollte WEBER dies erforschen. Dazu hat er einen Forschungsplan entwickelt, der mit den nötigen Modifikationen auch auf die Analyse der Wirkungen des Bildungswesens anwendbar wäre (WEBER, 1985).

findet sich eine präzise Formulierung des Zusammenhanges zwischen institutionellen Verhältnissen – ebenfalls am Beispiel des Wirtschaftssystems – und Charakterstrukturen. Mit seiner Hilfe soll hier illustriert werden, wie man sich den Einfluß des Bildungssystems auf die Persönlichkeitsentwicklung vorstellen könnte. Das Wirtschaftssystem eignet sich deshalb als institutionelle Parallele zum Bildungswesen, weil hier wie im Bildungswesen das *individuelle Erfolgsstreben* die Grundlage für das Bestehen angesichts der Konkurrenz von Mitbewerbern ist und somit ein bestimmter Typus des sozialen Handelns selektiv „gezüchtet" wird.

Akzeptieren wir in einem ersten intuitiven Ansatz eine solche Analogie, dann werden für den Zusammenhang zwischen Bildungssystem und Sozialstruktur Überlegungen zu den Wechselwirkungen von „Wirtschaftssystem und Seelenleben" bedeutsam, die MANNHEIM so analysiert:

> „Daß es sich bei dem Phänomen des Erfolgsstrebens um einen ganz entscheidenden Punkt im menschlichen Leben handelt, daß das Erfolgsstreben die Seele in einem ganz entscheidenden Sinne modelliert, daß der ganze Mensch grundlegend anders wird, in seinem seelischen Aufbau, in seinem tiefsten Wesen, je nachdem ob er sich dem Erfolgsstreben hingibt oder nicht, das ist ein Erkenntnisgut der religiösen Psychologie aller Zeiten. Schon die Inder haben den Weg der Aktion, der Praxis vom Weg der Erkenntnis, der Meditation und Kontemplation unterschieden. Dasselbe Problem beschäftigt auch die abendländische Mystik, so spricht etwa Meister Eckhart in seinem Sermon über Maria und Martha, über den Weg der Werke und den Weg der Versenkung und Verzückung, wobei er interessanterweise, im Gegensatz zur auszulegenden Bibelstelle, Martha d. h. der Werktätigen, den Vorrang erteilt. Wir wollen uns in einem verwandten Sinne fragen, wie das Erfolgsstreben auf die Persönlichkeitsstruktur wirkt, und wollen uns hierbei nicht scheuen, die ganz tiefliegenden Einwirkungen des Erfolgsstrebens, die sonst aus einem wirtschaftspsychologischen Horizont herauszufallen pflegen, auch zu analysieren, denn es kommt uns auf mehr an, als auf die Erfassung ganz einfacher, unmittelbarer Verursachungen, wir wollen ja bis zu den wesentlichen Strukturänderungen des Seelischen vordringen" (S. 477).

In welchen Bereichen des „menschlichen Seelenaufbaus" lassen sich nun die Wirkungen des wirtschaftlichen und analog des schulischen Erfolgsstrebens beobachten?

MANNHEIM schildert die möglichen Wirkungen in einer erstaunlich modern anmutenden Analyse des Zeit- und Selbsterlebens, der sozialen Beziehungen, der Selbstbeobachtung, der Vollzugsbedachtheit, der Verdrängung von Angstgefühlen, des Realitätserlebens und schließlich der Entscheidungsfähigkeit. In einigen exemplarischen Textstellen soll der „Charakter" zum Vorschein kommen, den MANNHEIM als Pendant zum institutionalisiert-objektiven Erfolgsstreben beschreibt.

a) *Das Zeit- und Selbsterleben*

Wie unterscheidet sich dieses bei dem nach Erfolg Strebenden von dem diesem Entsagenden?

> „Durch die Zielstrebigkeit des Aktiven, durch dessen Durchhalten, wird in sein Leben eine Kontinuität gebracht, an die man sich halten, an der man sich immer wieder aufrichten kann... Demgegenüber ist das Leben dessen, der jeglicher Wirkung und jeglichem Erfolg entsagt, oszillierend und fluktuierend. Die Zeit ist für sein Erleben diskontinuierlich, er ist Stimmungen ausgesetzt und preisgegeben, und die Möglichkeit des steten Sichselbstverlierens flankiert die Situation. Diese Möglichkeit des Selbstverlustes wird hierbei entweder zur peinigenden Qual, oder aber es macht in virtuoser Wendung der Lebensstil einer Kultur aus dieser Not eine Tugend: Sein Selbst zu verlieren wird dann geradezu zum erstrebenswerten Ziel. So wird die Möglichkeit des Selbstverlustes zum Grundziel in der Nirvanavorstellung der Inder oder in dem christlich-mystischen Bestreben, in Christus aufzugehen" (S. 478).

Max WEBER (1920) hat diese Gedankengänge schon vorgezeichnet, wenn er von der Entstehung einer vita activa gesprochen und diesen abendländischen Sonderweg mit dem anderer Weltreligionen kontrastiert hat. Die Bedeutung der zeitbezogenen und aktiven Weltstrukturierung wird heute in Situationen des Verlustes der wirtschaftlichen Integration, etwa bei Arbeitslosigkeit, sichtbar, wie schon frühe soziologische Untersuchungen dazu gezeigt haben (s. JAHODA, 1975 über die Arbeitslosen von Marienthal).

b) *Die Fremdbeziehung*

Das Erfolgsstreben strukturiert auch die Beziehungen, die zu anderen Menschen aufgenommen werden.

> „Im Erfolgsstreben wird auch der andere Mensch entdeckt, allerdings nicht in seiner wesenhaften Ganzheit und In-sich-Geschlossenheit, sondern nur als Mitläufer, Gegenspieler, Gegner, auf den man sich einstellt. Wir haben den anderen Menschen in so viel Dimensionen und von so viel Seiten, wie das Leben Arten des ‚Aus-sich-heraus-Gehens', in uns entwickelt. Das Erfolgsstreben ist auch eine solche Ausbruchspforte der Seele. Die Weise, in der die Seele die Welt und die Mitmenschen in ihr haben will, bestimmt auch die Art, in der sich diese ihr erschließen. Nicht in seiner substanzhaften Selbstheit gewinnt man im Prozeß des Erfolgsstrebens den Mitmenschen für sich, ihn heimzuholen ist nur die Liebe imstande. Im Procedere des Erfolgsstrebens kommt der andere für uns nur vor, sofern wir ihn in unsere Pläne, Berechnungen und Kombinationen einbeziehen können. Man sucht sich in seinem Plan, er sucht sich in unserem Plan. Es entsteht also eine eigentümliche Verklammerung, eine gegenseitige Verschränkung der Existenzen, in welcher jeder nur sich selbst will, während er doch auf den anderen Rücksicht zu nehmen gezwungen ist" (S. 479).

Aus diesen sozialen Spielregeln erwächst eine konkurrenzbewußte soziale Haltung, eine besondere Aufmerksamkeit dafür, was der andere tun wird, um einen Vorteil zu erzielen, bzw. was geschehen könnte, um den anderen in das eigene Vorteilsstreben einzubeziehen. Dadurch werden die eigenen Schritte gezielt auf die möglichen Gegenzüge des Mitspielers abgestellt. Soziales

Handeln verliert hier natürlich seine Spontaneität, es wird in eine kalkulierende Rationalität eingebunden.

c) Selbstbeobachtung

Nicht nur die selektive Aufmerksamkeit für Mitmenschen wird durch den Grundplan des Erfolgsstrebens beeinflußt, sondern auch die Selbstwahrnehmung. MANNHEIM meint, daß die Art und Weise, wie man sich selber wahrnimmt, davon abhänge, was man in dieser Welt und von ihr will.

> „Die Möglichkeit, seiner selbst inne zu werden und sich selbst auszuleben, ist für den Strebenden eine andere als für den Entsagenden. Für beide ist Selbstbeobachtung möglich, aber stets in einer anderen Richtung. Nicht im Sinne des Narzismus oder in der Richtung der Versenkungsstufen, wie in der Mystik, sondern im steten Ausgerichtetsein auf Eindruck und Wirkung entdeckt sich beim Erfolgsstreben der Mensch. Nicht in sich gehen, sondern aus sich herausholen will derjenige, der den Erfolg anstrebt" (S. 480 f.).

Damit ist ein Grundzug der aktivitätsorientierten westlichen Leistungsgesellschaft formuliert, der gerade in den 60er und 70er Jahren heftig kritisiert wurde (s. auch FEND, 1988a, S. 287 ff.). In der Hinwendung zu den östlichen Religionen, im Versuch, andere zwischenmenschliche Beziehungen zu entwickeln, haben sie konsequent ein Gegenbild zum Leistungsstreben aufgebaut, das nicht zufällig viele an christlich-mystische Traditionen erinnert hat.

d) Die Vollzugsbedachtheit

Mit diesem Begriff ist das gemeint, was die moderne Handlungsforschung mit Zielorientierung, mit „monitoring", mit Rationalität bezeichnet hat. Der Erfolgsorientierte läßt sich nicht gehen, er läßt die Dinge nicht auf sich „zukommen".

> „Der nach Erfolg Strebende ist stets vollzugsbedacht, denn er ist nicht geneigt – ganz besonders auf der modernsten Stufe unseres rationalisierten Seins –, das Scheitern dem Faktum zu überantworten; er sucht die Fehler bei sich, will die Situation in Gedanken nicht umgehen und ist stets zur Korrektur bereit; er tendiert demgemäß zu einer ständigen Analyse der Faktoren, zu dem Bestreben, die Faktoren des Wirkungsgewebes wissend und handelnd zugleich zu beherrschen" (S. 481).

Der im Wettbewerb stehende und rational handelnde Mensch überläßt also nichts dem Zufall, und er sucht keine Entschuldigungen, die ihn selber lahmlegen und in eine nachteilige Situation bringen könnten. Er klagt nicht, schaut nicht weinerlich auf vergangene Ereignisse, sondern ist in der Gegenwart „bei sich", um bestmöglich einsatzfähig zu sein. Im sportlichen Wettkampf wird diese Haltung heute gezielt eingeübt, etwa im Tennis nicht an ausgelassene Chancen zu denken, sich ganz auf das gegenwärtige Handeln zu konzentrieren.

e) Entscheidungsfähigkeit und Realitätserleben

Ein analytisches und vollzugsbedachtes Bewußtsein versucht die Welt rational und willensmäßig zu beherrschen. Wo der erfolgsverneinende, weltfremde Mensch „Tiefen", „Geheimnisse" und „Schicksal" wittert, sucht der Erfolgsorientierte nach Kontrollmöglichkeiten.

> „Die Wirklichkeit konstituiert sich für den nach Erfolg Strebenden nur in den Sphären *seiner* Wirkungszusammenhänge; nur was im Umkreise seines Erfolgsstrebens liegt, was auf diese Intentionalität reagiert und sie erfüllt, wird als Wirklichkeit angesprochen: von der Seele, wie wir dies bereits sahen, nur jene Seelenschicht, die man in die Rechnung einstellen kann; aus den weltlichen Zusammenhängen nur jenes Geflecht, innerhalb dessen der Erfolg erstrebt wird... Umgekehrt und in einem ganz anderen Sinn gibt sich die Wirklichkeit dem Beschaulichen und Kontemplativen. Dieser ist geneigt, nur das in der intellektuellen Anschauung Erreichbare als alleiniges Sein hinzunehmen; ... Nur das eigene Streben, nur das Hingespanntsein auf den Erfolg entdeckt die Wirklichkeit in Gestalt seiner Prozessualität" (S. 484 f.).

f) Verdrängung der Angstgefühle

Daß ein solcher Modus, die äußere Welt zu gestalten, auch etwas mit dem inneren emotionalen Erleben des Menschen zu tun haben könnte bzw. auf letzteres zurückwirkt, liegt nahe. Die „Seele" ist ja keine tabula rasa, die unterschiedslos auf äußere Zwänge bzw. Angebote reagiert. Im vorliegenden Fall meint MANNHEIM beobachten zu können, daß der Zwang zum rationalen und kalkulierenden Handeln die irrationale Angst vertreibt.

> „Das Eindringen des sich stets selbst korrigierenden Blickes in den Selbstraum, diese Vollzugsbedachtheit, die um des Zieles willen wenn nötig sich selbst stets neu einstellt, treibt auch im Alltag das Dunkel des scheinbar Selbstverständlichen, in dem wir sonst leben, Schritt für Schritt zurück. Der Mensch, der im sozialen Raume immer sicherer wird, sich in ihm immer mehr zurechtfindet, erlebt diesen nicht mehr als etwas Unübersehbares, sondern als etwas ihm Überantwortetes... Die Angstgefühle vor äußerer Bedrohtheit und dem eigenen seelischen Abgrund verschwinden in dem Maße, als es dem Menschen gelingt, sich in den berechenbaren Bezügen der inneren und äußeren Welt zurechtzufinden... je mehr das Selbstvertrauen und das Vertrauen auch in die Beherrschbarkeit der Dinge und des Seins durch die Menschenvernunft steigt, um so mehr wächst die Chance zur Geneigtheit, immer mehr Verantwortung auf sich zu nehmen... Das ‚In-den-Tag-hinein-Leben', das in gleicher Weise den Strolch, den Bohemien, den Bettelmönch charakterisiert und diese auf einen gemeinsamen Nenner bringt, sofern man sie dem nach Erfolg Strebenden gegenüberstellt, hat einen Tag, der nur stellenweise hell und heiter ist, der aber sonst die Tendenz hat, das Leben in ein undurchschaubares Dunkel zu hüllen. Undurchschaubar und dunkel ist aber das Sein des In-den-Tag-hinein-Lebenden, weil keine Vollzugsbedachtheit in den Selbstraum eindringt, nichts objektivierbar wird, vielmehr alles nur atmosphärisch mit uns schwingt.
>
> Die Weltausgerichtetheit des nach Erfolg Strebenden will aber, daß all das, was für jenes beschauliche Leben nur nebenher da ist, im Schwingungszustande der stets unbestimmbaren Möglichkeiten, als ‚Dunkel des gelebten Augenblicks' (Ernst BLOCH) immer mehr verdeckt oder aber objektiviert wird und daß durch diese Objektivierung und Beobachtung die Angst ausgetrieben wird" (S. 482 f.).

Für den geschulten Beobachter sind in einer solchen Schilderung des „modernen Menschen" sowohl die Freizeitprobleme des modernen Managers, die Unfähigkeit des „Workaholic" zum Genuß als auch die Übergangsprobleme ins Rentenalter angesprochen. Auch die geringe Sensitivität, ja die Abneigung gegen alles „Seelische" oder „Ideologische" des leistungsorientierten „männlichen" Menschen fügt sich in dieses Bild.

Die Analyse von MANNHEIM steht in einer Linie mit den Arbeiten von WEBER bis hin zu PARSONS (1968a) und DREEBEN (1968). Sie ist von einem zentralen Grundgedanken geprägt: *Aus der Vielfalt der humanen Möglichkeiten wird durch eine objektive gesellschaftliche Struktur, durch ein institutionelles Anreizsystem – wie die Ökonomen sagen würden – eine bestimmte Selektion getroffen, eine bestimmte Charakterstruktur sozial konstituiert.* Bestimmte Charakterzüge verschwinden im Hintergrund, werden nicht entfaltet oder erscheinen bewußt als „Kontrastprogramm", das sich gesellschaftlich weniger tragende Gruppen „leisten" können, etwa das Kontrastprogramm des „In-den-Tag-hinein-Lebens". Solche „Kontrastprogramme" der Phantasie (bei Kindern), der Kontemplation (im religiösen Bereich bei Mönchen und Nonnen), des Seins (in östlichen Philosophien) und der Liebe (bei Frauen) spricht MANNHEIM implizit an.[15]

Wenn im folgenden der Ablauf leistungsstrukturierten Handelns im Detail beschrieben und wenn dessen Habitualisierung (Chronifizierung) geschildert wird, dann entfalten wir im Kern lediglich den obigen Typus des Handelns, wie ihn MANNHEIM schon beschrieben hat. Daß dieser Handlungstypus im Bildungswesen besonders favorisiert wird und eine wertgeleitete Selektion aus verschiedenen Handlungstypen repräsentiert, soll im folgenden näher erläutert werden.

---

[15] Für eine Systematisierung s. FEND, 1988, S. 287 ff.

4.1.2 Institution und „Charakter" im Bildungswesen

Welche Bedeutung hat die Analyse von MANNHEIM für unsere Fragestellung und für unser Anliegen, das implizite Programm für die Humanentwicklung, das im schulischen Kontext enthalten ist, herauszufinden?[16]

Der Text von MANNHEIM gibt das Anliegen, das hinter den hier angestrebten Wirkungsanalysen des Bildungswesens steht, in nicht überbietbarer Genauigkeit wieder. Ähnlich wie MANNHEIM wird auch hier versucht auszuloten, welche institutionellen Merkmale der Schule zur selektiven Entfaltung von Persönlichkeitsmerkmalen heranwachsender Menschen führen. Die institutionell vorgegebenen Chancen und Belastungspotentiale gilt es dabei zu untersuchen, um auf dieser Grundlage konkrete Hinweise auf pädagogische Handlungsmöglichkeiten zu finden.

Worin liegen, so muß in einem nächsten Analyseschritt präzisiert werden, die Analogien zwischen der institutionellen Struktur des Wirtschaftssystems mit der institutionellen Struktur des Bildungswesens, die eine Parallele zwischen

---

[16] Bei MANNHEIM steht zwar ein allgemeines soziologisches Erkenntnisziel im Vordergrund, das aber deutlich durch praktische Handlungsinteressen inspiriert ist. Seine Position trifft die eigenen pädagogischen Anliegen sehr genau:

„Die zunächst nur prinzipielle Behauptung, daß die Wirtschaft den Menschen formt, daß die Gesellschaft uns gestaltet, bekommt eine sich immer mehr steigernde Bestätigung, je mehr konkrete Analysen in dieser Richtung vorliegen. Man muß in solchen Einzelanalysen immer klarer herausarbeiten, wie sich der sich selbst überlassene Ablauf der Einwirkung der Wirtschaftstransformation auf die Menschenformung abspielt. Nur wenn man die Strukturen in dem sich selbst überlassenen Prozeß beobachtet, wird man sinnmäßig modifizierend und regulierend eingreifen können. Man muß die Grundtendenzen der Kräfte, ihre Modulationsfähigkeit und ihre Flexibilitätsstufen erkannt haben, um dann aus freier Tat all das zu leisten, was in der Richtung der Veredelung oder der Versachlichung der Motive möglich ist. Eine Wirtschaftspädagogik wird sich immer klarer zur Aufgabe machen müssen, den Wirkungsraum zu erkennen, für den man den Menschen erzieht. Nur eine Verbindung von Soziologie und Pädagogik kann beider Arbeit sinnvoll machen. Nicht abstrakte Normen ohne Bezug auf den Lebensraum können uns helfen, sondern Normen, die für einen konkreten Raum möglich sind...

Haben wir bisher die Sache so dargestellt, als ob die Wirtschaft die Menschen formen würde, und nicht umgekehrt, so geschah es nur deshalb, weil wir einmal ganz konsequent dieser Seite der Zusammenhänge nachgehen wollten, nicht aber deshalb, weil wir der Ansicht sind, daß der Mensch im Zeichen eines deterministischen Fatalismus alles hinnehmen müsse, was aus der Wirtschaftsstruktur ‚mit Notwendigkeit' folgt. Ganz im Gegenteil sind wir der Meinung, daß unter Umständen der Mensch die Wirtschaft und die Gesellschaft auch zu formen vermag, dies aber nicht dadurch, daß er zur Betäubung seiner selbst Lehren über die Freiheit des Menschen überhaupt aufstellt, sondern dadurch, daß er ganz genau den Wirkraum beobachtet, in den er aus seiner Freiheit heraus bildend eingreifen will, daß er genau den Spielraum kennt, in dem der Mensch von jetzt und heute lebt." (S. 507 f.).

den Charakterstrukturen, die durch die jeweiligen institutionellen Verhältnisse selektiv bevorzugt werden, nahelegen?

Die herausragendste Parallele liegt an der Oberfläche darin, daß in beiden institutionellen Vorgaben insofern ein *Markt* besteht, als jeder *formal die gleiche Chance hat, durch Initiative und eigene Anstrengung im Vergleich, und damit auch latent immer in Konkurrenz zu andern, zu Erfolg zu kommen.* In beiden ist somit die relative Überlegenheit über „Eigeninitiative" (Anstrengung) und günstige Ausgangsbedingungen (Begabung, Lernvorsprung) das zentrale organisierende Prinzip von Erfolg. Dieser Erfolg steht formal jedem offen, er ist seinen individuellen Anstrengungen anheim gestellt.

Diesen Gedankengang gilt es im folgenden zu präzisieren, um das „institutionelle Curriculum" des Bildungswesens herauszuarbeiten. In unserem langjährigen Bemühen, dies zu tun, haben wir uns anfangs weniger auf Max WEBER oder Karl MANNHEIM gestützt als auf amerikanische Konzepte, die ihrerseits jedoch von alten europäischen Auffassungen gespeist waren. Besonders PARSONS (1968b) hatte die Elemente der Institution Schule paradigmatisch herausgearbeitet, indem er von der anfänglichen Gleichheit des Status der „Wettbewerber" in einer Schulklasse gesprochen, die gemeinsamen Aufgaben, denen alle Schüler einer Klasse ausgesetzt werden, in den Mittelpunkt gestellt und darauf hingewiesen hat, daß hier die klassische Situation der potentiell Gleichen vorliegt, die auf einem Markt um Güter (Noten) konkurrieren. DREEBEN (1968) hat diese Analyse dadurch akzentuiert, daß er im Vergleich von Familie und Schule die normativen Strukturen spezifiziert hat, die dieser Situation entsprechen. Ähnlich wie HEGEL hat er betont, daß in der Familie die Besonderheiten des einzelnen Kindes im Mittelpunkt stehen und die Beziehung zu den Eltern nicht auf „Verdienst" beruht, sondern auf der unverbrüchlichen Bindung durch Geburt und Herkunft.

In der Schule spielt die Gleichbehandlung eine ungeheure Rolle, was sich aus Schülersicht in der hochrangigen Betonung des Wertes der *Gerechtigkeit* im Lehrerverhalten spiegelt. Die Situation der 20 bis 30 „Gleichen", im Gegensatz zur individuellen Position in der Familie (z. B. das älteste Mädchen, der jüngste Sohn zu sein), fördert die Realisation dieser Norm. Wie spannungsgeladen aber das Verhältnis der beiden Normen sein kann, zeigt der oft verbissene Kampf um Gerechtigkeit und *Gleichbehandlung* unter Geschwistern oder der Wunsch nach *persönlicher Zuwendung* durch geliebte Lehrer.

Auf der strukturellen Basis der altershomogenen Lerngruppen und der streng leistungsbezogenen Bewertung der Ergebnisse von Schüler-Anstrengungen ergibt sich ein vierfaches Normensystem, das DREEBEN sehr genau herausgearbeitet hat.

An erster Stelle steht die Norm der individuellen Leistungserbringung. Jeder Schüler soll sein „Bestes geben", er soll sich anstrengen, dasjenige, was aufgetragen ist, möglichst gut zu machen.

Bei der Bewertung gilt eine zweite Regel: Alle sollen demselben Maßstab unterworfen werden, die Bewertung soll also möglichst objektiv sein und sich nur auf die überprüfbaren Merkmale beziehen. Ob der „Leistungserbringer" eine schwarze oder weiße Hautfarbe hat, ob er unangenehm riecht, ob er außerhalb der Schule raucht usw., all dies soll irrelevant sein. Der „Mensch" zählt nur in der „Partialität" der gezeigten Leistung.

Aus der geforderten Beurteilungsform ergibt sich eine dritte Regel, die die soziale Beziehung des Schülers zum Lehrer und umgekehrt charakterisiert. Anders als das Verhältnis zu den Eltern, das den Kern der Person von Mutter, Vater und Kind betrifft, ist das Schüler-Lehrer-Verhältnis spezifisch auf bestimmte Handlungsbereiche beschränkt. Lehrer dürfen nicht die einen Kinder mehr lieben als die anderen, sie haben sich vielmehr in die Haltung einzuüben, ihre spezifische Pflicht der Lernförderung zu erfüllen.

Die vierte zentrale Regel betrifft die individuelle Verantwortlichkeit des Schülers, der gehalten ist, Leistungen persönlich zu erbringen und keine ungekennzeichnete Hilfe in Anspruch zu nehmen.[17]

An dieser Stelle wird die Parallele zwischen den Lebensformen der Moderne und den Strukturen des Bildungssystems sichtbar. Das im Bildungswesen geltende Normensystem ist Ausdruck eines Wertsystems, das westliche Kulturen heute kennzeichnet. PARSONS (1968a) nennt es *„instrumentalen Aktivismus"*. Im Mittelpunkt steht dabei der Mensch, der aus eigener Anstrengung sein Leben gestaltet und sich selbst dafür verantwortlich fühlt, der sich also nicht ohnmächtig unfaßbaren Mächten gegenübersieht und der nicht von anderen Menschen auf Gnaden-Basis Wohltaten empfängt. Alle Menschen sind hier gleich, sie alle sind ihres Glückes Schmied. Das Bildungswesen spielt dabei eine Schlüsselrolle, denn es ermöglicht den sozialen Aufstieg durch eigene Lernanstrengung.

---

[17] Wie sich zeigen wird, ist die Erfüllung dieser Forderungen nicht spannungsfrei möglich. Gerade der Schulanfang ist als Zwischenzone zu konzipieren, in der sich familiäre und schulische Elemente mischen, um der familialen Orientierung der Kinder entgegenzukommen. Kinder selber drängen Lehrer häufig in familienähnliche Beziehungsformen, und gute Lehrer kommen diesem Bedürfnis auch entgegen. Ferner gilt es zu beachten, daß das obige Normensystem nicht das einzige ist, das im Kontext der Schule gelernt und geübt werden kann. Normen der Hilfsbereitschaft, der Zusammenarbeit und des gegenseitigen „caring" sowie Normen des Respekts und der Anerkennung der Menschenwürde durchziehen den schulischen Alltag und machen ihn über weite Strecken erst menschlich (s. die Überlegungen zur Balance von Leistungsprinzip, Sozialprinzip und Personalitätsprinzip in FEND, 1988).

Ähnlich wie die gesellschaftliche Moderne hat auch das Bildungswesen eine Geschichte, es hat sich in der heutigen Form erst in den letzten zweihundert Jahren entwickelt, ist erst in diesem Zeitraum zu einem Instrument des sozialen Aufstiegs und zu einem *Instrument der persönlichen Lebensplanung* geworden. Erst durch die historisch entstandene Verkoppelung zwischen Ausbildungsabschlüssen und beruflichen Möglichkeiten, die in den letzten Jahren immer dichter wurde, hat das Bildungswesen eine große lebensgeschichtliche Bedeutung bekommen. Allgemeine leistungsbezogene Bildungsrechte mußten mühsam gegen bevorzugte Gruppen erkämpft werden; es dauerte lange, bis auch der „Adel" ins Examen gezwungen und damit gleichen Regeln des sozialen Aufstiegs über schulische Leistungen unterworfen wurde.

Modernitätstheoretiker haben diese historische Entwicklung als eine Fortschrittsgeschichte betrachtet. Bei PARSONS sind entsprechende evaluative Untertöne, damit wichtige Merkmale der *erfolgreichen westlichen Zivilisation* entdeckt zu haben, unüberhörbar.

Die Zivilisationskritik der 60er Jahre in diesem Jahrhundert hat dann zu einem überraschenden Umschlag der Einschätzung geführt, das oben beschriebene Leistungsprinzip repräsentiere einen großen Fortschritt in der Geschichte des Menschengeschlechtes. Sie hat die Risiken und unbeabsichtigten negativen Nebenwirkungen herausgearbeitet. Dabei sind die potentiell negativen Folgen des leistungsorientierten schulischen Verteilersystems von Erfolgsprämien auf die Persönlichkeit in den Vordergrund getreten. Ähnlich wie im Sport werden auch im Bildungswesen Gewinner- und Verlierer-Konstellationen erzeugt, wobei die Gewinner in um so strahlenderem Glanz erscheinen, je mehr Verlierer es gibt, je schärfer der Wettbewerb ist. Die Kernsituation hat z. B. HENRY in den 70er Jahren mit einem Beispiel so zum Ausdruck gebracht:

> „Boris hatte Schwierigkeiten, $12/16$ so weit wie möglich zu kürzen und kam nur bis $6/8$. Die Lehrerin fragte ihn ruhig, ob dies der kleinste Nenner sei. Sie schlug ihm vor, darüber ,nachzudenken'. Viel Fingergeknipse und viele hochgestreckte Arme bei den anderen Schülern. Alle begierig, ihn zu korrigieren. Boris ziemlich unglücklich. Vermutlich intellektuell gesperrt. Die Lehrerin ruhig, geduldig, übersieht die anderen und richtet Blick und Stimme ganz auf Boris. Sie fragt: Gibt es eine Zahl, die grösser als zwei ist, mit der Du beide Seiten des Bruchs teilen kannst? Nach ein oder zwei Minuten beginnt sie zu drängen, aber von Boris kommt nichts. Darauf wendet sie sich der Klasse zu und fragt: Na gut, wer kann Boris sagen, welche Zahl es ist? Fast alle melden sich. Die Lehrerin ruft Gretchen auf. Gretchen erklärt, daß vier die Zahl sei, durch die sich Zähler und Nenner teilen lassen.
>
> Das Versagen von Boris hat Gretchen also den Erfolg ermöglicht; seine Niedergeschlagenheit ist der Preis für ihre blendende Laune; sein Elend der Anlaß zu ihrer Freude. Solche Szenen kennzeichnen die amerikanische Grundschule. Und wegen solcher Szenen gibt es uns schon einen Stich ins Herz, wenn im Garten eines anderen, den wir ansonst gar nicht kennen, nur die Kartoffeln gut stehen. Denn zu häufig erkauft sich ein anderer den Erfolg auf unsere Kosten" (HENRY, 1973, S. 26).

Die kritischen Untertöne sind hier unüberhörbar. Die Erfolgreichen in der Schule leben auf Kosten der weniger Erfolgreichen. Dies fördert eine Konkurrenzhaltung, ja es unterminiert eine humane Charakterbildung. *Positive Hilfeimpulse werden selektiv ausgeschaltet, individueller Ehrgeiz wird selektiv gestärkt.*

In einer noch globaleren Perspektive wird das Bildungswesen als Inbegriff einer gesellschaftlichen Entwicklung zur Moderne gesehen, die zu einer immer exakteren „Vermessung" des Menschen an generalisierten Maßstäben geführt hat. Nach der „Zurichtung" und „Disziplinierung" des Menschen über die Bearbeitung – sprich Folterung – seines Körpers ist die durch das Regiment der Zeit, der rationalen Anforderungen, der selektiven Ausgrenzung getreten (s. die Kritik im Zuge von FOUCAULT). Das Wachstum von innen heraus, die kreative Freiheit und die vielen Entwicklungsmöglichkeiten werden dadurch beschnitten.

Auf der Grundlage der institutionell abgestützten Normen der individuellen Leistungserbringung wird also ein bestimmter „Charakter" selektiv bevorzugt: *der leistungsorientierte, an Qualitäts-Standards ausgerichtete Mensch, der in persönlicher Verantwortung für sich allein entsprechende Ziele anstrebt und zu anderen kühle, rollenspezifische und eher konkurrenz-bezogene Beziehungen pflegt.* Es müßte, da Leistung in der Schulklasse immer komparativ erbracht und bewertet wird, der *ehr-geizige Charakter* überwiegen, also jener Habitus, der weiß, daß individuelle Profilierung die Aberkennung von Erfolgen für andere impliziert. Danach würde das Bildungswesen *den ehrgeizigen Menschen* selektiv bevorzugen.

Somit standen sich am Ende der 60er Jahre zwei Lager bei der Beurteilung des Verhältnisses von Bildungsinstitution und Persönlichkeit gegenüber. Die einen haben die in der Menschheitsgeschichte einmaligen Chancen betont, durch Schulen jedem heranwachsenden Kind die Möglichkeit zu geben, das eigene Schicksal in die Hand zu nehmen. Es erwirbt dabei die Charakterstruktur für eine *disziplinierte, vorausschauende Lebensführung*, es fühlt sich für das eigene Leben *verantwortlich*. In der Schule hat der heranwachsende Mensch die Chance, herauszufinden, was er kann und was ihm liegt, so daß er auf dieser Grundlage Berufsentscheidungen treffen kann. Die tägliche Übung in verantwortlicher Leistungserbringung trainiert ihn für eine Welt, in der der Wohlstand von dieser Grundhaltung abhängt.

Die kritische Position hat die negativen Wirkungen des institutionellen schulischen Curriculums betont: die selektive Bevorzugung der Leistungsstarken, die ihren Vorsprung auf Kosten der anderen erzielen, die Konkurrenzhaltung, die solidarisches Helfen unterminiert und das permanente Schielen auf zukünftige Belohnungen, welches das „Leben" in der Gegenwart vergessen läßt.

In dieser polarisierten Situation schien es sinnvoll, empirisch zu erforschen, welche Wirkungen das Bildungswesen bei welchen Schülern tatsächlich erzielt. Dazu bedurfte es der Präzisierung der Wirkungsfrage: In welchen „psychischen Dispositionen" schlagen sich die tagtäglichen Erfahrungen in der Schule nieder, wie „chronifizieren" sie sich in „Charakterstrukturen"?

Analog zu dem von MANNHEIM erarbeiteten Modell und im Anschluß an die obigen Thesen könnte man die möglichen Konsequenzen für die Persönlichkeitsstruktur im folgenden Erwartungshorizont systematisieren:

1. Durch das Bildungswesen wird eine Haltung der *„disziplinierten" Handlungsregulierung* gefördert, die vor allem in sorgfältiger „Lernarbeit" besteht und eine Ausrichtung auf die „Qualitätsmaßstäbe" bewirkt, die durch die Lernaufgaben und Lernziele vorgegeben werden. Eine ständige Selbstbeobachtung und Selbstkontrolle, ob man etwas richtig gemacht hat, wird systematisch eingeübt. Diese Handlungssteuerung wird durch ein Zielsetzungsverhalten unterstützt, das eigene Leistungspotentiale mit schulischen Anforderungen in der Form eines persönlichen Anspruchsniveaus in einen größtmöglichen Einklang bringt. In unzähligen Interaktionsschleifen von Leistungserbringung und Erfolgs-Mißerfolgs-Rückmeldung entstehen schließlich Selbst-Belohnungs- und Selbst-Bestrafungsstrategien, die das lernbezogene Handeln lenken und vorantreiben (s. HECKHAUSEN, 1980). Je besser es gelingt, dieses Handlungssystem zu etablieren, um so größer ist der Vorteil in der Lebensbewältigung. Es funktioniert jedoch erst dann optimal, wenn es mit einer Haltung der Hilfsbereitschaft und Solidarität mit den Mitschülern kombiniert ist, da es erst dann die potentiell negativen sozialen Folgen vermeidet. Im Prozeß der schulischen Leistungserbringung entsteht nämlich auch ein *Verhältnis zu den Mitschülern*. Wenn Lernerfolg „nur" auf Kosten von Mitschülern, die weniger erfolgreich sind, erzielt werden kann, dann wird der andere vor allem als Mitkonkurrent wahrgenommen. Die Konkurrenzgefühle stehen somit im Vordergrund, der andere ist ein potentieller Gegenspieler, der die eigenen Erfolge vereitelt.

2. Im Bildungswesen wird durch die jahrelange „Spiegelung" des individuellen Lernverhaltens in Urteilen der Institution im Rahmen des Leistungsprinzips auch ein *Verhältnis des Menschen zu sich selber* geschaffen. Die Schule kann als Raum verstanden werden, in dem Schüler über Jahre Informationen über sich selber bekommen, was sie können und was sie nicht können. Sie haben unzählige Gelegenheiten, sich selber kennenzulernen, die eigenen Potentiale zu erproben, um auf dieser Basis einen Platz in der Gesellschaft zu finden. In negativer Sicht ist davon auszugehen, daß nicht alle Informationen gleich „willkommen" sind, daß der Mensch kein passiver Informationsempfänger ist, sondern selektiv positive Informationen bevorzugt. Wenn man eine Persönlichkeitstheorie zugrunde legt, in der das zu schützende Selbst einer Person im Mittel-

punkt steht, dann entsteht hier potentiell ein gravierender Konflikt zwischen den Bedürfnissen der Person nach positiver Selbsteinschätzung und den sozialen Anforderungen, der bei vielen in Angst, Selbstabwertung und Depression münden kann. Es könnte aber sein, daß diese potentiell negativen Wirkungen auf den Kern der Selbstakzeptanz aufgefangen werden, wenn sie im Rahmen einer funktionierenden personalen Akzeptanz – vor allem in der Familie, aber auch in der Schule und der Altersgruppe – stehen. Der heranwachsende Mensch könnte damit seine Selbsterfahrungsmöglichkeiten in der Schule dann optimieren, wenn sie im Kontext intakter personaler Akzeptanz stehen.

Aus diesem Erwartungshorizont geht schon hervor, daß in den letzten Jahren wieder zunehmend die *positiven Lernchancen*, die ein Bildungssystem enthält, in den Vordergrund getreten sind. Hier können Heranwachsende wie nirgends sonst *psychische Stärke, Disziplin, Orientierung, Zielrichtungen, „a sense of determination"*, erwerben. Nirgends sonst können sie so genau herausarbeiten, was ihre *Leistungsmöglichkeiten* und ihre *Leistungsinteressen* (SCHIEFELE & SCHREYER, 1992; SCHIEFELE & WINTELER, 1988) sind, nirgends sonst können sie also so viel über sich selber erfahren.

Diese Vorstellung von der selektiven Verstärkung und Förderung von „Charakterzügen" durch das Bildungswesen muß nicht nur *institutionell* interpretiert werden. Sie kann auch auf die *„Entwicklungsachse"* projiziert werden und dann beinhalten, daß die Schule einen wichtigen Beitrag leistet, um den Menschen aus der ganzheitlichen, emotional bestimmten und sozial unreflektiert eingebundenen Gestalt des Kindes herauszuführen und ihn über die wichtige Phase der Adoleszenz zur erwachsenen Stufe des individuell verantwortlichen, reflektierten, spezifisch sich orientierenden und mitentscheidenden Erwachsenen zu führen. Man kann hier argumentieren, daß der Mensch ohne die von DREEBEN (1968) geschilderten Erfahrungen der spezifischen Leistungsbewertung, der individuellen Verantwortlichkeit, der sachlichen Auseinandersetzung und der geregelten Mitentscheidung nicht „erwachsen" würde und in einer kindlich-ganzheitlichen Seelenverfassung verbliebe. DREEBEN hatte, um die Besonderheiten der Charakterformung durch die Schule deutlich zu machen, die Familie als Kontrasterfahrung geschildert und hier die Diffusität der emotionalen Bindung, die nicht-konditionale Akzeptanz, die Betonung der Besonderheit anstelle der Gleichförmigkeit institutionell verankert gesehen. Es wäre ebenso sinnvoll, den Ausgang aus der Kindheit als einen Prozeß der zunehmenden Übernahme der leistungsbezogenen Charakterstrukturen zu sehen, ihn als wichtigen Schritt zur Haltung des Erwachsenen zu interpretieren.

Wie sich zeigen wird, ist dieser Übergang spannungsreich. Es ist nicht leicht zu lernen, das spezifische System der Leistungserbringung zu internalisieren und es von der personalen Akzeptanz der eigenen Person und des Mitschülers zu trennen. Die leistungsbezogene Individuation konfligiert oft heftig mit den sozialen Zugehörigkeitswünschen und dem umfassenderen Bedürfnis nach sozialer Geltung und personalem Selbstwert. Ebensowenig verläuft der Prozeß des Aufbaus des Selbst im Kontext schulischer Leistungszuschreibungen und Leistungsrückmeldungen reibungslos und konfliktfrei. Manche definieren den Kern ihrer Person nicht im Schulsystem, sie wandern emotional und geistig eher aus, sie finden keinen Ansatz, im Kontext der Schule „selbst" zu sein, sich in seinen spezifischen Leistungsschwerpunkten als Teil dieses Lebensraumen zu verstehen.

Im folgenden soll versucht werden, die Feinstruktur und die Gesamkonfiguration des Übergangs von der kindlichen Persönlichkeitsgestalt zu jener des Adoleszenten genauer zu beschreiben. Dabei werden neben den allgemeinen Entwicklungstrends auch die interindividuellen Unterschiede hervortreten. Es wird dabei auch darum gehen, ob die interpretative und die emotional unterstützende Begleitung durch Eltern, Peers und Lehrer einen großen Unterschied macht.

4.2 Die aktive Bewältigung von Lernchancen und das „System der Lernmotivation"

In mehreren Schritten soll im folgenden versucht werden, die Bewältigungsstrategien schulischer Lernanforderungen und deren Habitualisierungen zu präzisieren. Wir beginnen mit generellen *Menschenbildern* dazu, wie man sich die Orientierung des Menschen an einem institutionellen Kontext vorzustellen hat. Es werden dann die *drei wichtigsten Typen von Strategien, sich Institutionen gegenüber zu verhalten*, geschildert. In einem nächsten Schritt wird die erste Hochblüte in der wissenschaftlichen Analyse der *Struktur der Leistungsmotivation* vorgestellt. In einem Folgeschritt kommt die heute mögliche *aktualgenetische Differenzierung* des Handlungsablaufs bei der Bewältigung von Lernforderungen zur Sprache, um in einem letzten Schritt die *Habitualisierungen* im aktualgenetischen Ablauf und damit auch interindividuelle Unterschiede in der Bewältigung von Leistungsanforderungen sichtbar zu machen. Letzteres leitet nach einer *entwicklungspsychologischen Differenzierung* des Systems der Lernmotivation zur *Messung* dieser Habitualisierungen über. Sie bilden damit die Grundlage für die Darstellung *universaler* und *differentieller Entwicklungsprozesse*.

Mehr oder weniger explizit liegen Analysen, wie sich die Schule auf die Persönlichkeitsentwicklung auswirkt, generelle Modellvorstellungen über die „Struktur des individuellen Systems" zugrunde. Die einen bestehen in schlichten „Prägungs-Thesen", nach denen eine übermächtige institutionelle

Struktur widerstandslos in der „Seele" die erwünschten Spuren hinterläßt. Im Rahmen eines selektiven Züchtungsmodells folgt die „Seele" den institutionell angebotenen Pfaden der Entwicklung, nimmt deren Notwendigkeiten und Anreize auf und wird so, wie es die Institution „wünscht".

4.2.1 Lernen und Selbstaktualisierung: Lernen im Gesamtsystem humaner Motivation

Anders sieht der Einfluß der Institution Schule bei organismischen Modellen des Menschen (DECI & RYAN, 1985, S. 8 ff.) aus. Hier verschiebt sich das „Einflußgewicht" auf die Seite des Individuums. Danach gehört es zur „Natur des Menschen", daß er sich proaktiv mit der Welt auseinandersetzt und eine innere psychische Struktur zu etablieren strebt, die kohärent ist und in sich eine Einheit bildet. Lernen ist von diesen übergeordneten Prinzipien der Motivation gesteuert, ist Teil des Strebens nach Selbst-Bestimmung. Selbst-Bestimmung ist dabei sehr allgemein gemeint. Es beginnt mit frühen Formen, *Kontrolle* über die Umweltereignisse zu bekommen, um damit auch *Sicherheit* zu erlangen. Lernen entspringt dem frühen „Drang" nach Exploration, nach aktiver Kontrolle über die Umwelt. Es ist dabei immer ein Wagnis, ein Sicherheitsrisiko, da man nie weiß, wie diese Umwelt, die man ja erst kennenlernen muß, reagieren wird. Es braucht deshalb ein Gegengewicht des Vertrauten, des Sicherheit und Geborgenheit Bietenden. In früher Kindheit hat die Bindung an die Mutter oder andere primäre Bezugspersonen diese Funktion. Je sicherer diese Basis ist, umso weiter können sich Kinder von der Mutter entfernen und angstfrei „explorieren" (GUBLER & BISCHOF, 1990). Dieses Wechselverhältnis von Sicherheit und Exploration, von sicherem „Heimathafen" und „ausgreifender Erkundung" (GUBLER, PAFFRATH & BISCHOF, 1994) bleibt in unterschiedlichen Erscheinungsformen das Leben lang wichtig. Es führt zu einer Steigerung der Kompetenzen der Problembewältigung, zu immer entfalteteren Strukturen in der Person, die immer mehr „Welt" absorbieren und kontrollieren können. Lernen ist nach diesem Menschenbild Teil dieses Selbst-Aktualisierungssystems, das schon William STERN (1918) postuliert, ROGERS (1959) aber popularisiert hat. DECI und RYAN (1985; 1993; 1991) haben es wieder in die Konzeptualisierung der Motivation zurückgeführt. Humanentwicklung wird hier als Prozeß konzeptualisiert, der von situativer Abhängigkeit zu Antizipation und relativer Unabhängigkeit, von externer Kontrolle zu Selbstregulierung führt. Lernen ist nach diesen Autoren zwar im günstigen Fall vor allem intrinsisch, also vom Spaß an der Sache, vom Willen, etwas zu verstehen und zu können, motiviert. Kulturübermittlung in der Schule kann sich jedoch nicht allein auf diese spontanen Interessen verlassen, sie ist auf die Internalisierung der schulischen Lernansprüche angewiesen. Die Kinder können zunehmend die Sache der Schule zu ihrer eigenen machen, anfangs eher wegen externer Belohnungen lernen, mit Anstrengung ein schlechtes Gewissen vermeiden wollen und dann sich zunehmend mit den Erwartungen der Schule identifizieren. Dieses Internalisierungskontinuum hat die eigenen Arbeiten früh geleitet (FEND, 1971) und zu weiter unten beschriebenen Typen der Lernmotivation geführt.

RYAN et al. (1985) sind jedoch weiter gegangen. Sie haben postuliert,

- daß der Grad der Internalisierung eine Entwicklungsreihe der Lernmotivation bilden kann,
- daß Typen der Internalisierung interindividuell variieren und
- daß es identifizierbare Gestaltungsformen der Lernumwelt in Familie und Schule gibt, die höhere Grade der Internalisierung fördern.

Dem heranwachsenden Menschen werden im Rahmen eines zielgeleiteten Motivationsmodells rationale Kapazitäten zugeschrieben, von selbst vernünftig mit Institutionen umzugehen und das zu übernehmen und auszuwählen, was ihm frommt, hilft und ihn in der Entwicklung weiterbringt. Die Bedeutung der Person wird in solchen Modellvorstellungen noch stärker gewichtet, die unterstellen, die Schule müsse den inneren Entwicklungen des Kindes folgen, könne sich diesen nur anschließen, sie entfalten und im günstigen Falle deren eigenständig vorangetriebener Höherentwicklung lediglich „nachhelfen".

Das Modell, das für die folgende Analyse der Bewältigung schulischer Lernanforderungen bevorzugt wird, ist klar jenes des *rationalen Handlungssystems*. Es wird darum gehen, die Mikrostruktur des Bewältigungshandelns im Detail zu beschreiben, sie aber gleichzeitig in eine *allgemeine Funktionsdynamik des „humanen Systems"* einzubauen (s. SCHWARZER, 1981; 1993, 3. Aufl.).

Nach einer soziologischen Beschreibung des institutionellen Kontextes steht also die psychologische Aufgabe an, die Rezeption der schulischen Lernangebote, ihre „Umsetzung" in das psychische System des heranwachsenden Menschen, theoretisch zu fassen. Dazu zeichnen wir kurz die Wissenschaftsgeschichte der Erfassung solcher Bewältigungsformen nach, die von relativ globalen Charakterisierungen zu einer immer stärkeren Ausdifferenzierung des Handlungssystems für die Bewältigung von Leistungsanforderungen führt.

4.2.2 Das komplexe Handlungssystem für die Bewältigung von Leistungsanforderungen

Ein Ausgangsproblem von Bildungsinstitutionen besteht zweifellos darin, die Schüler überhaupt zu „erreichen". An einem fiktiven Beispiel kann dies deutlich gemacht werden. Man stelle sich die Aufgabe vor, eine Horde junger Paviane in Gruppen „einzuschulen" und systematisch zu unterrichten. Wie kann man sie erreichen und ihnen verständlich machen, was man von ihnen will? Viele Mißverständnisse sind dabei möglich. Wie kann man sie von den Eltern wegnehmen, ohne daß diese sie im Glauben verteidigen, daß sie ihnen geraubt werden? Wie kann man sie dazu bringen, ruhig zu sitzen? Wie kann man eine Horde in einem Raum versammeln, ohne daß sie übereinander herfallen? Wie kann man Signale erfinden, die sie verstehen? Wie kann man sie dazu bringen, daß sie das tun wollen, was man von ihnen verlangt oder glaubt, zu ihrem Wohle anbieten zu müssen?

Zwei Gruppen von Problemen werden hier sofort sichtbar: kognitive Probleme im Sinne der Entwicklung eines Codes, der von den anderen „verstanden" wird, also vom „Empfänger" dieselbe Bedeutungszuschreibung erfährt wie vom „Sender". Die Entwicklung eines gemeinsamen Codes schafft eine erste Form der „Anschlußfähigkeit" von sozialen und personalen Systemen, wie es die Systemtheorie formuliert (BÜELER, 1994).

Die zweite Problemgruppe ist motivationaler Natur, wenn gefragt wird, wie die Paviane dazu gebracht werden können, das tun zu wollen, was von ihnen verlangt wird. Auch hier geht es um Anschlußfähigkeiten, wenn das soziale System die eigene Umwelt so arrangiert, daß in ihr Elemente enthalten sind, die das betroffene personale System tangieren. Die Institutionstheorie hat drei Möglichkeiten angeboten, wie solche Beziehungen hergestellt werden können.

4.2.3 Schulisches Lernen als Form der Erfüllung soziokultureller Anforderungen

Die erste Strategie, um die Erfüllung institutioneller Anforderungen sicherzustellen, ist die „grausamste". Sie stellt alle Abweichungen von nichterwünschtem Verhalten unter Strafe und verbindet damit solche Konsequenzen, daß *Konformität unter Zwang* entsteht. Totalitäre Systeme mit einem kompletten Überwachungssystem, einer Monopolisierung aller Belohnungen im beruflichen und privaten Bereich und einem auf physischem Freiheitsentzug, ja sogar Folter beruhenden Sanktionssystem wären hier einzuordnen. Systematisch ist hier etwas beschönigend von *extrinsischer kultureller Motivation (coercion)* gesprochen worden (SPIRO, 1961).

Etwas menschlicher klingt schon die Strategie, Handeln mit positiven bzw. negativen Konsequenzen (Incentives) zu verbinden, die jemand mehr oder weniger frei wählen kann. Hier wird Belohnung z. B. in der Form sozialer Anerkennung vermittelt, die an bestimmte erwünschte Handlungen gebunden wird. SPIRO hat diesbezüglich von *instrumenteller kultureller Motivation (contingency)* gesprochen.

Am wenigsten durchschaubar, aber auch am wirksamsten ist eine Form der kulturellen Motivation, die darin besteht, daß die Erwartungen als legitim erscheinen und gleichzeitig in der individuellen Wertstruktur einer Person verankert sind. Man spricht hier von *intrinsischer kultureller Motivation (internalization, self-control)*, die bei Gelingen eng an persönliche Bedürfnisse und an die personalen Rechte einer Person anknüpft.

In der Entfaltung dieser Motivationsstrukturen kommt ein Menschenbild zum Ausdruck, das den Menschen als Wesen konzipiert, welches gegenüber externen Anforderungen unterschiedliche Haltungen entwickeln kann. Dem Zwang kann der Mensch versuchen auszuweichen, Anreize kann er akzeptieren und in seine Ziele integrieren, inneren Bedürfnissen kann er folgen und dabei die äußeren Anreize akzeptieren.[18] Die ökonomischen Wissenschaften haben einem rational kalkulierenden Menschen als Grundlage ihrer Wissenschaft den Vorzug gegeben. Danach ist der Mensch besonders daran interessiert, seine Präferenzen zu realisieren – und dies mit einem möglichst günstigen Kostenaufwand.

In Analogie zu einem solchen „rationalen Handlungsmodell" müßte die Intensität und Neigung, bestimmte leistungsstrukturierte Handlungen zu initiieren, dann besonders groß sein, wenn mit dem Ergebnis einer Handlung *möglichst viele hochbewertete Folgen* verbunden sind (Übereinstimmung mit vielen Präferenzen und Nutzenvalenzen) und wenn gleichzeitig die Erreichung eines entsprechenden Zieles „kostengünstig" möglich ist. Stabile schulische Motivationsstrukturen wären dann gegeben, wenn viele Wünsche durch schulisches Lernen befriedigt werden könnten. Gleichzeitig lassen sich auf diesem Hintergrund *Typen der Lernmotivation* nach der Vorherrschaft bestimmter Valenzen definieren.

---

[18] Nach dem Modell von DECI und RYAN (1985) „stören" sich allerdings extrinsische Anreize und intrinsische Motivationen. Wahlmöglichkeiten und positive Rückmeldungen stärken die Selbstbestimmungs-Motivation, die Kompetenzorientierung. Belohnungen, Zeitdruck, Aufsicht und Druck werden als externe Kontrolle erlebt und schwächen die interne Kontrollorientierung. Sie führen zu „compliance", also zu Konformität oder zu Widerstand.

Wenn schulisches Lernen bei Schülern nur dadurch gesichert werden kann, daß Zwang im Sinne dramatischer negativer Konsequenzen ausgeübt wird, dann entsprechen dem auf seiten der Kinder und Jugendlichen *extern-defensive Motive,* die besonders darauf ausgerichtet sind, das Bestrafungsausmaß möglichst niedrig zu halten.

Dominiert ein instrumentales Motivationssystem, dann steht auf der Seite des Schülers die *rationale Kalkulation* im Vordergrund, mit welchen Lernanstrengungen man am sichersten optimale Ergebnisse erzielen kann.

Mehrere Motive können schließlich ein *intrinsisches Motivationssystem beeinflussen,* wenn verschiedene Bedürfnisse durch die Erfüllung schulischer Erwartungen befriedigt werden. So können verschiedene erfolgsuchende und selbstwerterhöhende Motivstrukturen wichtig werden. Es ist aber auch denkbar, daß die schulischen Lernangebote direkt die kindliche Neugier und den jugendlichen Wissensdurst treffen, so daß die Lernmotivation „von innen", vom psychischen System, gespeist wird. Auf diese Motivation vertraut ein großer Teil der Unterrichtsmethodik und der Bildungstheorie. Sie meinen, mit einer interessanten Gestaltung des Unterrichts – etwa durch eine Handlungsorientierung und durch lebensweltliche Sinnbezüge – bzw. mit einer auf Verständnis und „aufregende Inhalte" bezogenen Didaktik fesselnde Aufmerksamkeit und intensive Beteiligung erwirken zu können.[19]

Schließlich können schulische Lernerwartungen als moralische Normen internalisiert und interpretiert werden, so daß ihre Erfüllung ein gutes Gewissen als Belohnung verschafft.

Jedem dieser Motivationssysteme entsprechen unterschiedliche Handlungsmodelle. Ein rein *defensives,* Bestrafungen abwehrendes und dadurch zur Konformität tendierendes entspringt einem sozialen Beeinflussungsmodell und ist offensichtlich am unzureichendsten. Viele Vorzüge, insbesondere solche der Einfachheit, hat das *rationale ökonomische Handlungsmodell.* Es bildet schulische Bewältigungsformen, vor allem in höheren Jahrgängen, recht gut ab. Es bedarf jedoch der Ergänzung. Die *Präferenzvektoren* können sehr vielfältig sein, ebenso die Kosten. Letztere bestehen vor allem aus *Lernanstrengungen.* Die Handlungsmodelle der Lerninvestitionen münden deshalb nicht schlicht in „Kaufentscheidungen", weil die Belohnungen, die mit Lernen und Lernerfolgen verbunden sein können, jeglicher Rationalität im Sinne eines „vernünftigen Aufwandes" widersprechen. Lernen kann als solches eine hohe Valenz haben und mit Lernerfolgen können *vielfältige psychische Bedürfnisse* befriedigt werden. Diesen Sachverhalt bildet das „intrinsische

---

[19] Es ist nicht zu übersehen, daß die Psychologie diese Formen der Lernmotivation viel zu stiefmütterlich behandelt und mehr an formalen Merkmalen der Lernaktivität orientiert ist.

Handlungsmodell" am umfassendsten ab, da es eine Persönlichkeitstheorie enthält, in der Lernhandlungen solche vielfältigen Bedürfnisse einer Person erfüllen.

Um der Komplexität des Schülerhandelns angesichts schulischer Leistungserwartungen gerecht zu werden, soll im folgenden versucht werden, die Mikrostruktur der Aufgabenbewältigung im Detail nachzuzeichnen.

4.2.4 Der Beginn von Forschungen zur Leistungsmotivation

Seit den 60er Jahren haben sich auf die Erfüllung von Arbeits- und Leistungsforderungen spezialisierte motivationale Theorien entwickelt, die nicht zuletzt eine wissenschaftliche Antwort auf deren steigende historische Bedeutung für die Lebensbewältigung in der Moderne repräsentieren. Die Lebensbedingungen der wissenschaftlich-technischen Zivilisation (FEND, 1988a) erfordern – wie im sozialgeschichtlichen Teil ausführlich begründet – die bestmögliche Ausbildung von intellektuellen Kompetenzen, aber auch von methodisch-disziplinierten Lern- und Arbeitshaltungen. Nicht zuletzt deshalb hat sich sowohl die Persönlichkeitspsychologie als auch die Entwicklungspsychologie seit Jahren intensiv mit der Entwicklung leistungsmotivierten Verhaltens beschäftigt (s. vor allem die Arbeiten von HECKHAUSEN, 1989; HECKHAUSEN & RHEINBERG, 1980 und die Arbeiten der BOCHUMER SCHULE). Es ist für die Erfüllung schulischer Lernanforderungen ebenso bedeutsam wie bei der Entwicklung berufsorientierter Haltungen. In unseren Arbeiten zur schulischen Wirkungsanalyse, also zur Untersuchung der Bedeutung schulischer Erfahrungen für die Konstitution der Persönlichkeit, hat die Lern- und Leistungsmotivation deshalb immer eine herausragende Rolle gespielt (FEND, KNÖRZER, NAGL, SPECHT & VÄTH-SZUSDZIARA, 1976).

Kaum ein Handlungsbereich ist bis in die feinsten Verästelungen der Mikrostruktur der jeweiligen Funktionsabläufe so genau erforscht worden wie gerade die Leistungsmotivation. Darunter wird heute ein *Handlungssystem verstanden, durch das Situationen leistungsthematisch strukturiert* werden, d.h. sie werden nach Schwierigkeitsgraden, nach möglichen Gütemaßstäben „durchforstet". Je nach dem Ergebnis dieser Durchforstung werden Erwartungshaltungen aufgebaut: Erfolgs- oder Mißerfolgsantizipationen. Während der Handlungsdurchführung erfolgen Vergleiche zwischen den gewählten *„standards of excellence"* und den erreichten Leistungsergebnissen. Dieser Vergleich hält ein *Selbst-Verstärkungssystem* in Gang, das die Selbstbelohnung vom Erreichen der gesetzten Ziele abhängig macht. Im Rahmen von Erklärungsmustern (Attributionen) werden die Leistungsergebnisse schließlich interpretiert und zu selbstbezogenen Kognitionen transformiert. Die

Handlungsdynamik kommt bei günstiger Funktionsweise der Leistungsmotivation nicht eher zur Ruhe, als ein entsprechendes befriedigendes Ergebnis erreicht wird. Der wiederholte Ablauf dieser Prozesse führt schließlich zu einem besonderen Verhältnis der Person zu sich selber: *zur Wahrnehmung von Kompetenz* oder Inkompetenz und in der Folge möglicherweise zu einem positiven oder negativen Verhältnis zu sich selbst insgesamt. Die Erfüllung von Anforderungen ist dann in die personalen Bedürfnisse der Selbstakzeptanz integriert. Ein solches Funktionssystem kann sich in mannigfachen Formen etablieren und verfestigen, es kann zu vielen Formen der Motivformation und Motivdeformation führen.

In der weiteren Forschungsgeschichte zur Lernmotivation hat sich eine Unterscheidung etabliert, die für eine präzise Analyse sehr wichtig geworden ist, nämlich jene zwischen der aktualgenetischen und der habituellen Ebene. Die erstere beschreibt den Handlungsablauf in den Mikrokomponenten des prozessualen Ablaufs, die zweite konzentriert sich auf Chronifizierungen entsprechender Abläufe in habituellen Konstellationen. Während oben vor allem habituelle Konstellationen im Blick waren, soll im folgenden auf die aktualgenetischen Prozesse zurückgegangen werden.

4.2.5 Mikrostruktur des aktualgenetischen Handlungsablaufes

Fortschritte in der Beschäftigung mit dem *„System der Lern- und Leistungsmotivation"*, das sich schon in der ersten Forschungsphase als sehr komplex erwiesen hat, sind durch Differenzierungen jener Komponenten dieses Handlungssystem eingeleitet worden, die im *zeitlichen Ablauf der Aufgabenbewältigung* bedeutsam sind. Wenn wir der Mikrostruktur der psychischen Funktionssysteme bei der Bewältigung schulischer Anforderungen und ihrer Entwicklung im Detail nachgehen wollen, müssen wir also die Handlungssituation der Aufgabenerfüllung nochmals präzisieren. Es ergibt sich dann ein Modell des *Handlungsablaufs*, das mit der *Antizipation* beginnt (präaktionale Motivationsphase), zu einem *Vorsatz* führt, vom Vorsatz zur *Handlungsaufnahme* weiterleitet (präaktionale Volitionsphase), eine Phase der *Handlungsdurchführung* (Lernhandlungsphase) unterscheidet und eine postaktionale *Evaluationsphase* berücksichtigt. In allen diesen Phasen sind Kognitionen, Emotionen und Volitionen am Werk.

Ein solches Phasenmodell ist in Abb. 4.3 festgehalten. Es hat sich als sehr nützlich erwiesen, da die Lernmotivation dadurch dynamisch – im Zeitablauf – konzeptualisiert werden kann. Bewältigungshandeln ist immer zeitlich strukturiert und von verschiedenen *Komponenten* in diesem zeitlichen Ablauf bestimmt. Es wird sich zeigen, daß ein solches zeitlich strukturiertes Handlungsmodell auch deshalb sinnvoll ist, weil es aufzeigt, *daß Lernmotivationsprobleme an sehr unterschiedlichen Stellen im zeitlichen Ablauf auftreten können, so daß es auch diagnostisch relevant werden kann.*

Abb. 4.3: Handlungspsychologische Phasen-Abfolge

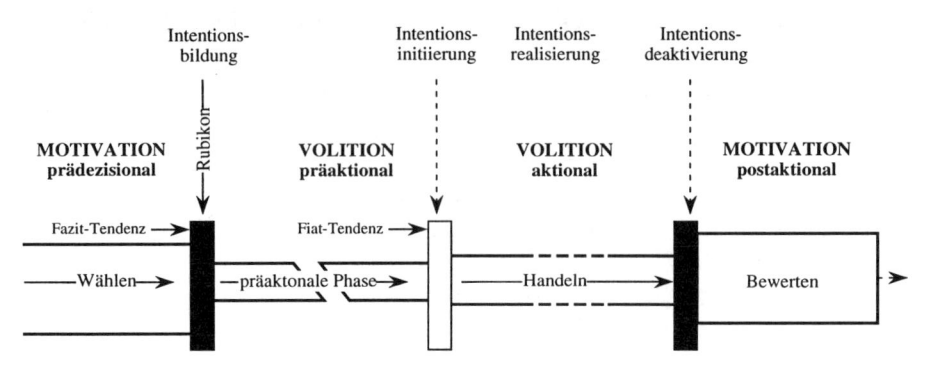

	Intentions-bildung	Intentions-initiierung	Intentions-realisierung	Intentions-deaktivierung
MOTIVATION prädezisional	Rubikon	VOLITION präaktional	VOLITION aktional	MOTIVATION postaktional
Fazit-Tendenz →		Fiat-Tendenz →		
—Wählen→		—präaktonale Phase→	—Handeln— →	Bewerten

Schematische Darstellung der vier Handlungsphasen des Rubikon-Modells (nach Gollwitzer, 1986)

GOLLWITZER, in: HECKHAUSEN, 1989, S. 212

Welche Komponenten kognitiver, emotionaler und volitionaler Art in den jeweiligen Phasen des Handlungsablaufes bei der Bewältigung von Leistungsanforderungen beteiligt sein können, illustriert die Abb. 4.4. Um sie einordnen zu können, sollte man sich an die inneren Dialoge und Handlungen erinnern, die im Umkreis von Prüfungsvorbereitungen – etwa bei der Vorbereitung auf Abschlußprüfungen – häufig auftauchen. Sie werden im Detail bei der Mikroanalyse des leistungsorientierten Handelns erläutert.

Die in Abb. 4.4 festgehaltenen Komponenten des zeitlichen Ablaufs der Bewältigung von Lernanforderungen erlauben die getrennte Analyse von Motivationsproblemen im Lernverhalten:

1. Wann vermeidet jemand, Lernaktivitäten aufzunehmen? Was heißt es, wenn jemand seine „Unlust" nicht überwinden kann?

2. Wann gibt jemand bei der „Durchführung" von „Lernarbeit" schnell auf? Mit Begriffen wie Ausdauer, Persistenz wird auf diese Phase des Lernens Bezug genommen.

Abb. 4.4: Komponenten des Handlungsablaufs (Aktualgenetische Darstellung)

	KOGNITIONEN	EMOTIONEN	VOLITIONEN
Präaktionale Phase: Motivationsphase: Entstehung von Zielen und Vorsätzen	Risikoeinschätzung bzw. Einschätzungen der Erfolgswahrscheinlichkeiten Einschätzungen von möglichem Erfolg und Mißerfolg Aktivierung von Selbst-Schemata der eigenen Wirksamkeit („Die Mutlosigkeit überwinden") in einem spezifischen Handlungsbereich Formierung von Konsequenzen-Erwartungen Einschätzung und Gewichtung von Folge-Erwartungen	Erfolgshoffnung Mißerfolgsbefürchtungen, Angst Annäherungsgradient (Interesse), Vermeidungsgradient („Die Unlust überwinden")	Vorsatz, Handlungsplan: Wahl eines Gütemaßstabes
Umsetzung von Absichten in Handlungen	Übereinstimmung zwischen den antizipierten Handlungsschemata und den vorliegenden Situationsmerkmalen (Aktivierung von Selbstwirksamkeitswahrnehmung: „das schaffst du schon") Fähigkeit der Ausschaltung von rivalisierenden Kognitionen und Handlungsvorstellungen		„Delay of gratification" (Habitualisierung des Übergangs von der Antizipation zur Realisation) Anfangs-Strategien bzw. Verzögerungsstrategien („endlich anfangen")
Lernhandlungsphase	Selbstbeobachtung der eigenen Fortschritte – Monitoring Antizipation möglicher positiver oder negativer Konsequenzen	Selbstbekräftigung oder Selbstbestrafung während der Aufgabenerledigung Erregungsniveau – Leistungsangst Funktionslust (Flow-Erlebnisse)	Fixierung auf die Aufgabenbewältigung oder auf die Prüfungssituation (Kontrolle der Aufmerksamkeit: Lage- oder Aufgabenbewußtsein) Umgang mit der Neigung zum Aufgeben bzw. Fortsetzen, Durchhalten (Impulskontrolle, Ablenkungskontrolle)

	KOGNITIONEN	EMOTIONEN	VOLITIONEN
Postaktionale Phase	Bewertung des Handlungsergebnisses: Qualitätseinschätzung Rückblickende, durch soziale Vergleiche gestützte Einschätzung der Schwierigkeit einer Aufgabe Erklärung der erwartungskonformen oder erwartungswidrigen Handlungsergebnisses (Attributionen)	Emotionen aus dem Erwartungs-Ergebnis-Vergleich: Befriedigung, Freude, Trauer, Ärger Emotionen aus dem Vergleich mit anderen: Überheblichkeit, Neid, Stolz, Niedergeschlagenheit	Antizipatorische Planung Formulieren von Vorsätzen Sich lösen können; „Nachhänggedanken"
	Schlußfolgerungen aus Erklärungen: Verstärkung oder Veränderungen von Selbstwirksamkeits-Konzepten		
	Generalisierungen durch Vergleiche mit Reaktionen von Bezugspersonen: generalisierte Selbstbewertung		

3. Wann wird jemand aufgrund der Verarbeitung von Mißerfolgen mutlos, wann stärkt sich die Motivation zu einem Neuanfang? Wie reagiert jemand auf die *Ergebnisse* von Lernaktivitäten, und welche Auswirkungen hat die unterschiedliche Verarbeitung von Erfolg und Mißerfolg für die Aufnahme weiterer Lernaktivitäten?

Antworten auf solche Fragen werden durch differenzierte Analysen der einzelnen Lernphasen vorbereitet.

4.2.5.1 Die Phase vor der Handlungsaufnahme

Was bringt ein Kind zum Lernen?

Diese Frage ist teilweise gleichbedeutend mit jener, wie man ein Kamel dazu bringen kann, zu trinken. Das Problem scheint einfach zu lösen: Man muß das Kamel möglichst lange vom Trinken fernhalten. Die Stärke des Triebes bzw. die Stärke der Triebfrustration bestimmt dann den Antrieb (drive-reduction theory). Danach müßte Lernen, falls es initiiert werden soll, ein absichtlich depriviertes Bedürfnis befriedigen, oder es müßte mit der Befriedigung eines primären Bedürfnisses konditioniert sein. Diese triebtheoretische Deutung ist für die Lernmotivation im Tierreich sinnvoll, für den Humanbereich jedoch unzulänglich. Dies ist früh entdeckt worden – und zwar gerade für Kinder.

WHITE (1959) hat in einem berühmten Aufsatz belegt, daß Kinder in Phasen der *erreichten* Triebbefriedigung (Homöostase) besonders aktiv sind. Auf diesem Hintergrund ist dann die *Neugiermotivation* und die Motivation, *Wirkungen zu erzielen*, aktiv zu sein, etwas zu erleben, in den Vordergrund gerückt. Positive Anreize und Ziele werden im Rahmen dieses Ansatzes wichtiger als Trieb-Frustrationen und daraus resultierende Spannungen.

Wenn wir uns aber der Thematik der Lern- und Leistungsmotivation nähern, dann müssen wir erklären, warum sich zumindest manche Kinder gerne schwierigen Aufgaben stellen, warum sie *bestimmte Schwierigkeitsgrade bevorzugen*. Andere wiederum scheuen schwierige Aufgaben, wieder andere zeigen eine deutliche Unlust, bestimmte Aufgaben zu erledigen. Wenn Kinder sich freiwillig lernintensiven Tätigkeiten zuwenden, dann haben sie eine gute Ausgangssituation für jene Kompetenzsteigerung, die in unserer Kultur im allgemeinen und im Bildungswesen im besonderen so zentral ist. Neben Anreize der *Neugier* und des *Interesses*, Aspekte also, die Freude an der Tätigkeit selber voraussetzen, treten *Valenzen* in der Form von angestrebten *Zielen*. Auf einer nächsten Stufe wird es dann darum gehen, zu erklären, warum aus einer Vielzahl von Alternativen und Anspruchniveaus bestimmte Wahlen getroffen werden. Auf einer fortgeschrittenen Stufe erfolgen *Kosten-Nutzen-Kalkulationen*, d. h. nach dem ökonomischen Handlungsmodell beginnt der Mensch abzuschätzen, welche Kosten (z. B. in der Form von Lerninvestitionen) er aufbringen muß, um bestimmte Ziele zu erreichen.

Sich zu entscheiden bedeutet in der Regel aber auch, eine Alternative zu wählen und andere zurückzustellen. Es bedeutet bei Lernanstrengungen meist, Kurzzeitbelohnungen und Langzeitbelohnungen gegeneinander abzuwägen.

Mit all diesen Aspekten hat sich die Forschung zur Lernmotivation und ihrer Entwicklung im Lebenslauf beschäftigt. Anfänglich stand der Aspekt der *Anspruchsniveausetzung, also die Zielsetzung in bezug auf einen Schwierigkeitsgrad*, im Vordergrund. Fritz HOPPE, ein Schüler von Kurt LEWIN, hat dazu ein lange wirksames Modell entwickelt, das in Abb. 4.5 (s. HECKHAUSEN, 1989, S. 172) dokumentiert ist.

Dieses Modell geht davon aus, daß die letzte Leistung den Ausgangspunkt für die Formulierung von Zielen, was man das nächste Mal erreichen möchte, bildet. Die dabei möglichen *Diskrepanzen konstituieren den Antrieb* für die Anstrengungen, um Leistungen in Übereinstimmung mit dem Anspruchsniveau zu erzielen. Aus dem Vergleich von Anspruch und Verwirklichung resultieren dann Erfolgs- und Mißerfolgsgefühle, Ärger oder Resignation. Ein klassisches Beispiel repräsentieren Spiele, in denen mehrere Versuche, ein anspruchsvolles Ziel zu erreichen, möglich sind (so z. B. das Ring-Wurf-Spiel). Das Tennisspiel illustriert diese unzählige Wiederkehr von Anspruch,

Realisierung, Erklärung, Emotion und neuen Ansprüchen für jeden Beobachter sehr augenfällig.

Abb. 4.5: Ereignisabfolge in einem Anspruchsniveau-Experiment (LEWIN et al., 1944, nach HECKHAUSEN, 1989, S. 334)

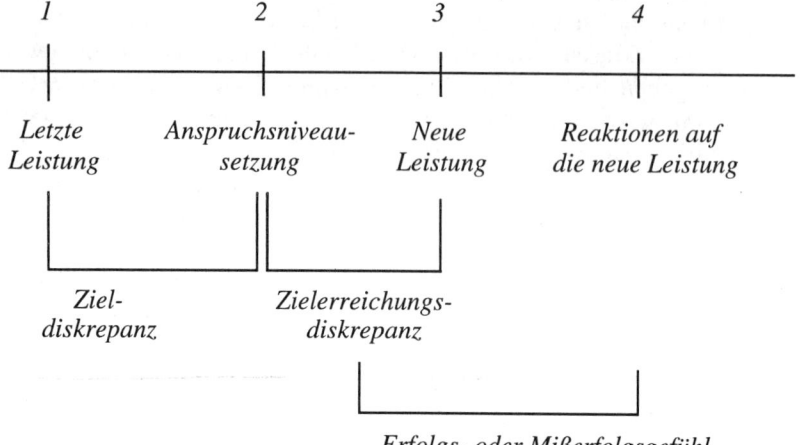

```
    1              2              3              4
    |              |              |              |
----+--------------+--------------+--------------+----------

 Letzte      Anspruchsniveau-    Neue        Reaktionen auf
Leistung        setzung        Leistung     die neue Leistung
 |_____| |_____|
                  
    Ziel-          Zielerreichungs-
  diskrepanz         diskrepanz
                  |_____|

                     Erfolgs- oder Mißerfolgsgefühl
                     in Abhängigkeit von der Differenz
                           zwischen 2 und 3
```

Unter Anspruchsniveau wird hier ein für ein Individuum charakteristischer *Gütemaßstab* verstanden, der für die Bewertung, ob etwas als Erfolg oder Mißerfolg einzustufen ist, maßgebend ist.

Eines der wichtigsten Ergebnisse entsprechender Experimente, in dem in mehreren Serien Erfolge und Mißerfolge möglich waren bzw. manipuliert wurden und dann vor jeder neuen Aufgabe Schwierigkeitsgrade zu wählen waren, bestand darin, *daß der mittlere subjektive Schwierigkeitsbereich für die Bewertung von Erfolg und Mißerfolg besonders bedeutsam* ist. Die Situation ist bei sehr leichten und sehr schwierigen Aufgaben immer anders.

Das Anspruchsniveau zieht den Leistungen immer nach. Man muß über den vorangegangenen Leistungen liegen, um etwas als Erfolg zu erleben. *Die objektive Kompetenzsteigerung zieht also nicht von selbst ein größeres Erfolgserlebnis nach sich, letzteres ist vielmehr von der Diskrepanz zum bereits erreichten Leistungsstand abhängig.* Im günstigen Falle führt dies zu einer motivationalen Spirale, die immer höhere Leistungen verlangt, um Zufriedenheit zu erleben. Das jeweilige Leistungsniveau wird, wenn es persönlich besonders relevant ist, *Ich-Nähe* genannt. Es führt dann zum Bestreben, das

Selbstbewußtsein durch einen hohen persönlichen Leistungsstandard möglichst hoch zu halten.

Diese Vorstellungen sind in die *Definition des Leistungsmotivs* eingegangen, das als habitualisierte personale Konstellation neben den situativen Merkmalen der Aufgabenschwierigkeiten die Aufnahme und Steuerung des Lernverhaltens wesentlich mitbestimmt. HECKHAUSEN hat es definiert als das „... *Bestreben, die eigene Tüchtigkeit in allen jenen Tätigkeiten zu steigern oder möglichst hoch zu halten, in denen man einen Gütemaßstab für verbindlich hält und deren Ausführung deshalb gelingen oder mißlingen kann*" (HECKHAUSEN, 1965, S. 604, zit. nach HECKHAUSEN, 1989, S. 173). HECKHAUSEN hat damit eine „chronifizierte" Form eines immer wieder eintretenden Handlungsablaufs charakterisiert.

Unter *volitionalen Gesichtspunkten* ergeben sich wichtige Hinweise auf Hindernisse bzw. Erleichterungen bei der Handlungsinitiierung. Es entspricht einer verbreiteten Beobachtung, daß viele Kinder große Schwierigkeiten haben, mit ihren Aufgaben anzufangen und lange wie die „Katze um den heißen Brei" herumschleichen, ohne aktiv zu werden. Manche zeigen auffällige Blockaden des Anfangs. KUHL und BECKMANN (1994) haben sich mit solchen Aspekten der Handlungsregulierung intensiv auseinandergesetzt und ebenfalls chronifizierte Formen der Handlungsblockade, die sie *Zustandsorientierung* im Gegensatz zu einer aktiven *Handlungsorientierung* genannt haben, beschrieben. Zustandsorientierte Kinder grübeln lange über mögliche Handlungen nach, sie können sich von alten emotionalen Zuständen schwer lösen, erleben sehr viele negative Emotionen im Sinne möglichen Versagens und kommen so kaum dazu, aktiv zu werden. Sie lassen sich auch leicht ablenken und suchen jede Gelegenheit, das nicht tun zu müssen, was gerade ansteht.

Schon am Beginn von Lernhandlungen stehen mögliche Hindernisse, die den Anfang erschweren: Es sind dies verschiedene Varianten der *Mutlosigkeit*, die aus niedrigen Erfolgseinschätzungen resultieren. Davon wären Varianten der *Sinnlosigkeit* abzugrenzen, wenn weder Zusammenhänge zwischen eigener Anstrengung und Erfolg noch instrumentale Beziehungen zwischen Lernergebnissen und daraus resultierenden Konsequenzen gesehen werden. Schließlich ist der Anfang durch nicht zu bewältigende *Unlust* gefährdet, wenn also der Meidungsgradient alle guten Absichten zunichte macht, wenn einen etwas nicht nur nicht *interessiert*, sondern abstößt.

Ein „guter Anfang" wird spiegelbildlich auf dieser Gefährdungsfolie erkennbar.

4.2.5.2 Die Phase der Handlungsdurchführung

Die Mikrostruktur der Durchführungsphase bzw. der Übergang von der Handlungsabsicht zur Handlungsaufnahme verdient gesonderte Aufmerksamkeit. Deshalb hat sich HECKHAUSEN in der neuen Ausgabe von „Motivation und Handeln" (1989) ausgiebig mit der sog. Volitionsphase beschäftigt, dem Realisieren von Intentionen. Er hat die alte *Willenspsychologie* wieder zum Leben erweckt und untersucht, wie es zur tatsächlichen Aufnahme von Handlungen, zur Persistenz dieser Handlungen bzw. zur Erfüllung optimaler Qualitätskriterien beim Handlungsablauf kommt. Im Kern ging es dabei um folgende Aspekte:

- Eine funktionsfähige Ablaufstruktur besteht darin, daß Handlungen nicht immer wieder aufgeschoben werden, sondern möglichst reibungslos geplant und initiiert werden. Verzögerungen in der Handlungsaufnahme repräsentieren inhibitorische Mechanismen (KUHL & BECKMANN, 1994).
- Der Handlungsablauf ist dann optimal, wenn bei Hindernissen nicht wieder aufgegeben wird, sondern Störreize abgewehrt werden, so daß an der Oberfläche das Erscheinungsbild von Ausdauer entsteht.
- Der Handlungsablauf ist gerade bei geistig anspruchsvollen Tätigkeiten dann optimal, wenn die Aufmerksamkeit ausschließlich auf die Aufgabenerledigung gerichtet ist. Dies bedeutet, daß jemand die „innere Ruhe" hat, alle Informationen, die in Aufgaben enthalten sind, vollumfänglich aufzunehmen (große „Verarbeitungstiefe"). Er darf z. B. seine Aufmerksamkeit nicht auf eventuelle Probleme des Versagens richten, d. h. er soll nach den Begriffen von Heckhausen eher eine *Handlungs-Orientierung* als eine *Lage-Orientierung* zeigen (HECKHAUSEN, 1989, S. 199 ff.). Angst-Emotionen stören die Aufgabenerledigung in zweifacher Weise: sie okkupieren Zeit, die für die Aufgabe benötigt würde und sie reduzieren die Tiefe der Informationsverarbeitung, indem sie zu oberflächlichem „Darüber-hinweg-Huschen" verleiten. Wenn schon handlungsbegleitende Kognitionen und Emotionen auftauchen, dann sind *positive Selbstbekräftigungen* während der Aufgabenerledigungen hilfreich. Nach dem Abschluß einer Handlungssequenz muß sich jemand wieder von der erledigten Aufgabe lösen können, um frei für neue Anforderungen zu sein.

Julius KUHL (s. auch KUHL & BECKMANN, 1994) hat sich um eine Differenzierung der *Prozesse der Ausführungskontrolle* von Handlungen verdient gemacht. Er postuliert mehrere Prozesse, die die Realisierung einer Absicht fördern:

- Eine selektive Aufmerksamkeit führt dazu, daß alternative Handlungsmöglichkeiten in den Hintergrund treten. Alternative Reize werden ausgeschaltet, um Ablenkungen zu verhindern.

- Die Situation wird nach solchen Informationen abgetastet, die für die Aufgabenerledigung wichtig sind.
- Jemand sucht jene Emotionen in sich zu erzeugen, die für die Handlungsausführung relevant sind. So versuchen leistungsorientierte Schüler positive Assoziationen mit Schule zu erzeugen.
- Die Umwelt wird so gestaltet, daß sie nicht ablenkt, sondern daß sie hilfreich für die Handlungsdurchführung wirkt.
- Mißerfolgen wird nicht in Gedanken lange nachgehangen, sondern es werden unmittelbar erreichbare Ziele formuliert und aufgestellt, die dann den Ausgangspunkt für weitere Aktivitäten bilden.

Insgesamt ist hier die Strategie am Werk, eine möglichst angenehme Atmosphäre herzustellen, etwa durch einen schönen Schreibplatz, durch angenehme Musik und eine entspannte körperliche Haltung, wobei in Gedanken die Leistungserfolge, die aus Anstrengung resultieren können, vorweggenommen werden. Die willenspsychologischen Analysen machen aber auch sichtbar, daß ein gerütteltes Maß an Askese (Impulskontrolle, Ablenkungskontrolle) für eine erfolgreiche Umsetzung „guter Absichten" unerläßlich ist. Ein „starker Wille" hat aber nach persönlichkeitspsychologischen Untersuchungen (s. MISCHEL, 1973; 1983 und die Studien zu „delay of gratification") auch damit etwas zu tun, daß es jemandem gelingt, in Phasen der Versuchung positive Ergebnisse der Widerstandsfähigkeit zu imaginieren und präsent zu halten.

Eine kluge Umsetzung von „hehren Zielen" erfordert somit ein großes Maß an kontrollierter Selbstregulierung. Dies setzt wiederum voraus, daß sich jemand selber beobachten kann und merkt, wann die Umsetzung gelingt und wann nicht. Diese Thematik ist im Rahmen der Metakognitionsforschung behandelt worden. Es geht dabei darum, daß der Lernende sich selber beobachtet und das, was er verstanden hat, was ihm noch fehlt und was noch zu tun wäre, um etwas zu verstehen oder zu können. Wer etwas wissen und können will, der wird sich selber in Übungen involvieren, wird Wiederholungen anstreben; er wird kontrollieren, was er verstanden hat, welches der nächste Schritt sein könnte usw. Die Qualität der kognitiven Selbstkontrolle ist für die Qualität des Lernergebnisses ganz entscheidend.

Im Mittelpunkt stehen hier also Strategien, die die *Übereinstimmung zwischen Intention und Verhalten*, zwischen Ziel und Ergebnis maximieren. Nicht allen Schülern gelingt dies gleich gut. Der guten Vorsätze sind oft viele, der Realisierungen aber wenige. „Mit guten Vorsätzen ist der Weg zur Hölle gepflastert", so charakterisiert der Volksmund diese verbreitete Erfahrung.

4.2.5.3 Die Verarbeitungsphase

Mit dem Abschluß einer Handlung, etwa mit der Vorbereitung auf eine Prüfung und mit der Beendigung einer Prüfung, ist der Prozeß der leistungsorientierten Aufgabenbewältigung noch nicht abgeschlossen. Es folgt die wichtige Phase der Verarbeitung von Erfolgs- bzw. Mißerfolgsrückmeldungen, die ja gerade im Bildungswesen institutionalisiert sind. Mit ihr hat sich insbesondere die *Attributionsforschung* beschäftigt, der wir eine Systematisierung der Erklärungsmuster guter bzw. schlechter Handlungsresultate verdanken. Worauf werden in der nachaktionalen Phase Erfolge oder Mißerfolge zurückgeführt? Welche Konsequenzen haben immer wieder auftauchende Erklärungsmuster, etwa die, daß man „zu dumm" ist, um etwas zu verstehen, daß man wieder zu „faul" war?

Erklärungsmuster selber haben wieder gravierende Folgen. Sie sind in den *selbstbezogenen Kognitionen* zu suchen, in Selbsteinschätzungen und Selbstbewertungen. Im Kontext der Schule heißt dies, daß durch die Verarbeitung von Leistungsrückmeldungen *Fähigkeitskonzepte* aufgebaut werden.

Die Fähigkeitskonzepte haben ihrerseits zwei mögliche Konsequenzen, die den erneuten Beginn der Handlungsaufnahme entscheidend beeinflussen können. Sie können erstens zu *Mutlosigkeit* und *Vermeidungshaltungen* bei hohen Anforderungen führen. So kann sich eine Erwartungshaltung in bezug auf die generalisierte eigene Möglichkeit, erfolgreich zu sein, die Wirklichkeit bewältigen zu können, die Zukunft im Griff zu haben, mit den eigenen Fähigkeiten etwas bewirken zu können, aufbauen. Auf dem Wege der Verarbeitung von Leistungs-Rückmeldungen wird die eigene Person als effizienter oder machtloser Handlungsort definiert. Die Forschung hat dies im Anschluß an die Formulierungen von BANDURA (1986) als „Selbstwirksamkeits-Haltungen" bezeichnet (FLAMMER, 1990) und damit das auf die zukünftige Handlungsregulierung gerichtete leistungsbezogene Selbstvertrauen präzisiert.

Danach beeinflußt das Fähigkeitskonzept über die antizipierten Erfolgswahrscheinlichkeiten die Einschätzungen der eigenen Kompetenz, das Wirksamkeitsbewußtsein und damit die Lernmotivation

Neben diesen leistungsbezogenen Folgen sind zweitens jene für die psychische Gesundheit insgesamt wichtig, die in eine *generalisierte negative Bewertung der eigenen Person* münden. Aus dem Verhältnis von Ansprüchen und Erfolgen ergibt sich das *Selbstwertgefühl*, das für die psychische Gesundheit einer Person eine zentrale Bedeutung hat.

Der Weg von Leistungsrückmeldungen über Erfolg und Mißerfolg zu solchen weitreichenden Schlußfolgerungen führt über Kognitionen, insbesondere über Erklärungen, wie es zu den Leistungsergebnissen gekommen ist. Erst über solche Erklärungen werden auch Emotionen ausgelöst, werden Gefühle des

Ärgers oder gar Zornes, Gefühle der Trauer und Niedergeschlagenheit, der Erfolgsfreude und des Stolzes aktiviert. Die entsprechenden Alltags-Erklärungstheorien werden „Attributionen" genannt.

Worin bestehen nun die verschiedenen Attribuierungsprozesse, die den Kern der nachaktionalen Verarbeitungsphase ausmachen?

Die Attributionsforschung geht von einem rationalen Modell der Beobachtung der eigenen Tätigkeiten, der Erfolge und Mißerfolge aus. Dabei eröffnet sich z. B. für einen Schüler, der in einer Klasse sitzt, die folgende Systematik von Vergleichen (KELLEY & MICHELA, 1980):

1. Jemand beobachtet im Leistungsbereich A (z. B. Mathematik) etwa 20 Demonstrationen der eigenen Leistungsfähigkeit (z. B. Tests). Das Ergebnis dieses Vergleichs liefert als Resultat eine mehr oder weniger hohe *Konsistenz* in guten, mittleren oder schlechten Leistungen.

2. Jemand beobachtet etwa 10 Leistungsergebnisse (Tests) in drei Handlungsfeldern, z. B. im Sport, im Fach Musik und in einer Fremdsprache. Durch den Vergleich der drei Handlungsbereiche ergibt sich ein unterschiedlicher Grad der *Distinktivität*, also der Verschiedenheit von Ergebnissen, je nach dem Leistungsbereich.

3. Schließlich ist insbesondere in Schulklassen permanent ein Vergleich mit anderen Personen möglich. Dabei ist beobachtbar, ob jemand immer das gleiche Ergebnis wie andere Personen erzielt oder ob es Abweichungen gibt. KELLEY & MICHELA (1980) nennen diese Dimension *Konsens-Dimension*.

Aus Kombinationen dieser Dimensionen lassen sich Schlußfolgerungen systematisieren: Zum Ergebnis, daß etwas *schwierig* ist, kommt jemand dann, wenn viele in einer Gruppe etwas nicht können und dies selbst bei wiederholten Versuchen mehreren nicht gelingt. Auch der Schluß auf eine hohe eigene Kompetenz läßt sich hier lokalisieren. Er liegt dann nahe, wenn alle anderen etwas nicht können, es einem selber aber leicht fällt, eine bestimmte Leistung zu erzielen. Hier muß allerdings noch die Selbstbeobachtung hinzukommen, wie viele Übungen notwendig sind, um zu einem Ziel zu gelangen. Auch dabei spielt natürlich der Vergleich mit anderen eine große Rolle. Kommt jemand schon mit wenigen Versuchen zu einem hohen Ziel, dann ist dies für ihn eine sehr positive Erfahrung. Gelingt ihm dies nur nach vielen Versuchen, dann erfordert es offensichtlich für jemanden eine hohe Investition (Anstrengung), erfolgreich zu sein. Derjenige, dem etwas leicht gelingt (wenig Anstrengung), wird vermuten, daß er hohe Fähigkeiten hat. Wenn jemand langsam ist und Erfolge sich erst nach vielen Mühen einstellen, dann wird er wohl den Erfolg auf seine Anstrengung zurückführen und seine Fähigkeit als gering einschätzen.

Mit der Zeit wird ein Kind die Erfolge in einem bestimmten *Handlungsbereich zusammenfassen*, etwa solche im Sport, und sie denen in Deutsch oder im Rechnen gegenüberstellen. Ein längerer Zeitraum erlaubt auch den *Rückblick*, der sich entweder als eine Erfolgsgeschichte oder als Mißerfolgsgeschichte präsentiert. Es ist aber auch die *Verlaufsform* beobachtbar, etwa ein Aufstieg, Abstieg oder eine Fluktuation. Schließlich wird die *relative Stellung* in der Schulklasse immer wichtiger werden: An welcher Stelle befindet man sich in einem bestimmten Handlungsbereich, immer am „Ende" der Klasse, im Durchschnitt oder ganz vorne?

Entscheidend ist in diesem Prozeß der Vergleich mit den eigenen *Anstrengungsinvestitionen*. Die Kalkulation des nötigen Aufwandes, um zu einem Erfolg zu kommen, wird zu einem wichtigen Faktor bei der Einschätzung der eigenen Fähigkeiten.

Die Systematik dieser Verarbeitung ist von WEINER schon früh erkannt worden, indem er einerseits den Ort der Verursachung von Erfolg und Mißerfolg spezifiziert und andererseits die Klassifikation der Ursache nach stabilen bzw. veränderlichen Faktoren unterteilt hat. Daraus ist ein Schema hervorgegangen (s. Abb. 4.6), das die Attributionsforschung lange geleitet hat:

Abb. 4.6: Attribuierungssystematik nach WEINER (1992, S. 250)

	Internal	External
Stable	Aptitude	Objective task characteristics
Unstable	Temporary exertion	Chance

Wenn jemand nach vielen Beobachtungen zum Schluß kommt, daß er, ohne viel Anstrengung investieren zu müssen, immer besser ist als andere, dann wird er eine hohe Begabung in einem bestimmten Handlungsbereich unterstellen.

Tritt ein Mißerfolg ein, der sich aber bei vielen anderen ebenfalls findet, dann wird jemand mit einem guten Begabungskonzept diesen Mißerfolg eher auf die Schwierigkeit der Aufgabe zurückführen und somit von ihm nicht kontrollierbare Faktoren verantwortlich machen.

Wenn jemand einmal gut und einmal schlecht ist, dies aber auf die eigene Investition zurückführen kann, dann erklärt jemand Erfolg und Mißerfolg durch instabile innere Faktoren, in diesem Falle durch Anstrengungsinvestitionen.

Läßt sich bei jemandem aber keine solche Regelmäßigkeit beobachten, dann wird er auf Zufälligkeiten Bezug nehmen.
In einer anderen Klassifikation tritt die Dimension der *Kontrollierbarkeit durch die Person* in den Vordergrund. Dies hat sich im Laufe der weiteren Entwicklung als sehr wichtig erwiesen, da Erklärungsmuster zu einer Haltung der *Eigenkontrolle* bzw. *Fremdkontrolle* führen können (Abb. 4.7).

Abb. 4.7: Attributionen nach dem Grad der möglichen Eigenkontrolle (WEINER, 1992, S. 25)

	Stable	Unstable
Uncontrollable	Aptitude	Fatigue
Controllable	Long term effort Laziness Industriousness	Temporary exertion

Unkontrollierbar sind für eine Person Begabungskonzepte, kontrollierbar dagegen Anstrengungen. Kontrollierbar, aber auch nicht stabil sind *zeitweilige Erschöpfungserscheinungen*. Die Attribution auf Fähigkeiten und Müdigkeit führt Personen eher in Situationsdefinitionen der Unkontrollierbarkeit.

Auf die hier systematisierte Art und Weise können die verschiedenen Leistungsergebnisse in der postaktionalen Phase erklärt werden. Angenommen, jemand hat schlecht in einer Mathematik-Prüfung abgeschnitten, kann er dies z. B. nachträglich auf folgende Art und Weise erklären:

„Ich bin immer schlecht": Erklärung durch *niedrige Fähigkeiten*. Dies ist eine internale, stabile und unkontrollierbare Attribution.

„Ich tue nie etwas, bin faul, Mathe interessiert mich nicht": Hier wird auf internale, stabile, aber kontrollierbare Faktoren Bezug genommen.

„Ich war krank": Der Bezug ist hier auch internal, aber instabil und unkontrollierbar.

„Ich hatte diesmal keine Lust und keine Zeit": Dies ist eine internale, instabile und kontrollierbare Attribution.

„Die Schule verlangt zu viel": Diese Erklärung nimmt auf externale, stabile und unkontrollierbare Umstände Bezug.

„Der Lehrer hat ein Vorurteil gegen mich": Dies ist wiederum eine externale, stabile, aber kontrollierbare Attribution.

„Ich habe diesmal Pech gehabt": Eine solche Interpretation rekurriert auf external-unstabile und unkontrollierbare Umstände.

„Mein Freund hat mir nicht geholfen": Hier liegt eine externale, unstabile, unkontrollierbare Attribution vor.

Auf diesem Hintergrund wird auch verständlich, daß nicht jeder Erfolg gleich zu einer positiven Selbsteinschätzung im Sinne der Attribution von Begabung führt und auch Mißerfolg sehr unterschiedliche Wirkungen haben kann.

Mit entsprechenden Attributionen sind auch je unterschiedliche *emotionale Reaktionen* verbunden. Erklärt man bei einer lösbaren Aufgabe Mißerfolg durch eine momentane „Ungeschicklichkeit", also intern variabel, dann resultiert daraus Ärger. Wird das Leistungsergebnis durch externe, intentionale Faktoren erklärt („Der Lehrer wollte mir eins auswischen"), dann entsteht die Emotion „Wut". „Stolz" wird dann erlebt, wenn eine schwierige Aufgabe intern stabil, bezogen auf die eigene Begabung, aber auch intern variabel, bezogen auf die eigene Anstrengung, erklärt wird.

Wenn negative Leistungsresultate gleichzeitig intern stabil oder intern variabel attribuiert werden, dann resultiert daraus das Spektrum der Emotionen von „Trauer", von „Angst", von „Kränkung". Sie verstärken den Aufbau von Meidungsgradienten gegenüber Lernen.

Die Ursachenzuschreibungen werden zudem nicht wertneutral vorgenommen. Wenn stabile, nicht kontrollierbare Faktoren unterstellt werden, dann wird jemand auch von persönlicher Verantwortung „freigesprochen". Dies geschieht sowohl durch den Handelnden selber und kann dann depressive Emotionen hervorrufen, oder es geschieht durch soziale Bezugspersonen und führt dann eher zu Emotionen des „Mitleids". Wenn jemand wegen schwacher Begabung einfach nicht anders kann, dann wird ihm das Recht auf Schonung oder Hilfe zuerkannt, er kann auch mit Mitleid rechnen. Wenn jemand sichtlich und aus identifizierbaren Krankheitsgründen schwachbegabt ist oder wenn jemand blind ist, dann wird Hilfe ohne Vorwurf gewährt. Ganz anders präsentiert sich die soziale Haltung, wenn jemand z.B. bei schlechten Leistungen für selbstverantwortlich erklärt wird, wenn also kontrollierbare und variable innere Ursachen attribuiert werden. Der Betroffene muß sich „Selbstvorwürfe" machen, die Bezugspersonen, etwa Eltern oder Lehrer reagieren mit „Ärger", Vorwürfen, Bestrafungsaktionen. Sowohl Emotionen als auch Handlungsstrategien werden über die Attributions-Kognitionen vermittelt. Diese Thematik wird uns bei der Kombination von Leistungshandeln und leistungsbezogener sozialer Hilfestellung noch genauer beschäftigen.

Die wichtigste motivationale Konsequenz verschiedener Attributionsmuster besteht darin, daß sie die Erfolgserwartung, die Erfolgswahrscheinlichkeitsschätzung beim Beginn der nächsten Handlungssequenz mitbestimmen. Im positiven Fall resultiert daraus freudige Erfolgserwartung und Zuversicht, im negativen dagegen Mutlosigkeit, selbstabwertende Distanzierung („Das kann ich eh nie!"), ja prophylaktischer Selbstschutz im Sinne der Vermeidung veröffentlichbarer Inkompetenz („self-handicapping" durch vorsorgliche Anstrengungsvermeidung). Die Mißerfolgserwartung mündet schließlich in ein Meidungsverhalten, in den Aufbau eines affektiven Vermeidungsgradienten, der die Initiierung von Lernanstrengungen zu einer Qual machen kann.

Die hier geschilderten Ablaufprozesse in der Steuerung des Lernverhaltens wiederholen sich während vieler Schuljahre sehr häufig. Sie gewinnen dadurch eine je individuelle Gleichförmigkeit, sie „chronifizieren" zu relativ stabilen „Ablaufketten". Dies führt zur zweiten Ebene in der Analyse der Lernmotivation, also zur *Chronifizierung* von aktualgenetischen Handlungsabläufen in *habituellen Komponenten der Lernmotivation*.

4.2.6 Vom aktualgenetischen Handlungsmodell zu chronifizierten (habituellen) Lernhaltungen: molare Komponenten der Lernmotivation

Die tausendfach durchlaufenen Schleifen der oben aktualgenetisch beschriebenen Handlungssequenzen verfestigen und kristallisieren sich im Verlauf der Schulgeschichte zu Dispositionen der Schülerpersönlichkeit. Sie enthalten assoziative Muster von Kognitionen, Emotionen und volitionalen Gewohnheiten. Die Chronifizierungen – wie man bei eher negativen Verfestigungen sagen würde – bzw. die Habitualisierungen, so könnte neutraler formuliert werden, repräsentieren damit typische „Reaktions- bzw. Aktionsgewohnheiten" angesichts schulischer Lern- und Leistungserwartungen. Sie sind *vor* entsprechenden Aufgabenstellungen, *während* ihrer Erledigung und *nach* dem Abschluß einer Aufgabenerfüllungssequenz beobachtbar.

Habitualisierungen können jedoch *intraindividuell* nach Lernbereichen variieren. Gegenüber dem Fach Mathematik können sich andere Haltungen und Bewertungen einschleifen als etwa gegenüber einer Fremdsprache. Neben diesen intraindividuellen Differenzen können sich über die Jahre aber auch generelle Haltungen gegenüber der Schule stabilisieren, so daß *interindividuelle Unterschiede* zwischen einzelnen Schülern in den Vordergrund treten.

4.2.6.1 Habitualisierungen in der Initiationsphase

Anfangen zu lernen, die Hausaufgaben erledigen, sich auf eine Prüfung vorbereiten – alle diese „Startprozesse" repräsentieren Übergänge von einem häufig als angenehm empfundenen Zustand zu einem eher unangenehmen. Eine interessante Tätigkeit muß unterbrochen oder abgebrochen werden, ein Zustand der Ruhe muß verlassen werden. Welche „Haltungen", welche Emotionen können sich in solchen Situationen stabilisieren? Was verschafft Erleichterung und führt zu fließenden und leichten Übergängen in konzentrierte Lernarbeit, was trägt dazu bei, daß sich jemand „nicht aufraffen kann", alles vor sich herschiebt?

Die wichtigsten Habitualisierungen betreffen emotionale Reaktionsgewohnheiten im Sinne habitueller Auslösung von *negativen* oder *positiven Affekten*, von *Unlust* oder *Lust*. Lernsituationen können einen hohen *Annäherungs-*, aber auch *Aversionsgradienten* haben, d. h. sie können gewohnheitsmäßig mit negativen Affekten assoziiert sein. Mit den Hausaufgaben anzufangen bedeutet dann, die Unlust zu besiegen bzw. den Aversionsgradienten durch andere Incentives auszustechen.

Die Leistungsmotivationsforschung hat eine Initiierungsgewohnheit geschildert, die in der Tendenz besteht, Situationen leistungsthematisch zu strukturieren. Damit ist ein *Interpretationsmechanismus* gemeint, nach dem Aufgaben und Lernsituationen in bestimmter Weise wahrgenommen und strukturiert werden. Er besteht darin, daß sie nach *Qualitäts-Standards* (Gütemaßstäben) durchforstet werden, d. h. jemand nimmt wahr, daß man etwas mehr oder weniger gut machen könnte, daß etwas besser und schöner zu gestalten wäre, daß man etwas mehr oder weniger gut können könnte. In dieser Situation wählt jemand dann einen hohen Standard (Gütemaßstab) und beginnt das eigene Verhalten und die Selbstbelohnung daran zu messen. In der Außenbeobachtung erscheint jemand dann als „ehrgeizig", d. h. er versucht in allen möglichen Situationen etwas möglichst gut zu machen, mit einem Hauch von sozialem Vergleich: also zumindest besser zu sein als andere.

Auf diese Art und Weise sind allerdings nur solche Situationen strukturierbar, die folgende Merkmale aufweisen:

> „Die Handlung muß (1) an ihrem Ende ein aufweisbares Ergebnis hinterlassen, das (2) an Maßstäben der Güte oder Menge bewertbar ist, wobei (3) die Anforderungen an die zu bewertende Handlung weder zu leicht noch zu schwer sein dürfen, d. h. die Handlung muß überhaupt mißlingen bzw. gelingen können und (oder zumindest) einen gewissen Aufwand an Kraft und Zeit erfordern. Für die Bewertung des Handlungsergebnisses müssen (4) ein bestimmter Vergleichsmaßstab für maßgebend und – innerhalb des Vergleichsmaßstabes – ein bestimmter Normwert für verbindlich gehalten werden. Die Handlung muß schließlich (5) vom Handelnden selbst gewollt und das Ergebnis von ihm selbst zustande gebracht worden sein" (HECKHAUSEN, 1989, S. 80).

Solche Aufgabentypen finden sich im Kontext der Schule im Überfluß. Das Bildungssystem steht dabei stellvertretend für die normativen Grundlagen unserer hochindustrialisierten Gesellschaft, in der die Herstellung qualitativ immer besserer Produkte die Grundlage für die Existenzsicherung ist. Insofern läuft die Entwicklung des entsprechenden Handlungssystems parallel zur Entwicklung der Anreizstrukturen und Existenzbedingungen einer kompetitiven marktorientierten Industriegesellschaft.

Die habitualisierte Zuwendung zu leistungsthematisch strukturierbaren Aufgaben ist jedoch auch in hohem Maße von chronifizierten Affekten beeinflußt, die als Folge der Erfolgs-Mißerfolgsgeschichte entstehen. Freudige *Erfolgserwartungen* sind ebenso chronifizierbar wie ängstliche *Mißerfolgsbefürchtungen*. Bei peinigenden Mißerfolgsbefürchtungen kann eine Strategie eingeübt werden, die auf den ersten Blick befremdlich wirkt. In der sogenannten „Self-handicapping-Strategie" wird demonstrativ wenig in Lernanstrengung investiert, um bei Mißerfolgen die Erklärungsstrategie zur Disposition zu haben, daß man wegen mangelnder Anstrengung einen Mißerfolg vorzuweisen hat. Auf diese Weise wird zumindest in der Öffentlichkeit erreicht, die in der Adoleszenz vor allem aus der Altersgruppe besteht, daß eine schmeichelhafte Begabungsvorstellung bestehen bleibt. Auch Eltern wenden ihren Kindern gegenüber die Strategie der Anstrengungsattribution negativer Leistungsergebnisse häufig an, um deren Könnensvorstellungen zu konservieren und die Anstrengungen zu maximieren.

Eine damit zusammenhängende Chronifizierung bezieht sich auf die *Präferenzen* angesichts unterschiedlich schwieriger, repetitiver oder neuer Aufgabentypen. Es können stabile Präferenzen *(Anspruchsniveaus)* für leichte und routinisierbare Aufgaben bzw. Präferenzen für neue und anspruchsvolle Aufgaben entstehen.

Eine habitualisierte leichte Motivierbarkeit für Lernen besteht schließlich darin, daß jemand für sehr viele *Anreize*, die es dazu in der Umwelt des Kindes oder Jugendlichen gibt, empfänglich ist.

Die pädagogisch besonders erwünschte *Empfänglichkeit* besteht vor allem darin, daß jemand für die Lerninhalte und die zu erwerbenden Fähigkeiten leicht zu begeistern ist. Es gibt Kinder, die eine ausgeprägte Tendenz zur *Begeisterungsfähigkeit* zeigen, während andere nur mühsam zu bewegen sind. Für viele hat Lernen gerade in den ersten Schuljahren eine hohe *intrinsische Anziehungskraft*, die sie selbstvergessen schulisch relevante Aktivitäten ausführen läßt. Die Lesebegeisterung steht paradigmatisch für diesen Vorgang, der als *Flow-Erlebnis* bezeichnet wird (CSIKSZENTMIHALYI, 1985; SCHIEFELE & SCHREYER, 1992).

Besonders schwer sind jene Schüler zu bewegen, die nur auf *negative externe Konsequenzen* reagieren, die also immer den Druck der Strafandrohung brauchen, um sich zu „bewegen". Dazwischen liegen *Incentives*, durch die Lernen instrumental an positive Konsequenzen gebunden ist, von spezifischen Privilegien-Gewährungen – z. B. von Fernseherlaubnis – bis hin zu beruflichen

Chancen, die sich aus Abschlüssen ergeben. Lernerfolge können aber auch habituell mit dem Stolz und dem Selbstwert einer Person verbunden sein. Mißerfolge beeinträchtigen dann die Selbstachtung, und Erfolge steigern sie. Ist eine solche Verbindung etabliert, dann enthalten Lernsituationen einen starken *selbstwertrelevanten Aufforderungscharakter.* Dazu kann sich eine *soziale Komponente* gesellen, wenn Lernerfolge als Teil der sozialen Anerkennung und der sozialen Geltung in der Familie, bei den Lehrern oder gar bei den Freunden fungieren.

Anreizwert-Konstellationen sind dann *optimal,* wenn sich das *intrinsische Interesse* (KRAPP, 1992a; 1992b) an einem Lernbereich mit hoher *Selbstwertrelevanz* verbindet, d. h. wenn bestimmte Leistungen zu einem wichtigen Teil einer *positiven Definition des eigenen Könnens* und der eigenen Person werden und wenn damit gleichzeitig eine *positive soziale Einbettung* und Belohnung verbunden ist. Schwach sind die Motivationssysteme, die lediglich aus *defensiven Strategien* zur Vermeidung von Bestrafung bestehen. Die Präzision der Informationsaufnahme und Informationsspeicherung ist bei intrinsischen Interessen, beim Verstehenwollen und bei der Motivation, etwas können zu wollen, optimal. Wenn lediglich externe negative Konsequenzen vermieden werden, dann verläuft Lernen sehr oberflächlich und ohne Langzeitwirkung.

Mit diesem Modell haben wir den habitualisierten *Präferenzenteil* des schulischen Motivationssystems differenziert.

Empirisch ist es in einer großen Studie im Jahre 1973 umgesetzt worden (FEND et al., 1976). Über Fragen wie „Was würde Dich zum Lernen anspornen, bzw. was würde Dir viel bzw. nichts ausmachen?" wurden verschiedene Anreizklassen bzw. kritische Konsequenzen des Lernens definiert. Sie wurden in *defensive Lernanreize, soziale Lernanreize, Aufstiegs- bzw. verwertungsbezogene Lernanreize, intrinsische Lernanreize* und *selbstbildbezogene Lernanreize* operationalisiert. Alle schulischen Lernanreize stehen natürlich in Konkurrenz mit außerschulischen, so daß jeweils unterschiedlich stabile Präferenzensysteme ausgebildet werden (FEND et al., 1976, S. 108 ff.).[20] Dabei hat sich auch bestätigt, daß stabile Strukturen der Lernmotivation in *Mehrfach-Si-*

---

20 Die konkreten Items lauteten z. B. so:
 Es würde mich zum Lernen anspornen,
 ... wenn meine Eltern Krach schlagen würden
 ... wenn ich wegen schlechter Schulleistungen bei meinen Klassenkameraden an Beliebtheit verlieren würde
 ... wenn meine Schulleistungen meinen Eltern Kummer machen würden
 ... wenn ich das Fach für meinen späteren Beruf brauchen könnte
 ... wenn mir durch Vertiefung in den behandelten Stoff größere Zusammenhänge deutlich würden
 ... wenn ich an den Ergebnissen meiner Arbeit ablesen könnte, was in mir steckt

cherungen bestehen, also in hierarchisch angeordneten Präferenzenvektoren von intrinsischen, selbstwertrelevanten, sozialen, instrumentalen zu defensiven Incentives. Im Kern stimmen diese Aktivierungsquellen mit heute häufig erwähnten motivationalen Quellen noch gut überein (s. HECKHAUSEN & RHEINBERG, 1980; SCHIEFELE & SCHREYER, 1992).

Neben diesen Anziehungskräften bzw. Abstoßungstendenzen sind für den Beginn von Lerntätigkeiten immer auch Entscheidungsprozesse erforderlich. Die aktualgenetische Beschreibung des Lernverhaltens hat schon sichtbar gemacht, daß von der *Absicht bis zu ihrer Realisierung* oft ein langer Weg ist. Mit guten Vorsätzen ist der Weg zur Hölle gepflastert – dieses Sprichwort macht auf die Differenz zwischen Anziehungskräften bzw. Abstoßungstendenzen aufmerksam. Aber auch hier gibt es Chronifizierungen im Sinne habitueller Einstiegsroutinen bzw. Verzögerungsneigungen. KUHL & BECKMANN (1994) versuchen mit ihren Skalen zur Messung von Handlungskontroll-Strategien solche unterschiedlichen Haltungen zu messen.

4.2.6.2 Habitualisierungen in der Durchführungsphase

In Durchführungsphasen von Lernaktivitäten und Leistungsanforderungen (z. B. bei Hausaufgaben, bei der Beteiligung und Aufmerksamkeit im Unterricht sowie bei Prüfungen) kommen zusätzliche habitualisierte Bewältigungskomponenten zum Tragen. Viele Eltern kennen die entsprechenden Probleme nur zu gut: die schlechte Planung des Lernens, man fängt zu spät an, muß dazu immer ermahnt werden, schiebt es bis zum letzten Augenblick auf, macht alles schlampig und oberflächlich, hört zu früh, z. B. bei der erstbesten Störung, wieder auf, kontrolliert wenig, übt zu wenig und vermißt deshalb später wichtige Grundlagen usw.

In einer Systematisierung dieser Durchführungsstrategien wäre einmal auf die *habitualisierten Planungsprozesse* zu verweisen: auf Strategien des geordneten Beginns, des systematischen Erledigens von Aufgaben und der gezielten Beendigung, etwa nach einer systematischen Kontrolle des Erledigten. Weniger positiv ausgedrückt, wäre auf die Tendenz zu verweisen, sich leicht ablenken zu lassen, Aufgaben unvollständig auszuführen, mit geringer Genauigkeit und Güte zufrieden zu sein, sich nicht auf die Aufgaben zu konzentrieren, sondern anderen Tätigkeiten real oder imaginär nachzuhängen usw.

Eine wichtige Chronifizierung der Aufgabenerledigung besteht schließlich in der *Selbst-Kontingentierung von Belohnungen* nach vollzogener Anstrengung bzw. in der Fähigkeit, Belohnungen aufzuschieben, bis ein Ziel erreicht ist (s. MISCHEL, 1973; 1983, zu ‚delay of gratification'). Aus diesen Komponenten ergibt sich insgesamt ein Syndrom, das man als *„volitionale Qualität der*

Lernsteuerung" bezeichnen könnte. Dabei geht es im Kern um Regulationsprozesse, die eine Übereinstimmung zwischen Zielen und Handlungsstrategien herstellen helfen. Es ist eine bekannte Alltagserfahrung, daß der „gute Wille" häufig anzutreffen ist, daß Kinder und Jugendliche gute „Vorsätze" entwickeln, aber immer wieder an ihrer Realisierung scheitern. Sie lassen sich leicht ablenken, geben schnell auf und können sich nicht „überwinden" etwas anzufangen und durchzuhalten. Eine reife Form gelingender Übereinstimmung zwischen Zielen und Verhalten nennen wir in unserer Kultur „Selbstdisziplin". Damit ist ein komplexer Regulationsmechanismus angesprochen, der u.a. die von MISCHEL beschriebenen Mikroprozesse der Abwehr von konkurrierenden Attraktionen enthält und die Fähigkeit enthält, die Wahrnehmung zu regulieren.

Aufmerksamkeitssteuerungen gehören dabei zu den zentralen regulativen Prozessen, die während des Unterrichts und bei der selbständigen Lernarbeit notwendig sind. Diese komplexen Prozesse werden erst in den letzten Jahren auch entwicklungspsychologisch genauer untersucht (WENTZEL, 1993).

Insbesondere in Prüfungssituationen wird eine Haltung wirksam, die man als *metakognitive Selbstbeobachtung* bezeichnen könnte. Sie besteht in einer übergeordneten Prüfstrategie im Sinne einer Qualitätskontrolle, ob das Produzierte vollständig und richtig ist. Möglichst rasch fertig sein zu wollen mit einer entsprechend oberflächlichen und wenig tiefen Informationsverarbeitung wäre eine entsprechend ungünstige Chronifizierung von Ablaufprozessen der Prüfungsbewältigung und Aufgabenerledigung. Bei schwierigen Aufgaben würden dadurch wichtige Teile ausgelassen, die sich dann kumulativ zu Lerndefiziten auswachsen können.

Eine sorgfältige Selbstbeobachtung setzt aber voraus, daß jemand den Antrieb hat, etwas wissen und können zu wollen und nicht nur situativen Zwängen entgehen zu wollen. Erst dieser Antrieb führt zu jenem Beendigungskriterium für Lernaufgaben, das in der *möglichst vollständigen Erledigung* und Beherrschung einer Tätigkeit besteht.

Die für Eltern besonders wichtige Resultante einer soliden Lernhaltung besteht in einer großen *Selbständigkeit* des Lernenden, der nicht zum Anfang ermahnt und mühsam zum Durchhalten angespornt werden muß, der keine besondere Aufsicht und keine zusätzliche Belohnung braucht als jene, die aus dem Können selber resultiert.

4.2.6.3 Habitualisierungen in der postaktionalen Bewertungsphase

Lerntätigkeiten sind im Kontext des Bildungswesens in der Regel auf Ergebnisse hin ausgerichtet, die bewertet, sozial gespiegelt und in ein evaluatives Schema eingeordnet werden. Die Verarbeitung der Ergebnis-Rückmeldungen führt schließlich zu chronifizierten psychischen Strukturen, die den Beginn neuer Lernanstrengungen beeinflussen. Damit schließt sich der Kreislauf, das Ende wird wieder zum Anfang.

In der aktualgenetischen Darstellung sind die möglichen Wirkungen der vielen Bewertungsprozesse bereits zur Sprache gekommen.

Die unzähligen Handlungsabläufe von der Leistungserbringung bis zur Rückmeldung von Erfolg oder Mißerfolg kristallisieren sich in einem im Laufe der Schulzeit immer stärker differenzierten Selbstbild der eigenen Leistungsfähigkeiten. Mit der Zeit beginnt sich dieses zu allgemeinen *Begabungs- und Kompetenzeinschätzungen* zu generalisieren. Es bestimmt dann in der Antizipation die Einschätzung der Erfolgswahrscheinlichkeit bei neuen Aufgaben.

Vier theoretische Traditionen haben dazu beigetragen, die dabei ablaufenden *kognitiven Verarbeitungsprozesse* zu entfalten:

1. Die Attribuierungstheorien, also die Versuche der Ausdifferenzierung verschiedener Erklärungstheorien für eigenen Erfolg und Mißerfolg, haben geholfen, die Prozesse nachzuzeichnen, die über chronifizierte *Attribuierungsvoreingenommenheiten* zu generalisierten Selbsteinschätzungen führen.

2. Im Rahmen der *Selbst-Konzept-Theorien* ist plausibel geworden, daß sich aus den Erklärungstheorien *Konzepte der eigenen Leistungsfähigkeiten* herauskristallisieren. Die institutionelle Bewertung führt demnach zu einer internen Repräsentation von eigenen Leistungsschwerpunkten, Leistungsmöglichkeiten und Leistungsschwächen.

3. Eine folgenreiche Verallgemeinerung aus diesen Einschätzungsprozessen besteht darin, daß aus ihnen ein generalisiertes *Bewußtsein der eigenen Wirksamkeit* bezüglich guter Leistungen entstehen kann. Diese sogenannte *Self-efficacy* steht heute im Mittelpunkt der Analyse längerfristiger Konsequenzen von Erfolg und Mißerfolg.

4. Schließlich haben Vorstellungen über die Bedeutung des *Selbstwertgefühls* die Vermutung provoziert, daß die Rückmeldungen über Erfolg und Mißerfolg zu generellen Schlüssen über den Wert der eigenen Person führen können. Eine chronische Mißerfolgsgeschichte kann zu einer generellen Selbstabwertung führen und damit langfristig ungünstige psychische Konsequenzen zur Folge haben. Noch wahrscheinlicher sind jedoch vielfältige Formen der *Abwehr der Relevanz von Schule* und For-

men der *Abwehr potentiell beschädigender Identitäten*. An dieser Stelle blendet die Wirkungsanalyse schulischer Erfahrungen in die Untersuchung der *psychischen Gesundheit* über, die durch kumulative Mißerfolgserfahrungen beeinträchtigt sein kann. Indikatoren der *Lebensfreude* stehen dafür ebenso wie Indikatoren der *Depressivität* bzw. der *somatischen Belastungen*. MANSEL und HURRELMANN haben für den deutschen Sprachraum diese Belastungskonstellationen am detailliertesten und eindrucksvollsten untersucht (1991).

Solche Chronifizierungen von Leistungsrückmeldungen im Selbstsystem einer Person sind nur dann verständlich, wenn man, wie dies in der Selbstkonzept-Forschung geschieht, unterstellt, daß eine „gesunde" Person eine deutliche Präferenz für positive Selbstzuschreibungen hat. Sie akzeptiert Bombardements von Unwert und Unfähigkeit nicht widerstandslos und konsequenzenlos. Funktionieren Abwehrstrategien nicht ausreichend, dann kann sie psychisch schwerwiegend erkranken.

Eine weitere Klasse von Wirkungen der rückblickenden Bewertung der Leistungserfolge oder -mißerfolge ist von großer Bedeutung. Durch die genaue Kenntnis der eigenen Leistungsmöglichkeiten wird das *Zielsystem* einer Person mitkonstituiert. Aus dem, was man kann, ergibt sich eine Perspektive dafür, was man sein könnte, was man anstreben könnte. Auch der Glaube an ein langfristiges Ziel, etwa eine Berufsausbildung in einer geregelten Abfolge von Ausbildungsschritten realisieren zu können, wird durch die Erfahrungen im Kontext der Schule entwickelt. Dabei spielt die jahrelange Erfahrung konsistenter Zusammenhänge zwischen Anstrengung, Erfolg und weiterer Beförderung eine entscheidende Rolle. Bei einer „starken" schulischen Struktur, die den internen Erfolg auch an außerschulische Möglichkeiten knüpft, kann sich dieser Glaube auf den außerschulischen Bereich generalisieren und zu sicheren *Zukunftsperspektiven* beitragen. Selbstverständlich kann sich auch das Gegenteil chronifizieren, wobei nicht mehr allein individuelle Erfahrungen entscheidend sind, sondern noch stärker *institutionelle und gesellschaftliche Realisierungsmodalitäten* mitwirken.

Das Zielsystem einer Person ist jedoch immer auch affektiv besetzt: Es enthält Bereiche, die man anstrebt, und solche, die man ausschließt. Die *Interessenforschung* hat sich insbesondere im Kontext der Berufswahl mit diesem lebensplanerisch wichtigen Bereich einer Habitualisierung vieler schulischer Erfahrungen beschäftigt.

Die Möglichkeiten, diese verschiedenen Aspekte der Habitualisierung von Ablaufprozessen bei der Bewältigung schulischer Anforderungen zu *messen*, werden im empirischen Teil dieser Arbeit vorgestellt.

4.2.6.4 Typologie von Motivationseinbrüchen

Werden die Komponenten, die in den verschiedenen Phasen der Bewältigung von Aufgaben beteiligt sind, auf diese Weise differenziert dargestellt, dann wird es uns auch möglich, genauer anzugeben, an welchen Stellen bei Schülern häufig Probleme entstehen und welche Teilprozesse der Lernsteuerung beeinträchtigt sind. Damit ist der Weg frei für eine differenzierte Beurteilung und Diagnose der Lernbeeinträchtigungen, die weit über die summative Beurteilung eines Schülers als „fleißig" oder „faul" hinausgeht, wenngleich das Oberflächenbild einer unterschiedlichen Anstrengungsintensität durchaus zutreffend sein mag. Ihr liegt aber keine einfache Disposition zum „Fleiß" zugrunde, sondern eine komplexe Prozeßstruktur der Aufgabenbewältigung. Eine hohe oder niedrige Anstrengungsintensität kann aus sehr unterschiedlichen Prozeßkonstellationen resultieren. Die Probleme können vor allem in der Anfangsphase, der Durchführungs- bzw. der Verarbeitungsphase liegen.

So könnten die oben beschriebenen Komponenten einem Beobachter des Schülerverhaltens eine auf den *zeitlichen Verlauf* der Aufgabenerledigung abgestimmte *Liste von Beobachtungskategorien* an die Hand geben. Entsprechende praktische Versuche stehen zwar noch aus, die detaillierte Differenzierung einzelner Komponenten lädt aber dazu ein, Motivationsschübe und -defizite in der zeitlichen Sequenz zu studieren. Welche Probleme ergeben sich z. B. in der Initiationsphase der Aufgabenerledigung („Mir fällt es so schwer, anzufangen..."), welche in der Durchführungsphase („Wenn doch alles vorüber wäre..."), welche in der abschließenden Bewertungsphase („Ich habe es doch gesagt, es hat alles keinen Sinn...")? Solche – hier in Klammer angeführten – Dialoge könnten Aufschluß geben, welche Chronifizierungen von Bewältigungsstrategien jeweils lernhemmend sind.

Auf diesem Hintergrund könnten *verschiedene Störungsmuster* gesucht werden, so daß bei der Förderung der Lernmotivation oder bei Problemen gezielter Einfluß genommen werden kann, als dies bei der bloßen Charakterisierung von Schülern mit geringer Anstrengungsinvestition als „faul" möglich ist.[21]

---

[21] Ein zweiter Schritt zur differenzierten Diagnose von Lernproblemen könnte darin bestehen, Typologien von Lernorientierungen zu konstruieren, etwa solche *defensiv-minimalisierender Art*, bei denen die Vermeidung von negativen Konsequenzen im Vordergrund steht, *instrumental-kalkulatorische*, die vor allem an der Maximierung von Belohnungen im Rahmen eines günstigen Kosten-Nutzen-Verhältnisses orientiert sind und schließlich *intrinsisch-leistungsmotivierte Orientierungsformen*, bei denen das Interesse am Lerngegenstand und die Verbindung von Selbstwert und Schulerfolg im Mittelpunkt stehen (s. FEND, 1972).

Gemessen am heutigen Forschungsstand, wird aber möglicherweise noch einige Zeit vergehen, bis wir die entsprechenden Ausfälle im Lernverhalten von Schülern *differential-diagnostisch* genau erfassen können.

Nach dem hier Dargestellten wäre zu beachten, an welchen Stellen im Ablauf einer motivationalen Lernsteuerung ein „Einbruch" plaziert ist. Die Schwierigkeiten können schwergewichtig in der Phase der Lerninitiierung, der Durchführung bzw. der Verarbeitung liegen. Anderseits können sie den Valenzbereich, den Bereich der Erfolgserwartungen (Wahrscheinlichkeitsdefinitionen) bzw. die volitionalen Komponenten betreffen. Geringe Motivation kann also daraus resultieren, daß jemand wenige Erfolgschancen sieht, mit Lernanstrengung wenig Bedürfnisbefriedigung verbinden kann oder Schwierigkeiten hat, Ziele umzusetzen, sich zu konzentrieren und durchzuhalten. Daraus ergibt sich die Übersicht in Abb. 4.8.

Abb. 4.8:   Matrix der Beeinträchtigungen im System der Lernmotivation

	VALENZ BEDEUTUNG	ERFOLGWAHRSCHEINLICHKEIT – EMOTIONEN	VOLITION
Anfang	Meidungsgradienten Nutzlosigkeit Irrelevanz des Gelernten wahrgenommen Eigene zentrale Bedürfnisse nicht tangiert	Versagensangst	Impulskontrolle beeinträchtigt Mangelnde Fähigkeit zu delayed gratification Zögern, Hinausschieben des Handlungsverlaufs
Durchführung	Zielstruktur und Belohnungsvorstellung kann nicht präsent gehalten werden	Irrelevante Kognitionen über Versagen stören die Tiefe der Informationsverarbeitung	Abwehr von Störreizen mangelhaft Grübeln über mögliches Versagen Ablenkungsbereitschaft
Ende	Irrelevanzwahrnehmung Abwertung schulischen Erfolges Dadurch: geringe Incentives für Lernen	Verarbeitung zu ungünstigen Fähigkeitseinschätzungen Mutlosigkeit Geringeres Wirksamkeitskonzept Dadurch: Geringe Erfolgszuversicht bei neuen Aufgaben	Mangelnde Fähigkeit, sich von Mißerfolgserfahrungen abzuwenden Nachhängen und damit Störungen proaktiven weiteren Lernverhaltens

Abb. 4.8 erlaubt die Spekulation, daß es *spezifische Belastungen und Ausfallsmuster* gibt, die auch jeweils unterschiedliche Interventionen erfordern. Beispielhaft seien hier einige mögliche Problemtypen angeführt. So können jeweils Störungen nur im Valenzbereich, im Bereich der Einschätzung von Erfolgswahrscheinlichkeiten bzw. in der volitionalen Steuerung des Lernens vorliegen. Häufiger dürften Muster von Problemen Kombinationen der obigen Komponenten sein. Folgende sind z.B. denkbar:

1. Jemand schreibt schulischem Erfolg zwar eine hohe Bedeutung zu, sieht jedoch nur geringe Erfolgswahrscheinlichkeiten. In dieser Konstellation werden belastende *Emotionen* im Zusammenhang mit Lernen in hohem Maße aktiviert. Bei hoher Valenz und geringer Erfolgswahrscheinlichkeit entsteht belegbar das höchste Niveau an Leistungsangst (s. Abb. 4.9). Die Probleme liegen hier dann vor allem im psychosomatischen Bereich und im Bereich einer durch Erregungsüberschuß beeinträchtigten Lernleistung. Ist die Valenz des Lernens niedrig, dann erscheinen die Schüler schwer ansprechbar, „durch nichts motivierbar".

Abb. 4.9: Problemtypologien aus Valenz und Erfolgserwartung

	ERFOLGSWAHRSCHEINLICHKEIT	
VALENZ	hoch	niedrig
hoch	Freudige Erfolgserwartung	Hohe Leistungsangst
niedrig	Distanzierte Erfolgserwartung	Entfremdung

2. Andere Konstellationen tauchen auf, wenn man die volitionale Qualität der Lernsteuerung (Planungsqualität, Durchhaltestrategien) mit der Valenz kombiniert. Dann ergibt sich, wie in Abb. 4.10 ersichtlich, möglicherweise die Situation, daß jemand schulischem Erfolg hohe Valenz zuschreibt, aber nicht in der Lage ist, Spontanimpulsen zu widerstehen, etwas anderes zu tun, als zu lernen.

Eine hohe Valenz und eine gute Impulskontrolle führen zusammen zu einer hohen Anstrengungsinvestition. Die Valenz moderiert die Bedeutung der volitionalen Qualität, letztere ist jedoch für die Anstrengungsbereitschaft der entscheidende Faktor.

Abb. 4.10: Problemtypologien aus Valenz- und Volitionskonstellationen

VALENZ	IMPULSKONTROLLE VOLITIONALE QUALITÄT	
	hoch	niedrig
hoch	Aufgabenspezifische Persistenz	Guter Wille ohne Wirkung
niedrig	Generalisierte Disziplin	Distanz zum Lernen

3. Aus dem Vergleich von volitionalen Qualitäten mit Erfolgseinschätzungen resultieren wieder andere Problemkonstellationen. „Überheblich" wirkende Kinder wären z. B. solche, die eine hohe Erfolgswahrscheinlichkeit demonstrieren, aber volitional zu schwach sind, um zu konsistenter Lernanstrengung zu gelangen. In diesem Fall bleibt die Anstrengungsinvestition niedrig (Abb. 4.11).

Abb. 4.11: Problemtypologien aus Volition und Erfolgswahrscheinlichkeit

ERFOLGSWAHR-SCHEINLICHKEIT	IMPULSKONTROLLE VOLITIONALE QUALITÄT	
	hoch	niedrig
hoch	Zuversichtlich-disziplinierte Lernhaltung	Überheblichkeit
niedrig	Ängstlich-fleißiges Lernverhalten	Distanziert-depressiv

Die Probleme können also an unterschiedlichen Stellen der Funktionsabläufe der Lernsteuerung auftreten. Schulisches Lernen kann aus *unterschiedlichen* Gründen beeinträchtigt sein.

- Valenz- und Bedeutungsprobleme liegen dann vor, wenn Lernen nicht mit intrinsischer Neugier, mit sozialer Zuwendung, mit Selbstachtung und Zukunftschancen assoziiert ist.
- Das Hauptproblem kann aber auch in Mutlosigkeit und Leistungsangst liegen, die aus Einschätzungen geringer Erfolgswahrscheinlichkeiten resul-

tieren und zu allgemeinen Haltungen der *Hilflosigkeit* generalisieren können.[22]

- Volitionale Probleme überwiegen, wenn die konsistente und disziplinierte Ausführung von Lernaufgaben beeinträchtigt ist.

Was damit gemeint ist, läßt sich anschaulicher mit Metaphern ausdrücken. Lernen ist immer Aufbruch in Neuland, ist immer ein Weg von Bekanntem zu Unbekanntem. Damit sind auch immer Risiken verbunden.

Für den Ängstlichen und Verzagten ist dieses Neuland risikoreich, es ist vermintes Land, an allen möglichen Stellen kann etwas Gefährliches, Bedrückendes geschehen. Er muß sich deshalb immer vergewissern, sich nicht falsch bewegt zu haben, einen richtigen Weg eingeschlagen zu haben.

Für den mit einer emotionalen Abwehr des Lern-Neulandes türmen sich hohe Felsen vor dem Eingang zu Neuem. Je näher er dem Land kommt, um so mehr wehrt er sich gegen seine Eroberung, um so heftiger versucht er die Berührung zu vermeiden. Nur massiver Druck von anderer Stelle treibt ihn über die Grenze.

Für den „Willensschwachen" ist das Land zwar offen, er betritt es immer wieder, nimmt sich neue Hügel und kleinere Berge zur Besteigung vor. Aber schon die kleinsten Hindernisse und Ablenkungen bringen ihn vom Weg ab, so daß er schließlich von einer Blüte zur anderen wandernd in den Niederungen des Lern-Landes verbleibt.

Ganz anders sehen die Eroberungswege für den aus, der sich für die Neuigkeiten interessiert, der jede Gelegenheit nutzt, hier einen Hügel und dort einen größeren Berg zu besteigen, hier etwas Neues zu entdecken und sich dort in einer neuen Fähigkeit zu üben. Bald wird er vieles kennen und wieder neues Land suchen.

Jemand kann jedoch seine Haltung zum Lern-Neuland verändern, er kann die Abneigung verlieren, die Verzagtheit überwinden und den Willen stärken. Wieder in wissenschaftlich nüchterner Sprache ausgedrückt heißt dies: Jemand kann es geschafft haben, *Wahrnehmungen der Sinn- und Nutzlosigkeit zu überwinden*, jemand kann das Gefühl der *Mutlosigkeit* verloren haben bzw. jemand kann den affektiven *Widerwillen* und die Handlungslähmung abgebaut haben.

Einfach liegen im positiven Falle die Verhältnisse natürlich immer dort, wo alle positiven oder alle problematischen Momente der Lernsteuerung zusammen auftreten. Ungeklärt ist die Frage, ob die einzelnen Bedingungen im

---

[22] Die gegenteilige Haltung haben HENDERSON & DWECK (1990) „mastery attitude" genannt.

Sinne einer GUTTMANN-Skala wirken, also jeweils additive Zusätze die Gesamtqualität der Lernmotivation bestimmen. Welche am ehesten ausfallen dürfen, um trotzdem noch eine hohe Stabilität des Lernverhaltens zu sichern, welche Komponenten wodurch *kompensierbar* sind, wäre empirisch zu prüfen.

Abb. 4.12: Modell der Entstehung unterschiedlicher Lernstile nach HENDERSON und DWECK (1990, S. 310)

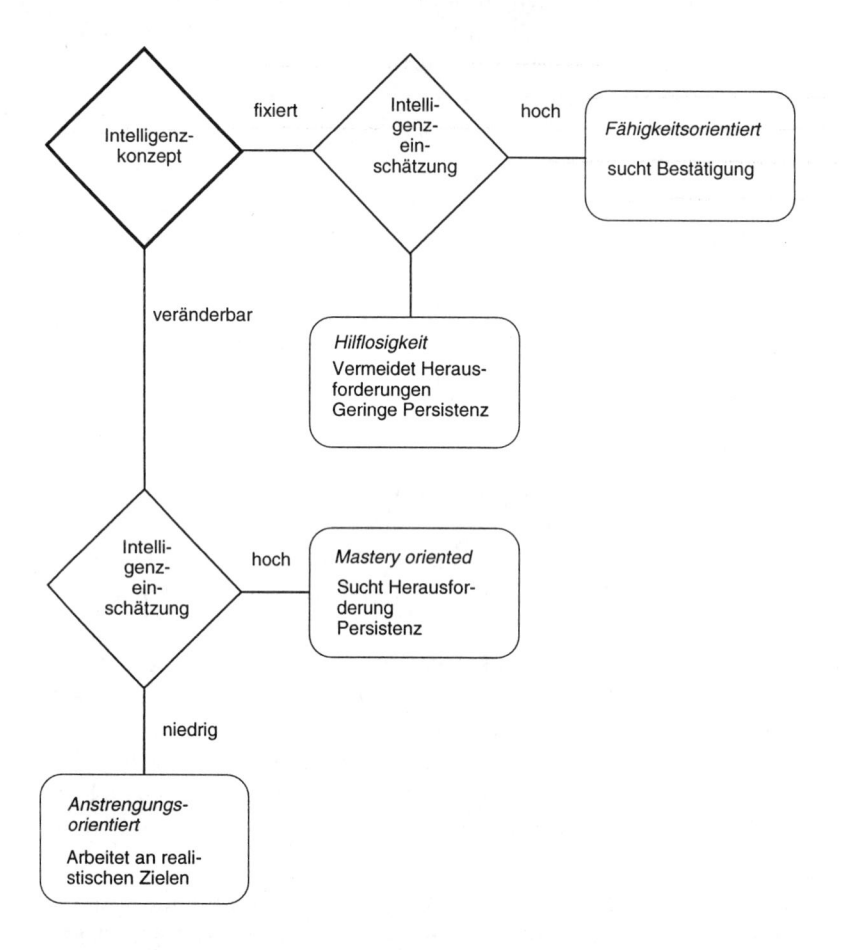

```
                    fixiert    Intelli-    hoch    ┌──────────────────┐
         ◇                     genz-               │ Fähigkeitsorientiert │
   Intelligenz-                ein-                │                  │
     konzept                   schätzung           │ sucht Bestätigung │
                                                   └──────────────────┘
                                    
            veränderbar   ┌──────────────────┐
                          │   Hilflosigkeit  │
                          │ Vermeidet Heraus-│
                          │    forderungen   │
                          │ Geringe Persistenz│
                          └──────────────────┘

         Intelli-    hoch    ┌──────────────────┐
          genz-              │  Mastery oriented │
           ein-              │  Sucht Herausfor- │
         schätzung           │     derung        │
                             │   Persistenz      │
                             └──────────────────┘

         niedrig
    ┌──────────────────┐
    │ Anstrengungs-    │
    │  orientiert      │
    │ Arbeitet an reali-│
    │ stischen Zielen  │
    └──────────────────┘
```

Die obigen Typologien von Lerneinbrüchen ordnen sich in die in der Literatur mehrfach auffindbaren Versuche ein, globale Lernmotivations-Stile zu definieren und zu finden. Jener von DWECK und LEGGETT (1988; HENDERSON & DWECK, 1990) ist insofern interessant, als er den Stil der *Mutlosigkeit* bzw.

der „*Bewältigungshaltung*" zu differenzieren hilft. Sie gehen in einer ersten Unterscheidung von den impliziten Intelligenztheorien aus. Wenn jemand die Vorstellung hat, die Intelligenz sei fixiert und vorgegeben, dann hat er bei einer geringen Einschätzung der eigenen Intelligenz ein größeres Risiko, in einen Stil der „Hilflosigkeit" zu verfallen, als wenn jemand Intelligenz für veränderbar und entwickelbar hält. Bei einem „helpless style" versuchen Schüler Herausforderungen und schwierige Aufgaben zu vermeiden. Sie zeigen ferner eine geringe Persistenz.

Interessanterweise verändern sich bei den verschiedenen Lernstilen auch die implizit angestrebten Ziele. Bei einer fixierten Intelligenzvorstellung geht es Schülern vor allem darum, solche Leistungsergebnisse zu erzielen, die ein positives Urteil zur Folge haben bzw. dazu dienen, ein negatives Urteil über die eigene Kompetenz zu vermeiden.

Wenn Schüler Intelligenz und Begabung für veränderbar halten, dann sind sie stärker am Lernen, am Zuwachs von Kompetenz orientiert.

Damit repräsentieren diese Lernstile eine spezifische Kombination von Attribuierungsprozessen, von Begabungskonzepten und von latenten Handlungszielen. Sie operationalisieren aber eher den Stil der „*Mutlosigkeit*" als den der „*Willensschwäche*". Wir werden ihm im Rahmen der Bedeutung, die dem Kontrollbewußtsein zukommt, näher nachgehen.

4.3 Die Entwicklung des Systems der Lernmotivation

4.3.1 Die Einbettung des Funktionssystems der Lernmotivation in das Selbst und das soziale Motivationssystem der Persönlichkeit

Nur die Funktionsweise des Systems der Lernmotivation zu kennen wäre eine ungenügende Voraussetzung, um Schulkinder in diesem Verhaltensbereich positiv zu lenken. Zu eng ist die Lernmotivation mit anderen Funktionsbereichen der Persönlichkeit verbunden. Nach RYAN (1993) sind mit Lernen auch immer Bedürfnisse nach Selbstaktualisierung, nach Autonomie und Kontrolle sowie sozialer Zugehörigkeit verbunden.

Wenn man in der Explorationsfreude der Säuglinge die ersten Anzeichen von Lernmotivation sieht, dann wird früh ein Zusammenhang zwischen sozialer Bindung und Exploration der Kinder sichtbar. Je sicherer Kinder an die Mutter gebunden sind, umso intensiver und räumlich expansiver sind diese Explorationen (GUBLER & BISCHOF, 1990). Ist die soziale Bindung an erste Bezugspersonen sehr unsicher, so ist damit die gesamte kognitive Entwicklung beeinträchtigt, sie kann am Ende der Schulzeit mehrere Jahre Entwicklungsrückstand ausmachen (JACOBSEN, EDELSTEIN & HOFMANN, 1994).

Die Übergänge vom Spielen zum Lernen und vom Lernen zum Arbeiten umfassen in unserer Kultur beinahe 15 bis 30 Lebensjahre. Dabei wird ein langer Weg zurückgelegt. Drückt sich das Kind unmittelbar in seinen Spielaktivitäten aus, so definiert der Erwachsene seine eigene Identität bewußt über sein berufliches Engagement. Dazwischen steht die Lernphase, die in unserer Kultur eine methodisch gestaltete schulische Lernphase ist. In dieser Zeit erfolgt die Individuation der Person über ihre Leistungsmöglichkeiten, sie beginnt hier Nähe und Distanz zu bestimmten, Lern- und Arbeitsaktivitäten aufzubauen und die eigenen Handlungsstrukturen mehr und mehr planvoll zu gestalten, zu systematisieren, im Zeithorizont zu entfalten und zu disziplinieren.

Die Entwicklung der Lernmotivation ist aber unzweifelhaft in die Entwicklung der Struktur der Persönlichkeit insgesamt eingebaut. Sie steht in einem dauernden Wechselverhältnis zu allgemeinen personalen Rahmenbedingungen.

Diese umfassende Perspektive kann hier nur angedeutet werden. Sie sei mit einem Modell von VEROFF & VEROFF (1980, S. 22) illustriert, die lebensphasenspezifische Veränderungen der Valenzen konzipiert haben. Damit wollten sie eine Entwicklungstheorie von Präferenzen und kognitiven Möglichkeiten entwerfen, die auch heute noch für ein Überblicksbild zur Entwicklung der Lernmotivation während der Schulzeit illustrativ sein kann (Abb. 4.13).

In Anfangsphasen der Entwicklung, in der frühen Kindheit bis in die ersten Schuljahre, spielt die *Neugier* eine große Rolle. Etwas Neues zu erfahren und zu wissen hat einen hohen Anreizwert. Gleichzeitig wird die Konstanz des anderen Menschen wichtig, seine Anwesenheit und das Vertrautsein mit ihm sind attraktive Incentives. Vom zweiten bis zum 10. Lebensjahr wird die Anreizklasse der *Selbstbehauptung* bedeutsam. Etwas selbst zu tun, etwas zu können und zu bewirken motiviert ungemein. Mit der Frühadoleszenz treten die *sozialen Anreizklassen* der Zugehörigkeit – insbesondere zu Peers – in den Vordergrund, die in der Spätadoleszenz von *identitätsrelevanten Anreizen* abgelöst werden. Zu wissen, was man ist, zu erfahren, was man sein könnte, wird jetzt zu einer strategisch wichtigen Anreizklasse zum Lernen.

Unübersehbar finden sich hier Parallelen mit der Entwicklungstheorie von ERIKSON (1968). Sie helfen, als globale Bilder die Vielfalt von Einzelinformation zu strukturieren, wenngleich sie für sich allein noch keine ausreichende Grundlage für empirische Forschungen abgeben.

Abb. 4.13: Präferenzenentwicklung im Lebenslauf

	Cognitive differentiation required	Incentive differentiated what is valued
1. E: Curiosity	Existence of the other	Knowing new cognitions
1. C: Attachment	Constancy of the other	Familiarity
2. E: Assertiveness	Self as agent	What self does
2. C: Relatedness	Self is evaluated	What loved one does
3. E: Belonging	Self is agent in roles	What group does
3. C: Consistency	Self transcends roles	What „I am"
4. E: Interdependence	Self is indispensable for other; other for self	What we do together
4. C: Integrity	Self is alone	What I am alone

Quelle: (VEROFF & VEROFF, 1980, S. 22)

Neben dieser Langzeitperspektive der Humanentwicklung ist zu betonen, daß wir sehr große *individuelle Variationen* finden. Nicht allen Heranwachsenden gelingt die *Integration von Lernanforderungen in ihre eigene Persönlichkeitsstruktur* in gleicher Weise und gleich gut. Wir finden ein kontinuierliches Spektrum von gelungener Bewältigung bis hin zu extremen pathologischen Störungen. Die Forschung beschäftigt sich dementsprechend sowohl mit den universalen Entwicklungsprozessen, den intra- und interindividuellen Variationen der Lernmotivations-Entwicklung, der Epidemiologie von Störungen als auch mit den personalen und kontextualen Bedingungen dieser Variationen.

Entwicklungspsychologisch wird davon ausgegangen (s. HECKHAUSEN, 1982), daß die kognitiven Voraussetzungen des Motivationssystems der Lernsteuerung *bis zum 12. Lebensjahr voll entfaltet* sind. Nicht zuletzt aus diesem Grunde gelten die ersten Schuljahre als kritische Phase für den Aufbau der Leistungsmotivation.

Der Aufbau dieses Funktionssystems (HECKHAUSEN, 1982; 1984; HECKHAUSEN & ROELOFSEN, 1962) beginnt bei der naiven Erfolgsfreude, beim „Stolz" über ein selbstgeschaffenes Produkt oder über ein selbsterzieltes Handlungsergebnis. Zwischen dem 2. und 6. Lebensjahr herrscht diese Orientierung vor, wenngleich bereits jetzt Aufgaben und Handlungen nach Schwierigkeitsgraden analysiert werden können. In dieser Lebensphase glaubt das Kind aber, zu allem fähig zu sein. Bei entsprechender Anstrengung meint es, alles erreichen zu können. Sein Selbst-Konzept ist um den Anstrengungs- und nicht um den Begabungsbegriff gruppiert.

4.3.2 Die Entwicklungspsychologie der Lernmotivation während der Schulzeit: Typologien der Einbettung der schulischen Aufgabenbewältigung in das Selbst und das soziale Funktionssystem

Lernen wird im Laufe der Schulzeit immer enger mit der Funktionsweise des Selbst und mit der Beziehungsform zu anderen, zu Mitschülern oder Eltern und Lehrern, verbunden. Wenn man die Entwicklung des schulbezogenen Motivationssystems analysieren will, muß man mit dieser Komplikation, mit der Einbettung des Lernens in andere Funktionskreise der Persönlichkeit, in die des Selbst und der sozialen Beziehungen rechnen.

Schon an der Oberfläche fallen viele Besonderheiten des Lernverhaltens von Primarschulkindern, Kindern in der mittleren Schulzeit und solchen am Ende der Pflichtschulzeit ins Auge.

Wer das Verhalten von Kindern in Schulklassen beobachtet, dem fällt in den ersten Schuljahren die global positive Zuwendung zum Lernen ins Auge. Werden Kinder gebeten, sich zu melden, dann zeigen alle auf. Alle Kinder wollen am Schulanfang alles gleich gut können, bzw. sie wollen überall die Besten sein. Sie möchten im Mittelpunkt stehen, drängen sich ungehemmt nach vorne, um zu zeigen, was sie können. Sie können schwer hintanstehen, sie können schwer warten, bis sie drankommen, sie tun sich nicht leicht, wenn ihre Leistungen, ihre Arbeiten und „Werke" kritisiert werden. Auf dem Hintergrund dieser personalen Dynamik kommen auf die Kleinen schon gewichtige Anforderungen zu: Sie müssen lernen zu warten, müssen zusehen, daß andere besser sind als sie, müssen erfahren, daß andere mehr beachtet werden, sind nicht mehr allein wichtig und Gegenstand der Aufmerksamkeit, ihre Arbeit wird kritisiert, sie erfahren, daß andere schneller sind als sie. Andere wiederum stehen auf der Sonnenseite. Sie erleben, daß sie immer sehr gut sind, wenige Fehler machen, häufig gelobt werden. Allgemeine Bedürfnisstrukturen wie die *nach Anerkennung, nach Erfolg, nach Dabeisein, nach Aktivität und interessantem Erleben, nach Gutsein und Wertvollsein, nach Wichtig- und Bedeutsamsein*, treten hier noch *in enger Verbindung* miteinander auf.

Auch die *Identifikation mit der Schule* ist noch globaler Natur: Schule wird insgesamt entweder positiv erlebt oder gelegentlich phobisch gemieden. Die *Lehrerin hat eine globale und keine spezifische Bedeutung*, mit ihr identifiziert sich das Kind total. Auch die kindliche Persönlichkeit ist in das schulischen Geschehen in seiner Totalität involviert.

Dies ändert sich im Laufe der Jahre: Die globale Identifikation wandelt sich zu einer differenzierten positiven oder negativen Bewertung einzelner Aspekte der Schule. Auch die Beziehungen zu Lehrern differenzieren sich nach ganz bestimmten Qualitäten der Lehrpersonen. Gleichzeitig werden sie instrumenteller, indem die Lehrer nur für ganz bestimmte Dinge relevant werden.

Nichtsdestoweniger bleibt die Schule das Feld für wichtige Erfahrungen dieser Lebensphase. Jeder Schüler ist nur einmal in seiner Lebensgeschichte Schüler, und diese Erfahrungen prägen sich tief in die Persönlichkeit ein. Die Prägung kann auch darin bestehen, den Lebensbereich Schule aus dem inneren Kern der Persönlichkeit auszugrenzen und Lernen zunehmend als Meidungsfeld zu definieren.

Wie schnell, so wird jemand fragen, wirkt die Schule in die Persönlichkeit des Kindes hinein? Wie schnell z. B. verändern sich die anfangs globalen und meist *überhöhten Selbsteinschätzungen* der eigenen Leistungsfähigkeiten? Wie wir inzwischen wissen, kann dies sehr rasch vor sich gehen, manchmal schon im ersten Schuljahr, ja in den ersten Monaten. So haben Studien im ehemaligen DDR-Bereich von Berlin gezeigt, daß schon sehr früh bei bestimmten Kindern eine hohe Korrelation zwischen der Selbsteinschätzung der eigenen Mathematikleistungen und den Noten zu finden ist (OETTINGEN, LITTLE, LINDENBERGER & BALTES, 1993). Nach den Studien von HELMKE (1991) sinkt vom Kindergarten bis ins 3. Schuljahr zwar das allgemeine Niveau der Einschätzung der eigenen Leistungsfähigkeiten im Durchschnitt nicht – es ist generell überhöht, d. h. Kinder schätzen sich zu gut ein – , aber der Zusammenhang zwischen den schulischen Leistungen und den Selbsteinschätzungen wird zunehmend enger. Wir müßten danach gerade den *Schulanfang* als eine für ermutigende bzw. entmutigende Wirkungen der Schule sehr *sensible Lebensphase* betrachten. In dieser Altersphase dürften also die Erfolgswahrscheinlichkeiten hohe motivationale Relevanz haben.

Nach wenigen Schuljahren verschärft sich die Situation noch dadurch, daß die Kinder jetzt auch sozial vergleichen können, wie gut ihr eigenes Produkt im Vergleich zu dem von anderen ist. Das Vorschulkind ist nur auf sich konzentriert, *das Schulkind tritt in die Phase des sozialen Vergleichs ein*. Es kann sein eigenes Leistungsverhalten in verschiedenen Bereichen beobachten (Lesen, Rechnen), es kann erfahren, wie konsistent es hier „gut" oder „schlecht" ist, und es kann schließlich beobachten, wie es im Vergleich zu anderen ist. Im 3. und 4. Schuljahr erreichen diese sozialen Vergleichsprozesse einen ersten Höhepunkt (HECKHAUSEN & RHEINBERG, 1980; RUBLE, BOGGIONO, FELDMAN & LOEBL, 1980).

In derselben Lebensphase erfährt das Schulkind die *Einbettung der Leistungsergebnisse in soziale Zuwendung* durch die Erwachsenen, und es beginnt zu erkennen, daß man über die Demonstration von „Kompetenz" auch soziale Geltung unter Gleichaltrigen erreichen kann.

Hier lauern auch die ersten Gefahren für Fehlentwicklungen:

Die naive Freude am eigenen Handlungsergebnis wird durch die kritische Begutachtung trübungsanfällig, der soziale Vergleich läßt Kompetenzeinschätzungen („Das kann ich nicht!") in den Vordergrund treten, die Wahrnehmung von möglichen Mißerfolgen macht vorsichtig und zögerlich. Es wird wahrgenommen, daß die Anstrengung allein nicht mehr genügt, daß möglicherweise stabilere „Defizite" verhindern, gleich gut zu sein wie der Nachbar, auch wenn mit der Zeit erkannt wird, wie „Fähigkeitsunterschiede" durch Anstrengungen kompensiert werden können.

Bevor wir uns auf die vielfältigen Differenzierungen der Entwicklung der Lernmotivation während der Schulzeit einlassen, soll ein *spekulativer globaler Überblick*, der teils aus Forschungsergebnissen und teils aus Alltagsbeobachtungen gespeist ist, die Gesamtperspektive illustrieren. Dazu wird die Schulzeit in drei Phasen gegliedert, in die vom 1. zum 2. Schuljahr, die vom 3. zum 6. und schließlich die vom 7. zum 9.

1. Phase: Lernmotivation in der Schul-Eingangsphase

In der ersten Phase überwiegt im positiven Falle eine naive Kompetenzfreude und Neugiermotivation. Neues zu können, Neues zu erfahren, sich in verschiedenster Weise ausdrücken zu können hat eine hohe Attraktivität. Kinder nehmen begierig auf, was ihnen geboten wird, woran sie sich üben und ausdrücken können. Etwas zu lernen, was die Großen schon können, bildet einen mächtigen Antrieb.

In dieser Phase sind im allgemeinen die *Aktivitätsfreude* und der soziale *Akzeptanzwunsch* noch *eins*. Mit Lernen und Erfolgen verbindet sich auch das Bedürfnis nach Akzeptanz durch die Eltern, durch die Lehrerin und durch die Mitschüler. Die Konkurrenzbeziehung und der soziale Vergleich stehen noch nicht im Vordergrund. Erfolg und darauf folgendes Lob werden als Zeichen sozialer Zuwendung interpretiert, Mißerfolge als Hinweise für soziale Ablehnung.

Parallel zu den Merkmalen positiver Entwicklungen verläuft auch die Charakteristik von Problemkonstellationen. Mißerfolge werden als soziale Zurücksetzung erlebt, geringe Leistungserfolge gelten gleichzeitig als sozialer Makel. Dies gilt auch für die Überlagerung von schulischen Erfolgen und sozialer Akzeptanz in der Eltern-Kind-Beziehung.

2. Phase: Lernmotivation in der mittleren und späten Kindheit (ca. 3. bis 6. Schuljahr)

In dieser Lebens- und Schulphase tritt die Kompetenzerfahrung, das sich schärfende Bewußtsein, was man in verschiedenen Leistungsbereichen kann und nicht kann, in den Vordergrund. Es ist die erste Hochphase des bewußten *Kompetenzerlebens*, was auch bedeutet, daß Ausfälle hier erstmals besonders intensiv erlebt werden.

Gleichzeitig akzentuiert sich das *Geltungsstreben*, die sozialen Rangordnungen in Schulklassen werden sehr wichtig. In besonderem Maße trifft dies für Jungen zu. Damit verschärft sich jetzt der Konflikt zwischen den Leistungsrangordnungen und den gewünschten sozialen Positionen.

Wenn dies so richtig ist, dann sind auch die Einbruchstellen und die besonderen Belastungen und Störprozesse dieser Altersphase sichtbar. Die soziale Selbstpräsentation des leistungsschwachen männlichen Schülers in der Primarschule ist sehr prekär. Er kann sich konform, leidend und willig präsentieren und hat damit die Chance, mitleidende Zuwendung von seiten der Erwachsenen zu erhalten. Dabei gerät er aber in Gefahr, eine Außenseiterposition unter den Mitschülern einzunehmen. Sehr geltungsbewußte und impulsive Kinder haben diese Möglichkeit nicht. So demonstrieren insbesondere Jungen häufig „Unberührtheit", sie *wehren* die Erfüllung schulischer Lernanforderungen *ab*. Damit wird die Zumutung einer offiziellen Leistungshierarchie durch eine informelle Machthierarchie umgekehrt und karikiert. Sie müssen sich so präsentieren, daß ihre schlechten Leistungen nicht ins Zentrum der Bewertung unter Gleichaltrigen rücken. Häufig können sie dies nur durch Störungen erreichen, indem sie den Kasper spielen, indem sie Unverletzbarkeit und eine für sie geringe Relevanz von schulischen Leistungen demonstrieren. Sie reagieren also nicht mit Überkonformität, sondern mit Devianz.

Der symbolische Interaktionismus (LAMBRICH, 1987) kann helfen, diese Thematik unter der Zuhilfenahme des Konzeptes des *Stigmas* besser zu verstehen. Sich im öffentlichen sozialen Feld der Schulklasse mit Gleichaltrigen als Leistungs-Versager und damit als in einer unteren Stellung sich befindend, zu präsentieren und zu akzeptieren ist nicht ohne weiteres möglich. Die Inkompetenzzuschreibung durch die Schule kommt einer Beschädigung der Identität des Schülers, kommt einem Stigma gleich. Schlechte Schulleistungen bedeuten für geltungsbewußte Kinder also eine Stigmatisierung, die sie bearbeiten müssen. Am besten gelingt ihnen dies, wenn sie eine Gruppe Gleichgesinnter finden, die zusammen schulische Leistungen in den Irrelevanzbereich abdrängen können. Wenn zudem die Mädchen den „positiven" Gegenpol in einer Klasse repräsentieren, dann kann eine Geschlechtspolarisierung gleichgesetzt werden mit einer Leistungspolarisierung. Gute Leistungen sind dann „weibisch", die eigene Identität wird in der körperlichen Überlegenheit gesucht. Die Wertverlagerung, weg von schulischen Leistungen hin zur Demonstration von Kraft und Überlegenheit, ist als Bearbeitung beschädigter Identität funktional.[23]

Ist in einer ersten Altersphase besonders das Eltern-Kind-Verhältnis von schulischen Leistungen betroffen, in einer zweiten das Verhältnis der Kinder in Schulklassen untereinander, so tritt in der kommenden Entwicklungsphase die Kombination von sozialer Einbettung und Identitätsentwicklung im Sinne der Wahl eines Lebensstils in den Vordergrund.

3. Phase: Lernmotivation in der 7. bis zur 9./10. Schulstufe

Der Übergang von der Kindheit zur Adoleszenz ist durch neue Chancen und Gefährdungen charakterisiert. Kinder bzw. Jugendliche können sich nun

- stärker von den Eltern distanzieren und sich ihrer Kontrolle entziehen,
- sie haben mehr Kompetenz, sich eigenständig in Cliquen außerhalb der Schule zu organisieren,
- sie erleben über die Medien neue Leitbilder des attraktiven Lebens und
- sie beginnen einen eigenen Lebensstil zu entwerfen.

Dies alles zusammen bedeutet, daß sie sich schulischen Anforderungen stärker entziehen und alternative Relevanzbereiche im Kontext von Cliquen aufbauen können. Die alternativen Lebenswege verlagern sich hier dann stärker *aus der Schulklasse hinaus* in außerschulische Lebensbereiche, in Delinquenz und Problemverhalten.

Spiegelbildlich dazu können wir aber auch die positiven Entwicklungswege definieren. Sie müssen in dieser Altersphase auf eine Konsolidierung des eigenen Kompetenzbewußtseins hinauslaufen. Lernen muß in die eigene Selbststruktur, in internalisierte Werte, integriert sein, Valenzen im Sinne von Interessen für bestimmte Fachgebiete müssen entwickelt werden. Sie bestimmen, wo jemand in der Schule „bei sich" ist, mit welchen Lernbereichen er sich *identisch* fühlen kann (KRAPP, 1992a; 1992b). Im volitionalen Bereich erreichen die selbständige Arbeitsplanung, die Planungs- und Überwachungsprozesse im Sinne einer klugen metakognitiven Steuerung des Lernens, einen ersten Höhepunkt. Schließlich gilt es, diese Interessen zu einer Antizipation von Ausbildungswünschen und beruflichen Zielen auszubauen. Damit wird

---

[23] Für diese Altersphase bieten neben dem symbolischen Interaktionismus die Persönlichkeitstheorien von ADLER (1973) und DREIKURS (1982) sowie deren pädagogische Umsetzung in Handlungsmöglichkeiten durch SPIEL (1947) und SIMON (1950) immer noch wertvolle pädagogische Anregungen.

erstmals die Phase des erwachsenen Arbeitsverhaltens vorweggenommen. Die instrumentalen Aspekte der Lernanreize rücken jetzt in den Vordergrund.

Wenn dieses globale Entwicklungsbild stimmt, dann kommen auch die besonderen Gefährdungen dieser Altersphase ins Blickfeld. Sie bestehen einmal darin, daß ein Lebensstil gesucht wird, der eine Alternative zu einer konsequenten, arbeitsintensiven und lernintensiven Entwicklungsgeschichte darstellt. Wenn Jugendliche ihre drängendsten Bedürfnisse nur außerhalb von schulischen Lernbereichen befriedigen können, dann ist eine Risikosituation angezeigt. Sie verschärft sich, wenn es nicht gelingt, eine produktive Selbstidentität und Selbstdarstellung im Kontext beruflich strukturierter Arbeit aufzubauen, die in geregelte Ausbildungswege und Berufsarbeit einmündet.

Die Altersgruppe ist in dieser Lebensphase deshalb eine potentielle Gefährdungsquelle, weil sie antischulische Entwicklungswege initiieren und sozial stützen kann.

Wir können also die Entwicklungswege durch die Schulzeit sowohl unter dem Gesichtspunkt gelungener Bewältigung als auch unter dem Gesichtspunkt von Risikoentwicklungen darstellen.

4.3.3 Resümee: Entwicklungspsychologie der Lern-Incentives und phasenspezifische Gefahrenquellen

An verschiedensten Stellen der Entwicklung des Systems der Lernmotivation während der Schulzeit können die *Anreize für Lernprozesse unwirksam* werden. So kann ein *intrinsisches Anreizsystem* unwirksam werden, wenn Stoff langweilig präsentiert wird und das Bedürfnis nach neuen, nach attraktiven Inhalten frustriert wird.

Die *sozialen Anreize* können unwirksam werden, wenn ohnedies keine starke Identifikation mit den Eltern besteht oder wenn diese durch entsprechenden Leistungsdruck zusätzlich gestört wird. Aber auch der soziale Rückzug von den Peers kann dazu führen, daß diese mögliche Quelle der Motivation, aber auch der Gefährdung unwirksam wird. Ebenso kann die Anerkennung von Lehrern zu gewinnen eine soziale Motivation sein, die beeinträchtigt ist, wenn zu Lehrern schlechte Beziehungen bestehen. Dadurch fällt das wichtige soziale Motivationssystem der Identifikation mit dem Lehrer aus.

Schließlich sind auch *selbstbezogene Anreizsysteme,* die sich als so wichtig erwiesen haben, gefährdet. Dies ist dann der Fall, wenn es nicht gelingt, eine positive Bewertung der eigenen Person mit Leistungsfähigkeiten in einzelnen Bereichen zu verbinden. Wenn die Schutznotwendigkeiten des Kerns der eigenen Persönlichkeit so groß werden, daß eine Identifikation mit der Schule zu einer Gefährdung der eigenen Identität führen würde, dann ist auch dieses Motivationssystem beeinträchtigt.

Dem instrumentellen Anreizsystem kommt in der Adoleszenz dann eine große Rolle zu, wenn konkrete Lernziele in längerfristige Berufsziele eingebunden werden müssen. Das *instrumentale Anreizsystem* ist dann gefährdet, wenn entsprechende Leistungen nicht mehr konsequent zu weiteren schulischen und beruflichen Möglichkeiten führen. Wenn es irrelevant wird, ob man sich anstrengt und gut ist, dann bricht insbesondere gegen Ende der Schulzeit eine wichtige Motivationsquelle zusammen.

Schließlich kann sogar jede Form von *Bestrafung* unwirksam werden, wenn die darin enthaltenen Konsequenzen für Kinder und Jugendliche nicht wichtig sind.

Dies ist ein sehr globales Bild, das deutlich macht, daß schulisches Lernen immer etwas mit der Sache (mit der Kultur, mit Sachanforderungen) zu tun hat, eng in die sozialen Beziehungsstrukturen eingebunden ist, aber auch den innersten Kern der Persönlichkeit berühren kann. Damit wird sichtbar, daß es ganz bestimmte lokalisierbare Gefahrenquellen in der Entwicklung der Lernmotivation während der Schulzeit gibt. Wir können sie wie folgt zusammenfassen:

Die erste lebensgeschichtliche Gefahrenquelle für die Etablierung einer stabilen Lernmotivation besteht in der *Gefährdung des Aufbaus von Kompetenzbewußtsein* durch Mißerfolge und in der *Gefährdung der Beziehungen zu den Eltern*, wenn sie ihre Zuneigung von Lernerfolgen abhängig machen.

Die zweite, lebensgeschichtlich nach der ersten auftauchende große Gefährdungsquelle liegt im *Konflikt zwischen sozialer Geltung unter Gleichaltrigen und schulischem Erfolg*. Wenn diese beiden Aspekte nicht vereinbar sind, und dies trifft in der mittleren Schulzeit für viele Kinder zu, dann sind auch Lernmotivationen gefährdet.

Die dritte große Gefährdung tritt ein, wenn Lebenspfade, wenn Lebensstile in der Schule vorgespurt werden und *wenn eine produktive Identitätsentwicklung den Einschluß von beruflichen und schulischen Leistungen erfordern würde*, dies aber aus personalen (geringe Leistungsidentifikation) und kontextuellen Gründen (z. B. Arbeitslosigkeit) erschwert wird. Die Altersphase, die wir untersucht haben (6. bis 10. Schuljahr), umspannt damit zwei Gefährdungszonen: einmal die Beeinträchtigung der Lernmotivation durch die kontextuellen Bedingungen der Normen von Schulklassen („Streber"-Phänomen) und damit die Unvereinbarkeit von sozialer Zugehörigkeit zu Altersgleichen und von Lernerfolgen und zum anderen die Beeinträchtigung durch die Schwierigkeiten, *Lernen instrumentell in Berufsperspektiven einzubetten und damit zum Kernpunkt der eigenen Lebensplanung zu machen*.

Die hier untersuchte Altersphase ist damit möglicherweise von strategischer Bedeutung für die Entwicklung eines durch Sinnperspektiven abgesicherten Systems der Lernmotivation. Dies impliziert, daß die Differenzierung von instrumentalen Lernanreizen, in deren Gefolge Jugendliche ein Profil der ihnen wichtigen Lernbereiche definieren, zu den Kernaufgaben der mittleren und späten Adoleszenz gehört.

Es wird hier aber auch sichtbar, daß es gefährlich wäre, sich lediglich auf eine Motivationsquelle zu verlassen und etwa ausschließlich auf intrinsische Sachinteressen zu setzen. Selbst diese sind dann besonders stabil, wenn sie in das Selbst-System eingebettet sind und Teil eines Lebensentwurfes, was man im Beruf und damit aus seinem Leben machen will, werden können. Wir können also davon ausgehen, daß es in der Schule gerade für die Phase der Adoleszenz eine Vielfalt von Motivierungsstrategien gibt:

- Motivation durch *Inhalte* steht dann im Vordergrund, wenn Sachverhalte interessieren,
- Motivation durch *Methoden* ist dem Lehrer überantwortet, wenn er durch seine Unterrichtsweise den Schüler fesselt oder langweilt,
- Motivation durch *Erziehungsstile* steht dann im Vordergrund, wenn der Stil, wie der Lehrer mit den Schülern „umgeht", Aufmerksamkeit und Zuwendung oder Distanz und Abwehr erzeugt,
- Motivation durch *Angst* hat viele Gesichter, da bei schulischem Lernen sehr viel auf dem Spiel stehen kann: die Selbstachtung, die Anerkennung bei den Eltern und bei Gleichaltrigen, der Erfolg auf dem weiteren Ausbildungsweg usw.,
- Motivation durch *Ziele*, wie sie oben angedeutet wurde, beginnt im Rahmen der berufsbezogenen Identitätsarbeit in der Adoleszenz sehr wichtig zu werden.

Lernen ist jedoch oft ein anstrengendes Geschäft. Der gute Wille allein reicht meist ebenso wenig aus wie ein hohes Ziel. Lernen durchzuhalten ist wohl einer der zentralsten Schlüsselqualifikationen, die die Schule heute vermittelt. Wo dies gelingt und wo nicht bzw. was die Gründe für Gelingen oder Mißlingen sind, soll im folgenden empirisch untersucht werden.

5. Zur Empirie der Lernmotivation in der Adoleszenz: Lernen durchzuhalten und sich zu organisieren

Wie im Vorblick zur Auswertungsstrategie des Konstanzer Längsschnitts und der Schweizer Vergleichsstudien festgehalten, werden wir uns hier nach einleitenden Bemerkungen zur Messung der Variablen, ihrer Validität und Verbreitung vor allem auf die Analyse der Entwicklung in der Adoleszenz konzentrieren. Dabei kommen „universale" Entwicklungsprozesse ebenso zur Sprache wie differentielle Entwicklungspfade von der Kindheit in die Adoleszenz. Wir werden die Deskription so weit wie möglich pflegen und nur behutsam Aussagen zur „Erklärung" unterschiedlicher Entwicklungsprozesse machen.

Wer mit den Möglichkeiten und Grenzen von Längsschnittuntersuchungen vertraut ist, dem wird unmittelbar einleuchten, daß die vielen oben erwähnten Aspekte der Lernmotivation in einer einzigen Longitudinalstudie unmöglich insgesamt und gleichzeitig empirisch überprüft werden können. Zwei Begrenzungen unserer Studien fallen sofort ins Auge:

1. Die Mikrokomponenten der Bewältigung schulischer Lernanforderungen im Sinne der Lernmotivation, die oben in ihrer ganzen Differenziertheit entfaltet wurden, lassen sich in einer auf großen Populationen aufbauenden Studie nicht überprüfen. Wollte man dies tun, dann müßte man eine *Serie aufeinander abgestimmter Experimente* konstruieren. Eine Survey-Studie bietet jedoch die Chance, *Habitualisierungen* der Lernmotivation darzustellen. Deren Verflechtungen mit anderen Merkmalen der Person kann dann ebenso aufgedeckt werden wie die Verbreitung der Indikatoren der Leistungsbereitschaft in verschiedenen Sektoren der Schülerschaft.

2. In einer einzigen Longitudinalstudie ließe sich die Entwicklung der Lernmotivation nur dann über die ganze schulische Lebensspanne darstellen, wenn dieser Zeitraum tatsächlich mit Erhebungen abgedeckt würde. Bislang gibt es im deutschsprachigen Raum keine Studie, die dies leistet. Die größte Survey-Studie zur Grundschulzeit (erstes bis viertes Grundschuljahr) hat TRUDEWIND (1982) für eine Schülerpopulation in Bochum durchgeführt. Für ca. 120 Schüler ist eine große Longitudinalstudie im Max-Planck-Institut für Psychologie in München unterwegs. Sie umfaßt sowohl zwei Kindergartenjahre als auch die ersten sechs Schuljahre. Eine größere Population von ca. 1100 Schülern wurde in diesem Institut in den ersten vier Grundschuljahren im Detail beobachtet. Für die Sekundarstufe existieren, wie sich zeigen wird, mehrere Studien

(s. PEKRUN & FEND, 1991 Überblick zu den Longitudinalstudien in Deutschland und der Schweiz). Die eigenen Arbeiten konzentrieren sich ebenfalls auf die *Adoleszenz*.

Im Bewußtsein dieser Einschränkungen werden wir uns im folgenden zuerst auf die Messung der Lernmotivation konzentrieren, um in einem zweiten Schritt die Frage ihrer Verbreitung und Entwicklung in der Adoleszenz aufzugreifen.

5.1 Resultanten der Lernmotivation: Anstrengungsinvestition, Disziplin, schulisches Wohlbefinden

Die Struktur der psychischen Prozesse, die bei der Erfüllung schulischer Anforderung aktiviert werden, ist oben in der heute möglichen Differenzierung entfaltet worden. So sehr das „System Lernmotivation" intern differenziert ist, so verständlich ist das Bedürfnis der Praxis, zu einer Charakterisierung der *Qualität des gesamten Ablaufs der Anforderungsbewältigung* zu gelangen. In Alltagstheorien von Eltern und Lehrern geschieht dies mit Begriffen wie „*Faulheit*" und „*Fleiß*", womit global die *Anstrengungsbereitschaft* indiziert wird.

Die obigen Handlungsmodelle haben nun geholfen, neben den internen Ablaufstrukturen bei der Aufgabenerfüllung auch die Indikatoren unterschiedlich stark motivierten Verhaltens zu spezifizieren. Im Zentrum der folgenden Analysen werden solche *Verhaltensindikatoren* stehen. Eine stabile Lernmotivation äußert sich dann auf Verhaltensebene darin,

- daß ohne Mühe und ohne äußeren Druck Lernaktivitäten aufgenommen werden (Intentions-Realisierungsindikatoren),
- daß Lernaktivitäten lange durchgehalten werden können, und zwar auch in Abwesenheit von externen Kontrollen (Persistenz-Indikatoren, Zeitinvestition),
- daß ein hoher Grad an Aufmerksamkeit bei Lernaktivitäten besteht (Aufmerksamkeitsindikatoren),
- daß Ablenkungsimpulse in Kontrolle gehalten werden (Abwehr von Störreizen durch ein internes Kontrollsystem),
- daß die Lernaktivitäten erst dann terminiert werden, wenn ein hohes Verständnis- und Könnensniveau erreicht ist.

Das System der Lernmotivation läuft somit auf der *Verhaltensebene* auf ein Maß schulischer *Anstrengungsinvestition* hinaus. Sie ist die zentrale Resultante des in sich sehr differenzierten Systems der Lern- und Leistungsmotivation. Durch wenige, aber überraschend zuverlässige Indikatoren der von Schülern selbst berichteten Hausaufgabeninvestitionen, Anstrengung, Ehrgeiz und Ausdauer, haben wir sie erfassen können.

In Abb. 5.1 sind die entsprechenden Items und ihre testtheoretischen Kennwerte enthalten.

Die Globalität dieses Indikators erfordert besonders sorgfältige Validitätsuntersuchungen. In der kürzesten Fassung der „Anstrengungsinvestition" haben wir nämlich lediglich drei Items (ohne Hausaufgabenzeit) berücksichtigt. Sie wurden zusammen mit dem Kerninstrumentarium zur Messung habitualisierter Formen der Bewältigung schulischer Anforderungen, das wir bereits für die Erhebung im Jahre 1973 entwickelt hatten, in den drei Schweizer Parallelstudien (1990, 1992 und 1995) eingesetzt.

Abb. 5.1: Operationalisierung von Anstrengungsinvestition

	Item-Test Korrel.
Wie lange arbeitest Du täglich ungefähr außerhalb der Schulzeit für die Schule (z. B. Hausaufgaben, Vorbereitungen)? (6 Antwortkategorien von einer halben Stunde bis 3 Stunden und mehr)	.35
Fünfstufige Items:	
Wie sehr strengst Du Dich für die Schule an?	.58
Welche Ausdauer hast Du, wenn Du schulische Aufgaben erledigen sollst?	.53
Wie ehrgeizig bist Du bei dem, was in der Schule gemacht werden soll?	.47

Kurzskala von 1980 bis 1983 mit Konsistenzkoeffizienten von .68 (7. Schulstufe) bis .80 (10. Schulstufe)
Item-Test-Korrelationen für 9. Schulstufe

Eine zweite Resultante besteht nach mehreren Studien zur Messung von altersspezifischer Lebensbewältigungs-Kompetenz (MASTEN, NEEMANN & ANDENAS, 1994) in *diszipliniertem, schulischem Verhalten* insgesamt. Dieses Verhaltenssyndrom haben Lehrer vor allem vor Augen, wenn sie Schüler beschreiben, mit denen es leicht ist, zu unterrichten, bzw. die ihnen das Leben schwer machen. Dieses Verhalten strahlt auf den gesamten Bereich schulischer Anpassung aus und umfaßt auch aggressives und impulsives soziales Verhalten. Über folgende Items ist es operationalisiert worden:

Wie oft kommen folgende Sachen ungefähr bei Dir vor?[24]

- *Lehrer absichtlich ärgern*
- *Lehrern freche Antworten geben*
- *Schule schwänzen*
- *Zu spät kommen*

Eine weitere wichtige Resultante verschiedener Bewältigungsformen schulischer Anforderungen ist schließlich auf affektiver Ebene angesiedelt. Sie umfaßt den *Abneigungs- bzw. Zuwendungsgradienten* zur Schule und zur Lehrerschaft insgesamt. Die *Schulunlust* bzw. die *Schulfreude* charakterisiert eine emotionale Grundhaltung, die den gesamten schulischen Lernbereich überschatten kann. Sie macht Schule sowohl für Schüler als auch für Eltern und Lehrer entweder attraktiv und belohnend oder mühsam und schwierig. Kaum etwas ist schwerer zu überwinden als eine stabile Unlust, die ein Kind oder ein Jugendlicher gegenüber Schule und Lernen insgesamt bzw. einzelnen Fächern gegenüber empfindet. Wenn sich zur Unlust noch eine chronifizierte Wahrnehmung der *Nutz- und Sinnlosigkeit schulischer Anstrengung* gesellt, dann wird schulisches Lernen nicht nur ineffektiv, sondern Zur-Schule-Gehen wird zur Qual. Daraus resultiert insgesamt ein Syndrom, das man „*Entfremdung*" nennen könnte.

In der Konstanzer Longitudinalstudie haben wir die emotionale Nähe bzw. Distanz zur Schule lediglich durch Einzelitems („*Wie wohl fühlst Du Dich in der Schule?* – einmal fünfstufig und einmal neunstufig erfragt) indiziert.

Die Zusammenhänge zwischen den verschiedenen Indikatoren der Lernmotivation und deren Korrelaten in verschiedenen Persönlichkeitsbereichen und lebensweltlichen Orientierungen sollen im folgenden erhärten, daß wir hier zuverlässige und inhaltlich sinnvolle (valide) Messungen vorgenommen haben.

5.1.1 Indikatoren und Korrelate der Anstrengungsinvestition in der Konstanzer Longitudinalstudie

Um die *innere Struktur der Lernmotivation* in verschiedenen Altersphasen (7. bzw. 9. Schulstufe) und in verschiedenen Subgruppen (weiblich vs. männlich,

---

[24] Antwortkategorien:
nie: 1
ein paarmal im Jahr: 2
ein paarmal im Monat: 3
ein paarmal in der Woche: 4
noch öfter: 5

Tab. 5.1: Items der Anstrengungsinvestition: Interkorrelation mit Wohlbefinden und disziplinrelevantem Verhalten

Oberes Dreieck: 7. Schulstufe
Unteres Dreieck: 9. Schulstufe
N = 1750

	Wie sehr strengst Du Dich für die Schule an	Welche Ausdauer hast Du	Wie ehrgeizig bist Du	Arbeitszeitdauer für Schule (Hausaufgaben)	Wie wohl fühlst Du Dich in der Schule	Lehrer absichtlich ärgern	Lehrern freche Antworten geben	Die Schule schwänzen	Morgens zu spät zum Unterricht kommen
Wie sehr strengst Du Dich für die Schule an	1.000	.360	.354	.236	.137	-.209	-.280	-.191	-.210
Welche Ausdauer hast Du	.504	1.000	.348	.120	.203	-.135	-.179	-.114	-.136
Wie ehrgeizig bist Du	.459	.510	1.000	.073	.150	-.088	-.085	-.076	-.077
Arbeitszeitdauer für Schule (Hausaufgaben)	.374	.285	.195	1.000	.001	-.097	-.141	-.060	-.132
Wie wohl fühlst Du Dich in der Schule	.201	.231	.259	.035	1.000	-.157	-.144	-.173	-.048
Lehrer absichtlich ärgern	-.266	-.185	-.141	-.171	-.123	1.000	.632	.255	.239
Lehrern freche Antworten geben	-.270	-.234	-.189	-.164	-.164	.644	1.000	.309	.327
Die Schule schwänzen	-.259	-.219	-.232	-.126	-.154	.371	.399	1.000	.320
Morgens zu spät zum Unterricht kommen	-.249	-.203	-.205	-.156	-.115	.314	.380	.459	1.000

verschiedene Schulformen) kennenzulernen, wurden die einzelnen Items der Anstrengungsbereitschaft, des schulischen Wohlbefindens und des disziplinrelevanten Verhaltens korreliert. Erwartungsgemäß hängen die genannten *Komponenten einer Annäherungs- bzw. Meidungshaltung* gegenüber Schule eng zusammen (s. Tab. 5.1). Dies gilt sowohl für die 7. (untere Diagonale) als auch für die 9. Stufe (obere Diagonale). Eine genauere Inspektion macht aber sichtbar, daß Items der Anstrengungsbereitschaft nur mäßig hoch mit dem Wohlbefinden in der Schule korrelieren. Das disziplinrelevante Verhalten hängt dagegen mit der Anstrengungsbereitschaft höher zusammen. Damit würde nahegelegt, das Wohlbefinden in der Schule gesondert zu behandeln, was in den folgenden Analyseschritten auch geschehen wird.[25]

Beachtenswert erscheint insbesondere die fehlende Beziehung zwischen dem Sich-Wohlfühlen in der Schule und der Zeitinvestition in Hausaufgaben. Dies belegt, wie stark diese Tätigkeit von anderen Motiven und Situationsbedingungen, von den *geforderten* Aufgaben, von der sanktionsgeladenen Absicherung, von schulabschlußrelevanten Überlegungen usw., reguliert wird.

Tab. 5.2: Interkorrelationen des Items „Wie sehr strengst Du Dich für die Schule an" mit „Wie wohl fühlst Du Dich in der Schule" in der deutschen (1980 und 1982) und Schweizer Studie (1992)

	N	*Deutschland: 7. Stufe*	*Schweiz: 7. Stufe*	*Deutschland: 9. Stufe*	*Schweiz: 9. Stufe*
Hauptschule: Mädchen	182/191/98/64	.13	.15	.31	.34
Hauptschule: Jungen	220/187/120/78	.26	.30	.23	.11
Gymnasium: Mädchen	225/230/77/87	.07	.05	-.03	.18
Gymnasium: Jungen	218/199/82/89	.04	.17	.15	.11

Eine Aufgliederung der Korrelationen zwischen Anstrengung, Wohlbefinden und Disziplin nach verschiedenen Subgruppen (Geschlecht, Schulform, Land,

---

[25] Eine verwandte Sonderstellung nimmt das Item „Wie ehrgeizig bist Du..." ein. Es bezieht sich offensichtlich stärker auf eine kompetitive Leistungsmotivation, die relativ unabhängig von der Lernanstrengung bestehen kann.

Stufe) enthüllt neben konstanten Beziehungen auch kontextabhängige Relationen. Letztere betreffen vor allem jene zwischen der Anstrengungsbereitschaft und dem schulischen Wohlbefinden. Am Beispiel der Items „Wie sehr strengst Du Dich für die Schule an" und „Wie wohl fühlst Du Dich in der Schule" wird dies in Tab. 5.2 dokumentiert.

Die entsprechenden Korrelationen zeigen, daß vor allem in Gymnasien die Anstrengungsintensität sowohl in Deutschland als auch in der Schweiz vom schulischen Wohlbefinden insgesamt relativ unabhängig ist. Diesen Sachverhalt der relativen Entkoppelung von Anstrengung und Wohlbefinden in Gymnasien und der starken Verbindung dieser Aspekte bei Hauptschülern, hat sich schon in der Sozialisationseffekte-Studie gezeigt. Dort waren auch schon Gymnasiasten stärker autonom motiviert und von emotionalen Zuwendungen durch Lehrer relativ unabhängig (s. FEND et al., 1976, S. 125 ff.). Gleichzeitig dürften Gymnasiasten stärker zwischen „erfreulichen" und „unerfreulichen" Aspekten der Schule differenzieren und somit aus sehr vielen Quellen Motivation beziehen, nicht nur aus einem globalen Wohlbefinden.

Es ist jedoch zweifellos überraschend, daß Schüler auf dem niedrigeren Bildungsniveau in ihren Lernanstrengungen stärker vom „Wohl-sein" in der Schule abhängig sind als Schüler auf dem höheren Bildungsniveau. Dies gilt allerdings für Jungen und Mädchen zeitversetzt. Bei Jungen sind die entsprechenden Zusammenhänge in der 7. Schulstufe am höchsten, bei den Mädchen in der 9. Klasse. Ohne dies durch Daten belegen zu können, sei die Interpretation angeboten, daß sich Jungen in dieser Schulform emotional eher aus der Schule hinaus entwickeln, in größere Relevanzzuschreibung zu außerschulischen Erfahrungsbereichen, während Mädchen stärker in die Schule hineinwachsen, in der sie die größten Erfolgs- und Emanzipationserfahrungen machen.

Schüler in Gymnasien scheinen insgesamt stärker zwischen den verschiedenen Aspekten der Orientierung gegenüber Schule zu differenzieren. Offensichtlich ist das Wohlbefinden in der Schule potentiell von vielen Merkmalen abhängig, die bestimmen, wie gern man zur Schule geht. So können die Beziehungen zu Mitschülern verantwortlich sein, wie gern man zur Schule geht. Angenehme oder unangenehme Leistungserfahrungen werden dann im Rahmen einer solchen Priorität der Mitschüler-Beziehungen verarbeitet. Schüler in Hauptschulen scheinen die sozialen Erfahrungen und die Leistungsorientierungen weniger zu differenzieren. Nach einer anderen Spekulation würden Hauptschüler die Schule weniger intensiv als Feld befriedigender sozialer Kontakte zu Mitschülern erleben, als dies Gymnasiasten tun.

Eine Generalisierung dieser Interpretation würde besagen, daß wir im Prozeß der „Chronifizierung" schulischer Erfahrungen sowohl *„Verklumpungseffekte"*[26] als auch *„Differenzierungseffekte"* beobachten können. Bei ersteren verdichten sich Beziehungen zwischen Einzelorientierungen, bei letzteren entwickeln sich einzelne Merkmale auseinander. Bei Hauptschülern stehen eher Verklumpungseffekte im Vordergrund, bei Gymnasiasten Differenzierungen.

Die Anstrengungsinvestition indiziert – daran sei hier ausdrücklich erinnert – ein komplexes *Funktionssystem* und keine in sich *einheitliche Disposition* im Sinne eines „Vermögens". Die personale Ausrichtung im Sinne der Leistungsbereitschaft ist eine „unitas multiplex", wie sie STERN (1918) für psychische Dispositionen insgesamt postuliert hat. Mehrere Komponenten greifen bei der Regulierung von Anstrengung in komplexen Wechselverhältnissen ineinander. Unser Indikator der Anstrengungsbereitschaft verweist in der alltäglichen Handlungsorganisation auf die Bereitschaft, sich in entsprechende schulische Anforderungen einzulassen, sich ihnen zu stellen und nach einer bestmöglichen Erfüllung zu streben. Als Indikator ist er erstaunlich valide, wenngleich er detaillierte Studien über die Mikrostruktur der leistungsbezogenen Handlungsregulierung nicht ersetzen kann.

Die Zusammenhänge zwischen den obigen Indikatoren der Anstrengungsbereitschaft, der Disziplin und einer allgemeinen Skala zur „Arbeitsmoral" mit der Anstrengungsbereitschaft legten nahe, einen umfassenden Indikator zur schulischen Leistungsbereitschaft zu konstruieren (s. Abb. 5.2). Die Vermutung, es könnte sich hier um ein in sich konsistentes Syndrom handeln, wurde bestätigt. „Allgemeine Arbeitsmoral", „Disziplin" und „Anstrengungsbereitschaft" hängen eng zusammen.

Daß diszipliniertes Lernverhalten in der Schule (Impulskontrolle, Konzentration auf die Aufgabenerledigung, Beteiligungsintensität) sowohl mit der Anstrengungsinvestition als auch mit antisozialem Verhalten zusammenhängt, wird in neueren amerikanischen Forschungen vielfach belegt (DEBARYSHE, PATTERSON & CAPALDI, 1993). Danach hat – insbesondere bei Jungen – eine problematische Schullaufbahn häufig eine lange Geschichte, die bei harschen und inkonsequenten Erziehungspraktiken der Eltern (mit einem meist niedrigen Bildungsniveau) beginnt und zu Verhaltensstörungen im Sinne oppositionellen, zornigen und aggressiven Verhaltens führt. Sie setzt sich in Ablehnungserfahrungen bei Altersgleichen und Lehrern wegen aggressiven Verhaltens fort und führt hier zu einer geringen und disziplinarisch auffälli-

---

[26] Einen markanten Anstieg der Dichte von Zusammenhängen finden wir z. B. bei den Korrelationen zwischen der angegebenen Anstrengung und den Zeiten für Hausaufgaben von r = .24 auf .37.

gen Beteiligung am schulischen Lernprozeß. Daraus resultiert eine belastete Schulleistungsgeschichte, die wiederum problemverstärkend wirkt.

Abb. 5.2: Globalindikator von Leistungsbereitschaft und Disziplin: Anstrengungsinvestition, Disziplin, Arbeitsmoral

	Item-Test Korrel.
Wie lange arbeitest Du täglich ungefähr außerhalb der Schulzeit für die Schule (z. B. Hausaufgaben, Vorbereitungen)? (6 Antwortkategorien von einer halben Stunde bis 3 Stunden und mehr)	.32
Fünfstufige Items:	
Wie sehr strengst Du Dich für die Schule an?	.52
Welche Ausdauer hast Du, wenn Du schulische Aufgaben erledigen sollst?	.46
Wie ehrgeizig bist Du bei dem, was in der Schule gemacht werden soll?	.43
Wie oft kommen folgende Sachen ungefähr bei Dir vor? (Fünfstufig von nie bis noch öfter als ein paarmal in der Woche)	
Lehrer absichtlich ärgern	.42
Lehrern freche Antworten geben	.47
Die Schule schwänzen	.42
Morgens zu spät zum Unterricht kommen	.42
Arbeitsmoral (Antwortkategorien fünfstufig von Zustimmung bis Ablehnung):	
Ich lege ungern eine Arbeit zur Seite, bevor sie fertig ist.	.37
Ich würde mich jahrelang wohl fühlen, auch wenn ich nicht arbeiten würde.	.29
Richtig zufrieden bin ich erst, wenn ich eine Arbeit so gut gemacht habe, daß es besser kaum noch möglich ist.	.32
Die Erfüllung des Menschen liegt in seiner Arbeit.	.28
Jeder sollte versuchen, das, was er macht, möglichst gut zu machen.	.30

Konsistenzkoeffizient (1982): .78
Fragen zur Arbeitsmoral nur 1982 und 1983 erhoben.

Im Jugendalter tauchen dann Delinquenzprobleme auf, der „psychische Exodus" aus kontinuierlichem schulischen Lernen setzt sich fort und mündet häufig in eine problematische Lebensgeschichte als Erwachsener. Trotz dieser Zusammenhänge zwischen den verschiedenen Indikatoren eines positiven Schulbezuges bleibt es sinnvoll, seine verschiedenen Aspekte getrennt zu betrachten, also bei gezielten Fragestellungen *Anstrengungsbereitschaft, Disziplin* und *schulisches Wohlbefinden* zu unterscheiden.

5.1.2 Indikatoren und Korrelate der Anstrengungsbereitschaft in den Schweizer Vergleichsstudien

In den Schweizer Vergleichsstudien sind sowohl die obigen Verhaltensindikatoren der Anstrengungsbereitschaft einbezogen als auch zusätzliche Aspekte der Lernmotivation gemessen worden. Damit eröffnen sich vielfältige Möglichkeiten der Kreuzvalidierung. In einem ersten Schritt soll dies durch die vergleichende Darstellung der Interkorrelationen der Indikatoren der Anstrengungsbereitschaft und des positiven Bezuges zur Schule demonstriert werden (s. Tab. 5.3). Dabei wird ersichtlich, daß die Beziehungen der einzelnen Indikatoren zueinander in allen drei Erhebungen, in der Konstanzer Longitudinalstudie und den drei Schweizer Erhebungen – bezogen auf das 9. Schuljahr – sehr ähnlich sind.

Tab. 5.3: Interkorrelationen der Indikatoren der Leistungsbereitschaft in drei Erhebungen: Konstanzer Longitudinalstudie und Erhebungen 1990 und 1992 in der Schweiz

9. Schulstufe
Konstanzer Longitudinalstudie
N= 1937

	Leistungs-bereitschaft	Arbeitszeit-dauer für Schule (Hausaufgaben)	Aggression gg. Lehrer	Absentismus
Leistungsbereitschaft				
Arbeitszeitdauer für Schule (Hausaufgaben)	.355			
Aggression gg. Lehrer	-.293	-.204		
Absentismus	-.317	-.177	.461	
Wie wohl fühlst Du Dich in der Schule	.291	.041	-.153	-.161

Eine zweite methodenkritische Frage, die sich angesichts der globalen Indikatoren der anstrengungsbezogenen Resultante der Lernmotivation stellt, bezieht sich auf deren Validität. Indizieren sie tatsächlich eine mehr oder weniger gute Funktionsweise der Lernmotivation?

In den Schweizer Vergleichsstudien können wir der obigen Frage nachgehen, da wir hier verschiedene Komponenten der Aufgabenbewältigung (coping) genauer erfaßt haben.

Im Rahmen der Schilderung habitualisierter Anfangs-, Durchführungs- und Beendigungsstrategien bei der Bewältigung schulischer Anforderungen haben wir die „Qualität der Willensanstrengung" in ihre Komponenten zerlegt (s. S. 101 ff.). Die Fähigkeit zum kontingenten Belohnungsaufschub (Selbstbelohnung nach der Aufgabenerledigung) erwies sich dabei als ebenso wichtig wie die Strategien der präzisen Metakontrolle der Aufgabenerledigung nach Genauigkeit und Vollständigkeit. Ausdauer, Konzentration und Selbständigkeit charakterisieren schließlich die Qualität der „Durchführung" bei der Aufgabenbewältigung. Diese verschiedenen Aspekte der volitionalen Qualität der Lernsteuerung haben wir in einer entsprechenden Skala mit Items gemessen (Abb. 5.3), die aus der Konstanzer Studie zu schulischen Sozialisationseffekten stammen (FEND et al., 1976).

Abb. 5.3:   Komponenten und Operationalisierung der volitionalen Qualität der Aufgabenerledigung

Antwortkategorien:
Gib bitte Deine Meinung zu den folgenden Sätzen an und kreuze jeweils eine Antwortmöglichkeit an!

Sie bedeutet:
- *Zustimmung, richtig*   ++
- *schwache Zustimmung, eher richtig als falsch*   +
- *unentschieden, weiss nicht*   0
- *schwache Ablehnung, eher falsch als richtig*   -
- *Ablehnung, falsch*   --

BELOHNUNGSAUFSCHUB:
Ich mache zuerst die Hausaufgaben, bevor ich mich mit Freunden treffe.
Ich erledige meine Hausaufgaben fast immer nach dem Grundsatz „Erst die Arbeit, dann das Spiel".
(U) Ich verschiebe häufig die Erledigung meiner Hausaufgaben bis zur letzten Minute.

GENAUIGKEIT UND REGELMÄßIGKEIT:
(U) Meine Hefte sind ziemlich unordentlich.
Ich arbeite gründlich und genau.
Ich erledige meine Hausaufgaben regelmäßig

KONZENTRATION
Wenn ich Hausaufgaben mache, lasse ich mich nicht leicht stören.
(U) Ich kann mich beim Lernen schwer konzentrieren.

AUSDAUER
(U) Meine Eltern meinen, daß ich einfach keine Ausdauer habe.
Auch wenn meine Arbeit langweilig und eintönig ist, höre ich erst auf, wenn ich fertig bin.
(U) Ich kann mich einfach nicht hinsetzen und lange lernen.

U: Kodierung in umgekehrter Richtung - Konsistenzkoeffizient (Studie 1992): .73

Dieses Instrument wurde zusammen mit der Messung der resultativen Leistungsbereitschaft in den drei Schweizer Parallelstudien eingesetzt.
Die Replikationsmöglichkeit der Ergebnisse aus der ersten Schweizer Vergleichsuntersuchung (Untersuchung 1990) in einer zweiten Studie (Untersuchung 1992) sichert die Zusammenhänge ab, die Aufgliederung der Zusammenhänge nach dem niedrigen Schulniveau (Realschule – wäre in Deutschland die Hauptschule) und dem hohen Schulniveau (Gymnasium) kann auf kontextabhängige Bedeutungen verschiedener Komponenten der Handlungssteuerung verweisen. Auch das Schulinvolvement, also den affektiven Bezug zu schulischem Lernen und zu Lehrern, haben wir in den Schweizer Vergleichsstudien gemessen und dabei wieder auf den Itempool der ersten Konstanzer Studien zurückgegriffen (FEND et al., 1976). In Abb. 5.4 sind die Items aufgeführt, die zu zwei Skalen kombiniert werden konnten. Sie sollten den generellen Meidungs- bzw. Annäherungsgradienten zu schulischem Lernen bzw. zur Lehrerschaft indizieren.

Abb. 5.4:   Schul- und Lernaversion, bzw. Schulfreude und Aversion gegenüber Lehrern bzw. Lehreridentifikation

Antwortkategorien:
Gib bitte Deine Meinung zu den folgenden Sätzen an, und kreuze jeweils eine Antwortmöglichkeit an!

Sie bedeutet:	
• *Zustimmung, richtig*	++
• *schwache Zustimmung, eher richtig als falsch*	+
• *unentschieden, weiss nicht*	0
• *schwache Ablehnung, eher falsch als richtig*	-
• *Ablehnung, falsch*	--

SCHULFREUDE
- *Ich gehe ziemlich gerne in die Schule.*
- *Ich gehöre zu den Schülern, die gern lernen.*
- *Ich lerne auch dann, wenn keine Prüfung unmittelbar bevorsteht.*
- *Ich finde das interessant, was wir zur Zeit in der Schule durchnehmen.*
- *Ich fühle mich im Unterricht wohl.*
- *Ich muss mich meist überwinden, wenn ich anfangen soll zu lernen.*
- *Ich betrachte Lernen als notwendiges Übel.*
- *Ich langweile mich zur Zeit in der Schule.*

Konsistenzkoeffizient (Studie 1992): .74

LEHRERINSTANZ BZW. IDENTIFIKATIONSNEIGUNG (EMOTIONAL POSITIVE ZUWENDUNG ZU LEHRERN)
- *Ich mag die meisten Lehrer bei uns recht gern.*
- *Die meisten unserer Lehrer wollen für die Schüler das Beste.*
- *Wir können bei uns den meisten Lehrern vertrauen.*
- *Wir haben Lehrer, die für mich ein Vorbild sind.*

Antwortkategorien: s. o.
Konsistenzkoeffizient (Studie 1992): .66

Wie hängen nun die verschiedenen Aspekte der Lernmotivation in den Schweizer Studien zusammen? Abb. 5.5 bestätigt, daß die allgemeine Indizierung der Anstrengungsinvestitionen Hinweise auf das dahinterliegende motivationale Steuerungssystem gibt. Die höchsten Korrelationen ergeben sich zwischen der allgemeinen Anstrengungsbereitschaft und der volitionalen Qualität der Lernsteuerung, also mit den Durchführungsaspekten des Systems der Lernmotivation. Die affektive Nähe oder Distanz zur Schule nimmt die zweite Stelle ein, wobei die gegenüber Schule und Lernen insgesamt wichtiger ist als die gegenüber Lehrpersonen.

Abb. 5.5: Nomologisches Netzwerk der Anstrengungsinvestitionen in zwei Schweizer Studien, 9. Schulstufe

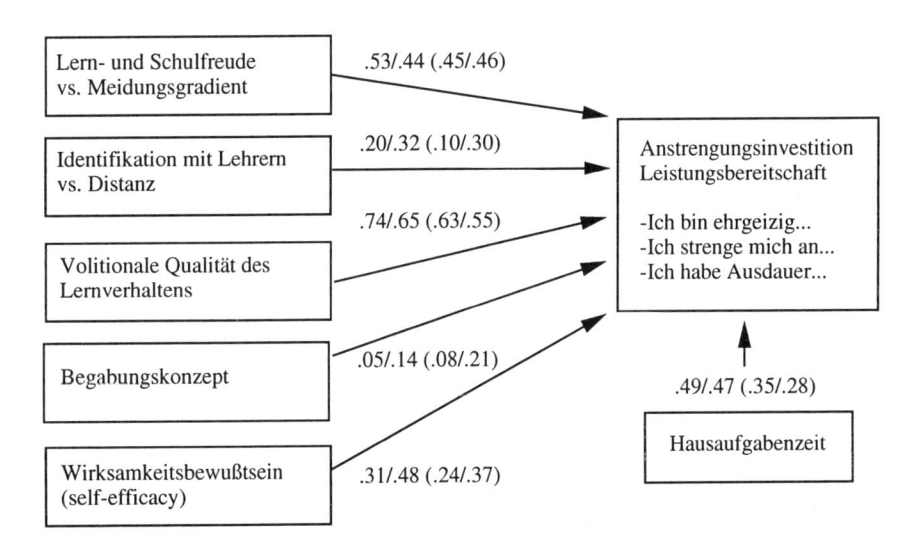

Werte ohne Klammer: Gymnasium 1992/1990 (N = 176/173)
Werte in Klammer: Realschule (dt. Hauptschule) 1992/1990 (N = 142/206)
Messung des Begabungskonzeptes s. S. 225
Messung von Wirksamkeitsbewußtsein s. S. 226 ff.

Von den Selbstkonzept-Dimensionen, den Ergebnissen der Verarbeitung von Erfolgs- und Mißerfolgserfahrungen, war erwartet worden, daß sie über die Bestimmung der *Erfolgswahrscheinlichkeiten* die Anstrengungsinvestitionen beeinflussen könnten. Das fachübergreifende Begabungskonzept erweist sich jedoch als relativ bedeutungslos. Mittlere Zusammenhänge ergeben sich aber mit dem Wirksamkeitsbewußtsein, das am klarsten subjektive Erfolgswahrscheinlichkeiten indiziert. Auffallend ist hier jedoch die große Bedeutung, die volitionalen Aspekten der Lernmotivation für die Anstrengungsbereitschaft zukommt. In dieser Altersphase ist somit die Anstrengungsbereitschaft *in geringerem Maße eine Frage der Mutlosigkeit als eine der habitualisierten Durchführungsqualitäten und der emotionalen Aversion oder Zuwendung* dem Lernen und der Schule gegenüber. Ermutigung mag – wir können diese Vermutung mit unseren Daten allerdings weder bestätigen noch widerlegen – in den ersten Schuljahren eine größere Rolle spielen als in den späteren, in denen sich schon „Lösungsformen" des Konfliktes zwischen „Gut-sein-Wollen" und „Nicht-gut-sein-Können" in der Form der *Relevanzreduktion* etabliert haben, um den negativen psychischen Folgen einer öffentlichen „Erniedrigung" durch klassenöffentliche Inkompetenzdemonstration zu entkommen.

5.2 Epidemiologie der Lernmotivation: Wie verteilen sich Fleiß, Disziplin und Wohlbefinden im Bildungssystem?

5.2.1 Verbreitungsformen der Anstrengungsinvestitionen und Schulunlust in der Schülerschaft

Bevor die Entwicklung von Anstrengungsintensität in der Adoleszenz beleuchtet wird, soll der epidemiologischen Frage nachgegangen werden, in welchen Bereichen des Bildungswesens Schüler besonders „fleißig", „leistungsbereit" und konsequent auf die optimale Erfüllung schulischer Leistungserwartungen ausgerichtet sind. Um einen Überblick zu gewinnen, wie sich die Indikatoren der Anstrengung, der Disziplin und des Wohlbefindens insgesamt verteilen, sind die Antworten zu den Originalfragen, für Jungen und Mädchen getrennt, in Abb. 5.6 dargestellt.

Erwartungsgemäß sind *Mädchen in allen Punkten schulfreundlicher als Jungen*. Nur beim Item zum „Ehrgeiz" kehrt sich dieser Trend um: Mädchen bezeichnen sich selter als ehrgeizig, als dies Jungen tun. Sie sind auch disziplinierter und weniger aggressiv.

Abb. 5.6: Verteilung der Indikatoren von Schulorientierungen bei Mädchen und Jungen

N= 1496 Mädchen
N= 1502 Jungen
15-jährige
* : p< .05
**: p< .01
(Wenn „**" bei „Jungen": Jungen haben hochsignifikant höhere Werte, dito bei Mädchen)

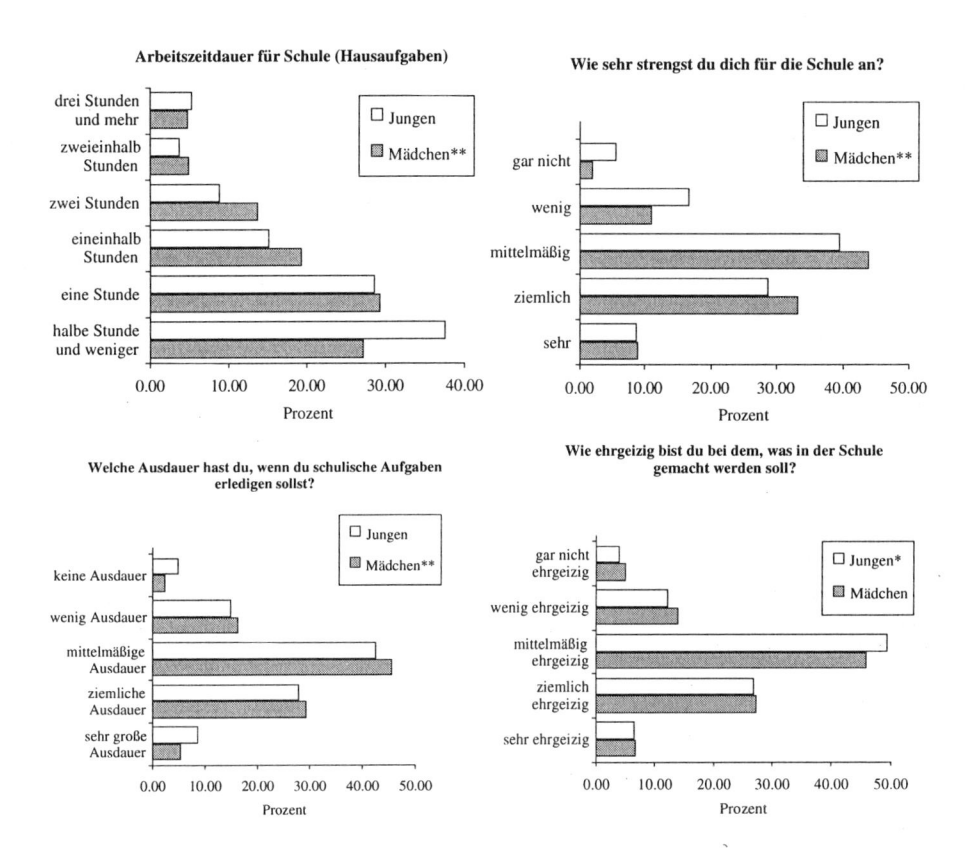

Lehrern freche Antworten geben

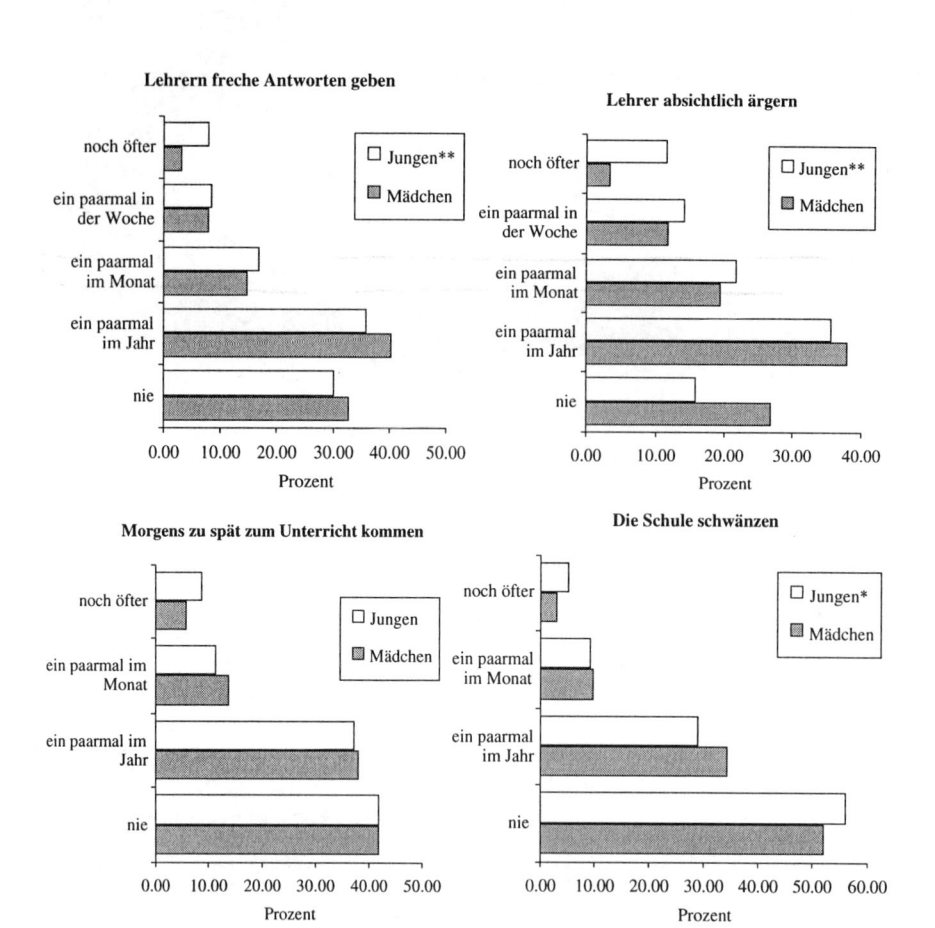

Lehrer absichtlich ärgern

Morgens zu spät zum Unterricht kommen

Die Schule schwänzen

Nicht allen Schülern geht es in der Schule gleich gut.
Wenn du deine gesamte Lage in der Schule betrachtest,
wie wohl fühlst du dich dann?

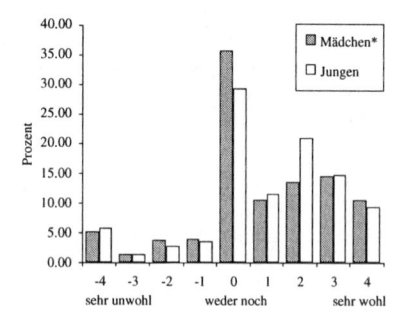

Um die Verbreitung von „Fleiß" im Bildungswesen zu analysieren, konzentrieren wir uns auf zwei zusammenfassende Indikatoren: einmal auf die Werte der Skala Leistungsbereitschaft (3-Item-Skala) und zum andern auf die Prozentsätze der Schüler, die mehr als 2 Stunden täglich Hausaufgaben machen. Bei dieser Verteilungsanalyse interessiert besonders jene nach *Schulform*. Eine unvoreingenommene Erwartung könnte darin bestehen, daß *mit höherem Bildungsniveau auch der Fleiß der Schülerschaft steigt,* daß also schulischer Aufstieg – neben der Bedeutung unterschiedlicher Begabung – auch das Ergebnis größerer Anstrengung ist. Tab. 5.4 enthält die Ergebnisse einer Aufgliederung nach Geschlecht, Region und Schulform.

Tab. 5.4: Leistungsbereitschaft im sozialökologischen Kontext – Gesamtwerte und Einzelitems

15jährige
Mittelwerte (z-Werte) und Prozentsätze

N = 1952	MÄDCHEN		JUNGEN	
	z-Werte	%	z-Werte	%
	Leistungsbereitschaft	Hausaufg.: 2 Std. u. mehr	Leistungsbereitschaft	Hausaufg.: 2 Std. u. mehr
STADT				
Hauptschule	.17	21	.16	16
Realschule	.09	21	-.20	12
Gymnasium	-.16	20	-.34	8
Gesamtschule	-.32	5	-.44	4
LAND				
Hauptschule	.00	15	-.36	7
Realschule	.31	25	.17	24
Gymnasium	.17	33	.10	23
Gesamtschule	.20	15	-.06	10
	%SSQ			
Faktor: Geschlecht	.79***			
Region	1.13***			
Schulform	.66**			
Interaktion: Region – Schulform	1.71***			

Unübersehbar kommt in Tab. 5.4 zum Vorschein, daß zum einen Mädchen leistungsbereiter sind als Jungen und daß zum andern die Verhältnisse auf dem Lande leistungsfreundlicher sind als in der Stadt. Bei den Schulformen

155

gibt es eine deutliche Interaktion zwischen der Region und der Schulform, die vor allem durch die divergenten Verhältnisse in städtischen und ländlichen Gymnasien und Gesamtschulen zustande kommt. Gesamtschüler und Gymnasiasten in der Stadt sind besonders leistungsdistanziert, jene auf dem Land erweisen sich als deutlich leistungsbereiter. Die Erwartung, daß schulischer Aufstieg mit mehr Anstrengung verbunden ist, trifft tendenziell für ländliche Verhältnisse zu, in der Stadt ist die Situation sogar umgekehrt. Die Diskrepanzen sind gerade in den Gymnasien sehr groß. Arbeiten z. B. Mädchen in ländlichen Gymnasien zu 33% mehr als zwei Stunden täglich für die Schule, so tun dies gerade 8% der Jungen in städtischen Gymnasien. Ein ähnliches Kontrastphänomen finden wir in den Hauptschulen. Lernen hier in der Stadt 21% der Mädchen mehr als zwei Stunden täglich für die Schule, so tun dies auf dem Lande gerade 7% der Jungen.

Die Ergebnisse zu den Gesamtschulen sind deshalb mit Vorsicht zu interpretieren, weil wir hier auch *Ganztags*schulen einbezogen haben, zu deren Programm es gehört, alle Aufgaben möglichst in der Schule zu erledigen.

5.2.2 Nationale Unterschiede in der Orientierung gegenüber der Schule: *Wohlbefinden, Lernmotivation und Disziplinverhalten in der Schweiz und in Deutschland*

Mit einer deskriptiven Darstellung der Verteilungen von Anstrengung, Wohlbefinden und Disziplin ist das Problem, wie die vorgefundenen Verhältnisse beurteilt werden sollen, ob sie normal, besonders gut oder ausnehmend schlecht sind. Um zu solchen Urteilen zu kommen, sind *Vergleiche* unerläßlich. Erst wenn wir wissen, wie Schüler mit Schule in verschiedenen Ländern umgehen, erst wenn wir die Bandbreite der Möglichkeiten kennen, erst dann sind wir in der Lage, zu einer Wertung zu gelangen, die vorgefundenen Verhältnisse als Alarmsignale zu interpretieren oder sie als Hinweise auf funktionierende und starke Bildungssysteme zu verstehen. Dieses Verfahren können wir auch im folgenden anwenden, da wir die Daten aus Deutschland mit mehreren Replikationen in der Schweiz vergleichen können.

Der Vergleich zwischen Deutschland und der Schweiz

Die vollständigsten Aussagen über Unterschiede und Ähnlichkeiten zwischen deutschen und Schweizer Schülern können wir machen, wenn wir uns auf die Jugendlichen in der *neunten Schulstufe* konzentrieren. Dann beruhen die Daten in Deutschland auf Erhebungen im Jahre 1982, jene in der Schweiz auf solchen in den Jahren 1990, 1992 und 1995. Da wir bei diesen Erhebungen immer Hauptschulen (in der Schweiz Realschulen genannt) und Gymnasien einbezogen haben, werden wir uns auf diese beiden Schulformen konzentrieren (s. Stichprobenbeschreibungen in Kp. 2)

Ein erster Überblick zum Ländervergleich, in dem alle drei Schweizer Untersuchungen summiert und lediglich die Hauptschulen und Gymnasien berücksichtigt sind, geht auf die Originaldaten zurück, also auf die Antwortverteilungen bei Einzelitems in allen Ausprägungen.

Abb. 5.7: Vergleich der Leistungsanstrengung, der Disziplin und des Wohlbefindens zwischen Deutschland und der Schweiz

Prozentsätze
Einbezug von Hauptschülern (in der Schweiz Realschülern) und Gymnasiasten in den jeweiligen Untersuchungen
N= 1183 (Deutschland 1982), 1189 (Schweiz 1990, 1992 und 1995)
C: C-Koeffizient

ARBEITSZEITDAUER FÜR SCHULE (HAUSAUFGABEN)

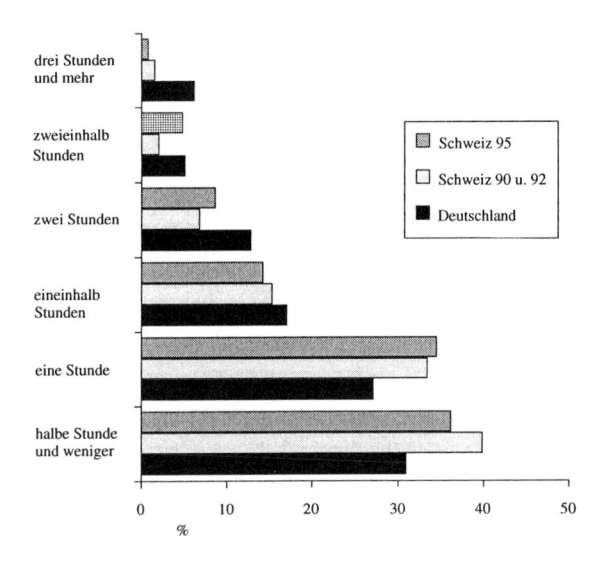

WIE SEHR STRENGST DU DICH FÜR DIE SCHULE AN?

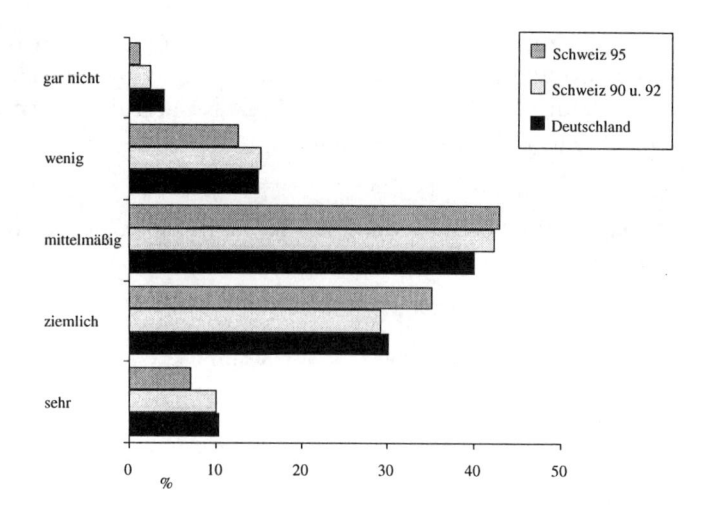

NICHT ALLEN SCHÜLERN GEHT ES IN DER SCHULE GLEICH GUT. WENN DU DEINE GESAMTE LAGE IN DER SCHULE BETRACHTEST, WIE WOHL FÜHLST DU DICH DANN?

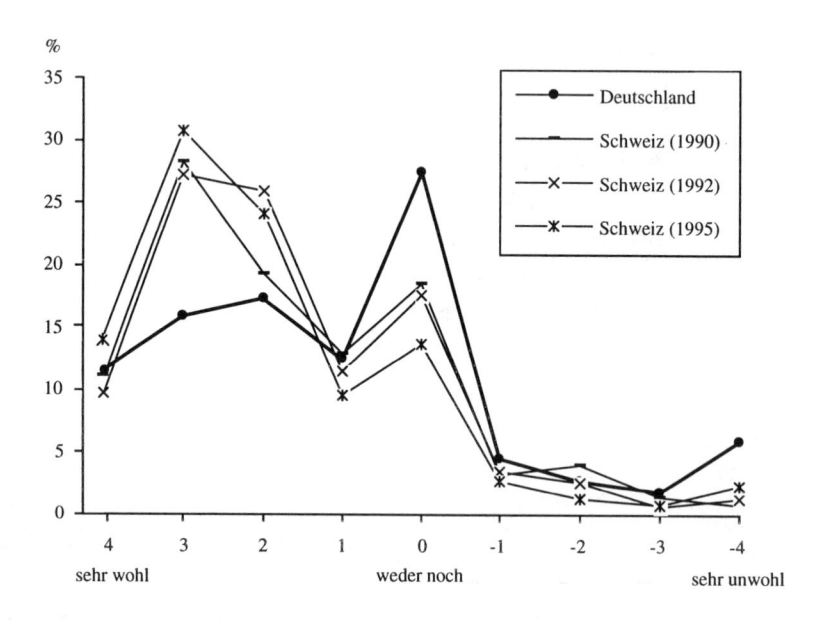

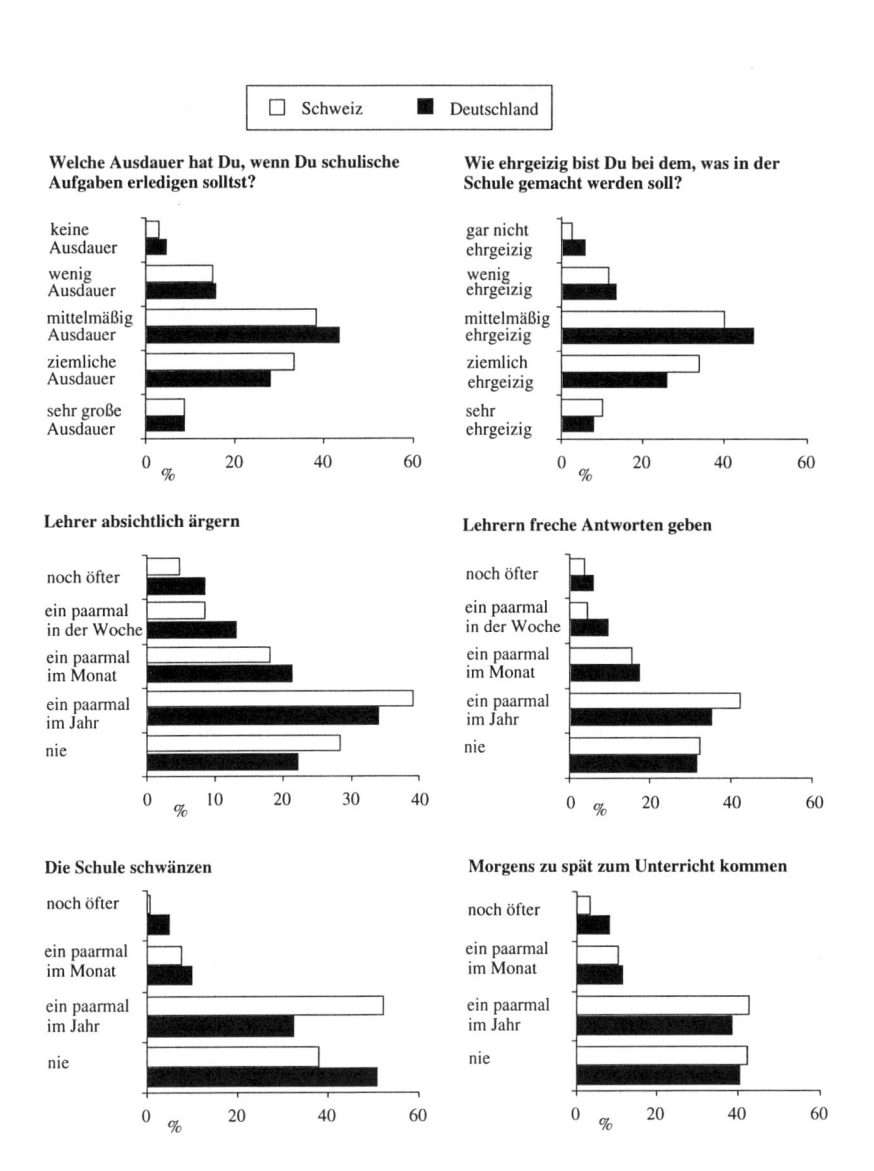

Das in Abb. 5.7 sichtbare Ergebnis ist schnell beschrieben: Schweizer und deutsche Schüler berichten in etwa das gleiche Maß an Anstrengungsintensität. Die Ausdauer und der Ehrgeiz sind jedoch – nach eigenen Angaben – bei Schweizer Neuntkläßlern größer. Hausaufgaben machen wiederum die deutschen Schüler mehr als die Schweizer, die allerdings noch ein ausgedehntes Pensum an Nachmittagsunterricht zu absolvieren haben.

Unübersehbar ist aber das klar *höhere Wohlbefinden der Schweizer Schüler im Vergleich zu jenem der deutschen.*

Lehrer werden in der Schweiz deutlich weniger angepöbelt als in Deutschland. Schweizer Schüler sind in dieser Hinsicht disziplinierter und zivilisierter.Eine letzte Besonderheit ergibt sich beim Absentismus. Obwohl das Schweizer Bildungswesen für eine strenge Absenzenordnung bekannt ist, scheint das Schwänzen zu einem beliebten Sport geworden zu sein. Es ist besonders bei den sonst sehr „zivilisierten" Gymnasiasten verbreitet.[27]

Das herausragende Ergebnis: doppelt so viele Schüler in der Schweiz als in Deutschland fühlen sich in der Schule wohl.

In der Summe präsentiert das Schweizer Bildungswesen (zu den Stichproben s. S. 22 ff.) bei den hier vorgestellten Indikatoren ein günstigeres Bild als das deutsche Schulsystem. Davon gibt es lediglich eine Ausnahme: Die Schüler in Deutschland machen signifikant mehr Hausaufgaben.

Besonders sticht das größere Wohlbefinden der Schweizer Schüler ins Auge. Die obigen Differenzen können wir bei einer zweiten parallelen Frage absichern, die mit fünfstufigen Antwortkategorien (von „sehr wohl" bis „sehr unwohl") auf das Wohlsein in der Klasse gerichtet war. 36% der deutschen Schüler im Vergleich zu 66% der Schweizer Neuntkläßler haben dabei die beiden ersten Kategorien („sehr wohl" und „wohl") angestrichen.

Die umfangreichen Erhebungen erlauben hier aber Differenzierungen nach Geschlecht und nach Schulform. Damit liegt die Frage nahe, ob die Länderunterschiede nicht auf Besonderheiten dieser Subgruppen zurückgehen. In entsprechenden Varianzanalysen (1. Faktor „Geschlecht", 2. Faktor „Schulform", 3. Faktor „Länder") sind wir diesen Fragen nachgegangen (Tab. 5.5). Das Ergebnis bestätigt die obigen Länderunterschiede. Erstaunlicherweise funktionieren die Subgruppen in der Schweiz ähnlich wie jene in Deutschland. Überall sind die Mädchen anstrengungsintensiver und disziplinierter, und in beiden Ländern geben die Gymnasiasten mehr Distanz zur Schule an. Beim „Wohlbefinden" gibt es nur einen Ländereffekt. Den einzig nennenswerten Interaktionseffekt finden wir beim „Schwänzen", das in Deutschland in den Hauptschulen ausgeprägt ist und in der Schweiz in den Gymnasien häufiger erwähnt wird.

---

27 Deshalb mag hier die Ad-hoc-Spekulation erlaubt sein, daß es einen gewissen Symbolwert für die Verselbständigung der Jugendlichen hat, also Teil der in diesem Alter wichtigen „Mutproben" ist. Daß Schwänzen immer gehäuft in einzelnen Klassen vorkommt, stützt diese Interpretation.

Tab. 5.5: Varianzanalyse der Schulorientierungen nach Geschlecht, Schulform (Haupt-/ Realschule) und Länder (Deutschland/Schweiz)

%SSQ
df1 = 1
df2 = 1433-1481

	Faktor A: Geschlecht	Faktor B: Schulform	Faktor C: Land	Interaktion
Arbeitszeitdauer für Schule (Hausaufgaben)	1.20***	.93***	2.85***	
Wie sehr strengst Du Dich für die Schule an	1.02***	.90***	.01	
Welche Ausdauer hast Du bei schulischen Aufgaben	0.00	1.24***	.18	
Wie ehrgeizig bist Du bei dem was in der Schule gemacht werden soll	.20	.28	1.22***	
Wie wohl fühlst Du Dich in der Schule	.11	.12	2.59***	
Lehrer absichtlich ärgern	3.38***	.44**	1.74***	
Lehrern freche Antworten geben	.46**	.03	.69***	
Die Schule schwänzen	.04	.10	.32*	2.67 (BC)
Morgens zu spät zum Unterricht kommen	.00	.49***	.46***	

***: p< 0.001   ** : p< 0.01   * : p< 0.05

Wie wenig sich viele Schüler am Ende der Pflichtschulzeit in der Schule noch „beheimatet" und „zugehörig" fühlen, macht eine Auswertung sichtbar, die wir nur bei den deutschen Hauptschülern vornehmen können, nämlich eine Verlaufsstudie zum Wohlbefinden am Ende der 9. Schulstufe und am Arbeitsplatz nach Schulaustritt. Wir haben das gleiche Barometer des Wohlbefindens, das oben in bezug auf die Schule berichtet wurde, zur Beurteilung der Situation am Arbeitsplatz eingesetzt und dabei das in Abb. 5.8 dokumentierte Ergebnis erhalten.

Abb. 5.8: Veränderung des Wohlbefindens bei deutschen Hauptschülern am Ende der Pflichtschulzeit (9. Schuljahr) und nach dem ersten Jahr Ausbildungszeit am Arbeitsplatz

WIE WOHL FÜHLST DU DICH IN DER SCHULE

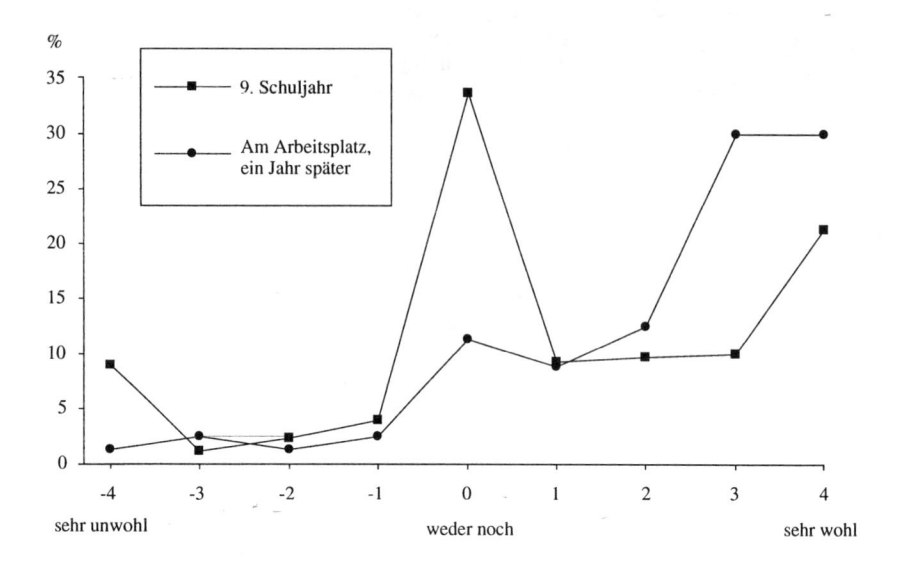

Die Diskrepanz zwischen dem Wohlbefinden in der Schule im Kontakt mit geschulten Pädagogen ist doppelt so niedrig wie jenes am Arbeitsplatz (31% zu 60% bei einer Zusammenfassung der zwei positivsten Antwortkategorien). Dabei ist das Wohlbefinden der Hauptschüler im Vergleich zu jenem in anderen Schulformen zum Ende der Pflichtschulzeit (9. Schuljahr) sogar noch am positivsten ausgeprägt.

Trends in den drei Schweizer Studien

Eine Aufgliederung der Ergebnisse nach den drei Schweizer Studien erbringt keine markanten Differenzen zwischen den Studien aus den Jahren 1990, 1992 und 1995. Lediglich das Schwänzen war in der Studie des Jahres 1992 häufiger, hier allerdings konzentriert auf einige Gymnasien. Parallel war die Anstrengung hier geringfügig niedriger. Es lassen sich bei diesen Merkmalen also auch keine historischen Entwicklungen beobachten.

Es ergeben sich aber interessante Unterschiede zwischen *Mädchen und Jungen* sowie zwischen dem *höheren und dem niedrigeren Bildungsniveau*, die in allen Studien auftauchen.

Mädchen machen mehr Hausaufgaben, strengen sich mehr an, ohne aber ehrgeiziger zu sein. Sie ärgern die Lehrer seltener, beteiligen sich aber gleich häufig am Schwänzen.

Die Schüler im unteren Bildungsniveau in der Schweiz geben vergleichsweise häufiger als Gymnasiasten an, sich recht intensiv anzustrengen, machen aber etwa gleich viel Hausaufgaben. In der Schule fühlen sie sich signifikant weniger wohl als die Gymnasiasten. Sie sind aber gleich diszipliniert wie die Gymnasiasten. Gerade vom Lernverhalten her machen also in der Schweiz die Schüler des unteren Bildungsniveaus einen guten Eindruck.

Neben dem Lernverhalten haben wir auch viele Aspekte des Selbstbildes und des Selbstbewußtseins erfaßt. Darüber wird im Kapitel zum Selbst-System berichtet (s. S. 199 ff.).

Damit können wir das globale Bild der Länderunterschiede in *drei* Schweizer Erhebungen bestätigen.[28] Warum gibt es gerade so deutliche Länderunterschiede im Wohlbefinden und in der Disziplin? Bevor wir darauf eingehen, müssen wir einem Einwand Rechnung tragen, der sich aufdrängt, wenn man die Erhebungszeiten beachtet. Zwischen den Schweizer Studien und den deutschen Erhebungen liegen acht bzw. dreizehn Jahre Differenz. Damit stellt sich die Frage, wie die Verhältnisse in Deutschland heute wären. Leider liegen dazu keine neueren Daten vor. Wir können aber in Deutschland historisch noch weiter zurückgehen und damit für dieses Land auf die Frage der epochalen Stabilität der gefundenen Ergebnisse etwas eingehen.

Epochale Trends im schulischen Wohlbefinden und im disziplinären Verhalten von deutschen Schülern

In vier großen Studien, bei Erhebungen in den Jahren 1973, 1977, 1978/79 und 1982, haben wir bei Neuntkläßlern der Hauptschulen, Realschulen und Gymnasien sowie in Gesamtschulen denselben Indikator zum Wohlbefinden eingesetzt. Dies gibt uns eine Gelegenheit, ungewöhnlich gute historische Vergleiche zu ziehen (Abb. 5.9). Das Ergebnis einer solchen epochalen Zeitreihe ist hier sehr eindeutig: Wir finden eine erstaunliche *Übereinstimmung in allen Studien* – mit der kleinen Ausnahme der etwas schlechteren Werte im Jahre 1977. Damit wäre es sehr unwahrscheinlich, in den 90er Jahren günstigere Ergebnisse als in den 80er Jahren zu erhalten, bedenkt man gleichzeitig die ungünstigeren Rahmenbedingungen der Schule (größere Klassen, ältere

---

28 In einer kürzlich durchgeführten dritten Schweizer Studie mit einer repräsentativen Schülerschaft der 9. Stufe in Zürich und Schwyz (N=908) konnten wir diese Ergebnisse replizieren, sodaß wir von einer gut gesicherten Datenbasis ausgehen können. Die hier besprochenen Länderunterschiede erweisen sich damit als sehr stabil.

Lehrer, Sparmaßnahmen im Bildungswesen usw.) in den letzten Jahren. Bei allen Vorbehalten, die gegenüber linearen Fortschreibungen angebracht sind, ist die Annahme nicht unvernünftig, daß die Werte zum Wohlbefinden, die wir in den 70er und 80er Jahren in Deutschland gefunden haben, heute nicht günstiger wären. Damit würde sich die Bedeutung des Länderunterschiedes zwischen Deutschland und der Schweiz erhärten und die Frage nach dem „Warum" noch wichtiger machen.

Die Ergebnisse zur epochalen Entwicklung im Wohlbefinden sind durch Daten zur historischen Entwicklung von disziplinärem und aggressivem Verhalten von Schülern in den 70er und 80er Jahren ergänzbar.

Abb. 5.9: Epochale Vergleiche des Wohlbefindens der Schülerschaft in neunten Klassen des deutschen Bildungssystems (Hauptschulen, Realschulen und Gymnasien)

NICHT ALLEN SCHÜLERN GEHT ES IN DER SCHULE GLEICH GUT. WENN DU DEINE GESAMTE LAGE IN DER SCHULE BETRACHTEST, WIE WOHL FÜHLST DU DICH DANN?

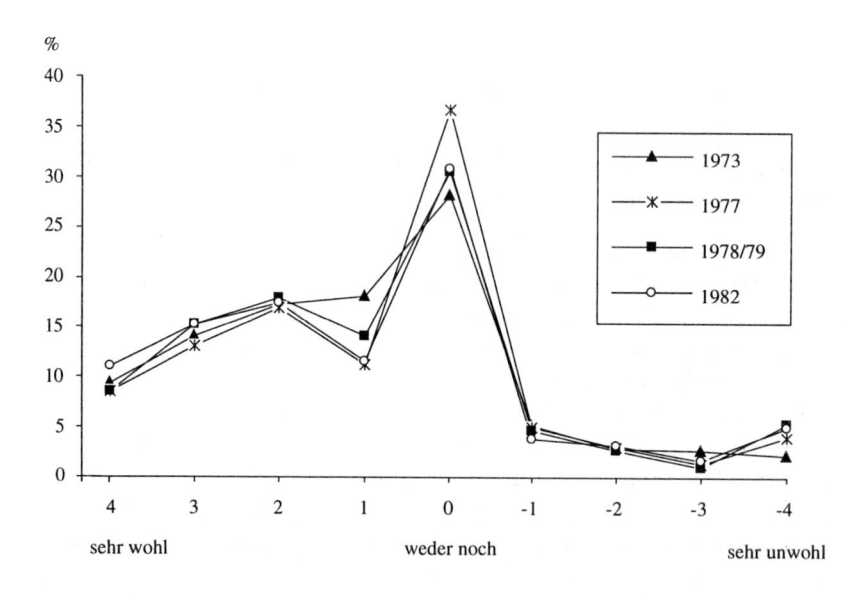

Dabei ist jedoch eine Einschränkung in bezug auf die Antwortkategorien zu beachten, die in den genannten Untersuchungen unterschiedlich waren. Die Kategorie „Nie" kam aber in allen Untersuchungen vor, so daß sich die Ergebnisdarstellungen darauf beschränken, „Nie" von „Überhaupt schon vorgekommen" zu differenzieren. Die Items selber waren gleichlautend formuliert (Abb. 5.10).

Abb. 5.10: Aggression und Disziplinprobleme in Deutschland von 1973 bis 1982 (Epochalvergleich)

Prozentsätze: Schon einmal vorgekommen (alle Antwortkategorien außer „Nie")
HS: Hauptschule
GY: Gymnasium

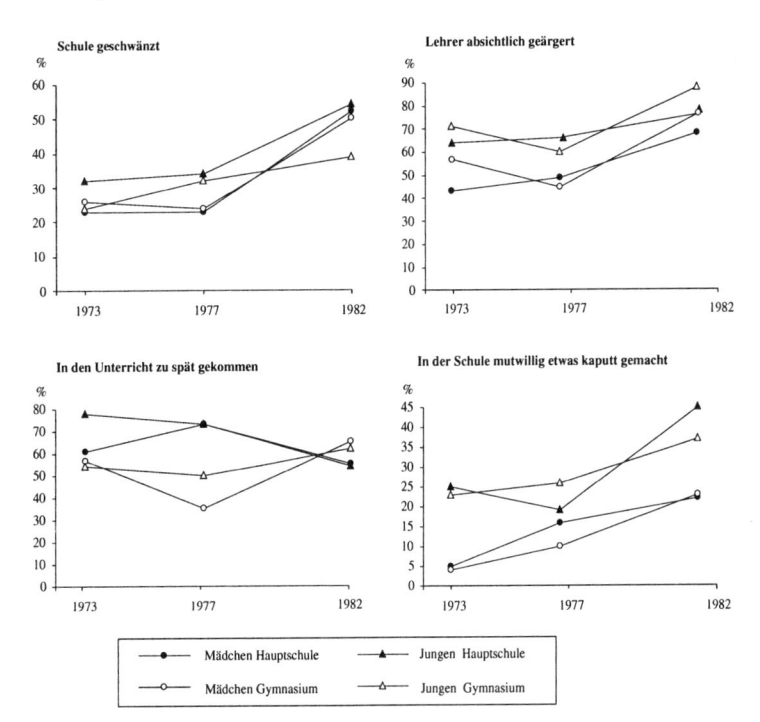

Insgesamt ist der Trend unübersehbar, daß *die Verhältnisse in bezug auf Disziplin schwieriger geworden sind.* Besonders „mutwillige Zerstörung" und „Schuleschwänzen" haben zugenommen. Lehrer werden 1982 auch deutlich häufiger geärgert als 1973 – und dies in Gymnasien noch ausgeprägter als in Hauptschulen. Es deuten sich aber auch Verschiebungen in den Subgruppen an. Gymnasiasten wurden im untersuchten Zeitraum deutlich weniger diszipliniert, und Mädchen näherten sich Jungen in ihrem Verhalten an. 1982

165

machten sie gleich häufig „mutwillig etwas kaputt", wie dies Jungen 1973 taten.

Eine Einschränkung darf hier aber nicht unerwähnt bleiben. Disziplin- und Aggressionsprobleme können sich in einzelnen Schulklassen häufen, so daß selbst bei unseren guten Zellenbesetzungen zwischen 150 und 270 Schülern einzelne Klassen große Unterschiede erzeugen können.

Insgesamt belegen diese Ergebnisse, daß wir historisch für den Zeitraum von 1982 bis 1995 eher von einer Zunahme der Probleme in Deutschland ausgehen müssen, so daß bei einer historisch zeitgleichen Gegenüberstellung von Deutschland und der Schweiz die Verhältnisse für Deutschland noch ungünstiger ausfallen dürften. Dies bleibt jedoch so lange eine Hypothese, so lange keine Daten vorliegen.

Warum ist das Wohlbefinden der Schweizer Kinder so viel größer als das der deutschen Schüler, und warum sind sie disziplinierter? Lassen sich die Länderunterschiede erklären?

Insbesondere die klaren Differenzen im Wohlbefinden zwischen den Schweizer und den deutschen Schülern provozieren die Frage nach möglichen Ursachen. Ein Oberflächenblick auf den deutschen und den vermeintlich sehr ähnlichen deutschsprachigen Schweizer Kulturraum könnte nahelegen, diese Frage für leicht beantwortbar zu halten und die Ursachen weniger in „*Systemunterschieden*" als in der *Mikrokultur der Schulen* in beiden Ländern zu sehen. Damit verbände sich die Hoffnung, durch die Kenntnis des Lehrerverhaltens oder der personellen und materiellen Rahmenbedingungen Aufklärung zu erhalten.

Eine nähere Analyse enthüllt jedoch alle Probleme eines Bildungssystemsvergleichs. Sie ergeben sich vor allem aus dem, was Experimentalpsychologen „Variablenkonfundierung" nennen, also aus dem gleichzeitigen Auftreten vieler möglicher Ursachen. Auf dieses methodische Problem sind wir schon beim Vergleich von Gesamtschulen mit Schulen des herkömmlichen Bildungswesens gestoßen (FEND, 1982). Schon damals hat sich die klassische experimentelle Lösung dieses Problems, die systematische Variation der potentiell verantwortlichen Faktoren, in der Realität als undurchführbar erwiesen. Ihr stehen auch prinzipielle Überlegungen entgegen. Schulsysteme sind keine Faktorenadditionen, sie sind vielmehr in sich sinnvoll gegliederte und verbundene Systeme. Wir haben es somit eher mit *Variablenkonfigurationen* denn mit *Variablenkumulationen* zu tun. Dies heißt aber auch, daß es gar nicht sinnvoll wäre, einzelne Komponenten aus einem System herauszulösen und systematisch zu variieren. Dies trifft in markanter Weise für den Vergleich der deutschen und schweizerischen Bildungssysteme zu, die eindrucksvolle konfigurative Differenzen zeigen.

Sie bestehen einmal darin, daß das Schweizer Bildungswesen eine gänzlich andere *Aufsichts- und Kontrollstruktur* aufweist als das deutsche. Die Lehrer werden in der Schweiz von gewählten Aufsichtspersonen, die selber keine Lehrer, also in der Regel „Laien" sind, kontrolliert. Vertreter der Schulpflege kommen mindestens zwei Mal im Jahr unangemeldet zur Beobachtung und Beurteilung des Unterrichtes in die Klassen. Das deutsche Bildungswesen untersteht einer Fachaufsicht, die in der Regel aus der Lehrerschaft rekrutiert wird und die Kontrolle in einer hierarchisch organisierten Verantwortung ausübt. Hinzu kommt, daß die Lehrer in der Schweiz auf Zeit *gewählt* werden und sich nach einer Amtsperiode immer wieder der Wahl stellen müssen. In Deutschland sind Lehrer *ernannte* Beamte auf Lebenszeit.

Neben diesen gravierenden institutionellen Divergenzen finden wir sehr unterschiedliche Praktiken der Unterrichtsorganisation. So ist in der Schweiz in allen Schulformen unterhalb des Gymnasiums das *Klassenlehrerprinzip* sehr stark. Realschüler (dt. Hauptschüler) werden z. B. ab der 7. bis zur 9. Schulstufe von *einem* Lehrer unterrichtet. In Sekundarschulen (dt. Realschüler) sind in der Regel *zwei* Lehrer für die Hauptlast des Unterrichts in einer Klasse verantwortlich.[29]

Eine weitere gravierende Differenz kommt hinzu: In Deutschland ist der Unterricht in der Regel auf den Vormittag beschränkt. In der Schweiz gilt das alte System des *Nachmittagsunterrichts*, ausgenommen mittwochs und samstags.

Zu diesen Institutionsdifferenzen und Unterschieden in der Schulpraxis gesellen sich sehr viele einzelne Komponenten wie unterschiedliche personelle (z. B. kleine Klassen in der Schweiz) und sachliche Rahmenbedingungen (gute räumliche Ausstattung, gute Bezahlung der Lehrer).

Aus diesen Rahmenbedingungen, zusammen mit *lokalen Traditionen der Lehrerrekrutierung und Lehrerbildung*, kann eine *landesspezifische Erziehungskultur*, eine spezifische Art und Weise des Unterrichtens und des Umgangs mit den Schülern, resultieren.

Schon diese wenigen Hinweise zu den überraschend großen Unterschieden zwischen Deutschland und der Schweiz lassen es aussichtslos erscheinen, auf

---

29 Das Klassenlehrerprinzip dürfte im Gegensatz zum Fachlehrerprinzip auch andere Verteilungsmaße von Lehrerwahrnehmungen zur Folge haben. Wenn nur *ein* Lehrer unterrichtet, dann schält sich in der Regel eine einheitliche Meinung der Klasse heraus, d.h. die Wahrnehmungen sind innerhalb einer Klasse homogen und zwischen den Klassen heterogen (kleine bzw. große Streuung in den Urteilen). Beim Fachlehrerprinzip dürften die Verhältnisse umgekehrt liegen.

der Grundlage unserer Daten zu schlüssigen Hinweisen zu kommen, worauf die Divergenzen in den Effekten (z. B. im Wohlbefinden) zurückgeführt werden könnten. Wir wollten jedoch nichts unversucht lassen. Es könnte zumindest sein, daß alle Divergenzen in eine unterschiedliche Erziehungskultur im Klassenzimmer münden, so daß sich zumindest über diese Mikrostruktur des Umgangs der Lehrer mit den Schülern Hinweise auf die unmittelbaren Ursachen ergeben könnten. Die Frage nach den Ursachen für diese Mikrostruktur des Schüler-Lehrer-Verhältnisses wäre dabei natürlich noch unbeantwortet.

Doch auch für diesen Weg haben wir nur eine schwache Datenbasis, wenngleich wir Wahrnehmungen des Lehrerverhaltens durch Schüler erhoben haben. Diese Vergleichsmöglichkeiten beschränken sich aber auf die Erhebung in Deutschland aus dem Jahre 1973, die wir mit den beinahe 20 Jahre später erhobenen Daten in der Schweiz vergleichen können. Das Wohlbefinden in der Schule ist jedoch nach den Epochalanalysen von 1973 bis 1982 in Deutschland in etwa gleich geblieben, also auch gleich schlechter als in der Schweiz. Damit wäre auch davon auszugehen, daß damit assoziierte Ursachen in etwa gleich geblieben sein könnten.

Die Erziehungskultur in der Schulklasse haben wir in den obigen Studien über die *Wahrnehmungen der Schüler* erhoben, und zwar mit jeweils gleichlautenden Fragen.

Die in Tabelle 5.6 aufgeführten Einzelitems haben sich in aufwendigen Validierungsstudien als gute Kurzindikatoren für das Schul- und Klassenklima herauskristallisiert (FEND, 1977b).

Die Inspektion der Originalverteilungen in der deutschen und den drei Schweizer Erhebungen[30] zeigt nun ein relativ klares Bild: Nach der Wahrnehmung der Schüler verlangen die Schweizer Lehrer noch in den 90er Jahren *mehr Disziplin und Leistung*, als dies deutsche Lehrer in der Wahrnehmung der Schüler im Jahre 1973 praktizierten. Die Länder-Unterschiede sind im Disziplinbereich allerdings größer als im Leistungsbereich. Selbst bei diesen unterschiedlich „strengen" Praktiken ist das Lehrer-Schüler-Verhältnis in der Schweiz leicht besser, als es in Deutschland war.

Zu diesen Länderdifferenzen gesellen sich überraschend klare Unterschiede in der „Solidarität" der Schulklasse. Die Verhältnisse der Schüler untereinander werden in der Schweiz hoch signifikant positiver eingeschätzt. Dieses allge-

---

[30] Es zeigen sich auch bei diesen Merkmalen nur unwesentliche Unterschiede zwischen den verschiedenen Erhebungen. Die Disziplinerwartungen sind in der letzten Erhebung leicht zurückgegangen, ebenso das Gefühl, daß viel verlangt wird. Die Schüler scheinen auch etwas vernünftiger – reden mehr mit den Lehrern – aber auch selbstbewußter geworden zu sein. So läßt sich ein schwacher Trend beobachten, daß das Lehrer-Schüler-Verhältnis noch etwas besser geworden ist.

meine Urteil ist von der Wahrnehmung begleitet, daß ein Übersoll an Leistung in den Schweizer Klassen häufiger als „Streber-Verhalten" gebrandmarkt wird und daß auch Überkonformität mit den Lehrern negativ sanktioniert wird, allerdings nicht so gravierend wie in den deutschen Schulen des Jahres 1973.

Tab. 5.6: Wahrnehmungen des Schul- und Klassenklimas in deutschen und Schweizer Schulen

Prozentsätze
(Hauptschulen, Realschulen und Gymnasien der 9. Stufe)
Deutschland: Erhebung im Jahre 1973
Schweiz: Erhebungen der Jahre 1990, 1992 und 1995

DEUTSCH-LAND N= 1087	SCHWEIZ N= 1189	

Wie verhalten sich Deine Klassenkameraden Mitschülern gegenüber, die viel lernen und gute Noten bekommen?**

2.2	3.1	ist bei den Klassenkameraden besonders hoch angesehen u. beliebt
7.7	5.4	gilt bei den Klassenkameraden etwas mehr als andere
57.1	54.4	wird von den Klassenkameraden nicht anders behandelt als andere auch
26.9	31.9	wird von vielen als „Streber" belächelt
5.0	3.3	hat es in unserer Klasse schwer, Anschluß zu finden
1.0	1.9	wird von den Mitschülern geschnitten und verächtlich gemacht

Wie verhalten sich Deine Klassenkameraden Mitschülern gegenüber, die sich immer ordentlich benehmen und tun, was die Lehrer verlangen?**

4.2	3.0	ist auch bei Klassenkameraden besonders gern gesehen und beliebt
5.4	3.7	ist auch unter den Klassenkameraden eher angesehen
48.4	51.3	wird von den Mitschülern nicht anders behandelt als andere auch
17.2	30.6	wird von vielen als „Radfahrer" belächelt
20.1	8.9	hat es in unserer Klasse schwer, Anschluß zu finden
4.7	2.5	wird von den Klassenkameraden geschnitten und verächtlich gemacht

			Verhältnis zwischen Lehrern und Schülern
14.5	9.9		In unserer Klasse haben alle Angst, etwas gegen die Lehrer zu unternehmen, denn diese sitzen doch immer am längeren Hebel
48.2	52.9		Wenn wir in bestimmten Fragen Schwierigkeiten mit den Lehrern haben, reden wir mit ihnen um die Sache zu bereinigen
25.8	28.2		Bei Konflikten mit den Lehrern versucht unsere Klasse, durch gemeinsame Aktionen ihre Interessen durchzusetzen
11.6	9.0		Wenn die Lehrer in unserer Klasse stur sind, versuchen wir, ihnen das Leben so schwer wie möglich zu machen

			Wie schnell gehen die Lehrer in Deiner Schule im allgemeinen vor?**
1.7	1.8	4	es ist schwer mitzukommen, selbst wenn man sich anstrengt
3.4	3.1	3	
8.5	8.4	2	
15.3	9.6	1	
31.1	35.7	0	bei Anstrengung kann man gut mitkommen
19.3	15.2	1	
13.4	15.0	2	
4.1	5.4	3	
3.3	5.8	4	man muß sich kaum anstrengen, um mitzukommen

			Wieviel wird in Deiner Klasse (Schule) verlangt?
4.5	3.9	4	man fühlt sich oft überfordert
6.2	6.4	3	
15.2	17.9	2	
26.1	23.5	1	
35.8	35.3	0	gerade richtig
7.7	6.3	1	
1.9	2.9	2	
1.1	1.9	3	
1.6	1.9	4	es wird sehr wenig verlangt

			Wieviel mußt Du außerhalb der Schulzeit für die Schule tun?**
1.8	0.9	4	wir kommen kaum nach
2.3	3.6	3	
9.9	14.1	2	
18.0	13.5	1	
33.9	31.1	0	mittelmäßig viel
12.1	13.1	1	
8.4	10.5	2	
4.1	5.4	3	
9.3	7.7	4	wir müssen kaum etwas tun

Wieviel Disziplin verlangen Lehrer in Deiner Schule im allgemeinen?**

5.6	9.2	4	Disziplin geht den Lehrern über alles
4.8	8.2	3	
10.7	18.2	2	
18.5	19.3	1	
52.3	40.3	0	unsere Lehrer verlangen nur soviel Disziplin, wie für einen guten Unterricht notwendig ist
5.0	2.6	1	
1.6	1.5	2	
1.1	.4	3	
.3	.3	4	auf Disziplin legen unserer Lehrer so wenig Wert, daß ein geregelter Unterricht kaum zustande kommt

Wie ruhig soll es bei den meisten Lehrern Deiner Schule sein**

7.2	7.0	4	es muß völlige Ruhe herrschen
7.5	11.7.	3	
10.8	15.9	2	
16.2	14.3	1	
53.2	42.3	0	es muß so ruhig sein, daß der Unterricht nicht gestört wird
4.2	5.9	1	
.8	2.4	2	
.1	.1	3	
.0	.3	4	den Lehrern ist es egal, wie laut es ist

Verhältnis Lehrer/Schüler in der Klasse*

8.2	7.6	+4	das Verhältnis ist sehr gut und partnerschaftlich
12.1	16.0	+3	
18.7	25.6	+2	
19.7	16.8	+1	
25.2	23.9	0	das Verhältnis ist weder besonders gut noch besonders schlecht
7.0	5.0	-1	
5.0	2.6	-2	
1.9	1.0	-3	
2.2	1.5	-4	in unserer Klasse herrscht eine Atmosphäre des Mißtrauens und der Feindseligkeit zwischen Schülern und Lehrern

			Verhältnis Schüler untereinander in der Klasse**
6.6	7.7	+4	in unserer Klasse kommen alle Schüler bestens miteinander aus
14.9	24.6	+3	
20.0	24.3	+2	
17.0	16.0	+1	
24.4	18.5	0	das Verhältnis der Schüler untereinander ist weder besonders gut noch besonders schlecht
5.7	3.9	-1	
4.9	1.7	-2	
2.1	1.5	-3	
4.4	1.8	-4	in unserer Klasse herrscht unter vielen Schülern eine feindselige Stimmung
* : p< 0.05		**: p< 0.01	

Mit diesen Vergleichen erschöpfen sich unsere Aussagemöglichkeiten. Sie verweisen doch recht eindrücklich auf Divergenzen in der Erziehungskultur und machen wieder einmal sichtbar, daß hohe und klare Erwartungen im Kontext einer positiven emotionalen Beziehung von seiten der Lehrer nicht notwendigerweise mit einer negativeren Attitüde gegenüber der Schule verknüpft sind. Die direkten Korrelationen zwischen den Leistungs- und Disziplinerwartungen mit dem Wohlbefinden sind niedrig. Für das emotionale Wohlbefinden ist die Beziehungsqualität zwischen Lehrern und Schülern bedeutsamer. Es korreliert in Deutschland mit r=.42 und in der Schweiz mit r=.30 mit dem Wohlbefinden in der Schule. Damit ist die Wahrnehmung des Schüler-Lehrer-Verhältnisses sogar noch etwas wichtiger als die Wahrnehmung des Verhältnisses der Schüler untereinander (Schweiz: r=.29; Deutschland: r=.29). *Die Zufriedenheit mit den Schulleistungen*, also die Übereinstimmung zwischen Aspirationen und Erfolgen, bestimmt als zweiter Faktor das Gefühl, wie gut es einem in der Schule geht. Er ist aber überraschenderweise nur ein gleich bedeutsamer Faktor wie die obigen Klima-Wahrnehmungen (Schweiz: r=.30; Deutschland: r=.48).

Insgesamt ist angesichts der großen institutionellen Differenzen zwischen dem deutschen und dem Schweizer Bildungswesen der Sachverhalt der Ähnlichkeit von Variablen*beziehungen* und von Wahrnehmungs*konfigurationen* doch überraschend. „Schule" als besondere Institution und Lebenskultur scheint als solche bestimmte Wahrnehmungen und Haltungen zu generieren, die in allen hochindustrialisierten Ländern zu finden sind. Wie stark bestimmte Wahrnehmungen und Haltungen aber ausgeprägt sind, kann je nach Bildungssystem und den in ihnen wirksamen Größen, die zu einer national geprägten Erziehungskultur führen können, sehr unterschiedlich sein.

5.3 Die Entwicklung der Lernmotivation in der Adoleszenz

Wenn man nur wissen will, wie *verbreitet* verschiedene Aspekte der Leistungsbereitschaft sind, kann man sich auf *punktuelle* Erhebungen in verschiedenen Sektoren des Bildungswesens, zu verschiedenen historischen Zeitpunkten und in verschiedenen Ländern konzentrieren. Damit kann die Gefahr verbunden sein, die Leistungsbereitschaft als etwas Statisches zu betrachten, als etwas, das Schüler zeigen oder nicht zeigen. Die Konstanzer Longitudinalstudie erlaubt nun für die Jahrgänge der sechsten bis zehnten Schulstufe[31] die Bearbeitung der Frage, wie sich entsprechende Haltungen zu schulischen Anforderungen *entwickeln*, insbesondere wie sie sich in der allgemein als kritisch eingeschätzten Phase des Übergangs von der Kindheit in die Adoleszenz verändern.

Als eines der stabilsten Ergebnisse bei der Untersuchung altersspezifischer Besonderheiten beim Übergang von der Kindheit in die Adoleszenz hat schon die klassische Entwicklungspsychologie einen Einbruch der Leistungsbereitschaft konstatiert. Das Lehrbuchwissen (s. REMPLEIN, 1965, S. 401 ff.) hat sich dabei auf eine Dissertation von EHRHARDT aus dem Jahre 1937 gestützt, in der eine Verschlechterung der Noten und ein Anstieg der schlechten Betragens- und Fleißbeurteilungen von den 6. bis 10. Klassen berichtet wurden. Mehrere neuere Untersuchungen im amerikanischen Raum belegen ebenfalls, daß die Lernmotivation in der Adoleszenz in eine Krise geraten kann (ECCLES & MIDGLEY, 1990; 1991). Der eine Grund wird in der Entstehung immer differenzierterer Einschätzungen der eigenen Leistungen und Leistungsfähigkeiten gesehen. Zum Schulbeginn halten sich alle Kinder für sehr gut und glauben, mit Anstrengung alles erreichen zu können (STIPEK, 1981). Diese Vorstellung beginnt sich durch den im Laufe der Schulzeit stärker aufdrängenden *sozialen Vergleich* zu differenzieren; gleichzeitig werden die Leistungsergebnisse in verschiedenen Fächern im Laufe der Schuljahre in ein Konzept der relativ stabilen Begabung integriert, die ihrerseits als schwer veränderbar eingeschätzt wird. Um sich auf dieser Grundlage nicht selbst global abwerten zu müssen, reduzieren jene Schüler, die in der Schule weniger reüssieren, die Relevanz dieses Handlungsbereichs. Darin wird *eine* Ursache gesehen, warum Schulleistungen in der Adoleszenz, verglichen mit der Kindheit, affektiv weniger bedeutsam werden (vgl. HARTER & WHITESELL, 1988).

---

[31] Bei einigen Fragen stützen wir uns auf die Jahrgänge sieben bis neun, da wir für diese Altersspannen die vollständigsten Daten haben.

Eine zweite Ursache wird in der Veränderung der schulischen Umwelt beim Übergang von der Grundschule in die High-School lokalisiert. Die Einstellung der Lehrer zu den Schülern werde jetzt emotional distanzierter; Jugendliche empfänden sich paradoxerweise sogar stärker kontrolliert als in der Kindheit (ECCLES, 1993).

Die wichtigste deutschsprachige Studie zur Entwicklung der Lernmotivation auf der Sekundarstufe des Bildungswesens stammt von PEKRUN (1993). In der Münchner Studie konnte er Entwicklungsprozesse verschiedener Komponenten der Lernmotivation (intrinsische Motivation, Kompetenzmotivation, Leistungsmotivation, soziale Motivation, Anstrengung) von der 5. bis zur 9. Schulstufe beobachten. Auf allen Dimensionen ließ sich dabei ein Rückgang feststellen, mit einer Ausnahme: die *Leistungs*motivation änderte sich nicht signifikant, so daß im Verlauf der Adoleszenz dieser Motivationstyp im Vergleich zu den anderen eine größere Bedeutung bekam (PEKRUN, 1993, S. 164 ff.). Während also danach das Interesse am Lernen zurückgeht, die Freude am Kompetenzzuwachs als Motivationsquelle abnimmt und Lernen als Quelle sozialer Belohnung in den Hintergrund tritt, bleibt die Orientierung an Erfolg und Versagen als Motivationsquelle erhalten. Insgesamt führt der Rückgang motivationaler Stützen des Lernens zu einer deutlichen Reduktion der Anstrengungsbereitschaft.

Die Analysen der altersspezifischen Gefährdungen der Lernmotivation, die wir im theoretischen Teil entfaltet haben (S. 120 ff.), lassen besonders für die Zeit der frühen Adoleszenz einen Einbruch der Lernbereitschaft vermuten. Durch die große Bedeutung, die Zugehörigkeits- und Geltungswünsche bei Altersgleichen nun bekommen, bewältigen Schüler mit Leistungsproblemen ihre Identitätsgefährdung in einem häufigen Entwicklungspfad dadurch, daß sie über *cliquengesteuertes Risikoverhalten außerhalb der Schule* soziale Anerkennung suchen. Der früher (FEND, 1990) berichtete enge Zusammenhang zwischen geringer Leistungsbereitschaft, Rauchen und Alkoholkonsum verweist auf die Bedeutung der obigen Interpretation. Der Einbruch der Lernmotivation würde damit über den *Relevanzabbau* (Valenzparameter) schulischen Lernens erfolgen. Er könnte in der mittleren und späten Adoleszenz dann verstärkt werden, wenn mangels Berufsperspektiven keine *berufs- und interessenbezogene Identität*, die die Anstrengungsbereitschaft auf Ziele hin ausrichtet und den selbstwertbezogenen und intrinsischen Lernanreizen eine langfristige Richtung gibt, aufgebaut werden kann.

In jeder Lebensphase kann sich die Lern- und Leistungsbereitschaft aber auch stabilisieren und positiv zur Gesamtentwicklung der Persönlichkeit beitragen. In der schulischen Anfangsphase geschieht dies vor allem über Kompetenzerfahrungen, in der Frühadoleszenz durch die Möglichkeit, mit dem Pfund der eigenen Kompetenz zu wuchern und es hilfreich und neidlos Mitschülern zur

Verfügung zu stellen, und in der späteren Adoleszenz durch die Entwicklung einer am individuellen Leistungsvermögen orientierten Berufsperspektive.

5.3.1 Gerät die Lernmotivation in der Adoleszenz in eine Krise?

Nach den obigen Überlegungen müssen wir erwarten, daß die Lernmotivation in der Adoleszenz zumindest aus drei Gründen unter Druck geraten kann:

1. Der Druck der Altersgleichen kann in dieser Altersphase sehr groß werden. Er wird durch den in dieser Lebensphase besonders ausgeprägten Wunsch, gleich wie die andern sein zu wollen und dazu gehören zu wollen, oft übermächtig. Eine persönliche Leistungsprofilierung, die immer auch Distanz zu anderen impliziert, die ein „Besser-sein-Wollen" suggeriert und ein leistungsmäßiges Herausragen nahelegt, kann dabei als störend empfunden werden. Es kann faktisch auch zu einer eher randständigen sozialen Position führen, die kluge Kinder natürlich zu vermeiden suchen, und sei es durch demonstrative Leistungs- und Schuldistanz.

2. In der Adoleszenz verändert sich die Bedürfnisstruktur, andere Interessen, insbesondere solche sexueller Art, treten in den Vordergrund und können die Aufmerksamkeit von Jungen und Mädchen besetzen. Sie haben somit andere Dinge im „Kopf" als „trockenen" Schulstoff. Reduzierte Aufmerksamkeit und geringeres Interesse können in der Folge die Leistungsbereitschaft und schulische Leistungen beeinträchtigen. Mädchen und Jungen könnten dies aber unterschiedlich erleben. Während bei Jungen sexuelle Phantasien in den Vordergrund treten können – die sexuelle Vulgärsprache dieser Altersphase stützt diese Vermutung –, sind Mädchen stärker von „Beunruhigungs-Phantasien" zu Attraktivität und Schönheit besetzt.

3. In der Adoleszenz wird das soziale Beziehungsgefüge reorganisiert. Kinder treten aus autoritativen Bindungen zu Eltern heraus und entwickeln ein größeres Maß an Selbständigkeit und Selbstregulierung. Dieser Prozeß verläuft nicht immer konfliktfrei, er vollzieht sich vielmehr über mehrere Jahre in komplexen Aushandlungsprozessen. Wenn Kinder von sich aus „vernünftig" würden, dann fiele es vielen Eltern leicht, ihre Kinder aus Führungsansprüchen „loszulassen". Da die Schullaufbahn so entscheidend die Lebensgeschichte bestimmen kann, sehen sie in einer entsprechenden Lenkung und Unterstützung ihre größte Aufgabe. Wenn die Schulkarriere nun nicht reibungslos „läuft", dann versuchen viele Eltern, durch zusätzlichen Druck Schulprobleme in den Griff zu bekommen und die Kinder auf einem als gut empfundenen Weg zu halten. Ihre Lenkungsansprüche steigen in einer Zeit, in der die Jugendlichen zunehmend mehr Eigenständigkeit und Unabhängigkeit verlangen. In ihrem Selbst-

verständnis müssen sie sich von den Eltern „emanzipieren". Dies impliziert häufig, sich den regulativen Eingriffen der Eltern zu entziehen, sich ihren Hausaufgaben-Betreuungen zu versagen und durch Leistungsdistanz gelegentlich auch persönliche Unabhängigkeit zu demonstrieren. Der *Prozeß der sozialen Verselbständigung überlagert hier die Entwicklung der Leistungsbereitschaft* und bringt diese unter Druck.

Kommen alle drei Aspekte zusammen, dann müßte die Leistungsbereitschaft in der Adoleszenz in eine deutliche Krise geraten. Erst an der Schwelle zu Berufsentscheidungen, wenn Jugendliche einzusehen beginnen, wie bedeutsam eine positive Schullaufbahn für die Berufskarriere sein kann, dürfte sich wieder eine Erholung der Leistungsbereitschaft zeigen. Die realistische Aussicht auf die Verwirklichung persönlicher Berufsinteressen könnte die neue große Chance sein, Leistungsbereitschaft als einen legitimen Teil der eigenen Identität zu empfinden. Jemand zu sein, der etwas erreichen und leisten möchte, wird dann im glücklichen Fall wieder ein akzeptierter Aspekt der eigenen Identität.

Selbstverständlich sind zu den Thesen eines quasi „natürlichen", pubertätsbedingten Rückgangs der Lernmotivation auch Gegenthesen denkbar. Sie bewegen sich vor allem im Umkreis kontextueller Einflüsse. Die Lernmotivation in der Adoleszenz ist danach vor allem von den Erfahrungen abhängig, die Jugendliche in der Familie, der Altersgruppe und der Schule machen. Eine entwicklungsgemäße Gestaltung des Schullebens und des schulischen Unterrichtes, eine entwicklungsabgestimmte Begleitung durch die Eltern sowie ein solidarisches und kompetenzbetontes Klima unter Gleichaltrigen, mit vielen außerschulischen Erlebnismöglichkeiten in anderen Ländern und in informellen Gruppen, können zusammenwirken und zu einer produktiven Transformation kindlicher Lernbereitschaft zu einem jugendlichen Leistungswillen führen. Sind diese Vermutungen richtig, dann müßten wir bedeutsame interindividuelle, auf Kontexte zurückführbare Unterschiede in der Entwicklung der Leistungsbereitschaft finden.

Wir können den Thesen des Einbruchs der Leistungsbereitschaft in der Adoleszenz hier in einem ersten Schritt nachgehen, indem wir die Antworten der Jugendlichen der 6. bis zur 10. Schulstufe verfolgen.

Die Abb. 5.11 dokumentiert, daß das Verhältnis von Mädchen und Jungen zur Schule in der Frühadoleszenz von Jahr zu Jahr tatsächlich schwieriger und distanzierter wird. Besonders die Schulfreude sinkt von der 6. zur 7. Klasse abrupt. In diesem Zeitraum steigt auch – besonders bei Mädchen – die Distanz zu den Lehrern (s. auch FEND, 1990, S. 93-103).

Abb. 5.11: Zur Entwicklung der Leistungsbereitschaft: Deutschland

Leistungsbereitschaft und Disziplin

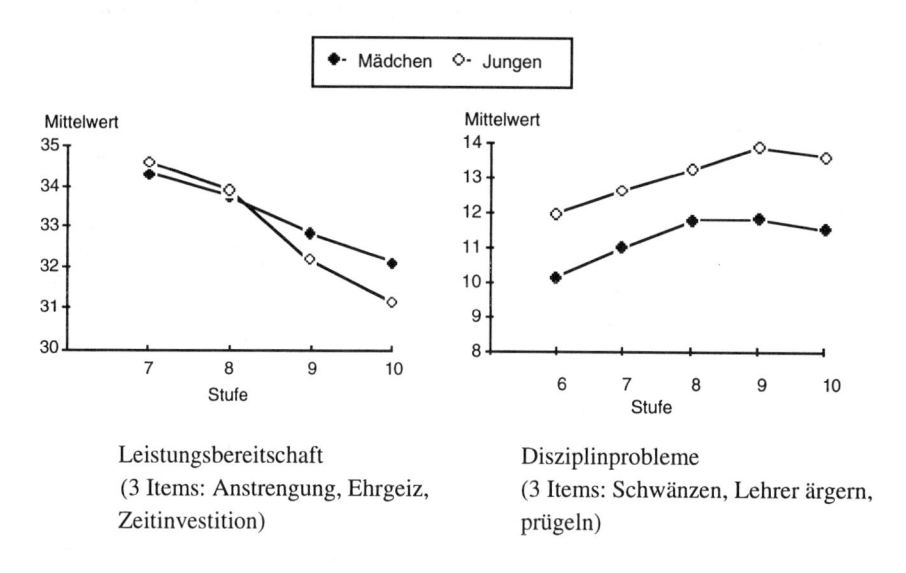

Leistungsbereitschaft
(3 Items: Anstrengung, Ehrgeiz, Zeitinvestition)

Disziplinprobleme
(3 Items: Schwänzen, Lehrer ärgern, prügeln)

Sich-Wohlfühlen in der Schule und Distanz zur Lehrerschaft

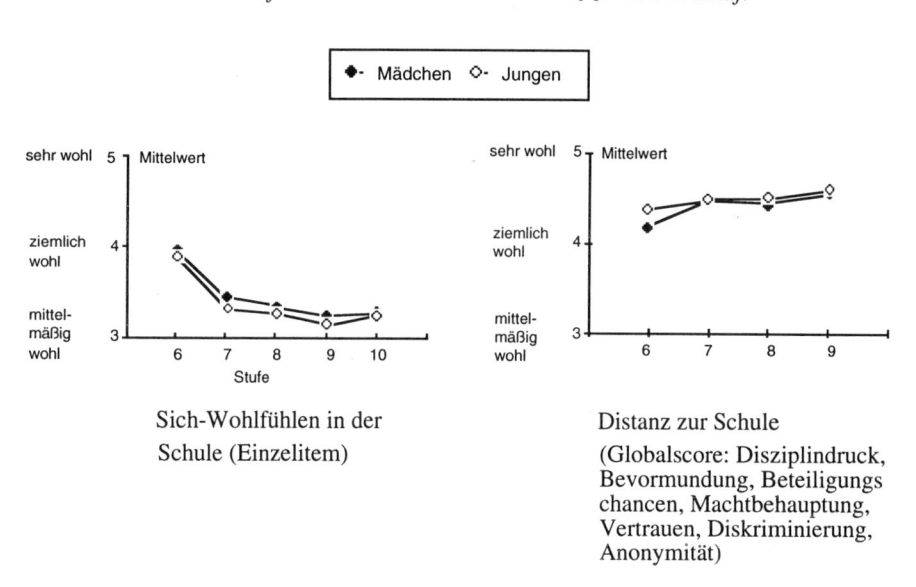

Sich-Wohlfühlen in der
Schule (Einzelitem)

Distanz zur Schule
(Globalscore: Disziplindruck, Bevormundung, Beteiligungschancen, Machtbehauptung, Vertrauen, Diskriminierung, Anonymität)

Eine häufig zu findende Alltagsvorstellung über die „problematischen Schuljahre" scheint sich hier zu bestätigen. Der globale Eindruck differenziert sich jedoch, wenn man die einzelnen Indikatoren nach Geschlecht getrennt analysiert. Diese Differenzierung ist wichtig, zeigt sich doch, daß die ausgeprägte Distanzierung im Sinne „frechen" und „faulen" Schülerverhaltens bei Jungen klarer ausgeprägt ist als bei Mädchen. Sie agieren ihre Probleme stärker nach außen aus, als Mädchen dies tun.

Zur Illustration der Veränderung der Leistungsbereitschaft: Wohlbefinden, Anstrengung und Disziplin

Um diese Entwicklungen zu illustrieren, sollen hier Veränderungen bei zentralen Einzelitems dokumentiert werden (Tab. 5.7). Dabei wird bei der Verschlechterung des Sich-Wohlfühlens in der Schule sichtbar, daß fast 70% der Schüler in der 6. Stufe sich „sehr wohl" oder „ziemlich wohl" gefühlt haben, in der 9. Stufe äußern sich nur mehr etwa 36% auf diese Weise. Eine stabile Abneigung gegen die Schule zeigen in der 6. Stufe etwa 7%, in der 9. Stufe etwa 23%.

Die Sechstkläßler haben wir zusätzlich nach einem Rückblick zu ihrem „Wohlbefinden in der Grundschule" gefragt, wohl wissend, daß Rückblicke eine andere Aussagekraft als Gegenwartsurteile haben. Die Verklärungstendenz scheint aber in diesem Alter nicht sehr hoch zu sein. Es ergeben sich nämlich die gleichen Verteilungen des Wohlbefindens in der Grundschule (67% „sehr wohl" und „ziemlich wohl") wie in der Gegenwart der 6. Stufe.

Tab. 5.7: Wohlbefinden in der Schule, 9-stufiges und 5-stufiges Item im Vergleich

Prozentsätze
5-stufiges Item: Wie wohl fühlst Du Dich in der Schule?

	6. St.	7. St.	8. St.	9. St.	10. St.
N=	2010	2029	1971	1895	1502
sehr/ziemlich wohl (Kat. 1 und 2)	69.6	42.7	38.7	36.1	40.3
mittelmäßig wohl (Kat. 3)	23.3	39.2	42.1	40.4	40.0
wenig/gar nicht wohl (Kat. 4 und 5)	7.1	18.0	19.3	23.5	19.6
	100%	100%	100%	100%	100%

Mit 16 Jahren, im 10. Schuljahr, ändert sich dann das Wohlbefinden bei den in der Schule verbleibenden Schüler wieder etwas zum Positiven, wobei zu

berücksichtigen ist, daß die Hauptschüler die Schule bereits verlassen haben. Wenn letztere eine Lehrstelle gefunden haben, dann steigt ihr Wohlbefinden am neuen Arbeitsplatz im Vergleich zum letzten Schuljahr deutlich an (von 16% auf 52.2% der beiden höchsten Kategorien des 9-stufigen Items zum Wohlbefinden). Krasser könnte die Schulunlust nicht zum Ausdruck kommen, die die Schule gerade bei dieser Schülergruppe erzeugt hat.

Das Absinken der Anstrengungsbereitschaft

Die Veränderung der Anstrengung vom 6. zum 10. Schuljahr ist in Tab. 5.8 ebenfalls durch ein Einzelitem illustriert. Dabei wird sichtbar, daß in der 6. Stufe noch *zwei Drittel* aller Schüler sagen, daß sie sich sehr oder ziemlich anstrengen, während dies in der 10. Schulstufe gerade noch *ein Drittel* aller Jungen und Mädchen berichten. „Wenig" oder „gar nicht" sich anzustrengen, geben in der 6. Klasse gerade *5%* an, in der 10. dann etwa *25%*.

Tab. 5.8: Anstrengung für die Schule

Prozentsätze
Wie sehr strengst Du Dich für die Schule an?

	6. St.	7. St.	8. St.	9. St.	10. St.
N=	2008	2025	1975	1899	1535
sehr/ziemlich (Kat.1 und 2)	65.0	53.7	46.3	40.3	33.0
mittelmäßig (Kat. 3)	29.2	36.0	41.9	42.2	42.7
wenig/gar nicht (Kat. 4 und 5)	5.7	10.2	11.8	17.5	24.3
	100%	100%	100%	100%	100%

Bei der konkreteren Frage nach der Zeitinvestition bei Hausaufgaben liegen die Verhältnisse etwas anders. Die Durchschnittswerte sinken hier nicht von Klasse zu Klasse, sie steigen aber auch nicht in dem Ausmaß, das aufgrund der objektiv größeren Belastbarkeit und der objektiv größeren Anforderungen zu erwarten wäre. Gleichzeitig polarisieren sich mit steigendem Jahrgang die Schüler in solche, die sehr viel, und solche, die sehr wenig zu Hause arbeiten (s. Tab. 5.9).

Tab. 5.9: Wie lange arbeitest Du täglich ungefähr außerhalb der Schulzeit für die Schule? (Z. B. Hausaufgaben, Vorbereitungen)

Prozentsätze

	6. St.	7. St.	8. St.	9. St.	10. St.
N=	1937	1983	1944	1846	1528
1/2 Std. und weniger (Kat. 1)	34.0	26.2	29.5	32.0	38.0
1 Std. bis 1 1/2 Std. (Kat. 2-3)	51.4	56.0	51.9	46.5	44.1
2 Std. und mehr (Kat. 4-6)	14.6	17.8	18.6	21.5	17.9
	100%	100%	100%	100%	100%

Disziplinprobleme nehmen zu

Deutliche Größenordnungen sind vor allem bei der *Veränderung des disziplinrelevanten Verhaltens* zu beobachten. So sinkt die Anzahl der Schüler, die ihre Lehrer *nie* absichtlich geärgert haben, von ca. 40% in der 6. Klasse auf ca. 20% in der 10. Schulstufe. Beim Item „Lehrern ‚nie' freche Antworten geben" verändern sich die entsprechenden Prozentsätze von *60% auf 25%*. Nie geschwänzt haben ca. *88%* der Sechstkläßler, aber nur mehr *38%* der Zehntkläßler.

Veränderungen in den Lehrerwahrnehmungen: Starker Rückgang der persönlichen Beziehungen, weniger starker Rückgang der strikten Kontrolle

Größere Disziplinprobleme und ein entsprechendes Verhalten der Lehrer scheinen sich in dieser Altersphase *aufzuschaukeln*. Dies könnte man zumindest aus dem Ergebnis schließen, daß sich auch markante *Veränderungen in der Wahrnehmung des Lehrerverhaltens* beobachten lassen. Bei folgenden Aussagen finden wir z. B. klare *Verschlechterungen* (Items im folgenden sinngemäß umformuliert).

- Lehrer gehen weniger auf die Eigenarten und Probleme einzelner Schüler ein.
- Die Schüler haben weniger das Gefühl, die meisten Lehrer würden ihnen helfen, wenn sie in Schwierigkeiten sind.
- Weniger Schüler meinen, an ihrer Schule von den meisten Lehrern ernst genommen zu werden.

- Die Schüler haben weniger den Eindruck, daß sich die meisten Lehrer bemühen, sie auch persönlich kennenzulernen.
- Wenn man in der Schule Probleme habe, finde man niemanden, der sich um einen kümmert.
- Häufig würden die Lehrer einen Schüler bloßstellen, wenn er etwas falsch gemacht habe.
- Wenn sich ein Lehrer über einen Schüler ärgere, dann lasse er ihn häufig zur Strafe links liegen.

Wie diese Items zum Ausdruck bringen, verändert sich insbesondere das *Vertrauensverhältnis* zwischen Schülern und Lehrern bzw. die Wahrnehmung von erfahrenem *Respekt* und persönlicher Zuwendung. Mit dem Älterwerden fühlen sich die Jugendlichen weniger *persönlich* angesprochen. Die *Sanktionsformen der Lehrer werden subtiler*, sie sind nicht mehr so sehr äußerlich auf „Schimpfen" und „Anschreien" ausgerichtet, sondern indizieren eher eine demonstrative innere Ablehnung bzw. *geringe Wertschätzung* eines Schülers. Diese Wertschätzung wird von Jahr zu Jahr *leistungsabhängiger* und unpersönlicher. Schüler glauben immer stärker, daß auf jene, die nicht mitkommen, wenig Rücksicht genommen wird, und sie haben häufiger das Gefühl, daß Lehrer glauben, ihnen könne man wenig beibringen.

Erstaunlicherweise nehmen Schüler auch mit steigendem Jahrgang etwas *weniger Beteiligungschancen* im Sinne der Möglichkeit wahr, mitzubestimmen und Einfluß auf das schulische Geschehen zu nehmen, obwohl diese objektiv größer werden dürften. Hier verändern sich gewiß auch Standards, an denen die Lehrer und die Schule nun gemessen werden, so daß die subjektive Einschätzung anders ausfällt, als die objektiven Sachverhalte (s. Mitbestimmungsgesetze) nahelegen würden.

Gibt es auch *positive* Veränderungen? In einem Punkt werden sie sichtbar: eine offensichtliche *Bevormundung* („Von vielen Lehrern werden wir wie kleine Kinder behandelt", „Die meisten Lehrer wollen immer nur eine bestimmte Antwort hören", „Die meisten Lehrer glauben, man müsse uns alles vorschreiben") *geht zurück,* und strikte Disziplin wird in späteren Klassen weniger häufig verlangt. Hier kommt doch zum Ausdruck, daß Lehrer mehr Selbständigkeit erwarten. Auf der Beziehungsebene wird dagegen das Schüler-Lehrer-Verhältnis deutlich distanzierter.

Keine bedeutsamen altersbezogenen Veränderungen ergeben sich bei der Wahrnehmung des Leistungsdrucks bzw. bei der Wahrnehmung disziplinärer Forderungen nach Ruhe im Unterricht.[32]

---

32 Wenn man mit entsprechenden Subskalen Varianzanalysen mit abhängigen Messungen durchführt, dann läßt sich über die altersbezogenen F-Werte die Gewichtigkeit

Die 7. Klasse als kritisches Jahr?

Eine schwer erklärbare aber durchgehende Besonderheit in der Entwicklung der Schulklima-Wahrnehmungen sei hier lediglich erwähnt. Sie verändern sich nicht ausschließlich linear mit den entsprechenden Schulstufen. *Der Abfall positiver Beurteilungen der Zuwendung durch die Schule betrifft besonders den Wechsel von der 6. zur 7. Schulstufe.* Zu diesem Zeitpunkte erleben viele Schüler im deutschen Schulwesen einen Lehrerwechsel. Sie verlieren häufig die Lehrpersonen, die sie noch als Kinder gekannt und in die ersten Anzeichen der Pubertät begleitet haben. Den neuen Lehrern erscheinen sie vielleicht eher schon als „unangenehme Pubertierende", so daß sie von vornherein meinen, sich durch Strenge und Distanz vor unangenehmen Überraschungen sichern zu müssen. Doch dies ist nur eine mögliche Erklärung. Eine andere könnte auf die neuen Fächer verweisen, die viele Schüler in der 7. Stufe bekommen (z.B. zweite Fremdsprache) und die viele bis an ihre Leistungsgrenze beanspruchen. In der 8. Klasse, gelegentlich auch in der 9. Klasse, zeigen sich dann „Erholungseffekte". Dies würde bedeuten, daß man der 7. Klasse besondere Aufmerksamkeit schenken müßte, wenn man pädagogische Aufgaben aus diesen Daten ableiten wollte.

Die große Frage, die sich hier stellt, ist die, ob wir es bei solchen Veränderungen mit universalen, reifungs- und pubertätsbedingten Entwicklungen zu tun haben oder ob die Schule selber „schuld ist", ob sich Lehrer unterschiedlich geschickt auf diese Lebensphase einstellen.

Wenn die Wahrnehmungen des Lehrerverhaltens stärker nach Klasse und Schule schwanken würden als nach Alter, dann wäre dies ein wichtiger Hinweis für die Bedeutung der Lehreranteile an den jeweiligen Empfindungen der Schüler. Frühere Erhebungen haben die große Schul- und Klassenvarianz sichtbar gemacht (s. FEND, 1977b), so daß wir zumindest von einem beträchtlichen Anteil der Bedeutung realen Lehrerverhaltens als Determinationsquelle von Schülerwahrnehmungen ausgehen müssen. Merkmale der Schulklasse können jedoch das Lehrerverhalten nicht unerheblich beeinflussen. Jeder Lehrer hat die Erfahrung gemacht, daß er in den einen Klassen gut zurecht kommt, in anderen eher Mühe hat. Auch die unterschiedlichen Urteile über Lehrer in verschiedenen Schulformen – sie sind in der Regel *in Hauptschulen ungünstiger als in den Gymnasien* – lassen darauf schließen, daß Lehrer ei-

---

dieses Faktors „Alter" abschätzen. Dabei zeigt sich, daß eine Globaldimension „Dialogbereitschaft" (zusammengesetzt aus „Machtbehauptung", „Bevormundung" und „Beteiligungschancen") weniger nach Alter variiert als die Globaldimension „personale Fürsorge" (zusammengesetzt aus „Vertrauen", „Vermeidung leistungsbezogener Diskriminierung", „Anonymität"). Die entsprechenden F-Werte sind 19.16 vs. 62.65 (df, 4, 1500; P=1.000).

nem Klientel gegenüberstehen können, das auch unterschiedlich leicht geführt werden kann.

Der zentralen Frage, ob es sich hier um Kontexteinflüsse oder Entwicklungsphänomene handelt, können wir dann am besten nachgehen, wenn wir der Entwicklung in sehr unterschiedlichen Kontexten, etwa in Bildungssystemen verschiedener Länder, nachgehen. An dieser Stelle wird wieder der Vergleich zwischen der Schweiz und Deutschland wichtig.

5.3.2 Entwicklungstrends der Lernmotivation in der Adoleszenz bei Schweizer Jugendlichen

Die alters- und schulstufenbezogenen Veränderungen der Leistungsbereitschaft, des Wohlbefindens in der Schule und des disziplinären Verhaltens haben die Interpretation nahegelegt, daß es sich dabei tatsächlich um „*Entwicklungsphänomene*", also um universal mit der „Pubertät" verbundene Erscheinungen, handelt. Die Klassenvarianz in den Urteilen über die Lehrer wiederum hat auf die mögliche Bedeutung des Lehrerverhaltens verwiesen. Wenn wir einen *universalen* Entwicklungstrend beim Übergang von der Kindheit ins Jugendalter vor uns haben, dann muß er in *verschiedenen Kulturen bzw. Gesellschaften* auftauchen und damit teilweise auch kontextunabhängig sein. Amerikanische Ergebnisse legen nun tatsächlich für den Übergang von der Elementarschule in die Middle School oder Junior-High-School, wenn dieser nach der 6. oder 7. Klasse erfolgt, einen ähnlichen Entwicklungstrend nahe (ECCLES, 1993).

Der Vergleich der Daten aus der Schweizer und der deutschen Studie erlaubt, einen kleinen Beitrag zu dieser Frage nach der *Universalität* der obigen Entwicklungstrends zu leisten. Steigt auch in der Schweiz, also in einem Land mit einer ähnlichen Gesellschaftsordnung und Kultur, die Distanz zur Schule? Da wir *Querschnitte* aus den 7. und 9. Schulstufen erhoben haben, können wir zumindest *Annäherungen* an eine Antwort finden. Wie Tab. 5.10 zeigt, geben auch in der Schweiz die älteren Schüler im Vergleich zu den jüngeren an, weniger für die Schule zu tun, sich weniger anzustrengen. Bei der Frage nach dem „Ehrgeiz" und der „Ausdauer" kommen diese Altersunterschiede erwartungsgemäß nicht so deutlich zum Vorschein.

Tab. 5.10: Leistungsbereitschaft und Schulbezug bei Schweizer Schülern der 7. und 9. Schulstufe

z-Werte

	z- Werte		%SSQ[10]
	7. Stufe	9. Stufe	
N=	359	305	
Hausaufgabenzeit[1]	.13	-.15	1.94***
Anstrengung[2]	.21	-.25	5.31***
Ausdauer[3]	.08	-.10	.80*
Ehrgeiz[4]	-.04	.05	.20
Schulfreude[5]	.16	-.18	2.63***
Lernstrategien (Coping)[6]	.16	-.18	2.63***
Frechheiten gg. Lehrer[7]	-.06	.07	.43
Aggression gg. Gleichaltrige[8]	.12	-.15	1.85***
Absentismus[9]	-.27	.35	8.67***

1) Einzelitem: Zeit für Hausaufgaben
2) Einzelitem: Wie sehr strengst Du Dich an...
3) Einzelitem: Wieviel Ausdauer hast Du...
4) Einzelitem: Wie ehrgeizig bist Du...
5) Skala zur Schulfreude
   Beispielitem: „Ich gehe ziemlich gerne zur Schule"
6) Skala Lernkompetenzen
   Beispielitem: " Ich arbeite gründlich und genau"
7) Skala zur Lehreraggression
   Beispielitem: „Den Lehrer absichtlich ärgern..., Dem Lehrer freche Antworten geben"
8) Skala zur Mitschüleraggression
   Beispielitem: „Mich mit anderen prügeln"
9) Skala Absentismus
   Beispielitem: „Schule geschwänzt..."
10) Prozent aufgeklärter Quadratsummen
    Sterne zeigen Signifikanzen (von p < .001 bis p < .05)

Nicht so ausgeprägt wie in Deutschland, aber statistisch signifikant sinken von der 7. zur 9. Schulstufe auch das Wohlbefinden in der Schule und die optimalen Lernstrategien ab. Im Disziplinbereich ergeben sich nur im Absentismus klare Veränderungen, nicht etwa bei „Lehrern freche Antworten geben" oder bei „Aggression gegen Mitschüler", die sogar von der 7. zur 9. Schulstufe signifikant sinkt. Das „Schwänzen" hingegen steigt deutlich an.

Insgesamt findet sich in der Schweiz eine im Vergleich zu Deutschland deutliche *Abschwächung* des „altersbedingten" Rückganges der Leistungsbereitschaft.

Um die Größenrelationen einschätzen zu können, sei darauf hingewiesen, daß die Schweizer Schüler der 9. Stufe etwa gleich häufig sehr gern und gern zur Schule gehen wie die Schüler der 6. Stufe in Deutschland.

Wenn man diese Ergebnisse zusätzlich nach Geschlecht differenziert, dann tritt ein Sachverhalt zutage, der parallel zu jenem in Deutschland verläuft. Der Rückgang der Schulfreude, der Leistungsbereitschaft und des Wohlbefindens sowie der Anstieg von Disziplinproblemen findet sich vor allem bei Jungen.

Insgesamt drängt sich so der Schluß auf, daß wir es sowohl mit Entwicklungsphänomenen als auch mit Kontexteinflüssen zu tun haben. Auf allgemeiner Ebene ist diese Aussage sicher nicht sehr widerspruchsträchtig. Sie wird praktisch in der Detailanalyse interessant, wenn danach gefragt wird, welche Formen des Lehrerhandelns auf Entwicklungsprozesse der Jugendlichen gut abgestimmt sind und so sowohl einen altersgemäßen Umbau der Lernmotivation und der Beziehungen zu Schule und Lehrern ermöglichen als auch den grundlegenden Kontakt zu den Adoleszenten erhalten helfen. Diese Frage könnte auch negativ formuliert werden: Welche Haltungen der Lehrer sind für diese Entwicklungsphase geradezu „toxisch", sind also weder entwicklungsförderlich noch beziehungsstiftend?

5.3.3 Intraindividuelle Entwicklungsverläufe

Die Analyse der *altersbezogenen Veränderung von Mittelwerten* ist – wie mehrfach erwähnt – nur ein erster Schritt, um Entwicklungsprozesse darzustellen. Hinter gleichbleibenden Mittelwerten könnten z. B. gleich große Schülergruppen stehen, die sich verbessert, und solche, die sich verschlechtert haben. Die Frage, wer sich verbessert und wer sich verschlechtert bzw. wer gleichbleibend gut oder belastet ist, steht natürlich im Vordergrund, wenn man pädagogisch relevante Informationen bekommen will. Solche Entwicklungsverläufe, die auf die *Veränderungen innerhalb einzelner Personen* Bezug nehmen, werden intraindividuelle Veränderungen genannt. Um sie zu erfassen, sind Längsschnittstudien notwendig, die Daten bei den gleichen Schülern erheben. Erst auf einer solchen Datengrundlage können dann die Werte jeder Person von Erhebungszeitpunkt zu Erhebungszeitpunkt inspiziert werden, um zu überprüfen, *wie ihr Verlauf aussieht, ob sie z. B. steigen, fallen oder gleich bleiben.*

Die Stabilität der Leistungsbereitschaft: Gruppen mit hoher Leistungsbereitschaft sind gleichzeitig auch sehr stabil

Die *allgemeine Stabilität* oder Instabilität der Leistungsbereitschaft von Jahr zu Jahr kann durch die entsprechenden Korrelationen ausgedrückt werden. In unserem Fall bleiben sie von Jahr zu Jahr in etwa gleich, und zwar in der Größenordnung zwischen r=.62 und r=.73. Sie schwanken aber sehr nach Untergruppen. So sind Mädchen und Jungen in ländlichen Gymnasien in ihrem Lernverhalten besonders stabil. Hauptschüler in Stadt und Land schwanken am stärksten. Diese Stabilitätswerte entsprechen in etwa jenen bei anderen Persönlichkeitsmerkmalen und demonstrieren, daß wir neben einer hohen Stabilität auch von einer recht zuverlässigen Messung der Resultante einer stabilen oder labilen Lernmotivation ausgehen können.

Insgesamt wird sich zeigen, daß die Leistungsbereitschaft am Ende der Kindheit (hier in der 7. Klasse gemessen) die beste Prognose für die weiteren Entwicklungsprozesse bildet (Korrelation r=.47 der Leistungsbereitschaft von Klasse 7 mit der von Klasse 10). Damit wird sehr klar, daß die am Ende der Kindheit verfestigte Lernhaltung und Umgangsweise mit der Schule auch in der Pubertät sehr stabil bleibt.

Intraindividuelle Entwicklungsmuster: Wer verbessert sich, wer verschlechtert sich?

Auch bei hoher Stabilität gibt es bei verschiedenen Jungen und Mädchen Unterschiede in der Verlaufsform. Die einen machen eine Entwicklung immer stärkerer Distanzierung von Leistungserwartungen durch, andere bleiben über alle Jahre sehr leistungsbereit. Ob es erkennbare Ursachen für diese unterschiedlichen Entwicklungswege gibt, wäre eine wichtige Frage. Bei ihr können wir einen Moment verweilen, wenn wir für alle untersuchten Mädchen und Jungen analysieren, welche Verlaufsformen ihre Entwicklung der Leistungsbereitschaft nehmen kann. Dazu bedarf es einer Definition von Veränderungsformen und einer Zuordnung jedes Schülers zu entsprechenden Veränderungsmustern. Wenn wir Jahr für Jahr vergleichen, wie sich ein Wert, z.B. auf der Skala „Schulische Adaption" (Wertebereich 1 bis 10) bei einem Schüler verändert, dann sind solche Muster erkennbar.

Jemand bleibt z. B. nach unserer Definition positiv stabil, wenn er über 4 Jahre z. B. die Wertefolge 9, 10, 9, 9 aufweist. Jugendliche würden sich zunehmend von „Leistungsbereitschaft und Disziplin" distanzieren (Verlaufsmuster des „Abfalls"), wenn die Wertefolge 9, 6, 5, 4 zeigen würden. Auf diese Weise haben wir verschiedene Entwicklungstypen gebildet, von denen besonders vier interessieren:

- *positiv stabile:* auf einem hohen Niveau der Leistungsbereitschaft verbleibend (z. B. Werte-Folgen wie: 8, 8, 8, 9)

- *negativ stabile:* auf einem niedrigen Niveau der Leistungsbereitschaft verbleibend (z. B. Werte-Folgen wie 3, 3, 4, 3)

- Verbesserungen der Leistungsbereitschaft (*aufwärts*)
  (z. B. Werte-Folgen wie 4, 6, 8, 9)
- Verschlechterungen der Leistungsbereitschaft (*abwärts*)
  (z. B. Werte-Folgen wie 9, 7, 5, 3)

Wie können nun solche Gruppen gebildet werden, wenn über 1000 Jugendliche analysiert werden sollen? Über ein entsprechendes Computerprogramm wurden die Kriterien definiert und umgesetzt, wann jemand in eine der obigen Gruppen fällt. Es waren dies die folgenden:

1: Als „positiv stabil" wurden Schüler definiert, die über alle Jahre eine halbe Standardabweichung über dem Mittelwert lagen.

2: Komplementär galten jene Schüler als „negativ stabil", die sich über alle Jahre eine halbe Standardabweichung unter dem Mittelwert befanden.

3: Verbesserung wurde dann angenommen, wenn der Betakoeffizient[33] zwischen Merkmal und Zeitpunkten (1-4) größer oder gleich .70 war.

4: Betrug der Betakoeffizient zwischen Merkmal und Zeitpunkten (1-4) bei einer Person -.70 und mehr, dann wurde sie in die Kategorie „Verschlechterung" gruppiert.

Neben diesen Hauptgruppen wurden drei Untergruppen gebildet: Schüler, deren Entwicklung positiv oder negativ „gewölbt", also kurvilinear verlaufen ist (quadratische Korrelationen zwischen Zeitpunkten und Werten), und Jugendliche, die eine fluktuierende Entwicklung zeigten (Restgruppe). Für jeden Schüler wurden diese Entwicklungsverläufe analysiert und dann in die obigen Gruppen eingeteilt.

Die Frage, die im Anschluß an diese Gruppenbildung gestellt werden kann, ist nun pädagogisch höchst relevant: *Welche Mädchen und Jungen bleiben unter welchen Bedingungen auch in der Pubertät stabil leistungsorientiert, welche entwickeln sich negativ?* Insgesamt ist unübersehbar (s. Tab. 5.11), daß die Frühadoleszenz keine Lebensphase ist, in der Steigerungen der Leistungsbereitschaft und positiver Lernhaltungen gleich wahrscheinlich sind wie Verschlechterungen. Anstiege kommen zwar vor, sie sind jedoch relativ selten und bewegen sich im Vergleich zu den anderen Veränderungstypen um die 3%. Somit muß es bereits als positiv angesehen werden, wenn keine Verschlechterungen eintreten. Dies heißt aber auch, daß gerade die Zeit *vor* der Pubertät jene Lebensphase darstellt, in der es gelingen sollte, positive Lern-

---

[33] Der Betakoeffizient gibt die Steigung der Geraden an, mit welcher eine lineare Beziehung zwischen zwei Werten hergestellt wird, entsprechend der Gleichung für eine Gerade: $y = \alpha + \beta x$. Y ist in diesem Fall die Leistungsbereitschaft, x sind die Zeitpunkte der Messung von 1 bis 4 (oder 5).

haltungen aufzubauen. Die Pubertät selber ist dann eher eine Zeit, in der ein Kampf um eine vernünftige Relativierung und Transformation einer kindlichen Leistungseinstellung einsetzen muß. Dabei geht es vor allem um die Vereinbarkeit von individuellem Leistungsstreben mit sozialen Zugehörigkeitswünschen. In der mittleren Adoleszenz spielt eine rationale Einbettung von Lernanstrengungen in Berufsvorstellungen eine große Rolle. Damit werden Schulleistungen als Mittel der Berufswahl wichtig, instrumentelle Motive treten also in den Vordergrund.

Tab. 5.11: Verlauf: Leistungsbereitschaft und Disziplin (13-16jährige, s. Abb. 5.2)

Prozentangaben

	stabil positiv	*stabil negativ*	*auf*	*ab*	*quadrat. auf-ab*	*quadrat. ab-auf*	*fluktuierend*	
WEIBL. N= 1496	35.4	14.5	3.1	20.8	5.5	6.7	14.1	100%
MÄNNL. N= 1502	24.8	14.9	2.4	32.0	6.5	5.3	14.2	100%
C: .15**								
STADT N= 1402	18.2	16.1	3.3	30.6	7.9	7.6	16.4	100%
LAND N= 2402	37.6	13.9	2.4	23.2	4.9	5.2	12.8	100%
C: .20**								

Ursachen unterschiedlicher Verlaufsmuster

Die Prädiktion des Entwicklungsverlaufs der Leistungsbereitschaft gehört zweifellos zu den schwierigsten, aber auch pädagogisch bedeutsamsten Fragestellungen zum Umgang mit der Schule in der Adoleszenz.

Eine allgemeine Antwort haben wir bereits durch die Analyse der Stabilitätskoeffizienten bei der Leistungsbereitschaft erhalten. Sie hat gezeigt, *daß der „Ausgang aus der Kindheit" den „Durchgang durch die Adoleszenz" am stärksten von allen Determinationsfaktoren bestimmt.* Die Karten werden nicht von Jahr zu Jahr ganz neu gemischt. Hohe Anstrengungsbereitschaft und geringe Anstrengungsbereitschaft sind sich selber stabilisierende Funktionssysteme der Persönlichkeit, die auch in der Adoleszenz relativ stabil bleiben. Stabilitätskoeffizienten geben aber lediglich die Veränderung oder Stabilität einer Person im Vergleich zu anderen von einem Meßzeitpunkt zum anderen an. Wir wir gesehen haben, kann das allgemeine Niveau der Leistungsbereitschaft sinken, die relative Position eines Schülers aber stabil bleiben.

Doch die Stabilität ist nicht absolut, wir finden vielmehr intraindividuelle Veränderungen, z.B. solche des Abstiegs und des Aufstiegs. In bezug auf die berichtete Anstrengungsbereitschaft müssen wir aber überwiegend von Abwärtstrends ausgehen und fragen, bei wem dies noch am wenigsten der Fall ist bzw. wer einen deutlichen Abfall erlebt. Dafür können *personale* und *kontextuelle* Faktoren verantwortlich sein, etwa eine Verschlechterung der Erfolgsgeschichte (Notenindikator) oder eben Reaktionen der Umwelt, der Eltern, Lehrer und Freunde.

Unser pädagogisches Interesse richtet sich auf Auswertungen, die nach den *unmittelbaren (proximalen) sozialen Kontextbedingungen* fragen. Sie geben die zentralen Hinweise auf pädagogische Handlungsmöglichkeiten, weil pädagogisches Handeln ja selber immer eine „Kontextvariable" ist.

Der erste Kandidat für eine positive Beeinflussung des Verlaufs der Leistungsbereitschaft in der Adoleszenz, den es zu überprüfen gilt, ist natürlich das *Elternhaus:* Schützt ein positives Verhältnis zu den Eltern am Ende der Kindheit vor „Leistungseinbrüchen" im Sinne vergrößerter Schul- und Leistungsdistanz? Die zweite „Gestaltungsquelle" wäre die Schule: Kommt es auf den schulischen Kontext an, auf die *Qualität des Schüler-Lehrer-Verhältnisses*? Schließlich gilt es, den möglichen „Antagonisten" einer positiven Leistungs- und Schulorientierung zu befragen, die schulische *Altersgruppe*. Gibt es hier Normen, die die Leistungsbereitschaft fördern oder eher negativ beeinflussen?

Die Ergebnisse in Tab. 5.12, in der nur mehr die vier Haupttypen der Veränderung berücksichtigt sind, bestätigen nur in der Tendenz die Kontextabhängigkeit unterschiedlicher Entwicklungsverläufe. Sie weisen zwar alle in die vermutete Richtung, ohne immer die statistische Signifikanzgrenze zu erreichen. Selbst bei einer Aufgliederung der Umweltbedingungen in Extremkonstellationen des unteren und oberen Quartils treten keine hochsignifikanten Relationen auf. Aber die konsistente Richtung der Zusammenhänge ist ermutigend. Kinder, die im 12. Lebensjahr ein besonders positives Verhältnis zu den Eltern berichten, bleiben sogar signifikant häufiger ($p < .05$) in ihrer Lei-

Tab. 5.12: Entwicklung der schulischen Leistungsbereitschaft und Disziplin (Globalscore) von 13 bis 16 Jahren bei Jungen und Mädchen

Prozentsätze/c-Koeffizienten

	stabil[1] leistungsorientiert	stabil[2] leistungsdistanziert	aufwärts[3]	abwärts[4]		
N =	277	133	25	235		
Positives Elternverhältnis am Ende der Kindheit[5]	44	13	2	41	100%	
Negatives Verhältnis zu den Eltern (12 Jahre, Quartile)	35	25	5	34	100%	c=.18*
Positive Schulerfahrung in der Mitte der Pubertät[6]	45	19	2	34	100%	
Negative Erfahrung in der Mitte der Pubertät (14 Jahre, Quartile)	42	13	2	43	100%	c=.09
Hoher Leistungsdruck[7]	47	16	5	33	100%	
Niedriger Leistungsdruck (14 Jahre, Quartile)	36	24	3	37	100%	c=.13
Noten gut	45	17	4	34	100%	
Noten schlecht	36	24	4	37	100%	c=.10
Hohe Statusrelevanz von Schulleistungen	48	16	3	34	100%	
Niedrige Statusrelevanz von Schulleistungen[8] (14 Jahre, Quartile)	35	23	3	39	100%	c=.13

1: Halbe Standardabweichung über dem Mittelwert über alle Jahre
2: Halbe Standardabweichung unter dem Mittelwert über alle Jahre
3: Betakoeffizient > .70 zwischen Merkmal und Zeitpunkten (1-5)
4: Betakoeffizient < -.70 zwischen Merkmal und Zeitpunkten (1-5)
5: Gemessen mit dem Globalscore „Stützsystem Eltern" mit 12 Jahren
6: Gemessen mit dem Globalscore „Stützsystem Lehrer" mit 14 Jahren
7: Gemessen mit der Skala „Leistungsdruck" mit 14 Jahren
8: Gemessen mit der Skala „Statusrelevanz von Schulleistungen"

stungsorientierung stabil. Die Wahrnehmung einer hilfreichen Lehrerschaft ist in der Tendenz wichtig, ebenso die Perzeption, daß in der Schule viel verlangt wird. Gilt Leistung in Schulklassen unter Mitschülern viel, dann stützt dies ebenfalls in der Tendenz eine stabile Leistungsorientierung.

Zum andern scheint das *kulturelle Milieu* insgesamt bedeutsam zu sein. Darauf verweisen sowohl die Zusammenhänge mit dem regionalen Kontext als auch die Länderunterschiede. Schließlich ist die Leistungsbereitschaft bei kirchlich und religiös engagierten Jugendlichen größer. Die Wertschätzung von Leistungsbereitschaft und Normerfüllung im jeweiligen Lebenskreis bestimmen also die Haltung der heranwachsenden Kinder in unübersehbarem Maße mit. Nicht zuletzt tritt der *Einflußbereich der „Gleichaltrigen"* und die durch sie ausgelöste Dynamik in dieser Altersphase mit Macht auf die Bühne der „Menschenformung". Hier tauchen Gegenkräfte zur Leistungsbereitschaft auf, da die soziale Anerkennung, die Gleichaltrige gewähren können, nicht von der Übereinstimmung mit dem offiziellen schulischen Normensystem abhängig sein muß. Bei unseren Jugendlichen ist dies unübersehbar der Fall. Meinungsführer und Schüler mit einem hohen sozialen Ansehen in der Klasse geben sich leistungsdistanzierter als der Durchschnitt. Dies ist zumindest der globale Trend, der aber viele Variationen in Schulen und Klassen aufweist (SPECHT & FEND, 1979). Die neue Bühne der Gewinnung von Anerkennung, der Kreis der Gleichaltrigen, ist für Jugendliche sowohl eine Chance, sich selbst zu stabilisieren, als auch eine Gefahr – dies über wenig zukunftsträchtige Strategien zu tun. Insgesamt ist aber die Frage berechtigt, ob eine bestimmte Distanzierungsfähigkeit von Erwartungen Erwachsener Teil eines altersphasenspezifischen Verselbständigungsprozesses und Teil des Bemühens sein kann, Gemeinsamkeit und Solidarität im Angesichte individualisierender Leistungszumutungen bewahren zu können.

Die pädagogische Wertung des Rückgangs demonstrierter oder gar demonstrativer Leistungsbereitschaft muß somit auch die *mögliche Funktion des Rückgangs demonstrativer Schulkonformität* berücksichtigen. Sie kann im Dienste der Verselbständigung, der Gewinnung sozialer Akzeptanz und des Schutzes der eigenen Identität stehen. Erst die Betrachtung von „Individuallagen" würde es ermöglichen, jeweils zu einem Urteil zu gelangen, was im konkreten Fall im Hintergrund steht. Wir werden auch wieder mit dem Sachverhalt konfrontiert, daß zur ausgewogenen Beurteilung einzelner Entwicklungsprozesse gleichzeitig soziale Aspekte, Leistungsaspekte und Aspekte der psychischen Stabilität berücksichtigt werden müssen.

5.4 Leistungsbereitschaft und Risikopfade in der Adoleszenz

Die schwierigste, pädagogisch aber auch relevanteste Auswertung von Entwicklungsprozessen besteht darin, Entwicklungspfade zu identifizieren. Darunter sollen Veränderungsketten verstanden werden, die nicht nur die Veränderungen von Ausprägung auf einer Variable berücksichtigen, sondern *zeitversetzte Verschachtelungen mehrerer Handlungsbereiche*, „knowing how way leads on to way" – um Robert FROST (The Road Not Taken) zu zitieren. So wissen wir heute, daß Problementwicklungen, die bei Jungen zu Delinquenz in der Jugendphase führen, mit schlecht synchronisierten Interaktionen zwischen Mutter und Kind in den ersten Lebensjahren, bedingt durch die Kombination ungünstiger materieller Umstände, latenter Ablehnung des Kindes durch die Mutter und daraus resultierender Überforderung sowie einem schwierigen Temperament des Jungen, beginnen können. Sie setzen sich in einer nächsten Phase in oppositionellem Verhalten und Verhaltensproblemen des Kleinkindes fort, um in den ersten Schuljahren die Gestalt von Disziplinproblemen, Leistungsproblemen und Ablehnungserfahrungen durch Mitschüler infolge aggressiven Verhaltens anzunehmen. In der frühen Adoleszenz verlagert sich die Problematik aus der Schule hinaus in gruppenbezogenes Risikoverhalten. Der nächste Schritt führt dann zu Delinquenz und schließlich zu gemeinschaftlichem oder individuellem kriminellem Verhalten. In jeder Altersphase gibt es aber Kinder und Jugendliche, die einen günstigen Entwicklungspfad einschlagen und aus der obigen „Logik" ausbrechen, und solche, die die Problementwicklung konsequent fortsetzen (LOEBER, 1982).

Formal analog ließen sich Entwicklungspfade in depressive Lebenszugriffe analysieren. Insgesamt käme man dann möglicherweise zu jenen zwei „unproduktiven" Entwicklungswegen, die Alfred ADLER (1966) die des *Angriffs* und des *Rückzugs* genannt hat.

Hier interessiert uns jener *Entwicklungspfad, der zu einer ausgeprägten Leistungsdistanz führt.*

Eine geringe Leistungsbereitschaft ist, so hat sich mehrmals gezeigt, auffallend deutlich mit einer klaren Präferenz für außerfamiliäre Aktivitäten von Schülern verbunden, die gleichzeitig mit Risikoverhalten wie Alkoholkonsum, Nikotinkonsum und frühen gegengeschlechtlichen Kontakten assoziiert sind (r= -.35 bzw. -.26 zwischen Erwachsenenprivilegien und Leistungsbereitschaft bei Mädchen bzw. Jungen mit 15 Jahren). Umgekehrt läßt der Verlauf der schulischen Adaption gut auf die Entwicklung des obigen Risikoverhaltens schließen. Wenn man die negativen (stabil negativ und abwärts) und die positiven Entwicklungsverläufe (stabil positiv und aufwärts) der schulischen Adaption zusammenfaßt und untersucht, wie sich in diesen beiden

Gruppen von der 7. zur 10. Klasse das Auftreten von Risikoverhalten entwickelt, dann zeigt sich, wie in Abb. 5.12 ersichtlich ist, klar die Verfrühungstendenz. Bei negativem Entwicklungsverlauf der Leistungsbereitschaft treten entsprechende jugendspezifische Risikoverhaltensweisen im Durchschnitt ein Jahr früher auf.

Abb. 5.12: Entwicklung des Risikoverhaltens (Ausgang, Rauchen, Alkohol, Ausgaben) in Abhängigkeit von der Entwicklung der Leistungsbereitschaft (Indikator: Globalwert von Leistungsbereitschaft und Disziplin, Positiver Verlauf: stabil positiv und aufwärts, Negativer Verlauf: stabil negativ und abwärts)

Positiv: $N = 302$
Negativ: $N = 368$
Mittelwerte: Risikoindikatoren

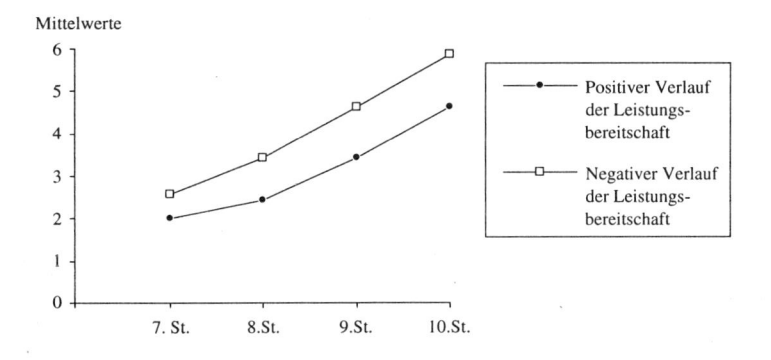

Unsere hypothetischen Erklärungsversuche laufen darauf hinaus, daß hinter diesem Oberflächenphänomen adoleszenzspezifische Problemkonstellationen stehen. Sie bestehen einmal darin, daß in dieser Lebensphase das Bedürfnis groß ist, sich vom „Kindsein" demonstrativ zu distanzieren. Dieses Bedürfnis ist für diese Lebensphase „normal" und „richtig". Problematisch kann es werden, wenn Leistungsabstinenz die symbolische Bedeutung bekommt, die Distanz zur Kindheit sichtbar zu machen. Zum anderen kann in der Frühadoleszenz das Bedürfnis in den Vordergrund treten, in der Altersgruppe eine bedeutende Rolle zu spielen. In der Kindheit konnte dies häufig noch durch gute Schulleistungen befriedigt werden. Für viele Jugendliche wird dies ein Problem, da sie häufig von der Schule nur negativ stigmatisierende Botschaften erhalten. Schuldistanz kann dann ein Weg sein, sich aus identitätsbedrohenden schulischen Versagungserfahrungen herauszulösen und auf schulfremden Wegen Geltung in der Altersgruppe zu finden.

Wir vermuten, daß dieser Pfad bei Mädchen noch klarer ausgeprägt ist als bei Jungen. Über die Hintergründe können wir auf der Basis unserer Daten nur spekulieren. Wenn wir jedoch Forschungen aus anderen Untersuchungen mit heranziehen (s. STATTIN & MAGNUSSON, 1990), dann ließe sich folgendes hypothetisches Bild zeichnen: In der Frühadoleszenz erleben jene Mädchen, die früh entwickelt sind und häufig attraktiv aussehen, wenn sie gleichzeitig familiär nicht gut eingebunden und leistungsmäßig schwach abgesichert sind, eine neue Entwicklungschance. Sie besteht in der Intensivierung der Geschlechtsrolle, in der pointierten Entfaltung der Attraktivität für das andere Geschlecht. Dies führt sie einerseits aus schulischen Bewährungen und Anstrengungen heraus und läßt sie Geltung und Erfolg außerhalb der Schule beim anderen Geschlecht suchen. Viele altersspezifische Bedürfnisse wirken dabei zusammen: Die Suche nach der eigenen Geschlechtsrolle läßt deren Merkmale besonders in den Mittelpunkt treten (gender intensification). Das Bedürfnis nach Geltung bei Altersgleichen wird experimentell umgesetzt und in außerhäuslichen Lokalitäten befriedigt. Die Loslösung von den Eltern vollzieht sich im Rahmen der Konflikte, die bei der Präferenz für das Außer-Haus-Sein entstehen.

Die *„subjektiven Gewinne"* eines solchen Prozesses sind die potentielle Erhöhung des Selbstwertgefühls, die Sicherheit und Erfahrung im Umgang mit dem anderen Geschlecht und die Identifikation mit der eigenen Geschlechtsrolle. Die Risiken sind aber ebenso deutlich. Sie bestehen im Verlust einer eigenständigen Langzeitperspektive bezüglich Ausbildung und Beruf sowie in der Ausbeutbarkeit durch meist ältere Freunde, d.h. sie werden Opfer von „sexual predators", wie es Eleanor MACCOBY (Vortrag in Atlanta bei der Society for Research on Adolescence, 1992) genannt hat. Gesundheitliche Risiken im Zusammenhang mit Alkohol, Nikotin und Schwangerschaften begleiten diesen Prozeß. Meist geht auch die Intensität sportlicher Betätigung zurück, so daß das positive Körpererleben nicht über dessen „Kompetenzsignale" aufgebaut wird.

Die Risikopfade bei den Jungen verlaufen, so könnte man hypostasieren, teils parallel, teils unterschiedlich. Auch bei ihnen findet sich der im Laufe der Adoleszenz immer stärker werdende Zusammenhang zwischen Leistungsdistanz und Risikoverhalten. Sie sind jedoch Ausbeutungsgefahren durch das andere Geschlecht weniger ausgesetzt und bleiben stärker in berufliche Perspektiven eingebunden, wenngleich dies vor allem konflikthaft über Auseinandersetzungen mit den Eltern und deren oft verzweifelte Versuche geschieht, die Jugendlichen auf einem vernünftigen beruflichen Pfad zu halten. Das Risikoverhalten und die Leistungsdistanz haben zudem bei Jungen noch stärker als bei Mädchen die Funktion des Sich-zur-Geltung-Bringens vor dem Publikum der Klassenkameraden. Alle Faktoren wirken dann zusammen, dem schulischen Leistungsverhalten einen geringen Stellenwert zuzuschreiben.

Es wäre jugendpolitisch und pädagogisch außerordentlich bedeutsam, die obigen Spekulationen empirisch abzusichern. Einen bescheidenen Versuch, dies auch zu tun, erlauben unsere Daten, wenn wir z. B. zu prognostizieren versuchen, wie sich die Leistungsbereitschaft und Disziplin in der 9. Schulstufe von Informationen aus der 8. Schulstufe vorhersagen läßt. Die Risikoverhaltensweisen in der 8. Stufe (Erwachsenenprivilegien), der Geltungsstatus in der Schulklasse (wer steht im Mittelpunkt?) und die Konflikte mit den Eltern in Sachen Ausgehen und Schulleistung können als Prädiktoren herangezogen werden. Nach den obigen Hypothesen müßten wir diese Berechnungen nach Geschlecht gesondert vornehmen. Wir haben eine zusätzliche Differenzierung, nämlich jene nach Schulform eingeführt. Leistungsdistanz bedeutet in Gymnasien möglicherweise etwas anderes als in Hauptschulen. In Gymnasien dürfte der identitätsbedrohende Charakter negativer Leistungsergebnisse im Vordergrund stehen. Schüler können es hier angesichts des Elite-Anspruchs dieser Schulform wahrscheinlich sehr schwer ertragen, als „dumm" dazustehen, als wenig begabt angesehen zu werden. Sie müssen deshalb besonders geschickte Strategien anwenden, um dies zu verschleiern, um dies nicht öffentlich werden zu lassen. „Self-handicapping", das Schaffen ungünstiger Bedingungen, um gar nicht erfolgreich sein zu können – etwa in der Form realer oder vorgespielter „Faulheit" – dürfte hier als defensive Strategie besonders verbreitet sein. In Hauptschulen steht die Relevanzreduktion schulischer Anstrengung im Vordergrund, die auf frühen Inkompetenzerfahrungen aufbaut und durch eine geringe Instrumentalität des Gelernten für wichtige Ziele verstärkt wird. Schulische Begabung gehört hier möglicherweise in geringem Maße zum Zentrum der eigenen Identität.

Tab. 5.13 enthält die Korrelationen der Leistungsorientierung in der 9. Schulstufe mit den genannten Prädiktoren, gemessen ein Jahr zuvor, also in der 8. Schulstufe.

Sie zeigt in allen Subgruppen ein ähnliches Muster. Die Risikoverhaltensweisen (Erwachsenenprivilegien) hängen deutlich mit der Leistungsorientierung ein Jahr später zusammen, ebenso der Geltungsstatus und der Dissens mit den Eltern. Die vermutete Akzentuierung der Probleme bei Mädchen im „Ausgehen" und die der Jungen bei „Schulleistungen" findet sich überraschenderweise so nur bei Hauptschülern. Hier hängt eine geringe Leistungsorientierung bei Jungen tatsächlich nur bei Jungen mit wahrgenommenem Eltern-Dissens bei Leistungen zusammen, bei Mädchen nur mit Dissens beim Ausgehen. In den Realschulen und im Gymnasium ist ein Konflikt mit der „Außerhäusigkeit" (Streit zum „Ausgang") in der 8. Klasse bei Jungen jeweils noch stärker mit einer reduzierten Anstrengungsbereitschaft in der 9. Schulstufe verbunden als bei Mädchen. Beide Konfliktzonen mit den Eltern werfen aber den Schatten einer sinkenden Leistungsbereitschaft voraus.

Alle diese Faktoren, Dissens mit den Eltern, Suche nach Geltung in der Klasse und eine soziale Frühentwicklung, akzentuieren und verstärken eine schwach etablierte Leistungsorientierung aus der Kindheit. Letztere bleibt auch angesichts der obigen Korrelate der stärkste prognostische Faktor.

Tab. 5.13: Prädiktion von schulischer Adaption, aufgegliedert nach Geschlecht und Schulform

Korrelationen

Schulische Adaption: Leistung- und Disziplinhaltungen, gemessen mit 15 Jahren (9. Kl.)	Merkmale der Schüler, gemessen mit 14 Jahren (8. Kl.)			
	Dissens mit Eltern			
	Wann ich am Abend zu Hause sein soll	Was ich in der Schule leisten soll	Geltung in der Klasse (Soziometrische Wahlen)	Erwachsenenprivilegien
Mädchen				
Hauptschule N= 221	-.111	.076	-.317	-.359
Realschule N= 313	-.152	-.174	-.096	-.349
Gymnasium N= 272	-.112	-.171	-.250	-.465
Jungen				
Hauptschule N= 246	.010	-.203	-.248	-.315
Realschule N= 255	-.348	-.119	-.215	-.361
Gymnasium N= 234	-.236	-.192	-.295	-.267

Ein Entwicklungspfad zu Leistungs- und Schuldistanz

Eines der stabilsten Ergebnisse zu den Begleitprozessen geringer Anstrengungsbereitschaft bestand darin, daß Risikoverhalten (Alkohol, Rauchen, Ausgehen, Geld) am stärksten damit verbunden war. Sowohl in der großen deutschen Längsschnittstudie als auch in den drei Schweizer Studien konnte diese Beziehung gefunden werden (durchschnittliche Korrelation von „Leistungsbereitschaft und Disziplin" mit „Erwachsenenprivilegien" r=-.40). Dies legt nahe, nach Entwicklungspfaden zu suchen, in denen diese beiden Verhaltensbereiche miteinander verbunden sind. Ein solches Modell der Entwicklung, das zu einer niedrigen Leistungsbereitschaft führt, soll durch ein einfaches Verfahren abschließend illustriert werden. Wenn wir die Leistungsbereitschaft mit sechzehn Jahren (10. Schulstufe) prognostizieren wollen, dann können wir mit der Leistungsbereitschaft am Beginn der Adoleszenz, mit dreizehn Jahren (7. Schulstufe), beginnen, in einem nächsten Schritt gehen wir davon aus, daß das Risikoverhalten mit vierzehn Jahren (8. Stufe) ein neuer verstärkender Schritt sein könnte, auf den wiederum sozial bestätigend die Erfolge im Sinne sozialer Geltung in der 9. Stufe folgen könnten. Die Kombination einer niedrigen Leistungsbereitschaft mit 13, einem hohen Risikoverhalten mit 14, einer ausgeprägten sozialen Geltung mit 15 führt, wenn man alle Variablen medianisiert, zu einer deutlich anderen Verteilung hoher und niedriger Leistungsbereitschaft, als wenn alle obigen Prädiktoren positiv aussähen *(38 zu 62% niedrige bzw. hohe Leistungsbereitschaft mit 16 im Vergleich zu 77 zu 23% niedrige bzw. hohe Leistungsbereitschaft mit 16).* Jede Etappe neuer Risiken führt jedes Jahr dazu, daß etwa 5 bis 10% mehr Schüler in die Kategorie der niedrigen Leistungsbereitschaft „rutschen".

Damit wird auch sichtbar, daß die jeweilige Orientierung gegenüber der Schule in eine „Lebenshaltung" und in altersspezifische Besonderheiten der Gewinnung von Ansehen und Selbständigkeit bei Gleichaltrigen eingebettet ist. Das Handlungssystem „Lern- und Schulmotivation" ist eng in den Wandel des Selbstverständnisses und in die Bedürfnisse, die beim Übergang von der Kindheit altersspezifisch akzentuiert werden, eingebunden. Wenn diese Zusammenhänge nicht gesehen werden, dann besteht die Gefahr, daß versucht wird, Wertungen und Bedeutungsstrukturen bei Jugendlichen „wegzutherapieren", die eine wichtige Funktion im gesamten psychischen Haushalt haben. Ohne einen entsprechenden „Ersatz" können Risikoverhaltensweisen nicht folgenlos „gelöscht" werden.

Schulische Erfahrungen greifen jedoch noch viel tiefer in die Funktionsweise des personalen Systems ein, sie tangieren grundlegende Bedürfnisse des heranwachsenden Menschen. Der heranwachsende Mensch muß im Kontext der Schule mit sich selbst ins reine kommen, er muß seinen Ort im schulischen Spektrum von Leistungsmöglichkeiten finden und seine Wege entdecken, auf denen er sich selbst positiv zur Geltung bringen kann. Er muß lernen, sich selbst im Raum der Schule akzeptieren zu können.

Mit dieser Thematik beschäftigt sich das folgende Kapitel.

*„Zeugnisse gab es zu jener Zeit
noch keine. Ob ich geschickt
oder ungeschickt war, wußte
ich nicht."*

(A. Rüegg, 1916)

*Reifeprüfung
Ich wurde gemessen
in Zahlen, mit Punkten,
an Worten, die nicht die
meinen waren.
Durchgecheckt, auf Tauglichkeit geprüft
und als mittelmäßig abgestempelt.*
Brigitte Scheuerle, 19 Jahre

(Jugendwerk der Deutschen Shell, 1984)

*Die Schweizer sind das meistgeprüfte
Volk der Gegenwart.*
Anonymus

6. Die Verarbeitung von Leistungserfahrungen zum Selbstbild: die eigenen Fähigkeiten und Interessen entdecken

Neben dem Aufbau disziplinierter Haltungen der Lebensbewältigung, die im Kontext der Schule entwicklungsangemessen eingeübt werden, trägt das Bildungswesen durch die Mitkonstitution der *Leistungs-Identität* zum Kernbereich der Individuation unter modernen Lebensbedingungen bei. Unter „Leistungs-Identität" wird die jeweilige Selektion von Möglichkeiten der Selbstdefinition im Spektrum von Leistungsfähigkeiten verstanden, die ein Individuum für sich reklamiert. Schulen bieten eine Vielzahl solcher Möglichkeiten: Mathematik zu mögen oder zu hassen, sportlich begabt zu sein oder nur „Spaß zu haben", ehrgeizig zu sein oder Schule nicht zu mögen, „faul" zu sein oder durchhalten zu können, sich als begabt oder eher durchschnittlich zu verstehen usw. Im Laufe der langjährigen Schulerfahrungen wählen Schüler aus diesem Spektrum das aus, was sie als zu ihnen gehörig empfinden, was sie sind, was sie interessiert, was ihnen liegt. Damit entstehen Selbstdefinitionen im Spektrum von *Interessen und Vorlieben,* von *Leistungsfähigkeiten und Leistungsmöglichkeiten.* Es entstehen Handlungsweisen und Erlebnisweisen, mit denen sie sich *„identisch" fühlen,* die sie als Teil ihrer selbst ansehen, und es kristallisieren sich Handlungszusammenhänge und Erlebnisweisen heraus, die sie als „unangenehm", als „fremd" empfinden. Das

Gefühl des „Wohl-seins" in einem Handlungsbereichs drückt diese „Identität" aus. Was Schülern „fremd" ist, machen sie dann nur unter „Druck", unter oft massivem Einsatz lernfremder Sanktionen. Das Bildungswesen repräsentiert den paradigmatischen Raum für die Entstehung solcher Selbstdefinitionen, für die Entdeckung der eigenen Möglichkeiten und Vorlieben. Der Begriff des „Selbst", der in der modernen Persönlichkeitstheorie eine zentrale Bedeutung hat, nimmt auf die jeweilige psychische Konfiguration dieser Selbst-Zuschreibungen bezug.

Unbestritten ist die *Entwicklung des Selbstbildes der eigenen Leistungsfähigkeiten* ein Kernpunkt der Persönlichkeitsentwicklung in der Moderne. Die Zitate am Beginn dieses Kapitels, die etwa hundert Jahre, den Anfang dieses Jahrhunderts bis heute, umspannen, bringen zum Ausdruck, welch ungeheuer dichte, genaue und langandauernde Spiegelung ihrer Leistungen Kinder und Jugendliche im Bildungswesen erfahren. Auf dieser Grundlage konstruieren Kinder und Adoleszente ein differenziertes Bild von sich selber, was sie können, was ihnen liegt, wie sie leistungsmäßig eigentlich sind. Wie wir sehen werden, haben wir es aber nicht mit einer passiven Abbildung des von der Schule gezeichneten Leistungsbildes in einem Selbstbild des Kindes oder Jugendlichen zu tun, sondern mit einem persönlich und sozial gestalteten *Konstruktionsprozeß*, der auch aus dem Bedürfnis gespeist ist, gut zu sein, leistungsmäßig etwas darzustellen. Dabei sind die Rückmeldungen, verglichen mit denen in anderen wichtigen Handlungsbereichen, z. B. dem Feld sozialer Kontakte und sozialer Zugehörigkeiten, in denen sich „Erfolge" oder „Mißerfolge" in Beliebtheit oder Ablehnung manifestieren, im Leistungsbereich relativ genau und objektiv. Die Spiegelungen im sozialen Bereich sind ungleich unsystematischer, sporadischer, schwerer interpretierbar und ambivalent. Man kann sich hier deshalb leichter und länger Illusionen machen und Illusionen hingeben, aber auch ungerechtfertigterweise unterschätzen. Die Leistungsbeurteilung in der Schule ist dagegen ein enges Korsett von relativ objektiven Rückmeldungen, von objektiven Spiegelungen. Sie repräsentieren ein langjähriges Erfahrungsfeld, in welchem man die eigenen Möglichkeiten und Grenzen kennenlernen kann. Die Imagination, was man sein möchte, was einem im Leben offen steht oder verschlossen bleibt, wird wesentlich durch die Bildungs- und Erfolgserfahrungen in der Schule gespeist. Schulen sind dadurch heute zentrale *Lernfelder für die Selbstfindung*, die in der Adoleszenz in eine kritische Phase tritt.[34]

---

[34] Dies kann natürlich auch kritisch gesehen werden, wenn die schulische Standardisierung von Leistungserwartungen und die permanente und lückenlose Buchführung über die Leistungen jedes Schülers zu einem Kontrollmittel der Institution verkommt und nicht als Hilfestellung für die bestmögliche Erkenntnis der eigenen Schwerpunkte dient.

Die Erfahrungen in der Schule *strahlen damit auf die Funktionsweise der Persönlichkeit insgesamt aus*, ja sie können sie in weiten Bereichen bestimmen. Die „psychische Gesundheit", mental health, wie die Amerikaner sagen, ist von Schulerfolg und Mißerfolg ebenso betroffen wie die Befriedigung grundlegender Bedürfnisse, etwa jener, „gut", „bedeutend" und „anerkannt" sein zu wollen. Die berichteten „Tagträume" der Schüler (Abb. 4.1) belegen dies eindrucksvoll.

Auf dem Hintergrund dieser Überlegungen müssen die Suchprozesse nach Verarbeitungskonsequenzen ihr Augenmerk auf zwei Bereiche richten: auf Konsequenzen im konkret leistungsbezogenen Selbstbild und auf Konsequenzen in der generellen Funktionsweise des Selbst. Das konkret leistungsbezogene Selbstbild wird wieder Teil der Lernmotivation, wenn es z. B. über selbstbezügliche Inkompetenzzuschreibungen zu einer Haltung der Mutlosigkeit führt. Neben diesem Wirkungspfad, also dem Weg von der *Leistungsbeurteilung* über habitualisierte Erfolgseinschätzungen *hin* zur *Lernmotivation (1)*, besteht ein zweiter Wirkungsweg: jener zur *generalisierten Einschätzung des eigenen Wertes als Person (2)*, die zu einer Steigerung oder Beeinträchtigung der *psychisch gesunden Funktionsweise der Persönlichkeit* führen kann. Diese Konsequenzen für die Adaption der Person insgesamt stehen hier im Mittelpunkt des Interesses.

Folgen des Leistungs-Selbstbildes für motivationale Verfestigungen

Die Bewältigung von schulischen Lernsituationen impliziert tausendfache Kreisprozesse zwischen der Handlungsregulierung, die zu bestimmten Leistungsergebnissen führt, Bewertungen dieser Leistungen durch die Schule und Verarbeitungen der entsprechenden Erfolgs- Mißerfolgs-Meldungen (SCHMITZ & SKINNER, 1993). Dabei lassen sich positive und negative Spiralen, Eskalationen in Probleme und Eskalationen in positive Chronifizierungen beobachten. Folgende problematische Fixierungen auf ungünstigen Schleifen sind gut bekannt:

- Verfestigungen von Präferenzen im Sinne der Aufwertung oder Abwertung von konkreten oder generalisierten Leistungsbereichen;
- Verfestigungen von Annäherungs- ,aber auch von Meidungsgradienten;
- Chronifizierungen von emotionalen Reaktionen im Sinne von Angst oder Erfolgsfreude;
- problematische oder produktive Habitualisierungen von Lernstrategien im Sinne einer mehr oder weniger disziplinierten Lernhaltung;
- Verfestigungen von Wirksamkeitseinschätzungen im Sinne einer spezifischen oder generalisierten Inkompetenzeinschätzung.

Es liegt auf der Hand, daß etwa die Kumulation von geringen Präferenzen für Lernen in einem Bereich, z.B. in Mathematik, kombiniert mit einem steilen Meidungsgradienten, automatisierten Angstreaktionen, instabilen Lerngewohnheiten und generalisierter Inkompetenzeinschätzung zu einem äußerst ungünstigen Lernverhalten mit sehr geringen Erfolgsaussichten und damit zu einer potentiellen Verstärkung des obigen Reaktionsmusters führt. Die Folge wird eine geringe Aufmerksamkeit sein, eine nur unter äußerstem Druck zustandekommende Aufnahme von Lern- und Übungsaktivitäten, ein Nutzen jeder Gelegenheit, etwas anderes zu tun, eine geringe Persistenz und schließlich in der Prüfungssituation eine geringe Tiefe der Informationsverarbeitung sowie ebenfalls in Prüfungssituationen eine Häufung von zeitraubenden aufgabenirrelevanten Überlegungen, was nun die Folge des befürchteten Versagens sein wird. Wenn Lernen vor allem zu einer defensiven Strafvermeidungsaktivität wird, dann ist es, wie wir klar belegen konnten, motivational sehr schlecht etabliert (FEND et al., 1976, S. 87-143).

Ein negatives Bild der eigenen Leistungsfähigkeiten in einem Schulfach beeinträchtigt zusätzlich die Aufmerksamkeit und die Persistenz der Bewältigungsbemühungen, wenn etwas nicht sofort klappt (HELMKE, 1992). Vermittelt über die dadurch betroffene Qualität der Aufgabenerledigung, beeinträchtigt es schließlich rückwirkend dann die Schulleistungen.

„Mental health"-Folgen der schulischen Erfolgs- und Mißerfolgsinformationen

Der Weg von schulischen Leistungsinformationen zu „mental health"- relevanten Aspekten der Persönlichkeit, der im folgenden im Zentrum steht, wird über das Postulat vermittelt, daß die menschliche Persönlichkeit ein positives Bild der eigenen Person asymmetrisch präferiert. Negative Bewertungen führen zu Verarbeitungsstrategien, die an der Aufrechterhaltung einer positiven Selbstakzeptanz orientiert sind. Wie oben angekündigt, steht im folgenden der so motivierte Umgang mit Schule im Mittelpunkt.

6.1 Die Vorstrukturierung des Erfolges von Kindern über das Bildungswesen

Das Bildungswesen hat sich in der Moderne zu einem hochkomplexen und viele Jahre beanspruchenden methodischen Instrument zur Förderung optimaler Leistungen bei allen Schülern entwickelt. Es repräsentiert mit seinen ausgefeilten rechtlichen Regelungen zu Laufbahnen, die viele Jahre beanspruchen können, mit seinen Lehrplänen, durch die Lernprozesse ebenfalls über viele Jahre und bis in hohe Komplexitätsniveaus systematisch aufgebaut werden, mit seinen detailgenauen Lehrwerken und Prüfungssystemen, mit seinem langjährig ausgebildeten Personal und mit den damit verbundenen hohen Kosten eine große zivilisatorische Leistung der „methodisierten Menschenformung".

Dieser methodische Versuch, alle Schüler durch bestmöglichen Unterricht an ihr Leistungsoptimum zu führen, fördert aber auch Unterschiede in den Leistungsfähigkeiten zutage. Je besser es dem Bildungswesen gelingt, für alle Schüler ein gleichwertiges Angebot zu präsentieren, um so klarer sind Leistungsunterschiede zwischen Schülern nur mehr auf deren unterschiedliche Nutzungsfähigkeit dieser Angebote zurückzuführen. Erfolge und Mißerfolge würden damit verstärkt zu persönlich zu verantwortenden Ereignissen.

Der Erwartungshorizont für die Analyse der Bedeutung schulisch bescheinigter Erfolgs/Mißerfolgsprofile besteht in der allgemeinen Hypothese, daß es eine gewisse *Widerspiegelung* der objektiven Leistungssituation eines Kindes innerhalb des Bildungswesens in dessen subjektiven Selbsteinschätzungen gibt. Auf eine einfache Formel gebracht: Wer in den unzähligen und immer vergleichend vorgenommenen Leistungsbeurteilungen als vergleichsweise leistungsfähig, begabt und kompetent eingeschätzt wird, der wird auch subjektiv ein Selbstverständnis entwickeln, sich für begabt, kompetent und leistungsfähig zu halten. Schließlich sollte ein Muster positiver Selbsteinschätzungen in eine generell positive Selbstakzeptanz münden. Da die Leistungsvergleiche und Qualitätszuschreibungen jeweils im Kontext einer Gruppe (Schulklasse) vorgenommen werden, in der einige sehr gut und andere sehr schlecht abschneiden, müßte es auch eine entsprechende Verteilung und Ausprägung des Selbstverständnisses bei den mehr oder weniger erfolgreichen Schülern geben.

Die Wunschträume von Schülern (s. Abb. 4.1) machten schon sichtbar, daß Mädchen und Jungen deutliche Präferenzen für gute Noten, für Erfolg und Lob entwickeln. Sie akzeptieren deshalb negative Rückmeldungen, negative „Spiegelungen" nicht widerstandslos. Wir finden alle Formen der Verteidigung des Selbst, wenn es um selbstwertgefährdende Schlußfolgerungen aus den schulischen Leistungsurteilen geht.

Überlegungen dieser Art, die insbesondere von Analysen ROSENBERGs (1965) über den Zusammenhang zwischen Sozialstruktur und dem Selbstwertsystem der Persönlichkeit beeinflußt waren, haben zu der Fragestellung geführt, welche psychischen Infrastrukturen bei verschiedenen Schülergruppen dem Selektionssystem der Schule entsprechen, wie also die Beurteilung der Leistungen in der Schule in der „Seele der Schüler" gespiegelt werden. In einem handlungstheoretischen Modell des Umgangs mit schulischen Erfahrungen sprechen wir von der *„Chronifizierung" von Verarbeitungsformen von*

Erfolg und Mißerfolg." „Mit Schule umgehen zu lernen" bedeutet somit heute für alle Schüler, mit Erfolg und Mißerfolg umgehen zu lernen. Daß die Verarbeitung von Mißerfolg (coping with failure) dabei ein schwierigeres Kunststück ist als die Verarbeitung von Erfolg, leuchtet unmittelbar ein.

Eine wissenschaftliche Betrachtungsweise dieser Problematik muß vor allem versuchen, eine Systematik der Verarbeitung von Erfolg und Mißerfolg zu entwickeln. Wege dazu werden in verschiedenen theoretischen Ansätzen, wie die folgenden Beispiele zeigen, beschritten.

Die Paradigmen des symbolischen Interaktionismus und der Psychoanalyse

Die Gegenüberstellung von schulisch „angebotenen" Erfolgs- und Mißerfolgsprofilen mit der Dynamik der Persönlichkeit, die asymmetrisch positive Rückmeldungen bevorzugt, akzentuiert die Problematik, welches Verhältnis zur Schule jene Kinder und Jugendliche entwickeln, die auf der Schattenseite schulischer Laufbahnen stehen. In zwei in den 70er Jahren weit verbreiteten Paradigmen ist diese Thematik bearbeitet worden.

1. Schule als Stigmatisierung schlechter Schüler und Identitätsentwürfe von Kindern

Die Schule hält – so wird in diesem Paradigma ausgeführt (s. LAMBRICH, 1987; WELLENDORF, 1973) – „Schablonen", „Definitionen" bereit, wie man sich selbst verstehen kann, wie man sich selbst in der Schule positiv einbringen kann. Komplementär resultieren aus ihrer Bewertungssystematik von Schulleistungen „Stigmata", die symbolisch festlegen, was nicht lizenziert ist, was randständig und „schlecht" ist. Mit der Schule zurechtzukommen bedeutet in diesem Modell, eine Konzeption von sich selbst, eine Identität zu entwickeln, was man in der Schule als Person ist. Wer sich in ihr nicht „wiederfinden" kann, wem keine positiven Selbstdarstellungsmöglichkeiten geboten werden, gerät in eine schwierige psychische Situation. Wenn alle spontan gezeigten Selbstentwürfe in der Schule institutionell „entwertet" werden, dann kann dies auch Teil des Weges zu einer Selbstdestruktion werden (HELSPER & BREYVOGEL, 1989).

2. Schule als narzißtische Kränkung und die Abspaltung von Affekten durch die Schule

Oft in Verbindung mit dem symbolischen Interaktionismus wird in psychoanalytischen Konzepten auf die für die Psyche feindlichen institutionellen Strukturen des Bildungswesens hingewiesen (s. vor allem HELSPER &

BREYVOGEL, 1989; WELLENDORF, 1973).[35] Die hierarchische schulische Organisation und die institutionellen Bewertungssysteme bedingen, daß Kinder in eine untergeordnete Rolle gedrängt und „leistungsschwache" Schüler abgewertet werden, was eine schwere Kränkung des Bedürfnisses nach Geltung und Selbstliebe, des Narzißmus, bedeuten kann. Schlechte Schüler kommen in dieser Schule nur als „schlechtes Beispiel" vor. Dies führt verständlicherweise zu vielfachen Abwehrprozessen, zu einer psychischen Gegenwehr, in der die Schule Gegenstand der Aggression wird, was wiederum die Abwertung durch die Institution Schule verstärkt und auf der Seite der Schüler zu neuen Auswegen, zu Selbstdarstellungen in anderen Feldern der Bewährung führt, entweder unter Klassenkameraden oder in der Adoleszenz dann verstärkt außerhalb der Schule. Daraus kann ein mit ungeheurer Anstrengung geführter „Kampf um das Selbst" resultieren, der umso intensiver ausfällt, „...je instabiler das Selbst im Zerbrechen des frühen Ideal-Selbst grundgelegt wird, je höher die internalisierten Ansprüche sind, je härter die Selbstbeurteilung erfolgt, je höher die von außen gesetzten Ansprüche sind und je schwieriger im Zusammenhang lebensweltlicher Netzwerke und gesellschaftlicher Organisationen die Realisierungen der Individualitätswerte wie Ganzheit, Sinn, Orientierung, Autonomie, Besonderheit und Selbstbewußtsein ist" (HELSPER & BREYVOGEL, 1989, S. 36).

Die Verbindung dieser beiden Paradigmen hat in den 70er Jahren zu einer sehr negativ akzentuierten Einschätzung der „Persönlichkeitswirkungen" des Bildungswesens geführt. Schule wurde vor allem als Ort der Bedrohung gesehen, in dem eine positive Identität einzelner Schüler nur auf Kosten der Entwertung von Mitschülern möglich ist. Wir werden den Zusammenhang zwischen schulischen Bewertungsprozessen, Verarbeitungsprozessen von Erfolg und Mißerfolg und Prozessen der Entfaltung des Selbst neutraler zu sehen versuchen. Die deskriptive Darstellung, wie schulische Erfolgs- und Mißerfolgsbilanzen im sozialen Kontext von Schule und Altersgruppe und vor allem in der Familie verarbeitet werden, steht im Vordergrund. Dabei kommen auch die positiven Möglichkeiten der Selbstdarstellung und „Des-sich-in-der-Schule-Findens" zur Sprache, die Möglichkeiten der Entdeckung eigener Fähigkeiten, welche in keinem anderen Kontext so vielfältig organisiert sind. Wir werden aber die Botschaft im Hinterkopf haben, daß Schule für die Selbstachtung vieler Schüler auch toxisch sein kann. Sie kann zur Ich-Stär-

---

[35] „Es ist eine zentrale These dieser Arbeit, daß eine ungebrochene Darstellung der persönlichen Identität im szenischen Arrangement der Schule nicht oder nur unzulänglich möglich ist, da in die Inszenierung schulischer Bedeutungsgehalte, wie sie sich in Ritualen der Schule exemplarisch finden, die Triebimpulse und Affekte der Individuen, insofern sie in infantilen Szenen interpretiert sind, als bewußt kommunizierbare Bedeutungen nicht eingehen" (WELLENDORF, 1973, S. 49).

kung führen, ein einmaliges Feld der Selbsterprobung werden, aber auch die Notwendigkeit schaffen, Abwehrprozesse zu aktivieren (WINTERHAGER-SCHMID, 1993). Was an der Oberfläche den Eindruck des „Unberührtseins" (des „coolen") macht, kann das Ergebnis eines mühsamen Verdrängungsprozesses angesichts massiver narzißtischer Kränkungen sein.

6.2 Empirische Wirkungsstudien: Prägungen der Person durch die Schule

Der Verarbeitung von Erfolgs- und Mißerfolgserfahrungen im Kontext der Schule haben wir schon seit den frühen 70er Jahren unsere Aufmerksamkeit geschenkt, ohne diese Kontextwirkungen explizit in einen *entwicklungspsychologischen* Rahmen zu stellen, wie wir es heute zu tun bestrebt sind.[36]

Von schulischen Leistungsinformationen zu generalisierten Selbsteinschätzungen

Im ersten Projekt zur Frage, *wie der Kontext Schule die Persönlichkeit von Kindern prägt*, das in einer ersten großen Datenerhebung im Jahre 1973 an 3750 Schülern kulminierte (FEND et al., 1976), haben wir differenziert die Selbsteinschätzungen der eigenen Leistungsfähigkeiten, Leistungsmöglichkeiten und Leistungswünsche erfaßt. Die verschiedenen Erklärungsstrategien (Attribuierungen) für Erfolge und Mißerfolge sind ebenso einbezogen gewesen wie das Selbstwertgefühl in der Tradition von ROSENBERG (1965) und das Kompetenzbewußtsein der eigenen Leistungsmöglichkeiten (Wirksamkeitsbewußtsein).

---

[36] Konstanzer Untersuchungen der pädagogisch-psychologischen Wirkungsforschung

Stichproben	N	Bibliographische Hinweise
Sozialisationseffekte der Schule (1973)		
Baden-Württemberg, Hessen, Hamburg, Berlin		
Schüler (9. u. 10. Kl.):	3750	FEND et al., 1976
Lehrer:	404	FEND, 1977
Eltern:	548	
Affektive Wirkungen von Schulsystemen (1977)		
Schüler (6., 8., 9. Kl.):	11146	FEND, 1982; HELMKE, 1983
Lehrer:	1100	FEND & HELMKE, 1981
Eltern:	633	HELMKE & FEND, 1981
Fachliche Wirkungen von Schulsystemen (1978-1979)		
Schüler (6. u. 9. Kl.):	6453	FEND, 1982
Lehrer:	885	
Längsschnittstudie: Entwicklung im Jugendalter (1979-1985): 5 Erhebungen		
Schüler (6. bis 10. Kl.):	ca. 2000	FEND & HELMKE, 1981
Lehrer:	ca. 500	
Eltern: je zwei Erhebungen	ca. 1000	

Dabei ergaben sich Erkenntnisse, die in der Folge vielfach bestätigt wurden:

1. Je *konkreter* die Selbsteinschätzungen auf die schulisch beurteilten fachspezifischen Leistungen bezogen sind, desto größer ist der Zusammenhang etwa zwischen Noten und der Einschätzung der eigenen Stärken und Schwächen im betreffenden Schulfach.

2. Letztere führt zu Selbstkonzepten, die nach *sprachlichen* und *mathematisch-naturwissenschaftlichen Schwerpunkten* gruppiert sind. MARSH et al. (1992) konnten solche Schwerpunktsetzungen in mehreren großen Studien auch für Schüler in englischsprachigen Schulsystemen nachweisen.

3. Der Weg von konkreten Einschätzungen der eigenen Leistungsfähigkeit zu einem *verallgemeinerten Bild der eigenen Intelligenz und Begabung* ist ein sehr langer. Er verläuft über Strategien der Interpretation und Abstraktion und ist vom Antrieb beeinflußt, trotz gegenteiliger Informationen ein positives Bild der eigenen Möglichkeiten zu bewahren. Dies resultiert einmal in einer Überschätzung der eigenen Begabung, in einem positiven „Bias" darüber, was man zu leisten in der Lage wäre. Über 60% der Schüler schätzen sich als überdurchschnittlich intelligent ein, und nur ein kleiner Prozentsatz, etwa 6%, plazieren sich in einer neunstufigen Skala zur Einschätzung der eigenen Intelligenz im Vergleich zum Klassendurchschnitt unter dem Durchschnitt (FEND et al., 1976, S. 336). Neuere Studien haben gezeigt, daß diese Verzerrung typisch für die individualisierende Leistungskultur des Westens ist und sich so z. B. im japanischen Bildungssystem nicht findet. Hier hat die Erklärung von Erfolg durch Anstrengung einen viel höheren Stellenwert als bei uns.

4. Wie lang und komplex der Weg von einer konkreten Leistungsbeurteilung zu einem Urteil über die eigene Begabung sein kann, zeigt die Abb. 6.1. Dort ist der Weg von der Mitteilung des Ergebnisses einer Prüfung durch den Lehrer bis hin zu möglichen Änderungen des Selbstbildes systematisiert. Zuerst wird gefragt, was die Leistungsinformation durch den Lehrer überhaupt wert ist. Ist der betreffende Lehrer dafür bekannt, ungenau und oft auch einseitig zu urteilen? Wenn dem so ist, dann sinkt der Informationswert einer Note. Ist die Mitteilung aber solide, dann prüft der Schüler das Ergebnis auf der Folie der Eigenerwartung, welche Note er üblicherweise zu erwarten hat. Stimmt die Eigenerwartung mit dem Ergebnis überein, dann verstärkt sich die Selbsteinschätzung. Wenn dies nicht der Fall ist, dann wird es komplizierter. Als erstes wird jetzt verglichen, was die anderen für Noten bekommen haben. Haben auch sie konsistent besser abgeschnitten, dann wird die Aufgabe als einfacher als üblich eingeschätzt, im gegenteiligen Fall, wenn also alle anderen auch schlechter als üblich waren, dann waren die Aufgaben zu schwierig. Wenn wir den für einen Schüler günstigen Fall annehmen, daß er besser als üblich beurteilt wurde und alle bisherigen Informationsprüfungen für

ihn ebenfalls günstig verlaufen sind, dann bleibt ihm noch ein Fallstrick, der verhindern kann, daß er sich für „begabter" als erwartet halten kann. Wenn er auf seine Lerninvestitionen zurückblickt und sich sehr angestrengt hat, dann wird er schlicht diese Anstrengung für das positive Ergebnis verantwortlich machen und damit keine positiven Schlüsse auf eine unerwartete Begabung ziehen. Erst wenn ihm auch diese letzte Prüfoperation sagt, daß er ja gar nicht viel getan hat, eröffnet sich die Perspektive der Veränderung eines verfestigten Selbstkonzeptes. Er kann jetzt den Gedanken wagen, daß er „eigentlich doch nicht so schlecht" ist.

5. Die Schlüsse von konkreten Leistungsergebnissen auf abstrakte Konstrukte wie Begabung sind durch *Erklärungstheorien (Attributionen)* in bezug auf die Ursachen des eigenen Erfolges und Mißerfolges vermittelt. Dabei spielen *Einsichten in den Zusammenhang von Anstrengung und relativem Leistungsergebnis* in einer Schulklasse eine entscheidende Rolle. Kinder glauben anfangs, alles durch Anstrengung erreichen zu können. Das Konzept der Begabung tritt erst zu einem späteren Zeitpunkt als mögliche Ursache von guten Leistungen auf. Wenn die *substitutive Beziehung* zwischen Anstrengung und Begabung voll erkannt wird, dann bilden die Erklärungsstrategien der eigenen Leistung, insbesondere die Rückführung von Erfolg auf geringe oder große Anstrengung, die entscheidende Brücke, um ein mehr oder weniger stabiles und positives Konzept des eigenen Leistungsvermögens aufzubauen. Eine selbstbewußte Einschätzung der eigenen Leistungsfähigkeiten besteht dann in einer Attribuierungspräferenz: Erfolge werden weniger auf Anstrengung denn auf Begabung zurückgeführt.

6. Wer nun daran interessiert ist, sich positiv einzuschätzen, der sollte nach der obigen Logik vermeiden, sich gleichmäßig und auf hohem Niveau anzustrengen, denn er müßte dann ja vor allem den Einsatz für die Erfolge in Rechnung stellen. Diesen auf den ersten Blick paradoxen Sachverhalt haben wir früh in einer Matrix möglicher Gewinne und Verluste aus Kombinationen von Anstrengung und Lernergebnissen formuliert. Danach ist ein permanent hohes Niveau an Anstrengung, wie es z. B. viele Mädchen zeigen, eine ungünstige Ausgangsbasis, um zu selbstwertdienlichen Urteilen zu kommen. Die Möglichkeit, Erfolgszuschreibungen bei geringen Anstrengungen auf Begabungen zuzuspitzen, wird dadurch reduziert (FEND et al., 1976, S. 379). Umgekehrt kann die Anstrengungsvermeidung (s. auch Strategien des self-handicapping) zu einer Strategie der Abwehr gefürchteter negativer Begabungseinschätzungen werden (s. COVINGTON, 1992).

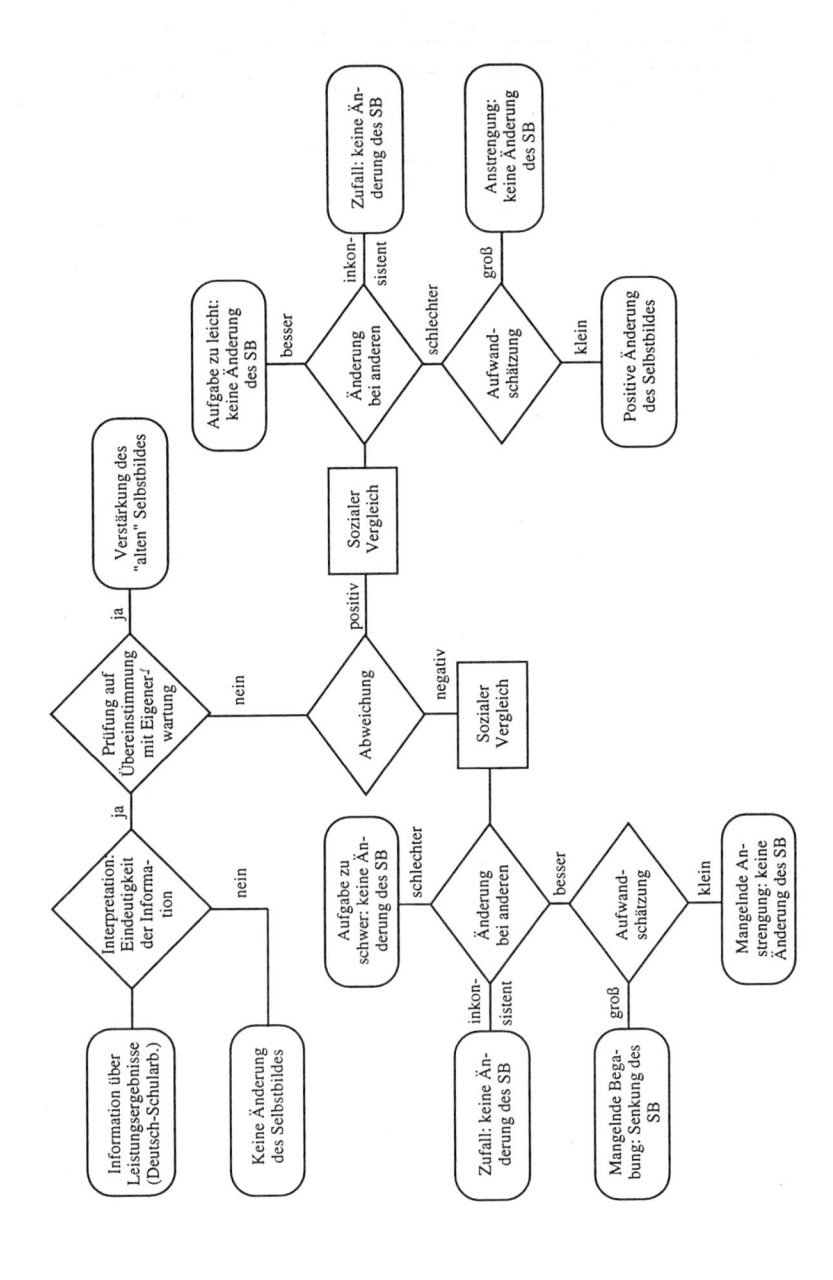

Abb. 6.1: Verarbeitung einer Note zu einem Selbstkonzept der Leistungsfähigkeit in einem Lernbereich (SB = Selbstbild)

(7.) In der Mikrostruktur der Verarbeitung von Leistungsinformationen muß jedoch noch ein zweiter „Pfad" des Durcharbeitens, jener nach der *Relevanz* einer fachspezifischen Leistungsinformation, beachtet werden. Viele entledigen sich des Problems der Verarbeitung negativer Leistungsrückmeldungen auf sehr einfache Weise, indem sie eben diese Relevanz von schulischen Leistungen für die eigene Selbstakzeptanz „abwehren" und annullieren. Dies kann einmal in der einfachen Form der *Neutralisierung* geschehen, zum anderen aber auch als *Reaktionsbildung*, wenn z.B. die Demonstration von Distanz zur Schule zum eigenen Identifikationskern wird, ja sich eine *negative Schul-Identität* herausbildet. Lesen und Lernen hat früher einmal in gewissen Jungenkreisen als „weibisch" gegolten, und eigenes Versagen war damals schon ein Gütezeichen in der eigenen Bezugsgruppe. Heute ist diese negative Schul-Identität bei solchen Jugendlichen zu finden, die sich sehr stark außerhalb des Elternhauses bewegen, in Cliquen integriert sind und eine Identität über die Demonstration von Stärke in Risikoverhaltensweisen suchen und vielleicht auch – zumindest kurzfristig – finden[37]. Sie hat die psychohygienisch positive Nebenwirkung, daß negative schulische Beurteilungen ihren selbstwertrelevanten Schrecken verlieren.

Neben der *Mikrostruktur der Verarbeitungsprozesse* stand infolge der sozialisationstheoretischen Ausrichtung der Untersuchungen zur Prägung der Person durch die Schule anfangs die Frage im Vordergrund, welche *Kontextmerkmale* das Selbstbild der eigenen Leistungsfähigkeit beeinflussen. Erst mit dem hier im Mittelpunkt stehenden Longitudinalprojekt ist die Perspektive der Entwicklung dieses Selbstbild-Systems hinzugekommen.

Die Kontextfrage hat sich in zwei Richtungen entfaltet. In der ersten hat sich gezeigt, daß die durch die *institutionellen Strukturen vorgegebenen Bezugspunkte* der Selbsteinschätzung von Bedeutung sind. In einer zweiten Forschungslinie ist sichtbar geworden, daß die *soziale Umwelt*, daß Eltern, Freunde und Lehrer durch ihre Interpretationen und sozialen Wertungen die eigenen Interpretationen von Kindern und Jugendlichen wesentlich beeinflussen und deren Selbstbild „mit-konstruieren".

Kontext: Relative Deprivation und Bezugsgruppeneffekte

Wir konnten feststellen, daß der Grad der Zufriedenheit mit der eigenen schulischen Situation und die Selbsteinschätzung der eigenen Leistungsmöglichkeiten nicht so sehr mit der Stellung in der absoluten Hierarchie im Bildungswesen kovariierte, sondern mehr mit der relativen Position in Subsystemen dieses Bildungswesens zusammenhing (FEND, 1982). Wir haben hier

---

[37] Für eine detaillierte Beschreibung dieser Jugendlichen s. Fend, 1990.

die Situation des relativ guten Hauptschülers mit der des eher schlechten Gymnasiasten konfrontiert und dabei jeweils gefunden, daß die psychische Situation der guten Hauptschüler günstiger war als jene der schlechten Gymnasiasten. Wir haben dieses Ergebnis als *Bezugsgruppeneffekt* gekennzeichnet und auf die Konstellation der relativen Deprivation bzw. relativen Gratifikation hingewiesen. Damit ist ein der Soziologie bekanntes Phänomen auch innerhalb des Bildungswesens aufgetreten. Zufriedenheit ist nämlich insgesamt nicht analog zur objektiven sozialstrukturellen Bevorzugung verteilt (s. RUNCIMANN, 1967). Auch in der Armutsforschung ist offensichtlich geworden, daß die Definition der eigenen Deprivation nicht an einem absoluten Maßstab, sondern eher an einem relativen erfolgt (s. die Einleitung von JENCKS, 1973). Diese einzelnen Ergebnisse sind in der Sozialpsychologie zu einem der bedeutsamsten Forschungsbereich entfaltet worden, die PETTIGREW (1967) zu einer umfassenden Theorie der sozialen Vergleichsprozesse ausgebaut hat. Seit damals ist diese Forschungstradition lebendig geblieben (s. SULS & MILLER, 1977). Für innerschulische Vergleichsprozesse hat sich das Ergebnis immer wieder bestätigt, daß die Einschätzung der eigenen Leistungsfähigkeit in der unmittelbaren Umwelt erfolgt, die in der Regel durch die Schulklassen repräsentiert wird. In einem Forschungsbericht von JERUSALEM (1983) konnte dies längsschnittlich belegt werden. Die generalisierten Selbsteinschätzungen, Erfolgszuversicht, Hilflosigkeit und das Selbstwertgefühl von Hauptschülern und Gymnasiasten, nähern sich deshalb in der Sekundarstufe von Jahr zu Jahr an (JERUSALEM & SCHWARZER, 1991, S. 117 ff.).

Nach neueren Untersuchungen von ROSENHOLTZ und SIMPSON (1984) ist auch ein zweites institutionelles Merkmal wichtig: *die Anzahl der Erfolgsfelder,* definiert durch die Vieldimensionalität der Bewertungskriterien in einer Schulklasse. Werden alle Schüler „über einen Leisten" geschlagen, dann reduziert sich die Anzahl jener, die sich selbst als „erfolgreich" definieren können. Der *Kontext der Schulklasse* kann neben dem *Kontext des Bildungssystems* mitbestimmen, wie offensichtlich oder gar allen Mitschülern kenntlich sich ein Schüler überall als Versager vorkommen muß (einheitliche Aufgabenstellungen, gleiche Schwierigkeitsgrade, ausschließlich Frontalunterricht, keine Eigenverantwortung bei der Aufgabenstellung, häufige, öffentliche und akzentuiert leistungsvergleichende Bewertungen durch Lehrer) bzw. wie groß seine Chancen sind, in einem ihm gemäßen Bereich auch erfolgreich zu sein (MARSHALL & WEINSTEIN, 1984).

Wir hatten auf diese Mechanismen in unseren Gesamtschuluntersuchungen immer wieder hingewiesen und die Hypothese formuliert, daß das häufig gefundene niedrige Angstniveau in Gesamtschulen u. a. auf die Vielzahl von Erfolgsfeldern, operationalisiert in einem differenzierten Fachleistungssystem, zurückgeführt werden könnte (FEND, 1982). Gesamtschulen haben zudem als institutioneller Kontext eine markante Wirkung, die nicht in Mittelwerten, sondern nur in *Streuungen* zum Ausdruck kommt. Da hier alle Schüler eines Altersjahrganges länger miteinander in Kontakt sind, erhöht sich die Wahrscheinlichkeit, daß der *gesamte Jahrgang als Bezugspunkt* der Selbsteinschätzung gewählt wird und nicht so sehr der *gruppeninterne Maßstab einer Schulklasse*, wie dies in den relativ getrennten Lebensräumen von Hauptschulen, Realschulen und Gymnasien der Fall ist. Dies führt bei den *Selbsteinschätzungen* zu einer „*Spreizung*" der Einschätzungen „guter" und „schlechter" Schüler und bei den *Wertorientierungen* zu einer *Homogenisierung*. Selbsteinschätzungen werden also divergenter und Wertorientierungen einheitlicher. Alle wollen in der integrierten Schulen „gut" sein, die Diskrepanzen zwischen den „guten" und „schlechten" Schülern werden aber deutlicher wahrgenommen.

Schüler vergleichen sich jedoch nicht nur mit anderen, sie beziehen sich auch auf die eigenen Leistungen in *verschiedenen* Lernbereichen. Sie schätzen ihre Fähigkeiten dabei fachspezifisch ein (Mathematik oder sprachliche Fächer), ja sie differenzieren oft bis in kleinste Verästelungen von komplexen Aufgaben und Fertigkeiten (z. B. auf den Absprung im Hochsprung oder auf den Linksschwung beim Schifahren). In der Folge entwickeln sie auch ein *intraindividuelles Profil von Leistungsfähigkeiten*, das sie vor den permanenten interindividuellen Vergleichen schützt. Dadurch schwächt sich die Gefahr einer vorschnellen Generalisierung von konkreten Mißerfolgen zu allgemeinen Inkompetenzzuschreibungen ab. Gemessen an anderen in einer Klasse mag jemand in einem Leistungsbereich „schwach" sein, nichtsdestoweniger kann dieser Schüler gerade in diesem Fach noch seine relative Stärke haben, so daß er sich höher einschätzt, als ein ausschließlicher Rekurs auf die relative Stellung in der Schulklasse erwarten ließe. MARSH hat diese Systematik von Bezugspunkten in seiner Theorie von „internal-external frames of references" systematisiert (MARSH et al., 1992).

Kontexteffekte: Die soziale Konstitution des Selbst und die Bedeutung der Eltern

Ein Zitat aus unserer Elternstudie soll das Motto für die Analyse, welche Bedeutung den Eltern bei der Verarbeitung schulischer Erfahrungen zukommt, abgeben:

> „Ich glaube aber, die Schulangst ist nicht die Angst der Kinder, sondern die Angst der Eltern, daß ihre Kinder nicht den gewünschten Leistungsnormen entsprechen; daß gerade ihre Kinder nicht das erreichen, was die Eltern sich wünschen. Da werden Klassenarbeiten zu Alpträumen, da wird der Egoismus gefördert bis zum Geht-nicht-mehr. Da sind 8 bis 10jährige Kinder schon gedrillt auf Berufsunsicherheit, aufs Geldverdienen, auf Arbeitslosigkeit. Es wird nicht mehr gelernt, es wird auswendig

gelernt, um in Klassenarbeiten zu glänzen. Meine damals 12jährige Tochter war mit zum Lehrerstreik, daraufhin eine Mutter zu mir: Wenn die Kinder fotografiert werden, ist die Berufsausbildung hin, die verbauen sich die Zukunft! Meine ältere Tochter (17) meint zur Schulangst: Die Selbstmörder und Weglaufer sind doch die armen angepaßten Streberschweine, die nur nach Noten, gutem Betragen und auf das Wohlwollen der Lehrer ausgerichtet sind. Wir wollen alles haben, das größte Auto, die schlauesten Kinder, die jugendlichste Jugend – erinnern wir uns lieber an das Sein. Wie schön könnte es sein, wenn wir wieder menschlicher werden" (Vater selbständiger Raumausstattermeister, Mutter Sekretärin, 1980).

Bereits in der ersten Studie aus dem Jahre 1973 haben wir einen zentralen Beleg für die soziale Konstruktion des Leistungs-Selbst gefunden. Eltern setzen sich zusammen mit ihren Kindern mit den schulischen Leistungsinformationen auseinander. Sie sind wichtige *Ko-Konstrukteure* bei der Definition der Leistungsfähigkeiten ihrer Kinder. Was geschieht nun, wenn die Leistungen der Kinder unter den von den Eltern erwarteten und erwünschten liegen? Dies ist der „Härte-Test" für die „Definitionsmacht" der Eltern. In der erwähnten Studie hat sich gezeigt, daß das Ergebnis einer solchen Diskrepanzauflösung vom sozialen Status der Eltern abhängt. Je höher die Schulbildung der Eltern selber ist, um so geringer schätzen sie in solchen Fällen die Kompetenz der Lehrer ein, ihre Kinder zu beurteilen, und um so mehr Kompetenz sprechen sie sich selber zu. Dadurch können sie hohe Erwartungen auch angesichts gegenteiliger Informationen aus der Schule aufrechterhalten (FEND et al., 1976, S. 354 ff.). Dieser Mechanismus ist der entscheidende Faktor für die höheren Schulabschlüsse von Kindern aus höheren sozialen Schichten – selbst wenn die Leistungen nicht höher als bei Kindern von Eltern aus Bildungs-Grundschichten sind. Daß dieser Konstruktionsprozeß von Begabung in der Familie auch geschlechtsbezogen variiert – Mädchen vor allem in Richtung Sprachen positiv beeinflußt werden, Jungen hingegen in Richtung Technik und Naturwissenschaften – hat ECCLES jüngst für den amerikanischen Kulturkreis belegt (ECCLES, 1993, S. 145 ff.).

Eltern gehören zur wichtigsten sozialen Stütze der Verarbeitung schulischer Leistungsinformationen. Sie haben eine schwierige Doppelaufgabe. Einerseits müssen sie das Lernpotential ihrer Kinder maximieren, sie müssen also versuchen zu erreichen, daß ihre Kinder ihr Bestes geben, dauerhaft disziplinierte Lernanstrengung zeigen. Andererseits müssen sie aber verhindern, daß ihre Kinder dabei „seelischen Schaden nehmen", daß sie etwa bei negativen Leistungsinformationen so leiden, daß ihr Wohlbefinden dauerhaft beeinträchtigt ist und die induzierten Selbstwertprobleme langfristig zu einem Motivationsverlust führen. Dies könnte dadurch geschehen, daß ein bekannter Mechanismus der Bewältigung selbstwertgefährdender negativer Leistungsinformationen einsetzt: die Relevanzreduktion von Schule, also die Abwertung der Bedeutung schulischen Erfolges.

Werden von Eltern normative Barrieren für das Eintreten dieses Entlastungs-Mechanismus aufgebaut, wird nur *ein* erfolgreicher Pfad der schulischen Leistungsentwicklung erlaubt, entwickelt sich die elterliche Stütze zu einer *leistungsfixierten* und auch *punitiven* Bearbeitung von Leistungsproblemen, dann kann sich eine negative schulische Leistungskarriere auch in eine Identitätskrise verwandeln. Mehrere Untersuchungen, gerade zur Leistungsangst, haben darauf hingewiesen (HELMKE, 1983). Zwei Abbildungen sollen dies illustrieren (Abb. 6.2 und 6.3). Die eine verweist auf den Zusammenhang zwischen der familiären Interaktionsstruktur und der Leistungsangst bei Schülern. Sie macht überdeutlich, daß die tröstend-hilfreiche oder zusätzlich strafende *Reaktionsweise der Eltern auf Mißerfolg* sich nachweislich auf die emotionale Befindlichkeit der Kinder auswirkt. Die simple Feststellung: „Auch wenn ich mich sehr anstrenge – ganz zufrieden sind meine Eltern mit mir nie", erweist sich als besonders bedeutsam. Dies ist ein wichtiger Indikator für *unerfüllbare konditionale Anerkennung* des Kindes, die nicht ohne Konsequenzen für seine psychische Gesundheit bleibt.

Wenn gleichzeitig die Eltern und die Schule für die Ko-Konstruktion des Bewußtseins, was man schulisch leisten kann und was „gut genug" ist, sehr wichtig sind, dann stellt sich natürlich die Frage, wie Elterneinfluß und Schuleinfluß zusammenhängen bzw. welcher eventuell wichtiger ist. Dafür sind in Abb. 6.3 Hinweise enthalten, die die Bedeutung der elterlichen Überforderung bei geringem oder hohem wahrgenommenem Leistungsdruck in der Schule darstellen. Aus ihr geht ein wichtiges Ergebnis hervor: Ist das Ausmaß der elterlichen Überforderung hoch, dann beeinflußt ein hoher oder niedriger Leistungsdruck der Schule das Angstniveau der Schüler nicht mehr zusätzlich. Unter beiden Bedingungen ist dieses Angstniveau eher hoch. In der Konstellation einer geringen elterlichen Überforderung erweist sich aber der wahrgenommene schulische Leistungsdruck als bedeutsam. Werden die Kinder nicht von den Eltern in hohem Maße angetrieben oder gar überfordert, dann werden schulische Einflüsse in dieser Richtung besonders wirksam.

Abb. 6.2: Elterliche Überforderung und Leistungsangst

Item: „Auch wenn ich mich sehr anstrenge – ganz zufrieden sind meine Eltern mit mir nie"
Mittelwerte und Varianzanalyse

Leistungsangst

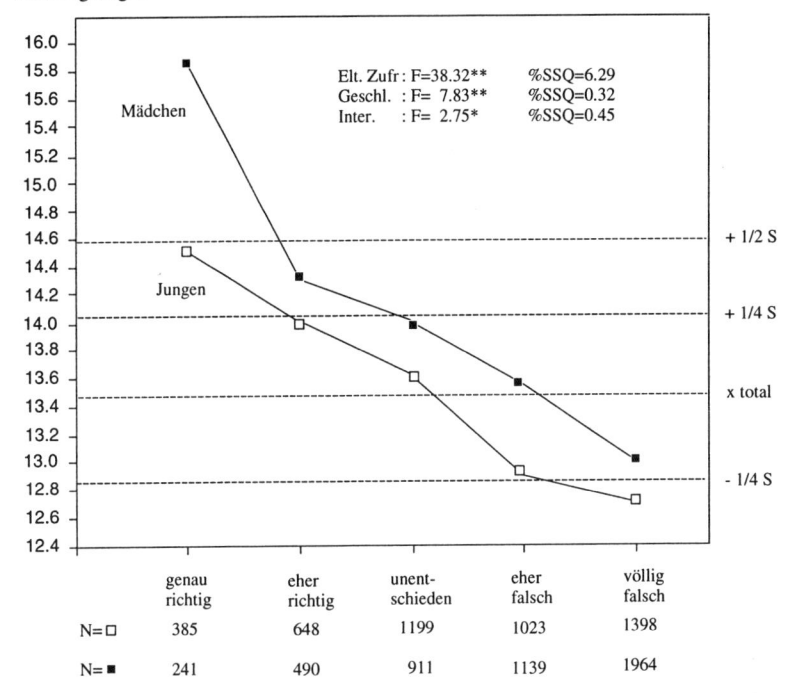

```
                                Elt. Zufr: F=38.32**    %SSQ=6.29
                                Geschl. : F= 7.83**     %SSQ=0.32
           Mädchen              Inter.  : F= 2.75*      %SSQ=0.45
```

	genau richtig	eher richtig	unent-schieden	eher falsch	völlig falsch
N= □	385	648	1199	1023	1398
N= ■	241	490	911	1139	1964

Dieses Interaktionsmuster zwischen elterlichem und schulischem Einfluß macht deutlich, daß wir es in der jeweiligen Lebenswelt von Heranwachsenden mit komplexen *konditionalen* Einflüssen zu tun haben. Ein Faktor ist oft erst dann bedeutsam, wenn er in einer bestimmten Kombination mit einem anderen auftritt. Zusätzlich sind häufig nicht die „objektiven Sachverhalte" entscheidend, sondern die *interpretativen Prozesse,* die *Selbstdefinitionen* und die *sozialen Bewertungsprozesse.* Die Einflußstärke „objektiver" Konstellationen wird durch sie entscheidend moderiert.

Abb. 6.3: Schulische und familiäre Überforderung

Mittelwerte

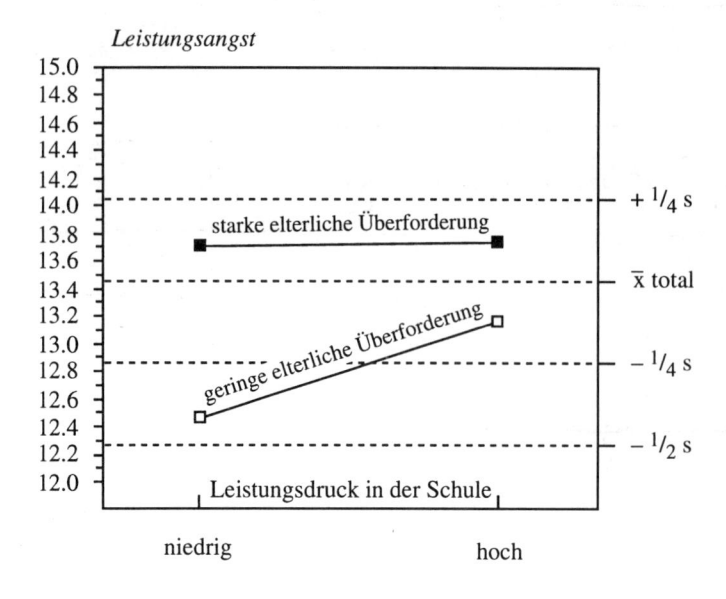

Leistungsangst

[Diagramm: Zwei Linien zeigen den Zusammenhang zwischen Leistungsdruck in der Schule (niedrig/hoch) und Leistungsangst. Obere Linie „starke elterliche Überforderung" verläuft waagerecht bei ca. 13,8 (+¼ s). Untere Linie „geringe elterliche Überforderung" steigt von ca. 12,5 auf ca. 13,2 (−¼ s). x̄ total bei ca. 13,4.]

Schulsystem und Lehrer als „Kontexte der Entwicklung" des Selbst

In verschiedenen Bildungssystemen finden sich unterschiedlich enge Beziehungen zwischen der schulischen Leistungsbeurteilung und den Selbsteinschätzungen der Schüler. So berichten OETTINGEN et al. (1993) von Ländern, in denen diese Relationen sehr dicht (z. B. in der ehemaligen DDR), und von Ländern, in denen sie sehr niedrig sind (z. B. USA). Offensichtlich gibt es schulische Kulturen, in denen auf eine realistische Einschätzung großer Wert gelegt wird, was zu einer wenig hoffnungshaltigen Beziehung zwischen Noten und den Selbsteinschätzungen von Kindern schon im zweiten Schuljahr führt. Dies hätte langfristig fatale Folgen, wenn schon so früh das Zutrauen in die eigenen Möglichkeiten geschwächt würde. Kinder brauchen einen Vertrauensvorschuß und einen Glauben an sich selber, sie brauchen einen „Kredit der Leistungsmöglichkeiten".

Auch einzelne Lehrer oder ganze Kollegien können interpretative Kontexte repräsentieren, die zu einer mehr oder weniger *engen Bindung zwischen Schulleistungen (Noten) und Selbsteinschätzungen* der Leistungskompetenzen führen. Sie gelten nach Forschungen in den letzten Jahren immer häufiger als wichtige Erfahrungsquellen für das konkrete Erleben und die selbstbezogene Verarbeitung von Schule. Diese Einschätzung hat uns früh beschäftigt und dazu veranlaßt, die Wahrnehmungen der Schüler zu Einstellungen und Verhaltensweisen ihrer Lehrer zu erfassen, um so die Bedeutung dieser schulischen Lebensräume untersuchen zu können (FEND, 1977a; FEND et al., 1976). Die erste Phase unserer Forschungen zu den Wirkungen der Schule als Kontext der Persönlichkeitsentwicklung war von diesem Erkenntnisinteresse inspiriert. Wie Lehrer ihren *Institutionsauftrag umsetzen*, wieviel *Leistung* sie tatsächlich verlangen, ob sie zu Überforderungen tendieren oder eher unterfordern, erschien uns besonders wichtig. Welche *Wertschätzung* sie Schülern entgegenbringen, wie sie Schüler an schulischen Entscheidungen beteiligen, wie sie belohnen und strafen, welche *emotionale Unterstützung* sie Schülern in deren Sicht zukommen lassen – all dies schienen uns wichtige Erfahrungsdimensionen, die den Einfluß der Schule auf das Selbstbild der Schüler über bloße Leistungsinformationen hinaus moderieren sollten. Einige Ergebnisse waren klar: *Überforderung* führt zu höherer Angst und zu gedrücktem Selbstbewußtsein. *Positiv wahrgenommene Zuwendung* kann gemischte Wirkungen haben: Sie erhöht die Relevanz von Schule, macht sie dafür aber auch psychohygienisch wirkungskräftiger. Sie verhindert nämlich den einfachsten Mechanismus der Bewältigung von Mißerfolg: aus dem Felde zu gehen, abzuschalten, die Relevanz von Schule zu reduzieren, andere Erfolgsfelder zu suchen.

Die Bedeutung der spezifischen *Umsetzung des Institutionsauftrages* durch die Lehrerschaft, wie sie in deren Erwartungen, Methoden und pädagogischen Umgangsformen zum Ausdruck kommt, gilt es weiterhin zu beachten. Sie hat im Rahmen einer *Psychologie der Überforderung und der Verarbeitung von Mißerfolg* einen hohen Stellenwert (s. auch JERUSALEM & SCHWARZER, 1991).

Neben diesen generellen „klimatischen" Differenzen im Umgang eines Lehrerkollegiums mit der Schülerschaft kann es spezifische Erwartungen und Handlungsweisen von Lehrern geben, die für die Entwicklung des Selbstbildes der Leistungsfähigkeit bedeutsam sind. Da die Leistungsbeurteilung dafür zentral erscheint, richtet sich der Blick darauf, ob es Unterschiede in der Handhabung der Beurteilungspraxis gibt, die auch spezifische Folgen für das Selbstbild des Schülers haben.

So können Lehrer in ihren Beurteilungsstrategien unterschiedliche Aspekte betonen. Wenn sie dazu neigen und die Strategie verfolgen, vor allem die relative Leistung im Vergleich zu den anderen in den Vordergrund zu stellen, wenn sie also *soziale Bezugsnormen* betonen, relative Leistungen öffentlich machen, verbal verstärken, ja gar durch Rangordnungen überakzentuieren, dann bleibt dies nicht ohne Wirkung. Schüler schätzen sich dann selber in Anlehung an ihre relative Leistungsposition ungünstiger ein, ihre Leistungsängstlichkeit steigt, wenn man sie mit Schülern von Lehrern vergleicht, die eher *individuelle Bezugsnormen* und intraindividuelle Leistungsprofile betonen. Letztere weisen stärker auf die individuelle Leistungsentwicklung hin, auf Verbesserungen oder Verschlechterungen, sie betonen die Erfolge in den einen Leistungsbereichen, wenn Mißerfolge in anderen auftauchen. JERUSALEM verdanken wir die beste empirische Fundierung dieser Wirkungen des Lehrerverhaltens (JERUSALEM, 1983).

Die Altersgruppe als Interpretationskontext für die Bewertung von Leistung und ihrer Selbst-Wert-Relevanz

Eltern und Lehrer haben unter modernen Sozialisationsbedingungen kein Erziehungsmonopol mehr. Unter den vielen „Miterziehern" haben vor allem „Peers" einen hohen Stellenwert bekommen. Ihnen kommt auch in der Schule eine große „Definitionsmacht" zu. Durch die schulischen Arrangements der Klassenverbände haben die Erwachsenen ungewollt ein Lernfeld etabliert, das ihre Erziehungsbemühungen konterkarieren kann. Ohne dieses soziale Feld des Klassenverbandes wäre Schule heute allerdings für viele Kinder und Jugendliche nur schwer zu ertragen. Hier entstehen kollektiv getragene Interpretations- und Bewertungsprozesse, die zu einer Gegenwelt zu den offiziellen Anforderungen der Schule führen können. Insbesondere in der Frühadoleszenz spielt diese Gegenwelt eine große Rolle. Bestimmte Verarbeitungsprozesse der schulischen Leistungsinformationen gelingen nur, wenn sie eine soziale Stützung erfahren. So hat sich gerade bei der Demonstration von Schuldistanz, beim Aufbau von schulischen Gegenidentitäten gezeigt, daß diese in hohem Maße auf die Stütze durch Normen in der Altersgruppe angewiesen sind. Wenn eine entsprechende Cliquenbildung innerhalb der Schulklasse nicht zustande kommt, dann wird sie außerschulisch gesucht. Die vielen „subkulturellen" Cliquenbildungen (mit den charakteristischen Insignien wie Motorräder, Verhaltens- und Redestil, Kleidung, Körperkultur) im Umkreis von Hauptschulen, aber auch in Mittelschichtkreisen, müssen auf diesem Hintergrund interpretiert werden.

Wie bedeutsam Schulleistungen für den „Stolz" auf die eigenen Leistungen und damit für das Selbstwertgefühl sein *„dürfen"*, wird ebenfalls durch die Normen der Schulklasse mitbestimmt. Das bekannte „Streberphänomen" verweist u. a. auf diesen Sachverhalt der informellen Sanktionierung bestimmter Muster des Leistungsstrebens. In Schulklassen können also Gegennormen zu schulischen Leistungsforderungen entstehen, die dazu führen, daß gute Schulleistungen für eine positive Selbstinterpretation von Schülern nur eine geringere Bedeutung haben, als wenn das Gegenteil der Fall ist (SPECHT, 1982; SPECHT & FEND, 1979). Wie Abb. 6.4 zeigt, hängen in Schulklassen, in denen schulkonvergentes Verhalten positiv sanktioniert wird (Schüler mit einer positiven Schulhaltung haben auch eine hohe soziale Geltung, Meinungsführer haben gute Noten, sind leistungsorientiert und schulkonform, gute Leistungen werden nicht als „Strebertum" sanktioniert), Schulerfolge auch deutlicher mit dem Selbstbewußtsein der Schüler zusammen (SPECHT & FEND, 1979, S. 139 ff.).

Abb. 6.4: Profile der Zusammenhänge zwischen Normstrukturen in der Schulklasse und der Bedeutung von Schulerfolg für das Selbstbewußtsein

Erhebung 1973 in Gymnasien
Schulkonvergente Normstrukturen (4 Klassen, 124 Schüler)
Schulkonträre Normstrukturen (4 Klassen, 130 Schüler)
Korrelationen

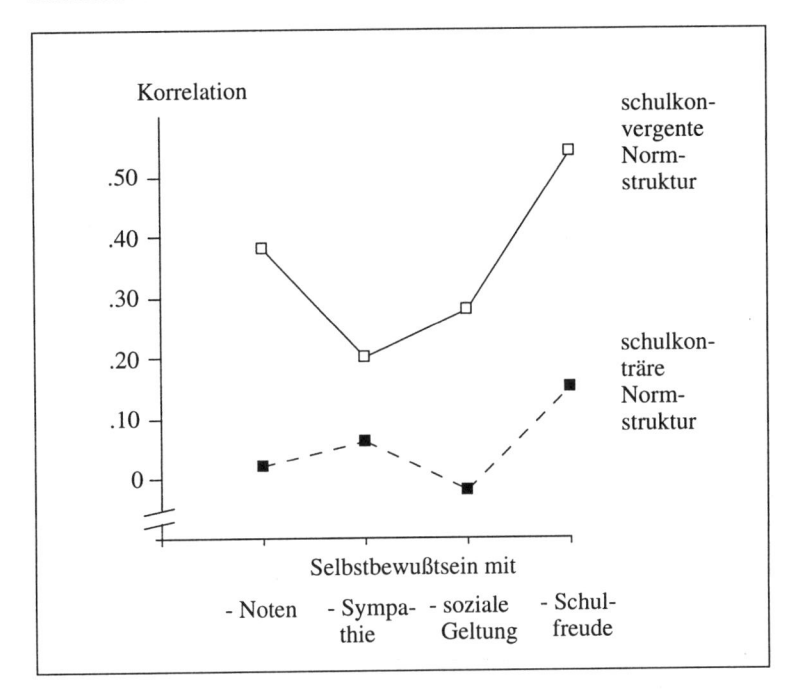

[Diagramm: Korrelationen des Selbstbewußtseins mit Noten, Sympathie, sozialer Geltung und Schulfreude für schulkonvergente und schulkonträre Normstruktur]

Die hier beim Vergleich von Eltern, Lehrern und Peers zum Vorschein kommenden potentiell divergenten interpretativen und evaluativen Prozesse legen nahe, keine einfachen und linearen Relationen zwischen dem objektiven schulischen Leistungsprofil von Schülern und dessen Repräsentation in deren Selbst anzunehmen. Angesichts der komplexen Informationsverarbeitungsschritte, die bei generellen Schlüssen von der konkreten Leistungsinformation hin zu allgemeinen Selbstbildern erforderlich sind, ist Vorsicht bei Hypothesen zu solchen Zusammenhängen zwischen konkreten Leistungsinformationen und generalisierten Begabungsselbstbildern bzw. zum Selbstwertgefühl von Schülern zusätzlich angebracht. Nichtsdestoweniger wird diese Thematik hier im Vordergrund stehen, denn sie betrifft die Potenz des Bildungswesens, Subjektivität zu konstituieren, Selbstverständnisse zu „erzeugen", Emotionen zu „programmieren" und Reaktionsformen zu „chronifizieren".

Dieses Erkenntnisinteresse stand über viele Jahre im Zentrum der Untersuchungen an der Universität Konstanz im Rahmen des Sonderforschungsbereichs Bildungsforschung, der der „Sozialisation im Bildungswesen" gewidmet war. An dieser Stelle wird sie in erweiterter Gestalt wieder aufgenommen, aber nicht mehr „*statisch*" behandelt – also durch eine zeitlich simultane Gegenüberstellung verschiedener Einflußgrößen und Wirkungsbereiche – sondern als *Entwicklungsprozeß* begriffen. Am Beispiel der Entwicklung vom 6. zum 10. Schuljahr soll der Frage nachgegangen werden, *wie sich schulische Erfahrungen, spezifiziert als Leistungsrückmeldungen, auf die Konstitution des Selbst auswirken.*

Vor inhaltlichen Analysen stehen jedoch immer Meßprobleme, die sich hier vor allem auf die Frage zuspitzen, wie die subjektive Repräsentation von Schulerfahrungen im Selbst von Kindern und Jugendlichen erfaßt werden kann. Dies ist das Thema des folgenden Abschnitts.

6.3 Die Messung des leistungsbezogenen Selbst

In modernen Persönlichkeitstheorien spielt das Konzept des *Selbst* eine zentrale Rolle (FEND, 1994a). In der Fähigkeit der Selbstreflexion wird nicht nur ein spezifisches Merkmal des Humanen gesehen, sondern eine zentrale Instanz der Handlungsregulierung lokalisiert. In diesem Sinn müssen auch Leistungserfahrungen im schulischen Kontext die Funktionsweise der Persönlichkeit tangieren.

Über *Selbstbeobachtungen* des eigenen Handelns, Denkens und Fühlens im Zusammenhang mit schulischen Anforderungen und eigenen Leistungen, über die *Wahrnehmung von Fremdeinschätzungen* und über die *vergleichende Selbstverortung* in sozialen Feldern gelangt der heranwachsende Mensch zu einem Bild über sich selber. Er beginnt sich selber zu beschreiben, zu erklären und zu bewerten. Er gewinnt „deklaratives Wissen" über sich selber (s. CANTOR & KIHLSTROM, 1981, S.19). Die Selbstkonzept-Forschung hat sich denn auch früh mit der Frage beschäftigt, wie eine Person sich selber sieht (s. WYLIE, 1961). Doch bald hat sich gezeigt, daß die Selbstwahrnehmung keine einfache Spiegelung der „Realität" ist. Was jemand von sich selber hält, ist vielmehr das Resultat eines oft verschlungenen und komplexen *Konstruktionsprozesses* (s. S. 213 ff.). Schon EPSTEIN (1979) spricht nicht mehr isoliert von Selbstkonzepten, sondern von der *Selbsttheorie* einer Person. Er geht dabei von der Prämisse aus, daß der Mensch seine Erfahrungen in konzeptuellen Systemen, in Begriffen und Theorien organisiert. Inhalt dieser konzeptuellen Systeme sind aber nicht nur Ereignisse außerhalb der eigenen Person, etwa im Bereich von Vorgängen in der Natur, sondern auch Erfahrungen mit der eigenen Person und ihrer Stellung in der Welt. In diesem Prozeß der Organisation von Erfahrungen entwickelt der Mensch Vorstellungen über die eigene Person, die als rudimentäre oder differenzierte Theorien existieren können. Den Inhalt dieser Kognitionen bilden nicht nur Erfahrungen mit dem eigenen biologischen System, mit dem Erleben von Schmerz und Lust, sondern auch Erfahrungen mit Reaktionen anderer Personen auf die eigenen Handlungen, Erfahrungen mit Schule und sozialen Bezugspersonen. Hier klingen alte Überlegungen des „looking-glass-self" (COOLEY, 1902) an. Mit diesem Begriff ist schon um die Jahrhundertwende die Einsicht etikettiert worden, daß die Selbstdefinitionen nicht so sehr in einsamer Selbstbespiegelungen entwickelt werden, sondern vielmehr das Ergebnis der Beurteilung sozialer Spiegelungen sind, die teils durch das eigene Verhalten provoziert sind und teils aus den Konzepten der „Spiegelnden", von Eltern, Lehrern oder Altersgleichen resultieren.

MEADs (1934) sozialpsychologische Vorstellungen zum Aufbau des „Me" und der Bedeutung des „I" wären ebenfalls hier einzuordnen. Damit ist die wichtige Unterscheidung eingeführt worden, daß das Ich einerseits als Inhalt und Gegenstand von Wahrnehmungen dient, andererseits als Ort, als Ursprung von Handlungen und Ereignissen gesehen werden kann.

Die Bedeutung der Konzeptualisierung des Selbstwertsystems als Selbsttheorie nach EPSTEIN liegt darin, daß er neben dem Rückgriff auf die motivationalen und emotionalen Aspekte des Selbstsystems Vorstellungen über die eigene Person als theoretische Systeme auffaßt, die dieselben Eigenschaften haben wie theoretische Überlegungen zu anderen Gegenstandsbereichen, ja sogar wie wissenschaftliche Theorien. Damit ist seine Konzeption der Selbsttheorien nahtlos in das Menschenbild des „epistemologischen Subjekts" integrierbar, das uns geleitet hat (s. auch FEND, 1994a). Nach EPSTEIN hat deshalb eine gute Selbsttheorie alle jene positiven Eigenschaften, die gute Theorien insgesamt charakterisieren:

- Sie schließt keine Erfahrungsbereiche willkürlich aus Furcht vor negativen Informationen aus;
- sie ist offen für neue Erfahrungen, für das Erkennen der eigenen Gefühle, Fähigkeiten und Persönlichkeitsmerkmale;
- sie ist um wenige Grundannahmen organisiert, ohne dabei „fixen" Ideen zu verfallen;

- sie ist empirisch valide, d. h. sie baut auf vielfach geprüften Erfahrungen auf und ist deshalb auch korrekturfähig. Dies setzt voraus, daß auch negative Erfahrungen toleriert werden und Verteidigungsmechanismen davon nicht abschotten;
- sie ist intern konsistent, so daß nicht aufgrund von latenten Widersprüchen die Gefahr der Desorganisation besteht, sollten diese eines Tages offenbar werden;
- sie ist empirisch überprüfbar, obwohl Illusionen oft der Realität vorgezogen werden. Diese mögen in Teilbereichen psychologisch sinnvoll sein, in anderen erschweren sie eine effektive Lebensplanung;
- sie ist nützlich, d. h. sie hilft tatsächlich, eine Balance zwischen positiven und negativen Selbstbewertungen herzustellen und neue Erfahrungen zu assimilieren bzw. sich ihnen zu akkommodieren.

Eine „gute" Selbsttheorie erfüllt also sowohl kognitive Funktionen im Sinne der effektiven Organisation von Erfahrungen mit der eigenen Person als auch affektiv-motivationale im Sinne der Aufrechterhaltung einer positiven Selbstbewertung. Diese beiden Funktionen sind jedoch nicht immer harmonisch kombinierbar. Nichtsdestoweniger werden hier explizit Qualitätsmerkmale von Selbsttheorien, etwa jene einer zunehmenden Differenzierung und Korrekturfähigkeit, eingeführt. Auch die Funktion der Selbsttheorien ist hier spezifiziert. Brechen die selbstwertstabilisierenden und die erfahrungsordnenden Funktionen zusammen, dann ist dies ein relativ zuverlässiges Zeichen für eine seelische Erkrankung, für ein selbstzerstörerisches oder chaotisch-verwirrtes Ich.

Wenn wir der These von EPSTEIN folgen, daß die Vorstellungen, die eine Person von sich selber entwickelt, in ihrer Struktur analoge theoretische Systeme wie die über andere Gegenstandsbereiche sind, dann können wir auch die Strukturmerkmale theoretischer Systeme benützen, um die Grundprobleme der Selbstbeschreibung zu charakterisieren. Im Kern heißt dies, daß Personen im Alltag analog zu wissenschaftlichen Theorien *Meßprobleme* haben, um die zu erfassenden Eigenschaften zu bestimmen, und daß sie *Annahmen über Zusammenhänge* zwischen verschiedenen Eigenschaften machen müssen. Es ist evident, daß eine Person auf viele Erfahrungen angewiesen ist, um zu einer zuverlässigen „Messung" eigener Persönlichkeitsdispositionen, etwa der eigenen Intelligenz, zu kommen. Dabei stellen sich die Probleme je nach Merkmal sehr unterschiedlich. Je objektiver ein Merkmal meßbar ist, desto präziser müßte auch die Selbsteinschätzung einer Person sein. Besonders markant kommen diesbezügliche Unterschiede in der „Messung" der eigenen Leistungsfähigkeiten in der Schule und in der „Messung" der eigenen sozialen Beliebtheit zum Ausdruck. Im ersteren Selbstkonzept-Bereich dürfte es viel leichter sein, zu zuverlässigen Einschätzungen zu kommen als im zweiten. Letzteres herauszufinden, die eigene „Beliebtheit" zu eruieren, verlangt komplexe Informationen, die man nicht beliebig häufig bekommen kann und die immer sehr interpretationsbedürftig sind. Man kann dabei auch viel leichter wünschenswerten oder ungünstigen Phantasien nachhängen. *Wunschdenken* spielt gerade in bezug auf die eigene Person eine wichtige Rolle, das selbst bei mangelndem Realitätsgehalt psychologisch wünschenswerte Wirkungen haben kann (RUBLE, EISENBERG & HIGGINS, 1994).

Für das Verständnis unseres Instrumentariums zur Messung des Selbst ist es wichtig, im Auge zu behalten, daß wir die Selbsteinschätzungen von Personen als theoretische Konstrukte dieser Personen betrachten. Wenn wir die entscheidenden Dimensionen herausfinden wollen, auf denen sie das Bild von sich selber konstruieren, dann können wir auf eine Systematisierung von SHAVELSON (1982; 1976) zurückgreifen (Abb. 6.5). SHAVELSON hat nämlich, wie im unten angeführten Schema deutlich wird, die Hierarchie der verschiedenen Selbstbeschreibungen herausgearbeitet und differenziert. In jüngster Zeit hat er es mit australischen Kollegen weiter differenziert und dabei insbesondere die Notwendigkeit betont, im Begabungskonzept zwischen mathematisch-naturwissenschaftlichen und sprachlichen Selbsteinschätzungen zu unterscheiden (BYRNE, SHAVELSON & MARSH, 1992; MARSH et al., 1992).

Nach dem Modell von SHAVELSON abstrahiert eine Person von konkreten Selbstbeschreibungen zu generelleren Selbsturteilen auf der Basis der Einschätzung des eigenen Verhaltens in konkreten Situationen. Von dieser Situation her wird sowohl auf Bereiche als auch auf allgemeine Fähigkeiten und Eigenschaften generalisiert. Daß dies kein schlichter Abstraktionsprozeß ist, verdeutlicht die Abb. 6.5, die auf die verschiedenen Operationen verweist, die Personen bei entsprechenden Schlußfolgerungen unterstellen (Attributionen, soziale Vergleiche).

Daß dies auch kein passiver Prozeß, sondern ein aktiver, von mehreren Bezugsgruppen mitgestalteter Vorgang ist, dürfte nach dem oben Gesagten ebenso klar sein. Die Heranwachsenden sind daran auch selbst beteiligt, sie beeinflussen *aktiv* über Leistungsbemühungen, soziale Aktivitäten, über Selbstgestaltungen des eigenen Erscheinungsbildes soziale Wahrnehmungen und sind aktiv bemüht, erwünschte positive Rückmeldungen zu erhalten, die sie in stundenlangen Gesprächen – häufig über das Telefon – zu verifizieren suchen.

Abb. 6.5: Die Struktur des Leistungs-Selbst

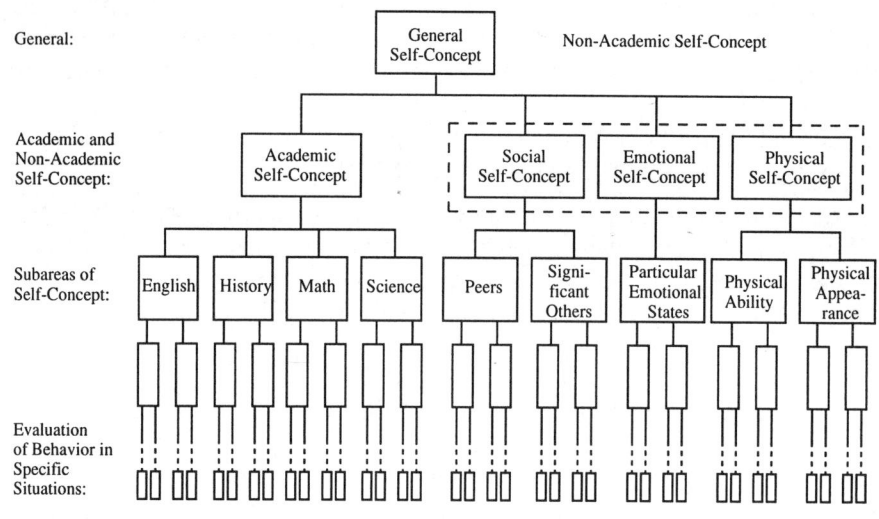

[Diagramm: Hierarchische Struktur des Selbstkonzepts nach Shavelson et al.]

- General: General Self-Concept — Non-Academic Self-Concept
- Academic and Non-Academic Self-Concept: Academic Self-Concept | Social Self-Concept | Emotional Self-Concept | Physical Self-Concept
- Subareas of Self-Concept: English | History | Math | Science | Peers | Significant Others | Particular Emotional States | Physical Ability | Physical Appearance
- Evaluation of Behavior in Specific Situations

Quelle: (SHAVELSON ET AL., 1976, S. 413)

Die Selbst-Theorien enthalten jedoch neben Meßproblemen und konzeptionellen Festlegungen ein anderes wichtiges Element: *Hypothesen* über *Ursachen* des eigenen Handelns und dessen Folgen, z. B. von Schulleistungen. Solche Hypothesen werden im Rahmen der „*Attribuierungsforschung*" untersucht (s. WEINER, 1992). Als besonders günstig für eine positive Selbstbewertung erweisen sich stabile, interne und spezifische Erklärungen von Erfolgen (s. S. 110 ff.). Wenn jemand z. B. gute Leistungen seiner eigenen Begabung zuschreibt, Mißerfolge aber auf mangelnde, spezifisch lokalisierbare Anstrengung bzw. externe Ursachen schiebt, dann ist dies motivational und emotional ein günstiges Attribuierungsmuster. Ungünstig für eine positive Selbstbewertung ist besonders die Attribution von Mißerfolg auf stabile interne Faktoren (mangelnde Begabung) und von Erfolg auf externe Umstände (Glück), unbekannte Faktoren oder übergroße Anstrengung.

Diese Erklärungsmuster führen schließlich zu „chronifizierten" Einschätzungen der eigenen Leistungspotentiale. Deren Systematisierung und Messung soll hier präsentiert werden.[38]

---

[38] Daß dies in der Sozialgeschichte des Aufwachsens nicht immer so war, sei durch eine Stelle aus den Lebenserinnerungen der Annelise RÜEGG, eines armen Mädchens aus dem Kanton Zürich, das um die Jahrhundertwende seine Schulzeit erlebte, illustriert. Sie berichtet, wie bereits als Motto vor diesem Kapitel in einem Ausschnitt zitiert: „Drei Jahre blieb ich beim selben Lehrer, den ich an meinem ersten Schultage, ohne es

6.3.1 Schulleistungsspezifische Dimensionen des Selbst-Systems

Selbstkonzept der Begabung

Viele Schüler machen im Bildungswesen die Erfahrung, langsamer zu sein als andere, weniger zu können, Dinge nicht schnell zu verstehen, trotz Anstrengung das Niveau der anderen nicht zu erreichen. Auch das Gegenteil kommt vor: Jemand ist immer der Schnellste, braucht zu Hause fast nicht zu lernen, behält alles rasch usw. Auf solchen Erfahrungen baut ein einfaches Meßinstrument auf, das eine Resultante vieler Erfolgs/Mißerfolgsmeldungen zum Inhalt hat: das Selbstbild der eigenen Begabung. Die entsprechende Skala haben wir im Anschluß an Wulf-Uwe MEYER (1976) entwickelt, auf den sich auch JOPT (1980) in seiner Arbeit stützt. Das eigene Begabungs- bzw. Fähigkeitskonzept wird hier bezugspunktlos erhoben, d. h. es wird kein spezifischer Maßstab der Selbstbewertung (z. B. Klassendurchschnitt, Altersdurchschnitt) vorgegeben. Letzteres haben wir in mehreren Untersuchungen auch getan und dabei jeweils hohe Zusammenhänge mit der hier vorgelegten Form der Erhebung von selbstbezogenen Kognitionen zur Einschätzung der eigenen Fähigkeit gefunden (FEND et al., 1976).

Im einzelnen ist dieses Selbstkonzept sprachlich wie folgt repräsentiert:[39]

- *Ich wollte, ich wäre so intelligent wie die andern.*
- *In der Schule habe ich oft das Gefühl, daß ich weniger zustande bringe als die andern.*
- *Häufig denke ich: ich bin nicht so klug wie die andern.*
- *Die anderen Jungen und Mädchen haben oft bessere Einfälle als ich.*
- *Oft kann ich mich noch so anstrengen, trotzdem schaffe ich nicht, was andere ohne Mühe können.*
- *Verglichen mit den anderen, bin ich nicht so begabt.*

Jungen und Mädchen sollten bei der Beantwortung dieser Feststellungen überprüfen, ob sie mit ihren Selbstbeschreibungen übereinstimmen. Ähnlich wie in der *Psychophysik* oder den Brillentests beim Optiker wird durch die Vorgabe variierender Stimuli untersucht, was einem „inneren Zustand" entspricht: hier einem Denken über sich selber.

---

zu wissen, beleidigt hatte. *Ob ich geschickt oder ungeschickt war, wußte ich nicht.* Ich wußte nur, daß die reichen und bessergekleideten Kinder in den vorderen Bänken saßen, bei denen sich der Lehrer am meisten aufhielt" (RÜEGG, 1916, S. 12).

[39] Antwortkategorien: stimmt/stimmt nicht

Testtheoretische Merkmale: Konsistenzkoeffizient .78 bis .82, Reliabilität bei einer Testwiederholung innerhalb von 4 Wochen: .72 bis .83

Kompetenzbewußtsein (self-efficacy): Sich stark fühlen und das Bewußtsein der eigenen Wirksamkeit

Schon im Kapitel über die Bewältigung von schulischen Anforderungen hat sich ergeben, daß das Bewußtsein, „etwas zu erreichen, wenn man nur will", eine entscheidende Voraussetzung für die Anstrengungsbereitschaft bildet. Diese Vorstellung von sich selber gilt es hier theoretisch einzuordnen, und ihre Messung gilt es zu demonstrieren.

Die Bedeutung des „Wirksamkeitsbewußtseins" (s. FLAMMER, 1990; KAROLY, 1993; KRAMPEN, 1987), wie es im Anschluß an FLAMMER zu nennen wäre, ergibt sich daraus, daß das Selbstbild der eigenen Begabung – neben den möglichen psychohygienischen Folgen – erst dann handlungsleitend wird, wenn es das Vertrauen in die eigenen Aktivitäten schwächt oder stärkt und damit Ausdauer, Aufmerksamkeit und schließlich die tatsächlichen Erfolge positiv bzw. negativ beeinflußt (BANDURA, 1989). Die Schulgeschichte von Jungen und Mädchen mündet in solche Selbstkonzepte darüber, was man erreichen kann, wozu man also fähig ist.[40]

Wir schließen uns bei der Operationalisierung der Selbstwirksamkeit den kognitiven Handlungstheorien an, in deren Rahmen *generalisierte Erwartungshaltungen* eine zentrale Rolle spielen. Kompetenzerwartungen bzw. Kompetenzüberzeugungen beziehen sich auf die *subjektiv empfundene Verfügbarkeit von Handlungen zur Problembewältigung und Zielerreichung.* Damit ist am genauesten das getroffen, was BANDURA (1986) *„self efficacy"* genannt hat (s. CRANDALL, KATKOVSKY & CRANDALL, 1970; DECHARMS, 1968; KRAMPEN, 1987; SELIGMAN, 1975). Solche Kontrollüberzeugungen haben wir im Leistungsbereich und für soziale Situationen operationalisiert.[41]

---

[40] Es sei hier lediglich erwähnt, daß diese Konzepte sowohl in soziologischen Theorien als auch in lerntheoretischen eine große Rolle spielen. In soziologischen Theorien hat die „Kulturgeschichte des Kontrollglaubens" im Mittelpunkt gestanden (WEBER, 1920), bzw. ist die sozialstrukturelle Verankerung des Konfliktes zwischen Aspirationen und Ressourcen bearbeitet worden (MERTON, 1957). In lerntheoretischen Arbeiten hingegen (ROTTER & HOCHREICH, 1975) ging es um generalisierte Erwartungshaltungen als Ergebnis einer Lerngeschichte.

[41] Allgemeine Kausalitätsvorstellungen, „wie was in der Welt zusammenhängt", sind nicht zum Kontrollbewußtsein zu rechnen. Zu diesem allgemeinen Wissen gehören z. B. *Instrumentalitätseinschätzungen* über den Zusammenhang zwischen Leistungsergebnissen und daraus sich ergebenden Konsequenzen, etwa in dem Sinne: Wer ein gutes Abitur macht, der hat auf der Hochschule weniger Schwierigkeiten. Wer einen guten Abschluß macht, der hat bessere Berufschancen (s. die Variable „Vertrauen" bei KRAMPEN, 1987). Diese Instrumentalitätseinschätzungen können sich auch auf die Faktoren beziehen, die zu Schulerfolg führen. Als Beispiel sei hier angeführt: „Wenn sich Schüler anstrengen, dann bekommen sie bessere Noten" Oder: „Das Glück spielt bei Erfolg in der Schule eine große Rolle". Diese *Ziel-Mittel-Vorstellungen* (s. SKINNER et al., 1988) betreffen nicht den Kern des Kontrollbewußtseins, das sich nach

Schulerfolg und Lehrer

In einer ersten Skala wurden zwei zentrale Indikatoren schulbezogener Kontrollüberzeugungen zusammengefaßt. Der erste Aspekt thematisiert Vorstellungen von Macht und Ohnmacht, die als Ergebnis einer Lerngeschichte interpretiert werden können, in welcher eigene Anstrengungen mehr oder weniger mit Erfolgen verknüpft waren. Chronische Mißerfolgsbiographien finden ihren Niederschlag in generalisierten Einschätzungen der Vergeblichkeit aktiver Bemühungen um schulischen Erfolg und Anerkennung durch Lehrer. Es handelt sich also um eine direkte Thematisierung des Konstrukts der gelernten Hilflosigkeit: *Resignation* angesichts der Erfahrung *fehlender Kontingenz* zwischen Handlung und erstrebten Ergebnissen[42].

Der zweite Aspekt betrifft das auf die Lehrer bezogene soziale Kontrollbewußtsein, die Wahrnehmung, Anerkennung und Beliebtheit bei den Lehrern erreicht zu haben. Insgesamt gesehen, spiegelt ein niedriger Wert auf dieser Skala das Gefühl der Aussichtslosigkeit eigener Bemühungen um schulischen Erfolg und das Gefühl mangelnder sozialemotionaler Unterstützung und Anerkennung durch Lehrer wider. Folgende Items sollten diese generalisierten Selbstwahrnehmungen repräsentieren:

- *Immer wenn ich versuche, in der Schule voranzukommen, kommt mir etwas dazwischen, was mich daran hindert.*
- *Es hat für mich wenig Sinn, daß ich mich in der Schule anstrenge, da ich doch nicht viel erreichen kann.*
- *Auch wenn ich mich noch so anstrenge: Richtig zufrieden sind die Lehrer mit mir nie.*
- *Es lohnt sich eigentlich kaum, daß ich in der Schule etwas sage, die Lehrer halten doch nicht viel davon.*
- *Den meisten Lehrern bin ich ziemlich gleichgültig.*

---

unserem Verständnis auf die eigenen Möglichkeiten eines Individuums bezieht, Ziele zu erreichen.

Nichtsdestoweniger sind es gesellschaftliche Rahmenbedingungen, die persönliche Planungsprozesse und darauf bezogenes Kontrollbewußtsein erst sinnvoll machen. Wenn es keine konsistenzen Regeln gibt, wie welche Ziele erreicht werden können, wenn z. B. der Ausbildungsstand nur schwach mit entsprechenden Laufbahnaussichten zusammenhängt, wenn etwa bei großer Jugendarbeitslosigkeit die Noten in einem Abschlußzeugnis irrelevant werden, dann sinkt die Bedeutung des Kontrollbewußtseins als Motivationsanstoß für persönliche Anstrengungen. Die gesellschaftlichen Opportunitätsstrukturen und die gesellschaftlichen Regelzusammenhänge bestimmen somit die Sinnhaftigkeit personaler Anstrengungsbereitschaften mit.

42 Ein sehr ähnliches Instrument haben (*nach* unseren Arbeiten) SKINNER et al. (1988) konzipiert.

- *Ich glaube, daß die meisten Lehrer nicht viel von mir halten.*
- *Bei den meisten Lehrern stehe ich gut da.*
- *Ich habe das Gefühl, daß mich die meisten Lehrer mögen.*[43]

Selbstwirksamkeit der Zukunftsbewältigung

Eine optimistische oder resignative Haltung, die die mehr oder weniger große Gestaltbarkeit der eigenen Zukunft zum Inhalt hat, ist für die aktive Lebensplanung und für die Motivation zur alltäglichen Anstrengung von strategisch wichtiger Bedeutung. Sie speist gewissermaßen das Handlungssystem mit „Energie", sie erzeugt Widerstandskraft und „Handlungswillen".

In einer weiteren Skala zum Wirksamkeitsbewußtsein wurde deshalb nach zukunftsbezogenen Einschätzungen der eigenen Möglichkeiten und Chancen gefragt. Dabei wurden absichtlich keine konkreten – z. B. schulische oder berufliche – Ziele thematisiert, da es hier mehr um die Frage ging, wie das generelle Konzept der eigenen Zukunft beschaffen ist: ob man ihr gelassen entgegensehen kann oder ob man Empfindungen der Angst oder Resignation entwickelt hat. Niedrige Werte auf dieser Skala können demnach als Ausdruck von Ohnmacht und einer pessimistischen Grundhaltung angesichts von Lebensaufgaben interpretiert werden. Im Sinne der theoretischen Konzeption unseres Instrumentariums handelt es sich auch hier um ein Konzept des Kontrollverlustes, d. h. der vermeintlichen Unfähigkeit, die eigene Zukunft aktiv und erfolgreich steuern zu können. Vor allem dann, wenn ein reduziertes Selbstwirksamkeitsbewußtsein der Zukunftsbewältigung einhergeht mit niedrigen Kompetenzeinschätzungen in verschiedenen Bereichen, ergibt sich das Bild einer Entwicklung in Richtung „gelernter Hilflosigkeit", in schweren Fällen bis hin zur Hoffnungslosigkeit. Im „Abgleich" mit den folgenden Aussagen sollte der Grad des zukunftsbezogenen Kontrollbewußtseins zum Ausdruck kommen.

- *Ich habe das Gefühl, mir stehen noch alle Wege offen.*
- *Ich habe Angst, was später alles geschehen wird.*
- *Ich sehe ziemlich schwarz, wenn ich an meine Zukunft denke.*
- *Wenn ich an die Zukunft denke, sehe ich oft große Schwierigkeiten auf mich zukommen.*
- *Was später alles mit mir passiert, liegt nicht in meiner Hand.*
- *Mir ist für später schon viel verbaut.*

---

43 Antwortkategorien: stimmt/stimmt nicht
   Testtheoretische Merkmale: Konsistenzkoeffizient .71 bis .79, Reliabilität bei einer Testwiederholung innerhalb von 4 Wochen: .79 bis .84.

- *Ich traue mir zu, später einmal zu erreichen, was ich mir vornehme.*
- *Ich möchte gar nicht daran denken, was später alles auf mich zukommt.*[44]

Handlungskontrolle

Eine zweite Generalisierung des Wirksamkeitsbewußtseins bezieht sich nicht auf die Zeitachse, also auf Gegenwart und Zukunft, sondern auf eine Vielzahl von Handlungsbereichen und dabei auf das Verhältnis von Handlungsabsichten und deren Realisierung. Heranwachsende haben im Verlauf ihrer Lebensgeschichte viele Gelegenheiten, Erfahrungen zum Verhältnis von Absichts- und Zielbildungen zu deren Realisierung zu machen. Self-monitoring führt dazu, daß diese Beziehungen zwischen Handlungsabsicht und Handlungsdurchführung auch im Selbst-Modell präsent sind.

Die alte Willenspsychologie und das Alltagsverständnis sprechen mit der Redeweise vom „schwachen Willen" und von der „Antriebsschwäche" auf diese Thematik an. In der modernen Persönlichkeitsforschung ist dieser Aspekt der Handlungsregulierung vernachlässigt worden. Lediglich in den Studien zur Fähigkeit des Belohnungsaufschubes (delay of gratification) ist das Phänomen der „Willensstärke" indirekt angesprochen worden (s. MISCHEL, 1973; 1983). In der Schule dürfte die Fähigkeit, auch angesichts von Verlockungen Ziele durchhalten zu können und Absichten Realität werden zu lassen, eine der wichtigsten Arbeitstugenden indizieren. Auf momentane Vergnügungen verzichten und gute Vorsätze umsetzen zu können, diese Haltungen bilden eine wichtige Grundlage für den Erfolg bei langfristigen Lernzielen, die schulische Bildungsgänge charakterisieren.

Die auf diese Fähigkeiten zielende Skala thematisiert Selbstwahrnehmungen der Schwierigkeiten, angestrebte Ziele mit einem konsequenten Mitteleinsatz zu erreichen. Geringe Werte auf dieser Skala bringen zum Ausdruck, daß trotz gegebener motivationaler Grundlage – Pläne und Vorsätze am Beginn der Handlungsausführung – die Fähigkeit zum „*Durchhalten*", also die konsequente Realisierung der ins Auge gefaßten Pläne, auf Schwierigkeiten stößt.

- *Ich fange oft Sachen an und schaffe es nicht, sie zum Ende zu bringen.*
- *Manchmal kann ich mich selbst nicht dazu bringen, das wirklich zu tun, was ich mir vorgenommen habe.*
- *Auch wenn es nötig wäre, kann ich Sachen, die mir Spaß machen, fast nie aufschieben.*
- *Ich habe das Gefühl, daß ich einen ziemlich schwachen Willen habe.*
- *Ich habe mir schon oft etwas vorgenommen und es dann doch nicht erreicht.*

---

44 Antwortkategorien: stimmt/stimmt nicht
Testtheoretische Merkmale: Konsistenzkoeffizient .66 bis .75, Reliabilität bei einer Testwiederholung innerhalb von 4 Wochen: .70 bis .82

- *Ich gebe häufig schon bei der ersten Schwierigkeit auf.*
- *Oft kann ich mich einfach nicht dazu aufraffen, einen Plan auch auszuführen.*
- *Manchmal nehme ich mir alle möglichen Sachen vor, obwohl ich sie sowieso nicht erledigen kann.*[45]

Es ist intuitiv einsichtig, daß die obigen Aspekte des Wirksamkeitsbewußtseins im Leistungsbereich ein Syndrom bilden. Aus diesem Grunde ist auch ein übergeordneter Score gebildet worden, der aus den obigen drei Dimensionen besteht und „*Generalisiertes Kompetenzbewußtsein*" genannt wurde.

Leistungsangst

Wir würden einem allzu rationalistischen Menschenbild verfallen, wenn wir die psychischen Folgen schulischer Erfolgs/Mißerfolgsmeldungen lediglich an subjektiven Erkenntnissen, was jemand wie gut zu können glaubt, festmachen würden. Der Mensch reagiert auf entsprechende Meldungen aus der Schule auch *emotional*. Erfolgsfreude und Mißerfolgsangst begleiten die meisten Kinder durch ihre gesamte Schulzeit. Unter psychohygienischen Auspizien stand dabei in den letzten Jahren die negative Emotionalität[46], die Leistungsangst, im Vordergrund. Darum wollen wir auch hier diese Emotionalität als affektive Konsequenz der Verarbeitung von Schulerfahrungen einbeziehen. Sie hat in unseren Untersuchungen über die Persönlichkeitswirkungen schulischer Erfahrungen immer eine große Rolle gespielt (FEND et al., 1976; HELMKE, 1983). Aus langen Instrumenten ist für die Longitudinalstudie eine Kurzfassung entwickelt worden, in der folgende Items aus dem Umkreis von „*Besorgnisgedanken*" (worry-Komponente der Leistungsangst) und negativer „*Emotionalität*" (emotionality-Komponente) aufgenommen wurden:

- *Abends im Bett mache ich mir oft Sorgen darüber, wie ich am nächsten Tag in der Schule abschneiden werde.*
- *Wenn die Hefte für eine Arbeit verteilt werden sollen, spüre ich oft starkes Herzklopfen.*
- *Vor Prüfungen oder Klassenarbeiten habe ich oft Magen- oder Bauchschmerzen.*
- *Manchmal denke ich bereits bei Beginn einer Klassenarbeit, was das alles zur Folge haben kann, wenn ich sie nicht gut schreibe.*
- *Wenn ich bei einer Klassenarbeit merke, daß die Zeit knapp wird, verliere ich leicht die Nerven.*

---

[45] Antwortkategorien: stimmt/stimmt nicht

Testtheoretische Merkmale: Konsistenzkoeffizient .65 bis .78, Reliabilität bei einer Testwiederholung innerhalb von 4 Wochen: .70 bis .75

[46] Emotionen wie *Ärger* und *Zorn* wurden im Zusammenhang mit Leistungsbeurteilungen in der Vergangenheit vernachlässigt. Ähnliches gilt für positive Emotionen wie Erfolgsfreude, Stolz, Überraschung usw.

- *Wenn ich bei einer Klassenarbeit merke, daß ich Fehler gemacht habe, fange ich oft an, mir selbst Vorwürfe zu machen und an meinen Fähigkeiten zu zweifeln.*
- *Wenn ich bei Klassenarbeiten auf Schwierigkeiten stoße, verliere ich leicht den Mut und bekomme Angst vor einer schlechten Note.*
- *Wenn ich in einer Mathe-Arbeit sitze und eine Aufgabe nicht gleich rauskriege, fürchte ich oft: Jetzt schaffst du die anderen auch nicht mehr.*[47]

Damit sind die spezifisch auf die Leistungsfähigkeit bezogenen selbstreflexiven Prozesse und ihre affektiven Konsequenzen beschrieben. Ihre psychosoziale Bedeutung ergibt sich nicht zuletzt daraus, daß sie sich in solche generalisierten Dispositionen von Heranwachsenden chronifizieren können, die *psychohygienische Belastungen* indizieren. Die Erfahrungen mit der Verarbeitung von Leistungsinformationen bleiben möglicherweise nicht auf die motivationalen Folgen begrenzt, sondern generalisieren auf Selbstbezüge der Person schlechthin.

Um dieser Frage nachgehen zu können, sei hier jener Kranz von Indikatoren beschrieben, die die psychohygienisch relevanten Wirkungen erfassen. Es handelt sich einmal um generalisierte Selbstbewertungen, um somatische Belastungen und um die Lebenszufriedenheit insgesamt.

6.3.2 Indikatoren generalisierter Wirkungen schulischer Erfahrungen im Selbst-System von Personen

In der Adoleszenz steht nach den Theorien des Selbst die Person gewissermaßen neu zur Disposition. Die reflexive Wendung führt zu einer Selbstbeurteilung, in der auch die Frage auftaucht, was an der eigenen Person leicht oder schwer akzeptierbar ist. Der heranwachsende Mensch muß also neu lernen, sich selbst als Person mit bestimmten Merkmalen zu akzeptieren (s. GALDSTONE, 1970). Die jetzt virulent werdenden Ideale, wie man gerne sein möchte, werden zum Maßstab, was an der eigenen Person akzeptabel ist, ja ob man selbst den eigenen Ansprüchen „genügt". Das Ergebnis dieser Vergleiche ist emotional hoch aufgeladen. Die begleitenden Emotionen können vernichtend sein, sie können aber auch zum „zufriedenen Ruhen in sich selbst" beitragen (s. BROOKS-GUNN & PAIKOFF, 1993). In der Forschung wird in dieser Hinsicht von *„self-esteem"* gesprochen, von positiven Gefühlen in bezug auf die eigene Person. In unserer Selbsttheorie war auch das Element enthalten, daß der Mensch systematisch positive Gefühle gegenüber sich selber

---

47 Antwortkategorien: stimmt/stimmt nicht
    Konsistenzkoeffizient: .74 bis .80

präferiert (narzißtische Homöostase) und negative Gefühle oft auf komplizierten Wegen „bearbeitet".

Selbstakzeptanz

Ins Zentrum der Analyse selbstbezogener Kognitionen und Emotionen führt danach jene Forschungsrichtung, die sich an William JAMES (1892; 1950, S. 310) anschließt und den Kern der Person darin sieht, daß ein Verhältnis von Wertstrukturen und Erfolgen in persönlich relevanten Handlungsbereichen hergestellt wird. Seine berühmte Formel, „self esteem = success/pretentions", ist der Kern für die Analyse der Struktur der generalisierten Selbstbewertung. ROSENBERG (1965; 1979) ist einer der prominentesten modernen Vertreter dieser Forschungsrichtung, die auch für unsere Operationalisierung der Selbstkonzeptentwicklung in der Adoleszenz von großer Bedeutung ist.

COOPERSMITH (1967) hat die Konzeption von JAMES (1892) und auch von ROSENBERG (1979) differenziert. Er unterstellt folgende Systematik selbstreflexiver Prozesse im Kontext von Erfolg und Mißerfolg:

- Dem Prozeß der Selbstbeurteilung geht eine subjektive *Einschätzung* von Erfolg oder Mißerfolg voraus.
- Die subjektive Einschätzung wird danach gewichtet, wie *bedeutsam* für jemanden Erfolge in jenem Bereich sind, in dem man erfolgreich war oder versagt hat, bzw. wie hoch die Ansprüche an Erfolg sind.
- Hat jemand versagt, dann treten mehr oder weniger wirksame Mechanismen des *Selbstschutzes* und der Neutralisierung von Mißerfolg in Kraft.

Das Selbstwertgefühl wäre danach das Ergebnis von drei ineinandergreifenden Prozessen, das Ergebnis der Valenz eines Verhaltensbereichs, der Erfolgsfeststellung und von Verteidigungsmechanismen. Letztere sind sehr vielfältig (s. MARKUS & WURF, 1987, S. 317), denn mit der Selbstakzeptanz steht sehr viel auf dem Spiel: das Einverständnis mit sich selbst und damit der Umgang mit jener Person, der man am wenigsten ausweichen kann, der eigenen.

Hier wird deutlich, daß die selbstreflexiven Prozesse, die mit Bewertungen der eigenen Person verbunden sind, affektiv sehr aufgeladen sind, da positive Selbstbewertungen asymmetrisch bevorzugt werden. Positive Selbstgefühle werden in der Regel präferiert, negative gemieden. Solche positiven oder negativen Selbst-Gefühle können spezifischer, auf bestimmte Verhaltensbereiche konzentrierter Natur sein, sie können sich aber auch auf die Person insgesamt generalisieren. Am besten bekannt ist uns das *Selbstbelohnungs- bzw. Selbstbekräftigungssystem* in bezug auf das Leistungsverhalten. Hier hat die Forschungstradition zur Leistungsmotivation detaillierte konzeptuelle und empirische Arbeit geleistet (s. HECKHAUSEN, 1980). Die verallgemeinerten Selbst-Emotionen werden mit verschiedenen Begriffen wie „Selbstwertgefühl", „Selbstakzeptierung", „Selbstbewußtsein" bzw. „Selbstvertrauen" belegt. Wir wählen hier den Begriff der *Selbstakzeptanz*, um das positive Ergebnis der generalisierten Selbstbewertung zu bezeichnen. Wir haben es im Anschluß an ROSENBERG (1965; 1979) wie folgt operationalisiert.

- *Im großen und ganzen bin ich mit mir zufrieden.*
- *Eigentlich kann ich auf einiges bei mir stolz sein.*
- *Ich halte nicht viel von mir.*
- *Manchmal wünsche ich mir, ich wäre ganz anders.*
- *Manchmal komme ich mir ganz unwichtig vor.*
- *Manchmal habe ich den Eindruck, daß ich irgendwie überflüssig bin.*
- *So wie ich bin, möchte ich eigentlich bleiben.*
- *Ich finde, ich bin ganz in Ordnung.*[48]

Im Kern geht es hier also um globale Bewertungen der eigenen Person, wie zufrieden man mit sich selbst ist, ob man so bleiben möchte, wie man gerade ist, bzw. ob man die eigene Person der Wertschätzung, der Anerkennung und Liebe anderer für würdig hält. Ein niedriger Wert auf dieser Skala bedeutet, daß die entsprechenden Personen sich selber ablehnen, unter *Minderwertigkeitsgefühlen,* unter Gefühlen der eigenen Unwichtigkeit und Inkompetenz leiden. Ein hoher Score impliziert, daß eine selbstverständliche Wertschätzung der eigenen Person vorliegt. Er gibt damit Auskunft über den Grad der Befriedigung der narzißtischen Homöostase. Im Hintergrund steht die Dynamik des Vergleichs des Ich-Ideals mit einer vermeintlichen Realität, dessen Ergebnis eben in die positiven oder negativen Gefühle sich selber gegenüber mündet und damit Einssein oder Zwiespalt mit sich selbst anzeigt (BLOCK & ROBINS, 1993; BROOKS-GUNN & PAIKOFF, 1993).

Somatische Belastungen

Daß schulische Erfahrungen tief in den eigenen Körper eingreifen, ist eine häufige Behauptung, wenn z. B. Folgen extrem ungünstiger Erfolgs/Mißerfolgsbilanzen diskutiert werden (MANSEL & HURRELMANN, 1991). Wenn „Ausstrahlungseffekte" der Schule über die konkret leistungsbezogenen Selbsteinschätzungen und emotionalen Reaktionen hinaus interessieren, dann

---

[48] Antwortkategorien: stimmt/stimmt nicht
Testtheoretische Merkmale: Konsistenzkoeffizient .71 bis .77, Reliabilität bei einer Testwiederholung innerhalb von 4 Wochen: .74 bis .76.

dürften sie besonders im psychohygienisch relevanten somatischen Bereich zu suchen sein (SCHRÖER, 1995).

Aus einem in Vorerhebungen eingesetzten umfangreichen Instrumentarium sind die folgenden Indizien einer somatischen Beeinträchtigung ausgewählt worden:

Wie oft kommen folgende Beschwerden bei Dir ungefähr vor?[49]

- *Kopfschmerzen*
- *Magen- oder Bauchschmerzen*
- *Verdauungsstörungen (z. B. Übelkeit, Erbrechen)*
- *Schwierigkeiten beim Einschlafen oder Durchschlafen*
- *Kreislauf- oder Durchblutungsstörungen (z. B. Schwindel oder das Gefühl, daß einem „schwarz vor den Augen" wird)*

Lebenszufriedenheit

Zur Bildung eines zusammenfassenden Indikators, wie „gut es jemandem geht", haben wir schließlich nach dem Wohlbefinden in den wichtigsten Lebensbereichen gefragt. Dieser Indikator indiziert somit eine gewisse Summe des Gut-im-Leben-Stehens, wenn er folgende Aspekte operationalisiert[50]:

- *Wie wohl fühlst Du Dich zu Hause?*
- *Wie beliebt bist Du in der Klasse?*
- *Wie wohl fühlst Du Dich in der Schule?*
- *Wie zufrieden bist Du mit Dir?*
- *Wie wohl fühlst Du Dich gesundheitlich?*

Damit sollte summativ die „Einheit der Person mit sich selber" erfaßt werden, um auf dieser Grundlage Effekten schulischer Erfolgs- und Mißerfolgserfahrungen nachspüren zu können.

Neben diesen Indikatoren psychischer Belastung bzw. „Unbeschwertheit", die internalisierende Risikopfade der Entwicklung in der Adoleszenz andeuten können, sind auch Indikatoren externalisierender Wege zu beachten. Letztere verlaufen nach unseren Daten (s. Kapitel zur Leistungsbereitschaft, S. 255 ff.) vor allem über Marginalisierungsprozesse in der Schule (s. SINCLAIR, 1989),

---

[49] Antwortkategorien: nie/ein paarmal im Jahr/ein paarmal im Monat/ein paarmal in der Woche/öfter

Konsistenzkoeffizient: .69 bis .74

[50] Antwortkategorien jeweils fünfstufig von „sehr wohl" bis „sehr unwohl" bzw. analoge Formulierungen

Konsistenzkoeffizient: .63 bis .67

über Distanzierungsprozesse von der Schule und eine frühe Zuwendung zu cliquenbezogenem außerschulischem Risikoverhalten.

6.3.3 Validierung der Messung des Selbst-Systems

Neben Fragen der *Inhaltsvalidität* drängen sich bei der Messung mehrerer Dimensionen des Selbst-Systems Fragen nach der *konvergenten* und *divergenten* Validität auf. Sie haben hier in einem ersten Schritt zur Überprüfung der Frage, wie valide wir „interne Repräsentationen" der eigenen Leistungsfähigkeiten erfaßt haben, Priorität. Inhaltlich „nahe" Dimensionen müßten danach stärker zusammenhängen als inhaltlich divergente.

Da wir die gleichen Informationen in drei Untersuchungen erhoben haben, in einer deutschen und in drei Schweizer Studien, können wir zusätzlich Kreuzvalidierungen vornehmen, also die Frage der Strukturgleichheit der gefundenen Korrelationsmuster bearbeiten.

Die wichtigsten Ergebnisse dieser Validierungsbemühungen sind in Tab. 6.1 enthalten. Auf den ersten Blick fällt die übereinstimmende Struktur der Interkorrelationen in den drei Studien ins Auge. Dies spricht für eine hohe Stabilität der Merkmalszusammenhänge und dafür, daß die einzelnen Dimensionen von verschiedenen Populationen in gleicher Weise verstanden wurden.

Hinweise auf die konvergente Validität geben die hohen Zusammenhänge zwischen dem Selbstkonzept der Begabung mit dem Kontrollbewußtsein in bezug auf Schule und Lehrer und zu Angstreaktionen.

Unübersehbar ist auch der konsistente Bezug der leistungsbezogenen Selbstkonzepte zu „Ausstrahlungsindikatoren", also zu Indizien der belasteten oder entlasteten Funktionsweise der Person insgesamt: zu somatischen Belastungen, zu Lebenszufriedenheit und vor allem zur Selbstakzeptanz. Der letztere bewegt sich in der Größenordnung von $r=.36$ bis $r=.48$.

Für die diskriminative Validität ist der Sachverhalt bedeutsam, daß die konkret schulbezogenen Dimensionen des Selbstsystems untereinander enger zusammenhängen als die „Ausstrahlungsindikatoren" der Somatik und Lebenszufriedenheit mit den leistungsbezogenen Selbstbild-Dimensionen. Die Indikatoren der allgemeinen, psychohygienisch relevanten Funktionsweise der Person hängen untereinander wieder hoch zusammen. Das Bindeglied zwischen diesen beiden Bereichen bildet die Selbstakzeptanz.

Tab. 6.1: Interkorrelationen von Aspekten des Leistungsselbstbildes und von Risikoindikatoren (9. Stufe)

Deutschland	Selbstkonzept - Begabung	Kompetenzbewußtsein			Schulische Leistungs-angst	Selbstak-zeptierung	Somatische Indikatoren	Zufriedenheit
		Lehrer und Schulerfolg	Zukunftsbe-wältigung	Hand-lungskon-trolle				
Selbstkonzept - Begabung	1.000							
Selbstwirksamkeit - Lehrer- und Schulerfolg	.484	1.000						
Selbstwirksamkeit der Zukunftsbewältigung	.411	.389	1.000					
Selbstwirksamkeit - Handlungskontrolle	.441	.344	.469	1.000				
Schulische Leistungsangst	-.470	-.269	-.359	-.411	1.000			
Selbstakzeptierung	.476	.418	.457	.411	-.314	1.000		
Somatische Indikatoren	-.242	-.181	-.256	-.258	.302	-.226	1.000	
Lebenszufriedenheit	.331	.417	.387	.325	-.252	.466	-.414	1.000
Schweiz 1990 untere Diagonale (N= 547) Schweiz 1992 obere Diagonale (N= 318)								
Selbstkonzept - Begabung	1.000	.306	.298	.293	-.406	.423	-.146	.305
Selbstwirksamkeit - Lehrer- und Schulerfolg	.275	1.000	.319	.289	-.248	.219	.169	.361
Selbstwirksamkeit der Zukunftsbewältigung	.261	.271	1.000	.368	-.265	.358	-.256	.366
Selbstwirksamkeit - Handlungskontrolle	.416	.276	.404	1.000	-.317	.333	-.238	.314
Schulische Leistungsangst	-.451	-.203	-.350	-.430	1.000	-.238	.220	-.197
Selbstakzeptierung	.357	.243	.389	.409	-.405	1.000	-.286	.485
Somatische Indikatoren	-.191	-.068	-.152	-.236	.342	-.277	1.000	-.330
Lebenszufriedenheit	.268	.404	.376	.322	-.336	.476	-.379	1.000

Einen auch statistisch bedeutsamen Länderunterschied gilt es aber zu beachten. In der Schweiz sind die verschiedenen Aspekte der leistungsbezogenen Selbsteinschätzung nicht so dicht verwoben wie in Deutschland. Bei deutschen Jugendlichen sind die Urteile über das eigene „Leistungsvermögen" definitiver und generalisierter. In der Schweiz scheint noch eine größere Offenheit, noch keine so „endgültige" Selbst-Festlegung zu bestehen. Auffallend ist ein zweiter Unterschied: In der Schweiz hängen die somatischen Indikatoren deutlich weniger eng mit dem schulbezogenen Selbstbild (Begabungskonzept, Selbstwirksamkeit in bezug auf Lehrer und Schulerfolg, Zukunftsbewältigung) zusammen als in Deutschland. Auch dieser Unterschied tritt in drei Schweizer Studien auf, so daß er relativ stabil erscheint. Dies spricht für eine stärkere Entkoppelung allgemeiner Merkmale einer gesunden Persönlichkeit vom schulischen Beurteilungs- und Leistungssystem in der Schweiz im Vergleich zu Deutschland.

6.4 Selbstkonzepte und Belastungsindikatoren bei Schweizer Schülern und bei deutschen Jugendlichen

Die Länderunterschiede in der *Dichte* des Zusammenhanges zwischen schulischen Selbstkonzepten und allgemeinen Indikatoren der psychischen Gesundheit werden durch Mittelwertsvergleiche, die *Niveauunterschiede* zum Vorschein bringen, zusätzlich akzentuiert (Tab. 6.2). Dabei fällt eine ausgeprägtere Selbstwirksamkeit, eine geringere Leistungsangst und eine größere allgemeine Lebenszufriedenheit der Schweizer Kinder im Vergleich zu den deutschen auf. Bei *konkreten Kompetenzerfahrungen* (Gestaltung des eigenen Schulerfolgs, der Beziehungen zu den Lehrern und der Zukunftsbewältigung) zeigen sie positivere Werte als deutsche Schüler (ca. 40% sind in der höchsten Kategorie im Vergleich zu ca. 20% in Deutschland). Die Schweizer Schüler sind also schulisch „gestärkter" als deutsche Jugendliche. Ihre Lebenszufriedenheit ist deutlich höher. Im Begabungsselbstbild, in der Selbstakzeptanz und in den somatischen Belastungen ergeben sich keine Länderunterschiede, im Bewußtsein der allgemeinen Handlungskontrolle liegen die deutschen Schüler „vorne". Damit spezifizieren sich die Vorteile der Schweizer Schüler vor allem auf die schulerfahrungssensitiven Selbstkonzepte.

Tab. 6.2: Länderunterschiede in den Selbstkonzept-Dimensionen

N= 1941 / 547 / 318
Mittelwerte

	Selbst-konzept – Bega-bung	Kompetenzbewußtsein			Schuli-sche Lei-stungs-angst	Selbst-akzep-tierung	Somati-sche Indika-toren	Zufrie-denheit
		- Lehrer und Schul-erfolg	der Zu-kunfts-bewälti-gung	- Hand-lungs-kon-trolle				
Deutsch. 1982	10.61	14.32	13.60	13.22	10.85	13.76	10.46	6.99
Schweiz 1990	10.58	14.71	14.36	12.87	10.26	13.82	10.42	7.77
Schweiz 1992	10.59	14.87	14.40	12.84	10.36	13.99	10.58	7.87
		***	***	***	***		***	

*: p<.05   **: p<.01   ***: p<.001

Schulbezogene Werte der psychischen „Gesundheit" sehen also in der Schweiz günstiger aus als in Deutschland. Bemerkenswert ist in diesem Zusammenhang auch, daß die gesundheitsgefährdenden Tätigkeiten wie Rauchen und Trinken bei deutschen Schülern etwa doppelt so häufig vertreten waren wie bei Schweizer Jugendlichen der 9. Schulstufe (Tab. 6.3).

Insgesamt sehen wir in diesen Länderunterschieden Hinweise, daß die Beziehungen zwischen Leistung und Selbstbild kontextuell beeinflußbar sind und z.B. nach Erziehungskulturen verschiedener Länder variieren (s. auch OETTINGEN, LINDENBERGER & BALTES, 1992; 1993).[51]

---

[51] Faktorenanalysen mit den Daten aus Deutschland und der Schweiz bestätigen vor allem die diskriminative und konvergente Validität im obigen Sinne für Deutschland. Die Faktorenstrukturen hingegen korrelieren zwischen den Ländern sehr hoch.

Tab. 6.3: Epidemiologie von Leistungsangst, somatischen Belastungen und Alkoholkonsum bzw. Nikotinkonsum bei Schweizer und deutschen Neuntkläßlern

	BRD	CH
N=	1183	697
LEISTUNGSANGST[1]	% stimmt	% stimmt
Wenn ich bei einer Klassenarbeit auf Schwierigkeiten stoße, verliere ich leicht den Mut und bekomme Angst vor einer schlechten Note.	.28	.24
Wenn ich bei einer Klassenarbeit merke, daß ich Fehler gemacht habe, fange ich oft an, mir selbst Vorwürfe zu machen und an meinen Fähigkeiten zu zweifeln.	.26	.24
Vor Prüfungen oder Klassenarbeiten habe ich oft Magen- oder Bauchschmerzen.	.31	.14**
Wenn ich in einer Mathearbeit sitze und eine Aufgabe nicht gleich rauskriege, fürchte ich oft: jetzt schaffst du auch die anderen nicht mehr.	.30	.24*
Abends im Bett mache ich mir oft Sorgen darüber, wie ich am nächsten Tag in der Schule abschneiden werde.	.32	.26*
Wenn die Hefte für eine Arbeit verteilt werden sollen, spüre ich starkes Herzklopfen.	.43	.40
Wenn ich bei einer Klassenarbeit merke, daß die Zeit knapp wird, verliere ich leicht die Nerven.	.42	.43
Manchmal denke ich bereits zu Beginn einer Klassenarbeit, was das alles zur Folge haben kann, wenn ich sie nicht gut schreibe.	.50	.40**
SOMATIK[2]	% [1)]	% [1)]
Verdauungsstörungen	.09	.08
Einnahme von Tabletten oder Medikamenten	.16	.08**
Wie wohl fühlst du dich gesundheitlich	.20	.12**
Schwierigkeiten beim Einschlafen oder Durchschlafen	.28	.27
Kreislauf- oder Durchblutungsstörungen	.29	.30
Kopfschmerzen	.33	.31
Magen- oder Bauchschmerzen	.33	.27**
RAUCHEN UND ALKOHOL-KONSUM[3]	% [2)]	% [2)]
Wie oft trinkst du Alkohol?	.28	.20**
Wie oft rauchst du ?	.27	.15**

1: Prozentsätze stimmt
2: Prozentsätze „ein paarmal im Monat" plus „ein paarmal in der Woche" plus „noch öfter"
3: Rauchen: tägliches Rauchen von 1 bis 2 Zigaretten bis mehr als 10 Zigaretten täglich
   Alkohol: „etwa 1mal pro Woche" plus „täglich"

6.5 Die Entwicklung des leistungsbezogenen Selbstbildes

Das leistungsbezogene Selbstbild jedes Kindes, das in unserer Kultur heranwächst, hat durch die lange Verweildauer im Bildungssystem eine viele Jahre umfassende Geschichte. Die heute mindestens neun Jahre dauernde schulische „Testphase", was man in welchen Lernbereichen wie gut kann, um auf dieser Grundlage zur Einschätzung der optimalen beruflichen Position und möglichen beruflichen Karriere zu kommen, schlägt sich über diesen langen Erfahrungsprozeß in hoch differenzierte kognitive Repräsentationen der eigenen Leistungsfähigkeiten nieder. Die Thematik des Zusammenhanges zwischen schulischen Leistungsrückmeldungen (Noten) und der Selbsteinschätzung der eigenen Leistungsfähigkeit ist deshalb sowohl für die Kindheit als auch für die Adoleszenz ein wichtiges Forschungsthema. Drei Fragestellungen sind im Auge zu behalten:

1. Führt der Aufbau eines Leistungs-Selbstbildes zu einer guten Grundlage, um vernünftige Entscheidungen bei der Wahl von Berufsausbildungen und Berufen zu fällen?
2. Führt die schulische Gestaltung der Leistungsrückmeldungen bei vielen Schülern zu einem Motivationsverlust, zu Hoffnungslosigkeit und Resignation oder zu einer realistischen Investition von Lernanstrengungen?
3. Führt die Verarbeitung schulischer Leistungsinformationen zu psychohygienisch bedenklichen Chronifizierungen von Belastungserlebnissen?

Diese letzte Fragestellung steht hier, wie oben angekündigt, im Mittelpunkt.

Das Selbstbild der eigenen Leistungsfähigkeit in den ersten Schuljahren[52]

Die häufig mit freudigen Erwartungen verbundene erste Schulzeit beginnt auch subjektiv mit der naiven Vorstellung vieler Kinder, alles gut zu können, akzeptiert zu sein, neue Freunde zu gewinnen. Viele sind daher enttäuschungsgefährdet. Die schulischen Anfangserfahrungen, die ersten Erfolge und Mißerfolge, die Fähigkeit, sich aufmerksam und interessiert mit Aufgaben auseinanderzusetzen und Kompetenz positiv zu erfahren, sind für die weitere Schullaufbahn von entscheidender Bedeutung (ALEXANDER, ENTWISLE & DAUBER, 1993).

---

[52] Die folgende Darstellung der Entwicklung des Selbstkonzeptes in der Grundschule basiert auf Arbeiten von Georg STÖCKLI.

Das Vorschulkind identifiziert Anstrengung noch mit Begabung und glaubt deshalb, mit entsprechender Anstrengung auch alles erreichen zu können. Die daraus resultierende Tendenz jüngerer Kinder, eigene Kompetenzen stark überhöht einzuschätzen, gehört zu den mehrfach bestätigten Ergebnissen der Forschung zur Entwicklung von Selbstkonzepten in der Schulanfangsphase (vgl. ENTWISLE, ALEXANDER, CADIGAN & PALLAS, 1986; HELMKE, 1991; 1993; NICHOLLS, 1978; STIPEK, 1981). Die Überhöhung hat unterschiedliche Erklärungsversuche gefunden (s. STIPEK & KOWALSKI, 1989). Da die Kinder die Kompetenzen der Gleichaltrigen in der Klasse weitaus realistischer beurteilen als die eigenen, wird die Annahme eines entwicklungsbedingten kognitiven Defizits relativiert (vgl. HARTER, 1983; STIPEK, 1981; 1984; STIPEK & HOFFMAN, 1980). Eher motivational bedingt dürfte der Anstieg im Fähigkeitsbild sein, den HELMKE (1991) beim Übergang vom Kindergarten in die erste Klasse feststellt. Schon GROTLOH-AMBERG (1971) kann nach erfolgter Einschulung einen Anstieg der Grundstimmung bei Kindern mit älteren Geschwistern nachweisen, was die Autorin mit dem erlebten „Prestigezuwachs" erklärt. Entsprechende Auswirkungen auf das Fähigkeitsbild sind vorübergehend durchaus denkbar.

Die sorgfältigste Studie zur Entwicklungspsychologie der Selbstbewertungen in der Grundschulzeit haben in letzter Zeit RUBLE, EISENBERG & HIGGINS (1994) vorgelegt. Ihr Ausgangspunkt bestand in dem oben erwähnten Phänomen, daß Kinder ihre eigenen Leistungen positiv verzerren und auf Mißerfolge defensiv reagieren, während sie die Leistungen von anderen „richtig" einschätzen und deren Mißerfolge auch „richtig" deuten. Durch eine geschickte Experimentalanlage konnten sie nachweisen, daß hier der motivationale Mechanismus der „Selbst-Erhöhung" (self-enhancement) am Werk ist. Positive Informationen über die eigene Person (Erfolge) werden also anders verarbeitet als negative (Mißerfolge), sie stehen im Kontext von „Wunschdenken" (wishful thinking). Ihre zweite wichtige Erkenntnis bestand darin, daß sie im Verlaufe der Entwicklung (vom 5. zum 10. Lebensjahr) eine Verschiebung dieser Wahrnehmungsverzerrungen feststellen konnten. Anfangs richten sie sich vor allem auf konkrete Leistungsbeurteilungen, später auf Fähigkeitskonzepte.

Ein deutlicher Geschlechtsunterschied führte zu einem dritten Ergebnis. Jungen waren von Mißerfolgen bei der Beurteilung ihrer „Fähigkeit" noch weniger beeindruckbar als Mädchen, die somit noch zu „realistischeren" Selbstbewertungen nach Mißerfolgen neigten. Die Erklärung liegt nach den Autoren darin, daß dahinter die noch größere Wertschätzung von Leistungen und Begabung bei Jungen steckt. Jener Bereich der Persönlichkeit, der als besonders wichtig erscheint, wird auch am stärksten geschützt, so daß umgekehrt die

Defensivität, gemessen an der positiv verzerrten Wahrnehmung, ein Indikator für die Bedeutung des betreffenden Merkmals einer Person ist.

Eine weitere Erklärung für die entwicklungsabhängige Interpretation von Mißerfolgen kann in den vorherrschenden Ursachenannahmen für Leistungsergebnisse gesehen werden. Schulneulinge isolieren Begabung vorläufig nicht als einzelne Größe. Nach NICHOLLS (s. a. CHAPMAN & SKINNER, 1989; 1978) entwickelt sich das Konzept von der eigenen Begabung als vierstufiger Prozeß, wobei Anstrengung auf der ersten Stufe noch als direkter Ausdruck von Begabung gilt (Wer sich tüchtig anstrengt, ist begabter). Jüngere Kinder favorisieren Anstrengung als Leistungsursache, ja erleben sie „geradezu als sittliche Verpflichtung" (RIES, HEGGEMANN & KRANZ, 1981). Die Auslegung des Scheiterns als „Noch-nicht-Können" bewahrt zusätzlich vor einem negativen Fähigkeitsbild. Da ein stabiles Konzept der eigenen Fähigkeit noch fehlt, können Kinder ihren Optimismus in der Erwartung positiver Ergebnisse länger aufrecht halten, auch wenn sich Mißerfolge einstellen (STIPEK, GRALINSKI & KOPP, 1990). Positive Reaktionen wie Lob interpretieren jüngere Kinder in den ersten Schuljahren noch als direkte Mitteilung über die eigene Fähigkeit und nicht etwa im Sinne eines „paradoxen Effekts", wie er sich unter bestimmten Umständen bei älteren Kindern einstellen kann (vgl. MEYER, 1979; STIPEK & KOWALSKI, 1989). Letzterer besteht darin, daß Lob als Hinweis für die eigene Bedürftigkeit interpretiert wird, und somit als Hinweis für die geringe Begabung gilt. Lob hat dann negative Wirkungen auf das Begabungskonzept („Ich habe es nötig, gelobt zu werden, weil ich zwar wenig begabt, aber doch willig bin").

Die Entwicklung des Selbstbildes im Zusammenhang mit Schulleistungen beginnt also – so berichten auch neuere Studien (s. HELMKE, 1991;1993) – mit der Tendenz der Kinder, sich zu überschätzen, alles für möglich zu halten. Im Laufe der ersten Schuljahre tritt erst allmählich der *Fähigkeitsbegriff* als Erklärungsfaktor für Schulleistungen zum Anstrengungsbegriff hinzu. Große Anstrengung kann, so wird langsam gefolgert, schwächere Begabung *kompensieren*. Die Fähigkeit zur Einschätzung der *Schwierigkeiten* von Aufgaben wächst, und spezifische Faktoren wie *Glück*, *Hilfe* und *Unvorhergesehenes* werden als weitere Erklärungsgründe für die Schulleistungen bedeutsam. Die *vergleichende Leistungsbewertung*, die etwa ab dem dritten Schuljahr intensiviert wird, erhöht die *Sichtbarkeit* unterschiedlicher Leistungen und hat zur Folge, daß der Zusammenhang zwischen Noten, Selbstbild und Lernfreude deutlich enger wird (HELMKE, 1991; 1993).

Im Verlauf der ersten Schuljahre gleichen sich also die Selbsteinschätzungen zunehmend an die Leistungsbeurteilung an (vgl. HARTER, 1983; STIPEK, 1984). Gegen Ende der Grundschulzeit liegt eine mittlere Korrelation zwischen Selbstkonzept und Schulleistungen vor (vgl. PEKRUN, 1983). Nach dem Übertritt sinkt die Übereinstimmung vorübergehend, um in der Folge erneut anzusteigen. Dieser Einbruch verdeutlicht, daß es sich beim Anpassungsvorgang nicht allein um einen durch die zunehmenden kognitiven Fähigkeiten bedingten Entwicklungsverlauf handeln kann. So beeinflußt nicht nur die jeweilige Bezugsgruppe die Fähigkeitseinschätzung, sondern auch die Bezugsnormorientierung der Lehrer (BUFF, 1991; JERUSALEM & SCHWARZER, 1991; MARSH, 1990; RHEINBERG & ENSTRUP, 1977). Die beeindruckendsten Hinweise auf die Kontextabhängigkeit des Zusammenhanges zwischen Noten und Selbstkonzept der eigenen Leistungsfähigkeit kommen von den Bildungssysteme vergleichenden Analysen, insbesondere vom Vergleich der Zweitkläßler am Ende des DDR-Bildungssystems in Ost-Berlin mit gleichaltrigen Schülern aus West-Berlin. Die offizielle Erziehungspolitik, Kinder möglichst früh an eine realistische Selbsteinschätzung heranzuführen, hat in Ost-Berlin zur Folge gehabt, daß sehr früh hohe Korrelationen zwischen den Noten und den Selbsteinschätzungen der eigenen Leistungsmöglichkeiten entstanden sind (OETTINGEN et al., 1992; 1993).

Die Forschungsergebnisse in westlichen Bildungssystemen bestätigen dagegen eine relative Unabhängigkeit des Selbstkonzepts von der tatsächlichen Leistungsfähigkeit (HARTER & PIKE, 1984). Bei Kindern aus fünften Klassen, die laut Testergebnissen zu den „hoch kompetenten" gehören, findet PHILLIPS eine Gruppe, die sich durch ein niedriges Fähigkeitsbild oder eine „Illusion der Inkompetenz" auszeichnet. Die obigen Studien am Max-Planck-Institut in Berlin bestätigen in ihrer Ausdehnung auf Amerika, Rußland und Japan den erstaunlichen Sachverhalt, daß in Los Angeles der obige Zusammenhang zwischen objektiven Leistungen und subjektiven Einschätzungen besonders gering war. In oft illusionären Selbsteinschätzungen halten sich die Kinder für generell sehr leistungsfähig (LITTLE, OETTINGEN, STETSENKO & BALTES, 1995).

Die einzelnen Schulklassen stellen für Vorgänge dieser Art spezifische Bedingungsökologien dar. Klassenvergleiche fördern nicht nur Unterschiede in der korrelativen Übereinstimmung von Fähigkeitseinschätzung und erhaltener Note zutage (vgl. HELMKE, 1991), sondern auch je eigene Muster der Über- oder Unterschätzung, wenn die Selbsteinschätzung im Vergleich zur Note (Mathematik) betrachtet wird. Generelle Unterschätzung ist ebenso anzutreffen wie die stereotype Überschätzung bei Jungen und die Unterschätzung bei Mädchen, dies sowohl in der Selbst- als auch in der Fremdeinschätzung durch die Lehrkräfte (zur Frage „Mädchen und Mathematik" siehe die Übersicht von BEERMAN, HELLER & MENACHER, 1992).

Die leistungsangemessene Selbst- und Fremdeinschätzung gelingt nur im Rahmen einer günstigen Lernökologie, in der vor allem keine geschlechtsspezifische Wertung erbrachter Leistungen erfolgt (vgl. WIGFIELD & ECCLES,

1992). Neuere Studien von WIGFIELD und ECCLES (1994) belegen für die Grundschulzeit (1. bis 6. Schuljahr) klare Geschlechtsunterschiede in den Interessen und Kompetenzeinschätzungen. Bereits vor einer gründlichen Erfahrung in der Schule halten sich Jungen in *Sport* und *Mathematik* für besonders gut, Mädchen in *Musik* und *Lesen*. Die Einschätzung der Bedeutung von Mathematik und das Interesse in Mathematik variierten jedoch nicht geschlechtsspezifisch. Auch die Lehrer schätzten die Begabungen und Leistungen der Mädchen im Fach Mathematik nicht schlechter ein als die der Jungen. Mütter und Väter verstärken diese geschlechtsspezifischen Einschätzungen, schätzen z.B. mathematische Leistungen der Mädchen schlechter ein als jene der Jungen, auch wenn sie objektiv gleich sind (ECCLES, 1993).

In der frühen Adoleszenz finden WIGFIELD und ECCLES (1994) für ihre amerikanischen Kinder einen mäßigen, aber regelmäßig auftauchenden Rückgang der eigenen Kompetenzeinschätzungen, des Interesses an einzelnen Fächern und der Nützlichkeitseinschätzung von Mathematik, Sport und sozialen Kompetenzen. Sie nennen zwei Faktorengruppen, die dafür verantwortlich sein könnten: einmal *organismische* und zum andern *kontextuelle*. Die organismischen resultieren aus den inneren Entwicklungsprozessen, z. B. aus einer besseren Fähigkeit, Leistungsrückmeldungen realistisch zu beurteilen oder auch aus altersbedingten Verschiebungen in den Interessen und der „Begeisterungsfähigkeit" für bestimmte Lernprozesse. Bedeutsamer sind nach den obigen Autoren die kontextuellen Faktoren, insbesondere jene der schulischen Umwelt. In der untersuchten Zeitspanne von der 6. zur 7. Schulstufe liegt ein Schulwechsel, der sich an einigen Stellen auswirkt, etwa in der Einschätzung der eigenen sozialen Kompetenzen, der Kompetenzen in Englisch (Muttersprache) und in Mathematik. Der Einbruch beim Übertritt von der „Elementary School" in die „Middle School" oder „Junior High School" wird aber rasch wieder etwas aufgefangen, ohne zum Ausgangspunkt zurückzukehren.

ECCLES beobachtet die schulischen Kontextmerkmale besonders aufmerksam. Aus mehreren Studien glaubt sie ableiten zu können, daß Schulen der psychischen Entwicklung, die in der Zeit vom 7. bis 9. Schuljahr stattfindet, nur unzureichend gerecht werden. Sie kommen dem größeren *Autonomiebedürfnis* ebenso wenig entgegen wie der Notwendigkeit, daß gerade jetzt dichte soziale Kontakte zu Erwachsenen-Vorbildern notwendig wären. Anstelle dessen sind die Middle Schools größer als die Elementary Schools, die Lehrer kennen die Schüler weniger, sind fachlich orientiert, benoten strenger und unbarmherziger, betonen Disziplin stärker, exerzieren mehr Frontalunterricht, beurteilen die Schüler häufiger vor der ganzen Klasse, betonen den sozialen Vergleich usw. Ihnen stehen nun Schüler gegenüber, die ihre sozialen Bindungen reorganisieren müssen, eine kritische Balance zwischen Autonomie und Führungswünschen gegenüber Erwachsenen zu erarbeiten haben, die sich oft in schwierigen Peer-Beziehungen eingebunden sehen, ihre eigene Identität zu erarbeiten haben, selbstreflexiver werden und somit insgesamt auf eine kluge altersspezifische Begleitung angewiesen wären. Aber gerade sie wird ihnen von der Schule verweigert. Diese Thematik der Abstimmung der Schule auf die Entwicklungsbesonderheiten der Kinder und Jugendlichen wird uns noch beschäftigen. An dieser Stelle strukturieren die amerikanischen Studien einige wichtige Fragen vor, die die Entwicklung des Selbstbildes in der Adoleszenz betreffen. Sie machen auch deutlich, welche Bedeutung handlungsorientiert-sinnbezogenen Lernformen in dieser Altersphase zukommen könnte.

Veränderungen des Selbstbildes in der Adoleszenz

Zwei Fragenkomplexe stehen nach dem obigen Blick in die Forschungsliteratur zur Entwicklung des Selbst in der *Grundschule* für die Phase der *Adoleszenz* im Vordergrund:

1. Wie stabil bleiben die verschiedenen Aspekte des leistungsbezogenen Selbstbildes vom 6. zum 10. Schuljahr tatsächlich? Welche Ereignisse und welche Kontextbedingungen können die Stabilität stören, Verbesserungen initiieren oder Verschlechterungen provozieren?
2. Wie eng ist der Zusammenhang zwischen den schulisch attestierten Leistungsergebnissen in der Form von Noten und den Aspekten des darauf bezogenen Selbst in der Zeit nach der Grundschule?

Das Selbstbild der eigenen Fähigkeiten müßte, was die kognitiven Voraussetzungen angeht, zu Beginn der Adoleszenz voll entfaltet sein, so daß für die hier untersuchte Lebensphase vom 6. zum 10. Schuljahr keine *strukturellen* Änderungen mehr zu erwarten wären. Stabilität sollte deshalb die Selbstbildentwicklung in der von uns untersuchten Altersphase charakterisieren. Schüler hätten in dieser Zeit ein reflexives Bewußtsein ihrer eigenen Fähigkeitsschwerpunkte und ihrer Selbstwirksamkeit in einer Vielfalt von Leistungsbereichen.

Nichtsdestoweniger könnten sich in der Adoleszenz Entwicklungen im Selbstbild ergeben, die – wie oben ausgeführt – auf Veränderungen im Lebenskontext der Adoleszenten zurückzuführen wären.

6.6 Entwicklungsbilder des Selbst

6.6.1 Globale Entwicklungsverläufe

Die durchschnittlichen Veränderungen in den einzelnen Dimensionen des Selbstkonzeptes geben in einem ersten Schritt ein Bild über die Veränderungen einer gesamten „Kohorte", die einen Lebensabschnitt durchläuft. Dies ist für den Durchlauf der Klassen 6 bis 10 in Abb. 6.6, aufgegliedert nach Geschlecht, dokumentiert.

Der erste globale Eindruck (Abb. 6.6), betrachtet man alle Dimensionen im Überblick, ist unzweideutig: Diese Altersphase ist – gemessen an den hier verwendeten Indikatoren des Selbstbildes – von *Stabilität* gekennzeichnet. Eine globale Verunsicherung läßt sich nicht feststellen. Auf keiner Dimension zeigt sich eine dramatische Verschlechterung des Selbstkonzeptes. Jugendliche werden in dieser Lebensspanne durchschnittlich eher selbstbewußter und subjektiv kompetenter.

Nur an einigen Stellen bricht eine externe Problematik in die Selbstbeschreibungen ein: Am Ende der Schulzeit, wenn für Hauptschüler und Realschüler die Frage der *Berufswahl* ansteht, sinkt ihre *Zukunftsgewißheit*. Hier wirken sich Arbeitsplatzprobleme aus (BRIECHLE, 1986; FEND, 1991). Das *7. Schuljahr* scheint zudem eine kritische Phase zu sein. Hier kommt möglicherweise der Übergang von der Förderstufe in weiterführende Schulen und die zweite Fremdsprache, die jetzt verlangt wird, zum Tragen. Das *9. Schuljahr* bringt dann wegen des für viele bevorstehenden Übertritts ins Berufsleben weitere Belastungen. Daß sich diese Übergänge an einigen Stellen (Leistungsangst, Zukunftsgewißheit) auch im Instrumentarium niederschlagen, verweist doch auf dessen hohe Sensibilität. Die beiden Einbruchsstellen, jene im 7. und im 9. Schuljahr, kommen in der statistischen Analyse auch zum Vorschein. Es werden dadurch nicht nur *lineare* Veränderungen signifikant (bei Begabungsselbstkonzept, Leistungsangst, Selbstakzeptanz, somatischen Belastungen), sondern auch *quadratische* (bei der Selbstwirksamkeit bezüglich der Schulleistungen, Handlungskontrolle) und *kubische* (bei Zukunftsbewältigung).

Erwähnenswert sind schließlich die Ergebnisse, die zutage treten, wenn man die Beantwortungen der einzelnen Items im Detail analysiert. Dabei ragt ein Sachverhalt heraus, den die Forschung zum Begabungskonzept und zur Selbstwirksamkeit betont: der positive „Vertrauensvorschuß in sich selber", der in der Selbsteinschätzung und der Selbstwirksamkeit zum Ausdruck kommt.

Abb. 6.6: Entwicklungsverläufe der leistungsbezogenen Selbstkonzepte von der 6. zur 10. Schulstufe, aufgegliedert nach Geschlecht
Mittelwerte der jeweiligen Skala (s. Anhang 1)

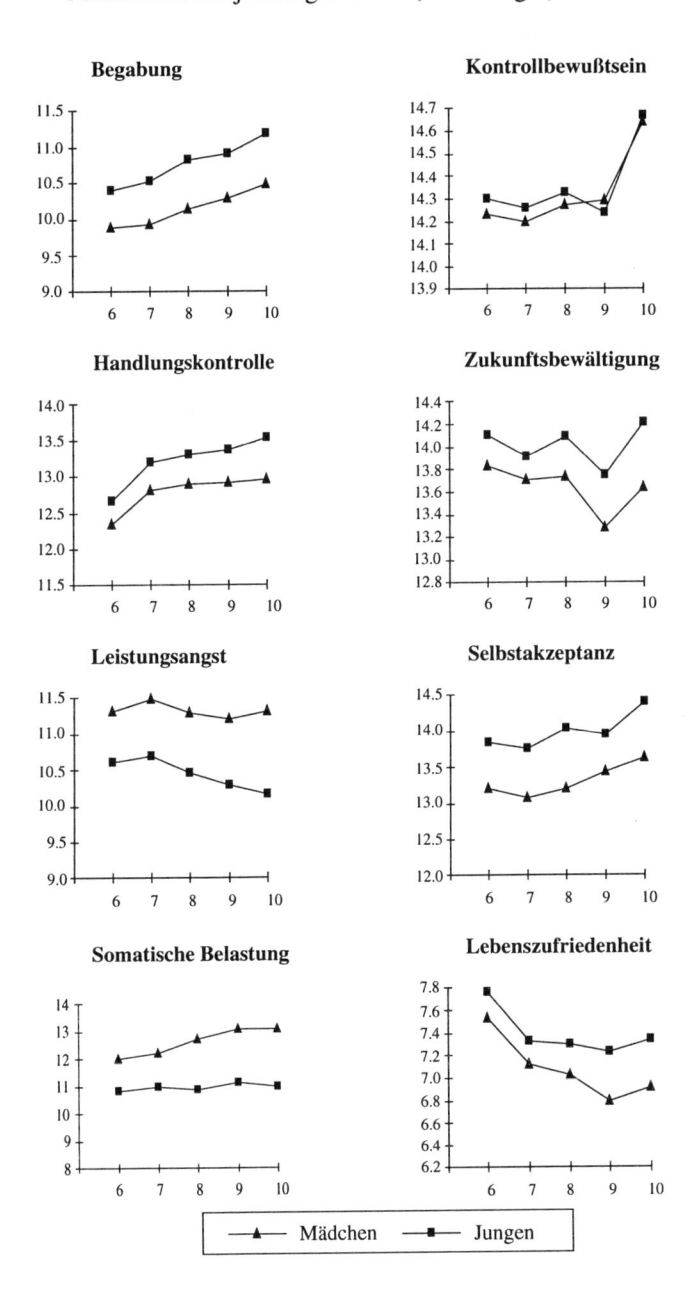

Abb. 6.7: Einzelitems der Skala „Selbstwirksamkeit bei Schulleistungen" und deren Beantwortung von 12 bis 15

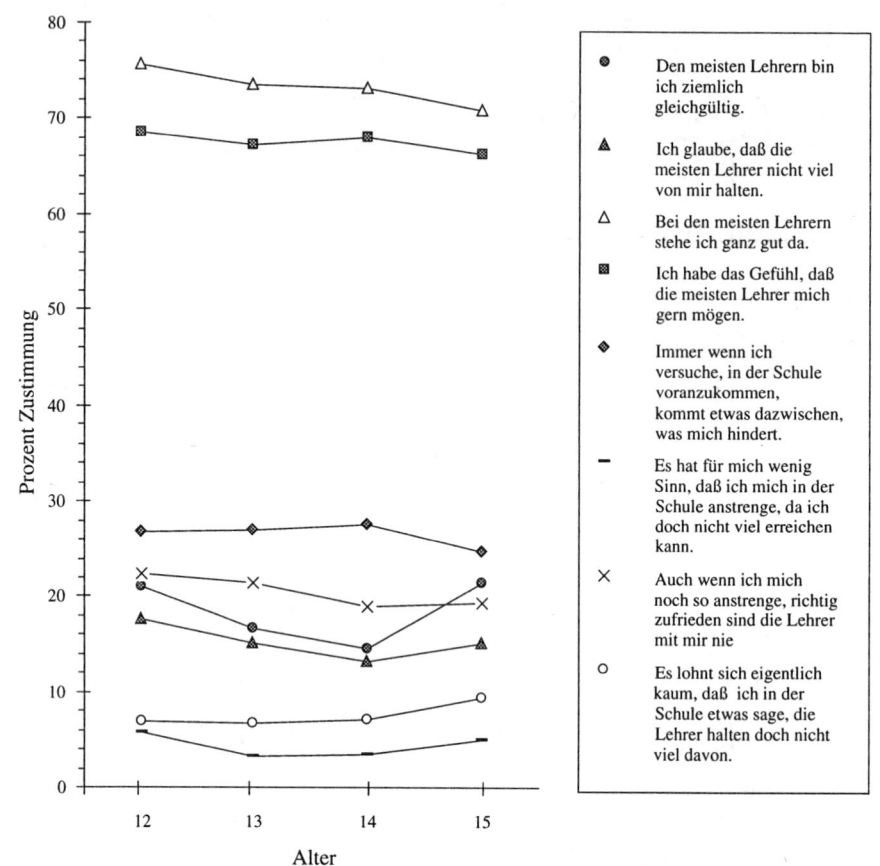

Filter: Teilnahme von 12 bis 15

- ◉ Den meisten Lehrern bin ich ziemlich gleichgültig.
- ▲ Ich glaube, daß die meisten Lehrer nicht viel von mir halten.
- △ Bei den meisten Lehrern stehe ich ganz gut da.
- ▨ Ich habe das Gefühl, daß die meisten Lehrer mich gern mögen.
- ◆ Immer wenn ich versuche, in der Schule voranzukommen, kommt etwas dazwischen, was mich hindert.
- — Es hat für mich wenig Sinn, daß ich mich in der Schule anstrenge, da ich doch nicht viel erreichen kann.
- × Auch wenn ich mich noch so anstrenge, richtig zufrieden sind die Lehrer mit mir nie
- ○ Es lohnt sich eigentlich kaum, daß ich in der Schule etwas sage, die Lehrer halten doch nicht viel davon.

Jungen und Mädchen haben sich in der Adoleszenz nicht auf eine unverzerrte Normalverteilung der Selbsteinschätzungen eingependelt, sondern sie sind in Richtung des positiven Pols „verzerrt" geblieben. Exemplarisch sei dies mit den Items zur Selbstwirksamkeit illustriert (s. S. 228 ff.).

Weniger als 10% aller Schüler stimmen den beiden Extrem-Items zu: "Es lohnt sich kaum, daß ich in der Schule etwas sage, die Lehrer halten doch nicht viel davon" und „Es hat für mich wenig Sinn, daß ich mich in der Schule anstrenge, da ich doch nicht viel erreichen kann".

Beim Zukunftsbild haben etwa 15% eine sehr negative Sicht, wenn man das Item heranzieht: „Mir ist für später schon viel verbaut". Von gesteigerter Leistungsangst kann man bei fast 30% der Jugendlichen sprechen, wieder gemessen an der Beantwortung von Einzelitems (z.B. „Vor Prüfungen oder Klassenarbeiten habe ich oft Magenschmerzen"). Zu Problemfällen in bezug auf die Selbstakzeptanz können wir etwa 20% der Adoleszenten rechnen („Ich halte nicht sehr viel von mir").[53]

Geschlechtsunterschiede

Auf fast allen Dimensionen zeigen sich günstigere Selbstbeschreibungen bei Jungen im Vergleich zu Mädchen. Insbesondere die *Begabungseinschätzungen* sind bei Jungen deutlich positiver als bei Mädchen. Erstaunlich ist dies gemessen am Sachverhalt, daß Mädchen auch in diesem Alter die besseren Durchschnittsnoten haben als Jungen.[54]

Jungen sind nach diesen Daten insgesamt psychisch stabiler, sie sind weniger ängstlich, weniger auf sich konzentriert, sie beobachten sich weniger genau, glauben sich aber trotzdem genauer zu kennen. Diese Unterschiede zuungunsten der Mädchen zeigen sich auch bei der Entwicklung der *Leistungsangst* und der *somatischen Belastungen.*

6.6.2 Intraindividuelle Stabilitäten des Selbst

Die altersbedingten Veränderungen lassen sich aber auch anders darstellen, als dies durch Mittelwertsvergleiche möglich ist. So können wir die intraindividuellen Stabilitäten von Jahr zu Jahr berücksichtigen, die in der Regel zwischen r=.50 und r=.70 liegen. Somit ist die beste Prognose eines Selbstbild-Merkmals immer durch dessen Kenntnis im Jahr davor möglich.

Selbst über fünf Jahre hinweg finden wir beachtliche Stabilitäten zwischen ca. r=.25 und r=.45 (s. Tab. 6.4). Wer also gut „aus der Kindheit kommt", der hat auch eine gute Chance, ein positives Selbstbild in der Adoleszenz zu be-

---

53 Ähnliche Zahlen finden sich für Amerika auch bei ROSENBERG, 1985, und bei OFFER et al., 1988.

54 Als Ergänzung für die geschlechtsspezifischen Leistungsunterschiede sei darauf verwiesen, daß wir in der zweiten Zürcher Replikationsstudie die eigenen Stärken und Schwächen in der Schule über Satzergänzungen erfaßt haben. Dabei berichten ca. 37% aller Mädchen Mathematik als Schwäche gegenüber 16% der Jungen. In den sprachlichen Fächern halten sich die Mädchen klar für leistungsstärker als die Jungen. Warum es gerade in der Frühadoleszenz diesen Einbruch in der Mathematik bei Mädchen gibt, müßte näher untersucht werden, da dadurch für Mädchen wichtige berufliche Perspektiven in technischen Fächern ausgeblendet werden.

wahren. Ähnliche Stabilitäten werden auch aus dem amerikanischen Sprachbereich (PETERSEN, SCHULENBERG, ABRAMOWITZ, OFFER & JARCHO, 1984) und aus großen Longitudinalstudien in Norwegen (ALSAKER & OLWEUS, 1992) berichtet. Der Vergleich mit der norwegischen Studie ist wegen deren sorgfältiger Durchführung besonders wichtig. Sie berichtet Stabilitätskoeffizienten über 3 Jahre von r=.35. Dies stimmt mit unseren Daten erstaunlich gut überein, so daß wir diesbezüglich von gut belegten, länderunspezifischen Ergebnissen ausgehen können. Beachtenswert ist auch der Sachverhalt, daß in anderen Bereichen eine höhere Stabilität zu finden ist, z. B. beim aggressiven Verhalten (r=.71 über 3 Jahre, ALSAKER & OLWEUS, 1992, S. 140). Wichtig ist auch das Ergebnis dieser Studie, daß die Stabilität des Selbstwertgefühls leicht mit dem Alter korreliert, also von Jahr zu Jahr signifikant größer wird. Dies trifft für Jungen noch stärker zu als für Mädchen.

Unerwartet niedrig sind die Stabilitäten im Begabungsselbstbild. Die Rekonstruktion der eigenen Leistungsfähigkeit kann auf das präziseste Rückmeldesystem zurückgreifen, das in unserer Kultur bekannt ist: auf die unzähligen Leistungsbeurteilungen in der Schule. Die Informationen über die soziale Akzeptanz und Beliebtheit sind demgegenüber ungleich vager. Genau dies kann aber der Grund für die unterschiedliche Stabilität sein: im Leistungsbereich ist der heranwachsende Mensch am ehesten gezwungen, den unübersehbaren Realitäten ins Auge zu schauen und sich an Fremddefinitionen anzupassen. Im günstigen Fall kann er sein Selbstbild auf der Grundlage positiver Rückmeldungen auch berechtigterweise verbessern. Im sozialen Bereich hingegen kann er länger subjektivem Wunschdenken nachhängen oder ungerechtfertigterweise in Ablehnungsvermutungen verstrickt bleiben.

In der Adoleszenz gibt es also vielfältige Erfahrungen, die Jungen und Mädchen zu einer Korrektur ihres Selbstbildes veranlassen können, z. B. die folgenden:

- in den einzelnen Fächern verändern sich die Inhalte,
- neue Fächer werden in Angriff genommen (z. B. Fremdsprachen, naturwissenschaftliche Fächer),
- Lehrerwechsel führt oft zu neuen Einschätzungen,
- die Anforderungen in verschiedenen Fächern können steigen,
- Klassenwiederholungen, Schulwechsel usw. sind möglich.

Sie können, wenn sie gar zusammen auftreten, zu beachtlichen Revisionen der Selbsteinschätzung der eigenen Person im Gitternetz der Leistungsfähigkeiten (Begabungsselbstbild, Selbstwirksamkeit, Zukunftsbild) führen.

Klar stabiler sind über den hier gemessenen Zeitraum hinweg generalisierte Formen der Handlungskontrolle und emotional-somatische Reaktionstendenzen.⁵⁵ Letztere sind zudem bei Mädchen stärker in ihrer Persönlichkeit verankert als bei Jungen. Je generalisierter also die Handlungsregulierung ist und je „tiefer" Reaktionen emotional verankert sind, um so stabiler sind sie auch. Die hohe Stabilität der Leistungsangst hat uns hier besonders überrascht. Sie indiziert damit doch Automatismen in der Reaktionsweise gegenüber schulischen Prüfungen, die so schon in der Kindheit geprägt werden, möglicherweise aber auch genetisch vermittelte Anteile enthalten, wie sie z. B. die differentielle Psychologie in ihren Untersuchungen zum Neurotizismus (s. EYSENCK, 1967) behauptet hat.

Tab. 6.4: Stabilität des Selbstbildes vom Ende der Kindheit (6. Jahrgangsstufe) zur mittleren Adoleszenz (10. Jahrgangsstufe)

Korrelationen

N =	Mädchen 1494	Jungen 1496
Begabungsselbstbild (12-16)	.27	.24
Selbstwirksamkeit: Schule (12-16)	.33**	.22
Selbstwirksamkeit: Zukunft (12-16)	.24	.24
Handlungskontrolle (12-16)	.36	.40
Leistungsangst (12-16)	.43*	.37
Selbstakzeptanz (12-16)	.33	.32
Somatische Belastungen (12-16)	.45*	.38
Lebenszufriedenheit (12-16)	.38	.41

* p > .05 Unterschiedssignifikanz in den Korrelationen zwischen Jungen und Mädchen
** p > .01 Unterschiedssignifikanz in den Korrelationen zwischen Jungen und Mädchen

Was die in Tab. 6.4 dokumentierten Stabilitätskoeffizienten (Korrelationen) bedeuten, kann veranschaulicht werden, wenn Gruppen gebildet und über Jahre verglichen werden. Beispielhaft sei dies für das *untere und obere Viertel* von Jugendlichen mit niedriger bzw. hoher Selbstakzeptanz demonstriert. Wenn man (s. Tab. 6.5) untersucht, wie die Selbstakzpetanz der 12jährigen mit 16 aussieht, dann ergibt sich für die genannten Extremgruppen folgendes Bild: 62% haben auch nach fünf Jahren Mühe, sich selber zu akzeptieren. 38% sind dagegen in die höchste Gruppe „abgewandert". Stabiler ist dagegen die positive Konstellation. Nur 15% der 12jährigen mit einer optimalen

---

55 Auch PINTRICH, ROESER & DE GROOT (1994) berichten, daß die Leistungsangst, also die emotionale Reaktionstendenz, stabiler ist als andere Merkmale der Lernmotivation. Sie nennen sie deshalb „more traitlike".

Selbstakzeptanz verlieren diese Haltung und fallen in die niedrige Gruppe zurück, 85% bleiben stabil. *Die Stabilität ist also asymmetrisch:* Es ist leichter, positive Konstellationen zu stabilisieren. Aus Problemkonstellationen möchte man begreiflicherweise herauswachsen. Wenn daran aktiv gearbeitet wird, was zu vermuten ist, dann sind Problemlagen auch weniger stabil.[56]

Tab. 6.5: Stabilität der Selbstakzeptanz bei Extremgruppen vom 12. zum 16. Lebensjahr

N = 324

		Selbstakzeptanz mit 16		
		niedrig (Skalenwert: 8-12; 22%)	hoch (Skalenwert: 16; 34%)	
Selbstakzeptanz mit 12	niedrig (Skalenwert: 8-12: 29%)	62	38	100%
	hoch (Skalenwerte: 16: 21%)	15	85	100%

Zusätzlich zur Betrachtung der Stabilitäten der Selbstwahrnehmung können die *Veränderungen von Faktorenstrukturen* von Jahr zu Jahr analysiert werden. Letzteres haben wir ebenfalls getan und dabei überwiegend Stabilität der Strukturen gefunden. Unübersehbar ist jedoch, daß vom 12. zum 16. Lebensjahr die theoretisch formulierten Dimensionen schärfer hervortreten und sich langsam eine getrennte Dimension „Selbstakzeptanz" herauskristallisiert.

6.6.3 Differentielle Entwicklungsprozesse – Nachdenken über sich selber in unterschiedlichen Lebensräumen: Selbstkonzeptentwicklung in sozialökologischen Kontexten

Wenn wir das Aufwachsen von Mädchen und Jungen in unserer Gesellschaft analysieren, dann müssen wir die Selbstkonzeptentwicklung auf *verschiedene Lebenswelten hin spezifizieren.* Wie entwickelt sich das Selbstkonzept bei Mädchen in den Gymnasien auf dem Lande bzw. bei Jungen in Hauptschulen

---

[56] Es ist hier aber zu beachten, daß wir nur Extremgruppen betrachten. In „Wirklichkeit" gibt es viele kontinuierliche Übergänge, die dann auch eine höhere „Wechselquote" hervorrufen.

in der Stadt? Entsprechende Analysen werden, wenn man sie systematisch durchführt, schnell sehr umfangreich. Wir haben drei sozialökologische Kontextdimensionen spezifiziert:
- die soziale Schicht der Herkunftsfamilie,
- die besuchte Schulform als Indikator für unterschiedliche Bildungsniveaus,
- Stadt-Land als verschiedene Kontexte sozialer Kontrolle und normativer Erwartungen.

Diese Merkmale dienten als unabhängige Variablen bei der Analyse des Verlaufs der Selbstkonzeptentwicklung (Varianzanalyse mit Meßwiederholung). Hier seien die wichtigsten Ergebnisse übersichtsweise (o. Tab.) festgehalten:

1. Einfluß der sozialen Herkunft

Das soziale Milieu des Elternhauses (status of origin), das wir über den Beruf des Vaters (FEND, 1991) gemessen haben, ist für die Selbstkonzeptentwicklung in dieser Lebensphase nicht von durchschlagender Bedeutung. Davon gibt es aber eine deutliche Ausnahme: Wenn sich Unterschiede nach der sozialen Herkunft zeigen, dann treten sie immer in positiver Richtung zugunsten der sozialen Oberschicht auf. In dieser kleinen, aber privilegierten Gruppe finden sich Adoleszente, die sich besonders in bezug auf ihre Begabung und ihren Schulerfolg positiver als andere einschätzen, deren Angst und somatische Belastung jeweils am geringsten ist und die schließlich eine günstigere allgemeine Selbstakzeptanz zeigen. Obwohl die Unterschiede zugunsten der Oberschicht in der Regel signifikant sind, sind die Differenzen zu den anderen Schichten nicht dramatisch.

2. Zum Einfluß der Schulformzugehörigkeit

Gewichtiger als der soziale Status der Herkunftsfamilie ist der wahrscheinliche Status, den die besuchte Schulform für die Zukunft schafft (status of orientation). Die Unterschiede sind hier aber parallel zu jenen bei der Schichtzugehörigkeit: Jungen und Mädchen in Gymnasien haben eine günstigere Selbstkonzeptentwicklung als Jungen und Mädchen in Hauptschulen. Wieder muß aber auf die *relative* Bedeutung dieses Faktors verwiesen werden. Die aufgeklärten Quadratsummen (%SSQ) bewegen sich in der Regel zwischen 1 und 2%.

3. Stadt/Land-Unterschiede im Aufwachsen

Differenzen nach diesem sozialökologischen Raum können schnell berichtet werden; sie sind nämlich sehr geringfügig und zeigen tendenziell nur folgendes:

- Das Selbstbewußtsein der Jungen und Mädchen in der Stadt in bezug auf Begabung und in bezug auf allgemeine eigene Wertschätzung ist etwas größer als auf dem Lande.
- Die somatischen Belastungen und die Leistungsängste sind auf dem Lande ausgeprägter.

Wie bei anderen Merkmalen zeigt sich auch hier, daß sich die Lebensverhältnisse in der Stadt und auf dem Lande, was ihre Bedeutung als *Kontexte für die Adoleszenzentwicklung* angeht, angenähert haben.

Das Muster der Entwicklung von Selbstkonzepten von der Kindheit in die mittlere Adoleszenz, wie es hier aufgetaucht ist, kann zwar als repräsentativ betrachtet werden, dennoch darf nicht aus den Augen verloren werden, daß damit nur bestimmte Aspekte der Selbst-Entwicklung ans Tageslicht kommen. Die Methoden-Spezifität der Adoleszenzbilder ist uns ja in den qualitativen Analysen (FEND, 1994a) eindrucksvoll vor Augen getreten. So enthüllen die Muster der Veränderung auf den hier vorgestellten Dimensionen keineswegs alles. Die qualitativen Veränderungen im Niveau der Selbstreflexion (s. BUSEMANN, 1926) bzw. die strukturellen Niveaus der Selbstwirksamkeit (FLAMMER, 1990) kommen z. B. ebensowenig zum Vorschein wie die veränderte Dynamik im neuen Spannungsfeld von Ideal-Selbst und Real-Selbst.

Diese Veränderungen können dem Leistungs-Selbstbild in der Adoleszenz im Vergleich zu dem in der Kindheit auch eine neue Qualität verleihen. Sie kommt darin zum Ausdruck, daß hinter den neuen Selbsteinschätzungen bewußtere Haltungen zu sich selber stehen, die selbst erarbeitet sind und über diese akzentuierten Stellungnahmen zu sich selber auch stärker als Teil der eigenen Person empfunden und als Bestandteil der eigenen Identität wahrgenommen werden.

6.7 Schulische Leistungsbiographien und das Selbst-System: der Umgang mit Erfolg und Mißerfolg und das Einverständnis mit sich selbst

Mit Schule umzugehen impliziert für viele Kinder und Jugendliche die Aufgabe, mit dem Sachverhalt fertig zu werden, daß sie nicht so begabt sind, wie es vom „natürlichen Narzißmus" gewünscht würde. Sie müssen mit einer sozialen Zuschreibung umgehen, die ihre eigene Person, ihre Leistungsfähigkeiten in verschiedenen Lernbereichen betrifft und die mehr oder weniger kränkend sein kann. Dadurch sind sie auch gezwungen, mit sich selbst in bestimmter Weise umzugehen, da Kernbereiche der eigenen Person betroffen sind.

Eine solche soziale Zuschreibung von Leistungsfähigkeiten kann schon ein solches Maß an Abwehr erzeugen, daß die negativen Informationen nur sehr selektiv akzeptiert werden.

Die Frage, ob die psychische Funktionsweise des heranwachsenden Menschen, seine *psychische Gesundheit*, durch die Schule geprägt wird, steht somit im Zentrum des Interesses, wenn die Bedeutung der Schule für die Persönlichkeitsentwicklung insgesamt diskutiert wird. Damit wird implizit ein *Wirkungspfad von schulischen Erfolgs/Mißerfolgsbilanzen zur generellen Selbstakzeptanz* und anderen Bereichen der psychischen Gesundheit wie somatischen Belastungen, Depressivität usw. angenommen. Schule greift – wie bereits erwähnt – in Kernregulative der menschlichen Bedürfnisbefriedigung ein, sie verletzt oder erfüllt Bedürfnisse nach positiver Selbstakzeptanz (narzißtische Homöostase), Geltung, Kontrolle und Verständnis. Immer öffentlich als „dumm" hingestellt zu werden, in der Klasse nichts zu gelten und „geduckt" zu werden, selten etwas richtig gut zu können und zu verstehen, vor jeder Arbeit zu zittern – die Häufung solcher Erfahrungen ist schwerlich eine bekömmliche psychische Kost.

Der Umgang mit Schule würde dann für viele Schüler die Aufgabe enthalten, mit potentiell schwer kränkenden Erfahrungen fertig zu werden. Dies ist das Hauptthema der folgenden Ausführungen.

Es unterstellt in einem ersten Schritt, daß es eine große *Übereinstimmung zwischen institutionellen Urteilen und Selbstbeschreibungen* gibt. Die jahrelangen Beurteilungen unzähliger Leistungen führen danach zu einer internen Repräsentation der Leistungsfähigkeiten in der Form eines leistungsbezogenen Selbst-Systems und der Selbstwertschätzung. Dieser Hypothese soll hier Schritt für Schritt nachgegangen werden, um den Einfluß des schulischen Bewertungssystems auf die allgemeine Funktionsweise der Persönlichkeit abschätzen zu können.

Der obigen Erwartung nach einem dichten Zusammenhang zwischen der schulischen Erfolgs/Mißerfolgsbilanz – indiziert durch Noten und Schulformzugehörigkeit – und deren Repräsentation im Selbst der Person, sind wir schon im ersten großen Querschnittprojekt des Jahres 1973 nachgegangen (FEND et al., 1976). Wie sehen nun die Ergebnisse im Längsschnittprojekt aus? Trifft der obige Sachverhalt für alle Schuljahre von der 6. zur 10. Stufe, also für die gesamte Altersphase der Frühadoleszenz, zu? In den folgenden Tabellen kommen diese Beziehungen zum Ausdruck. Sie sind so angeordnet, daß erst konkrete Repräsentationen der Leistungserfahrungen im Selbst berichtet werden und dann zu immer generalisierteren Einstellungen zu sich selbst fortgeschritten wird.

Tab. 6.6: Korrelationen zwischen der Einschätzung des relativen Leistungsstandes in der Klasse: Wie gut bist Du in der Schule, verglichen mit den anderen in der Klasse, 5-stufiges Einzelitem von sehr gut bis sehr schlecht und Notensummen (Deutsch, Englisch, Mathematik) bzw. Schulformzugehörigkeit, aufgegliedert nach Geschlecht. Ohne Klammer: Mädchen, in Klammer: Jungen

STUFE	Korrelationen zwischen Notensummen (Deutsch, Englisch, Mathematik) und der relativen Leistungseinschätzung				
	6. Klasse	7. Klasse	8. Klasse	9. Klasse	10. Klasse
Hauptschule N= 218-246	.36 (.29)	.43 (.44)	.53 (.44)	.43 (.46)	[.74 (.79)][1]
Realschule N=248-304	.37 (.17)	.56 (.51)	.54 (.59)	.62 (.55)	.64 (.62)
Gymnasium N=224-262	.53 (.64)	.58 (.57)	.74 (.71)	.74 (.62)	.74 (.67)
	Korrelationen zwischen Schulformzugehörigkeit (Hauptschule, Realschule, Gymnasium) und der relativen Leistungseinschätzung				
	.00 (-.06)	.10 (.01)	.04 (-.06)	-.02 (-.16)	.07 (-.10)

1: Kleines N, deshalb nur mit Vorsicht zu interpretieren

Die erste Tabelle (6.6) bestätigt ein schon in der ersten Erhebung 1973 deutlich gewordenes Ergebnis: *Schüler haben ihren relativen Leistungsstand in einer Klasse intern relativ genau repräsentiert.* Die Korrelationen des einfachen Einzelitems über den relativen Stand in der Schulklasse (*„Wie gut bist Du in der Schule, verglichen mit anderen in der Klasse"*) mit den entsprechenden Notendurchschnitten in den Hauptfächern belegen eine hohe, mit den Jahren wachsende Übereinstimmung zwischen „objektiven" Leistungsindikatoren und klassenrelativen Selbsteinschätzungen. Sie erreichen im Gymnasium eine Größenordnung von maximal r=.72. Auffallend ist dabei, daß die Genauigkeit der Selbsteinschätzung mit den Schuljahren steigt. Mit verblüffender Regelmäßigkeit wird der Zusammenhang zwischen Noten und relativer Selbsteinschätzung auch von der Hauptschule zur Realschule und zum Gymnasium hin größer.

Erwartungsgemäß korreliert die klassenrelative Leistungseinschätzung nicht mit der Schulformzugehörigkeit der Schüler.

Die *generalisierten Begabungseinschätzungen* (s. Tab. 6.7) hängen sehr viel weniger dicht mit den Notendurchschnitten zusammen. Der in den 6. und 7. Klassen schwache Zusammenhang mit der Schulformzugehörigkeit verflüchtigt sich bis zur 10. Schulstufe völlig. Die relative Stellung in der Schulklasse gewinnt dagegen, insbesondere in Gymnasien, an Bedeutung. Dabei fällt der deutliche *Geschlechtsunterschied* ins Auge. Obiges trifft nämlich vor allem für Mädchen in höheren Schulformen zu, bei denen die Noten in der Regel enger mit der Überzeugung, begabt zu sein oder auch nicht begabt zu sein, korrelieren.

Tab. 6.7: Korrelationen zwischen Begabungsselbstbild und Notensummen (Deutsch, Englisch, Mathematik) bzw. Schulformzugehörigkeit, aufgegliedert nach Geschlecht. Ohne Klammer: Mädchen, in Klammer: Jungen

STUFE	Korrelationen zwischen Notensummen (Deutsch, Englisch, Mathematik) und dem Begabungsselbstbild				
	6. Klasse	7. Klasse	8. Klasse	9. Klasse	10. Klasse
Hauptschule N= 218-246	.15 (.25)	.32 (.25)	.14 (.23)	.20 (.11)	[.49 (.00)][1]
Realschule N=248-304	.22 (.05)	.21 (.15)	.18 (.17)	.34 (.14)	.25 (.18)
Gymnasium N=224-262	.24 (.19)	.32 (.25)	.24 (.09)	.38 (.17)	.40 (.09)
	Korrelationen zwischen Schulformzugehörigkeit (Hauptschule, Realschule, Gymnasium) und dem Begabungsselbstbild				
	.10 (.09)	.17 (.14)	.09 (.16)	.02 (.19)	.05 (-.01)

1: Kleines N, deshalb nur mit Vorsicht zu interpretieren

Einen weiteren Schritt, um die generalisierten Wirkungen der Erfolgs/Mißerfolgsbilanzen zu entdecken, repräsentiert die Analyse der Korrelationen des schulischen Wirksamkeitsbewußtsein, das wir in der Form eines skalenübergreifenden Scores (Kompetenzbewußtsein hinsichtlich Schule und Lehrer, Kontrollbewußtsein hinsichtlich der eigenen Zukunft, Handlungskontrolle) erfaßt haben, mit den Notensummen (Deutsch, Mathematik, Englisch). Sie ist in Tab. 6.8 dokumentiert und erbringt eine Korrelation über alle Subgruppen hinweg von r=.21 bis r=.23 (von der 7. zur 9. Schulstufe).

Tab. 6.8: Korrelationen zwischen schulischem Kompetenzbewußtsein (Kontrollbewußtsein Lehrer und Schulerfolg, Zukunft, Handlungskontrolle) und Notensummen (Deutsch, Englisch, Mathematik) bzw. Schulformzugehörigkeiten, aufgegliedert nach Geschlecht. Ohne Klammer: Mädchen, in Klammer: Jungen

STUFE	Korrelationen zwischen Notensummen (Deutsch, Englisch, Mathematik) und dem schulischen Kompetenzbewußtsein				
	6. Klasse	7. Klasse	8. Klasse	9. Klasse	10. Klasse
Hauptschule N= 218-246	.15 (.11)	.26 (.24)	.20 (.23)	.18 (.12)	[.17 (.01)][1]
Realschule N=248-304	.17 (.01)	.17 (.04)	.20 (.07)	.32 (.20)	.28 (.12)
Gymnasium N=224-262	.14 (.01)	.19 (.11)	.18 (.17)	.34 (.16)	.29 (.12)
Korrelationen zwischen Schulformzugehörigkeit (Hauptschule, Realschule, Gymnasium) und dem schulischen Kompetenzbewußtsein					
	.11 (.21)	.18 (.20)	.09 (.18)	.05 (.17)	.11 (.04)

1: Kleines N, deshalb nur mit Vorsicht zu interpretieren

Gleichzeitig variieren diese Korrelationen nach Subgruppen. Sie sind in der Regel *bei Mädchen höher* als bei Jungen und steigen – mit Ausnahme der Hauptschulen – mit dem *Alter*.
Beides trifft nun für die Zusammenhänge mit der *Schulformzugehörigkeit* nicht zu. Sie sind hier bei den Jungen größer und *sinken* mit dem Alter.
Zwei Spekulationen zur Interpretation dieser Ergebnisse drängen sich auf:
Einerseits tritt mit den Jahren die Schulformzugehörigkeit in den Hintergrund und die relative Stellung in der Klasse wird bedeutsamer. Sie wird zum wichtigsten Erfahrungsfeld für das Bewußtsein der eigenen Kompetenz. Zum andern akzentuiert sich dieser Zusammenhang nach Geschlecht: Für Mädchen wird die Bestätigung durch konkrete Erfolge (indiziert durch Noten) von Jahr zu Jahr und mit steigender Schulform immer bedeutsamer. Da sie insgesamt

weniger selbstsicher sind, brauchen sie mehr Erfolgsmeldungen, um an sich selber zu glauben. Bei Jungen schlägt dagegen mit steigenden Schuljahren die bloße Zugehörigkeit zu einer Schulform als Indikator für die eigene Kompetenz stärker durch. Der Sachverhalt allein, im Gymnasium zu sein, ist für ein hohes Kompetenzbewußtsein der Jungen wichtiger, als gute Noten zu haben. Bei Mädchen ist dies umgekehrt.

In einem letzten Schritt können wir die Beziehung zwischen dem schulischen Erfolg und dem Indikator für eine dauerhafte narzißtische Kränkung, der generalisierten Selbstakzeptanz (Selbstwertgefühl nach ROSENBERG), eruieren. Sie ist in Tab. 6.9 dokumentiert und zeigt insgesamt sehr niedrige bzw. gar keine Relationen zwischen den Noten und dem Selbstwertgefühl. Lediglich bei den Jungen findet sich im 9. Schuljahr eine Korrelation von r=.25 zwischen der Schulformzugehörigkeit und dem Selbstwertgefühl. Für sie ist somit der Sachverhalt, auf einem guten oder eher problematischen Weg in der Schulkarriere zu sein, psychohygienisch relevanter als für Mädchen.

Tab. 6.9: Korrelationen zwischen Selbstakzeptanz und Notensummen (Deutsch, Englisch, Mathematik) bzw. Schulformzugehörigkeit, aufgegliedert nach Geschlecht. Ohne Klammer: Mädchen, in Klammer: Jungen

STUFE	Korrelationen zwischen Notensummen (Deutsch, Englisch, Mathematik) und Selbstakzeptanz				
	6. Klasse	7. Klasse	8. Klasse	9. Klasse	10. Klasse
Hauptschule N= 218-246	.03 (.09)	.07 (.21)	-.05 (.09)	-.01 (.08)	[.09 (-.05)][1]
Realschule N=248-304	.01 (-.08)	.15 (.00)	.07 (.01)	.14 (-.03)	.13 (.08)
Gymnasium N=-224-262	.15 (-.07)	.10 (.07)	.03 (.04)	.13 (-.02)	.02 (-.03)
Korrelationen zwischen Schulformzugehörigkeit (Hauptschule, Realschule, Gymnasium) und Selbstakzeptanz					
	.01 (.12)	.10 (.10)	.05 (.16)	.05 (.25)	.06 (.07)

1: Kleines N, deshalb nur mit Vorsicht zu interpretieren

Diese schwachen Beziehungen zwischen den schulischen Bewertungen der Leistungen der Jugendlichen und deren positivem Verhältnis zu sich selber sind doch sehr erstaunlich. Sie sind in den meisten Untergruppen der obigen deutschen Studie etwas geringer als in der großen norwegischen Studie

(ALSAKER & OLWEUS, 1992), in der Korrelationen in der Größenordnung von r = .18 berichtet werden. In Norwegen sind jedoch alle Schüler eines Jahrganges in derselben Schule, wie dies in den deutschen Gesamtschulen der Fall ist. In letzteren ergeben sich auch etwas höhere Zusammenhänge zwischen den Schulleistungen und dem Selbstbild, die allerdings nach Schulen, nach Stadt-Land und nach dem Geschlecht variieren. Damit deuten sich *Konttexteffekte* an[57], die durch die Erhebungen in der Schweiz ergänzt und gestützt werden. Hier ergeben sich z. B. die obigen norwegischen Zusammenhänge zwischen Noten und dem Selbstwertgefühl in Realschulen, aber nicht in Gymnasien (r = .16 bis .22 in Realschulen, r = -.08 in Gymnasien zwischen Notendurchschnitten in Hauptfächern und Selbstwertgefühl). In der Schweiz sinken zudem die Zusammenhänge zwischen der Schulformzugehörigkeit und den Dimensionen des Leistungs-Selbstbildes von der 7. zur 9. Schulstufe. Gruppeninterne Maßstäbe setzen sich also durch, und innerhalb dieser Gruppen (Schulformen) beginnt eine aktive Auseinandersetzung über die personale Bedeutung von Schulleistungen, die in den Gymnasien zu einer Dissoziation zwischen Durchschnittsnoten und allgemeinem Selbstwertgefühl führt. Damit wehrt besonders die intelligenteste Schülergruppe eine Schädigung des Selbstwertgefühls durch potentiell kränkende Leistungsbeurteilungen erfolgreich ab. Dies gilt zumindest in der Form der Abwehr eines linearen Zusammenhanges zwischen Notenprofilen und Selbstakzeptanz.

Eine andere Interpretation liegt hier ebenso nahe. Es könnte sein, daß es dem Bildungssystem insgesamt gelingt, die Selektionsaufgabe so zu lösen, daß keine linearen Schädigungen der psychischen Gesundheit erfolgt; linear im Sinne einer gleichlautenden Hierarchie von Leistungsfähigkeiten und psychischer Gesundheit im obigen Sinne.

In einem letzten Analyseschritt können wir überprüfen, ob die Bedeutung der schulischen Erfolgsinformationen über die Jahre hinweg konstant ist, oder – was die obigen Auswertungen nahelegen – von Jahr zu Jahr geringer wird. Um zu einem zusammenfassenden Überblicksbild zu gelangen, haben wir den globalen Indikator der *Ich-Stärke* herangezogen, der insgesamt die Selbstsicherheit von Mädchen und Jungen in Kompetenzfragen wiedergibt. Auch für den „schulischen Erfolg" haben wir einen globalen Indikator aus den Noten und der Schulformzugehörigkeit gebildet, um die leistungsbezogene Stellung in einer Alterskohorte insgesamt zu indizieren. Abb. 6.8 enthält zur Überprü-

---

[57] Erstaunlicherweise hängt z. B. das Selbstwertgefühl bei Mädchen und Jungen in städtischen Gesamtschulen signifikant höher mit dem Leistungsstatus (Kurse und Noten) zusammen als auf dem Lande. Sehr niedrig sind diese Relationen bei den Mädchen in ländlichen Gesamtschulen. Es könnte sein, daß hier traditionelle Rollenbilder wirksam sind, in deren Rahmen Schulleistungen einen relativ geringen Stellenwert haben.

fung die jahresverschobenen Korrelationen zwischen dem globalen Leistungsstatus (zusammengesetzt aus Schulform und Noten bzw. Kursniveaus) des Vorjahres und der Ich-Stärke des Folgejahres. Gemessen an diesen Korrelationen, geht die Bedeutung der schulischen Leistung für das Selbstbewußtsein (Ich-Stärke) insbesondere von der 9. zur 10. Schulstufe deutlich zurück.

Abb. 6.8: Korrelationen zwischen Leistungsstatus und Ich-Stärke nach Schuljahren (cross-lagged-correlations)

Filter: Teilnehmer über 5 Jahre
Korrelationen zw. Leistungsstatus und Ich-Stärke
Lag zw. 6-7, 7-8, 8-9, 9-10

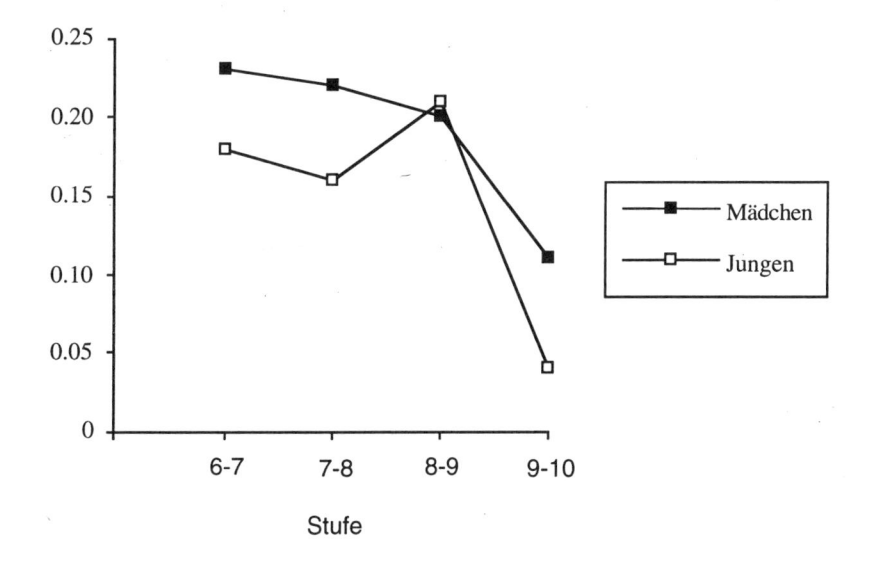

Möglicherweise schieben sich gerade in dieser Altersphase andere Ereignisse als schulische immer mehr in den Vordergrund und bestimmen die selbstbezogenen Kognitionen und Emotionen. Wie aus mehreren Studien deutlich hervorgeht, beeinflußt gerade in der Adoleszenz das Selbstbild des eigenen Aussehens (FEND, 1994a; HARTER, 1990) das Selbstwertgefühl sehr stark. Gleiches gilt für die Bedeutung der wahrgenommenen sozialen Akzeptanz bei Freunden und Kameraden. Es könnte aber auch sein, daß die steigende Reflexionsfähigkeit der Jugendlichen dazu führt, die Relevanz von schulischen Noten als Indikator für den „Wert eines Menschen" zu relativieren. Damit wäre die Dissoziation zwischen Leistungsstand und Selbstwert das Ergebnis einer bewußten „Abarbeitung" von schulischen Erfahrungen.

Jenseits dieser Spekulationen können wir nach fast 20jährigen Bemühungen um die Klärung der Frage nach dem Zusammenhang zwischen dem meritokratischen System des Bildungswesens und den entsprechenden psychischen Repräsentationen eine klare Aussage machen: Die *Widerspiegelungsthese* hat sich insofern als falsch erwiesen, als sie den Zusammenhang zwischen dem institutionellen System und parallelen psychischen Konstellationen zu vereinfacht wiedergibt. Das institutionelle Bewertungssystem „prägt" sich nicht strukturanalog ins *generalisierte* individuelle Selbstbewertungssystem ein. Technisch gesprochen: Der Anteil der Varianzaufklärung von psychischen Problemkonstellationen, die mit dem institutionellen Leistungsbewertungssystem zusammenhängen können, ist relativ klein. HAMFORD & HATTIE (1982) berichten in einer großen Metaanalyse eine durchschnittliche Korrelation von r=.21 zwischen Selbstkonzept und Leistung. Diese Korrelation entspricht erstaunlich genau den Beziehungen, die wir in verschiedenen Jahren und bei verschiedenen Untergruppen zwischen dem Notendurchschnitt und dem allgemeinen Begabungs-Selbstkonzept gefunden haben. Darüber hinaus hängt es aber sehr davon ab, wie das „Selbstkonzept" operationalisiert wird, ob man hohe oder niedrige Zusammenhänge bekommt. Je konkreter die Selbsteinschätzungen erfaßt werden, um so enger wird der Zusammenhang zwischen den objektiven Indikatoren der schulischen Leistungsbewertung und der Selbsteinschätzung. Je generalisierter die Selbstkonzept-Dimensionen sind, um so schwächer wird diese Beziehung. Einerseits ist das schulische Erfolgsprofil bei den meisten Schülern sehr differenziert. Es schwankt nach Lernbereichen, und es ist an mehreren Bezugspunkten verankerbar, z. B. am Bezugspunkt der eigenen Klasse, an jenem des Altersjahrganges, an den früheren Leistungen, an den eigenen Leistungen in verschiedenen Fächern usw. Dies hat zur Folge, daß allgemeine Selbsteinschätzungen nicht sehr deutlich mit summativen Notenprofilen zusammenhängen. Zum andern ist der Weg von der konkreten Leistungsbeurteilung zur generalisierten Selbsteinschätzung lang und über viele Verteidigungs- und Erklärungsmechanismen vermittelt, wie wir in unserem Verarbeitungsmodell schulischer Leistungsinformationen schon illustriert haben (s. S. 209).

Die klarsten *verallgemeinerten Wirkungen* finden wir in bezug auf das lernmotivational relevante Konstrukt des *Kompetenzbewußtseins*. Die erlebten Erfolge in der Schule in der Form von Noten sind insbesondere bei Mädchen deutlich mit höherem Wirksamkeitsbewußtsein verbunden. Da es verstärkend zu höherer Anstrengungsbereitschaft führt, die wiederum die Erfolgswahrscheinlichkeit erhöht, ergibt sich ein positiver Rückkoppelungsprozeß. Analog gilt dies auch für negative Prozesse.

Eine einfache korrelative Kette vom 12. zum 15. Lebensjahr, wie sie in Abb. 6.9 festgehalten ist, macht dies sichtbar. Erfolge befördern danach zusammen mit dem Kompetenzbewußtsein die Leistungsbereitschaft; diese wiederum wirkt sich günstig auf Erfolge aus, welche ihrerseits das Kompetenzbewußtsein stärken. Hinter den Korrelationen, wie sie in Abb. 6.9 festgehalten sind, vermuten wir diesen positiven bzw. negativen Kreisprozeß eines sich positiv oder negativ verstärkenden motivationalen Systems.[58] Es sind dies die bekannten Wege in Resignation und Mutlosigkeit (s. z.B. ADLER, 1973), in „helplessness" oder „mastery orientation" (DWECK & LEGGETT, 1988), die in unserem Modell der Lernmotivation eine wichtige Rolle gespielt haben.

Abb. 6.9: Korrelationen des schulischen Kompetenzbewußtseins mit Erfolgen und Leistungsbereitschaften

Korrelationen unter Konstanthaltung von Geschlecht und Schulformzugehörigkeiten

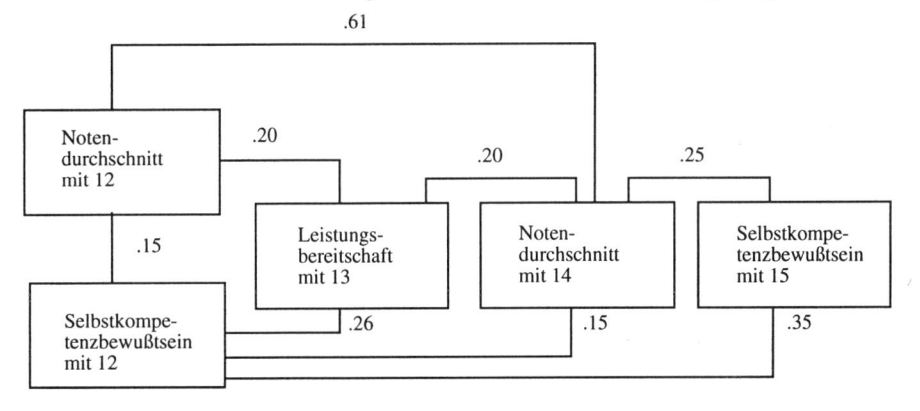

```
                            .61
         ┌─────────────────────────────────────────┐
         │                                         │
┌─────────────┐  .20                               │
│ Noten-      │────────┐         .20         .25   │
│ durchschnitt│        │                           │
│ mit 12      │        │                           │
└─────────────┘        │                           │
      │   .15   ┌──────────────┐ ┌──────────────┐ ┌──────────────┐
      │         │ Leistungs-   │ │ Noten-       │ │ Selbstkompe- │
      │         │ bereitschaft │ │ durchschnitt │ │ tenzbewußtsein│
      │         │ mit 13       │ │ mit 14       │ │ mit 15       │
┌─────────────┐ └──────────────┘ └──────────────┘ └──────────────┘
│ Selbstkompe-│       .26              .15              .35
│ tenzbewußt- │────────┘                │                │
│ sein mit 12 │─────────────────────────┘                │
└─────────────┘──────────────────────────────────────────┘
```

Anders sieht es bei den Wirkungspfaden von den Leistungsergebnissen in die generelle psychische Gesundheit von im Bildungswesen heranwachsenden Mädchen und Jungen aus. Hier fehlt ein klarer linearer Zusammenhang zwischen dem Leistungsprofil und der narzißtischen Kränkung. Dieser Sachverhalt, daß die generalisierten Wirkungen des Schulerfolgs im Sinne einer *Beeinträchtigung des Selbstwertgefühls* bzw. der Selbstakzeptanz nur sehr schwach zum Ausdruck kommt, darf jedoch nicht so interpretiert werden, als

---

[58] Wenn die folgenden Analysen geschlechtsspezifisch differenziert werden, dann zeigt sich wieder ein Unterschied, der bisherige Befunde bestätigt: Mädchen sind in ihrer Einschätzung der Selbstwirksamkeit stärker von notenspezifischen Erfolgsbestätigungen abhängig als Jungen (r zwischen Noten mit 14 und Selbstwirksamkeit mit 15: .24 im Vergleich zu .09).

ob die schulische Leistungsbiographie für die Identitätsentwicklung eines Kindes oder Jugendlichen unbedeutend wäre. Nicht nur die Alltagsbeobachtung widerlegt eine solche Vermutung, sondern noch mehr eine große Zahl von Problemfällen in psychologischen Beratungsstellen. Problematische Schulleistungen von Kindern und damit zusammenhängende Persönlichkeitsstörungen machen den Löwenanteil an Beratungsanlässen aus. Eltern kämpfen bei ihren Kindern oft über Jahre um die optimale Balance zwischen maximaler Lernbereitschaft und der Vermeidung überforderungsbedingter psychischer Probleme. In jeder Altersphase integrieren Kinder und Jugendliche schulische Anforderungen, Erfolge und Mißerfolge in unterschiedlicher Weise in ihre entwicklungstypische psychische Struktur. Dies gilt nicht nur für die „Normalentwicklung", sondern auch für die jeweiligen Risikolagen.

Zwei Überlegungen können helfen, die relativ niedrigen *generellen* Zusammenhänge zwischen der schulischen Erfolgs/Mißerfolgsbiographie und verallgemeinerten Dimensionen des Selbst-Systems zu verstehen. Eine erste geht davon aus, daß die Beziehungen nicht linear sind, sondern nur dann auftreten, wenn man *Extremgruppen* bzw. *Sondergruppen* betrachtet. Nach einer zweiten Hypothese wären *konditionale Beziehungen* zwischen Schulerfolg und negativen psychischen Konsequenzen zu beachten. Mißerfolg wäre z. B. dann besonders gravierend, wenn er von den Eltern zusätzlich sanktioniert wird und von den Kindern als Zeichen für geringe elterliche Wertschätzung gedeutet werden müßte, oder wenn Kinder zusätzlich physisch eher unattraktiv oder gar sozial wenig akzeptiert wären.

Beiden Fragen soll hier nachgegangen werden: der ersten in der Form der Analyse von Extremgruppen und Sondergruppen (s. Kapitel 6.8) und der zweiten in der Form einer Untersuchung, wer trotz guter Leistungen ein negatives Selbstkonzept hat bzw. wer auch bei eher schwächeren Notenprofilen psychisch ausgeglichen und stabil ist (s. Kapitel 6.9). Auf diesem Wege können jene Bedingungen gesucht werden, die den möglichen Zusammenhang von Leistung und Selbstakzeptanz entweder neutralisieren (Buffer-Hypothese) oder eskalieren (Kumulations-These).

Zu den bedeutsamsten Studien im deutschen Sprachraum, die sich mit dieser Frage beschäftigt haben, gehören zweifelsfrei die Bielefelder Arbeiten im Rahmen des Sonderforschungsbereichs 227 „Prävention und Intervention im Kindes- und Jugendalter" (HOLLER-NOWITZKI, 1994; MANSEL & HURRELMANN, 1991). Auch hier hat sich gezeigt, daß einmal auf schwerwiegende Belastungen in der schulischen Laufbahn zu achten ist und generelle Zusammenhänge mit Noten und Schulformzugehörigkeiten relativ schwach ausgeprägt sind. Anders sieht es aus, wenn zentrale Gefährdungen erwünschter schulischer Laufbahnen eintreten, etwa Gefahren der Klassenwiederholung und die aufdämmernde Einsicht, daß ein Schulziel im Sinne eines höheren

Bildungsabschlusses möglicherweise nicht erreicht wird (FEND, 1991, S. 54f.). Wie sich diese Gefährdungen auf die Schüler auswirken, hängt sehr stark von Eltern ab, von deren Enttäuschungsreaktionen und Konfliktindukationen.

Zwei Themen müssen wir also im folgenden genauer nachgehen: den Auswirkungen „spektaktulärer" schulischer Ereignisse und der Bedeutung intervenierender Prozesse bei der Verarbeitung schulischer Streßerfahrungen.

6.8 Schüler in besonderen Belastungssituationen: chronische Mißerfolge, Schulwechsel, Klassenwiederholung

Die Analyse von Schülern in besonderen Belastungssituationen ist von der Erwartung geleitet, daß es *Schwellenwerte* von Erfolgs/Mißerfolgsbilanzen gibt, die gravierende Konsequenzen für die Entwicklung des Selbst-Systems und für die seelische Stabilität haben. Damit wäre auch die Überlegung einbezogen, daß nicht allein auf lineare Zusammenhänge geachtet werden darf, sondern auf die Extreme in einer Verteilung zu schauen ist. Die Untersuchungen von HELMKE (1983) haben diese Nicht-Linearität des Zusammenhanges zwischen Schulerfolg (Noten) und psychischen Reaktionen für die Leistungsangst nachgewiesen. Seiner Analyse zufolge hatten sowohl die sehr guten als auch die sehr schlechten Schüler hohe Angstwerte. Dahinter standen verständlicherweise unterschiedliche Ängste: bei den einen die um ihre guten bis besten Leistungen, bei den anderen die um das „Überleben" in der Schule schlechthin.

6.8.1 Chronischer Mißerfolg

Wir können der Frage, welche Bedeutung die Zugehörigkeit zu Extremgruppen hat, in der Längsschnittstudie nochmals nachgehen, indem wir das Selbstsystem bei Schülern mit *chronischen Mißerfolgsbiographien* analysieren. Wir haben dies insofern getan, als wir die Notenentwicklung in den Schuljahren von der 7. zur 9. Schulstufe extremisiert haben. Auf der einen Seite waren „Spitzenschüler", die in der Notensumme (Deutsch, Englisch, Mathematik) in allen Jahren nie schlechter als in der Summe „6" waren[59], also in den Hauptfächern immer mindestens jeweils die Note 2 hatten. Eine „Drei" mußte schon

---

[59] Hier liegt die deutsche Notenskala zugrunde, nach der die beste Noten die „1" ist. In der Schweiz ist die beste Note die „6".

durch eine „Eins" in einem anderen Hauptfach ausgeglichen werden. Diesen „Spitzenschülern" wurden jene gegenübergestellt, deren Notensumme nie niedriger als 13 war. Diese Notensumme konnte z. B. aus zwei „Vieren" und einer „Fünf" entstehen. Wenn dies über drei Jahre der Fall war, dann indiziert dies nach unserer Definition eine chronische Mißerfolgsbiographie – unabhängig von der besuchten Schulform.

Tab. 6.10: Chronischer Mißerfolg und Selbstbild

Notensumme in Deutsch, Mathematik, Englisch, jeweils Summenscore aus den Noten von 1 - 5 (5 = 5 oder 6)
Chronischer Mißerfolg: in der 7. bis 9. Stufe jeweils Notensumme 12-15
Spitzenschüler: in der 7. bis 9. Stufe jeweils Notensumme 3-6

SELBSTBILD MIT 15 JAHREN	Spitzenschüler N = 35	Mißerfolgsschüler N = 40
	z-Werte	z-Werte
Begabungsselbstkonzept	.63	-.46
Selbstwirksamkeit – Leistung	.74	-.58
Zukunftsvorstellungen	.45	-.35
Handlungskontrolle	.26	-.19
Leistungsangst	-.33	.24
Selbstakzeptanz	.26	-.17
Somatische Belastung	-.21	.15
Lebenszufriedenheit	.37	-.16

Wie die entsprechende Auswertung zeigt (Tab. 6.10), geht eine solche Schulgeschichte tief. Sie schlägt sich in allen relevanten Dimensionen des Selbstbildes nieder, sie ist mit Leistungsangst und somatischer Belastung, später sogar mit größerer Tendenz zu depressiven Verstimmungen verbunden (ohne Tab.). Doch selbst diese Gruppe findet einen Ausgleich: Sie fühlt sich z. B. nicht schlechter in Gruppen von Gleichaltrigen innerhalb und außerhalb der Schule integriert als die Gruppe der „Spitzenschüler" (o. Tab.). Dieser letzte Sachverhalt weist schon auf die Notwendigkeit voraus, Konfigurationen zwischen der sozialen Entwicklung und der Leistungsentwicklung zu beachten.

6.8.2 Unterschiedliche Bildungssysteme als Kontexte der Entwicklung des Selbst-Systems

Bisher standen die alltäglichen Beurteilungen der Schülerleistungen in der Form von Tests und Schularbeiten im Vordergrund, wenn Verarbeitungskonsequenzen von Erfolg oder Mißerfolg analysiert wurden. Aus diesen kontinuierlichen Bewertungsprozessen können an bestimmten Punkten der Schullaufbahn *Entscheidungen* resultieren, die den weiteren Schul- und Berufsweg bestimmen. Am offensichtlichsten ist dies im deutschen Bildungswesen im vierten Schuljahr der Fall, in welchem die lebensbestimmende Gabelung in Hauptschulen, Realschulen oder Gymnasien vorbereitet wird. Aber auch während der Sekundarstufe I und danach gibt es in der Form von Klassenwiederholungen, Schullaufbahnwechseln und Entscheidungen über weiterführende Bildungs- und Ausbildungswege nach dem 9. Schuljahr noch gewichtige Alternativen und „Vorspurungen" zukünftiger Lebenswege. Pädagogische Befürchtungen zu den emotionalen Konsequenzen von schulischen Leistungsinformationen und Selektionsprozessen bezogen sich verständlicherweise auf die Folgen solcher „Großereignisse", deren Dramatik alltagsweltlich vielen gegenwärtig ist.

Um den Einfluß dieser „großen Entscheidungen", die in einen *globalen Kontextwechsel* münden, geht es in diesem Abschnitt. An einem Kontextwechsel können nicht nur die „Mechanismen", die zur Formierung von Selbstkonzepten führen, in Analogie zu einem (natürlichen) Experiment studiert werden, sondern es stehen damit auch gewichtige pädagogische Fragen an. Soll man bei gleichen Leistungen Kinder eher in eine Schulform mit höheren Ansprüchen schicken als in eine mit niedrigeren? Ist es besser, in einer „niedrigeren" Schulform gut zu sein, als in einer „höheren" nur mit Mühe mitzukommen? Wie gravierend wirkt sich ein Schulformwechsel aus? Sollen Wechsel überhaupt vermieden werden?

Neben diesen für das individuelle Wohl eines Kindes wichtigen Perspektiven stehen hier auch bedeutsame bildungspolitische Entscheidungen zur Disposition. Wie soll das System der Schullaufbahnen gestaltet werden, um optimale Flexibilität mit optimaler Kontinuität zu verbinden? Die Leistungsentwicklung von Kindern und Jugendlichen ist nicht in allen Fällen perfekt vorhersagbar. Wann sollen Korrekturen möglich sein, Korrekturen nach unten bzw. nach oben?

Um flexible Korrekturen von Schullaufbahnen zu ermöglichen, sind in Deutschland seit vielen Jahren Experimente mit verschiedenen Schulsystemen durchgeführt worden (s. zusammenfassend FEND, 1982). Die Kernfrage bestand darin, ob Schüler nach der 4. oder nach der 6. Klasse in getrennte Schulformen gruppiert werden sollen oder ob es günstiger ist, sie in einer

Schule zu belassen und sie hier in zentralen Leistungsfächern flexibel in verschiedene Niveaugruppen einzuteilen.

In unserer Stichprobe sind alle drei Varianten enthalten, so daß wir die Entwicklung des Selbstkonzeptes in verschiedenen Kontexten analysieren können.

Drei Gruppen von Schülern, die verschiedene Schulsysteme durchlaufen, können wir vergleichen:

1. Schüler, die nach der 4. Klasse Grundschule in Hauptschulen, Realschulen bzw. Gymnasien übergegangen und in diesen Schulformen ohne weitere Wechsel geblieben sind (N = 381);

2. Schüler, die seit der 5. Klasse in Gesamtschulen, also immer in derselben Schule geblieben sind und hier in einem Fachleistungssystem jeweils fachbezogen unterschiedliche oder gleiche Kursniveaus frequentieren (N = 372);

3. Schüler, die nach der Förderstufe (bis zum 6. Schuljahr mit interner Fachleistungsdifferenzierung) in weiterführende Bildungswege (Hauptschulen, Realschulen, Gymnasien) übergetreten sind (N = 231).

Als Evaluationskriterien bietet sich die Inspektion der folgenden Persönlichkeitsbereiche an:

- Leistungsverhalten,
- Soziales Verhalten,
- Selbstbild und psychische Belastungen.

Vor jeder inhaltlichen Analyse stellt sich die Frage, ob die obigen drei Gruppen vergleichbar sind. Eine Analyse der verbalen Intelligenz der jeweiligen Schülerschaften zeigt ein aus der Gesamtschulforschung bekanntes Ergebnis (FEND, 1982): Schüler der integrierten Schulformen haben diesbezüglich eine ungünstigere Ausgangsposition. Konstant gute Schüler gehen eher in die herkömmlichen Gymnasien, „Zweifelsfälle" eher in integrierte Schulformen (Varianzaufklärung das Faktors Schulsystem an „verbaler Intelligenz": ca. 4%). Bei Schülern in der Förderstufe kommt ein zusätzlich beeinträchtigender Faktor zum Vorschein: Sie fühlen sich von den Lehrern signifikant weniger „angenommen", nehmen also ein schlechteres Schulklima wahr. Da dieses Merkmal stark mit der jeweils besuchten Schule variiert, schlägt hier ein Schulfaktor durch.

Durch diese Sachverhalte wird ein Versuch erschwert, Auswirkungen institutioneller Arrangements zu finden, da mögliche Wirkungsfaktoren konfundiert sind, d. h. in schwer trennbarer Weise immer zusammen auftreten. Umso stärker fällt die Ähnlichkeit der Persönlichkeitsprofile der Schülerschaften in den verschiedenen Schulformen ins Gewicht. Es finden sich lediglich einige

„Systemdifferenzen", die die 1%-Marke an aufgeklärten Quadratsummen erreichen, die hoch signifikant ist.

Im Leistungsverhalten und der Disziplin zeigen sich keine bedeutsamen Unterschiede (etwas niedrigere Werte in den Gesamtschulen). Die Einbettung in Beziehungen zu Gleichaltrigen erweist sich ebenfalls als nicht „schulsystembedingt". Im Selbst ergeben sich aber Differenzen, die in der Regel am Beginn der Schullaufbahn in der Sekundarstufe I zuungunsten der Schüler in den integrierten Schulformen (Gesamtschule und Förderstufe) ausfallen. Sie sind ja auch von den Ausgangsbedingungen her in der schwierigeren Situation. Ihr Selbstkonzept der Begabung ist signifikant niedriger als in anderen Schulsystemen (1.2%SSQ mit 12), die Leistungsangst ist in Förderstufen größer (1.6%SSQ mit 12), in Gesamtschulen aber am niedrigsten. Im Laufe der Schuljahre holen die integrierten Schulformen jedoch insofern auf, als die auf den Faktor „Schulsystem" zurückgehenden Unterschiede aufgelöst werden. Diese differentielle Entwicklung ist jedoch nicht so ausgeprägt, daß die entsprechenden Interaktionseffekte zwischen dem Faktor Schulsystem und dem Verlauf der Selbstkonzeptentwicklung sehr durchschlagen würden. Sie erreichen zwar gelegentlich die Signifikanzgrenzen, ohne aber von klar sichtbarer Bedeutung zu sein.

Diese globalen „Systemunterschiede" sind in einem nächsten, hier nicht mehr im Detail dokumentierten Schritt nach verschiedenen Subgruppen (Geschlecht, Leistungshöhe innerhalb des Systems, Stadt-Land) aufzugliedern.[60] Eindrucksvoll bestätigt sich dann wieder der sogenannte *„Spreizungseffekt" der Begabungsvorstellungen* in Gesamtschulen, d. h. der Bezugspunkt des Altersjahrganges führt in Gesamtschulen dazu, daß sich Schüler in niedrigen bzw. höheren Kursen stärker unterscheiden, als dies Schüler im herkömmlichen Bildungswesen, etwa Hauptschüler und Gymnasiasten tun (Mittelwert Begabungsselbstbild: 9.43 vs. 10.97 in Gesamtschulen im Vergleich zu 10.03 und 10.81 im herkömmlichen Bildungswesen). Dies bedeutet im Klartext, daß sich „gute Schüler" in Gesamtschulen klarer als „gut" einschätzen und „schlechte Schüler" deutlicher als „schlecht". Eine entsprechende Dokumentation der einzelnen Werte findet sich im Anhang 2.

---

[60] Wir können im Gegensatz zu amerikanischen Studien (SIMMONS & BLYTH, 1987) keine geschlechtsspezifischen Verläufe feststellen und so die These, daß Mädchen unter Übergängen besonders leiden, nicht bestätigen. Neben dem insgesamt ungünstigeren Selbstkonzept der Mädchen kommt aber ein wichtiger Effekt zum Vorschein: *die jeweilige Niveauzugehörigkeit in den unterschiedlichsten Schulsystemen (Dreigliedriges Schulsystem, Förderstufe, Gesamtschulsystem) wirkt sich auf jüngere Mädchen (6. Schulstufe) gravierender aus als auf Jungen.* Jungen sind in diesem Alter in ihrem Selbstkonzept vom realen Leistungsstatus in der Schule weniger beeindruckt. Bis zur 9. Schulstufe gibt es dann allerdings Annäherungen.

In der folgenden Auswertung stehen *Kontextwechsel* im Vordergrund, die Aufschluß über zugrundeliegende Mechanismen der Beeinflussung des Selbst-Systems durch schulische Erfahrungen geben können. Gleichzeitig repräsentieren sie Extremsituationen der Belastung, die deshalb pädagogisch sehr aufmerksam beobachtet werden müssen. Die folgenden Situationen sollen näher analysiert werden:

- Wechsel des Schulsystems: von der Förderstufe in herkömmliche Schulformen;
- Wechsel der Schulklasse wegen Klassenwiederholungen;
- Wechsel der Schulform im Sinne der Abstufung oder Aufstufung während der 6. bis 9. Schulstufe;
- Wechsel der sozialen Schicht: Kinder von „Abitur-Eltern", die diesen Abschluß nicht schaffen.

Um den folgenden Text besser lesbar zu machen, werden im folgenden nicht alle relevanten Veränderungswerte aufgeführt. Eine vollständige Dokumentation findet sich in Anhang 2.

6.8.3 Auswirkungen des Schulsystemwechsels: der Übergang von der Förderstufe in die herkömmlichen Schulformen

Die Konstanzer Longitudinalstudie erlaubt es, die Auswirkungen des Übergangs von der Förderstufe in verschiedene Schulformen, also von der 6. zur 7. Schulstufe, direkt zu überprüfen, da diese Schüler jährlich untersucht wurden.

Die Forschung zur Selbstkonzeptentwicklung hat sich in den letzten Jahren intensiv mit der Frage beschäftigt, welchen Einfluß ein solcher *Wechsel* einer Schulform auf die Selbstkonzeptentwicklung haben könnte (BUFF, 1991; SIMMONS & BLYTH, 1987; WIGFIELD & ECCLES, 1994). Dabei ist immer die Frage erörtert worden, ob es mehr oder weniger günstige Zeitpunkte für Übergänge gibt, günstig im Sinne der Synchronisierung von Entwicklungsvorgängen in Kindern mit Chancen und Gefahren des Wechsels vertrauter Umwelten. Ist es, entwicklungspsychologisch gesehen, günstiger, wenn nach der 4., der 6. oder der 8./9. Klasse eine Schulform gewechselt wird? Wenn es darauf klare Antworten gäbe, dann wäre dies für die Organisation des Schulwesens nicht ohne Bedeutung.

Ein im amerikanischen Raum vieldiskutiertes Ergebnis, das die Studie von SIMMONS und BLYTH (1987, S. 258 ff.) dazu zutage förderte, war dies, daß ein Wechsel nach der *6. Schulstufe* in die High School für *Mädchen* ungünstiger war als für Jungen und daß dieser Zeitpunkt problematischer war als ein Übergang nach der 8. Schulstufe. Dies wurde dadurch erklärt, daß sich bei

Mädchen bei einem Schulwechsel nach der 6. Schulstufe biologische Entwicklungsprobleme (Pubertätsprobleme) mit Schulproblemen überlagern. Andere Studien konnten diese subgruppenspezifischen Ergebnisse jedoch nicht replizieren und fanden im *Gesamt*durchschnitt ungünstige mit dem Schulwechsel verbundene Konsequenzen (WIGFIELD & ECCLES, 1994). Aber nicht für alle Schüler bedeutete der Wechsel eine Belastung. Wie er sich auswirkte, war von den protektiven personalen (hohes Selbstwertgefühl vor dem Wechsel) und kontextuellen Bedingungen (familiäre Unterstützung) abhängig (LORD, ECCLES & MCCARTHY, 1994).

Ob sich solche Entwicklungen auch in unserem Schulsystem ergeben, kann hier u. a. durch eine Betrachtung des Übertritts der Schüler aus der 6. Schulstufe einer Förderstufe in weiterführende Bildungswege von Hauptschulen, Realschulen und Gymnasien geprüft werden. Zum bloßen *Schulwechsel* gesellt sich hier aber die Wahl einer *Schulform mit unterschiedlichem Anspruchsniveau*.

Als Wirkungskriterien dienen uns die verschiedenen Aspekte des Selbst-Systems. Sie werden in der Gliederung nach schulleistungsnahen/motivationsrelevanten Wirkungen bzw. nach psychohygienisch bedeutsamen Wirkungsbereichen dargestellt.

Zu ersteren gehört:
- das Begabungsselbstbild.

Zur Gruppe der psychohygienisch relevanten Kriterien rechnen wir:
- die Ich-Stärke (Gesamtscore aus Begabungsselbstbild, Selbstkonzept des Aussehens, Kompetenzbewußtsein in bezug auf Schulerfolg und Lehrer, Zukunft, Handlungskontrolle, Emotionskontrolle, Selbstakzeptierung und Leistungsangst),
- die somatischen Belastungen,
- die allgemeine Lebenszufriedenheit.

Ergänzend nehmen wir auf die lernmotivational relevanten Aspekte Bezug:
- auf die Leistungsbereitschaft,
- das Wohlbefinden in der Schule,
- die Noten.

Schließlich ist ein dritter Wirkungsbereich ergänzend immer wichtig:
- die soziale Akzeptanz eines Jugendlichen in der Schulklasse.

Es liegt auf der Hand, daß eine solche differenzierte Berücksichtigung verschiedener Wirkungskriterien zu einer großen Datenmenge führt, die hier nicht voll dokumentiert werden kann. Entsprechende Auswertungen sind zwar vorgenommen worden, hier müssen wir uns aber mit einer verbalen Mitteilung bzw. Illustration der wichtigsten Resultate begnügen.

Das *Analyseverfahren*, das bei den folgenden Ergebnisberichten im Hintergrund steht, ergibt sich aus der Datenlage. Wir haben in der Regel Varianzanalysen mit abhängigen Messungen gerechnet. Als Faktoren fungierten dabei die verschiedenen Schulsysteme, verschiedene Wechselsituationen aus der Förderstufe in weiterführende Bildungswege, Klassenwiederholungen, Schulformwechsel bzw. soziale Aufstiegs- oder Abstiegskonstellationen. Auswirkungen dieser Faktoren auf den *Verlauf* der Entwicklung des Selbst-Systems müßten sich in *Interaktionen* zwischen den obigen Faktoren und entsprechenden Entwicklungsverläufen niederschlagen.

Betrachtet man die *Wege der Schüler aus der Förderstufe in Hauptschulen, Realschulen und Gymnasien*, dann zeigen sich einige klare Wirkungen, die den bekannten *Bezugsgruppeneffekt* bestätigen, der in der Tendenz besteht, sich an der unmittelbar und tagtäglich erlebten Gruppe, hier der Schulklasse, zu messen. Insbesondere die Hauptschüler erleben einen Erholungseffekt, da sie sich an neuen Referenzpunkten einzuschätzen beginnen und viele dadurch nach langen Mißerfolgserfahrungen erstmals wieder relative Erfolge erleben. Nicht alle erleben jetzt Tag für Tag zu den „Schlechtesten" zu gehören. An vier Kriterien ist dies in Abb. 6.10 illustriert.[61] Das *Begabungsselbstbild* jener, die in die Hauptschule kommen, verbessert sich und die allgemeine *Ich-Stärke* nimmt zu. Nicht so klar sind die Wirkungen im psychohygienischen Bereich. Hier haben die Gymnasiasten in der Förderstufe eine hohe *somatische Belastung* gezeigt, die in der Folge – nach dem Wechsel ins Gymnasium – zurückgeht, später jedoch wieder ansteigt. Anders sieht es bei den Realschülern und den Hauptschülern aus. Deren Belastung steigt deutlich an.

Die Erholung im Bewußtsein, auch etwas zu können, ist somit von einer größeren Anspannung begleitet, den neuen Ansprüchen auch zu genügen.

---

[61] Eine Gesamtdokumentation der Ergebnisse bei den oben genannten Kriterien findet sich in Anhang 2.

Abb. 6.10: Entwicklung von Begabungsvorstellungen, Ich-Stärke, somatischen Belastungen und Lebenszufriedenheit bei Schülern der Förderstufe, aufgegliedert nach Übergängen in Gymnasien, Realschulen, Hauptschulen

Filter: Teilnehmer 6.-9. Stufe
Mittelwerte
N= 113   (FörHS: Von der Förderstufe zur Hauptschule)
    125   (FörRS: Von der Förderstufe zur Realschule)
     53   (FörGy: Von der Förderstufe ins Gymnasium)
Interaktion zwischen Schulformwahl und Dimensionen des Selbst (summarisch)

	F-Wert	P-Wert
Begabungsselbstbild	3.71	.975
Ich-Stärke	4.48	.989
Somatische Belastung	5.26	.995
Lebenszufriedenheit	3.23	.960

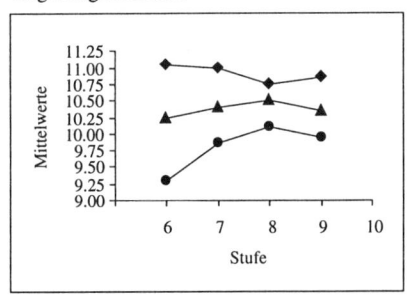

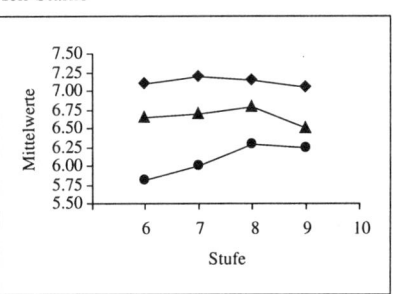

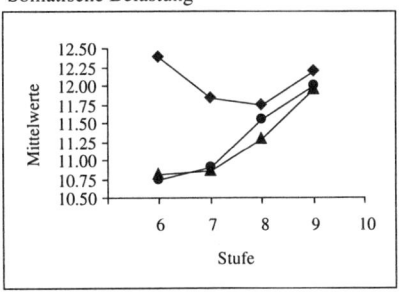

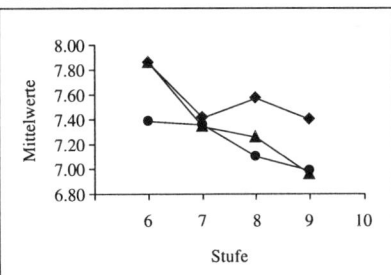

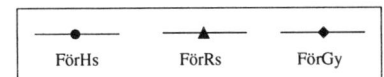

Die *allgemeine Lebenszufriedenheit* sinkt beim Wechsel von der Förderstufe in weiterführende Bildungswege. Sie verläuft vor allem bei den Schülern, die auf die Realschule gewechselt haben, sehr ungünstig. Jene der Gymnasiasten sinkt anfangs nach dem Wechsel auch etwas, stabilisiert sich jedoch danach. Die schon von Anfang an ungünstige Lebenszufriedenheit der Hauptschüler sinkt im Verlauf der weiteren Schulzeit weiter und erreicht in der 9. Stufe das Niveau der Realschüler.

In der Summe ergibt sich ein gemischtes Bild. Die Hauptschüler erholen sich zwar in ihrem Bewußtsein, etwas leisten zu können, sind jedoch in den auf den Wechsel folgenden Schuljahren zunehmend psychohygiensisch belastet.

In der Mittelgruppe, also in der deutschen Realschule, zu sein, ist besonders ungünstig: im Kompetenzbewußtsein ergeben sich keine Verbesserungen, in der seelischen Stabilität aber deutliche Einbrüche.

Gymnasiasten standen in der Förderstufe stärker unter Druck, ihre psychohygienische Situation verbessert sich danach aber leicht oder bleibt stabil.

Damit ist im Gegensatz zu den Ergebnissen im amerikanischen Sprachraum klar, daß nicht der Wechsel der Schulform an sich mit nachweisbaren Effekten verbunden ist, sondern der leistungsbezogene Weg in Schulformen mit unterschiedlichem Anspruchsniveau. Da in dieser Schulphase in Amerika nicht so deutlich nach Leistungsniveaus differenziert, geschweige denn in Schulformen segregiert wird, sind solche klaren Wege auch nicht auszumachen. Ob es bildungspolitisch für eine Nation und biographisch für einzelne Schüler günstig und verantwortbar ist, schon vom 5. zum 10. Schuljahr klar bestimmte Schul- und Berufslaufbahnen vorzuzeichnen, ist eine andere, recht komplizierte Frage (s. dazu FEND, 1982).

6.8.4 Zu den Folgen von einschneidenden Korrekturen der Schullaufbahn

Die Organisation des Bildungswesens in jahrgangsbezogene Klassenverbände und niveaubezogene Schulformen macht es erforderlich, gelegentlich Korrekturen in der Zuordnung von Schülern zu Anspruchsniveaus vorzunehmen, die wir als Klassenwiederholungen und als Schulformwechsel kennen. Dies sind in der Regel recht schwerwiegende Eingriffe, die von den verantwortlich Entscheidenden auch immer sorgfältig nach Folgen für die generelle Persönlichkeitsentwicklung abgeklärt werden. Zuverlässige Informationen aus größeren Studien, die entsprechende Entwicklungsverläufe untersucht hätten, liegen für den deutschsprachigen Raum nicht vor. Es sollen deshalb die sich im Konstanzer Längsschnitt bietenden Möglichkeiten ausgeschöpft werden, um mehr über die Folgen solcher Entscheidungen zu erfahren. Sie sind auch hier beschränkt, da sowohl Klassenwiederholer, die wir weiter verfolgen konnten, selten sind, als auch ein Schulformwechsel nicht häufig vorkommt.

Wir haben in unserem Sample 12 Schüler, die in der 6. Klasse wiederholt haben und daraufhin 4 Jahre lang in unserer Stichprobe verblieben sind.

Auch zum Schulformwechsel finden sich einige Fälle. Wir können 18 Schüler untersuchen, die im Zeitraum vom 6. zum 9. Schuljahr von einer höheren Schulform in eine niedrigere abgestuft wurden. 10 Schüler wurden in dieser Zeit sogar von einer niedrigeren Schulform in eine höhere aufgestuft.

Wie wirken sich solche Eingriffe aus? Die oft gehörte Befürchtung ist die, daß Klassenwiederholungen und Abstufungen schockartige Folgen haben, daß sich aber Aufstufungen positiv auswirken sollten.

Zur Überprüfung von Folgen in der Persönlichkeitsentwicklung sind wieder die oben genannten Wirkungskriterien berücksichtigt und Varianzanalysen mit abhängigen Messungen gerechnet worden (Designvariable: vier Meßzeitpunkte, Faktor: Klassenwiederholungen bzw. Schulformwechsel).

6.8.4.1 Klassenwiederholungen

Die Folgen der Klassenwiederholungen sind bei den 12 Schülern, die dies in der 6. Schulstufe erlebt haben, im Bereich der Selbstentwicklung, des Leistungsverhaltens und der sozialen Entwicklung untersucht worden. Wegen der kleinen Zahl und der damit verbundenen Vorläufigkeit der Ergebnisse sollen sie hier nicht aufwendig dokumentiert, sondern lediglich verbal beschrieben werden. Sie ergeben ein klares Muster, ohne daß sich – mitbedingt durch die kleine Stichprobe – statistisch signifikante Interaktionen zwischen dem Faktor der Klassenwiederholung und der Entwicklung in den Wirkungskriterien ergäben.

Die Überraschung ist dabei die, daß sich nach der erwarteten anfänglich schwierigen Situation in der 6. Klasse bis zur 9. Schulstufe überwiegend *Erholungseffekte* zeigen. Das Kompetenzbewußtsein steigt deutlich an, der Zukunftsoptimismus wird größer, fällt allerdings angesichts der bevorstehenden Berufssituation etwas stärker ab, als dies bei anderen Schülern, die nicht wiederholt haben, der Fall ist. Das Selbstwertgefühl verbessert sich, begleitet von einem stabilen Begabungskonzept.

Auch in den somatischen Belastungen und in der Leistungsangst wirkt sich die Klassenwiederholung nicht so aus, daß im Vergleich zum Durchschnitt ein deutlicher Abfall zu verzeichnen wäre. Im Gegenteil: Die Wiederholer machen sogar einen unbekümmerteren Eindruck.

Das Leistungsverhalten der Wiederholer bleibt (beginnend auf etwas niedrigerem Niveau in der 6. Stufe) über alle Jahre stabil und ist im 9. Schuljahr nicht schlechter als das des nicht wiederholenden Durchschnitts. Dasselbe gilt für das Wohlbefinden in der Schule.

Hier ist es auch wichtig, die Notenentwicklung zu betrachten: Ergeben sich durch Klassenwiederholungen Angleichungen an den Durchschnitt? Dies ist nicht der Fall. Nach einer anfänglichen Verbesserung im Jahr der Wiederholung sinkt der Notendurchschnitt wieder. Aus den Wiederholern werden also im Durchschnitt keine „Spitzenschüler". Im 9. Schuljahr ergibt sich dann allerdings wieder eine Verbesserung.

Eine häufige Befürchtung bei Klassenwiederholungen bezieht sich nun darauf, daß Schwierigkeiten bei der Reintegration in einen neuen Klassenverband vermutet werden. Wie die Daten dazu zeigen, ist dies in der 7. Stufe auch deutlich der Fall. Mit fortschreitenden Schuljahren verliert sich dieser Effekt jedoch.

Insgesamt legen diese Daten für die kleine Gruppe von Schülern, die hier untersucht wurde, nahe, daß ihre Klassenwiederholung keine negativen Gesamtwirkungen hatte, ja daß sogar Erholungsprozesse überwogen.

Es liegt auf der Hand, daß aus diesen Daten keine vorschnellen Schlüsse gezogen werden dürfen. Dazu ist die Zahl der untersuchten Fälle zu klein und die Vergleichsgruppe der nicht wiederholenden Schüler zu groß und undifferenziert. Die kleine Zahl legt auch nahe, jeden Fall für sich zu behandeln, da die individuellen Konstellationen auch innerhalb der Gruppe der wiederholenden Schüler sehr unterschiedlich sein können. Die hier vorgelegten Analysen mahnen aber zur Vorsicht, von der Klassenwiederholung an sich auch schon schwerwiegende Konsequenzen zu erwarten und sie deshalb auch als Katastrophe zu betrachten. Sie kann durchaus auch ein Chance sein, da sie mehr Lernzeit ermöglicht, neue Kontaktgelegenheiten und Bewährungssituationen schafft. Es bleibt die Aufgabe, jeden einzelnen Fall verantwortungsvoll abzuklären und individuell zu entscheiden.

6.8.4.2 Auswirkungen des Schulformwechsels

Ein Schulformwechsel außerhalb der „normalen" Übergangspunkte gehört zu den folgenreichsten Entscheidungen zur Korrektur einer Schullaufbahn während des Besuchs der Sekundarstufe I. Sie wird vergleichsweise selten getroffen und ist deshalb auch kaum erforscht. Lediglich dem Umstand, daß wir den Altersjahrgang einer Landregion möglichst vollständig und ganze Bezirke in einer Großstadt flächendeckend erfaßt haben, ist es zu verdanken, daß wir Fälle von Abstufungen (N = 18) und Aufstufungen (N = 10) in unserer Stich-

probe haben. Somit läßt sich zumindest für eine kleine Gruppe die psychische Entwicklung im Zusammenhang mit der obigen Entscheidung beschreiben.
Absteiger und Aufsteiger sind nun in völlig unterschiedlichen Situationen. Für Aufsteiger verschärft sich das Anspruchsniveau, für Absteiger dürfte hingegen eine Entspannung eintreten. Die objektiven Lebenschancen vergrößern sich jedoch für den Aufsteiger und sie verringern sich für den Absteiger. Die subjektiven Lagen und die objektiven Möglichkeiten könnten sich also auseinanderentwickeln. Aber auch Gemeinsamkeiten sind unübersehbar: Beide Gruppen verlassen die „Heimat" des alten Klassenverbandes und müssen sich neu arrangieren. Beide Gruppen müssen sich in neuen Umgebungen zurechtfinden, müssen mit neuen Lehrern auskommen, haben aber auch die Chance, „neu anzufangen", relativ unbelastet eine neue Umgebung zu bewältigen.[62]

Lassen sich zum Schulformwechsel, insbesondere zu den Folgen von Abstufungen, ähnliche Aussagen wie zu den Auswirkungen der Klassenwiederholung machen? Die Antworten ergeben sich exemplarisch aus den in Abb. 6.11 dargestellten Entwicklungen.[63] Zusätzlich werden die im Anhang 2 dokumentierten Ergebnisse zur Differenzierung des Bildes herangezogen, die sich auf das Leistungsverhalten, das schulische Wohlbefinden und die soziale Integration beziehen, hier aber nicht mehr durch Zahlen dokumentiert werden.

Abb. 6.11: Einfluß des Schulformwechsels auf das Selbst-System

Längsschnitt (Teilnahme von der 6. zur 9. Schulstufe)
Stabil: Kein Wechsel einer Schulform vom 6. zum 9. Schuljahr (N=660)
Abstieg: Wechsel von der Realschule zur Hauptschule oder vom Gymnasium zur Realschule bzw. Hauptschule (N=18)
Aufstieg: Wechsel von der Hauptschule zur Realschule bzw. von der Realschule zum Gymnasium (N=10)
Interaktionen zwischen Wechsel oder Stabilität mit Dimensionen des Selbst (summarisch)

	F-Wert	P-Wert
Begabungsselbstbild	6.15	.998
Ich-Stärke	.62	.464
Somatische Belastung	3.68	.975
Lebenszufriedenheit	.73	.517

---

[62] Allerdings sind gerade in unserer Stichprobe relativ viele Schüler, die wohl die Schulformen, nicht jedoch die Schule gewechselt haben. Die additiven Systeme in Hessen erlaubten einen Schulformwechsel innerhalb derselben Schule.

[63] Eine umfassendere Dokumentation der Mittelwerte findet sich im Anhang 2.

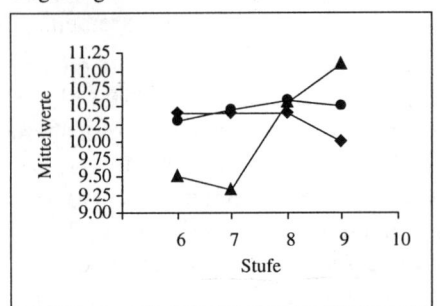

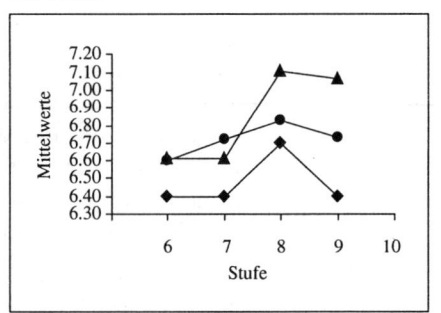

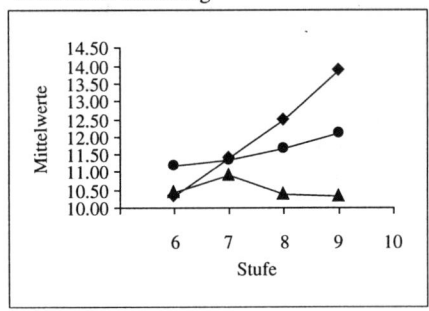

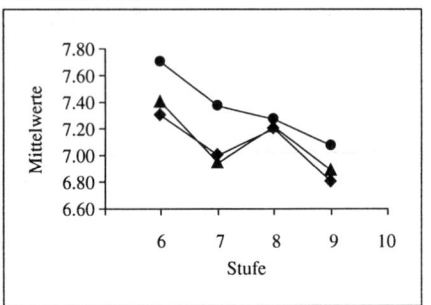

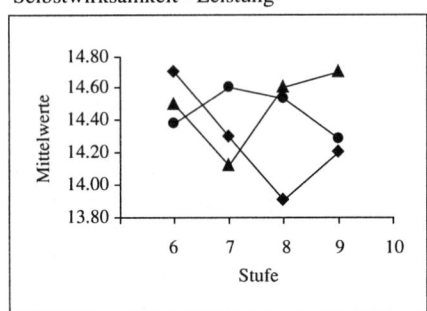

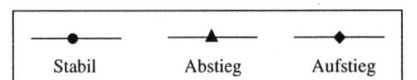

Im großen und ganzen laufen die Ergebnisse tatsächlich zu jenen bei den Klassenwiederholungen parallel. Der Erholungseffekt ist bei abgestuften Schülern gerade beim *Selbstkonzept der Begabung* und der Ich-Stärke sehr deutlich und unübersehbar. Lediglich ein Einbruch – ebenfalls in Parallele zur Klassenwiederholung – muß erwähnt werden: Die abgestuften Schüler reagieren in der 9. Schulstufe auf antizipierte Schwierigkeiten der Stellensuche besonders sensitiv: hier wird ihr *Zukunftsoptimismus* sehr gedämpft. Die psychosoziale Erholung erkaufen sie sich an dieser Stelle offensichtlich mit der Erkenntnis, daß erwünschte Berufswege verbaut oder gefährdet sind. Dies ist

Eltern immer schon präsent und veranlaßt sie oft zu übermäßig antreibendem Verhalten. Im übrigen ist der Abstieg auch von einem besonders markanten Rückgang der *Leistungsorientierung* und *Schulzuwendung* begleitet, so daß sich hier tatsächlich ungünstige Nebenwirkungen ergeben (ohne Tabelle).

Wirkt sich, so könnte man fragen, eine *Aufstufung* spiegelbildlich dazu aus? Dies ist nicht der Fall. Aufgestufte Schüler zeigen vielmehr eine ganz ähnliche Entwicklung wie die Schüler, die in derselben Schulform verblieben sind.

Lediglich eine Ausnahme ist bemerkenswert: Die *somatische Belastung* aufgestufter Schüler steigt überproportional an, so daß sich hier ein Moment ergibt, dem besondere Aufmerksamkeit geschenkt werden müßte, da es auf einen neuen Druck verweist, dem aufgestufte Jungen und Mädchen ausgesetzt sein könnten. Er kommt auch in der Veränderung der *Selbstwirksamkeit* (Kompetenzbewußtsein in bezug auf Leistung und Lehrer) zum Ausdruck. Der schulische Aufstieg führt zu einem markanten *Abfall* der schulischen Selbstsicherheit, von dem sich die Schüler erst nach zwei Jahren etwas erholen. Der Abstieg hingegen führt nur kurzfristig zu einer Reduktion der Selbstwirksamkeit, die dann aber markant ansteigt.

Die Hintergründe des Schulformwechsels spiegeln sich übrigens auch klar in den *Noten*. Aufsteiger haben vor dem Aufstieg besonders gute Noten, die sich nach dem Aufstieg allerdings verschlechtern. Bei den Absteigern ist es erwartungsgemäß umgekehrt.

Erwähnenswert sind schließlich die *sozialen Auswirkungen*. Hier zeigt sich das interessante Phänomen, daß sich Absteiger schnell wieder integriert fühlen, während dies bei den Aufsteigern langsamer geschieht. Erst in der 9. Schulstufe ergeben sich dann keine Gruppenunterschiede mehr.

Solche Veränderungen sind nun gewiß keine „Naturprozesse", die „von selbst" geschehen. Es handelt sich vielmehr um gestaltbare Entwicklungen. So muß die Botschaft aus den obigen Daten denn auch die sein, daß Kinder und Jugendliche bei einem Schulformwechsel besonders beobachtet und begleitet werden müssen, um unerwünschte Nebenwirkungen aufzufangen. Dies ist dann natürlich leichter organisierbar, wenn der Schulformwechsel innerhalb derselben Schule erfolgt, wie dies z. B. bei kooperierenden Schulformen möglich ist. Dies ist hier bei 15 von 18 Abstiegsprozessen und bei 4 von 10 Aufstiegsprozessen auch der Fall gewesen.

Wieder mahnen uns die kleinen Zahlen zur Vorsicht, nicht schnell zu verallgemeinern. Einzelne Fälle müßten auch hier jeweils auf die je besonderen Konfigurationen von Faktoren, die das weitere Lebensglück eines Kindes und Jugendlichen bestimmen könnten, geprüft werden.

6.8.5 Sozialer Aufstieg und sozialer Abstieg über das Bildungswesen in der Generationenfolge

Der Umgang der Jugendlichen mit der Schule ist nur verständlich, wenn man den Hintergrund der elterlichen Erwartungen berücksichtigt. Sie konstituieren das Selbstbild der Kinder mit und gestalten vor allem die Lebensperspektiven auf der Grundlage schulischer Leistungen.

Es ist unübersehbar und vielerorts belegt (s. z.B. FEND, 1981), daß Schulen heute zum zentralen Verteilungsmechanismus der beruflichen Chancen einer Generation geworden sind. Ebenso klar ist, daß in diesem Prozeß des Aufbaus einer beruflichen Perspektive die Erwartungen der Eltern eine herausragende Rolle spielen. Einmal sehen sie die Verkehrsschilder für Wege in Erfolge und Wege in Gefährdungen und versuchen, ihren Kinder möglichst günstige Ausgangspositionen im Sinne möglichst hoher Schulabschlüsse zu sichern. Während der Schulzeit der eigenen Kinder ist das *„Lebenslauf-Management"* – besonders bei Problemen – die lebens- und alltagsbestimmende Sorge von Eltern. Besonders klar tritt dies dort zutage, wo es darum geht, daß die eigenen Kinder zumindest dasselbe erreichen wie die Eltern. Der „Aufstieg", daß die eigenen Kinder es einmal besser haben sollten, ist die eigentlich angestrebte Perspektive, ein „Abstieg" die Befürchtung, wenn Kinder in der Schule nicht „reüssieren".

Der soziologisch geschulte Beobachter der Adoleszenzentwicklung würde an dieser Stelle deshalb eine Frage formulieren, die sich auf die Aufstiegs- bzw. Abstiegsprozesse von Jungen und Mädchen bezieht. Da wir den Herkunftsstatus (Bildungsniveau des Elternhauses) und den Zukunftsstatus (Schulformzugehörigkeit) für Mädchen und Jungen kombinieren können, ist es möglich, zu analysieren, ob sich der potentielle Wechsel der sozialen Plazierung von der Elterngeneration zur Kindgeneration positiv oder negativ auf die Entwicklung des Kindes auswirkt.

Wie werden Abstiegs- bzw. Aufstiegsprozesse verkraftet? Viele Vermutungen sind mit dieser Frage verknüpft. Mit einem Aufstieg werden manchmal Entfremdungsängste der Eltern und soziale Heimatlosigkeit der Kinder verbunden gesehen. Ein sozialer Abstieg der Kinder wird von den Eltern besonders heftig bekämpft und gefürchtet, vielleicht an manchen Stellen so sehr, daß daraus psychische Belastungen der Kinder resultieren können.

Wir sind glücklicherweise von der Datenlage in der Lage, solchen Erwartungen nachzugehen, da wir den Schulabschluß von Vater oder Mutter mit der besuchten Schulform des Kindes vergleichen können. Wir wählen als Vergleichsbasis zwischen den Generationen das Abitur, weil es das zentrale Ziel in den Bemühungen um Statuserhaltung und um sozialen Aufstieg in dieser Lebensphase darstellt. Dann können wir Gruppen bilden, in denen Vater oder

Mutter kein Abitur bzw. diesen Abschluß gemacht haben. Diese Gruppen können wir mit Kindern kreuzen, die im Gymnasium bzw. in anderen Schulformen sind. Daraus ergeben sich vier Gruppen

- gelungene hohe Statusreproduktion (Eltern und Kinder mit Abitur, N= 28)
- Statusreproduktion unterhalb des Abitur-Niveaus (weder Eltern noch Kinder mit Abitur, N = 222)
- Aufstieg (Eltern kein Abitur, Kinder sind die ersten in der Familie, die Abitur machen, N = 93)
- Abstieg (Eltern mit Abitur, Kinder nicht im Gymnasium und deshalb – vorläufig – ohne Abiturchancen, N = 9)

Die Ergebnisse der abhängigen Varianzanalysen mit dem Faktor der Generationenmobilität sind wieder exemplarisch in Abb. 6.12 und umfassender im Anhang 2 dokumentiert.

Aus diesen Analysen geht ein klares Ergebnis hervor: Die stärksten Einbrüche in der Selbstkonzeptentwicklung sind bei jenen Kindern zu beobachten, deren Eltern das Abitur haben, die aber selbst nicht auf demselben Wege sind, d. h. sie besuchen kein Gymnasium. Diese auch hier eher seltene Situation (neun Schülerinnen und Schüler) des *sozialen Abstiegs* ist am stärksten mit einem negativen Selbstkonzept verbunden. Allerdings ist ihre Ausgangssituation, also die psychische Situation in der 6. Schulstufe, besonders schwierig. Bis zur 9. Schulstufe zeigen sich im Selbstkonzept und auch bei der Leistungsangst deutliche Erholungseffekte. Sie gehen aber auf Kosten einer Reduktion der Bedeutung schulischer Anforderungen.

Die Dramatik der Situation des sozialen Abstiegs zeigt sich bei verschiedenen zusätzlichen Indikatoren (s. Anhang 2). Die dahinterstehende Notenproblematik ist offensichtlich. Parallel geben diese Kinder mit fortschreitenden Jahren das schlechteste Leistungsverhalten an. Sie fühlen sich ferner deutlich unter allen Vergleichsgruppen in der Schule am unwohlsten. Lediglich die Wahrnehmung der sozialen Akzeptanz unter Mitschülern ist positiv. Sehr gravierend ist die Entwicklung der *somatischen Belastung* und der Rückgang der allgemeinen *Lebenszufriedenheit*.

Abb. 6.12: Einfluß der Intergenerationenmobilität auf die Konstitution des Selbst

Filter: Teilnahme von der 6. zur 9. Schulstufe
Unten: Statuserhaltung auf dem Bildungsniveau unterhalb des Abiturs. Eltern haben kein Abitur, und die Kinder sind entweder in Hauptschulen oder Realschulen (N = 222)
Oben: Statuserhaltung auf dem Niveau des Abiturs: Eltern mit Abitur, Kinder in Gymnasien (N = 28)
Abstieg: Eltern haben Abitur, Kinder nicht im Gymnasium (N = 9)
Aufstieg: Eltern ohne Abitur, Kinder im Gymnasium (N = 93)
Interaktionen zwischen Mobilitätsformen und Selbst-System (summarisch)

	F-Wert	P-Wert
Begabungsselbstbild	3.98	.964
Ich-Stärke	2.85	.992
Somatische Belastung	8.17	1.000
Lebenszufriedenheit	1.79	.854

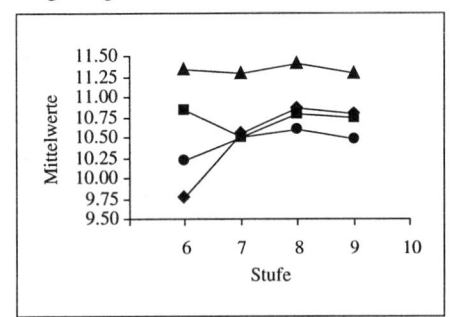

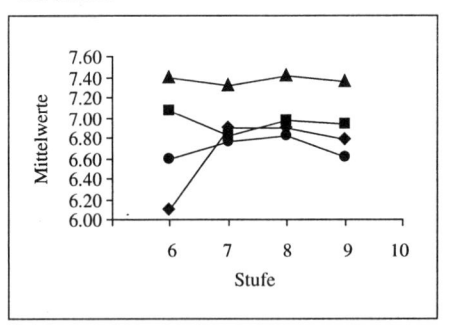

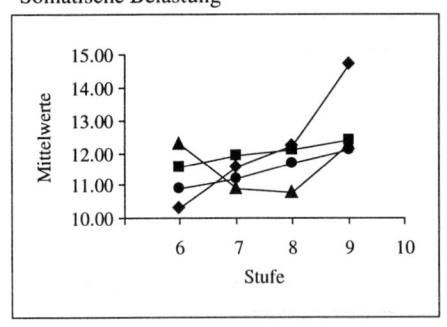

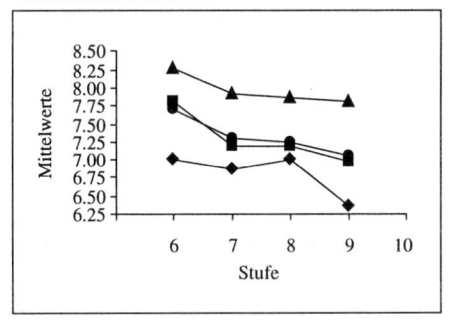

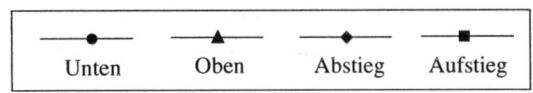

Die Lebenszufriedenheit der Jugendlichen, deren Eltern kein Abitur haben, entwickelt sich völlig unabhängig von Aufstieg oder Verbleib in der Nicht-Abiturs-Situation. Ganz anders sieht es bei jenen aus, deren Eltern selber Abitur haben. Gelingt die Reproduktion dieses Status, dann ist die Lebenszufriedenheit in allen hier untersuchten Schuljahren ungleich höher als bei sozialem Abstieg.

Kinder aus Familien, in denen sie die ersten sind, die das Abitur machen, erleben eine positivere Selbstkonzeptentwicklung als Kinder aus Familien, die in ihrer „Bildungsschicht" verbleiben. Die Befürchtung, Aufstiegs-Kinder könnten sich mit Oberschichtskindern im Gymnasium vergleichen und sich dadurch ungünstig beurteilen, trifft also nicht zu – wenngleich ihr Selbstvertrauen nicht so hoch ist wie das von Kindern aus statuserhaltenden Abitur-Familien.

Als Resümee aus diesen Analysen läßt sich die allgemeine Schlußfolgerung ziehen, daß es sich lohnt, kleine Gruppen von Schülern mit einem besonderen Schicksal in ihrer Entwicklung zu verfolgen. Bei ihnen kommen bestimmte gravierende Erfahrungen und Wirkungsmechanismen der Konstitution des Selbst durch schulische Erfahrungen deutlich zum Vorschein. Hier waren es Abstiegs- und Aufstiegserfahrungen, die mit oft unerwarteten Effekten verbunden waren. Es hat sich dabei aber auch als wichtig erwiesen, mehrere Kriterien (Selbstbild, Leistungsverhalten, soziale Entwicklung) zur Beurteilung heranzuziehen sowie Kurzzeiteffekte und Langzeiteffekte zu unterscheiden. Letzteres ist nur durch eine Längsschnittuntersuchung der vorliegenden Art möglich.

So vielfältig unsere dazu vorliegenden Daten sind, so unzulänglich bilden sie aber die Vielfalt der dahinterstehenden Alltagserfahrungen ab. Bevor ein „Aufstieg" oder ein „Abstieg" erfolgt, vollziehen sich oft dramatische Szenen, nächtelange Überlegungen, immer wieder abgewartete Klassenarbeiten, Wechselbäder von Hoffnungen und Enttäuschungen. Wir konnten lediglich deren Chronifizierung in der Persönlichkeitsstruktur erheben. Doch dafür geben unsere Daten deutliche Hinweise. Sie zeigen Gefahren und auch Chancen entsprechender Entwicklungen auf und können dadurch helfen, in den Einzelfallentscheidungen mehrere Optionen für möglich zu halten, ohne schon global und deterministisch bestimmte Wirkungen befürchten zu müssen. Gleichzeitig wird aber sichtbar, wie verantwortungsvoll und engagiert Kinder in ihrer Schullaufbahn begleitet werden sollten. Kinder und Jugendliche sind im Kern sehr adaptive Wesen und auch „starke Handlungszentren". Sie gehen jeweils phantasievoll mit ihrer Lage um, wenngleich nicht immer zu ihrem eigenen langfristigen Vorteil. Wir dürfen sie vor allem nicht als passive Opfer entsprechender Erfahrungen sehen, sondern wir müssen sie als „active copers" betrachten.

Der Umgang mit Mißerfolgen besteht also nicht ausschließlich in „dumpfem Erleiden". Es gibt, wie wir gesehen haben, mehrere „Logiken", damit fertig zu werden. Deshalb ist die Psychologie des Mißerfolges auch so komplex.

Wegen dieser Vielzahl von Möglichkeiten, Mißerfolge nicht ans Zentrum der eigenen Person heranzulassen, finden wir auch wenige globale und lineare Zusammenhänge zwischen dem Muster der schulischen Erfolgs/Mißerfolgsbiographie und den generalisierten Komponenten des Selbst. Die schulischen Konstitutionsprozesse des Selbst zeigen sich in Extremsituationen und bei der Analyse von Einzelfällen deutlicher. Dabei wird auch sichtbar, wie sich Schüler schützen können, wie sie sich der „Wucht" schulischer Subjektkonstitution entziehen können. Es gelingt aber nicht immer. Es gibt *Kinder und Jugendliche, bei denen die Mißerfolgsmeldungen durchschlagende Wirkungen auf ihr Selbst haben und solche, bei denen dies nicht der Fall ist.*

Wenn wir diesen Gedankengang noch einen Schritt konsequenter verfolgen, dann drängt sich die Frage auf, bei wem dies so ist und bei wem nicht. Welche Kinder verhalten sich gewissermaßen „befürchtungskonform", indem ihre Mißerfolge auch den Kern der Persönlichkeit, also die Selbstakzeptanz, beeinträchtigen? Bei welchen Kindern ist dies nicht der Fall, welche scheinen also vor einem solchen Effekt geschützt zu sein bzw. sich selber zu schützen? Mit dieser Frage wollen wir uns abschließend beschäftigen.

6.9 Protektive Faktoren: durch schulische Mißerfolge verletzliche und unverletzliche Schüler – eine konfigurative Analyse

Immer wieder hat sich in den bisherigen Analysen gezeigt, daß der Weg von konkreten schulischen Leistungsbeurteilungen zu allgemeinen Urteilen der Person über sich selber sehr weit ist. Er wird über *komplexe kognitive Konstruktionsprozesse* vermittelt. Aber auch affektive Komponenten sind dabei beteiligt. Wertungsprozesse können verhindern, daß schlechte Schulleistungen persönlich sehr relevant werden, und Schüler können Zuwendung und Erfolg in anderen Bereichen als schulischen Leistungen suchen. Darüber hinaus erfolgt die Verarbeitung von schulischen Erfolgs- und Mißerfolgsrückmeldungen immer in einem *sozialen Kontext*. Lehrer, Klassenkameraden und insbesondere Eltern können durch ihre Reaktionen und Interpretationen problemverschärfend oder mildernd wirken. Es gibt also sehr viele *Schutzmechanismen*, die – allerdings mit Nebenkosten – Zusammenhänge zwischen Mißerfolg und Selbstakzeptanz moderieren.

Dies alles mag erklären, warum wir so niedrige Zusammenhänge zwischen der generalisierten Selbstakzeptanz und dem schulischen Erfolgsprofil gefunden haben. Sie bewegen sich, bildet man einen Wert für das Leistungsprofil eines jeden Schülers, das sich aus der Schulformzugehörigkeit (bzw. den Kursniveaus) und den Noten zusammensetzt, zwischen r=.06 und r=.16, (s. auch Tab. 6.9).

Es gibt also Schüler, die trotz ungünstiger schulischer Leistungsbilanz eine ungetrübte Selbstakzpetanz zeigen, und es gibt sehr gute Schüler, die trotz guter Leistungen voll von Selbstzweifeln sind. Was schützt die einen Schüler vor einem Niederschlag der schulischen Leistungsbiographie im Kern des Selbst-Systems, was macht die anderen dafür so verletzlich? In der Literatur wird diesbezüglich teils von Vulnerabilität, teils von Resilienz gesprochen. Die einen sind sehr verwundbar, die anderen sehr widerstandsfähig. Die Forschung im Rahmen der „Buffer-Hypothese" geht ähnlichen Fragen nach, wenn sie nach den *protektiven Faktoren* sucht, die sich in einer Interaktion zwischen der Gefährdungsquelle (hier dem schulischen Erfolgsprofil) und einem Schutzfaktor (z. B. der Stütze durch die Eltern) niederschlagen müßten.

Um den dahinterliegenden Prozessen etwas auf die Spur zu kommen, soll hier eine solche Gegenüberstellung von Leistungsposition und Selbstakzeptanz vorgenommen werden, daß „erwartungskonforme" und „erwartungskonträre" Gruppen entstehen (Abb. 6.13). Das Verfahren, das wir dabei anwenden, ist sehr einfach. Wir „kreuzen" die 15-jährigen Schüler in zwei Merkmalen: in der Leistungsposition und der generalisierten Selbstbewertung (Selbstakzeptanz).

Abb. 6.13: Schematisierung erwartungswidriger und erwartungskonformer Zusammenhänge zwischen Schulleistungen und der Selbstakzeptanz

SCHULLEISTUNGEN	SELBSTAKZEPTANZ	
	Gut	Schlecht
Gut	„Erwartungskonforme Idealschüler"	Vulnerabilität
Schlecht	Resilienz	„Erwartungskonforme Problemschüler"

Datentechnisch haben wir die folgenden Extremisierungen benutzt, um zu den Gruppenbildungen zu gelangen:

SELBSTWERTGEFÜHL:

Hohes Selbstwertgefühl: Alle acht Items der Skala Selbstwertgefühl werden positiv beantwortet (28.5%).

Niedriges Selbstwertgefühl: Nur die Hälfte aller Items der Skala wird positiv beantwortet (29.3%).

LEISTUNGSPOSITION:

Gute Leistungsposition: Notensumme in den drei Hauptfächern (Deutsch, Mathematik, Englisch) höchstens 7 (18.4%)

Schlechte Leistungsposition: Notensumme in denselben Fächern von 12 und höher (16.5%)

Durch diese Gruppenbildung erhalten wir immer noch ca. 80 bis 100 Schüler in jeder Merkmalskombination.[64]

Schüler mit einem positiven Selbstwertgefühl und guten Leistungen sind als erwartungskonforme Gruppe die besonders glücklichen Schüler. Jungen und Mädchen mit einem niedrigen Selbstwertgefühl und schlechten Noten sind die „bedauernswertesten", aber ebenfalls erwartungskonformen Schüler. Wichtige Aufschlüsse über Verarbeitungsmechanismen erwarten wir von der Analyse der erwartungswidrigen Gruppen: der Schüler mit guten Leistungen und einem niedrigen Selbstwertgefühl bzw. der Schüler mit einer hohen Selbstakzeptanz bei schlechten Leistungen.

Bei welchen Dimensionen der Persönlichkeit sollen nun die Folgen festgemacht werden? Um ein möglichst ganzheitliches Bild zu zeichnen, können wir ein großes Spektrum von Persönlichkeitsmerkmalen und lebensweltlichen Orientierungen berücksichtigen, das in den folgenden Auswertungen in jeweils fragespezifischen Varianten zum Einsatz kommen wird.

c) *Persönlichkeitsmerkmale*

Im Bereich grundlegender Funktionsweisen der Person wurde einmal über mehrere Tests (Wortverständnistest, Rollenübernahmeverständnis, politisches Verständnis) das generelle *Niveau des verbalen und sozialen Verständnisses* erfaßt. Die subjektive Selbstsicherheit wurde zum andern durch einen globalen Score, *Ich-Stärke* genannt, indiziert. Er setzt sich aus Antworten auf Items zusammen, die in mehrere Subskalen (Selbstkonzept der Begabung und des Aussehens; Wirksamkeitsbewußtsein in bezug auf Schulerfolg, Zukunftsgestaltung, Handlungs- und Emotionskontrolle; Selbstakzeptanz; Leistungsangst) gegliedert waren.

---

[64] In diesen Gruppen sind Schüler verschiedener Schulformen gleichermaßen vertreten. Auch die soziale Zusammensetzung ist nicht unterschiedlich. In der Geschlechtszusammensetzung ergibt sich der bekannte Sachverhalt, daß Mädchen in der Gruppe mit guten Noten und schlechtem Selbstwertgefühl überrepräsentiert sind, während Jungen in der Gruppe mit schlechten Noten und hohem Selbstwertgefühl häufiger zu finden sind.

Das Spektrum sozialer Orientierungen umfaßte mehrere globale Bereiche.
- Die selbstberichteten *sozialen Fähigkeiten* ergaben sich aus Skalen der Kontaktfähigkeit, der Empathiefähigkeit und der Durchsetzungsfähigkeit.
- Aus Skalen zum Kontaktinteresse und Rollenübernahmeinteresse wurde der Globalscore *„soziale Interessen"* konstruiert.

d) *Schulische Verortung*

Die schulische Situation haben wir unterschiedlich ausführlich in die folgenden Profile einbezogen. Im Vordergrund steht jeweils die Perspektive, was man erreichen möchte, welche Schul- und Ausbildungsabschlüsse angestrebt werden.

Der erreichte *schulische Ausbildungsstand* mit 15 Jahren (Hauptschulniveau, Realschulniveau, Gymnasialniveau) ist ein erster wichtiger Erfolgsindikator für die Lebensbiographie der Jugendlichen, ebenso die *Notensummen* in den Hauptfächern. Als Indikator für die Lernanstrengung diente die schlichte Frage nach der *Zeitinvestition in Hausaufgaben*.

e) *Soziale Einbindung*

Die soziale Stellung in der Schulklasse konnte durch die Anzahl der soziometrischen Wahlen („Wen magst Du besonders gern?" „Wer steht im Mittelpunkt?") beschrieben werden. Neben diesen objektiven Indikatoren der sozialen Stellung unter Gleichaltrigen wurde die Wahrnehmung sozialer Anerkennung durch Mitschüler und in außerschulischen Gruppen erfaßt.

Umfassend haben wir die Wahrnehmungen der *Beziehungen zu Eltern, Lehrern* und *Klassenkameraden* erhoben. In den Gesamtzusammenfassungen, die auf summierten Skalen zu Globalscores beruhen, haben wir nur mehr *Nähe* und *Distanz* zu den drei Bezugsgruppen, zu den Eltern, Lehrern und Schulkameraden, erfaßt.

Die „Streitgeschichte" mit den Eltern wurde über eine Skala zu Dissens erhoben. Sie wurde durch Wahrnehmungen der Eltern, wie leicht bzw. schwer sie es in verschiedenen Bereichen mit ihren Kindern haben, ergänzt.

Indikatoren zur Beteiligung an schulischer Mitbestimmung und der Verantwortung in formellen Jugendgruppen sollten gelegentlich helfen, die sozialen Orientierungen zu erfassen

f) Seelische Belastung

Die *somatischen Belastungen* (Kopfweh, Bauchschmerzen, Schlafprobleme usw.) wurden eingeführt, um die tiefersitzenden körperlichen Folgen von schwer zu erfüllenden Ansprüchen sichtbar zu machen. Leistungsangst und Depression verweisen ebenfalls auf beeinträchtigtes emotionales Wohlbefinden.

g) Freizeit-Kulturen

(s. auch FEND, 1991)

Die alterstypischen „Emanzipationsversuche" sollten durch einen Indikator *„Erwachsenenprivilegien"* (Rauchen, Alkoholkonsum, Geld, Ausgehfreiheiten) sichtbar gemacht werden.

Über Fragen zu gemeinsamen oder individuellen Tätigkeiten und zu Gesprächsthemen mit Freunden wurde versucht, die Kultur der Freizeitgestaltung der Jugendlichen einzufangen.

Mehrere Skalen konnten die Profile dessen, *was* Jugendliche mit *wem* an *welchen Orten* tun, indizieren.

- Der alterstypische Gesprächshabitus wurde *„Bravo-Kultur"* genannt, weil die Themen wie Liebe, Freundschaft, Mode usw. vor allem von der gleichnamigen Zeitschrift Jugendlichen nahegebracht werden.
- Mit *„Bildungs-Kultur"* wurde der Bereich der „hohen Kultur" indiziert, das Besuchen von Theatervorführungen und Konzerten, das Lesen anspruchsvoller Bücher, das Spielen eines klassischen Instrumentes usw.
- Mit *„Auto-Motor-Sport"* wurde eine Gegenbild angesprochen, die Ausrichtung der Freizeit auf die Motorisierung und den Sport (insbesondere Fußball).
- Von einer *„Fernseh-Kultur"* sprechen wir dann, wenn die Medien in der Freizeit stark im Mittelpunkt stehen.
- *Kirchliche Freizeitkulturen* bestimmen auch heute noch das Leben vieler junger Menschen. Sich in ihrem Rahmen zu betätigen und die Freizeit zu verbringen, sollte deshalb als Indikator für eine bestimmte Form der Freizeitgestaltung nicht fehlen.

Es ist im Auge zu behalten, daß wir durch dieses Verfahren lediglich eine genaue *Beschreibung* entsprechender Schülergruppen erhalten. Sie kann aber schon Hinweise auf Hintergründe und Ursachen geben, die zu einer Verdichtung oder aber auch zu einer Auflösung des Zusammenhanges zwischen der schulischen Leistungsposition und der generalisierten Selbstbewertung führen können.

Tab. 6.11 enthält die Ergebnisse dieses Auswertungsversuchs. Da es uns auf die *Konfiguration* der jeweiligen Merkmale in den vier Gruppen von Adoleszenten ankommt, sollen hier vor allem die Profile beschrieben werden.

Tab. 6.11: Erwartungskonforme und erwartungskonträre Gruppen: Leistungsstatus und Selbstakzeptanz

Standardisierte Mittelwerte (z-Werte), Gruppenbildung auf der Grundlage der Daten für 15-jährige
Gruppengröße: variierend von 103 bis 80
Noten (12-15/3-7)
Gruppenbildung: Selbstakzeptanz (8-12/16)
Zweifaktorielle Varianzanalysen
%SSQ: Prozentsätze aufgeklärter Varianz
* p>.05; **p>.01; ***p>.001

	LEISTUNG					
	niedrig		hoch			
	SELBSTAKZEP-TANZ		SELBSTAKZEP-TANZ			
	niedrig	hoch	niedrig	hoch		
						% SSQ
		z-Werte			Leistung	Selbstakzeptanz
Persönlichkeitsdimensionen						
Soziokognitive Kompetenzen	-.44	-.12	.17	.37	7.95***	1.53***
Prosoziale Motivation	-.22	.21	-.19	.24		4.28***
Aggression-Normverletzung	.10	-.04	.12	-.19		1.31*
Soziale Interessen	-.26	.27	-.24	.29		6.76***
Soziale Fähigkeiten	-.46	.57	-.56	.58		29.15***
Psychische Belastung						
Depression (16)	.31	.02	.20	-.33		2.60*
Leistungsangst	.46	-.23	.21	-.51	2.38**	12.29***
Somatische Belastung	.58	-.31	-.05	-.31	3.41***	7.81***
Schullaufbahn						
Schulabschlußerwartungen	-.51	-.20	.20	.48	12.61***	2.08**

Soziale Einbettung
Schule

Stützsystem Lehrer (13-15)	-.40	-.10	-.04	.53	6.16***	4.65***

Familie

Elterliche Beziehungsqualität (13-15)	-.16	-.18	0.00	.32	2.72**	
Eltern-Dissens (13-15)	.48	.11	-.08	-.49	8.90***	3.77***
Problemwahrnehmung Eltern (13)	.05	.34	.12	-.24		
Problemwahrnehmung Eltern (15)	.63	.22	-.21	-.35	4.15*	

Altersgleiche (Peers)

Integration Peer – außerschulisch	-.33	.49	-.33	.29	12.55***	
Soz. Anerkennung durch Mitschüler	-.56	.56	-.45	.59	28.87***	
Geltungsstatus (80-82)	-.21	.14	-.12	.24	3.12***	
Sympathiestatus (80-82)	-.23	.07	0.00	.19	1.45***	
Klassengemeinschaft (13-15)	-.20	.22	-.18	.22	4.18***	

Lebensstile

Erwachsenenprivilegien (13-15)	.15	.38	-.22	-.25	5.95***	
Jugendkultur: Bravo	-.04	-.01	-.04	.08		
Jugendkultur: Bildungsorientierung	-.17	-.11	-.05	.30	1.50*	
Jugendkultur: Vereinsaktivität	-.22	.16	-.06	.17	2.23*	
Jugendkultur: Haustier	.03	-.14	.03	.05		
Jugendkultur: Motor und Sport	-.02	.24	-.04	-.13		
Jugendkultur: Fernsehen	.12	-.09	.10	-.16	1.39*	
Jugendkultur: Musik machen	-.04	-.18	-.07	.23		
Jugendkultur: kirchl. Aktivitäten	-.21	-.17	.06	.30	3.43***	

Zur Erläuterung der Variablen und Kennwerte s. Anhang 1

h) *„Erwartungskonforme" Schülergruppen*

Erwartungskonform verhalten sich hier jene Schüler, bei denen sich Erfolge positiv und Mißerfolge negativ in der Selbstakzeptanz niederschlagen. Deren Persönlichkeitsprofile, soziale Bezugssysteme und lebensweltliche Orientierungen entsprechen dann auch in allen Punkten dem, was zu erwarten ist. Wer Erfolg und Selbstakzeptanz kumuliert, ist gleichzeitig intelligenter und verständiger, er ist sozialer und in der Schule disziplinierter, ohne sich allerdings übermäßig anzustrengen. Das korrespondierende Profil findet sich bei jener Gruppe, die selbstunsicher und schlecht in der Schule ist.

Diese Spiegelbildlichkeit kommt noch deutlicher in den sozialen Einbettungen (social support) zum Vorschein. Wer bei schlechten Noten gleichzeitig ein geringes Selbstwertgefühl hat, der lebt mit den Eltern stärker im Streit und fühlt sich nicht besonders angenommen – in ausgeprägtem Gegensatz zu jenen, bei denen Schulerfolg und Selbstakzeptanz kombiniert sind.

Die Wahrnehmung der Zuwendung durch die Lehrerschaft läuft zu diesem familiären Muster erstaunlich parallel. Schüler mit schlechten Noten und einer beeinträchtigten Selbstakzeptanz fühlen sich von Lehrern deutlich ausgegrenzt, die Gegengruppe dagegen empfindet sich besonders prägnant angenommen.

Da wir die Einbettung in Freundschaften und soziale Beziehungen zu Peers mehrfach gemessen haben, können wir diesen Bereich sehr zuverlässig abklären. Dabei wiederholt sich das schon beschriebene Muster: Eine Kombination von Erfolg und Selbstakzeptanz ist gleichzeitig von einer soliden sozialen Anerkennung durch Gleichaltrige gekrönt bzw. im gegenteiligen Fall belastet. Die Kombination von niedrigem Erfolg in der Schule und niedriger Selbstakzeptanz enthält also gleichzeitig die soziale Belastung der Mißachtung durch Gleichaltrige.

Es versammeln sich in diesen Gruppen also die „Glücklichen" und die „Unglücklichen".

Diese Profilierung setzt sich besonders dramatisch in den seelischen Belastungen fort, in der Neigung zu depressiven Verstimmungen (ein Jahr später), in der Leistungsangst und besonders ausgeprägt in den somatischen Belastungen.

Aber auch die alltägliche Lebensorganisation dieser Schülergruppen ist sehr unterschiedlich. Selbstbewußte und gute Schüler sind in ihrer Freizeit besonders bildungsorientiert, sie spielen aktiv Instrumente und sind auch häufiger kirchlich engagiert. All dies fehlt häufig bei der belasteten Gruppe.

Schließlich sind auch die Zukunftsperspektiven zwischen diesen Gruppen sehr unterschiedlich: Die „positiven" Jugendlichen haben weit höhere Schulabschlußerwartungen als die „belasteten", die vom Leben „bildungsmäßig" weit weniger erwarten.

i) Profile von Quergruppen

Viele werden die obigen Ergebnisse als intuitionskonform empfinden und ihnen deshalb – fälschlicherweise – einen geringen Erkenntniswert zumessen. Besonders aufschlußreich erscheinen denn auch jene Gruppen, in denen der eigentlich erwartete Zusammenhang zwischen einer ausgeprägt positiven Leistungsbilanz in der Schule und einer korrespondierenden „Subjektivität" in der Form einer ausgeprägten Selbstakzeptanz *nicht* zum Vorschein kommt. Bei der einen erwartungswidrigen Gruppe sind gute Noten nicht mit einer hohen Selbstakzeptanz gepaart, in der anderen befinden sich Mädchen und Jungen, die trotz schlechter Noten ein ungetrübtes Selbstwertgefühl demonstrieren.

j) Jungen und Mädchen mit erwartungswidrig geringer Selbstakzeptanz

Wie sehen Mädchen und Jungen aus, die trotz guter Leistungen ein niedriges Selbstwertgefühl haben?

Idealtypisch könnte man sie so beschreiben: Sie zeigen relativ wenig prosoziale Motivation, engagieren sich also wenig für andere, sind aber gleichzeitig die fleißigsten. Die Wahrnehmung sozialer Anerkennung in der Schulklasse fällt besonders ungünstig aus. Auch außerhalb der Schule haben sie wenig Freunde. Sie sind leicht depressiv verstimmt und relativ leistungsängstlich. Ihre somatische Belastung ist dagegen nicht besonders ausgeprägt.

Diese Jugendlichen mit guten Noten und einem schlechten Selbstwertgefühl scheinen also Schwierigkeiten zu haben, die richtige *Balance zwischen einer individuellen Leistungsorientierung und sozialer Solidarität in der Schulklasse* zu finden. Ihre primäre Lebensorientierung liegt deutlich auf der Erfüllung von Leistungserwartungen. Von den Eltern erfahren sie aber gleichzeitig relativ wenig Zuwendung, so daß auch von dieser Seite kein Ausgleich eines potentiell gefährdeten Selbstwertgefühls erfolgt. Das Freizeitverhalten wiederum ist unprofiliert und zeigt wenig strukturierende Orientierung.

k) Erwartungswidrig positive Selbstakzeptanz

Die umfangreiche Forschung über „Invulnerabilität" würde sich besonders für die Gruppe von Jugendlichen interessieren, denen die Schule offensichtlich „nichts anhaben" kann. Was schützt sie davor, daß die Mißerfolgsbilanz selbstwertrelevant wird?

Das Profil der Persönlichkeitsmerkmale und Lebensorientierungen in Tab. 6.11 hilft, dies aufzuklären. Die Antwort fällt dabei nicht schwer. Es ist vor allem die positive Einbindung in Gruppen Gleichaltriger, sowohl in als auch außerhalb der Schule, die bei diesem Profil ins Auge sticht. Es dokumentiert bei der Integration in außerschulische Cliquen sogar die höchsten Werte.

Die hohen Werte beim Indikator „Erwachsenenprivilegien" (Rauchen, Alkohol, Ausgehhäufigkeit, Geldressourcen) verweisen aber auch auf einen möglichen Preis dieser Kompensation schlechter schulischer Leistungen. Diese Schüler zeigen das höchste Maß potentiellen Risikoverhaltens.

Insgesamt wird an dieser Stelle wieder deutlich, daß die Betrachtung der *Leistungsentwicklung* allein nur unzureichend Aufschluß über einen wünschenswerten Entwicklungspfad geben kann. Es gilt, zumindest die *soziale Entwicklung* gleichzeitig zu berücksichtigen.

Wo bleiben in diesem Feld von „Wirkkräften" die Eltern? Interessanterweise erscheinen sie in den „Quergruppen" nicht in markanter Weise, wohl aber in den erwartungskonform positiven bzw. negativen Gruppen. Mädchen und Jungen in der positiven Gruppe berichten auch ein positives Verhältnis zu den Eltern – und dies sowohl bei der Beziehungswahrnehmung als auch bei der Ereignisgeschichte des „Streites" mit den Eltern. In der entgegengesetzten Gruppe ist es umgekehrt. Deutlich besser ist die Beziehungswahrnehmung bei schlechten Leistungen dann, wenn die Kinder trotzdem ein gutes Selbstwertgefühl zeigen. Vergleicht man allerdings diese verschiedenen Problemgruppen, dann fällt auf, daß sie alle unter dem Durchschnittsniveau der Beziehungswahrnehmung zu den Eltern liegen. Bei der „Streitgeschichte" (Dissens-Skala) liegen die Jugendlichen mit schlechten Leistungen besonders ungünstig. Insgesamt fällt aber auf: Die kompensatorische Bedeutung der Eltern für problematische schulische Leistungen ist bedeutend geringer als die der Altersgleichen, der Freunde und Schulkameraden. Eltern können in dieser Altersphase also die ungünstigen Wirkungen negativer Schulleistungen im psychosozialen Bereich weniger gut auffangen als die Gleichaltrigen.

Eltern sind jedoch für die Verarbeitung schulischer Leistungen nicht bedeutungslos, was bei einigen Interaktionen zwischen dem Leistungsstand und den wahrgenommenen elterlichen Beziehungen zum Ausdruck kommt.

Entsprechende Regressionsanalysen mit der Interaktion von Schulerfolg (Leistungsstatus) und wahrgenommener Eltern-Unterstützung wurden für alle Komponenten des Selbst gerechnet. In den vorliegenden Daten zeigen sich signifikante Interaktionseffekte bei Konstanthaltung des Geschlechtsfaktors und der Haupteffekte des Leistungsstatus (summiert über drei Jahre von 12 bis 15) sowie der Elternunterstützung (ebenfalls summiert über drei Jahre) in bezug auf die folgenden Komponenten des Selbst (gemessen mit 15):

Begabungsselbstbild: .13*[65]

Zukunftsbewältigung: .13*

Handlungskontrolle: .17**

Schulische Leistungsangst: -.12*

Selbstakzeptanz: .13**

Lebenszufriedenheit: .19**

Insgesamt ist unübersehbar, daß Jungen und Mädchen, bei denen sich schlechte Leistungen mit einem niedrigen Selbstwertgefühl paaren, in einer psychisch schwierigen Situation sind. Sie verarbeiten ihre Probleme vor allem internalisierend, sie haben keinen Ausgleich, ihre Wahrnehmung, über Anstrengung erfolgreich sein zu können, ist sehr reduziert.

Dabei gibt es einige wichtige *geschlechtsspezifische Akzentuierungen* (o. Tab.):

Bei Jungen kommt im problematischen Fall des Zusammentreffens von schlechten Leistungen und niedrigem Selbstwertgefühl noch eine besonders schwache prosoziale Haltung dazu. In erster Linie führt sie eine gute soziale Integration in Gruppen von Gleichaltrigen aus einer solchen Lage heraus.

Die Jungen, die zwar gute Leistungen vorweisen, aber dennoch ein schlechtes Selbstwertgefühl zeigen, „verscherzen" sich ihre gute Ausgangslage ebenfalls durch eine *wenig prosoziale Grundhaltung, die sie in eine ungute Konkurrenzbeziehung zu den Mitschülern bringt*. Sie *tun zudem besonders viel für die Schule*, was angesichts ihrer *ungünstigen intellektuellen Voraussetzungen* offensichtlich auch notwendig ist. Dies erkaufen sie durch besonders *wenig Beachtung und Sympathie* sowie durch *geringe Geltung* in der Schulklasse. Konsequenterweise wird schließlich die Klassengemeinschaft besonders negativ beurteilt.

Dieses Syndrom ist bei Mädchen nicht so ausgeprägt. Haben Mädchen gute Leistungen und trotzdem ein niedriges Selbstwertgefühl, dann sind sie nicht weniger solidarisch zu den Mitschülern, arbeiten auch nicht übermäßig viel, sind soziokognitiv sehr kompetent, aber trotzdem eher „Mauerblümchen". Sie beurteilen besonders ihr Aussehen negativ und neigen mit sechzehn Jahren eher zu depressiven Verstimmungen. Insgesamt sind sie eher *unbeachtet* als abgelehnt.

Anders und akzentuiert unterschiedlich sehen die Mädchen aus, die trotz schlechter Leistungen eine hohe Selbstakzeptanz haben. Sie schätzen ihr *Aus-*

---

[65] Jeweils standardisierte Betakoeffizienten, *: Signifikanz p ≤ .05; **: Signifikanz p ≤ .01

sehen als sehr gut [66] ein, sind sozial sehr gut integriert – und dies sowohl *in der Schule als auch außerhalb*. Bei diesen Mädchen hat die Kompensation des Leistungsdefizits noch mehr als bei Jungen die Form der *frühen Demonstration von Erwachsen-Sein* durch Rauchen, Alkoholkonsum, Ausgeh-Freiheiten und frühe Kontakte zum andern Geschlecht.

Die Verarbeitung der schulischen Erfahrungen ist somit eng mit der *sozialen Entwicklung* in der Altersphase der Adoleszenz verwoben. Der Umgang mit Schule in der Adoleszenz bedeutet deshalb immer, sich sowohl in den leistungsbezogenen als auch in den sozialen Bewährungsfeldern zu verorten. Schulleistungen haben immer auch eine soziale Bedeutung, sie sind ein wichtiges Medium der sozialen Selbstdarstellung. Je nachdem, wie jemand seine Leistungen sozial präsentiert, kann er verschiedenes signalisieren, etwa

- ich bin gut, und zwar besser als ihr, oder zumindest bin ich besser als einige von euch;
- ich bin gut, aber ich habe eben Glück, ihr seid deshalb nicht schlechter als ich;
- ich mache mir nichts aus meinen guten Leistungen, tue auch nicht zu viel; wichtiger ist mir, Freunde zu haben;
- mir fällt vieles leicht, dafür helfe ich euch auch gern, wenn ihr etwas nicht versteht;
- ich bin zwar kein Spitzenschüler, dafür habe ich andere Qualitäten;
- ich bin doch kein „Schleimer" und lerne für die Schule; ich tue nur das Nötigste, das Leben findet außerhalb der Schule statt;
- ich werde es in der Schule nie zu etwas bringen – wenn man mir nicht hilft, bin ich verloren.

In diesen Botschaften schwingt auch immer mit, wie „nahe" jemandem die Schule geht, wie sehr sie den Kern der Person tangiert. Somit sind wir wieder aufgefordert, in einer ganzheitlichen Analyse den Umgang mit Schule in die gesamte Persönlichkeitsstruktur einzubetten.

---

[66] Dem perzipierten Aussehen kommt offensichtlich in dieser Altersphase eine große Bedeutung zu. Wie entsprechende Auswertungen ergeben haben (s. FEND, 1990, S. 90 und S. 143), ist es besonders für Mädchen wichtig. Ihre Unzufriedenheit mit dem eigenen Aussehen steigt von 12 bis 16 kontinuierlich an. Probleme haben vor allem die frühreifen, zu großen und zu schweren Mädchen sowie die spätreifen und kleinen Jungen.

7. Der Umgang mit Schule im Rahmen einer „ganzheitlichen" Persönlichkeitsentwicklung: Leistung, Selbstwertgefühl und soziale Empathie

Im theoretischen Teil hatten wir betont, daß die Bewertung der Art und Weise, wie man sich mit den schulischen Lernmöglichkeiten und Leistungsforderungen „arrangiert", von der „Ankoppelung" zu anderen Funktionssystemen der Persönlichkeit abhängt, von jener zum Funktionssystem des Selbst und zu dem der sozialen Motivationen. Das *Funktionssystem des Selbst*, mit seinem charakteristischen Bedürfnis nach positiven Informationen über die eigene Person und nach „Kontrolle", sowie das Funktionssystem der *sozialen Motivationen*, mit der charakteristischen Bevorzugung von Gemeinsamkeit und Zugehörigkeit, schienen uns dafür besonders zentral zu sein. Wenn wir von einer „Einbettung" des Umgangs mit Schule in die „Persönlichkeit" sprechen, dann konkretisieren wir diese „ganzheitliche" Sichtweise auf diese genannten Funktionssysteme hin. In bezug auf die prosoziale Motivation wird dabei die Empathie im Vordergrund stehen. Damit ist die Fähigkeit gemeint, sich verstehend und wohlwollend in andere zu versetzen. In der Schule ist dies deshalb erschwert, weil das offizielle System der Leistungsbeurteilung eher individualistische Motive anspricht und verstärkt. Nichtsdestoweniger gibt es auch in diesem Kontext viele Situationen und Anlässe, sich empathisch auf andere zu beziehen. Während der Begriff der „prosozialen Motivation" generelle förderungsorientierte Beziehungsformen zu Mitschülern anspricht, akzentuiert die Redeweise von der sozialen Empathie die Haltung, die Welt aus der Sicht des anderen mit gleichschwingenden Emotionen wie jener, die man bei sich vermutet und bevorzugt, zu sehen.

Das Verfahren, das wir im folgenden in den Mittelpunkt stellen, um solche ganzheitliche Bilder zu gewinnen, besteht – neben vorgängigen korrelativen Berechnungen – in Profildarstellungen. Wir suchen nach Merkmalen von Mädchen und Jungen, denen wohl das eine gelingt, aber nicht das andere, die wohl anstrengungsbereit sind, aber auch eine niedrige Selbstakzeptanz aufweisen. Wenn wir je zwei Merkmale kreuzen, wie wir dies im folgenden tun werden (Halbierung möglichst nahe am Median), dann lassen sich auch jene Schüler beschreiben, denen beides gelingt oder mißlingt, die z.B. weder eine hohe soziale Akzeptanz erreichen noch ein starkes Leistungsengagement in der Schule realisieren können.

Um diese Schülergruppen näher kennenzulernen, werden im folgenden jene Merkmalsgruppen herangezogen, die die generelle Funktionsweise der Person betreffen, ihr Fähigkeitsniveau, ihre sozialen Haltungen und ihre Beziehungen zu sich selbst.

Eine zweite Merkmalsgruppe soll über das Freizeitverhalten die lebensweltliche Alltagsorganisation illustrieren.

Von größerer Bedeutung ist schließlich die Konfiguration der sozialen Einbettung im Elternhaus, in der Schule und unter Freunden.

Über Indikatoren der Selbstdarstellung („erwachsen" oder „kindlich") soll das Bild abgerundet werden, wie sich die verschiedenen Jugendlichen präsentieren.

Der explorative Charakter dieses Vorgehens muß ausdrücklich betont werden. Es soll helfen, sichtbar zu machen, ob mit bestimmten Merkmalskonfigurationen tatsächlich problematische Lebensentwürfe verbunden sind. Die kausalanalytische Prädiktion entsprechender Lebensentwürfe ist damit erst vorbereitet.

7.1 Der Umgang mit Schule und das Selbst-System

Der Funktionskreis des Selbst ist dann betroffen, wenn Rückmeldungen über die Ergebnisse der eigenen Lernanstrengungen gleichzeitig Informationen über den Wert der eigenen Person und über ihre allgemeine Fähigkeit sind, mit Anforderungen fertig zu werden. So könnte es geschehen, daß eine generell hohe Leistungsbereitschaft durch ein *geringes Selbstvertrauen* erkauft wird, wenn man zwar viel Lernzeit investiert und dabei doch permanent an die Grenzen der eigenen Leistungsfähigkeit stößt. Je mehr man sich um optimale „Normerfüllung" bemüht, um so größer könnte die Wahrscheinlichkeit des Scheiterns sein, das dann aber nicht mehr auf die mangelnde Anstrengung zurückgeführt werden könnte, sondern einer geringen Begabung zugeschrieben werden müßte. *Wenig Anstrengung wäre dann ein Schutzschild zur Vermeidung eines niedrigen Selbstbewußtseins* (s. COVINGTON, 1992). Es ließe sich aber auch in die andere Richtung argumentieren: Je mehr sich jemand anstrengt – umso größer sind seine Erfolgschancen und um so stärker wächst das Selbstvertrauen.

Der einfachste Weg, die obigen Befürchtungen empirisch zu überprüfen, besteht darin, die Korrelationen der Leistungsbereitschaft mit entsprechenden Indikatoren des Selbstvertrauens zu berechnen. Dies setzt vorab deren Erläuterung voraus.

a) Indikatoren des Selbst-Systems

Wie in Tab. 7.1 illustriert, haben wir mehrere Indikatoren des Selbstvertrauens entwickelt. Das schulisch relevante Selbstvertrauen äußert sich z.B. in einem positiven *Begabungskonzept*, in einer positiven Einschätzung der eigenen Leistungsmöglichkeiten, die in der Skala zum *Wirksamkeitsbewußtsein* in bezug auf Schulerfolg zum Ausdruck kommt. Sie generalisieren sich zu einer optimistischen Haltung gegenüber der Zukunft, die als bewältigbar und offen erscheint. Psychische Beanspruchung durch die Schule kann aber auch in einer hohen *somatischen Belastung* bzw. in ausgeprägter *Leistungsangst* zum Ausdruck kommen. Der Kern der Persönlichkeit ist schließlich betroffen, wenn aus diesen Belastungen eine geringe *Selbstakzeptanz*, ein geringes Selbstwertgefühl resultiert. Wie diese Dimensionen der Persönlichkeit gemessen wurden, ist in Kap. 6.3 und im Anhang ersichtlich.

b) Leistungsbereitschaft und das Selbst-System

Die Zusammenhänge zwischen der Leistungsbereitschaft (Summenscore aus: „Strenge mich sehr an"; „Tue viel für die Schule"; „Bin recht ehrgeizig") und den genannten Merkmalen des Selbst-Systems sind in Tab. 7.1 enthalten. Sie sprechen eine deutliche Sprache. Eine hohe Anstrengungsinvestition ist mit einem stabileren schulischen Selbstvertrauen verbunden. Insbesondere das Wirksamkeitsbewußtsein ist davon positiv berührt. Es strahlt auf eine positive Haltung zur Zukunft aus und ist sogar mit generellen Indikatoren der psychischen Stabilität wie der somatischen Beschwerdefreiheit verbunden.

Ebenso interessant wie die signifikanten Relationen sind aber auch die fehlenden Beziehungen. So ergibt sich kein Zusammenhang zwischen der *Anstrengungsintensität und dem Niveau der Leistungsangst*. Letzteres hängt also nicht mit dem Niveau der Anstrengung und dem Ehrgeiz eines Schülers zusammen. Leistungsangst ist damit bei hoher und bei niedriger Anstrengung gleich wahrscheinlich. Auch die *Begabungsvorstellungen sind vom Anstrengungsniveau unabhängig*. Hier gilt somit ebenso, daß sich Schüler, die sich für sehr begabt halten, gleich wahrscheinlich stark und wenig anstrengen. Gleiches trifft für solche zu, die ihre Begabung niedrig einstufen.

Tab. 7.1: Selbst-System-Korrelate der Leistungsbereitschaft

Korrelationen
15-jährige

	Mädchen	Jungen
N =	1009	894
	Leistungsbereitschaft	*Leistungsbereitschaft*
Selbst-System		
Begabung	.149	.098
Lehrer und Schulerfolg	.324	.243
Zukunftsbewältigung	.209	.195
Schulische Leistungsangst	-.012	-.047
Somatische Indikatoren	-.158	-.206
Selbstakzeptierung	.160	.106
Soziales Beziehungssystem		
Anerkennung – Mitschüler	.057	.070
Integration – Peers	.007	.014
Prosoziale Motivation	.085	.073

Infolge der Stichprobengröße zwar signifikant, aber in der Größenordnung sehr mäßig sind die Beziehungen zwischen der Anstrengung und dem Selbstwertgefühl (Selbstakzeptierung). Die niedrigen Zusammenhänge implizieren jedoch immer auch, daß es Schüler gibt, für die die Befürchtungen zutreffen, sie könnten ihre Anstrengungsbereitschaft mit einem niedrigen Selbstvertrauen verbinden, und daß es solche gibt, bei denen dies überhaupt nicht der Fall ist.

Dieser Frage können wir nachgehen, wenn wir wie angekündigt die Schüler nach Leistungsbereitschaft und Selbstakzeptanz einteilen, indem jeweils zwei Gruppen über die Medianhalbierung gebildet werden (s. Tab. 7.2).

Der Problemgrad einer Schülergruppe mit niedriger Leistungsbereitschaft und Selbstakzeptanz wird in Tab. 7.2 unübersehbar. Sie schätzen ihre sozialen Fähigkeiten gering ein und fühlen sich sozial wenig akzeptiert. Im Elternhaus finden sie keinen Trost – Streit und Problemwahrnehmungen der Eltern sind bei ihnen am ausgeprägtesten. Schulisch fallen sie eher unangenehm durch Aggression und Disziplinlosigkeit auf, wenngleich diese Effekte nicht sehr ausgeprägt sind.

Die Lebensstil-Unterschiede sind nicht sehr profiliert. Sie sind etwas weniger als andere in Vereinen oder kirchlichen Gruppen.

Tab. 7.2: Profile nach Leistungsbereitschaft und Selbstakzeptanz

Standardisierte Mittelwerte (z-Werte), Gruppenbildung auf der Grundlage der Daten für 15-jährige
Gruppengröße: variierend von 330 bis 630
Leistungsbereitschaft (0-4/5-10)
Selbstakzeptanz (8-13/14-16)
Zweifaktorielle Varianzanalysen
%SSQ: Prozentsätze aufgeklärter Varianz
* p>.05; **p>.01; ***p>.001

	LEISTUNGSBEREITSCHAFT					
	niedrig		hoch			
	SELBSTAKZEP-TANZ		SELBSTAKZEP-TANZ		% SSQ	
	niedrig	hoch	niedrig	hoch	Leistungs-bereitschaft	Selbstak-zeptanz
		z-Werte				
Persönlichkeitsdimensionen						
Soziokognitive Kompetenzen	-.16	.10	-.12	.12		1.46***
Prosoziale Motivation	-.27	.12	-.10	.17	.30**	2.63***
Aggression-Normverletzung	.24	.07	-.12	-.24	2.68***	.54**
Soziale Interessen	-.18	.14	-.21	.15		2.67***
Soziale Fähigkeiten	-.43	.37	-.54	.31		16.36***
Psychische Belastung						
Depression (16)	.37	-.16	.28	-.23		3.69***
Leistungsangst	.23	-.28	.43	-.16		7.22***
Somatische Belastung	.23	-.18	.21	-.14		3.47***
Schullaufbahn						
Schulabschlußerwartungen	-.28	.09	-.05	.20	.65***	2.40***
Noten	-.18	.05	-.05	.15	.33*	1.16***

Soziale Einbettung
Familie

Elterliches Stützsystem (13-15)	-.18	.01	0.00	.16	.69***	.75***
Eltern-Dissens (13-15)	.30	-.04	.03	-.26	1.53***	2.45***
Problemwahrnehmung Eltern (13)	.19	.15	-.20	-.25	1.34**	
Problemwahrnehmung Eltern (15)	.20	.15	-.11	-.29	1.18**	

Schule

Stützsystem Lehrer (13-15)	-.24	.18	-.25	.19		4.37***

Altersgleiche (Peers)

Integration Peer – außerschulisch	-.27	.23	-.36	.22		6.05***
Soz. Anerkennung Mitschüler	-.46	.38	-.54	.32		17.54***
Klassengemeinschaft (13-15)	-.21	.18	-.27	.16		3.92***

Lebensstile

Erwachsenenprivilegien (13-15)	.17	.12	-.18	-.20	2.75***	
Jugendkultur: Bravo	-.03	-.01	-.03	.06		
Jugendkultur: Bildungsorientierung	-.12	-.10	.20	.11	1.34**	
Jugendkultur: Vereinsaktivität	-.20	.07	-.05	.14		1.30***
Jugendkultur: Haustiere	.01	-.08	.04	.08		
Jugendkultur: Motor und Sport	.01	.01	-.04	.01		
Jugendkultur: Fernsehen	.08	-.10	.03	.02		
Jugendkultur: Musik machen	-.09	-.04	.10	.07	.46**	
Jugendkultur: kirchl. Aktivitäten	-.15	-.16	.11	.27		3.09***

Zur Erläuterung der Variablen und Kennwerte s. Anhang 1

Wenig überraschend ist, daß leistungsbereite und selbstbewußte Jugendliche auf allen Dimensionen positiv abschneiden. Bei ihnen zeigt sich auch ein ausgeprägtes Profil des Lebensstils. Sie sind noch weniger „außerhäusig" als andere, häufiger in Vereinen und vor allem am häufigsten in kirchlichen Jugendgruppen.

Von besonderem theoretischen Interesse sind natürlich die „Quergruppen", z.B. jene, die *wenig Anstrengung* demonstrieren, aber dennoch ein *stabiles Selbstwertgefühl* haben.

Das Muster, das sich dabei zeigt, verweist einmal auf eine eher zurückhaltende Orientierung an Erwartungen der Erwachsenen (bei diszipliniertem Verhalten bzw. bei „Risikoverhalten"), aber eine deutlich positive Einbindung in soziale Beziehungen mit Freunden. Letztere sind für sie offensichtlich jene „arena of comfort" (SIMMONS & BLYTH, 1987), die sie psychisch stabilisiert.

Letztere fehlt offensichtlich jenen Schülern, die gleichzeitig eine hohe Anstrengungsbereitschaft und eine niedrige Selbstakzeptanz zeigen. Bei auffallender Erwartungstreue zu den Erwachsenen nehmen sie gravierende soziale Defizite wahr. Diese Konstellation kommt in großer Leistungsangst und in Ablehnungswahrnehmungen durch Mitschüler, aber auch durch Lehrer zum Ausdruck. Die Bildungsorientierung dieser Schülergruppe ist zwar am höchsten, doch scheint sie diese psychisch nicht zu stabilisieren. Eltern scheinen diese Situation ihrer Kinder nicht wahrzunehmen, denn sie sehen eher weniger Probleme als Väter und Mütter von Jugendlichen der anderen Gruppen.

Die große Bedeutung der Altersgleichen für die Stabilisierung des Selbst, die hier durchscheint, schafft die Verpflichtung, diesem Sachverhalt noch genauer nachzugehen und den Umgang mit Leistung noch genauer im sozialen Beziehungsnetz zu lokalisieren.

7.2 Der Umgang mit Schule im sozialen Feld der Schulklasse

Eine zweite Hypothese zu unerwünschten Nebenwirkungen, die mit einem hohen Niveau an sozial sichtbarer Anstrengungsbereitschaft verbunden sein könnten, bezieht sich auf die *sozialen Konsequenzen* einer solchen Haltung (WENTZEL, 1991b; 1994; WENTZEL, WEINBERGER, FORD & FELDMAN, 1990). Die Befürchtungen bewegen sich in zwei Richtungen. Die eine besteht darin, daß Anstrengungsbereitschaft und damit gekoppelte gute schulische Leistungen im Kontext der Schulklasse dazu führen, *daß anstrengungswillige Schüler mit steigenden Schuljahren immer weniger geachtet und immer mehr geächtet werden*. Schließlich erwerben diese Schüler ihre „Vorzüge" bei vergleichender Leistungsbeurteilung auf Kosten der „Mitkonkurrenten". LAMBRICH (1987) hat für die Phase der Kindheit sehr eindrucksvoll gezeigt, wie schwer es für Schüler ist, gleichzeitig ihre negativen Leistungen zu verkraften und ihre Geltungsbedürfnisse zu befriedigen. Nicht minder problematisch kann es für einen Schüler sein, „besser zu sein" als andere und gleichzeitig von ihnen akzeptiert zu werden. Schüler kommen zu ganz unterschiedlichen Lösungen, sich im Feld der Klasse sozial zu „präsentieren", Leistungserfolge bzw. Mißerfolge und soziale Selbstdarstellungen zu kombinieren. Dieser Konflikt zwischen individualistischer Leistungsorientierung und Gemeinsamkeitswünschen ist strukturell angelegt und „speist" die Oberflächenphänomene der Bewertung von Leistung und des Entzugs oder der Gewährung von Sympathie durch Klassenkameraden (SIEBER, 1979). Welche Haltung dominiert, welche Normen in der Klasse die Überhand gewinnen – „schulfreundliche" oder „schuloppositionelle" – ist oft von der Dominanz einzelner Kinder und Jugendlicher abhängig und deshalb im einzelnen schwer vorherzusagen. Die Konsequenzen können gleichwohl gravierend sein (s. vor allem SPECHT, 1981; 1982). Dieser Frage soll in einem ersten Schritt nachgegangen werden, in dem wir Anstrengungsbereitschaft mit verschiedenen Formen der sozialen Akzeptanz konfrontieren.

7.2.1 Anstrengungsbereitschaft und soziale Akzeptanz

Über mehrere Indikatoren können wir die Bedeutung der gleichzeitigen Ausrichtung an Leistung und sozialen Bindungen untersuchen.

a) *Anstrengungsbereitschaft und soziale Akzeptanzwahrnehmung*

Auf globaler Ebene ergibt sich der erfreuliche Sachverhalt, daß sich eine hohe Lernintensität und Gefühle der sozialen Akzeptanz nicht zu stören scheinen. Die Korrelationen zwischen diesen Wahrnehmungsmustern bewegen sich um den Null-Bereich (s. Tab. 7.3).

Tab. 7.3: Soziale Akzeptanzwahrnehmungen und Leistungsbereitschaft

Korrelationen
15-jährige

	Mädchen	Jungen
N =	1009	894
	Leistungbereitschaft	Leistungsbereitschaft
Anerkennung – Mitschüler	.057	.070
Integration – Peers	.007	.014

Daß wir diese globale Unabhängigkeit von Leistungsbereitschaft und sozialen Akzeptanzwahrnehmungen auch in den Schweizer Studien replizieren konnten, stärkt das Vertrauen in die Stabilität dieser Beziehungen im Rahmen unserer Bildungssysteme. Danach gibt es mit gleicher Wahrscheinlichkeit Schüler, die eine hohe Leistungsbereitschaft mit sozialer Ablehnung kombiniert erleben, wie solche, die wenig Anstrengung demonstrieren und gleichzeitig gut sozial akzeptiert sind. Eine pädagogische Perspektive würde beides wünschen, da Anstrengungsbereitschaft *und* soziale Akzeptanz jeweils wichtige Grundlagen für die sich entfaltende Lebenstüchtigkeit sind. Wie sich Schüler darstellen, die beides verkörpern, ist aus dem Profil der Tab. 7.4 herauszulesen.

Wieder fällt auf den ersten Blick auf, daß wir praktisch nur Haupteffekte finden. Dies heißt, daß die Ausprägung der Leistungsbereitschaft nicht akzentuiert zu anderen Merkmalsverteilungen führt, wenn gleichzeitig die soziale Akzeptanz hoch oder niedrig ist.

Erstaunlicherweise ist die soziokognitive Kompetenz in allen vier Gruppen etwa gleich groß. Die Selbstsicherheit von Schülern („Ich-Stärke") ist aber erwartungsgemäß in den vier Gruppen sehr unterschiedlich, wobei die größten Differenzen in den Gruppen mit hoher oder niedriger sozialer Akzeptanzwahrnehmung zu finden sind.

Erwartungsgemäß sind die sozialen Interessen und die sozialen Fähigkeiten – beides über self-report erhoben – ein klares Korrelat der sozialen Akzeptanz.

Sowohl bei der somatischen Belastung als auch bei der Depressionsneigung werden jene Gruppen extremisiert, die entweder zwei Belastungen (niedrige Leistungsbereitschaft und geringe soziale Akzeptanz) aufweisen bzw. in beiden Erlebnisbereichen reüssieren. Ist lediglich *ein* Verhaltensbereich belastet, dann ergibt sich jeweils auch eine neutrale Mittelposition in psychohygienischen Belastungen.

Entsprechende kumulative Belastungshinweise finden sich auch bei den objektiven Erfolgsindikatoren wie den Noten und Schulabschlüssen.

Im Bereich der Beziehungen zu den Eltern schlägt als Problembelastung in der Regel nur die geringe Leistungsbereitschaft durch. Dies setzt sich in der Beziehung zu den Lehrern und dem Risikoverhalten („Erwachsenenprivilegien") fort. Eine hohe Akzeptanzwahrnehmung verschärft diese Situation immer etwas.

In den jugendkulturellen Freizeitstilen ragt lediglich ein Muster heraus: Ein intensives Vereinsleben (meist Sportklubs) ist bei Schülern mit hoher Leistungsbereitschaft und sozialer Akzeptanz besonders ausgeprägt und in der „Gegengruppe" entsprechend schwach ausgebildet. Unübersehbar ergibt sich auch hier, daß die Einbindung in kirchliche Aktivitäten zwar mit einer höheren Leistungsbereitschaft, aber keiner verbesserten sozialen Akzeptanzwahrnehmung verbunden ist.

Tab. 7.4 : Profile nach Leistungsbereitschaft und sozialer Akzeptanz
(Globalscore der inner- und außerschulischen Akzeptanz)

Standardisierte Mittelwerte (z-Werte), Gruppenbildung auf der Grundlage der Daten für 15-jährige
Gruppengröße: variierend von 330 bis 630
Leistungsbereitschaft und Disziplin (0-6/7-10)
Soziale Akzeptanz, Gesamtscore (0-7/8-10)
Zweifaktorielle Varianzanalysen
%SSQ: Prozentsätze aufgeklärter Varianz
* p>.05; **p>.01; ***p>.001

	LEISTUNGSBEREITSCHAFT UND DISZIPLIN					
	niedrig		hoch			
	SOZIALE AKZEPTANZ		SOZIALE AKZEPTANZ		%SSQ	
	niedrig	hoch	niedrig	hoch	Leistungs- bereit- schaft	Soziale Akzep- tanz
	z-Werte					
Persönlichkeitsdimensionen						
Soziokognitive Kompetenzen	-.06	-.01	.01	.09		
Ich-Stärke	-.46	.20	-.20	.58	1.77***	12.34***
Prosoziale Motivation	-.19	.09	-.06	.21	.29*	1.83***
Soziale Interessen	-.29	.24	-.22	.28		6.47***
Soziale Fähigkeiten	-.33	.39	-.52	.42	.43**	16.12***
Psychische Belastung						
Depression (16)	.28	-.03	.04	-.30	.77**	1.56***
Leistungsangst	.11	-.15	.19	-.15		2.12***
Somatische Belastung	.25	-.04	0.00	-.31	1.36***	2.16***
Schullaufbahn - Schulerfolg						
Schulabschlußerwartungen	-.11	.02	.01	.13	.28*	.40**
Noten	-.10	-.02	-.04	.24	.57**	.61**

Soziale Einbettung

Eltern

Elterliches Stützsystem (13-15)	-.15	-.03	.03	.25	1.14***	.62***
Eltern-Dissens (13-15)	.25	.12	-.22	-.34	5.00***	.41**
Problemwahrnehmung Eltern (13)	.19	.13	-.10	-.35	1.19**	
Problemwahrnehmung Eltern (15)	.13	.21	-.17	-.26	1.16**	

Schule

Stützsystem Lehrer (13-15)	-.16	-.02	.01	.27	1.16**	.86**

Altersgleiche (Peers)

Klassengemeinschaft (13-15)	-.20	.12	-.21	.33		4.04***

Lebensstile

Erwachsenenprivilegien (13-15)	.13	.40	-.52	-.29	11.38***	1.67***
Jugendkultur: Bravo	-.10	.11	-.17	.15		1.43***
Jugendkultur: Bildungsorientierung	-.05	-.08	.10	.09	.51**	
Jugendkultur: Vereinsaktivität	-.24	.10	-.01	.19	.49**	1.98***
Jugendkultur: Haustiere	-.01	-.02	0.00	.04		
Jugendkultur: Motor und Sport	-.05	.07	-.14	.10		.60**
Jugendkultur: Fernsehen	.09	-.12	.07	-.02		.66***
Jugendkultur: Musik machen	-.05	-.01	.03	.06		
Jugendkultur: kirchl. Aktivitäten	-.13	-.17	.22	.22	3.27***	

Zur Erläuterung der Variablen s. Anhang 1

b) Objektive schulische und soziale Erfolge

Die zweifache Ausrichtung an schulischen und sozialen Erfolgskriterien können wir einem letzten Test unterwerfen, wenn wir *objektive* Indikatoren des schulischen und sozialen Erfolges heranziehen. Oben haben wir uns vor allem auf Wahrnehmungen gestützt, also auf die Selbst-Interpretationen der Schülerinnen und Schüler. Obwohl ihnen ein benennbarer positiver Stellenwert zukommt – diese Perzeptionen steuern das Handeln sehr –, sind Aussagen von besonderer Bedeutung, die frei von solchen subjektiven Verzerrungen sind.

Dies ist bei den Noten der Fall[67]. Gleiches gilt für den soziometrischen Status, den wir über die Wahlen als beliebte[68] oder im Mittelpunkt stehende Schüler[69] erfaßt haben. Die Reaktionen der Mitschüler bilden hier die Basis für die Indizierung, wie gut jemand bei anderen „ankommt", wie er wahrgenommen und geschätzt wird.

Die Profile nach Noten und Sympathie bzw. nach Noten und Geltung sind in den Tab. 7.5 und 7.6 wiedergegeben. Die Noten bzw. die soziometrischen Wahlen bei den 15jährigen bilden die Grundlage, um Extremgruppen zu bilden. Die Extremgruppenbildung wurde gewählt, um die *Prozesse* zu eruieren, die zu jeweils günstigen oder ungünstigen Lebenssituationen der Jungen und Mädchen dieses Alters führen.

Die sorgfältige Inspektion der Profile in den Tab. 7.5 und 7.6 lohnt sich. Werden gleichzeitig Leistungserfolge und soziale Erfolge – jeweils hohe oder niedrige – betrachtet, dann führt dies zu charakteristischen Profilen.

Für die Kombination Noten und Beliebtheit gilt:

Problematische Noten sind mit reduzierten soziokognitiven Kompetenzen, geringerem Kompetenzbewußtsein im Leistungsbereich, höherer Leistungsangst und vor allem mit Problemwahrnehmungen der Eltern verbunden.

Auffallend ausgeprägt ist auch die Wahrnehmung einer reduzierten Zuwendung durch die Lehrer. Das höhere Risikoverhalten dieser Schüler ist inzwischen gut bekannt. Gute Schüler betreiben, dies ist der einzige leistungsassoziierte Unterschied in den Lebensstilen, auch häufiger aktiv Musik.

Wer viel Sympathie auf sich zieht, der zeichnet sich auch in unseren Profilen durch soziale Kompetenzen und Haltungen aus. Die sozialen Fähigkeitswahrnehmungen rangieren dabei aber nicht so hoch wie die sozialen Interessen und die prosozialen Motivationen. Sozial interessiert sein und anderen Gutes gönnen können verhilft offensichtlich zu Sympathie. Wer dies erreicht, der sieht auch die Klassengemeinschaft sehr positiv, er demonstriert also anderen gegenüber auch positive Affekte.

---

[67] Wir haben die Noten zwar über Selbstangaben der Schüler erhoben, sie werden jedoch nicht von ihnen selbst „gemacht". Vergleiche zwischen den Selbstangaben und den Notenregistern haben sehr hohe Korrelationen ergeben, so daß wir hier auch nicht mit Meßproblemen rechnen müssen (FEND, KNÖRZER, SPECHT, NAGL & VÄTH-SZUSDZIARA, 1976).

[68] Wahl von bis zu fünf Mitschülern auf der Grundlage der Frage: „Welche Mitschülerinnen und Mitschüler magst Du besonders gern?"

[69] „Welche Mitschülerinnen und Mitschüler stehen bei Euch oft im Mittelpunkt?"

Tab. 7.5: Profile nach Noten und Sympathiewahlen

Schlechte Noten: Notensumme in Deutsch, Englisch und Mathematik von 12 bis 15 (18%)
Gute Noten: Notensumme in Deutsch, Englisch und Mathematik von 3 bis 7 (17%)
Sympathie: Hoch: 6 Wahlen und mehr (obere 22%), Niedrig: keine Wahlen (17%)
15-jährige
z-Werte
%SSQ *p < .05; **p < .01; ***p < .001

	NOTEN					
	schlecht		gut			
	SYMPATHIE		SYMPATHIE			
	niedrig	hoch	niedrig	hoch		
					%SSQ	
N=	46	65	35	89	Noten	Sympathie
		z-Werte				
Persönlichkeitsdimensionen						
Soziokognitive Kompetenzen	-.49	-.07	-.30	.40	4.54**	6.77***
Ich-Stärke	-.32	-.13	.13	.21	3.97**	
Prosoziale Motivation	-.41	.06	-.26	.24		4.66**
Aggression-Normverletzung	-.05	.05	.39	-.15	Interakt.: 2.21*	
Leistungsbereitschaft-Hausaufgaben	-.19	-.30	.35	.18	5.63***	
Soziale Interessen	-.25	.20	-.59	.19		7.82***
Soziale Fähigkeiten	-.21	.16	-.16	.06		1.93*
Psychische Belastung						
Depression (16)	.37	.05	.32	-.16		
Leistungsangst	.04	.24	-.30	-.07	2.16*	
Somatische Belastung	.03	.10	.12	-.14		
Schullaufbahn						
Schulabschlußerwartungen	-.82	-.04	-.04	.46	11.19***	9.02***

Soziale Einbettung

Eltern

Elterliches Stützsystem (13-15)	-.52	-.10	-.07	.37	6.64***	4.01**
Eltern-Dissens (13-15)	.29	.33	0.00	-.38	8.60***	
Problemwahrnehmung Eltern (13)	.02	.38	-.15	-.09		
Problemwahrnehmung Eltern (15)	.80	.21	-.11	-.24		

Schule

Stützsystem Lehrer (13-15)	-.37	-.28	.03	.37	8.71***

Altersgleiche (Peers)

Integration Peer (außerschulisch)	-.11	.11	-.02	-.01	
Soz. Anerkennung Mitschüler	-.43	.30	-.58	.23	13.27***
Klassengemeinschaft	-.18	.13	-.59	.22	6.49*** Interakt.: 4.24***

Lebensstile

Erwachsenenprivilegien (13-15)	-.21	.47	-.04	-.22	3.24**	1.48*
Jugendkultur: Bravo	-.23	.13	-.12	.03		
Jugendkultur: Bildungsorientierung	-.01	-.20	-.07	.17		
Jugendkultur: Vereinsaktivität	-.37	.09	-.06	.15	2.52*	
Jugendkultur: Haustiere	.23	-.07	-.16	-.01		
Jugendkultur: Motor und Sport	.13	.15	.26	-.25		
Jugendkultur: Fernsehen	.17	0.00	.13	-.13		
Jugendkultur: aktiv musizieren	-.35	-.11	.32	.11	2.43*	
Jugendkultur: kirchl. Aktivitäten	.02	-.21	.06	.12		

Zur Erläuterung der Variablen s. Anhang 1

Daß Schulerfolg und sozialer Erfolg zusammen zu einem auch pädagogisch als sehr positiv zu wertenden Profil führen und sich bei einer Kumulation von Problemen in beiden Bereichen auch problematische Persönlichkeitsstrukturen zeigen, ist wenig überraschend. Was geschieht aber, wenn nur *ein* Bereich positiv, der andere aber belastet ist? Was ist von der Psyche eher verkraftbar?

Vorab sei erwähnt, daß die niedrige soziale Akzeptanz, die in den fehlenden Sympathiewahlen zum Ausdruck kommt, von den Schülern auch deutlich wahrgenommen wird. In gewisser Weise wird sie auch auf die Klasse vorwurfsvoll zurückgespiegelt, indem eine schlechte Klassengemeinschaft unterstellt wird. Gute Schüler nehmen dies, wenn sie wenig Sympathie erwekken können, besonders akzentuiert wahr.

Wer nur schlechte Noten hat, aber beliebt ist, der scheint psychisch in einer komfortableren Situation zu sein als umgekehrt. Unbeliebte mit guten Noten sind zwar etwas fleißiger, aber auch sozial intriganter und tendenziell depressionsgefährdeter. Sie äußern demonstrativ ein geringes soziales Interesse.

Sympathische, aber eher schulschwache Schüler fallen im Persönlichkeitsbereich kaum auf, wohl aber im außerschulischen Risikoverhalten. Vermutlich nicht zuletzt deshalb werden sie von ihren Eltern, mit denen sie häufig im Dissens leben, als Problem wahrgenommen. So deutet sich eine kompensatorische Funktion der Altersgruppe an, die noch deutlicher ins Auge springt, wenn wir die *Profile nach Noten und sozialer Geltung* inspizieren (s. Tab. 7 6). Hier ist bei „schlechten" Schülern und hoher sozialer Geltung die Distanz zu den Erwachsenen (Eltern und Lehrern) besonders hoch. Extrem ausgeprägt ist auch das Risikoverhalten. Daß es sich dabei vor allem um Jungen handelt, geht aus dem extremen Interesse dieser Gruppe für „Motorrad und Sport" hervor. Daß hier der Dissens mit den Eltern auch klar am größten ist, spricht für die Validität der Daten und die Besonderheit der lebensweltlichen Präferenzen der Jugendlichen in dieser Gruppe.

Die Konstellation „gute Noten – geringe Geltung" ist nach diesen Daten jedoch psychohygienisch bedeutend „unschädlicher" als jene „gute Noten – geringe Sympathie".

Schüler mit problematischen Noten und dem Status der „Unbeachteten" sind nach der Tab. 7.6 am schwersten zu beschreiben. Sie machen einen eher „unprofilierten" Eindruck, sind die Stillen und eher wenig Sebstbewußten, die auch keine hohen Asprüche, z.B. an Schulabschlüsse, stellen.

Ein positives Erscheinungsbild präsentieren aber auch hier die „Führungspersönlichkeiten" unter Schülern, die gleichzeitig in der Schule gut sind. Sie profilieren sich nicht wie die Meinungsführer mit schlechten Noten in Schuldistanz und Risikoverhalten, sondern zeigen vor allem Ich-Stärke und Kompetenzbewußtsein.

Tab. 7.6: Profile nach Noten und Geltungswahlen

Schlechte Noten: Notensumme in Deutsch, Englisch und Mathematik von 12 bis 15 (18%)
Gute Noten: Notensumme in Deutsch, Englisch und Mathematik von 3 bis 7 (17%)
Geltung: Hoch: 4 Wahlen und mehr (obere 25%), Niedrig: keine Wahlen (46%)
15-jährige
z-Werte
%SSQ *p < .05; **p < .01; ***p < .001

	NOTEN					
	schlecht		gut			
	GELTUNG		GELTUNG			
	niedrig	hoch	niedrig	hoch		
					%SSQ	
N=	133	86	123	111	Noten	Geltung
		z-Werte				
Persönlichkeitsdimensionen						
Soziokognitive Kompetenzen	-.45	-.19	.26	.35	10.25***	
Ich-Stärke	-.28	-.13	.17	.25	4.57***	
Prosoziale Motivation	-.23	.02	.11	.14	1.64**	
Aggression-Normverletzung	-.17	.43	-.21	.10		4.89***
Leistungsbereitschaft-Hausaufgaben	-.08	-.33	.22	.10	2.84***	.82*
Soziale Interessen	.03	.01	-.11	.07		
Soziale Fähigkeiten	-.10	.24	-.36	.33		6.61***
Psychische Belastung						
Depression (16)	.28	.16	-.16	-.11	1.58*	
Leistungsangst	.24	.08	-.15	-.18	2.89***	
Somatische Belastung	.05	.13	-.08	-.07		
Schullaufbahn						
Schulabschlußerwartungen	-.53	-.24	.41	.35	15.33*** Int.: 75*	

Soziale Einbettung

Eltern

Elterliches Stützsystem (13-15)	-.10	-.23	.24	.04	2.20**	
Eltern-Dissens (13-15)	.23	.46	-.32	-.24	8.87***	
Problemwahrnehmung Eltern (13)	.04	.29	.07	-.19		
Problemwahrnehmung Eltern (15)	.24	.56	-.33	-.08	2.24	

Schule

Stützsystem Lehrer (13-15)	-.26	-.27	.22	.25	6.05***	

Altersgleiche (Peers)

Integration Peer (außerschulisch)	.06	.21	-.14	-.08	1.26*	
Soz. Anerkennung Mitschüler	-.15	.23	-.13	.15	2.55**	
Klassengemeinschaft	-.03	.01	-.04	.07		

Lebensstile

Erwachsenenprivilegien (13-15)	-.01	.76	-.47	-.05	7.80***	8.29***
Jugendkultur: Bravo	-.12	.09	.02	.05		
Jugendkultur: Bildungsorientierung	-.22	-.08	.06	.23	2.05**	
Jugendkultur: Vereinsaktivität	-.26	.10	.04	.20	1.34*	1.56**
Jugendkultur: Haustiere	.15	-.12	-.08	0.00		
Jugendkultur: Motor und Sport	.02	.49	-.16	-.20	3.04** Int.: 1.32*	
Jugendkultur: Fernsehen	.19	0.00	-.12	-.09	1.18*	
Jugendkultur: aktiv musizieren	-.23	0.00	.13	.10	1.32*	
Jugendkultur: kirchl. Aktivitäten	-.10	-.17	.20	.03	1.57**	

Zur Erläuterung der Variablen s. Anhang 1

<u>Welches Kriterium der sozialen Orientierung auch immer gewählt wird, immer präsentieren sich jene Jugendlichen als optimal, die sich gleichzeitig in beiden Bewährungsfeldern positiv zu bewegen vermögen.</u>

Auf allgemeiner Ebene läßt sich somit festhalten:

1. Leistungserfolge und soziale Anerkennung stören sich gegenseitig nicht, sind aber beide wichtig.
2. Kumulationen von Leistungsproblemen und sozialen Problemen sind ebenso problematisch, wie Kumulationen von Erfolgen positiv wirken.
3. Psychohygienisch scheint es immer schwieriger zu sein, soziale Defizite durch Leistungserfolge zu kompensieren als umgekehrt. Die Kompensation jedes Ausfallbereichs hat aber jeweils spezifische Kosten im Sinne erhöhten Risikoverhaltens.

7.2.2 Anstrengungsbereitschaft und soziale Motivation: Empathie und Einsatzbereitschaft

Eine letzte Auswertung gilt einer grundsätzlichen Kritik des Bildungswesens in der Moderne, die in den letzten Jahren häufig geäußert wurde. Schulen würden danach vor allem individualistische Leistungshaltungen „trainieren" und „belohnen" und dabei soziale Haltungen wie Hilfsbereitschaft und Solidarität systematisch entmutigen und ausschalten. Jene Schüler, die sich mit der Schule stark identifizieren und ihre Leistungsnormen übernehmen, wären gleichzeitig in der Gefahr, egoistisch zu werden und den Mitmenschen, konkret den Mitschüler, nur als Konkurrenten zu sehen. Die sozialen Korrelate einer individualistischen Leistungsorientierung würden also darin bestehen, daß Schüler mit einer hohen Leistungsbereitschaft auch egoistischer sind, sich sozial weniger engagieren, ihren Mitschülern die guten Noten neiden, sich nicht für sie einsetzen und nur auf den eigenen Nutzen achten. So wäre eine Leistungsorientierung einer solidarischen Haltung, dem Gemeinschaftsgefühl und dem Mitgefühl für andere im Wege.

Stimmt dieser Vorwurf? Um diese Frage zu beantworten, müssen wir zwei Orientierungen gleichzeitig betrachten: die individuelle Anstrengungsbereitschaft und die soziale Hilfsbereitschaft.

Überraschenderweise ist diese Thematik nur wenig erforscht. Aus dem amerikanischen Bereich sind lediglich die Arbeiten von WENTZEL (WENTZEL, 1991a; 1991b; 1993; 1994; WENTZEL & FELDMAN, 1993; WENTZEL et al., 1990) zu nennen. Dies gilt jedoch nicht für die gesonderte Analyse der „prosozialen Motivation", die uns eine theoretische Grundlage für die Messung „Hilfsbereitschaft" und von „Solidarität" zur Verfügung stellt.

Der Versuch, der obigen Frage zu den „Antagonisten" von Anstrengungsbereitschaft und Hilfsbereitschaft nachzugehen, setzt voraus, daß entsprechende soziale Haltungen operationalisiert und gemessen werden können.

a) Indikatoren des sozialen Motivationssystems

Der Messung prosozialer Haltungen haben wir große Aufmerksamkeit geschenkt, da die Beschreibung und Analyse der *sozialen Entwicklung von der Kindheit in die Adoleszenz* einen Schwerpunkt des Konstanzer Längsschnittprojektes bildete. Ein Test mit hypothetischen Reaktionen in *paradigmatischen Situationen* hat sich nach mehreren Vorstudien als am besten geeignet erwiesen. In drei solchen Situationen (Hilfestellung in Prüfungssituationen und ihre Folgen, Einsatz als Klassensprecher, Protest bei einem Lehrer in Stellvertretung für andere) konnten Jugendliche entweder positiv mitfühlend und hilfreich oder neidisch und egoistisch denken und reagieren. Da die Jugendlichen in den verschiedenen Situationen konsistent reagiert haben (r=.34 zwischen der politischen Einsatzbereitschaft und der prosozialen Orientierung in der Klassensituation mit 15 Jahren)[70], konnte ein Gesamt-Indikator gebildet werden. Er wurde im Anschluß an das amerikanische Paradigma, in dem zu diesem Themenbereich geforscht wird (EISENBERG, MILLER, SHELL, MCNALLY & SHEA, 1991), *prosoziale Motivation* genannt.

Die erste inhaltliche Frage richtet sich naturgemäß darauf, ob nun das vermutete antagonistische Verhältnis von Leistungsbereitschaft und prosozialer Motivation tatsächlich besteht. Die Antwort ist klar negativ: Weder bei Mädchen noch bei Jungen gibt es signifikante Beziehungen (r= .085 bzw. .073). Global ist somit die These widerlegt, daß bei höherer Leistungsbereitschaft gleichzeitig auch eine geringere prosoziale Orientierung besteht. Leistungsbereitschaft und prosoziale Motivationen stören sich also global gesehen gegenseitig nicht. Leistungsbereite Schüler sind weder konsistent sozialer noch sozial problematisch. Es läßt sich weder ein positiver noch ein negativer Ausstrahlungseffekt feststellen. Schüler gehen bei hoher Anstrengungsbereitschaft offensichtlich gleich häufig beide Wege: den in eine zusätzlich altruistische Haltung und den in eine egoistische. Doch wer geht welche Wege mit welchen Folgen? Bei wem entstehen welche Koppelungen des Systems der Lernmotivation und des Systems der Hilfsbereitschaft und Solidarität?

---

[70] Die Korrelationen sind überdies bei Jungen (zwischen r = .35 und r = .39) immer höher als bei Mädchen (zwischen r = .27 und r = .33).

Abb. 7.1: Operationalisierung der prosozialen Motivation

Zahlenwerte: Trennschärfekoeffizienten bei den 15jährigen,
Konsistenzkoeffizient: .80

Situation 1:		Situationen 2 und 3:	
Eine Schülerin, die sonst schlechter ist als ich, hat in einer Klassenarbeit bei mir abgeschrieben. Sie bekommt eine bessere Note als sonst und wird von allen gelobt. Kreuze an, wie Du Dich verhalten würdest!		Die Wahl des Klassensprechers steht bevor. Es werden Schüler gesucht, die sich aufstellen lassen (S 2).	
		In Eurer Klasse ist ein Lehrer, der Euch ständig zu viele Hausaufgaben aufgibt. Ihr müßt allein für dieses Fach eine Stunde am Tage arbeiten. Viele Schüler fühlen sich überfordert und beklagen sich untereinander: Da muß jemand etwas unternehmen! Was würdest Du Dir überlegen (S 3) ?	
Ich denke mir: Die lasse ich das nächste Mal nicht mehr abschreiben.	.43	Ich finde es unbedingt notwendig, sich für andere Schüler einzusetzen (S 2).	.31
Ich freue mich mit ihr.	.43	Eigentlich gehen mich die anderen Schüler nicht besonders viel an (S 2).	.40
Ich werde den anderen nachher sagen, daß nicht alles auf ihrem eigenen Mist gewachsen ist.	.30	Ich habe keine Lust, für die anderen die Arbeit zu machen (S 2).	.26
Ich denke mir: Das ist aber ärgerlich, denn eigentlich hätte ich das Lob verdient.	.36	Ehrlich gesagt, jeder ist doch erst mal für sich selbst zuständig (S 2).	.30
Ich denke mir, das nächste Mal lege ich sie rein.	.39	Ich finde es äußerst wichtig, für andere Verantwortung zu übernehmen (S 2).	.18
Ich werde ihr sagen, daß es ungerecht ist mit der Leistung der anderen zu glänzen.	.32	Warum soll mich das was angehen, wenn sich andere überfordert fühlen (S 3).	.36
Ich denke mir: Das wird ihr gut tun.	.37	Eigentlich muß jeder sehen, wie er selbst zurecht kommt (S 3).	.37
Ich finde es gut, daß sie meine Hilfe genutzt hat.	.41	Genau genommen berührt es mich nicht so sehr, wann andere Schüler sich beklagen (S 3).	.37

Die Inhaltsanalyse der Items, die unserer Konzeptualisierung von prosozialer Motivation zugrunde lagen, machen deutlich, daß wir es damit mit einer interessanten Konfiguration von Emotionen und sozialen Relationierungen zu tun haben. So finden sich dabei Aussagen, die auf Neid- und Konkurrenzemotionen anspielen bzw. die auf ihr Gegenstück, auf empathische Reaktionen bezug nehmen. Damit verbunden sind offensichtlich Handlungsbereitschaften, sich für andere einzusetzen oder sich auf die eigenen Bedürfnisse zurückzuziehen. Wenngleich die Mikroanalyse der Regulation von Neid- und Konkurrenzemotionen einer näheren Analyse würdig wäre, so ergibt sich offensichtlich eine molare Konfiguration einer Orientierung, die man als mehr oder weniger ausgeprägte „prosoziale Orientierung" bezeichnen kann.

Die Daten des Konstanzer Längsschnittes bieten die seltene Möglichkeit, den Fragen nachzugehen, welche Typen der *gleichzeitigen* Orientierung an Leistung und sozialen Bindungen im Jugendalter zu finden sind, und zu untersuchen, welche Konsequenzen sich daraus ergeben.

Um solche Orientierungstypen zu konstruieren, haben wir das bekannte Verfahren angewendet. Die Werte auf den Skalen „Leistungsbereitschaft" bzw. „Prosoziale Motivation" wurden am Median dichotomisiert und dann gekreuzt. Daraus ergaben sich die vier Gruppen:

1. Leistungsorientierte und prosozial motivierte Jugendliche (solidarisch-leistungsorientierte),
2. leistungsorientierte und wenig prosozial motivierte (egoistisch-leistungsorientierte),
3. leistungsdistanzierte, aber prosozial motivierte (solidarisch-leistungsdistanzierte),
4. leistungsdistanzierte und wenig prosozial motivierte Jugendliche (demotivierte).

Es fällt nicht leicht, treffende Bezeichnungen für die sich hier ergebenden Typen zu finden. Die in Klammern gesetzten Abkürzungen sind nur Vorschläge für Orientierungsformen, die dem Lehrer vertraut sein könnten. Die „Solidarisch-Leistungsorientierten" dürften die höchste Akzeptanz von Erwachsenen und Altersgleichen erfahren, da sie ein engagiertes leistungsorientiertes Verhalten mit Hilfsbereitschaft und Solidarität kombinieren können.

Wer an individualistischer Profilierung orientiert ist, soll hier als „egoistisch-leistungsbezogen" bezeichnet werden. Es sind dies möglicherweise auch über-ehrgeizige Schüler, die buchstäblich mit „Ehre geizen".

Umgekehrt verfährt der „Solidarisch-Leistungsdistanzierte". Er zeigt wenig Impetus, in schulische Leistungen zu investieren, ist aber hilfsbereit und um solidarische soziale Beziehungen besorgt.

Die eigentliche Problemgruppe besteht aus jenen, denen es weder gelingt, sich im Leistungsbereich positiv darzustellen, die aber auch nicht in der Lage sind, sich durch ein prosoziales Engagement in der Gemeinschaft zur Geltung zu bringen.

Die hier konzipierten Orientierungsformen am Leistungsprinzip bzw. am Solidaritätsprinzip repräsentieren auch idealtypische Lösungen eines zentralen Problems in der Adoleszenz: die eigenen Leistungsmöglichkeiten zu maximieren und solidarische Beziehungen zu Gleichaltrigen zu stärken. Häufig sind diese altersspezifischen Aufgaben mit sozialen Beziehungen verwoben, wenn Eltern vor allem die Maximierung der individuellen Kompetenzen mit entsprechenden beruflichen Perspektiven betonen und die Gleichaltrigen vor allem Solidarität erwarten (WENTZEL, 1994). In der von uns untersuchten Lebensphase dürfte dieser Konflikt besonders virulent sein. Die Lösungen können, wie erwähnt, unterschiedlich ausfallen: die einen versuchen beiden Wertsystemen gerecht zu werden, andere bevorzugen das Wertsystem der Leistung, andere jenes der Solidarität. Wieder andere versuchen, sich beiden zu entziehen. Wer tut nun das eine oder das andere? Dieser Frage soll hier in zwei Schritten nachgegangen werden. In einem ersten suchen wir nach der schlichten Verteilung verschiedener Orientierungsformen im Bildungswesen, um damit einen indirekten Hinweis auf das dominante Wertklima in den jeweiligen Schulformen zu bekommen. In einem zweiten soll über eine differenzierte Beschreibung der Persönlichkeit und des Verhaltens der Schüler in den verschiedenen Wertkombinationen nach Indizien gesucht werden, aus welchen Hintergründen heraus jemand eher zur einen oder anderen Akzentuierung von Leistungsbereitschaft und Solidarität neigt.

7.2.2.1 Leistungsbereitschaft und prosoziale Motivation nach Schulformen, Geschlecht und Stadt-Land-Gebieten

Häufen sich bestimmte Orientierungstypen bei verschiedenen Schülergruppen oder sind sie bei Jungen und Mädchen, in verschiedenen Schulformen auf dem Lande und in der Stadt eher gleichverteilt? Die in Tab. 7.7 dokumentierte Aufgliederung nach Geschlecht, Stadt-Land und Schulform gibt auf diese epidemiologische Frage eine Antwort.

a) *Solidarisch-Leistungsorientierte:*

Mädchen in *Realschulen* und *Gymnasien* sind am häufigsten sowohl sehr leistungsorientiert als auch sehr sozial-motiviert. Am wenigsten sind solche Haltungen unter Jungen zu finden, die in der Stadt in Gesamtschulen und auf dem Land in Hauptschulen gehen.

Tab. 7.7: Orientierungstypen gegenüber Leistung und prosozialen Ansprüchen im sozialökologischen Kontext

Prozentsätze
15jährige
Gruppenbildung durch Dichotomisierung am Median

	N	Leistung + Prosoz. +	Leistung+ Prosoz. -	Leistung- Prosoz. +	Leistung- Prosoz. -
MÄDCHEN					
S T A D T					
Hauptschule	79	18	28	13	42
Realschule	109	23	16	32	29
Gymnasium	82	20	10	45	26
Gesamtschule	163	10	10	30	50
L A N D					
Hauptschule	142	24	11	13	51
Realschule	206	32	18	25	25
Gymnasium	190	31	6	34	29
Gesamtschule	231	22	18	23	37
JUNGEN					
S T A D T					
Hauptschule	87	10	35	8	47
Realschule	85	19	13	21	47
Gymnasium	82	20	10	35	35
Gesamtschule	188	9	7	27	57
L A N D					
Hauptschule	162	7	14	16	64
Realschule	173	17	21	25	36
Gymnasium	155	23	16	25	36
Gesamtschule	201	14	19	21	46

b) *Egoistisch-Leistungsbezogene:*

Dieser Orientierungstyp ist am häufigsten in *städtischen Hauptschulen* – sowohl bei Mädchen als auch bei Jungen – vertreten. In Gymnasien ist er selten zu finden. Daß gerade in Hauptschulen antisoziale Emotionen so häufig sind, ist überraschend. Gerade jene, die am unteren Ende der „Bildungshierarchie" sind und von den schulischen Aufstiegsmöglichkeiten am wenigsten profitieren, sind entweder egoistisch-leistungsorientiert oder, wie sich zeigen wird, ausgeprägt „demotiviert".

c) *Solidarisch-Leistungsdistanzierte:*

Die demonstrative Distanz gegenüber Leistungsforderungen bei gleichzeitiger Betonung prosozialer Haltungen ist ein ausgesprochenes *Gymnasialphänomen*. In dieser Schulform findet sich dieser Orientierungstyp klar am häufigsten, mit dem Spitzenwert bei städtischen Gymnasiastinnen.

d) *Demotivierte:*

Dieser Problemtyp taucht besonders in zwei Schulformen auf: bei *Hauptschülern* und unter *städtischen Gesamtschülern*. Über 50% der Schüler zeigen hier dieses Syndrom von Leistungsdistanz und geringer Hilfsbereitschaft. Unter ländlichen Hauptschülern sind 64% sowohl leistungsdistanziert als auch wenig prosozial.

In *verschiedenen Schulformen herrscht nach diesen Ergebnissen ein völlig unterschiedlicher Geist*. In Gymnasien dominieren entweder hilfsbereite und leistungsbezogene Haltungen oder leistungsrelativierende und solidarische Gefühle gegenüber Mitschülern. In Hauptschulen hingegen stehen eher egoistisch-leistungsbezogene oder demotivierte Haltungen im Vordergrund. Ihre eher benachteiligte Position im Bildungswesen führt nicht zu größerer Solidarität untereinander, sondern entweder zu einer selbstzentrierten Leistungsorientierung oder zu einer im Vergleich zu Schülern in anderen Schulformen höheren Motivationsreduktion im sozialen Bereich und im Leistungsbereich.

Es wäre bei Hauptschülern der Frage nachzugehen, ob, wenn Solidarität unter Mitschülern entsteht, diese nicht auf außerschulische Cliquen bezogen ist. Damit wären diese Jugendlichen einem ungleich unkontrollierbareren und gefährlicheren Einfluß ausgesetzt als Gymnasiasten.

Hier deutet sich ein großer pädagogischer Handlungsbedarf an, der sich vor allem an Hauptschulen und teilweise auch an Gesamtschulen richtet.

Darüber hinaus sind die sozialpolitischen Konsequenzen zu beachten, da gerade Hauptschüler sehr geringe Chancen zu haben scheinen, solidarisches Verhalten einzuüben. Obwohl sie später überwiegend in Arbeitnehmerkonstellationen beschäftigt sein werden, wird ihr Zugang zu einer solidarischen Interessenvertretung durch die Schule nicht nur nicht gefördert, sondern sogar eher erschwert. Dieser Sachverhalt müßte besonders die Gewerkschaften interessieren.

7.2.2.2 Persönlichkeitsprofile und lebensweltliche Einbettung

Die Jugendlichen, die hier in die Kategorien von Anstrengungsintensität und prosozialer Motivation eingeteilt wurden, sind bislang noch weitgehend „unbekannte Wesen". Was sind das jeweils für Schüler, die sich im Fadenkreuz von Leistungsanforderungen und Solidaritätsansprüchen unterschiedlich orientieren? Wie kommen wir zu einer konturenscharfen Beschreibung?

Dafür können wir uns wieder auf das Profil von Persönlichkeitsmerkmalen und lebensweltlichen Orientierungen stützen, das in dieser Arbeit schon mehrmals eingesetzt wurde (s. Anhang 1). Sie seien hier nochmals in Erinnerung gerufen.

- In einem ersten Schritt kommen die *sozial relevanten Persönlichkeitsmerkmale* und *sozialen Verhaltensweisen* zur Sprache: soziokognitive Kompetenzen, prosoziale Motivation, Aggression-Normverletzung, soziale Interessen und soziale Fähigkeiten. Sie werden durch die Ich-Stärke, den Globalindikator zum leistungsbezogenen Selbstbewußtsein, ergänzt.

- Die schulische Verortung wird durch Indikatoren zum Leistungsstand beschrieben. Leistungserfolge und Anstrengungsintensität (Hausaufgabenzeit) stehen dabei im Mittelpunkt.

- In einem weiteren großen Bereich konzentrieren wir uns auf die *soziale Einbettung*, auf die objektiven und perzeptiven Indikatoren der sozialen Anerkennung in und außerhalb der Schulklasse sowie auf die perzipierten Beziehungen zu Eltern, Freunden und Lehrern. Das soziale Engagement kann durch die Indikatoren zur schulischen Mitbestimmung und Übernahme von Verantwortung in außerschulischen formellen Gruppen validiert werden.

- Chronifizierte Probleme langdauernder Mißerfolgsbiographien kommen in somatischen Belastungen zum Ausdruck.

- Schließlich soll ein letzter Bereich helfen, die *Lebensstile* und *Risikoverhaltensweisen* in der Freizeit kennenzulernen.

Mit Hilfe dieser Pofile haben wir eine gute Chance, die obigen Orientierungstypen genauer zu beschreiben und kennenzulernen.

Tab. 7.8: Persönlichkeitsmerkmale und lebensweltliche Einbettung verschiedener Orientierungstypen gegenüber dem Leistungsprinzip und dem Solidaritätsprinzip

Standardisierte Mittelwerte (z-Werte) und %SSQ
15jährige
% aufgeklärter Quadratsummen durch die vier Gruppen (%SSQ)
Gruppenbildung auf der Grundlage der Median-Dichotomisierung

	z-Werte				*%SSQ*
	Leistung + *Prosoz. +*	*Leistung +* *Prosoz. -*	*Leistung -* *Prosoz. +*	*Leistung -* *Prosoz. -*	
N =	453	368	585	537	
Persönlichkeitsmerkmale					
Soziokognitive Kompetenz	.17	-.20	.26	-.32	3.12***
Ich-Stärke	.22	-.01	.10	-.29	1.91***
Soziale Fähigkeiten	.05	-.30	.36	-.24	4.05***
Soziale Interessen	.34	-.35	.27	-.37	5.24***
Schulische Verortung					
Notensumme DEM[a] (15jährige)	.15	.05	-.07	-.09	.54
Ausbildungsstand (15jährige)	.15	-.18	.25	-.29	2.42***
Hausaufgaben	.52	.40	-.34	-.38	9.69***
Soziale Einbettung					
Geltungswahl (über 4Jahre)[b]	-.11	-.22	.25	-.01	1.39***
Sympathiewahl (über 4 Jahre)[b]	.07	-.08	.32	-.13	2.03***
Soziale Einbettung (schulisch u. außerschulisch)	.02	-.24	.22	-.09	1.36***

Klassendistanz	-.19	.25	-.20	.23	2.25***
Schulische Mitbestimmung	-.13	-.32	.18	.12	1.56***
Gruppenverantwortung	.26	-.08	.02	-.18	1.42***
Elterndistanz	-.34	-.22	.09	.34	3.69***
Schuldistanz	-.24	.10	-.13	.28	2.22***

Psychische Belastung

Somatische Belastung	-.04	-.18	.01	.15	.51*

Freizeit-Kultur

Erwachsenenprivilegien	-.38	-.38	.27	.29	4.87***
Bravo-Kultur	.06	-.10	.06	-.06	.19
Bildungs-Kultur	.14	.01	-.04	-.09	.31
Auto-Motor-Sport	-.07	.08	-.03	.05	.14
Fernseh-Kultur	-.06	.18	-.13	.07	.69**
Kirche	.39	.04	-.10	-.24	3.69***

a) DEM: Deutsch, Englisch, Mathematik, hohe Werte = schlechte Leistungen
b) Summe der Wahlen als „beliebt" oder „im Mittelpunkt stehend", summiert über vier Erhebungszeitpunkte

a) Wie lassen sich „*Solidarisch-Leistungsorientierte*" beschreiben?

Wie in Tab. 7.8 dokumentiert, zeigt diese „Idealgruppe" in der Persönlichkeitsstruktur das positivste Bild. Sie ist kompetent, ich-stark und sozial interessiert; lediglich ihre Selbsteinschätzung sozialer Fähigkeiten liegt im Durchschnitt.

Mehrere Hinweise legen die Interpretation nahe, daß es sich hier um besonders „solide" Jugendliche handelt, die in einem eher *traditionalen, intakten Milieu* leben: sie sind am stärksten *kirchlich engagiert*, zeigen die *geringste Elterndistanz*, sind eher *Spätentwickler*, was *Erwachsenenprivilegien* angeht und machen *am meisten Hausaufgaben.* Herausragend ist auch ihre Einbindung in soziale Verantwortlichkeiten außerhalb der Schule. Daß sich diese Schüler hauptsächlich in höheren Schulformen auf dem Lande finden, unterstreicht diese Charakterisierung eines eher traditionalen Milieus.

Auffallenderweise sind sie jedoch in Gruppen Gleichaltriger nicht besonders gut integriert; sie zeigen hier auf allen Indikatoren eher durchschnittlich-unauffällige Werte.

b) *Egoistisch-Leistungsorientierte:*

Bei dieser Gruppe fällt vor allem das soziale Defizit auf, sowohl was die sozialen Interessen und die sozialen Fähigkeiten als auch die wahrgenommene soziale Anerkennung angeht. Bei deren „Freizeit-Kultur" sticht ins Auge, daß dies die Gruppe ist, *die am meisten fernsieht.* Die sozialen Entfremdungsgefühle setzen sich in der lebensweltlichen Einbettung fort: Fühlen sie sich der Familie noch nahe, so empfinden sie eine ausgeprägte Distanz zur Schulklasse.

Soziale Verhaltensindikatoren unterstreichen das soziale Defizit: Sie sind am wenigsten anerkannt, nehmen am wenigsten an schulischer Mitbestimmung teil und orientieren sich an Forderungen von Erwachsenen (viel Hausaufgaben, wenig außerfamiliäres Verhalten).

c) *Leistungsdistanziert-Solidarische:*

Dies ist unübersehbar eine besondere Gruppe, die in der sozialen Haltung geradezu ein Gegenbild zu den „Ehr-geizigen" repräsentiert. Vor allem ragen die *soziokognitiven Kompetenzen* und die *Wahrnehmungen der eigenen sozialen Fähigkeiten* heraus. Diese soziale Einstellung schlägt sich auch objektiv nieder: sie gelten unter Mitschülern am meisten und sie werden am häufigsten als „sympathisch" gewählt.

Erstaunlicherweise äußerst sich dies aber nicht in einer herausragenden Ich-Stärke. Auch die Freizeit-Kultur dieser Altersgruppenorientierten ist unauffällig.

Auf eher subtile Weise scheint aber die Bindung zum Leistungsbereich intakt zu bleiben. Mädchen und Jungen in dieser Gruppe machen zwar deutlich weniger Hausaufgaben, andererseits befinden sie sich eher in höheren Zweigen des Bildungswesens. Man könnte vermuten, daß die Distanzdemonstration notwendig ist, um trotz guter Leistungsfähigkeit auch soziale Akzeptanz zu erreichen. Die soziale Einbettung verweist etwas auf diese Strategie: zur Schule wird keine ausgesprochene Distanz empfunden, zur Klasse sogar besondere Nähe, die Beziehung zu den Eltern bewegt sich im Mittelbereich.

Daß eine solche Orientierung auch Risiken enthält, wird durch die Neigung zur Frühentwicklung, zu Rauchen, Alkohol und Unabhängigkeitsdemonstration, angedeutet.

d) *Demotivierte:*

Daß wir es bei dieser Gruppe tatsächlich mit einer Problemgruppe zu tun haben, wird in Tab. 7.8 unzweideutig demonstriert. Auf allen zentralen Dimensionen der Persönlichkeit sind die Jungen und Mädchen dieser Gruppe in einer schwierigen Lage. Sie zeigen geringe soziokognitive Kompetenzen, eine reduzierte Ich-Stärke und schwache soziale Orientierungen. Lediglich in der wahrgenommenen sozialen Akzeptanz fallen sie nicht entscheidend ab. Dies kann nur bedeuten, daß Jugendliche in dieser Gruppe in von uns nicht detailliert genug erfaßten *sozialen Zusammenhängen außerhalb der Schule* Befriedigung finden müssen.

Die Freizeitkultur dieser Jugendlichen ist allerdings unauffällig, sieht man einmal davon ab, daß ihre Kirchen-Ferne besonders groß ist.

Anders sieht es wiederum bei der lebensweltlichen Einbettung aus. Hier demonstrieren sie zu allen Bezugsgruppen, zu Eltern, zu Lehrern und zur Klassengemeinschaft die größte Distanz.

Auf Verhaltensebene setzt sich das Problembild fort: der Ausbildungsstand ist relativ niedrig, es werden am wenigsten Hausaufgaben gemacht und frühzeitig Erwachsenenprivilegien in Anspruch genommen.

Damit rundet sich das Bild über die Schüler ab, die den zentralen latenten Konflikt dieser Altersphase, den zwischen Leistungsprinzip und Solidaritätsprinzip, unterschiedlich lösen. Es lassen sich tatsächlich entsprechende Orientierungstypen konstruieren, die auf nachvollziehbare lebensweltliche Erscheinungsformen von Adoleszenten verweisen.

Es wird gleichzeitig unübersehbar, daß eine harmonische Entwicklung in der Adoleszenz sowohl eine angemessene Leistungsentwicklung als auch eine entsprechende soziale Entwicklung einschließen muß, wobei der letzteren für das altersspezifische Einverständnis mit dem Leben sogar noch eine größere Bedeutung zukommt als einem engagierten Leistungsverhalten. Eine „Unterkühlung" der Anstrengungsbereitschaft scheint psychohygienisch vorteilhafter zu sein als ein Ehrgeiz, der mit geringer Hilfsbereitschaft gekoppelt ist. Im ersten Fall sind die sozialen Belohnungen so groß, daß gelegentliche Mißerfolge ausgeglichen werden.

Der Umgang mit Schule in der Adoleszenz impliziert somit nicht nur zu lernen, mit schulischen Lernanforderungen rational und klug umzugehen, sondern zusätzlich deren soziale Implikationen zu bewältigen. Dies wird im Ver-

lauf der Adoleszenz zunehmend wichtiger, da sich gerade in dieser Altersphase eine deutliche Verschiebung der Kriterien ergibt, die in der Schulklasse Sympathie und Ansehen verschaffen. Von der 7. Klasse an sinkt die Bedeutung guter Schulleistungen für das Ansehen in der Klasse kontinuierlich ab, die Bedeutung solidarischen Verhaltens nimmt unübersehbar zu (s. Abb. 7.2).
Parallel dazu geht in der Wahrnehmung der Schüler der Konkurrenzkampf der Schüler untereinander zurück. Damit verbessern sich aber die sozialen Beziehungen der Schüler untereinander nicht von selbst. Der Druck auf einheitliche Meinungen wird eher größer, und der Zusammenhalt leidet darunter (s. für eine Dokumentation FEND, 1990). Die Profilierungsprozesse in der Form der Darstellung der eigenen unverwechselbaren Individualität treten in den Vordergrund und beginnen in Konflikt mit den gruppeninternen Konformitätszwängen zu geraten.

Abb. 7.2: Statusrelevanz von Schulleistung und Solidarität

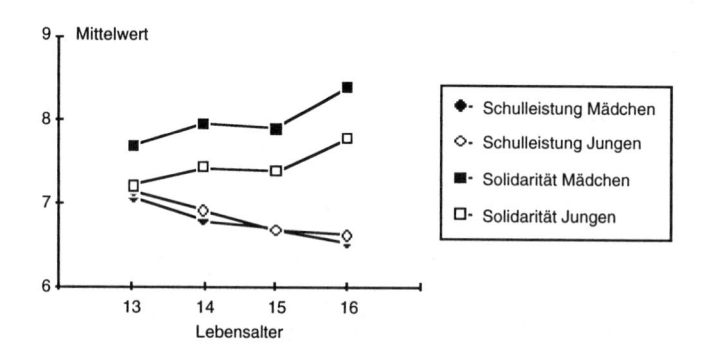

Stell Dir vor, ein neuer Mitschüler kommt in Eure Klasse und möchte hier Anschluß finden.
Wie müßte er sein, damit ihm das schnell gelingt?
Was wäre eher von Vorteil, was von Nachteil oder völlig unwichtig?

Items: Statusrelevanz von Schulleistung (KK.: .35-.53)
...ist ziemlich ehrgeizig
...gehört zu den besten Schülern der Klasse
...macht fast nie seine Hausaufgaben (negativ codiert)

Items: Statusrelevanz von Solidarität (KK: .49-.57)
...setzt sich dem Lehrer gegenüber für andere ein
...ist nur zu solchen Mitschülern hilfsbereit, die er (sie) selbst leiden kann (negativ)
...läßt die Mitschüler bei Haus- und Klassenarbeiten ungern abschreiben

Abb. 7.3: Wahrnehmung von Konkurrenzkampf in Schulklassen

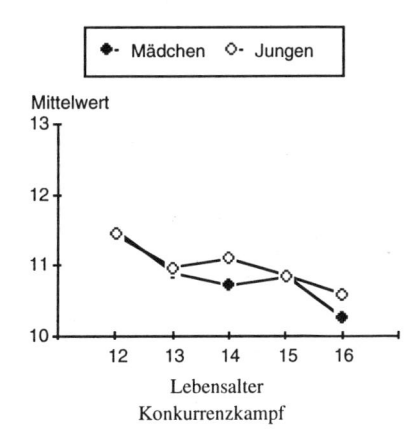

Items der Skala „Konkurrenzkampf"
In unserer Klasse sieht jeder Schüler im anderen den Kokurrenten.
Viele Schüler sind hier manchmal neidisch, wenn ein anderer Schüler bessere Leistungen hat als sie.
In unserer Klasse versucht jeder Schüler, besser zu sein als der andere.
Bei uns hat man manchmal das Gefühl, daß sich die Schüler untereinander keine guten Noten gönnen.
(Konsistenzkoeffizient: zw. .71 und .80)

Damit wird nochmals unübersehbar, wie eng der Umgang mit schulischen Leistungsanforderungen im Dreieck von persönlicher Profilierung, solidarischen Beziehungen und der Entfaltung der eigenen Identität und Individualität erfolgt.

In weiteren Analysen müßten diese Orientierungstypen gegenüber schulischen Erwartungen attributionstheoretisch differenziert werden, wobei jeweils von Eltern, Lehrern, Mitschülern und der eigenen Person unterschiedliche Attributionspräferenzen bestehen können. Im Mittelpunkt müßte dabei die *Anstrengungs-Attribution* stehen.

So liegt Lehrern daran, vor allem Anstrengung zu maximieren, an der sie auch ihre Belohnungen ausrichten. Ähnlich geht es Eltern, die ihre Kinder „motivieren" wollen, das Beste aus ihrer Begabung zu machen. Bei Mitschülern ist eine Anstrengungsmaximierung allerdings nicht so beliebt, da sie die „Arbeitsnormen" hochtreibt. Für die Person selber ist eine große Anstrengung ebenfalls nicht günstig, da sie bei Erfolg die eigentliche präferierte Attribution, jene nach Begabung, beeinträchtigt. Diese konfligierenden Erwartungen befördern das bekannte Phänomen, vor den Mitschülern so zu tun, als hätte man "zu Hause nichts getan", vor Eltern und Lehrern aber Anstrengung in verdeckter Form zu signalisieren. Private und öffentliche bezugsgruppenorientierte Attributionen spalten sich.

Mit entsprechenden Attributionen sind aber auch legitime und nicht legitime Hilfeerwartungen bzw. sponane Hilfeleistungen verknüpft. Hat jemand trotz gutem Willen (Anstrengungsattribution) "versagt" oder aus externen Gründen Leistungsprobleme (Unfall, Krankheit usw.), dann kann und soll ihm auch geholfen werden. Anders sieht die Hilfsbereitschaft aus, wenn man vom anderen verlangen kann, daß er sich hätte anstrengen können, wenn jemand z.B. zu faul war, die Hausaufgaben zu machen, und nun erwartet, sie von jemand anderem abschreiben zu können. Die Unterstellung von Verantwortlichkeit und möglicher Eigenkontrolle eines Ereignisses bestimmt die erwartbare Hilfe. Wer selbst in solchen Situationen des "Eigenverschuldens" anderen noch hilft, weil er selber auch einmal in eine solche Situation kommen könnte, der zeigt sich nach den Normen vieler Schulklassen als "wahrer Freund".

Diese Spekulationen können hier nur den Weg weisen, in welcher Richtung die verschiedenen Orientierungen von Leistungsbereitschaft, Hilfsbereitschaft und Selbstwertschätzung weiter aufgefächert werden könnten.

8. Zusammenfassung

Die Fragestellung

Der Umgang mit Schule in der Adoleszenz ist ein komplexes Unternehmen. Ihn zu untersuchen nicht minder. Wir hatten anfangs geglaubt, uns auf eine möglichst differenzierte Beschreibung und Erklärung des Umgangs mit schulischen Leistungsanforderungen beschränken zu können. Differenzierungen der Modelle schulischer Lern- und Leistungsmotivation schienen ausreichend, um den unterschiedlichen Umgang mit dem, was die Schule bietet und fordert, zu erklären. Über weite Strecken war dies auch tatsächlich der Fall und zumindest untersuchungstechnisch sinnvoll. Unausweichlich drängte sich jedoch die Erweiterung auf, den Umgang mit schulischen Anforderungen in die altersspezifische Bewältigung sozialer Beziehungen und in den Umgang mit sich selbst einzubetten.

Das theoretische Rüstzeug

Über die interdisziplinäre Vereinigung theoretischer Perspektiven ist in dieser Arbeit versucht worden, den Beitrag des Bildungswesens für die Konstitution der Persönlichkeit zu entdecken. In *makrosoziologischer und sozialgeschichtlicher Sicht* ging es um den „Grundplan" der „gut adaptierten Person", der von modernen Lebensbedingungen gefordert wird. Er bedarf jedoch einer „Harmonisierung" mit psychischen Funktionssystemen, die mit der Hilfe von *Persönlichkeitstheorien* genauer ausgearbeitet werden können. Die Konstitution der Person erfolgt aber nicht „plötzlich", sondern in einem langjährigen *Entwicklungsprozeß*, der zu lebensphasenspezifischen Adaptionsformen an schulische Handlungsbedingungen führt. Der entsprechende, von der Entwicklungspsychologie beschriebene Prozeß verläuft wiederum interindividuell sehr unterschiedlich, so daß auch *differentialpsychologische Ansätze* erforderlich sind, um die Vielfalt von Adaptionsformen an die Schule zu erfassen.

Noch akzentuierter als früher stand hier auf psychologischer Seite ein *handlungstheoretischer Ansatz* im Vordergrund, in dem die Feinstruktur der Bewältigung schulischer Lerngelegenheiten und Lernanforderungen herausgearbeitet werden kann. Der sich im Laufe der Schulzeit entwickelnde Mensch handelt dabei immer gegenüber mehreren „Umwelten": gegenüber den äußeren Bedingungen und gegenüber den innerpsychischen Konstellationen, z.B. den Bedürfnissen nach Geltung, Kompetenz und Akzeptanz.

Mit der expliziten Integration dieser theoretischen Konzepte ist die bereits in den 70er Jahren bearbeitete Thematik der „schulischen Sozialisationseffekte" (FEND et al., 1976) auf einem qualitativ neuen Niveau bearbeitbar geworden. Stand damals die kontextuelle Frage (Welchen Einfluß hat die Institution Schule?) und die differentialpsychologische Perspektive (Wer wird wie beeinflußt?) im Vordergrund, so ist heute die Frage der institutionellen Strukturen *sozialgeschichtlich* erweitert (Bedeutung von Bildungsinstitutionen in der Moderne) worden. Die differentialpsychologische Thematik ist besser in *personologische Bedürfniskonzepte* und *handlungstheoretische Bewältigungsmodelle* eingeordnet. Die sozialpsychologische Erweiterung hat schließlich geholfen, die *symbolischen Konstitutionsprozesse des Erfahrungsraumes Schule* im Elternhaus und in der Schulklasse zu integrieren. Schließlich ermöglicht die entwicklungspsychologische Betrachtungsweise eine systematische Entfaltung der *altersbezogenen Besonderheiten* in der Bewältigung und Verarbeitung schulischer Ansprüche. In der Wertung der Bedeutung des Bildungswesens für die Persönlichkeitsentwicklung ergab sich ebenfalls ein gewisser Paradigmen-Wechsel. Stand anfangs die *Belastungs- und Streßperspektive* im Vordergrund, so öffnete sich diese für die großen Entwicklungs*chancen* im Sinne der Stärkung des Ich, die Bildungssysteme bereithalten.

Danach gilt es heute, den Umgang mit Schule theoretisch auf verschiedenen *Analyseebenen* zu konzeptualisieren:

- auf der Mikroebene im Sinne der Feinstruktur der kognitiven, emotiven und volitionalen Verhaltensregulierung,
- auf der molaren Ebene der anforderungsunspezifischen bzw. anforderungsspezifischen Bewältigungsstrategien,
- auf der holistischen Ebene der Einbettung der Aufgabenbewältigung in Modelle der Funktionsweise der Persönlichkeit.

Die *sozialpsychologische Sichtweise* kommt in Konzepten zum Ausdruck, die das Bewältigungshandeln im sozialen Kontext der Schulklasse oder der Familie lokalisieren.

Die Umgangsformen mit schulischen Anforderungen und Erfahrungen müssen in einem zweiten Schritt *differentialpsychologisch* bearbeitet werden, indem z.B. verschiedene Stile der Bedrohungsbewältigung (informationssuchende bzw. defensiv meidende), Handlungs- und Lageorientierungen oder „mastery"-„helplessness"-Haltungen auf molarer Ebene geprüft werden.

Von größter Bedeutung war in dieser Arbeit der Versuch, die Bewältigungsformen von Schule *entwicklungspsychologisch* zu differenzieren, vor allem die Besonderheiten des Umgangs mit Schule in der Adoleszenz im Unterschied zu Bewältigungsformen in der Kindheit oder im Erwachsenenalter herauszuarbeiten.

Dieses theoretische Rüstzeug erwies sich als erforderlich, um die hier vorgestellten Daten zur Entwicklung der schul- und leistungsbezogenen Persönlichkeit während der Schulzeit empirisch aufarbeiten und theoretisch interpretieren zu können.

Die empirische Basis

Mehrere Datenquellen konnten herangezogen werden. Neben qualitativen Erhebungen zur Phänomenologie des „Schülerdaseins" (s. auch KASSIS, 1995) standen Surveys im Mittelpunkt: einmal die Konstanzer Longitudinalstudie und zum andern drei Schweizer Vergleichsstudien.

Ergebnisse

Konzeptuelle Präzisierungen stehen *empirischen Ergebnissen* in dieser Arbeit gleichwertig zur Seite. Sozialgeschichtliche Analysen waren hilfreich, um jene Kompetenzen in den Blick zu bekommen, die zur Lebensbewältigung heute wichtig sind. Die handlungstheoretische Grundorientierung hat dann dazu beigetragen, die Feinstruktur der Bewältigungskompetenzen von Anforderungen zu präzisieren. In der von uns untersuchten Lebensphase der Schulzeit beziehen sich diese vor allem auf Lernanforderungen, die in der pädagogischen Psychologie im Konzept der Lernmotivation zusammengefaßt werden.

Die Entwicklungspsychologie der Lernmotivation zeigt nun altersspezifische Besonderheiten, die teils mit den kognitiven Voraussetzungen der Bewältigung von schwierigkeitsskalierbaren Aufgaben zusammenhängen, teils mit den Verschiebungen in dem, was Kindern und Jugendlichen wichtig ist (Präferenzen), zu tun haben. *In jeder Altersphase gibt es dann korrespondierende Gefährdungen.* In den ersten Schuljahren stehen die Kompetenzerfahrungen im Vordergrund, so daß Kinder in dieser Phase mit Problemen der *Mutlosigkeit* zu kämpfen haben. Probleme von *mangelnder Aufmerksamkeitsregulierung und Impulskontrolle* können aus der vorschulischen Entwicklungsphase in die Schulzeit hineinwirken und eine Anpassung an schulische Anforderungen erschweren. In der Adoleszenz veschieben sich die Gefährdungen. Jetzt tritt der Konflikt zwischen den Bedürfnissen nach Gemeinsamkeit mit Gleichaltrigen und den individuellen Profilierungswünschen in den Vordergrund. In der späten Adoleszenz ist wiederum die Integrationsfähigkeit der Leistungsbereitschaft in eine berufliche Zielsetzung und Identität ein entscheidender Konsolidierungs-, aber auch Gefährdungspfad.

Neben dieser entwicklungspsychologischen Differenzierung des Konzeptes der Lernmotivation ist auch eine differentialpsychologische gelungen, indem unterschiedliche Gefährdungen im Ablauf der Aufgabenbewältigung diagnostiziert wurden. Dabei wurde sichtbar, daß eine ungünstige Erfolgseinschätzung („Mutlosigkeit") nur *eine* Problematik indiziert, der die Problematik *mangelnder Ausführungskompetenzen* im Sinne volitionaler Probleme ebenbürtig zur Seite steht.

Diese Ausdifferenzierungen des Systems der Lernmotivation erlauben es, mit dem Syndrom der „Faulheit" anders umzugehen und die Probleme genauer zu lokalisieren. Auch die Möglichkeiten der pädagogischen Einflußnahme kommen so ins Blickfeld.

Umgang mit Schule als habitualisierte Formen der schulischen Aufgabenbewältigung in der Adoleszenz

In resümierender Kürze seien hier einige zentrale empirische Ergebnisse referiert.

„Mutlosigkeit" weniger bedeutsam als „Willensschwäche" und affektive Widerstände

Die Entwicklung und Überprüfung eines Indikators zur habitualisierten Anstrengungsbereitschaft stand am Beginn des Versuchs, die differentielle Konstitution dieser Haltung und ihre Veränderung beim Übergang von der Kindheit in die Adoleszenz zu untersuchen. Bei diesem gelungenen Versuch erwies sich, daß die Anstrengungsintensität am deutlichsten mit *volitionalen Gewohnheiten* korrelierte, insbesondere mit Fähigkeiten des Belohnungsaufschubs und der Arbeitsorganisation, aber auch mit *Selbstwirksamkeitswahrnehmungen* assoziiert ist. Der *affektive Annäherungs- oder Meidungsgradient*, der sich gegenüber der Schule verfestigt hat, gehörte schließlich zum Kern einer hohen oder niedrigen Lern- und Leistungsbereitschaft. In der *gegenstandsspezifischen* Ausprägung tritt er als „Interessen-Vektor" in den Vordergrund (KRAPP, 1992a).

Leistungsdistanz und Risikoverhalten

Die Bedeutung der Leistungsbereitschaft wird durch den Sachverhalt unterstrichen, daß sie einen *risikoarmen Entwicklungspfad im Jugendalter* indiziert. Leistungsdistanz ist umgekehrt einer der wichtigsten Indikatoren für eine frühe Zuwendung zu Risiken unserer hedonistischen Gesellschaft: zu Alkoholkonsum, zu Rauchen, zu frühem sexuellem Kontakt und zu einer „Freiheitshaltung", die diese vor allem im Konsum- und sozialen Kontaktbereich realisiert sieht.

c) *Umgang mit Schule in Deutschland und der Schweiz: Doppelt so große emotionale Distanz zur Schule bei deutschen Schülern*

Die „*Epidemiologie*" *von Leistungsbereitschaft* konnte in viele Differenzierungen nach Subgruppen (Mädchen/Jungen, Hauptschulen/Realschulen/ Gymnasium, Stadt/Land) und nach dem Alter dargestellt werden. Der Vergleich von Daten zwischen Deutschland und der Schweiz bot schließlich die seltene Möglichkeit, Fragen der Kultur- und Gesellschaftsabhängigkeit von Leistungshaltungen nachzugehen.

Herausragend positive Werte zeigten z.B. immer Mädchen auf dem Lande, die höhere Schulformen besuchten.

Überraschend deutlich traten auch Unterschiede nach Ländern, hier beim Vergleich Deutschland und Schweiz, ans Tageslicht. Die Schweizer Kinder gingen doppelt so häufig wie deutsche gern zur Schule.

Bei den deutschen Daten waren auch sozialgeschichtliche Vergleiche möglich, da Erhebungen aus den 70er Jahren mit solchen in den 80er verglichen werden konnten. Während sich in der emotionalen Distanz bzw. Nähe zur Schule kaum Veränderungen ergaben, traten einige Wandlungen in der Disziplin und Aggressionsbereitschaft deutlich zutage. Insbesondere Lehrer erfahren von seiten der Schüler zunehmend mehr Widerständigkeit und verbale Aggressionsbereitschaft.

Wie wir aus anderen Studien wissen, nehmen Lehrer solche Veränderungen selber deutlich wahr (FEND, 1994b). Ihnen stechen vor allem die höheren Ansprüche auf individuelle Behandlung und die geringeren Fähigkeiten zum disziplinierten Durchhalten ins Auge. Nach ihrer Wahrnehmung sind Schüler vom Elternhaus her heute schlechter erzogen, als dies früher der Fall war. Damit sind in ihrem Bewußtsein die disziplinarischen Vorleistungen der Familie heute schwächer.

d) *Rückgang der Leistungsbereitschaft in der Adoleszenz – kontextuell mitbedingt*

Unübersehbar gehen nach unseren Daten die emotionale Zuwendung zur Schule und die Anstrengungsbereitschaften beim Übergang von der Kindheit in die Adoleszenz zurück. 20 bis 30% Schülern, die sich diesbezüglich markant verschlechtern, stehen nur 2 bis 3% gegenüber, die ihre Haltung vom 7. zum 10. Schuljahr deutlich verbessern.

Dieser allgemeine Trend verläuft in verschiedenen Subgruppen sehr unterschiedlich. Mädchen auf dem Lande in Gymnasien und Realschulen sind deutlich am stabilsten, ihre Arbeitshaltungen verändern sich am wenigsten zum Negativen.

Die Arbeitshaltungen, die bis zum Ende der Kindheit entwickelt wurden (hier in der 7. Schulstufe), zeigen auch in der Adoleszenz eine deutliche Stabilität. Will man die Lernmotivation in der 10. Schulstufe erklären, dann ist der Rückgang auf die Lernmotivation in der 7. Schulstufe immer der beste Prädiktor. Aber auch kontextuelle Faktoren können die Stabilität der Lernmotivation stützen oder schwächen. Ein positives Verhältnis zu den Eltern, schulkonvergente Normen in der Altersgruppe, hohes Schulengagement der Lehrer und Lernerfolge vergrößern jeweils die Gruppen der stabil lernmotivierten Schüler um 5 bis 10%.

Wie sehr das Ausmaß emotionaler Zuwendung zur Schule eher kontext- als altersabhängig ist, zeigt der Vergleich zwischen den deutschen und den Schweizer Schülern. In der Schweiz fühlen sich mehr Schüler der 9. Klasse in der Schule noch sehr wohl, als dies in der 6. Klasse bei deutschen Schülern der Fall ist. Bei einzelnen Gruppen, z.B. bei Gymnasiasten, fühlen sich die Schüler in der 9. Stufe bei einigen Indikatoren sogar wohler als jene in der 7. Stufe. Doch auch in der Schweiz sind altersabhängige Veränderungen im Umgang mit Schule unübersehbar, wenngleich sie nicht so ausgeprägt und nicht so einheitlich negativ sind wie in Deutschland.

Der Umgang mit Schule und die Konstitution des Selbst-Systems

Bildungssysteme in der Moderne bieten vielfältige Erfahrungsfelder für die Entdeckung und Erarbeitung von Perspektiven dazu, was man *ist*, sein *könnte* und sein *möchte*. Sie sind Experimentierfelder, Moratorien der Entdeckung der eigenen Leistungsinteressen und Leistungsmöglichkeiten großen Stils. Sie tragen mit dazu bei, im Seelenleben der Kinder und Jugendlichen jene Zielstruktur und Rationalität der Selbstreflexion zu prägen, die Karl MANNHEIM (1930) beschrieben hat und die dem Alltag und der Biographie Ordnung und eine Zielstruktur geben.

Dieser Prozeß kann jedoch auch mit *Belastungen* verbunden sein. Da die Schule und die Eltern an deren Vermeidung interessiert sein müssen, ist die Untersuchung der Frage, wie die Subjektkonstitution bei zumindest teilweise belasteten Mißerfolgskarrieren aussieht, pädagogisch bedeutsam. Zwei Perspektiven standen in diesem Horizont im Mittelpunkt:

- Wie wirken Prozesse der leistungsmäßigen Selbst-Konstitution *auf die Leistungsbereitschaft bzw. die Lernmotivation zurück*, und

- welche *psychohygienisch bedenklichen Folgen* sind mit mißerfolgsbelasteten Schulbiographien verbunden?

Auf dieser Folie ist die Polarisierung der Meinungen über die Persönlichkeits-Wirkungen der Schule zu sehen, die in der Frage zum Ausdruck kommt: „Macht Schule krank, oder macht Schule stark?"

Aus pädagogischer Sicht sollte es diese Polarisierung nicht geben: Schule soll stark machen, und es ist alles zu tun, um Kinder und Jugendliche vor krankmachenden Erfahrungen zu schützen. Um einem solchen Postulat eine empirische Basis zu geben und Gefährdungskonstellationen abzuschätzen, erschien uns die Analyse der Prozesse schulischer Selbst-Konstitution sehr wichtig.

Die erste Voraussetzung für ein solches Unterfangen war die Entwicklung eines Meßinstrumentariums, das die wichtigsten Komponenten des Leistungs-Selbst erfassen sollte. Sowohl deskriptive Aspekte der *Selbstbeschreibungen*, Komponenten der lernmotivationsrelevanten *Selbstwirksamkeit*, als auch psychohygienisch relevante Selbstbewertungsprozesse mit den sie begleitenden Gefühlen des *Selbstwertes* oder Selbstunwertes mußten erfaßbar werden.

Auf dieser Grundlage konnte den Entwicklungen der Selbstbeschreibungen beim Übergang von der Kindheit in die Adoleszenz nachgegangen werden.

a) *Selbstkonzepte und Wunschdenken*

Schon die einfachen Verteilungen der Einschätzungen, für wie gut und begabt sich Schüler halten, machen sichtbar, wie asymmetrisch positive Selbstkonzepte bevorzugt werden. Die schulisch relevanten Selbstbeschreibungen sind in unserer Kultur immer positiv verzerrt. Dies heißt aber auch, daß die Schule das Hoffnungspotential von Menschen, mit eigenem Einsatz etwas erreichen zu können, nur bei einer Minderheit von Schülern beeinträchtigt.

b) *In der Adoleszenz kein Einbruch positiver Selbstkonzepte*

Während der Adoleszenz zeigt das Leistungs-Selbstbild, was dessen positive oder negative Färbung angeht, wenige globale Veränderungen. Die Frühadoleszenz ist in dieser Hinsicht also keine sehr veränderungsintensive Phase. Die ersten Schuljahre scheinen vergleichsweise von prägenderer Bedeutung zu sein. Unser Erhebungsinstrument war aber sensitiv genug, um besondere Belastungen, wie z.B. die Veränderungen in der 7. Schulstufe (neue Fächer, Schulwechsel), und jene in der 9. Stufe (bevorstehender Abgang von der Schule bei knappem Lehrstellenangebot) anzuzeigen.

Die jeweilige Ausprägung des Selbstbildes ist ebenso wie die Leistungsbereitschaft in hohem Maße *kontext-abhängig*. Sie variiert insbesondere bei Belastungsindikatoren wie der „Leistungsangst" deutlich nach ökologischen Kontexten, nach Schulformen und nach Ländern (Deutschland/Schweiz).

c) Immer wieder: Mädchen als verletzlichere Gruppe

Auffallend sind ferner die immer wieder auftauchenden Geschlechtsunterschiede und das inzwischen breit abgesicherte Ergebnis, daß Mädchen selbst bei besseren Leistungen eine pessimistischere Selbsteinschätzung zeigen. Sie sind sich selber gegenüber offener und deshalb vielleicht auch verletzlicher. In ihrem Kompetenzbewußtsein sind sie stärker auf sich wiederholende Bestätigungen in der Form von Noten angewiesen, als dies bei Jungen der Fall ist. Besonders in der Adoleszenz bahnt sich ein anderer Zugang der Mädchen zu sich selber an. Sie wehren negative Erfahrungen nicht so häufig in der Form von Verneinung, Verleugnung und Projektion ab, wie dies Jungen tun.

d) Die Bedeutung des Selbstbildes für die Lernmotivation

Die Analyse des Handlungsverlaufs motivierter Aufgabenbewältigung hat ergeben, daß Wahrscheinlichkeitseinschätzungen des Erfolges (self-efficacy) neben der Valenz von Aufgaben Schlüsselfaktoren bilden. Dieses Ursachenmodell für die Erklärung von Anstrengungsbereitschaft mußten wir zwar durch Faktoren der Durchführungskompetenzen ergänzen. Nichtsdestoweniger ergab sich ein deutlicher Pfad von „Erfolgen" zur „Motivation". Als entscheidender Vermittlungsprozeß erwies sich dabei das Wirksamkeitsbewußtsein (self-efficacy nach BANDURA, 1986). Die Vermittlung von Erfolgsprofilen zu psychohygienisch und nicht so sehr motivational relevanten Variablen verlief dagegen deutlicher über den Prozeß der *Selbstwertschätzung* (self-esteem nach ROSENBERG, 1979).

e) Psychologie des Mißerfolges und die Psychohygiene des Schülerdaseins

Wie sehr geht Schule „unter die Haut", wie sehr beeinflußt sie die Identität eines jungen Menschen, wie sehr definiert sie dasjenige, was jemand als zu sich selber gehörig oder „fremd" empfindet? Die Fragen führten zu Auswertungen zum Zusammenhang zwischen schulischer Erfolgs/Mißerfolgsbiographie und der Entwicklung des Selbstbildes.

Die verzweigten Analysen ergaben, daß die konkreten Leistungsfähigkeiten in verschiedenen Fächern recht genau im Bewußtsein der Kinder und Jugendlichen repräsentiert sind. Der Weg von diesen konkreten Einschätzungen zu generalisierten Schlußfolgerungen über die eigenen Möglichkeiten im Leben, über die generalisierten Fähigkeiten und zu Urteilen über den eigenen „Wert und Unwert" erwiesen sich als sehr lang. Viele Vermittlungsprozesse sind zu beachten. Zwar ist die Institution Schule als Referenzbereich, als Instanz der Vorgabe von Vergleichspunkten und der Initiierung von Vergleichsprozessen sehr bedeutsam. Wichtiger sind jedoch die interpretativen Prozesse, Prozesse der sozialen Definition und Ko-Konstruktion, die von Eltern, Lehrern und Altersgleichen ausgehen. Auch die in der Kindheit aufgebauten Ressourcen der Person selber, ihre fundamentale Selbstakzeptanz z.B., sind bedeutsame protektive Faktoren.

Diese sozial-kognitiven Prozesse sind dafür verantwortlich, daß der Zusammenhang zwischen dem Leistungsbild (Leistungsstatus, als Kombination von Schulformzugehörigkeit und Noten) eines Adoleszenten und der generalisierten Selbstakzeptanz in der Altersphase von 12 bis 16 nur in der Größenordnung von r = .06 bis r = .16 liegt.

Überraschungen bei Extremerfahrungen von Erfolg und Mißerfolg

Die weitere Suche nach dem Niederschlag des Leistungsprofils eines Schülers in seinem Selbstbild konzentrierte sich in der Folge konsequenterweise nicht so sehr auf lineare und globale Zusammenhänge, sondern auf Extrem- und Sonderkonstellationen. Chronische Mißerfolgsbiographien traten dabei deutlich als Belastungssituation zutage. Die für die Schulkarriere bedeutsamen Situationen wie Schulformwechsel, Auf- und Abstufungen zwischen Schulformen und Klassenwiederholungen hinterließen immer Spuren in der Persönlichkeit. Sie waren jedoch nicht immer so, wie es einer schlichten Widerspiegelungsthese entsprechen würde. Abstufungen mündeten oft *kurzfristig* in Erholungsprozesse. Die einmal „gescheiterten" Jugendlichen waren in *neuen* Belastungssituationen allerdings wieder anfälliger dafür, den Kopf hängen zu lassen. Eine neue Gefährdung von Berufsperspektiven war nämlich für viele das Ende der Pflichtschulzeit in der 9. Schulstufe, die damals (1982) durch ein knappes Angebot an Lehrstellen besonders aktuell war. Hier zeigten jene Schüler, die einmal bereits eine gravierende Rückstufung erlebten (Klassenwiederholer, in tiefere Schulformen abgestufte Schüler), in ausgeprägter Form das Gefühl, „daß ihnen für die Zukunft schon viel verbaut ist".

Die Bedeutung der familiären Erwartungen kam besonders da zum Vorschein, wo die Kinder zentrale Bildungserwartungen nicht erfüllen konnten. Wenn Eltern das Abitur erreicht hatten, deren Kinder aber nicht im Gymnasium waren, dann befand sich diese (kleine) Gruppe der bildungsmäßig absteigenden Jugendlichen in einer schwierigen psychosozialen Situation.

Diese Ergebnisse legen insgesamt eine sorgfältige Beobachtung von je individuellen Konstellationen nahe, wobei negative Folgen für die Persönlichkeitsentwicklung eine wichtige, aber nicht ausschließliche Rolle in einem Entscheidungsprozeß für die bestmögliche Schullaufbahn spielen können. Der Sachverhalt, daß objektive Leistungsbilder für die Konstitution des Selbst erst über die „Interpretationsumwelten" von Eltern, Freunden und Lehrern wirksam werden, eröffnet auch Wege der pädagogischen Gestaltung und Verantwortung.

5) *Eine allgemeine Einsicht: Die positiven Erfahrungen der Kindheit wirken in der Adoleszenz fort, Belastungen ebenso.*

Durchgängig konnten wir auch in diesen Bereichen der Persönlichkeitsentwicklung eine hohe Stabilität von der Kindheit in die Adoleszenz feststellen. Was in der Kindheit und in den ersten Schuljahren begründet wurde, wirkt in der Adoleszenz fort. Aus anderen Persönlichkeitsbereichen, z.B. jenem der Aggressivität, der Impulsivität und der Aufmerksamkeitsstörung, wissen wir, daß sie schon im Kindergarten sorgfältig beobachtet und bearbeitet werden müßten. Nichtsdestoweniger treten in jeder Altersphase wieder neue Dynamiken auf, die bei den einen dazu führen, daß sie aus Problemen herauswachsen, und die bei anderen in neue Probleme münden.

Die Schule ist aber, das hat sich hier erneut gezeigt, ein wichtiger Entwicklungskontext, der allerdings nicht in schlichter Weise direkt „wirkt", sondern über inzwischen bekannte und in dieser Arbeit beschriebene Vermittlungswege sich in der Psyche des heranwachsenden Menschen niederschlägt. Auch wenn die Schule überwiegend „stark macht", sind die Gefährdungswege unübersehbar, jene in Haltungen der Mutlosigkeit ebenso wie jene der „seelischen Auswanderung" aus der Schule über Relevanzreduktionen und außerschulische Brennpunkte der Identität.

Schulerfolg und seine Stellung in der Gesamtstruktur der Persönlichkeit: die Bewältigung von Schule zwischen Leistung, sozialer Empathie und Selbstakzeptanz

In unübersehbarer Deutlichkeit hat sich die Verwobenheit des Umgangs mit schulischen Leistungserwartungen, der sozialen Entwicklung und der Selbstakzeptanz gezeigt. Wir sind deshalb der Frage nachgegangen, wie jugendliche Schüler die schulischen Erfahrungen mit den Bedürfnissen nach Kompetenz, sozialer Geltung und Selbst-Liebe vereinbaren.

a) *Mißerfolg in der Schule leichter kompensierbar als soziale Randständigkeit*

Auf welche Weise Leistungsbilder in psychische Stabilität transformiert oder aber neutralisiert werden, sollte in einer abschließenden Analyse zum Vorschein kommen, in der Schüler miteinander verglichen wurden, die bei gutem oder schlechtem Leistungsbild jeweils eine hohe oder niedrige Selbstakzeptanz demonstrierten. Dabei kam ein zentraler *Kompensationsmechanismus* zum Vorschein: die Beheimatung in einer Gruppe Gleichaltriger. In ihrem Schutze schienen Schüler viel auszuhalten. Aber auch der Preis dieser Kompensation war unübersehbar: die Reduktion der Bedeutung schulischer Anstrengung und die Hinwendung zu außerschulischem Risikoverhalten.

Schüler, die trotz gutem Leistungsbild eine schwache Selbstakzeptanz zeigten, waren zwar deutlich die fleißigsten, fühlten sich in der Klasse aber auch klar als Außenseiter. Da sie auch keine besondere Stütze von den Eltern erfuhren, fehlten ihnen trotz guter schulischer Ausgangsbedingungen die ein positives Selbstwertgefühl stabilisierenden sozialen Polster. Diese Ergebnisse legen nahe, Altersgleiche und Freunde nicht nur als „Gefährdungsquelle" von disziplinierter Leistungsbereitschaft anzusehen, sondern auch ihre Funktion als Abfederungs- und sozialen Bewältigungsmechanismus richtig zu gewichten. Für viele wäre ohne sie Schule nur schwer zu ertragen. Sie spielen deshalb im psychischen Haushalt des Menschen in der Entwicklungsphase der Schulzeit eine entscheidende Rolle.

Die Analysen in dieser Arbeit bestätigen einmal mehr, daß die Bewältigung schulischer Anforderungen dicht mit der Dynamik der Persönlichkeit und ihren altersspezifischen Ausprägungen verwoben ist. Dies macht es auch so schwer, zu raschen und von schlichten guten Absichten getragenen Veränderungen zu kommen.

b) *Die soziale Bedeutung der demonstrierten Anstrengungsbereitschaft und Identifikation mit der Schule*

Das Leistungsverhalten (die Anstrengungsbereitschaft), die Leistungsergebnisse (Noten) und die Art ihrer Verarbeitung haben im komplexen Interaktionsfeld der Schulklasse jeweils eine markante soziale Bedeutung. Je nach der Normstruktur der Schulklasse kann Schulerfolg zu sozialer Achtung oder sozialer Ächtung führen (s. auch SPECHT, 1982; SPECHT & FEND, 1979). Für eine positive Persönlichkeitsentwicklung ist die Kombination von schulischem und sozialem Erfolg sehr hilfreich, die Kumulation der Belastungen in beiden Bereichen ist besonders beeinträchtigend. Wie oben erwähnt, sind die Ausgleichsmöglichkeiten des einen durch einen anderen Bereich asymmetrisch. Durch soziale Integration ist wohl eine Selbst-Stabilisierung bei schulischem Mißerfolg möglich, sie wird jedoch durch Schuldistanz und Risikoverhalten erkauft. Eine geringe soziale Akzepetanz, wenig Ansehen, Zuwendung und Sympathie durch Altersgleiche sind durch Schulerfolg psychohygienisch schwerer kompensierbar.

c) *Leistungsorientierung und Solidarität*

Ein Kernproblem der Adoleszenz bildet für viele Schüler die Anforderung, eine Balance zwischen einer individuelle Kompetenzen fördernden Arbeitshaltung und einer solidarischen Hilfehaltung zu finden. Daß eine solche

Kombination möglich ist, ergibt sich aus dem empirischen Ergebnis, daß sie nicht korrelieren, d.h. mit einer guten oder schlechten Arbeitshaltung anderen gegenüber hilfsbereit und solidarisch oder egoistisch zu sein, ist jeweils gleich wahrscheinlich. Welche Balance dann aber gefunden wird, ob die eine oder die andere Haltung klar dominiert oder ob ein Gleichgewicht gefunden wird, ist Ausdruck einer in vielen anderen Bereichen der Persönlichkeit und der Freizeitgestaltung sich abzeichnenden Lebenshaltung. Die „pädagogische Präferenz" ist auf der empirischen Datenbasis leicht zu entscheiden, sie läuft auf die Befürwortung der Kombination einer gut organisierten Anstrengungsbereitschaft mit einer solidarischen Hilfsbereitschaft hinaus. Schüler aus eher traditionalen Milieus zeigen diese Kombination am häufigsten. Gymnasiasten suchen häufig eine andere Balance. Sie maximieren demonstrative Solidarität auf Kosten einer begrenzten Devianz und Distanz gegenüber der „offiziellen Schule". Damit hat in bestimmten Altersphasen eine gemäßigte „Distanzdemonstration" gegenüber der Schule häufig eine entwicklungspsychologische Bedeutung, die man kennen muß, um sie pädagogisch adäquat zu gewichten.

Weiterführende Fragestellungen: Spekulationen zu den Besonderheiten der Veränderung des Umgangs mit Schule in der Adoleszenz

Viele Aspekte veränderter Bezüge zur Schule im biographischen Wandel von der Kindheit in die Adoleszenz harren noch der genaueren entwicklungspsychologischen Erforschung. Bis zum Ende der Kindheit haben die Arbeiten von HECKHAUSEN und Mitarbeitern wichtige Erkenntnisse geliefert (HECKHAUSEN, 1982; 1984; HECKHAUSEN & ROELOFSEN, 1962). Für die Lebensphase der Adoleszenz wissen wir über genuine Entwicklungsprozesse relativ wenig. Dem hier dokumentierten Rückgang der Lernmotivation auf der Verhaltensebene könnte ein qualitativer Umbau des Umgangs mit Schule entsprechen, den es noch genauer zu erforschen gälte. Worin könnte er bestehen?

Die eigenen qualitativen Arbeiten legen dazu gewisse Spuren. So könnte es sein, daß die Orientierung gegenüber schulischen Anforderungen stärker *nach einzelnen Lernbereichen differenziert*. Die Entdeckung und subjektive Definition der eigenen Grenzen und Möglichkeiten läßt auch den Umgang mit Anforderungen in verschiedenen Fächern differenzierter werden. Im einen Bereich ist jemand intrinsisch motiviert, sieht dort seinen persönlichen Leistungsschwerpunkt, in einem anderen wird so viel getan, wie zur Verhinderung von Gefährdungen notwendig ist. Das „Kaufmannsverhalten" verstärkt sich also, es wird bewußter und gezielter „investiert".

Parallel dazu verfeinert und verbessert sich auch das Planungsverhalten in bezug auf Lernanforderungen. Es wird selbständiger, bewußter in eigene „Lernprojekte" eingebaut und an hierarchischen Zielen ausgerichtet.

Auf ähnliche Weise können sich die Beziehungen zu Lehrern entwickeln, weg von Globalidentifikationen hin zu spezifischen Wertschätzungen und Ablehnungen von Lehrern bzw. von Aspekten ihres Verhaltens.

Der globale Weg der Entwicklung, der von Abhängigkeit zu Selbstständigkeit und Selbstverantwortung führt, zeigt sich auch im Bereich der Organisation des Lernverhaltens. Die weitgehende autoritative Einbindung des Kindes, die Notwendigkeit der Führung und Lenkung im Lernverhalten, muß im zweiten Lebensjahrzehnt einer kontinuierlich sich vergrößernden Selbstverantwortung in der Erfüllung von Anforderungen Platz machen. Dabei dürfte die generelle Selbstkontrolle gefragt sein, die seit der Kindheit sich etablierende Fähigkeit, Belohnungen aufzuschieben, in Verführungssituationen durchzuhalten, auch ohne äußeren Druck selbstverantwortlich zu lernen. Daß dies ein langer und konfliktreicher Prozeß sein kann, steht Eltern besonders vor Augen, wenn der zurückgehenden Lenkungsmöglichkeit keine vernünftige Selbstkontrolle der Jugendlichen entspricht.

In der Lebenssphase Adoleszenz bahnt sich jedoch auch die Verfestigung einer grundsätzlichen Haltung gegenüber schulischen Anforderungen an. Es können sich einerseits Inkompetenzwahrnehmungen relativ endgültig stabilisieren, so daß man sich bestimmte Lernwege nicht mehr zutraut. Ebenso gravierend sind andererseits Verfestigungen einer verallgemeinerten Relevanzreduktion von Schule und von Lernanstrengung. Diese wird in dieser Altersphase von einem Risikoweg in frühe Demonstration von Erwachsensein, von Alkoholmißbrauch, Rauchen, frühem Sexualkontakt bis hin zu delinquenten Verhaltensformen im außerschulischen Bereich begleitet.

Typisch für die Lebensphase der Adoleszenz ist diesbezüglich die Verlagerung der Probleme, die in der Kindheit vor allem den Charakter von Devianz im Klassenzimmer hatte, in den außerschulischen Bereich. Bei aller Stabilität der Internalisierung schulischer Erwartungen, die in diesem Entwicklungsbereich gleich groß wie bei anderen Persönlichkeitsbereichen ist, ändert sich damit die phänomenale Erscheinungsform der Probleme.

Eine entscheidende Entwicklungsdimension, was den adoleszenzspezifischen Umgang mit Schule anbetrifft, könnte darin bestehen, daß die Bedeutung von Schule für das Selbst einer Person und die soziale Bedeutung von schulischen Leistungen neu „vermessen" und ausgehandelt wird. Bei vielen wird „Leistung" und „Begabung" aus der Kernzone des Selbst ausgeschieden, andere sehen in ihren Leistungen noch bewußter als in der Kindheit einen zentralen Teil ihres Selbst. Sie behalten und entwickeln Ambitionen, etwas können und etwas leisten zu wollen. Damit rückt bei ihnen das Leistungsprofil noch „tiefer" ins Zentrum der Identität. Für die gesamte Alterskohorte würde dies bedeuten, daß sie sich in der Adoleszenz noch stärker als in der Kindheit auseinanderentwickelt, daß die interindividuellen Unterschiede noch größer werden.

Diese Koppelung von Identitätsentwicklung und schulischer Leistungsorientierung (s. auch WINTERHAGER-SCHMID, 1993) muß in der Adoleszenz die Form einer bewußten Ausbildungs- und Berufsentscheidung annehmen. Dies bedeutet, daß die Differenzierung des Interessen- und Leistungsprofils sich auf entscheidungsrelevante Genauigkeit zuzuspitzen hat (FEND, 1991). Der Umgang mit dieser Berufsentscheidung okkupiert dann in der späteren Adoleszenz u.a. den Entwicklungsraum.

Schließlich erfolgt im zweiten Lebensjahrzehnt eine Reorganisation der sozialen Bedeutung, die Leistungen und dem Leistungsverhalten zugeschrieben wird. Für einen Fünftkläßler in einem Gymnasium hat die Demonstration guter Leistungen und hoher Leistungsbereitschaft andere soziale Folgen als bei einem Abiturienten. Bei beiden kommt es aber schon „irgendwie" darauf an, wie sich Schüler mit guten und schlechten Noten sozial präsentieren und profilieren. Konkurrenzhaltungen, Neid, Hilfsbereitschaft, Gemeinschaftsgefühl – sie alle zeigen grundsätzliche Möglichkeiten auf, Leistungsverhalten sozial einzubinden.

Hier betreten wir aber klar empirisches Neuland. Wir wissen bisher wenig Systematisches über die im Hintergrund stehenden Entwicklungswege. Eines ist aber bereits klar. Schüler gehen mit den strukturell vorgegebenen Erfolgs/ Mißerfolgsbilanzen auf sehr vielfältige Weise um. Schüler wissen sich zu schützen, ihre Psyche hat viele Möglichkeiten der Abwehr. Sie kann so weit gehen, daß diejenigen, die dem offiziellen Normen- und Erwartungskodex am genauesten entsprechen, am meisten in der Schule zu leiden haben, wenn es ihnen nicht gelingt, sich in die vielfältigen sozialen Beziehungsnetze sinnvoll einzufädeln.

Eine Entwicklungspsychologie des Umgangs mit Schule im zweiten Lebensjahrzehnt hat deshalb die sich wandelnden Verflechtungen der Leistungsorientierung, der Entwicklung des Selbst und der sozialen Beziehungsformen zu analysieren. In dieser Dreiheit kommt jener Teil einer „multiplex unitas" (STERN, 1918) zum Vorschein, den es im Schülerdasein zu beachten gilt, also die Verflochtenheit von Leistung, Selbst und Sozialität, oder von Leistungskompetenz, Selbstkompetenz und Sozialkompetenz. Daraus entsteht eine je *individuelle Konfiguration* der Bewältigung von Schule. Sie kann *aktiv-erfolgsorientiert* sein, aber auch *abwehrend-vermeidend*. Zu viel steht auf dem Spiel, vor dem man sich schützen muß. Wenn diese Schutzorientierung überhand nimmt und schulische Inhalte und Erwartungen in die Randzonen dessen verdrängt werden, was einem wichtig ist, dann ist auch eine produktive Auseinandersetzung beeinträchtigt. Wir haben aber auch gesehen, daß es viele Schüler gibt, die einen *normativ-akzeptierenden* oder gar *überkompensierenden* Verarbeitungsstil entwickeln, die Sicherheit durch die bestmögliche Erfüllung von Anforderungen suchen. Auch hier geht die Schule nicht sehr tief, sie „überwintert" in der äußeren Schale der schulischen „Pflichterfüllung", während die Inhalte schulischen Lernens sekundär bleiben.

Pädagogische Perspektiven

Praktische Bemühungen um eine bestmögliche Gestaltung der Humanentwicklung während der Schulzeit müßten ihre Möglichkeiten auf diesem Hintergrund der ganzheitlichen Verflechtungen der Leistungsbereitschaft und des Selbst mit der Persönlichkeitsdynamik und ihrer entwicklungsphasenspezifischen Entfaltung einschätzen und planen. Dabei käme der gleichzeitigen Berücksichtigung der sozialen Entwicklung, der Konstitution des Selbst und der Einübung in Anstrengungsbereitschaft eine besondere Bedeutung zu. Wer von der ganzheitlichen Förderung der kindlichen und jugendlichen Persönlichkeit spricht, der müßte schulische Erfahrungen in der Perspektive analysieren, in welcher Weise sie zur Stärkung oder Verletzung des Ich, zur sozialen Beheimatung oder Ausstoßung und zur disziplinierten Aufgabenbewältigung oder Aufgabenabwehr beitragen. „Lernmotivation" darf heute nicht mehr isoliert als Bereitschaft der Aufgabenbewältigung betrachtet werden. Sie ist vielmehr in ihrer Einbettung in die umfassendere Dynamik der Persönlichkeit zu sehen (DECI & RYAN, 1985; KRAPP, 1993; RYAN, 1993; RYAN et al., 1985).

Die Umsetzung in entsprechende praktische Ansätze wäre ein eigenes kreatives Unterfangen. Dabei wäre jene Mahnung von Karl MANNHEIM im Auge zu behalten, die uns in dieser Arbeit geleitet hat: „Nur wenn man die Strukturen in dem sich selbst überlassenen Prozeß beobachtet, wird man sinnmäßig modifizierend und regulierend eingreifen können. Man muß die Grundtendenzen der Kräfte, ihre Modulationsfähigkeit und ihre Flexibilitätsstufen erkannt haben, um dann aus freier Tat all das zu leisten, was in der Richtung der Veredelung oder der Versachlichung der Motive möglich ist. Eine Wirtschaftspädagogik ('Schulpädagogik', Anm. d. V.) wird sich immer klarer zur Aufgabe machen müssen, den Wirkungsraum zu erkennen, für den man den Menschen erzieht. Nur eine Verbindung von Soziologie und Pädagogik kann beider Arbeit sinnvoll machen. Nicht abstrakte Normen ohne Bezug auf den Lebensraum können uns helfen, sondern Normen, die für einen konkreten Raum möglich sind" (MANNHEIM, 1930, S. 508).

Sinngemäß hatten wir mit dieser Arbeit die Hoffnung verbunden, die „sich selbst überlassenen Prozesse" in der Entwicklung der Lern- und Leistungsmotivation sowie der Konstitution des Selbst im Raum der Schule zu erkennen, um „pädagogische Gestaltungsabsichten" nicht zu einem abstrakten Voluntarismus verkommen zu lassen, sondern in den Raum der Wirkkräfte zu stellen, die im Bildungswesen humangestaltend am Werke sind. Dabei dürfen wir aber – dies ist als Ergänzung der obigen These von MANNHEIM notwendig – nicht allein auf die Kenntnis der strukturellen Rahmenbedingungen des Bildungswesens und der Lebensverhältnisse vertrauen, auf die hin Heranwachsende erzogen werden. Als wichtige Erkenntnisquelle erweist sich die Psychologie der Verarbeitung von Mißerfolg und Erfolg, sowohl in der persönlichkeitstheoretischen, der sozialpsychologischen als auch in der entwicklungspsychologischen Variante. Sie kann uns darüber aufklären, wie das „humane System" „Kind" bzw. „Jugendlicher" – zusammen mit seinen Bezugspersonen – auf die institutionellen Rahmenbedingunen „reagiert", wie es sie bewältigt und verarbeitet und schließlich selbst gestaltet. Erst wenn man auch hier die „sich selbst überlassenen Prozesse" kennt, kann man die Möglichkeiten der sinnvollen Humanisierung realitätsadäquat einschätzen. Dazu wollte diese Arbeit einen Beitrag leisten. Da es sich dabei nicht um nach naturwissenschaftlichen Gesetzen ablaufende Vorgänge handelt, sondern um interpretative Leistungen und dem menschlichen Gestaltungswillen zugängliche Handlungen, eröffnen sich auch Chancen und Verantwortungsbereiche, um pädagogisch tätig zu werden.

Dies setzt vorgängig eine Verständigung darüber voraus, was wir als legitimierbaren Umgang der Schüler mit Schule betrachten. Eine Entscheidung darüber hängt wiederum in erster Linie davon ab, wie wir die Bedeutung des durch das Bildungswesen selektiv trainierten Sozialcharakters für das Bestehen in der Moderne, für das Bestehen in einer kompetitiven Industriegesellschaft einschätzen. Davon abgeleitet stellt sich die Frage, ob wir das Regel- und Normensystem, das schulische Anforderungen und Angebote generiert und zum bekannten leistungsbezogenen Bewertungssystem der Schüler führt, für legitim und pädagogisch begründbar halten. Wir haben uns insbesondere im Anschluß an DREEBEN (1968) und Max WEBER (1921) ausführlich damit beschäftigt. Ein leistungsbezogenes Verteilersystem von Lebenschancen ist dabei als *ein* Konflikte auf faire und effektive Weise bearbeitendes Regulativ gerechtfertigt worden (FEND, 1988b). Es wurde jedoch nicht übersehen, daß das Leistungsprinzip eine „Kultur der Unbrüderlichkeit" erzeugen kann, die kognitiv Schwache und intellektuell Benachteiligte in eine schwierige Situation bringt, wenn nicht kompensatorisch „brüderlich" geholfen wird.

Aus diesen Gründen haben wir die Ergänzungsbedürftigkeit des schulischen Leistungsprinzips betont. Es bedarf, damit es selbst als legitim gelten kann, der Balance durch das Humanitätsprinzip und das Solidaritätsprinzip.

Mit dem ersten ist schlicht gemeint, daß über der Beurteilung der konkreten Leistungsfähigkeiten eines Menschen seine Würde als Person und sein Wert als Person stehen muß. Diese wertende Interpretation kann und sollte den Umgang mit den schulischen Erfolgs- und Mißerfolgsinformationen durch Eltern, Lehrer und Mitschüler durchdringen. Die Trennung der Würde des Kindes von seinen konkreten Leistungserfolgen muß interpretativ vorgelebt werden.

Die Vorstellung von der Würde des jungen Menschen impliziert auch, ihn in seine individuelle Verantwortung für seine eigene Schul- und Lebensgeschichte einzuüben. Bei aller notwendigen, lebensgeschichtlich aber abnehmenden Hilfestellung in der Alltagsbewältigung heranwachsender Kinder läuft unsere Vorstellung vom selbstverantwortlich werdenden Menschen darauf hinaus, diesen in Richtung Selbständigkeit, Eigenverantwortung und Selbstdenken unter den normativen Anspruch von Moralität und Vernunft zu stellen. Dies gilt auch für das Lernverhalten jedes Schülers, das mit steigenden Schuljahren in seine eigene Hand gelegt werden muß.

Die Balance des Leistungsprinzips mit dem Humanitätsprinzip impliziert auf konkreter Ebene ein oft schwieriges Abwägen von Alternativen mit schwer vorhersehbaren Konsequenzen. Die Maximierung des Leistungsprinzips würde oft erfordern, die Grenzen der kognitiven Belastbarkeit durch Maximalinvestitionen in Lernanstrengungen zu testen. Das Humanitätsprinzip würde oft eher nahelegen, das Bewußtsein des eigenen Wertes und der eigenen Würde zu stärken und den jungen Menschen so zu akzeptieren, wie er ist, damit er mit sich selber eins sein und die eigene Würde bewahren kann. Damit wird der Konflikt zwischen potentieller Überforderung und mögliche Entwicklungschancen versäumender Orientierung am „Glück des Kindes" unübersehbar. Die Lösung kann jeweils nur individuell, aber mit mehr oder weniger Bewußtsein über die Implikationen erfolgen. Er mag anfangs auf den Schultern der Eltern ruhen, im Laufe der Schulzeit müßte der reflektierte Umgang mit diesen Problemen auch bei den heranwachsenden Menschen eingeübt werden. Nur so können auch der „naturwüchsig" nicht immer humane Umgang der Schüler untereinander und der Umgang mit den gegenseitigen Schulleistungen auf ein reflektierteres und moralisches Niveau gehoben werden. Die Moralentwicklung und die Moralerziehung in der Schule müßte sich mit diesen lebensweltlichen Problemen gezielt auseinandersetzen.

Der Konflikt zwischen dem Leistungsprinzip und dem Humanitätsprinzip wird durch einen „Dritten im Bunde" verkompliziert: durch das Solidaritätsprinzip. Es wird von den Schülern selber häufig spontan eingeklagt, wenngleich nicht selten in der Form des Unterlaufens der Grundlagen einer leistungsgerechten Beurteilung durch „Schwindeln", „Einsagen" usw. Dahinter kann jedoch ein „gesundes" moralisches Bedürfnis stehen, den Mitmenschen in Not, den Mitschüler in der Not des Nicht-Wissens, nicht allein zu lassen. Je mehr dieses Nicht-Wissen jedoch selbst verschuldet ist und somit das Selbstverantwortungsprinzip betroffen ist, um so mehr tritt eine legitime Hilfestellung auch bei Mitschülern in den Hintergrund.

Das Leistungsprinzip muß auf *institutioneller Ebene* durch das Prinzip der Gleichheit grundlegender Lebensbedürfnisse und Lebensrechte ergänzt werden, damit es nicht zur Verelendung der unverschuldet Schwächeren und so gleichzeitig zur eigenen Delegitimation führt. Die Gleichheit der Basisrechte, auch die der Lernmöglichkeiten und Lernerfolge gilt es zu wahren. Doch dafür ist ein kompliziertes gesellschaftliches und schulisches Regelwerk nötig, das hier nicht mehr diskutiert werden kann.

Da auch hier ein reflektierter Umgang mit diesen Rechten und Konflikten nicht natürwüchsig „richtig" läuft, stellt sich die Aufgabe des interpretativen und normativen Einübens einer „schulischen Kultur der Brüderlichkeit".

In dieser Arbeit hat sich uns die soziale Dimension des Leistungsverhaltens beinahe aufgedrängt. Leistungsunterschiede implizieren auch immer soziale Hierarchien, gegen die aber häufig mit inhumanen Mitteln unter den Schülern gekämpft wird. Daraus resultieren nicht selten Leidensgeschichten des sozialen Ausstoßens, die lebenslange Schleifspuren im Seelenleben hinterlassen können. Damit stellt sich auch hier die ethische Aufgabe der Einübung in reflektierte Formen des Nachdenkens über eine Ethik der Solidarität, über eine Ethik der „Brüderlichkeit", wie es Max WEBER wohl nennen würde.

Der Ansatz dieser Arbeit bestand darin, dem nachzuspüren, was *faktisch* in dieser Richtung geschieht, wie schulischen Erwartungen entsprochen wird, wie Erfolg und Mißerfolg verarbeitet werden, welche soziale Bedeutung Erfolge und Mißerfolge in der Schulklasse haben können. Damit sollte das Wissen darüber verbreitet werden, wo wir die Adoleszenten abholen müßten, wenn wir sie in eine nächste Zone der Entwicklung einbinden wollten. Nach weit verbreiteter didaktischer Meinung ist diese Abfolge von Schritten wichtig: den Ausgangspunkt der Lebens- und Denkwelt von Kindern und Jugendlichen zu kennen und ihn mit dem „Zielwissen" zu konfrontieren, das die Wege der Entwicklung anzeigt.

Ziele und Wege konnten hier aber nur mehr angedeutet werden. Das Realitätswissen stand hier im Vordergrund, das uns jedoch die pädagogische Aufgabe nicht leicht macht. Nur allzu deutlich ist nämlich der Sachverhalt geworden, daß sich Kinder in *Kinderwelten* (KRAPPMANN & OSWALD, 1995) und Jugendliche in *Jugendlichen-Welten* (WINTERHAGER-SCHMID, 1993) bewegen, in die Erwachsene nicht problemlos eindringen und die sie nicht willkürlich verändern können, schon gar nicht mit der ausschließlichen Methode des moralischen Zeigefingers. Große Pädagogen, wie z.B. Oskar SPIEL

(1947) oder Alfons SIMON (1950), haben dies für die Kinderwelt vorgemacht und die Gemeinschaftspädagogik der Reformpädagogik hat Ansätze für das Jugendalter entwickelt. Unzweifelhaft ist hier eine besondere Begabung angesprochen: die pädagogische Phantasie der *indirekten* Begleitung des heranwachsenden Menschen, die uns allen in mehr oder weniger großem Maße gegeben ist. Sie kann aber von einem differenzierten Wissen über faktisch ablaufende Prozesse, über deren Variation und Bedingungen, nur profitieren; und wenn auch nur in der Weise, daß der gute pädagogische Wille nicht permanent von der andersartigen Wirklichkeit überrascht und schließlich ins enttäuschte Gegenteil, in Verhärtung und Zynismus, verkehrt wird. Die noch größere Hoffnung, die mit einer wirklichkeitsgesättigten pädagogischen Haltung verbunden wäre, ist die, daß dadurch pädagogisches Handeln nicht nur von abstrakten Normen geleitet würde, sondern sich von den Details der jeweiligen Problemsituation leiten ließe. Die große Chance für eine solche pädagogische Begleitung, die in dieser Arbeit sichtbar geworden ist, besteht darin, daß schon ein kluger *interpretativer Umgang* mit Schulleistungen sehr hilfreich sein kann.

Anhang 1: Variablenplan und Instrumentenübersicht

Unabhängige Variablen

Variable		Richtung Antwortkategorie	Erhebungsjahre 79 80 81 82 83	Itemzahl & Konsistenzkoeffizient
1. Personaldaten				
Geschlecht	Bist Du ein Junge oder ein Mädchen?	1 (w) 2 (m)	o--o--o--o--o	1
2. Sozialdaten				
Schicht	Offene Schülerangabe zum Beruf des Vaters	1 Oberschicht . . 7 untere Grundschicht	o--o--o--o	1
	Selbsteinstufung (geschlossen)	1 Oberschicht . . 7 untere Grundschicht	o	1
3. Sozialökologie				
Region	beruht auf der Variable „Wohnortgröße"	1 Stadt 2 Land	o--o--o--o--o	1
4. Schulische Situation				
Schulform	objektiv bestimmt	HS IGS RS GY FöR	o--o--o--o--o	1
Schulformwechsel	objektiv bestimmt	1 z.B. HS - RS RS - GY . . 8		1
Klassenwiederholungen	Hast Du in Deiner bisherigen Schulzeit eine oder mehrere Klassen wiederholt?	nein . . ja, die ... Kla.	o--o--o--o--o	1
Klassenwiederholungen 79-82	Zusammenfassende Variable	ja, nein	o--o--o--o	1

Noten	Welche Noten hattest Du im letzten Zeugnis in den folgenden Fächern: Deutsch, Englisch, Mathe, Sozialkunde, Sport?	Pro Fach: 1 2 3 4 5 oder 6	o--o--o--o	5
Notensumme (Deutsch, Mathe, Englisch)	Summenscore aus Angabe der Einzelnoten pro Fach		o--o--o--o	1
Note im Anschlußzeugnis (D, M, E)	Welche Note wirst Du wahrscheinlich im Abschlußzeugnis dieses Schuljahres bekommen: in Deutsch, in Mathe, in Englisch?	pro Fach: 1=1 . . 6=6	o--o--o--o--o	3
Wahrscheinlicher Schulabschluß	Welchen der folgenden Schulabschlüsse wirst Du wahrscheinlich erreichen?	keinen HS RS Abi	o--o--o--o--o	1
Sicherheit des Erreichens	Wie sicher bist Du Dir, daß Du diesen Abschluß erreichst?	sehr sicher . . sehr unsicher	o--o--o--o--o	1
Gewünschter Schulabschluß (Schülermeinung)	Abgesehen davon, welche Fähigkeiten Du Dir zutraust und welche Abschlüsse für Dich noch möglich sind: Kreuze bitte den Abschluß an, den Du Dir wünschst.	HS RS Abi	o--o--o--o	1

5. Soziokognitive Kompetenzen   79 80 81 82 83

Verbale Intelligenz	Wortvergleich daraufhin, ob 2 Wörter das gleiche oder das Gegenteil meinen: z. B. Dekoration – Ornament	das Gleiche das Gegenteil	o--o--o	17 (.67-.78)
Rollenübernahmeverständnis	Form A konkret — Geschichte wird geschildert, und der Jugendliche soll die Richtigkeit bestimmter Zusatzaussagen beurteilen.	1 stimmt nicht 2 stimmt	o	6 (.68)
	Form A generalisiert	1 stimmt nicht 2 stimmt	o	16 (.51)
	Form B generalisiert	1 stimmt nicht 2 stimmt	o--o--o--o	8 (.50-.67)
Politische Kompetenzen				
Kenntnis demokratischer Institutionen	Welche Antwort ist die richtige? Z. B. Wer darf nach unserem Wahlgesetz eine Stimme abgeben? • alle Verheirateten • alle Staatsbürger eines bestimmten Alters • alle Steuerzahler • alle Arbeitenden • jeder	siehe Text der Frage <--	o--o--o--o--o	6 (.66-.80)

Verständnis demokratischer Prinzipien	Was ist in einer Demokratie besonders wichtig? Suche die bessere Antwort heraus. Z. B. Wenn nur alle acht Jahre Bundestagswahlen stattfinden würden, was wäre der schlimme Nachteil für eine Demokratie? (2) daß die Wähler verhältnismäßig lange wenig Einfluß auf die Regierung haben könnten (1) daß sehr viele Politiker sich unmöglich für so lange Zeit verpflichten können.	siehe Text der Frage <--	o--o--o--o	5 (.47-.62)
Gesellschaftliche Perspektivenübernahme	Suche die Antwort heraus, die das Problem besser erklärt: Wenn Kinder von Eltern mit einem nicht so angesehenen Beruf weniger weit kommen, dann liegt das daran: (1) daß sie nicht so leistungsfähig sind (2) daß sie zuwenig Gelegenheiten hatten, alles zu lernen, worauf es im Beruf ankommt.	siehe Text der Frage <--	o--o--o--o	8 (.48-.57)

Abhängige Variablen

Variable		Richtung Antwortkategorie	Erhebungsjahre 79 80 81 82 83	Itemzahl & Konsistenzk.

1. Indikatoren der Lernmotivation

Arbeitszeitdauer für die Schule	Wie lange arbeitest Du täglich ungefähr außerhalb der Schulzeit für die Schule (z.B. Hausaufgaben, Vorbereitungen)?	1 halbe Stunde . . 6 3 Std. und mehr	o--o--o--o--o	1
Anstrengung	Wie sehr strengst Du Dich für die Schule an?	1 gar nicht . . 5 sehr	o--o--o--o--o	1
Ausdauer	Welche Ausdauer hast Du bei schulischen Aufgaben?	1 sehr große Ausdauer . . 5 keine Ausdauer	o--o--o--o--o	1
Ehrgeiz	Wie ehrgeizig bist Du bei dem, was in der Schule gemacht werden soll?	1 sehr ehrgeizig . . 5 gar nicht	o--o--o--o	1
Leistungsbereitschaft	Mittelwertscore aus Anstrengung, Ausdauer und Ehrgeiz	siehe oben pro Item	o--o--o--o	3 (.61-.78)

2. Disziplin-Verhalten   79 80 81 82 83

Disziplinarisches Verhalten	Wie oft kommen folgende Sachen ungefähr bei Dir vor? -Lehrer absichtlich ärgern -Sachen kaputt machen, die der Schule gehören -Jemand verhauen, der schwächer ist -Andere in der Klasse hinter ihrem Rücken schlecht machen -Mich mit andern prügeln -Andere laut verspotten -Lehrern freche Antworten geben	1 nie . . . 5 öfter als ein paarmal die Woche	o--o--o--o--o	7
Absentismus	Wie oft kommen folgende Sachen ungefähr bei Dir vor? Schule schwänzen	1 nie . . . 5 öfter als ein paarmal die Woche	o--o--o--o--o	1
	morgens zu spät zur Schule kommen	1 nie . . . 5 öfter als ein paar mal die Woche	o--o--o--o--o	1

3. Dimensionen des Selbstbildes   79 80 81 82 83

Selbstkonzept Begabung	Z.B. Häufig denke ich: ich bin nicht so klug wie die anderen.	1 stimmt nicht 2 stimmt	o--o--o--o--o	6 (.77-.82)
Kompetenzbewußtsein hinsichtlich Lehrer und Schulerfolg	z.B. Bei den meisten Lehrern stehe ich gut da	1 stimmt nicht 2 stimmt	o--o--o--o--o	8 (.70-.79)
Kompetenzbewußtsein der Zukunftsbewältigung	Z.B. Ich sehe ziemlich schwarz, wenn ich an die Zukunft denke.	1 stimmt nicht 2 stimmt	o--o--o--o--o	8 (.66-.75)
Handlungskontrolle	Z.B. Ich habe das Gefühl, daß ich einen ziemlich schwachen Willen habe.	1 stimmt nicht 2 stimmt	o--o--o--o--o	8 (.65-.78)
Emotionskontrolle	z.B. Gegen meine Launen komme ich manchmal kaum an.	1 stimmt nicht 2 stimmt	o--o--o--o--o	8 (.75-.79)
Selbstakzeptierung	Z.B. Manchmal komme ich mir ganz unwichtig vor.	1 stimmt nicht 2 stimmt	o--o--o--o--o	8 (.71-.77)
Schulische Leistungsangst	Z.B. Vor Prüfungen oder Klassenarbeiten habe ich oft Magen- oder Bauchschmerzen.	1 stimmt nicht 2 stimmt	o--o--o--o--o	8 (.74-.80)
Superscore	(= Gewichtete Mittelwertscores)			
Ichstärke	Kombinationen aus: Selbstkonzept Aussehen, Begabung, Kompetenzbewußtsein hinsichtlich Schulerfolg, Zukunftsbewältigung, Handlungskontrolle, Emotionskontrolle Selbstakzeptierung, Zufriedenheit mit sich, Leistungsangst	1 stimmt nicht 2 stimmt	o--o--o--o--o	65

4. Psychische Gesundheit   79 80 81 82 83

Wohlbefinden	Wie wohl fühlst Du Dich gesundheitlich?	1 gar nicht . . 5 sehr wohl	o--o--o--o--o	1
Somatische Belastung	Wie oft kommen folgende Beschwerden bei Dir ungefähr vor? Kopfschmerzen, Magen- und Bauchschmerzen, Schlafstörungen, Verdauungsstörungen, Kreislaufstörungen	1 nie . . 5 öfter als ein paarmal pro Woche	o--o--o--o--o	5
Tabletteneinnahme	Wie oft nimmst Du Tabletten gegen die oben genannten Beschwerden ein?	1 nie . . 5 mehrmals pro Woche	o--o--o--o--o	1
Depressionsscore (BDJ)	Kurzform des Tests (13 Items) zu z.B. Traurigkeit, Zukunftsangst, Versager, Zufriedenheit, Schuldgefühle, Enttäuschung, Suizid, kein Interesse an anderen, Entschlußfreudigkeit, Aussehen, Arbeitsfähigkeit, Müdigkeit, Appetitlosigkeit	1 ich bin nicht von mir enttäuscht . . 5 Ich hasse mich	o	13 (.90)
Lebenszufriedenheit	Wie wohl fühlst Du Dich zu Hause?	1 sehr . . 5 gar nicht	o--o--o--o--o	1
	Wie wohl fühlst Du Dich in der Schule?	1 sehr . . 5 gar nicht	o--o--o--o--o	1
	Wie wohl fühlst Du Dich gesundheitlich?	1 sehr . . 5 gar nicht	o--o--o--o--o	1
	Wie zufrieden bist Du mit Dir?	1 sehr . . 5 gar nicht	o--o--o--o--o	

5. Prosoziale Motivation   79 80 81 82 83

Prosoziale Motivation (s. S. 316)	Form A (Beispiel wird vorgegeben): Ich sage, was geht das mich an.	1 eher ja 2 eher nein	o	12 (.28)
	Form B: Ich denke mir, das nächste Mal lege ich ihn rein.	1 eher ja 2 eher nein	o--o--o--o	8 (.78-.77)
Schulische Mitbestimmung				
Einsatzbereitschaft für Mitschüler	wie oben. Z.B. Eigentlich muß jeder sehen, wie er zurechtkommt.	1 würde ich nicht denken 2 würde ich denken	o--o--o--o--o	8 (.66-.71)

Aufgaben und Verantwortlichkeiten				
-Tier versorgt	Wenn Du an das letzte Jahr denkst, was hast Du da alles gemacht, und wofür warst Du verantwortlich?		o--o--o--o	1
-Feste Aufgaben			o--o--o--o	1
-zu Hause auf Geschwister aufpassen			o--o--o--o	1
-Feste Aufgaben im Verein			o--o--o--o	1
-Schulfeste organisieren			o--o--o--o	1
-Geld verdienen			o--o--o--o	1
-Kirchliche Aufaben			o--o--o--o	1
-Betreuung eines Menschen			o--o--o--o	1
-Sammlungen zu wohltätigen Zwecken			o--o--o--o	1
Gruppenverantwortung				
-ich hatte in einem Verein, Club oder Jugendzentrum feste Aufgaben			o--o--o--o	6
-ich habe etwas für die Kirche getan (z.B. bei Sammlungen geholfen, Meßdiener gewesen)			o--o--o--o	6
-ich habe bei Sammlungen für wohltätige Zwecke mitgemacht (z.B. für Tierschutzverein, Müttergenesungswerk)			o--o--o--o	6
-in keiner Gruppe (-)			o--o--o--o	6
-Turn- und Sportverein			o--o--o--o	6
-kirchliche Jugendgruppe			o--o--o--o	6

6. Interpersonaler Bereich 79 80 81 82 83

a) Soziale Stellung in der Schulklasse				
Soziogramm Sympathie	Welche Mitschüler(innen) magst Du besonders gern?	0 Wahlen . . 44	o--o--o--o--o	1
Geltung	Welche Mitschüler(innen) stehen bei Euch oft im Mittelpunkt?	1 Wahlen . . 44	o--o--o--o--o	6
Wahrgenommene Anerkennung durch Mitschüler	Z.B. Ich glaube, daß ich zu den beliebtesten Schülern der Klasse gehöre.	1 stimmt nicht 2 stimmt	o--o--o--o--o	6 (.71.-79)
b) Außerschulische Integration				
Anzahl der Freunde	Von wievielen Mädchen (Jungen) würdest Du sagen: Sie ist meine Freundin/Er ist mein Freund?	von keinem . . mehr als 5	o--o--o--o--o	1

Freunde in der Klasse	Wieviel(e) Deiner Freunde(innen) gehen in Deine Klasse?	keines . . mehr als 5	o--o--o--o	1
Treffen mit Freunden	Wie oft triffst Du Dich mit Freunden?	täglich . . habe keine Freund(in)	o--o--o--o--o	1
Möglichkeit des Treffens	Wenn Du an einem schulfreien Nachmittag mit einem Freund/einer Freundin etwas unternehmen möchtest, wie wäre es dann?	jederzeit möglich . müßte öters etwas allein sein	o--o--o--o	1
Regelmäßiges Treffen	Bist Du in einem Kreis von Jugendlichen, die sich regelmäßig treffen?	ja regelmäßig . nein	o--o--o--o	1
Wirklicher Freund	Hast Du einen wirklichen Freund?	1 ja 2 nein	o--o--o--o	1
Einsamkeit	Fühlst Du Dich manchmal einsam?	1 ja häufig . 3 nein	o--o--o--o	1
Alleinsein in Freizeit	Wieviel % der Freizeit verbringst Du allein?	bis 10% bis 100%	o--o	1
Besuche von Mitschülern	Kommen Mitschüler zu Dir nach Hause?	1 täglich. . 4 nie	o--o--o--o	1
Integration in die Peergruppe	Score aus den obigen Items	bei jedem Item unterschiedlich	o--o--o--o--o	6 (.62-.66)
c) Soziale Fähigkeiten (subjektiv)				
Kompetenzbewußtsein hinsichtlich Kontaktfähigkeit	Z. B. Wenn ich neu in eine Gruppe komme, finde ich leicht Anschluß.	1 stimmt nicht 2 stimmt	o--o--o--o--o	8 (.61-.80)
Kompetenzbewußtsein hinsichtlich Empathiefähigkeit	Z. B. Ich merke immer gleich, wenn mein Tischnachbar gekränkt ist.	1 stimmt nicht 2 stimmt	o--o--o--o--o	8 (.66-.71)
Kompetenzbewußtsein hinsichtlich Durchsetzungsfähigkeit	Z. B. Manchmal sage ich nichts, obwohl ich eigentlich im Recht bin.	1 stimmt nicht 2 stimmt	o--o--o--o--o	6 (.65-.77)
Soziale Fähigkeiten	Globalscore			
d) Soziale Interessen				
Kontaktinteresse	Z. B. Am liebsten bin ich immer mit mehreren Leuten zusammen.	1 stimmt nicht 2 stimmt	o--o--o--o--o	8 (.59-.65)

Rollenüber-nahme-interesse	Z. B. Wenn ich ganz ehrlich bin, denke ich wenig über andere nach.	1 stimmt nicht 2 stimmt	o--o--o--o--o	8 (.58-.66)
Soziale Interessen	Globalscore		o--o--o--o--o	

7. Freizeitverhalten und Risikoindikatoren   79 80 81 82 83

Jugendkultur

Bravo-Kultur	Worüber redest Du mit Deinen Freunden oder Freundinnen? Z. B. über Kleider und Mode	1 nie . . 4 fast jedesmal	o--o--o--o	9 (.71-.72)
Bildungs-orientierung	Worüber redest Du mit Deinen Freunden oder Freundinnen? Z. B. über Bücher, Theater, Filme, Kunst und was tust Du, wenn Du allein bist? z. B. malen	1 nie . . 4 fast jedesmal	o--o--o--o	8 (.55-.63)
Vereinsaktivität	Wenn Du an das letzte Jahr denkst, was hast Du da alles gemacht? (a) Ich habe in einem Verein, Club oder Jugendzentrum feste Aufgaben. In welcher der folgenden Gruppen außerhalb der Schule bist Du Mitglied? (b) Mitglied im Turn- oder Sportverein (c) Mitglied in keiner Gruppe	siehe Text der Frage <--	o--o--o--o	3 (.58-.66)
Haustiere	Kombination aus: (a) Ich habe ein Tier versorgt. (b) Ich rede mit Freunden(innen) über Haustiere und andere Tiere. (c) Ich beschäftige mich mit Haustieren.	(a) 1 nein 2 ja (b) nie - hin und wieder - oft (c) nie - hin und wieder - oft	o--o--o--o	3 (.47-.57)
Fernsehen	Kombination aus: (a) Wie oft siehst Du während der Woche fern?	(a) 1 nur gelegent-lich . 5 täglich mehr als 3 Stunden	o--o--o--o	3 (.67-.71)
	(b) Wie oft siehst Du am Wochenende fern?	(b) 1 nur gelegent-lich . 6 mehr als 4 Stunden	o--o--o--o	
	(c) Was machst Du, wenn Du allein bist: Fernsehen?	(c) 1 nie . 4 täglich	o--o--o--o	

Kirchliche Aktivität	Kombination aus: (a) Ich habe etwas für die Kirche getan. (b) Mitglied in kirchlicher Jugendgruppe (c) Wie oft bist Du im letzten Monat zum Gottesdienst oder zur Messe in die Kirche gegangen? (d) Wie oft hast Du im letzten Monat gebetet?	(a) 1 nie 2 ja	o--o	4 (.59-.64)
Erwachsenenprivilegien				
Taschengeld	Wieviel Geld hast Du im Monat zur freien Verfügung?	1 bis 10 DM . 7 mehr als 100 DM	o--o--o--o	1
Trinken	Wie oft trinkst Du Alkohol?	1 nie . 5 täglich	o--o--o--o	1
Ausgehbeschränkungen	Wann mußt Du, wenn Du am Wochenende ausgehst, zu Hause sein?	1 ich darf nicht weg . wann es mir gefällt	o--o--o--o	1
Erwachsenenprivilegien	Kombination aus: Rauchen, Trinken und Ausgang		o--o--o--o	3

8. Wahrnehmung der familiären Umwelt   79 80 81 82 83

Gesprächsintensität	Wenn Du mit Deinem Vater oder Deiner Mutter zusammen bist, wie oft sprecht Ihr über folgende Themen? Ueber die Schule, über religiöse Fragen, über persönliche Probleme von Menschen, über Berufsvorstellungen	1 so gut wie nie . 4 fast täglich	o--o--o--o	5 (.72-.74)
Dissens	Bei welchen Themen stimmst Du mit Deinen Eltern überein, bei welchen nicht? z.B. Ausgang, Kleidung, Benehmen, Taschengeld, politische Fragen, Schulleistung	1 stimme überein 2 stimme nicht überein	o--o--o--o	11
Strafintensität und Mißachtung	Was erwarten Deine Eltern von Dir und wie gehen sie mit Dir um? z.B. Meine Eltern lassen mich oft eine Zeitlang links liegen, wenn ich etwas angestellt habe.	1 stimmt gar nicht . 5 stimmt völlig	o--o--o--o--o	8 (.83-.85)
Wertschätzung und Respektierung	Was erwarten Deine Eltern von Dir, und wie gehen sie mit Dir um? Z.B. Meine Eltern fragen mich häufig nach meiner Meinung.	1 stimmt gar nicht . 5 stimmt völlig	o--o--o--o--o	8 (.81-.88)
Inkonsistenz und Willkür	Was erwarten Deine Eltern von Dir, und wie gehen sie mit Dir um? Z.B. Ich weiß bei meinen Eltern oft nicht, wie ich es ihnen rechtmachen soll.	1 stimmt gar nicht . 5 stimmt völlig	o--o--o--o--o	8 (.80-.83)

Transparenz und Interesse	Was erwarten Deine Eltern von Dir, und wie gehen sie mit Dir um? Z.B. Meine Eltern hören mir immer aufmerksam zu, wenn ich etwas erzähle.	1 stimmt gar nicht . . 5 stimmt völlig	o--o--o--o--o	8 (.84-.87)
Elterliches Stützsystem	Score aus den obigen Items			

9. Wahrnehmung der schulischen Umwelt   79 80 81 82 83

Schulklima

Lehrer Leistungsdruck	Es geht um Deine Lehrer und um Deine Mitschüler: Ueberlege Dir bei jedem Satz, ob er zutrifft oder nicht (gleich für alle Skalen dieser Seite). Z.B. In unserer Schule wird viel verlangt	1 stimmt gar nicht . . 5 stimmt völlig	o--o--o--o--o	6 (.69-.73)
Lehrer Disziplindruck	Z.B. Disziplin ist für unsere Lehrer fast das Wichtigste.	1 stimmt gar nicht . . 5 stimmt völlig	o--o--o--o--o	6 (.62-.72)
Lehrer Bevormundung	Z.B. Die meisten Lehrer glauben, man müsse uns alles vorschreiben.	1 stimmt gar nicht . . 5 stimmt völlig	o--o--o--o--o	4 (.68-.72)
Lehrer Beteiligungschancen	Z.B. In unserer Schule haben die Schüler kaum Einfluß auf die entscheidenden Dinge.	1 stimmt gar nicht . . 5 stimmt völlig	o--o--o--o--o	4 (.30-.52)
Lehrer Machtbehauptung	Z.B. Bei uns kommt es noch häufig vor, daß die Lehrer uns anschreien.	1 stimmt gar nicht . . 5 stimmt völlig	o--o--o--o--o	4 (.63-.69)
Lehrer Vertrauen	Z.B. Man wird an dieser Schule von den meisten Lehrern ernst genommen.	1 stimmt gar nicht . . 5 stimmt völlig	o--o--o--o--o	4 (.63-.70)
Lehrer Vermeidung leistungsbezogener Diskriminierung	Z.B. Unsere Lehrer bemühen sich sehr, daß alle Schüler wirklich etwas lernen.	1 stimmt gar nicht . . 5 stimmt völlig	o--o--o--o--o	4 (.60-.69)
Schule Anonymität	Z.B. In unserer Schule geht man unbeachtet in der großen Schülerzahl unter.	1 stimmt gar nicht . . 5 stimmt völlig	o--o--o--o--o	4 (.62-.68)
Lehrer Stützsystem	Score aus den obigen Skalen		o--o--o--o--o	

Klassenklima				
Klasse Konformitätszwang	Z.B. Bei uns in der Klasse kann man es sich nicht leisten, anders zu sein als die andern.	1 stimmt gar nicht . . 5 stimmt völlig	o--o--o--o--o	4 (.68-.77)
Klasse Konkurrenzkampf	Z.B. In unserer Klasse versucht jeder Schüler, besser zu sein als andere.	1 stimmt gar nicht . . 5 stimmt völlig	o--o--o--o--o	4 (.71-.79)
Klasse Zusammenhalt	Z.B. In unserer Klasse gibt es unter den Schülern verschiedene Gruppen, die wenig miteinander zu tun haben wollen.	1 stimmt gar nicht . . 5 stimmt völlig	o--o--o--o--o	4 (.54-.62)
Klassenklima	Score aus den obigen Skalen		o--o--o--o--o	
Wahrnehmung von Normen in Schulklasse und Altersgruppe				
Statusrelevanz von Solidarität	Stell Dir vor, ein neuer Mitschüler kommt in Eure Klasse und möchte hier Anschluß und Freunde finden. Wie müßte er sein, damit ihm das gelingt? Stell Dir vor, der neue Schüler (die neue Schülerin) z.B. ist nur zu solchen Mitschülern hilfsbereit, die er (sie) gut leiden kann.	1 eher von Nachteil . . 3 eher von Vorteil		3 (.49-.58)
Statusrelevanz von Schulleistung	Z.B. gehört zu den besten Schülern der Klasse.	1 eher von Nachteil . . 3 eher von Vorteil		3 (.35-.52)

Die Items der Schweizer Replikationsstudien sind jeweils im Text beschrieben

359

Anhang 2: Mittelwerte zu Veränderungen des Selbstkonzeptes bei unterschiedlichen Schullaufbahnen

Mittelwerte: Veränderungen des Selbstkonzeptes und Schullaufbahnen

Hauptschule N= 76
Realschule 140
Gymnasium 164

Selbstakzeptierung (8-16, Skalenmitte: 12)

	6. Stufe	7. Stufe	8. Stufe	9. Stufe
Hauptschule	13.40	13.43	13.95	13.61
Realschule	13.41	13.50	13.62	13.85
Gymnasium	14.05	13.81	13.99	14.26

Begabung (6-12, Skalenmitte: 9)

	6. Stufe	7. Stufe	8. Stufe	9. Stufe
Hauptschule	10.03	10.26	10.58	10.49
Realschule	10.38	10.52	10.53	10.61
Gymnasium	10.81	10.62	10.96	10.83

Somatische Indikatoren (6-30, Skalenmitte: 18)

	6. Stufe	7. Stufe	8. Stufe	9. Stufe
Hauptschule	10.75	11.38	11.70	12.43
Realschule	11.37	11.49	11.76	11.99
Gymnasium	11.45	11.74	11.83	12.26

Lehrer und Schulerfolg (8-16, Skalenmitte: 12)

	6. Stufe	7. Stufe	8. Stufe	9. Stufe
Hauptschule	13.78	14.13	14.33	13.76
Realschule	14.36	14.51	14.43	14.26
Gymnasium	14.90	15.10	14.90	14.68

Zukunftsbewältigung (8-16, Skalenmitte: 12)

	6. Stufe	7. Stufe	8. Stufe	9. Stufe
Hauptschule	13.12	13.50	13.96	13.20
Realschule	14.18	14.16	14.09	13.52
Gymnasium	14.69	14.41	14.41	14.14

Anerkennung Mitschüler (6-12, Skalenmitte: 9)

	6. Stufe	7. Stufe	8. Stufe	9. Stufe
Hauptschule	10.03	10.49	10.57	10.39
Realschule	10.34	10.45	10.44	10.42
Gymnasium	10.33	10.38	10.49	10.56

Leistung und Disziplin (0-10, Skalenmitte: 6)

	7. Stufe	8. Stufe	9. Stufe
Hauptschule	6.93	6.43	5.78
Realschule	6.64	6.49	6.31
Gymnasium	6.84	6.43	6.20

Wie wohl fühlst Du Dich in der Schule? (Einzelitem, 1-5)

	6. Stufe	7. Stufe	8. Stufe	9. Stufe
Hauptschule	4.07	3.61	3.45	3.24
Realschule	3.92	3.33	3.33	3.12
Gymnasium	4.03	3.51	3.35	3.31

Kurszugehörigkeit und Selbstkonzeptentwicklung

Niedriges Kursniveau	N= 107
Mittleres Kursniveau	95
Hohes Kursniveau	95

Selbstakzeptierung (8-16, Skalenmitte: 12)

	6. Stufe	7. Stufe	8. Stufe	9. Stufe
Niedriges Kursniveau	13.19	13.07	13.41	13.63
Mittleres Kursniveau	13.51	13.43	13.51	13.74
Hohes Kursniveau	13.89	13.76	14.02	13.99

Begabung (6-12, Skalenmitte: 9)

	6. Stufe	7. Stufe	8. Stufe	9. Stufe
Niedriges Kursniveau	9.43	9.52	9.94	10.32
Mittleres Kursniveau	10.18	10.09	10.45	10.58
Hohes Kursniveau	10.97	10.93	11.22	11.13

Somatische Indikatoren (6-30, Skalenmitte: 18)

	6. Stufe	7. Stufe	8. Stufe	9. Stufe
Niedriges Kursniveau	12.33	11.82	12.00	12.37
Mittleres Kursniveau	11.05	11.04	11.37	11.26
Hohes Kursniveau	11.34	11.20	11.48	11.76

Lehrer und Schulerfolg (8-16, Skalenmitte: 12)

	6. Stufe	7. Stufe	8. Stufe	9. Stufe
Niedriges Kursniveau	13.77	13.51	13.95	14.12
Mittleres Kursniveau	14.30	14.44	14.36	14.21
Hohes Kursniveau	14.95	15.07	15.40	14.98

Schulische Leistungsangst (8-16, Skalenmitte: 12)

	6. Stufe	7. Stufe	8. Stufe	9. Stufe
Niedriges Kursniveau	11.22	11.10	10.69	10.43
Mittleres Kursniveau	10.62	10.85	10.76	10.56
Hohes Kursniveau	10.33	10.46	10.65	10.44

Zukunftsbewältigung (8-16, Skalenmitte: 12)

	6. Stufe	7. Stufe	8. Stufe	9. Stufe
Niedriges Kursniveau	13.47	13.32	13.56	13.46
Mittleres Kursniveau	14.01	13.98	14.28	13.49
Hohes Kursniveau	14.76	14.56	14.52	13.92

Anerkennung Mitschüler (6-12, Skalenmitte: 9)

	6. Stufe	7. Stufe	8. Stufe	9. Stufe
Niedriges Kursniveau	9.62	10.00	10.33	10.32
Mittleres Kursniveau	10.34	10.42	10.65	10.57
Hohes Kursniveau	10.34	10.39	10.74	10.83

Leistung und Disziplin (0-10, Skalenmitte: 6)

	7. Stufe	8. Stufe	9. Stufe
Niedriges Kursniveau	6.32	6.26	5.86
Mittleres Kusniveau	6.78	6.52	6.08
Hohes Kursniveau	6.62	6.21	5.66

Wie wohl fühlst Du Dich in der Schule? (Einzelitem, 1-5)

	6. Stufe	7. Stufe	8. Stufe	9. Stufe
Niedriges Kursniveau	3.85	3.17	2.93	3.00
Mittleres Kursniveau	3.93	3.44	3.14	3.06
Hohes Kursniveau	4.17	3.57	3.41	3.27

Wechsel von der Förderstufe ins gegliederte Schulsystem

Von Förderstufe in Hauptschule	N=	113
Von Förderstufe in Realschule		125
Von Förderstufe in Gymnasium		53

Selbstakzeptierung (8-16, Skalenmitte: 12)

	6. Stufe	7. Stufe	8. Stufe	9. Stufe
Von Förderstufe in Hauptschule	13.02	13.31	13.26	12.98
Von Förderstufe in Realschule	13.94	13.46	13.46	13.52
Von Förderstufe in Gymnasium	13.75	13.81	13.94	13.96

Begabung (6-12, Skalenmitte: 9)

	6. Stufe	7. Stufe	8. Stufe	9. Stufe
Von Förderstufe in Hauptschule	9.30	9.83	10.11	9.96
Von Förderstufe in Realschule	10.23	10.44	10.51	10.37
Von Förderstufe in Gymnasium	11.04	11.02	10.77	10.89

Somatische Indikatoren (6-30, Skalenmitte: 18)

	6. Stufe	7. Stufe	8. Stufe	9. Stufe
Von Förderstufe in Hauptschule	10.78	10.91	11.58	12.03
Von Förderstufe in Realschule	10.81	10.85	11.30	11.94
Von Förderstufe in Gymnasium	12.40	11.85	11.74	12.21

Lehrer und Schulerfolg (8-16, Skalenmitte: 12)

	6. Stufe	7. Stufe	8. Stufe	9. Stufe
Von Förderstufe in Hauptschule	13.25	14.03	13.95	13.66
Von Förderstufe in Realschule	14.66	14.51	14.50	14.40
Von Förderstufe in Gymnasium	15.48	15.40	15.28	14.85

Schulische Leistungsangst (8-16, Skalenmitte: 12)

	6. Stufe	7. Stufe	8. Stufe	9. Stufe
Von Förderstufe in Hauptschule	11.26	11.25	10.68	10.49
Von Förderstufe in Realschule	11.56	11.33	11.03	11.36
Von Förderstufe in Gymnasium	11.15	11.02	10.85	10.75

Zukunftsbewältigung (8-16, Skalenmitte: 12)

	6. Stufe	7. Stufe	8. Stufe	9. Stufe
Von Förderstufe in Hauptschule	13.27	12.94	13.16	13.18
Von Förderstufe in Realschule	14.07	14.15	14.08	13.09
Von Förderstufe in Gymnasium	14.62	14.30	14.40	14.13

Anerkennung Mitschüler (6-12, Skalenmitte: 9)

	6. Stufe	7. Stufe	8. Stufe	9. Stufe
Von Förderstufe in Hauptschule	9.83	10.14	10.08	9.95
Von Förderstufe in Realschule	10.59	10.55	10.53	10.31
Von Förderstufe in Gymnasium	10.19	10.62	10.77	10.72

Leistung und Disziplin (0-10, Skalenmitte: 6)

	7. Stufe	8. Stufe	9. Stufe
Von Förderstufe in Hauptschule	6.40	6.37	5.74
Von Förderstufe in Realschule	7.06	6.89	6.39
Von Förderstufe in Gymnasium	7.04	6.74	6.25

Wie wohl fühlst Du Dich in der Schule? (Einzelitem, 1-5)

	6. Stufe	7. Stufe	8. Stufe	9. Stufe
Von Förderstufe in Hauptschule	3.67	3.26	3.02	3.03
Von Förderstufe in Realschule	3.88	3.38	3.21	3.00
Von Förderstufe in Gymnasium	4.02	3.48	3.58	3.30

Wiederholer

Ohne Wiederholung   N=   1060
Mit Wiederholung der 6. Kl   12

Schulische Leistungsangst (8-16, Skalenmitte: 12)

	6. Stufe	7. Stufe	8. Stufe	9. Stufe
Ohne Wiederholung	10.96	11.03	10.83	10.70
Wiederholung der 6. Kl.	10.58	10.92	10.92	10.92

Begabung (6-12, Skalenmitte: 9)

	6. Stufe	7. Stufe	8. Stufe	9. Stufe
Ohne Wiederholung	10.24	10.34	10.58	10.60
Wiederholung der 6. Kl.	10.33	10.33	1.33	11.08

Selbstakzeptierung (8-16, Skalenmitte: 12)

	6. Stufe	7. Stufe	8. Stufe	9. Stufe
Ohne Wiederholung	13.58	13.51	13.70	13.76
Wiederholung der 6. Kl.	13.17	13.50	13.42	14.08

Lehrer und Schulerfolg (8-16, Skalenmitte: 12)

	6. Stufe	7. Stufe	8. Stufe	9. Stufe
Ohne Wiederholung	14.38	14.47	14.53	14.34
Wiederholung der 6. Kl.	14.25	14.58	15.25	14.42

Zukunftsbewältigung (8-16, Skalenmitte: 12)

	6. Stufe	7. Stufe	8. Stufe	9. Stufe
Ohne Wiederholung	14.04	13.95	14.05	13.60
Wiederholung der 6. Kl.	12.92	13.75	13.75	13.08

Somatische Indikatoren (6-30, Skalenmitte: 18)

	6. Stufe	7. Stufe	8. Stufe	9. Stufe
Ohne Wiederholung	11.34	11.38	11.66	12.05
Wiederholung der 6. Kl.	10.75	10.92	11.58	10.50

Anerkennung Mitschüler (6-12, Skalenmitte: 9)

	6. Stufe	7. Stufe	8. Stufe	9. Stufe
Ohne Wiederholung	10.19	10.37	10.48	10.44
Wiederholung der 6. Kl.	10.17	9.92	10.50	10.83

Leistung und Disziplin (0-10, Skalenmitte: 6)

	7. Stufe	8. Stufe	9. Stufe
Ohne Wiederholung	6.69	6.43	6.02
Wiederholung der 6. Kl.	6.25	6.25	6.17

Wie wohl fühlst Du Dich in der Schule? (Einzelitem, 1-5)

	6. Stufe	7. Stufe	8. Stufe	9. Stufe
Ohne Wiederholung	3.94	3.37	3.24	3.14
Wiederholung der 6. Kl.	3.42	3.42	3.17	3.17

Notensumme (3 - 15)

	6. Stufe	7. Stufe	8. Stufe	9. Stufe
Ohne Wiederholung	8.94	9.22	9.34	9.32
Wiederholung der 6. Kl.	9.75	10.33	10.33	9.50

Je niedriger die Werte umso besser die Noten

Schulischer Aufstieg und Abstieg während der Sekundarstufe I (Schulformwechsel)

Kein Schulformwechsel	N=	660
Schulformwechsel nach unten		18
Schulformwechsel nach oben		10

Selbstakzeptierung (8-16, Skalenmitte: 12)

	6. Stufe	7. Stufe	8. Stufe	9. Stufe
Kein Schulformwechsel	13.64	13.56	13.68	13.72
Schulformwechsel nach unten	12.94	13.39	14.28	13.75
Schulformwechsel nach oben	13.60	13.30	13.80	13.20

Begabung (6-12, Skalenmitte: 9)

	6. Stufe	7. Stufe	8. Stufe	9. Stufe
Kein Schulformwechsel	10.30	10.45	10.60	10.52
Schulformwechsel nach unten	9.50	9.33	10.56	11.12
Schulformwechsel nach oben	10.40	10.40	10.40	10.00

Somatische Indikatoren (6-30, Skalenmitte: 18)

	6. Stufe	7. Stufe	8. Stufe	9. Stufe
Kein Schulformwechsel	11.21	11.34	11.67	12.13
Schulformwechsel nach unten	10.44	10.89	10.38	10.27
Schulformwechsel nach oben	10.30	11.40	12.50	13.89

Lehrer und Schulerfolg (8-16, Skalenmitte: 12)

	6. Stufe	7. Stufe	8. Stufe	9. Stufe
Kein Schulformwechsel	14.37	14.61	14.54	14.28
Schulformwechsel nach unten	14.50	14.11	14.61	14.71
Schulformwechsel nach oben	14.70	14.30	13.90	14.20

Schulische Leistungsangst (8-16, Skalenmitte: 12)

	6. Stufe	7. Stufe	8. Stufe	9. Stufe
Kein Schulformwechsel	11.14	11.19	10.98	10.93
Schulformwechsel nach unten	11.06	11.06	10.61	9.41
Schulformwechsel nach oben	10.20	10.90	10.70	11.00

Zukunftsbewältigung (8-16, Skalenmitte: 12)

	6. Stufe	7. Stufe	8. Stufe	9. Stufe
Kein Schulformwechsel	14.04	13.95	14.02	13.56
Schulformwechsel nach unten	14.22	14.44	14.17	12.75
Schulformwechsel nach oben	13.30	13.40	13.60	13.56

Anerkennung Mitschüler (6-12, Skalenmitte: 9)

	6. Stufe	7. Stufe	8. Stufe	9. Stufe
Kein Schulformwechsel	10.27	10.42	10.45	10.38
Schulformwechsel nach unten	9.94	10.56	10.94	10.35
Schulformwechsel nach oben	9.20	9.40	9.90	10.20

Leistung und Disziplin (0-10, Skalenmitte: 6)

	7. Stufe	8. Stufe	9. Stufe
Kein Schulformwechsel	6.79	6.55	6.14
Schulformwechsel nach unten	6.39	5.56	5.50
Schulformwechsel nach oben	6.10	6.20	6.00

Wie wohl fühlst Du Dich in der Schule? (Einzelitem, 1-5)

	6. Stufe	7. Stufe	8. Stufe	9. Stufe
Kein Schulformwechsel	3.92	3.41	3.30	3.16
Schulformwechsel nach unten	3.61	3.06	2.61	2.87
Schulformwechsel nach oben	4.10	3.40	3.50	3.11

Notensumme (3 - 15)

	6. Stufe	7. Stufe	8. Stufe	9. Stufe
Kein Schulformwechsel	9.04	9.09	9.20	9.26
Schulformwechsel nach unten	10.11	11.17	10.33	9.07
Schulformwechsel nach oben	8.30	8.80	9.90	10.00

Je niedriger die Werte umso besser die Noten

Sozialer Aufstieg bzw. Abstieg über Schullaufbahnen

Eltern und Kinder ohne Abitur	N=	222
Eltern und Kinder mit Abitur		28
Eltern mit, Kinder ohne Abitur		9
Eltern ohne, Kinder mit Abitur		93

Somatische Indikatoren (6-30, Skalenmitte: 18)

	6. Stufe	7. Stufe	8. Stufe	9. Stufe
Eltern und Kinder ohne Abitur	10.91	11.25	11.74	12.06
Eltern und Kinder mit Abitur	12.26	10.93	10.75	12.29
Eltern mit, Kinder ohne Abitur	10.33	11.56	12.22	14.71
Eltern ohne, Kinder mit Abitur	11.63	12.16	12.21	12.54

Begabung (6-12, Skalenmitte: 9)

	6. Stufe	7. Stufe	8. Stufe	9. Stufe
Eltern und Kinder ohne Abitur	10.22	10.52	10.62	10.48
Eltern und Kinder mit Abitur	11.36	11.29	11.43	11.29
Eltern mit, Kinder ohne Abitur	9.78	10.56	10.89	10.78
Eltern ohne, Kinder mit Abitur	10.71	10.42	10.67	10.61

Selbstakzeptierung (8-16, Skalenmitte: 12)

	6. Stufe	7. Stufe	8. Stufe	9. Stufe
Eltern und Kinder ohne Abitur	13.52	13.48	13.64	13.66
Eltern und Kinder mit Abitur	14.04	13.79	14.54	14.46
Eltern mit, Kinder ohne Abitur	12.56	12.89	13.22	13.50
Eltern ohne, Kinder mit Abitur	13.90	13.52	13.87	13.95

Lehrer und Schulerfolg (8-16, Skalenmitte: 12)

	6. Stufe	7. Stufe	8. Stufe	9. Stufe
Eltern und Kinder ohne Abitur	14.38	14.53	14.46	14.26
Eltern und Kinder mit Abitur	15.29	15.46	15.36	14.79
Eltern mit, Kinder ohne Abitur	13.56	14.33	14.44	14.33
Eltern ohne, Kinder mit Abitur	15.04	14.77	14.85	14.56

Schulische Leistungsangst (8-16, Skalenmitte: 12)

	6. Stufe	7. Stufe	8. Stufe	9. Stufe
Eltern und Kinder ohne Abitur	11.33	11.33	10.95	11.14
Eltern und Kinder mit Abitur	10.43	11.18	10.75	10.07
Eltern mit, Kinder ohne Abitur	10.89	10.00	10.78	9.89
Eltern ohne, Kinder mit Abitur	10.74	11.15	11.02	11.32

Zukunftsbewältigung (8-16, Skalenmitte: 12)

	6. Stufe	7. Stufe	8. Stufe	9. Stufe
Eltern und Kinder ohne Abitur	14.05	14.10	14.01	13.22
Eltern und Kinder mit Abitur	14.93	14.50	14.46	14.04
Eltern mit, Kinder ohne Abitur	13.44	13.56	13.78	13.00
Eltern ohne, Kinder mit Abitur	14.51	14.08	14.25	13.88

Anerkennung Mitschüler (6-12, Skalenmitte: 9)

	6. Stufe	7. Stufe	8. Stufe	9. Stufe
Eltern und Kinder ohne Abitur	10.33	10.38	10.43	10.24
Eltern und Kinder mit Abitur	10.68	10.61	10.96	10.96
Eltern mit, Kinder ohne Abitur	10.56	10.89	11.00	10.22
Eltern ohne, Kinder mit Abitur	10.17	10.28	10.40	10.35

Leistung und Disziplin (0-10, Skalenmitte: 6)

	7. Stufe	8. Stufe	9. Stufe
Eltern und Kinder ohne Abitur	6.85	6.73	6.20
Eltern und Kinder mit Abitur	6.64	6.39	5.57
Eltern mit, Kinder ohne Abitur	6.22	5.56	5.00
Eltern ohne, Kinder mit Abitur	6.86	6.57	6.32

Wie wohl fühlst Du Dich in der Schule? (Einzelitem, 1-5)

	6. Stufe	7. Stufe	8. Stufe	9. Stufe
Eltern und Kinder ohne Abitur	3.85	3.33	3.20	3.10
Eltern und Kinder mit Abitur	4.11	3.63	3.59	3.61
Eltern mit, Kinder ohne Abitur	3.89	3.11	2.78	2.38
Eltern ohne, Kinder mit Abitur	3.98	3.41	3.33	3.17

Notensumme (3 - 15)

	6. Stufe	7. Stufe	8. Stufe	9. Stufe
Eltern und Kinder ohne Abitur	9.26	9.32	9.42	9.13
Eltern und Kinder mit Abitur	7.70	7.54	8.00	8.39
Eltern mit, Kinder ohne Abitur	9.78	10.13	10.11	9.29
Eltern ohne, Kinder mit Abitur	9.02	8.51	8.47	9.14

Je niedriger die Werte umso besser die Notendurchschnitte

Literatur

Adler, A. (1966). *Menschenkenntnis*. Frankfurt: Fischer Taschenbuch.

Adler, A. (1969). *Über den nervösen Charakter*. Darmstadt: Wissenschaftliche Buchgemeinschaft.

Adler, A. (1973). *Individualpsychologie in der Schule*. Frankfurt: Fischer Taschenbuch.

Alexander, K. L., Entwisle, D. R. & Dauber, S. L. (1993). First-Grade Classroom Behavior: Its Short- und Long-Term Consequences for School Performance. *Child Development, 64*, 801-814.

Allerbeck, K. & Hoag, W. (1985). Jugend und Wandel. *Zeitschrift für Sozialisationsforschung und Erziehungssoziologie, 5*, 29-42.

Alsaker, F. D. & Olweus, D. (1992). Stability of Global Self-Evaluations in Early Adolescence: A Cohort Longitudinal Study. *Journal of Research on Adolescence, 2* (2), 123-146.

Aronoff, J. & Wilson, J. P. (1985). *Personality in the Social Process*. Hillsdale: Lawrence Erlbaum.

Aster, R. & Kuckartz, U. (1988). Jugend und Schule. Eine Sekundäranalyse schulspezifischer Fragen der Shell-Studie „Jugend und Erwachsene 85". *Zeitschrift für Sozialisationsforschung und Erziehungssoziologie, 10*, 200-212.

Bandura, A. (1986). *Social Foundations of Thought and Action*. Englewood Cliffs: Prentice-Hall.

Bandura, A. (1989). Human agency in social cognitive theory. *American Psychologist, 44*, 1175-1184.

Bathurst, K. & Gottfried, A. E. (1987). Untestable subjects in child development research: developmental implications. *Child Development, 58*, 1135-1144.

Beerman, L., Heller, K. & Menacher, P. (1992). *Mathe: nichts für Mädchen? Begabung und Geschlecht am Beispiel von Mathematik, Naturwissenschaft und Technik*. Bern: Huber.

Bietau, A., Breyvogel, W. & Helsper, W. (1981). Zur Selbstkrise Jugendlicher in Schule und Subkultur. *Zeitschrift für Pädagogik, 27* (3), 339-362.

Bietau, A. e. a. (1983). *Subjektive Verarbeitung schulischer Anforderungen und Selbstkrisen Jugendlicher – Schülerfallstudien und deren vergleichende Interpretation*. Zwischenbericht.

Block, J. & Robins, R. W. (1993). A Longitudinal Study of Consistency and Change in Self-Esteem from Early Adolescence to Early Adulthood. *Child Development, 64*, 909-923.

Brezinka, W. (1961). *Erziehung als Lebenshilfe* (2. Aufl.). Wien: Österreichischer Bundesverlag.

Briechle, R. (1986). Berufsperspektiven und Selbstkonzept Jugendlicher beim Übergang von der Schule in die Berufsausbildung. In M. Amelang (Ed.), *Bericht über den 35. Kongress der Deutschen Gesellschaft für Psychologie in Heidelberg* (Bd. 1) (pp. 290). Göttingen: Hogrefe.

Brooks-Gunn, J. & Paikoff, R. L. (1993). Changes in Self-Feelings During the Transition Towards Adolescence. In H. McGurk (Ed.), *Childhood Social Development: Contemporary Perspectives* (pp. 63-87). Hillsdale: Lawrence Erlbaum.

Büeler, X. (1994). *System Erziehung*. Bern: Haupt.

Buff, A. (1991). *Persönlichkeitsentwicklung im Umfeld des Übertritts in die Sekundarstufe I*. Zürich: ADAG.

Busemann, A. (1926). *Die Jugend im eigenen Urteil*. Langensalza: Verlag Julius Beltz.

Byrne, B. M., Shavelson, R. J. & Marsh, H. W. (1992). Multigroup Comparisons in Self-Concept Research: Reexamining the Assumption of Equivalent Structure and Measurement. In T. M. Brinthaupt & R. P. Lipka (Eds.), *The Self. Definitional and Methodological Issues* (pp. 172-203). Albany: State University of New York Press.

Cantor, N. & Kihlstrom, J. F. (1981). *Personality, cognition, and social interaction*. Hilsdale: Erlbaum.

Chapman, M. & Skinner, E. A. (1989). Children's agency beliefs, cognitive performance, and conceptions of effort and ability: individual and developmental differences. *Child Development, 60*, 1229-1238.

Cooley, C. H. (1902). *Human Nature and the Social Order*. New York: Schocken Books.

Coopersmith, S. (1967). *The Antecedents of Self-esteem*. San Francisco: W.H. Freeman and Company.

Covington, M. V. (1992). *Making the Grade. A Self-Worth Perspective on Motivation and School Reform*. Cambridge: Cambridge University Press.

Crandall, V. C., Katkovsky, W. & Crandall, V. J. (1970). Children's beliefs in their own control of reinforcements in intellectual – academic achievement situations. *Child Development, 41*, 92-109.

Csikszentmihalyi, M. (1985). *Das Flow-Erlebnis*. Stuttgart: Klett Verlag.

Czerwenka, K., Nölle, K., Pause, G., Schlotthaus, W., Schmidt, H. J. & Tessloff, J. (1990). *Schülerurteile über die Schule. Bericht über eine internationale Untersuchung.* Frankfurt am Main: Peter Lang.

DeBaryshe, D., B., Patterson, G. R. & Capaldi, D. M. (1993). A Performance Model for Academic Achievement in Early Adolescent Boys. *Developmental Psychology, 29* (5), 795-804.

deCharms, R. (1968). *Personal causation.* New York: Academic Press.

Deci, E. L. & Ryan, R. M. (1985). *Intrinsic Motivation and Self-Determination in Human Behavior.* New York: Plenum Press.

Dräbing, R. (1989). *Der Traum vom „Jahrhundert des Kindes". Geistige Grundlagen, soziale Implikationen und reformpädagogische Relevanz der Erziehungslehre Ellen Keys.* Aachen: Dissertation.

Dreeben, R. (1968). *On what is learned in School.* Massachusetts: Addison-Wesley Publishing Company.

Dweck, C. & Leggett, E. (1988). A social-cognitive approach to motivation and personality. *Psychological Review, 95* (2), 256-273.

Eccles, J. S. (1993). School and Family Effects on the Ontogeny of Children's Interests, Self-Perceptions, and Activity Choices. In R. M. Ryan (Ed.), *Developmental Perspectives on Motivation* (Vol. 40) (pp. 145-208). Lincoln: University of Nebraska Press.

Eccles, J. S., Lord, S. & Midgley, C. (1991). What are we doing to early adolescents? The impact of educational contexts on early adolescents. Special Issue: Development and education across adolescence. *American Journal of Education, 99* (4), 521-542.

Eccles, J. S. & Midgley, C. (1990). Changes in academic motivation and self-perception during early adolescence. In Raymond Montemayor, Gerald R. Adams & Thomas P. Gullotta (Eds.), *From childhood to adolescence: A transitional period?. Advances in adolescent development: An annual book series* (Vol. 2) (pp. 134-155). Newbury Park: Sage Publications.

Eckerle, G.-A. & Kraak, B. (1993). *Selbst- und Weltbilder von Schülern und Lehrern. Rekonstruktion aus einer Befragung an hessischen Gesamtschulen* (Vol. 30). Göttingen: Hogrefe.

Ehrhardt, K. (1937). *Schulleistungs- und Schulführungsschwankungen. Ein körperliches und geistig-seelisches Entwicklungsbild der Schüler höherer Lehranstalten.* Ludwig-Maximilians-Universität München: Unveröff. Dissertation.

Eisenberg, N., Miller, P. A., Shell, R., McNally, S. & Shea, C. (1991). Prosocial Development in Adolescence: A Longitudinal Study. *Developmental Psychology, 27,* 849-857.

Elliott, G. R. & Feldman, S. S. (1990). Capturing the Adolescent Experience. In S. S. Feldman & G. R. Elliott (Eds.), *At the Threshold. The Developing Adolescent* (pp. 1-14). Cambridg, MA.: Harvard University Press.

Entwisle, D. R., Alexander, K. L., Cadigan, D. & Pallas, A. (1986). The schooling process in first grade: Two samples a decade apart. *American Educational Research Journal, 23*, 587-613.

Epstein, S. (1979). Entwurf einer integrativen Persönlichkeitstheorie. In S. H. Filipp (Ed.), *Selbstkonzeptforschung* (pp. 15-46). Stuttgart: Klett-Cotta.

Erikson, E. H. (1968). *Jugend und Krise*. Frankfurt a.M.: Klett-Cotta im Ullstein Taschenbuch.

Eysenck, H. J. (1967). *The measurement of personality*. Lancaster: MTP Press.

Fend, H. (1971). *Konformität und Selbstbestimmung. Mündigkeit und Leistungsmotivation in sozialisationstheoretischer Sicht.* Weinheim: Beltz.

Fend, H. (1977a). *Schulklima*. Weinheim: Beltz.

Fend, H. (1977b). *Schulklima: Soziale Einflußprozesse in der Schule. Soziologie der Schule II,1.* Weinheim: Beltz.

Fend, H. (1981). *Theorie der Schule.* München: U & S Verlag.

Fend, H. (1982). *Gesamtschule im Vergleich.* Weinheim: Beltz.

Fend, H. (1988a). *Sozialgeschichte des Aufwachsens.* Frankfurt: Suhrkamp.

Fend, H. (1988b). Zur Sozialgeschichte des Aufwachsens. In Deutsches Jugendinstitut (Ed.), *Jahresbericht 1988* (pp. 157-173).

Fend, H. (1990). *Vom Kind zum Jugendlichen: Der Uebergang und seine Risiken. Entwicklungspsychologie der Adoleszenz in der Moderne* (Vol. 1). Bern: Huber.

Fend, H. (1991). *Identitätsentwicklung in der Adoleszenz. Lebensentwürfe, Selbstfindung und Weltaneignung in beruflichen, familiären und politisch-weltanschaulichen Bereichen* (Vol. 2). Bern: Huber.

Fend, H. (1994a). *Die Entdeckung des Selbst und die Verarbeitung der Pubertät* (Vol. 3). Bern: Huber.

Fend, H. (1994b). *Sozialer Wandel, Lehrerleitbilder und Lehreraus- und fortbildung.* Soest: Landesinstitut für Schule und Weiterbildung.

Fend, H., Knörzer, W., Nagl, W., Specht, W. & Väth-Szusdziara, R. (1976). *Sozialisationseffekte der Schule. Soziologie der Schule II.* Weinheim: Beltz.

Fend, H., Knörzer, W., Nagl, W., Specht, W. & Väth-Szusdziara, R. (1976). Gesamtschule und dreigliedriges Schulsystem – eine Vergleichsstudie über Chancengleichheit und Durchlässigkeit. In Deutscher Bildungsrat (Ed.), *Gutachten und Studien der Bildungskommission* (Bd. 55). Stuttgart: Klett.

Flammer, A. (1990). *Erfahrung der eigenen Wirksamkeit. Einführung in die Psychologie der Kontrollmeinung.* Bern: Huber.

Fritz-Vannahme, J. (1991). Die Erfindung der Seele. Ein ZEIT-Gespräch mit dem französischen Historiker Jacques Le Goff. *Die Zeit* (16), 52.

Galdstone, R. (1970). Adolescence and the Function of Self-Consciousness. In S. H. Frey (Ed.), *Adolescent Behavior in School* (pp. 319-324). Chicago: Rand McNally.

Grotloh-Amberg, H. (1971). *Beeinflussung des Verhaltens durch den Schuleintritt.* Bern: Huber.

Gsching, S., Briechle, R. & Fend, H. (1986). *Merkmale des Konstanzer Jugendlängsschnittes. Design, Durchführung, Teilnahme, Ausfälle.* Konstanz: Universität Konstanz.

Gubler, H. & Bischof, N. (1990). A Systems' Perspective on Infant Development. In M. E. Lam & H. Keller (Eds.), *Infant Development: Perspectives from German Speaking Countries* (pp. 1-37). Hillsdale: Lawrence Erlbaum.

Gubler, H., Paffrath, M. & Bischof, N. (1994). Untersuchungen zur Systemanalyse der sozialen Motivation III: Eine Ästimationsstudie zur Sicherheits- und Erregungsregulation während der Adoleszenz. *Zeitschrift für Psychologie*, 202, 95-132.

Hamford, B. C. & Hattie, J. A. (1982). The Relationship Between Self and Achievement/Performance Measures. *Review of Educational Research*, 52 (1), 123-142.

Harter, S. (1983). Developmental perspectives on the self-system. In P. H. Musser (Ed.), *Handbook of Child Psychology: Vol. IV Socialization, Personality, and Social Development* (pp. 275-386). New York: John Wiley.

Harter, S. (1990). Processes Underlying Adolescent Self-Concept Formation. In R. Monemayor et al. (Ed.), *From childhood to adolescence: a transitional period?* (pp. 205-239). Newbury Park: Sage Publications.

Harter, S. & Pike, R. (1984). The pictorial scale of perceived competence and social acceptance for young children. *Child Development*, 55, 1969-1982.

Harter, S. & Whitesell, N. R. (1988). The effects of educational transitions on changes in young adolescents' perceptions of academic competence and motivational orientation. *Biennial Convention of the Society for Research on Adolescence*.

Heckhausen, H. (1980). *Motivation und Handeln.* Berlin: Springer.

Heckhausen, H. (1982). The development of achievement motivation. In W. W. Hartup (Ed.), *Review of child development research* (Vol. 6) (pp. 600-668). Chicago: The University of Chicago Press.

Heckhausen, H. (1984). Emergent achievement behavior: Some early developments. In J. Nicholls (Ed.), *The development of achievement motivation* (pp. 1-32). Greenwich, Conn.: JAI Press.

Heckhausen, H. (1989). *Motivation und Handeln* (2. ed.). Berlin: Springer.

Heckhausen, H. & Rheinberg, F. (1980). Lernmotivation im Unterricht, erneut betrachtet. *Unterrichtswissenschaft, 8* (1), 7-47.

Heckhausen, H. & Roelofsen, I. (1962). Anfänge und Entwicklung der Leistungsmotivation. (I) Im Wetteifer des Kleinkindes. *Psychologische Forschung, 26*, 313-397.

Helmke, A. (1983). *Schulische Leistungsangst: Erscheinungsformen und Entstehungsbedingungen.* Königstein im Taurus: Lang.

Helmke, A. (1991). Entwicklung des Fähigkeitsselbstbildes vom Kindergarten bis zur dritten Klasse. In R. Pekrun & H. Fend (Eds.), *Schule und Persönlichkeitsentwicklung. Ein Resumé der Längsschnittforschung* (pp. 83-99). Stuttgart: Enke.

Helmke, A. (1992). *Selbstvertrauen und schulische Leistung.* Göttingen: Hogrefe.

Helmke, A. (1993). Development of the self-concept. In T. Husen & T. N. Postlethwaite (Eds.), *The International Encyclopedia of Education.* Exford and New York: Pergamon Press.

Helsper, W. & Breyvogel, W. (1989). Selbstkrise, Suizidmotive und Schule. *Zeitschrift für Pädagogik, 35* (1), 23-43.

Henderson, V. L. & Dweck, C. S. (1990). Motivation and Achievement. In S. S. Feldman & G. R. Elliott (Eds.), *At the Threshold. The Developing Adolescent* (pp. 308-329). Cambridge: Harvard University Press.

Hennis, W. (1987). *Max Webers Fragestellung: Studien zur Biographie des Werkes.* Tübingen: J.C.B. Mohr (Siebeck).

Henry, J. (1973). Der erlebte Alptraum. *betrifft: erziehung, 6* (5), 23-26.

Holler-Nowitzki, B. (1994). *Psychosomatische Beschwerden im Jugendalter. Schulische Belastungen, Zukunftsangst und Streßreaktionen.* Weinheim: Juventa Verlag.

Hurrelmann, K. (1989). The Social World of Adolescents: A Sociological Perspective. In K. E. U. Hurrelmann (Ed.), *The Social World of Adolescents* (pp. 3-26). Berlin, New York: Walter de Gruyter.

Hurrelmann, K. & Lösel, F. (Eds.). (1990). *Health Hazards in Adolescence.* Berlin: Walter de Gruyter.

Hurrelmann, K., Rosewitz, B. & Wolf, H. K. (1994). *Lebensphase Jugend. Eine Einführung in die sozialwissenschaftliche Jugendforschung* (3. Aufl.). München: Juventa.

Imhof, A. E. (1988). *Die Lebenszeit. Vom aufgeschobenen Tod und von der Kunst des Lebens.* München: Beck.

Jacobsen, T., Edelstein, W. & Hofmann, V. (1994). A Longitudinal Study of the Relation Between Representations of Attachment in Childhood and Cognitive Functioning in Childhood and Adolescence. *Child Development, 30* (1), 112-124.

Jahoda, M. (1975). *Die Arbeitslosen von Marienthal.* Frankfurt: Suhrkamp.

James, W. (1892). *Psychology: Briefer course.* New York: Holt.

James, W. (1950). *The Principles of Psychology.* New York: Dover.

Jencks, C. (1973). *Chancengleichheit.* Reinbek/Hamburg: Rowohlt.

Jerusalem, M. (1983). *Selbstbezogene Kognitionen in schulischen Bezugsgruppen. Eine Längsschnittstudie.* Berlin: Insitut für Psychologie.

Jerusalem, M. & Schwarzer, R. (1991). Entwicklung des Selbstkonzeptes in verschiedenen Lernumwelten. In R. Pekrun & H. Fend (Eds.), *Schule und Persönlichkeitsentwicklung. Ein Resümee der Längsschnittforschung* (Vol. 11) (pp. 115-130). Stuttgart: Ferdinand Enke.

Jopt, U. J. (1980). Selbstkonzepte eigener Fähigkeit und schulischem Fleiss. Ein neues Modell für ein altes Phänomen. *Empirische Forschung, 12,* 58-64.

Karoly, P. (1993). Mechanisms of Self-regulation: A Systems View. *Review of Psychology, 44,* 23-52.

Kassis, W. (1995). *Die phänomenale Schülerinnen- und Schüler-Welt.* Bern: Peter Lang.

Kelley, H. H. & Michela, J. L. (1980). Attribution theory and research. *Review of Psychology, 31,* 451-501.

Köhler, H. (1991). Hat sich ein neues Übergangssystem entwickelt? Anmerkungen zu ausgewählten Trends der Entwicklung im Bildungswesen. In D. Brock et al. (Ed.), *Übergänge in den Beruf* (pp. 39-55). München: DJI Verlag.

Kohli, M. (1985). Die Institutionalisierung des Lebenslaufes. Historische Befunde und theoretische Argumente. *Zeitschrift für Soziologie und Sozialpsychologie, 37* (1), 1-29.

Krampen, G. (1987). Entwicklung von Kontrollüberzeugungen. Thesen zu Forschungsstand und Perspektiven. *Zeitschrift für Entwicklungspsychologie und Pädagogische Psychologie,19,* 195-227.

Krapp, A. (1992a). Das Interessenkonstrukt. Bestimmungsmerkmale des Interessenhandelns und des individuellen Interesses aus der Sicht einer Person-Gegenstands-Konzeption. In A. Krapp & M. Prenzel (Eds.), *Interesse, Lernen, Leistung. Neuere Ansätze der pädagogisch-psychologischen Interessenforschung* (Vol. 24) (pp. 297-329). Münster: Verlag Aschendorff.

Krapp, A. (1992b). Konzepte und Forschungsansätze zur Analyse es Zusammenhangs von Interesse, Lernen und Leistung. In A. Krapp & M. Prenzel (Eds.), *Interesse, Lernen, Leistung* (Vol. 24) (pp. 9-52). Münster: Verlag Aschendorff.

Krapp, A. (1993). Die Psychologie der Lernmotivation. *Zeitschrift für Pädagogik, 39* (2), 187-206.

Krappmann, L. & Oswald, H. (1995). *Alltag der Schulkinder. Beobachtungen und Analysen von Interaktionen und Sozialbeziehungen.* Weinheim: Juventa Verlag.

Kuhl, J. & Beckmann, J. (Eds.). (1994). *Volition and Personality.* Seattle: Hogrefe & Huber Publishers.

Lambrich, H. J. (1987). *Schulleistung, Selbstkonzeption und Unterrichtsverhalten. Eine qualitative Untersuchung zur Situation „schlechter" Schüler.* Weinheim: Deutscher Studienverlag.

Lange, B., Kuffner, H. & Schwarzer, R. (1983). *Schulangst und Schulverdrossenheit.* Opladen: Westdeutscher Verlag.

Lerner, R. M. & Foch, T. (Eds.). (1987). *Biological-psychosocial interactions in early adolescence: A life-span perspective.* Hillsdale, N.J.: Erlbaum.

Little, T. D., Oettingen, G., Stetsenko, A. & Baltes, P. B. (1995). Children's action-control beliefs and school performance: How do American children compare with German and Russion children? *Journal of Personality and Social Psychology, 69,* in press.

Loeber, R. (1982). The stability of antisocial and delinquent child behaviour: a review. *Child Development, 53,* 1431-1446.

Lord, S. E., Eccles, J. S., McCarthy, K. A. & Schulformwechsel. (1994). Surviving the Junior High School Transition: Family Processes and Self-Perceptional Protective and Risk Factors. *Journal of Early Adolescence, 14* (2), 162-199.

Maccoby, E. E. (1992). Sexual and social development in childhood and adolescence. *Biennial Convention of the Society for Research on Adolescence, Washington 1994, Atlanta.*

Mannheim, K. (1930). Ueber das Wesen und die Bedeutung des wirtschaftlichen Erfolgstrebens. Ein Beitrag zur Wirtschaftssoziologie. *Archiv für Sozialwissenschaften und Sozialpolitik* (Vol. 63, pp. 449-512).

Mansel, J. & Hurrelmann, K. (1991). *Alltagsstreß bei Jugendlichen.* Weinheim: Juventa.

Markus, H. & Wurf, E. (1987). The dynamic self-concept: a social psychology perspective. *Review of Psychology, 38,* 299-337.

Marsh, H. W. (1990). Influences of internal and external frames of reference on the formation of Mathematic and English self-concepts. *Journal of Educational Psychology, 82,* 77-172.

Marsh, H. W., Byrne, B. M. & Shavelson, R. J. (1992). A Multidimensional, Hierarchical Self-concept. In T. M. Brinthaupt & R. P. Lipka (Eds.), *The Self. Definitional and Methodological Issues* (pp. 44-95). Albany: State University of New York Press.

Marshall, H. H. & Weinstein, R. S. (1984). Classroom Factors Affecting Students' Self-Evaluations: An Interactional Model. *Review of Educational Research, 54* (3), 301-325.

Masten, A. S., Neemann, J. & Andenas, S. (1994). Life Events and Adjustment in Adolescents: The Significance of Event Independency, Desirability, and Chronicity. *Journal of Research on Adolescence, 4* (1), 71-98.

Mead, G. H. (1934). *Mind, Self, and Society.* Chicago: The University of Chicago Press.

Meyer, W. U. (1976). Leistungsorientiertes Verhalten als Funktion von eigener Begabung und wahrgenommener Aufgabenschwierigkeit. In H. D. Schmalt & W.-U. Meyer (Eds.), *Leistungsmotivation und Verhalten* (pp. 101-135). Stuttgart: Klett.

Meyer, W. U., et al. (1979). The informational value of evaluative behavior. Influences of praise and blame on perceptions of ability. *Journal of Educational Psychology, 71,* 259-268.

Mischel, W. (1973). Toward a cognitive social learning reconceptualization of personality. *Psychological Review, 80,* 252-283.

Mischel, W. (1983). Delay of gratification as process and as person variable in development. In D. Magnusson & V. Allen (Eds.), *Human Development* (pp. 149-166). New York: Academic Press.

Nicholls, J. G. (1978). The development of the concepts of effort and ability, perception of academic attainment, and the understanding that difficult tasks require more ability. *Developmental Psychology, 49,* 800-814.

Nurmi, J.-E. (1993). Adolescent Development in an Age-graded Context: The Role of Personal Beliefs, Goals, and Strategies in the Tackling of Developmental Tasks and Standards. *Behavioral Development, 16* (2), 169-189.

Oelkers, J. (1989). *Reformpädagogik. Eine kritische Dogmengeschichte.* Weinheim: Juventa.

Oettingen, G., Lindenberger, U. & Baltes, P. B. (1992). Sind die schulleistungsbezogenen Überzeugungen Ostberliner Kinder entwicklungshemmend? *Zeitschrift für Pädagogik, 38* (2), 299-326.

Oettingen, G., Little, T. D., Lindenberger, U. & Baltes, P. B. (1993). Causality, Agency, and Control Beliefs in East versus West Berlin Children: A Natural Experiment on the Role of Context. *Journal of Personality and Social Psychology*, In press.

Parsons, T. (1968a). Die Schulklasse als soziales System. Einige ihrer Funktionen in der amerikanischen Gesellschaft. In T. Parsons (Ed.), *Sozialstruktur und Persönlichkeit*. Frankfurt a.M.: Europäische Verlagsanstalt.

Parsons, T. (1968b). *Sozialstruktur und Persönlichkeit*. Frankfurt: Europäische Verlagsanstalt.

Pekrun, R. (1983). *Schulische Persönlichkeitsentwicklung*. Frankfurt a. M.: Lang.

Pekrun, R. (1991). Prüfungsangst und Schulleistung: Eine Längsschnittanalyse. *Pädagogische Psychologie, 5*, 99-110.

Pekrun, R. (1993). Facets of Adolescents' Academic Motivation: A Longitudinal Expectancy-Value Approach. In M. L. Maehr & P. R: Pintrich (Eds.), *Motivation and Adolescent Development* (Advances in Motivation and Achievement (Vol. 8) (pp. 139-189). Greenwich: JAI Press.

Pekrun, R. & Fend, H. (1991). *Schule und Persönlichkeitsentwicklung. Ein Resümee der Längsschnittforschung* (Vol. 11). Stuttgart: Ferdinand Enke.

Petersen, A. C., Schulenberg, J. E., Abramowitz, R. H., Offer, D. & Jarcho, H. D. (1984). A Self-Image Questionaire for Young Adolescents (SIQYA): Reliability and validity studies. *Journal of Youth and Adolescence, 13*, 93-111.

Pettigrew, T. F. (1967). Social Evaluation Theory. In D. Levine (Ed.), *Nebraska Symposion on Motivation*. Lincoln: University of Nebraska Press.

Remplein, H. (1965). *Die seelische Entwicklung des Menschen im Kindes- und Jugendalter*. München: Ernst Reinhardt.

Rheinberg, F. & Enstrup, B. (1977). Selbstkonzept der Begabung bei Normal- und Sonderschülern gleicher Intelligenz: Ein Bezugsgruppeneffekt. *Zeitschrift für Entwicklungspsychologie und Pädagogische Psychologie, 9*, 171-180.

Ries, G., Heggemann, H. & Kranz, E. (1981). Ursachenerklärung von Grundschülern für eigene allgemeine und spezifische Schulleistungen. *Zeitschrift für Entwicklungspsychologie und Pädagogische Psychologie, 13*, 142-154.

Rink, K. (1994). *Motivationale und volitionale Determinanten des Leistungshandelns*. Aachen: Shaker.

Röll, A. (1994). *Die motivationale Orientierung in schulischen Leistungssituationen und ihr Effekt auf das Leistungsergebnis*. Wuppertal: Dissertation.

Rogers, C. R. (1959). A theory of therapy, personality and interpersonal relationships, as developed in the client-centered framework. In S. Koch (Ed.), *Psychology: A study of science, Vol II: General systematic formulations, learning and special processes*. New York: McGraw-Hill.

Rosenberg, M. (1965). *Society and the adolescent self-image.* Princeton, N.J.: Princeton University.

Rosenberg, M. (1979). *Conceiving the Self.* New York: Basic Books.

Rosenholtz, S. J. & Simpson, C. (1984). The formation of ability conceptions: developmental trend or social construction? *American Journal of Educational Research, 54,* 31-63.

Ruble, D. N., Boggiono, A. K., Feldman, N. S. & Loebl, J. H. (1980). Developmental Analysis of the Role of Social Comparison in Self-Evaluation. *Developmental Psychology, 16* (2), 105-115.

Ruble, D. N., Eisenberg, R. & Higgins, E. T. (1994). Developmental Changes in Achievement Evaluation: Motivational Implications of Self-Other Differences. *Child Development, 65,* 1095-1110.

Runcimann, W. G. (1967). *Sozialwissenschaft und politische Theorie.* Frankfurt a.M.: Suhrkamp.

Ryan, R. M. (1993). Agency and Organization: Intrinsic Motivation, Autonomy, and the Self in Psychological Development. In R. M. Ryan (Ed.), *Developmental Perspectives on Motivation* (Vol. 40) (pp. 1-56). Lincoln: Nebraska University Press.

Ryan, R. M., Connell, J. P. & Deci, E. L. (1985). A Motivational Analysis of Self-determination and Self-regulation in Education. In C. Ames & R. Ames (Eds.), *Research on Motivation in Education* (Vol. 2) (pp. 13-51). Orlando: Academic Press.

Ryan, R. M. & Stiller, J. (1991). The social contexts of internalization: Parent and teacher influences on autonomy, motivation, and learning. In M. L. Maehr & P. R. Pintrich (Eds.), *Advances in Motivation and Achievement* (Vol. 7) (pp. 115-149). Greenwich, Connecticut: JAI Press Inc.

Schiefele, U. & Schreyer, I. (1992). *Intrinsische Lernmotivation und Lernen.* München: Institut für Erziehungswissenschaft und Pädagogische Psychologie, Universität der Bundeswehr München.

Schiefele, U. & Winteler, A. (1988). *Interesse- Lernen- Leistung. Eine Uebersicht über theoretische Konzepte, Erfassungsmethoden und Ergebnisse der Forschung.* München: Institut für Empirische Pädagogik und Pädagogische Psychologie.

Schmitz, B. & Skinner, E. (1993). Perceived Control, Effort, and Academic Performance: Interindividual, Intraindividual, and Multivariate Time-Series Analysis. *Journal of Personality and Social Psychology, 64* (6), 1010-1028.

Schröer, S. (1995). *Jugendliche Suizidalität als Entwicklungschance.* München: Quintessenz.

Schwarzer, R. (1981). *Streß, Angst und Hilflosigkeit.* Stuttgart: Kohlhammer.

Schwarzer, R. (1993). *Streß, Angst und Handlungsregulation* (3. Aufl.). Stuttgart: Kohlhammer.

Seligman, M. E. P. (1975). *Helplessness: On depression, development and death.* San Francisco: Freeman.

Shavelson, R. J. & Bolus, R. (1982). Self-Concept: The interplay of theory and methods. *Educational, 74,* 3-17.

Shavelson, R. J., Hubner, J. & Stanton, G. (1976). Self-Concept: Validation of Construct Interpretations. *Review of Educational Research, 63* (3), 407-435.

Sieber, T. R. (1979). Classmates as workmates: informal peer activity in the elementary school. *Anthropology and Education Quaterly, 10,* 207-235.

Silbereisen, R. (1986). Entwicklung als Handlung im Kontext. Entwicklungsprobleme und Problemverhalten im Jugendalter. *Zeitschrift für Sozialisationsforschung und Erziehungssoziologie, 6,* 29-46.

Simmons, R. G. & Blyth, D. (1987). *Moving into adolescence: the impact of pubertal change in the school context.* New York: De Gruyter.

Simon, A. (1950). *Verstehen und Helfen. Die Aufgabe der Schule.* München: Oldenbourg (Lizenz: Tropia Vlg.).

Sinclair, R. L. (1989). Das Letzte zuerst: Verwirklichung der Chancengleichheit durch Verbesserung der Bedingungen für marginale Schüler. *Beiträge zur Lehrerbildung, 7* (3), 367-379.

Specht, W. (1981). *Der Klassengeist. Seine Bedeutung und seine Entstehung.* (Forschungsbericht „Entwicklung im Jugendalter". Arbeitsbericht 3). Universität Konstanz.

Specht, W. (1982). *Die Schulklasse als soziales Beziehungsfeld altershomogener Gruppen.* Forschungsbericht des Projektes Entwicklung im Jugendalter. Universität Konstanz.

Specht, W. & Fend, H. (1979). Der „Klassengeist" als Sozialisationsfaktor. *Unterrichtswissenschaft, 7,* 128-141.

Spiel, O. (1947). *Am Schaltbrett der Erziehung.* Bern: Hans Huber.

Spiro, M. E. (1961). Social systems, personality, and functional analysis. In B. Kaplan (Ed.), *Studying personality cross-culturally* (pp. 93-127). New York: Harber & Row.

Stattin, H. & Magnusson, D. (1990). *Pubertal maturation in female development.* Hillsdale, New Jersey: Erlbaum.

Stern, W. (1918). *Die menschliche Persönlichkeit.* Leipzig: Verlag J.A. Barth.

Stipek, D. J. (1981). Childrens perceptions of their own and their classmates ability. *Journal of Educational Psychology, 74,* 404-410.

Stipek, D. J. (1984). Young Children's Performance Expectations: LogicalAnalysis or Wishful Thinking? In J. G. Nicholls (Ed.), *The Development of Achievement Motivation* (Vol. 3) (pp. 33-56). Greenwich, Connecticut: JAI Press Inc.

Stipek, D. J., Gralinski, H. J. & Kopp, C. B. (1990). Self- concept development in the toddler years. *Developmental Psychology, 26*, 972-977.

Stipek, D. J. & Hoffman, J. (1980). Childrens's achievement related expectations as a function of academic performance histories and sex. *Journal of Educational Psychology, 72*, 861-865.

Stipek, D. J. & Kowalski, P. S. (1989). Learned helplessness in task- orienting versus performance- orienting testing conditions. *Journal of Educational Psychology, 81*, 384-391.

Suls, J. M. & Miller, R. L. (1977). *Social Comparison Processes.* New York: Wiley.

Tausch, R. & Tausch, A. (1970). *Erziehungspsychologie* (5. Aufl.). Göttingen: Hogrefe.

Tenbruck, F. H. (1962). *Jugend und Gesellschaft. Soziologische Perspektiven.* Freiburg: Rombach.

Thomas, A. & Chess, S. (1980). *The dynamics of psychological development.* New York: Brunner/Mazel.

Trudewind, C. (1982). The Development of Achievement: Motivation and Individual Differences: Ecological Determinants. In W. W. Hartup (Ed.), *Review of Child Development Research* (Vol. 6) (pp. 669-703). Chicago: The University of Chicago Press.

Veroff, J. & Veroff, J. B. (1980). *Social Incentives. A Life-Span Developmental Approach.* New York: Academic Press.

Wagner-Winterhager, L. (1991). Beiträge zur Pädagogische Theorie des Jugendalters unter ausgewählten Aspekten. Habilitationsschrift. Hildesheim.

Waibel, R. (1994). Causal Relationships between Academic Self-Concept and Academic Achievement – an Application of LISREL. Hallstadt: Rosch-Buch.

Weber, M. (1920). *Gesammelte Aufsätze zur Religionssoziologie* (9. Aufl.) (Bd. I). Tübingen: J.C.B. Mohr (Paul Siebeck).

Weber, M. (1921). *Gesammelte Aufsätze zur Religionssoziologie* (7. Aufl.). (Bd. II). Tübingen: J.C.B. Mohr (Paul Siebeck).

Weber, M. (1985). Der Sinn der „Wertfreiheit" der soziologischen und ökonomischen Wissenschaften. In J. Winckelmann (Ed.), *Gesammelte Aufsätze zur Wirtschaftslehre von Max Weber* (1904/1922). Tübingen: J.C.B. Mohr (Paul Siebeck).

Weiner, B. (1992). *Human Motivation. Mataphors, Theories, and Research.* Calif.: Sage Newbury Park.

Wellendorf, F. (1973). *Schulische Sozialisation und Identität.* Weinheim: Beltz.

Wentzel, K. R. (1991a). Relations between Social Competence and Academic Achievement in Early Adolescence. *Child Development, 62* (5), 1066-78.

Wentzel, K. R. (1991b). Social and academic goals at school: Motivation and achievement in context. In M. L. Maehr & P. R. Pintrich (Eds.), *Advances in motivation and achievement* (Vol. 7) (pp. 185-212). Greenwich, CT: JAI Press.

Wentzel, K. R. (1993). Motivation and achievement in early adolescence: The role of multiple classroom goals. *Journal of Early Adolescence, 13* (1), 4-20.

Wentzel, K. R. (1994). Relations of Social Goal Pursuit to Social Acceptance, Classroom Behavior, and Perceived Social Support. *Journal of Educational Psychology, 86* (2), 173.

Wentzel, K. R. & Feldman, S. S. (1993). Parental predictors of boys' self-restraint and motivation to achieve at school: A longitudinal study. *Journal of Early Adolescence, 13* (2), 183-203.

Wentzel, K. R., Weinberger, D. A., Ford, M. E. & Feldman, S. S. (1990). Academic achievement in preadolescence: The role of motivational, affective, and self-regulatory processes. *Journal of Applied Developmental Psychology, 11* (2), 179-193.

White, R. W. (1959). Motivation Reconsidered: The Concept of Competence. *Psychological Review* (66), 297-333.

Wigfield, A. & Eccles, J. S. (1992). The development of achievement task values: A theoretical analysis. *Developmental Review, 12,* 265-310.

Wigfield, A. & Eccles, J. S. (1994). Children's competence beliefs, achievement values, and general self-esteem: Change across elementary and middle school. Special Issue: Middle grades schooling and early adolescent development: I. Early adolescents' psychological characteristics, relationships with others, and school performance. *Journal of Early Adolescence, 14* (2), 107-138.

Winterhager-Schmid, L. (1993). Jugendzeit in der Schule. Eine angemessene Entwicklungsförderung? *Pädagogik, 45* (1. Beiheft), 35-40.

Wylie, R. C. (1961). *The self concept: A critical survey of pertinent research literature.* Lincoln: University of Nebraska Press.

Zinnecker, J. (1981). Accessoires. Aesthetische Praxis und Jugendkultur. In Jugendwerk der Deutschen Shell (Ed.), *Näherungsversuche.* Opladen: Leske & Buderich.

Zinnecker, J. (1987). *Jugendkultur 1940 – 1985 (Herausgegeben vom Jugendwerk der Deutschen Shell).* Opladen: Leske & Budrich.

Zinnecker, J. (1994). Jugendforschung in Deutschland. Ein Zwischenbilanz. *Erziehungswissenschaft*, 5 (8), 96-113.

TABELLENVERZEICHNIS

Tab. 2.1:	Entwicklung der Panel-Stichprobe (nach Schulform 1980)	18
Tab. 2.2:	Die erste Zürcher Replikationsstudie – soziodemographische Beschreibung der Stichprobe	22
Tab. 2.3:	Stichprobe der zweiten Zürcher Replikation	23
Tab. 2.4:	Altersverteilung der zweiten Zürcher Replikationsstudie	24
Tab. 2.5:	Anzahl Klassen nach Kanton und Schultyp	25
Tab. 2.6:	Anzahl Jugendliche nach Kanton, Schultyp und Geschlecht	25
Tab. 2.7:	Prozentuale Zusammensetzung der Stichprobe nach Kanton und Schultyp	26
Tab. 5.1:	Items der Anstrengungsinvestition: Interkorrelation mit Wohlbefinden und disziplinrelevantem Verhalten	143
Tab. 5.2:	Interkorrelationen des Items „Wie sehr strengst Du Dich für die Schule an?" mit „Wie wohl fühlst Du Dich in der Schule?" in der deutschen (1980 und 1982) und Schweizer Studie (1992)	144
Tab. 5.3:	Interkorrelationen der Indikatoren der Leistungsbereitschaft in drei Erhebungen: Konstanzer Longitudinalstudie und Erhebungen 1990 und 1992 in der Schweiz	148
Tab. 5.4:	Leistungsbereitschaft im sozialökologischen Kontext – Gesamtwerte und Einzelitems	155
Tab. 5.5:	Varianzanalyse der Schulorientierungen nach Geschlecht, Schulform (Haupt-/Realschule) und Länder (Deutschland/Schweiz)	161
Tab. 5.6:	Wahrnehmungen des Schul- und Klassenklimas in deutschen und Schweizer Schulen	169
Tab. 5.7:	Wohlbefinden in der Schule, 9-stufiges und 5-stufiges Item im Vergleich	178
Tab. 5.8:	Anstrengung für die Schule	179
Tab. 5.9:	Wie lange arbeitest Du täglich ungefähr außerhalb der Schulzeit für die Schule? (Z. B. Hausaufgaben, Vorbereitungen)	180
Tab. 5.10:	Leistungsbereitschaft und Schulbezug bei Schweizer Schülern der 7. und 9. Schulstufe	184
Tab. 5.11:	Verlauf: Leistungsbereitschaft und Disziplin (13-16jährige)	188
Tab. 5.12:	Entwicklung der schulischen Leistungsbereitschaft und Disziplin (Globalscore) von 13 bis 16 Jahren bei Jungen und Mädchen	190

Tab. 5.13:	Prädiktion von schulischer Adaption aufgegliedert nach Geschlecht und Schulform	196
Tab. 6.1:	Interkorrelationen von Aspekten des Leistungsselbstbildes und von Risikoindikatoren	236
Tab. 6.2:	Länderunterschiede in den Selbstkonzept-Dimensionen	238
Tab. 6.3:	Epidemiologie von Leistungsangst, somatischen Belastungen und Alkoholkonsum bzw. Nikotinkonsum bei Schweizer und deutschen Neuntkläßlern	239
Tab. 6.4:	Stabilität des Selbstbildes vom Ende der Kindheit (6. Jahrgangsstufe) zur mittleren Adoleszenz (10. Jahrgangsstufe)	251
Tab. 6.5:	Stabilität der Selbstakzeptanz bei Extremgruppen vom 12. zum 16. Lebensjahr	252
Tab. 6.6:	Korrelationen zwischen der Einschätzung des relativen Leistungsstandes in der Klasse: Wie gut bist Du in der Schule, verglichen mit den anderen in der Klasse?, 5-stufiges Einzelitem von sehr gut bis sehr schlecht und Notensummen (Deutsch, Englisch, Mathematik) bzw. Schulformzugehörigkeit, aufgegliedert nach Geschlecht	256
Tab. 6.7:	Korrelationen zwischen Begabungsselbstbild und Notensummen (Deutsch, Englisch, Mathematik) bzw. Schulformzugehörigkeit, aufgegliedert nach Geschlecht	257
Tab. 6.8:	Korrelationen zwischen schulischem Kompetenzbewußtsein (Kontrollbewußtsein Lehrer und Schulerfolg, Zukunft, Handlungskontrolle) und Notensummen (Deutsch, Englisch, Mathematik) bzw. Schulformzugehörigkeiten, aufgegliedert nach Geschlecht	258
Tab. 6.9:	Korrelationen zwischen Selbstakzeptanz und Notensummen (Deutsch, Englisch, Mathematik) bzw. Schulformzugehörigkeit, aufgegliedert nach Geschlecht	259
Tab. 6.10:	Chronischer Mißerfolg und Selbstbild	266
Tab. 6.11:	Erwartungskonforme und erwartungskonträre Gruppen: Leistungsstatus und Selbstakzeptanz	289
Tab. 7.1:	Selbst-System-Korrelate der Leistungsbereitschaft	300
Tab. 7.2:	Profile nach Leistungsbereitschaft und Selbstakzeptanz	301
Tab. 7.3:	Soziale Akzeptanzwahrnehmungen und Leistungsbereitschaft	304
Tab. 7.4:	Profile nach Leistungsbereitschaft und sozialer Akzeptanz (Globalscore der inner- und außerschulischen Akzeptanz)	306
Tab. 7.5:	Profile nach Noten und Sympathiewahlen	309
Tab. 7.6:	Profile nach Noten und Geltungswahlen	312

Tab. 7.7: Orientierungstypen gegenüber Leistung und prosozialen Ansprüchen im sozialökologischen Kontext.............................319
Tab. 7.8: Persönlichkeitsmerkmale und lebensweltliche Einbettung verschiedener Orientierungstypen gegenüber dem Leistungsprinzip und dem Solidaritätsprinzip 322

ABBILDUNGSVERZEICHNIS

Abb. 2.1: Design der Studie „Entwicklung im Jugendalter"...... 17
Abb. 2.2: Abhängige Variablen (Outcome Variables) 28
Abb. 2.3: Unabhängige Variablen 29
Abb. 2.4: Gliederung der Darstellung 30
Abb. 3.1: Kontexte und Persönlichkeitsentwicklung 35
Abb. 3.2: Lebensvisionen von Schweizer Siebt- und Neuntkläßlern: einer Realschülerin (dt. Äquivalent: Hauptschülerin) der 7. Schulstufe (links) und einer Gymnasiastin der 9. Schulstufe (rechts) 39
Abb. 3.3: Die Lebensphase Adoleszenz in der Vormoderne und Moderne 43
Abb. 3.4: Erfahrungsschwerpunkte von Jugendlichen in der Vormoderne und in der Moderne 46
Abb. 3.5: Persönlichkeitsentwicklung von Adoleszenten in einem alters-strukturierten soziokulturellen Kontext nach NURMI (ergänzt durch die Konzepte „Individualisierung" und „Individuation" durch den Autor) 50
Abb. 3.6: Dimensionen der harmonischen Persönlichkeitsentwicklung in der Adoleszenz 58
Abb. 4.1: Satzergänzungen in der zweiten Zürcher Replikationsstudie zum Thema: „Am liebsten träume ich davon, in der Schule..." 63
Abb. 4.2: Kontext und Persönlichkeit auf gesellschaftlicher und schulischer Ebene 77
Abb. 4.3: Handlungspsychologische Phasen-Abfolge 100
Abb. 4.4: Komponenten des Handlungsablaufs (aktualgenetische Darstellung) 101
Abb. 4.5: Ereignisabfolge in einem Anspruchsniveau-Experiment (LEWIN et al., 1944, nach HECKHAUSEN, 1989, S. 334) 104
Abb. 4.6: Attribuierungssystematik nach WEINER (1992, S. 250) 110
Abb. 4.7: Attributionen nach dem Grad der möglichen Eigenkontrolle (WEINER, 1992, S. 25) 111
Abb. 4.8: Matrix der Beeinträchtigungen im System der Lernmotivation 122
Abb. 4.9: Problemtypologien aus Valenz und Erfolgserwartung 123
Abb. 4.10: Problemtypologien aus Valenz- und Volitionskonstellationen 124
Abb. 4.11: Problemtypologien aus Volition und Erfolgswahrscheinlichkeit 124

Abb. 4.12:	Modell der Entstehung unterschiedlicher Lernstile nach HENDERSON und DWECK (1990, S. 310)	126
Abb. 4.13:	Präferenzenentwicklung im Lebenslauf	129
Abb. 5.1:	Operationalisierung von Anstrengungsinvestition	141
Abb. 5.2:	Globalindikator der schulischen Adaption	147
Abb. 5.3:	Komponenten und Operationalisierung der volitionalen Qualität der Aufgabenerledigung	149
Abb. 5.4:	Schul- und Lernaversion, bzw. Schulfreude	150
Abb. 5.5:	Nomologisches Netzwerk der Anstrengungsinvestitionen in zwei Schweizer Studien, 9. Schulstufe	151
Abb. 5.6:	Verteilung der Indikatoren von Schulorientierungen bei Mädchen und Jungen	153
Abb. 5.7:	Vergleich der Leistungsanstrengung, der Disziplin und des Wohlbefindens zwischen Deutschland und der Schweiz	157
Abb. 5.8:	Veränderung des Wohlbefindens bei deutschen Hauptschülern am Ende der Pflichtschulzeit (9. Schuljahr) und nach dem ersten Jahr Ausbildungszeit am Arbeitsplatz	162
Abb. 5.9:	Epochale Vergleiche des Wohlbefindens der Schülerschaft in neunten Klassen des deutschen Bildungssystems (Hauptschulen, Realschulen und Gymnasien)	164
Abb. 5.10:	Aggression und Disziplinprobleme in Deutschland von 1973 bis 1982 (Epochalvergleich)	165
Abb. 5.11:	Zur Entwicklung der Leistungsbereitschaft: Deutschland	177
Abb. 5.12:	Entwicklung des Risikoverhaltens (Ausgang, Rauchen, Alkohol, Ausgaben) in Abhängigkeit von der Entwicklung der Leistungsbereitschaft (Indikator: Globalwert der Schuladaption, Positiver Verlauf: stabil positiv und aufwärts, Negativer Verlauf: stabil negativ und abwärts)	193
Abb. 6.1:	Verarbeitung einer Note zu einem Selbstkonzept der Leistungsfähigkeit in einem Lernbereich	209
Abb. 6.2:	Elterliche Überforderung und Leistungsangst	215
Abb. 6.3:	Schulische und familiäre Überforderung	216
Abb. 6.4:	Profile der Zusammenhänge zwischen Normstrukturen in der Schulklasse und der Bedeutung von Schulerfolg für das Selbstbewußtsein	219
Abb. 6.5:	Die Struktur des Leistungs-Selbst	224
Abb. 6.6:	Entwicklungsverläufe der leistungsbezogenen Selbstkonzepte von der 6. zur 10. Schulstufe, aufgegliedert nach Geschlecht	247
Abb. 6.7:	Einzelitems der Skala „Selbstwirksamkeit bei Schulleistungen" und deren Beantwortung von 12 bis 15	248

Abb. 6.8:	Korrelationen zwischen Leistungsstatus und Ich-Stärke nach Schuljahren (cross-lagged-correlations)	261
Abb. 6.9:	Korrelationen des schulischen Kompetenzbewußtseins mit Erfolgen und Leistungsbereitschaften	263
Abb. 6.10:	Entwicklung von Begabungsvorstellungen, Ich-Stärke, somatischen Belastungen und Lebenszufriedenheit bei Schülern der Förderstufe, aufgegliedert nach Übergängen in Gymnasien, Realschulen, Hauptschulen	273
Abb. 6.11:	Einfluß des Schulformwechsels auf das Selbst-System	277
Abb. 6.12:	Einfluß der Intergenerationenmobilität auf die Konstitution des Selbst	282
Abb. 6.13:	Schematisierung erwartungswidriger und erwartungskonformer Zusammenhänge zwischen Schulleistungen und der Selbstakzeptanz	285
Abb. 7.1:	Operationalisierung der prosozialen Motivation	316
Abb. 7.2:	Statusrelevanz von Schulleistung und Solidarität	326
Abb. 7.3:	Wahrnehmung von Konkurrenzkampf in Schulklassen	327

Personenregister

Abramowitz, R. H. 250
Adler, A. 55, 56, 263
Alexander, K. L. 240, 241
Allport, G.H. 55
Alsaker, F. D. 250, 260
Andenas, S. 141
Aronoff, J. 55, 57
Aster, R. 6
Baltes, P. B. 131, 238, 243
Bandura, A. 55, 108, 226, 336
Bathurst, K. 19
Beckmann, J. 105, 106, 117
Beerman, L. 243
Bietau, A. 6
Bischof, N. 55, 93, 128
Block, J. 233
Blyth, D. 270, 303
Bochumer Schule, 98
Boggiono, A. K. 131
Breyvogel, W. 204, 205
Brezinka, W. 36
Briechle, R. 19, 246
Brooks-Gunn, J. 231, 233
Büeler, X. 95
Buff, A. 243, 270
Busemann, A. 254
Byrne, B. M. 223
Cadigan, D. 241
Cantor, N. 220

Capaldi, D. N. 146
Chapman, M. 242
Chess, S. 56
Coopersmith, S. 232
Covington, M. V. 208, 298
Crandall, V. C. 226
Csikszentmihalyi, M. 115
Czerwenka, K. 1
Dauber, S. L. 240
DeBaryshe, D. B. 146
deCharms, R. 226
Deci, E. L. 56, 59, 93, 343
Dräbing, R. 7
Dreeben, R. 84, 86, 344
Dweck, C. 59, 126, 263
Eccles, J. S. 174, 183, 213, 243, 244, 270, 271
Eckerle, G.-A. 5, 10
Edelstein, W. 128
Ehrhardt, K. 173
Eisenberg, N. 223, 241, 315
Elliott, G. R. 15
Enstrup, B. 243
Entwisle, D. R. 240, 241
Epstein, S. 220, 221, 222
Erikson, E. H. 55, 128
Eysenck, H. J. 251
Feldman, S. S. 15, 131, 303, 314
Fend, H. 6, 16, 17, 19, 20, 33, 40, 46, 62, 75, 82, 94, 98, 116,

140, 145, 149, 150, 166, 168, 174, 176, 182, 191, 202, 206, 207, 208, 210, 212, 213, 217, 218, 219, 220, 221, 225, 230, 246, 253, 254, 256, 261, 265, 267, 268, 274, 280, 288, 326, 330, 333, 339, 342, 344

Flammer, A. 55, 108, 226, 254

Foch, T. 56

Ford, M. E. 303

Freud, S. 55

Fritz-Vannahme, J. 37

Galdstone, R. 231

Gottfried, A. E. 19

Gralinski, H. J. 242

Grotloh-Amberg, H. 241

Gsching, S. 19

Gubler, H. 55, 93, 128

Hamford, B. C. 262

Harter, S. 173, 241, 242, 243, 261

Hattie, J. A. 262

Heckhausen, H. 90, 98, 100, 103, 104, 105, 106, 114, 117, 129, 131, 233, 340

Heggemann, H. 242

Heller, K. 243

Helmke, A. 131, 202, 214, 230, 241, 242, 243, 265

Helsper, W. 6, 204, 205

Henderson, V. L. 59, 126

Hennis, W. 79

Henry, J. 88

Higgins, E. T. 223, 241

Hoag, W. 47

Hoffman, J. 241

Hofmann, V. 128

Holler-Nowitzki, B. 264

Hurrelmann, K. 1, 42, 46, 233, 264

Imhof, A. E. 36

Jahoda, M. 55, 81

James, W. 232

Jarcho, H. D. 250

Jencks, C. 211

Jerusalem, M. 211, 217, 218, 243

Jopt, U. J. 225

Karoly, P. 226

Kassis, W. 63, 331

Katkovsky, W. 226

Kelley, H. H. 109

Kihlstrom, J. F. 220

Knörzer, W. 98

Köhler, H. 46

Kohli, M. 38, 42

Kopp, C. B. 242

Kowalski, P. S. 241, 242

Kraak, B. 5, 10

Krampen, G. 226

Kranz, E. 242

Krapp, A. 61, 116, 134, 332, 343

Krappmann, L. 346

Kuckartz, U. 6

Kuffner, H. 1

Kuhl, J. 105, 106, 117

Lambrich, H. J. 133, 204, 303

Lange, B. 1

Leggett, E. 59, 126, 263

Lerner, R. M. 56
Lewin, K. 103
Lindenberger, U. 131, 238
Little, T. D. 131, 243
Loeber, R. 192
Loebl, J. H. 131
Lord, S. E. 271
Lösel, F. 1
Maccoby, E. E. 194
Magnusson, D. 194
Mannheim, K. 79, 80, 82, 83, 84, 85, 86, 90, 334, 343
Mansel, J. 233, 264
Markus, H. 232
Marsh, H. W. 207, 212, 223, 243
Marshall, H. H. 211
Masten, A. S. 141
McCarthy, K. A. 271
McNally, S. 315
Mead, G. H. 221
Menacher, P. 243
Meyer, W. U. 225, 242
Michela, J. L. 109
Midgley, C. 173
Miller, P. A. 211, 315
Mischel, W. 107, 117, 229
Nagl, W. 98
Neemann, J. 141
Nicholls, J. G. 241
Nurmi, J.E. 48, 49, 50
Oelkers, J. 7
Oettingen, G. 131, 216, 238, 243

Offer, D. 250
Olweus, D. 250, 260
Oswald, H. 346
Paffrath, M. 93
Paikoff, R. L. 231, 233
Pallas, A. 241
Parsons, T. 84, 86, 87, 88
Patterson, G. R. 146
Pekrun, R. 1, 140, 174, 242
Petersen, A. C. 250
Pettigrew, T. F. 211
Pike, R. 243
Remplein, H. 7, 173
Rheinberg, F. 98, 117, 131, 243
Ries, G. 242
Robins, R. W. 233
Roelofsen, I. 129, 340
Rogers, C. R. 55, 93
Rosenberg, M. 203, 206, 232, 233, 336
Rosenholtz, S. J. 211
Rosewitz, B. 42
Ruble, D. N. 131, 223, 241
Runcimann, W. G. 211
Ryan, R. M. 56, 59, 93, 94, 127, 343
Schiefele, U. 91, 115, 117
Schmitz, B. 201
Schreyer, I. 91, 115, 117
Schröer, S. 234
Schulenberg, J. E. 250
Schwarzer, R. 1, 94, 211, 217, 243

Seligman, M. E. P. 226
Shavelson, R. J. 223, 224
Shea, C. 315
Shell, R. 315
Sieber, T. R. 304
Silbereisen, R. 1
Simmons, R. G. 270, 303
Simon, A. 347
Simpson, C. 211
Sinclair, R. L. 234
Skinner, E. A. 201, 242
Specht, W. 98, 191, 218, 219, 304, 339
Spiel, O. 346
Spiro, M. E. 96
Stattin, H. 194
Stern, W. 56, 93, 146, 342
Stetsenko, A. 243
Stipek, D. J. 173, 241, 242
Suls, J. M. 211
Tausch R. & Tausch, A. 7
Tenbruck, F. H. 45, 47
Thomas, A. 56
Trudewind, C. 139
Väth-Szusdziara, R. 98
Veroff, J. 129
Wagner-Winterhager, L. 7
Weber, M. 79, 81, 86, 344
Weinberger, D. A. 303
Weiner, B. 110, 111, 224
Weinstein, R. S. 211
Wellendorf, F. 204, 205

Wentzel, K. R. 59, 118, 303, 314, 318
White, R. W. 55, 103
Whitesell, N. R. 173
Wigfield, A. 243, 244, 270, 271
Wilson, J. P. 55, 57
Winteler, A. 91
Winterhager-Schmid, L. 54, 206, 342, 346
Wolf, H. K. 42
Wurf, E. 232
Wylie, R. C. 220
Zinnecker, J. 7, 42, 44

Index der Stellen, an denen Variablen definiert sind

Abhängige Variablen (Outcome Variables) 28
Absentismus 184, 352
Abstieg 281
Aggression gg. Gleichaltrige 184
Aggression und Disziplinprobleme 137, 165, 346
Alkoholkonsum 233, 357
Alleinsein in Freizeit 355
Anonymität 352
Anstrengungsinvestition 137, 141, 147, 184, 345
Anzahl der Freunde 354
Arbeitsmoral 147
Arbeitszeitdauer für die Schule 351
Aufgaben und Verantwortlichkeiten 354
Aufgabenerledigung 149
Aufstieg 281
Ausdauer 145, 184, 351
Ausgehbeschränkungen 357
Aversion gegenüber Lehrern bzw. Lehreridentifikation 150
Begabung 225
Besuche von Mitschülern 355
Beteiligungschancen 358
Bevormundung 358
Bildungsorientierung 356
Bravo-Kultur 356

Depressionsscore (BDJ) 353
Dissens 357
Distanz zur Schule 177
Disziplin 147
Disziplinarisches Verhalten 141, 352
Disziplindruck 358
Ehrgeiz 184, 351
Einsamkeit 355
Einsatzbereitschaft für Mitschüler 353
Elterliche Überforderung 215
Elterliches Stützsystem 358
Emotionale Nähe bzw. Distanz zur Schule 142
Emotionskontrolle 352
Erwachsenenprivilegien 357
Fernsehen 356
Frechheiten gg. Lehrer 184, 352
Freunde in der Klasse 355
Geltung 354
Generalisiertes Kompetenzbewußtsein 230
Gesellschaftliche Perspektivenübernahme 351
Gesprächsintensität 357
Gewünschter Schulabschluß 350
Globalindikator der schulischen Adaption 147
Gruppenverantwortung, 354

Gute Leistungsposition 286
Handlungskontrolle 229, 352
Hausaufgabenzeit 184, 351
Haustiere 356
Hohes Selbstwertgefühl 285
Ich-Stärke 286, 352
Inkonsistenz und Willkür 357
Integration in die Peergruppe 355
Kenntnis demokratischer Institutionen 350
Kirchliche Aktivität 357
Klasse 359
Klasse
    Konformitätszwang 353
    Konkurrenzkampf 353
    Zusammenhalt 353
Klassenklima 169, 359
Klassenwiederholungen 349
Kompetenzbewußtsein hinsichtlich
    Durchsetzungsfähigkeit 355
    Empathiefähigkeit 355
    Kontaktfähigkeit 355
    Lehrer und Schulerfolg 227, 352
    Zukunftsbewältigung 228, 352
Konformitätszwang 359
Konkurrenzkampf 327, 359
Kontaktinteresse 355
Lebenszufriedenheit 234, 353
Lehrer
    Beteiligungschancen 358
    Bevormundung 358
    Disziplindruck 358
    Leistungsdruck 358
    Machtbehauptung 358
    Vermeidung leistungsbezogener Diskriminierung 358
    Vertrauen 358
Leistungsangst 230, 239, 352
Leistungsbereitschaft 184, 351
Leistungsposition 286
Lernanreize 116
Lernstrategien 184
Machtbehauptung 358
Mediatisierende Variablen 29
Mißerfolgsbiographie 266
Möglichkeit des Treffens 355
Niedriges Selbstwertgefühl 286
Noten 350
Notensumme 350
Prosoziale Motivation 316, 353
Rauchkonsum 239
Regelmäßiges Treffen 355
Region 349
Relativer Leistungsstand 256
Rollenübernahmeinteresse 356
Rollenübernahmeverständnis 350
Schicht 349
Schlechte Leistungsposition 286
Schulklima 169, 358
Schulbezogene Kontrollüberzeugungen 227, 352
Schulform 349
Schulformwechsel 349
Schulfreude 150, 184
Schulorientierung 153
Selbstakzeptanz 233, 352

Selbstkonzept Begabung 352
Selbstsicherheit 350
Sicherheit des Erreichens 350
Somatische Belastungen 233, 353
Soziale Fähigkeiten 355
Soziale Interessen 356
Soziales Verständnis 286, 350
Sozialökologische Kontextdimensionen 253, 349
Soziogramm Sympathie 354
Soziometrischer Status 308, 354
Spitzenschüler 265
Statusrelevanz von Schulleistung 320, 353
Statusrelevanz von Solidarität 326, 359
Statusreproduktion 281
Strafintensität und Mißachtung 357
Tabletteneinnahme 353
Taschengeld 357
Transparenz und Interesse 358
Treffen mit Freunden 355
Trinken 357
Unabhängige Variablen 29
Verbales Verständnis 286, 350
Vereinsaktivität 356
Vermeidung leistungsbezogener Diskriminierung 358
Verständnis demokratischer Prinzipien 351
Vertrauen 358
Wahrgenommene Anerkennung durch Mitschüler 354

Wahrscheinlicher Schulabschluß 350
Wertschätzung und Respektierung 357
Wirklicher Freund 355
Wirkungskriterien 271
Wohlbefinden 164, 353
Zukunftsbezogenes Kontrollbewußtsein 228
Zusammenhalt 359

Helmut Fend

Die Entdeckung des Selbst und die Verarbeitung der Pubertät

Entwicklungspsychologie der Adoleszenz in der Moderne, Band 3
1994. 229 S., Kt DM 49.80 / Fr. 49.80 / öS 364.– (ISBN 3-456-82025-9)

Heranwachsende werden gerade beim Übergang von der Kindheit in die Adoleszenz mit Lebensbedingungen der Moderne konfrontiert, die einzigartige Gelegenheiten und Möglichkeiten, aber auch Ansprüche und Gefahren vorgeben.
Da sich die Familie als wichtigster Lebensraum einer produktiven Persönlichkeitsentwicklung herauskristallisiert, soll ihr als Instanz der Stützung und Hilfe, aber auch als Instanz der Gefährdung besondere Aufmerksamkeit gewidmet werden.

August Flammer

Entwicklungstheorien

Psychologische Theorien der menschlichen Entwicklung
2., vollst. überarb. Aufl. 1996. 326 S.,
Kt DM 49.80 / Fr. 44.80 / öS 364.– (ISBN 3-456-82804-7)

Systematisch und historisch geordnet, werden 16 Theorien und Theoriegruppen behandelt, ihre Hauptaussagen, ihre Entstehungsbedingungen und zentralen Anliegen, ergänzt durch die Biographien und Photos ausgewählter Theoretiker.

Martin Schweer

Vertrauen in der pädagogischen Beziehung

1996. 195 S., Kt DM 44.80 / Fr. 44.80 / öS 327.– (ISBN 3-456-82726-1)

Vertrauen zwischen Lehrenden und Lernenden ist Voraussetzung einer fruchtbaren pädagogischen Beziehung. Bislang liegen jedoch kaum empirische Untersuchungen darüber vor, wie sich ein solches Vertrauen entwickelt.
In diesem Buch wird eine Rahmentheorie erarbeitet, die neue Perspektiven für die Erforschung der pädagogischen Interaktion aufzeigt. Der Autor hat zentrale Dimensionen des Vertrauens und zugleich Unterschiede in deren Bedeutsamkeit gefunden. Seine Arbeit hat große Bedeutung für die pädagogische Praxis.

Verlag Hans Huber
Bern Göttingen Toronto Seattle   http://www.HansHuber.com

Stefan Strohschneider (Herausgeber)

Denken in Deutschland

Vergleichende Untersuchungen in Ost und West

Mit einem Vorwort von Dietrich Dörner. 1996. 227 S., Kt DM 49.80 / Fr. 44.80 / öS 364.– (ISBN 3-456-82649-4)

Nach dem Abklingen der Euphorie, die der Fall der Mauer ausgelöst hatte, wurde schnell deutlich, wie tief der Graben gegenseitigen Mißverstehens im Laufe der letzten 40 Jahre geworden war. Der Psychologie bot sich hingegen die einmalige Chance, bei Menschen **einer** Nation kulturvergleichende Studien über Entstehung und Ausprägung von Denk- und Handlungsstilen durchzuführen.

Eva Bänninger-Huber

Mimik – Übertragung – Interaktion

Die Untersuchung affektiver Prozesse in der Psychotherapie

1996. 224 S., Kt DM 52.– / Fr. 45.– / öS 380.– (ISBN 3-456-82802-0)

Was zeichnet eine gute therapeutische Beziehung aus? Welche Mechanismen führen zu Veränderungen? Dieses Buch befaßt sich mit der Funktion der Mimik für die Regulierung von Beziehungen. Im Zentrum stehen die Phänomene des Lächelns und Lachens beider an der Interaktion beteiligten Personen. Mit Hilfe der mikroanalytischen Untersuchung nonverbalen Verhaltens anhand von Videoaufnahmen konnte deren Rolle für die Aufrechterhaltung von Beziehungen empirisch nachgewiesen werden.

Claudia Dalbert

Über den Umgang mit Ungerechtigkeit

Eine psychologische Analyse

1996. 240 S., Kt DM 59.– / Fr. 51.– / öS 431.– (ISBN 3-456-82801-2)

Wie erleben und verarbeiten wir beobachtete Ungerechtigkeiten? Wie werden eigene Ungerechtigkeitserfahrungen bewältigt? Offenbar bestimmt der Wunsch nach Gerechtigkeit den Umgang mit solchen Erfahrungen. Die Autorin zeigt dies am Umgang mit Unterprivilegierten, an der Bewältigung von Sinnkrisen bei Opfern struktureller Arbeitslosigkeit sowie bei Müttern behinderter Kinder.

Verlag Hans Huber
Bern Göttingen Toronto Seattle   http://www.HansHuber.com